Yale Language Series

# Modern
# Hebrew-English
# Dictionary

Avraham Zilkha

Yale University Press
New Haven & London

Designed by James J. Johnson and set in Times Roman.
Printed in the United States of America.


*Library of Congress Cataloging-in-Publication Data*

Zilkha, Avraham.

  Modern Hebrew-English dictionary / Avraham Zilkha.

    p. cm.—(Yale language series)
  ISBN 0–300–04647–2 (alk. paper).—ISBN 0–300–04648–0 (pbk. : alk. paper)
  1. Hebrew Language—Dictionaries—English.  I. Title.  II. Series.
  PJ4833.Z57   1988
  492.4'321—dc20                                         89–14664
                                                          CIP

The paper in this book meets the guildelines for permanence and durability of the Committee on Production Guidelines for Book Longevity of the Council on Library Resources.

10   9   8   7   6   5   4   3   2   1

# PREFACE

This dictionary was compiled with the intention of providing an up–to–date, easy to use, and inexpensive tool which would enable the student of the language to understand a modern Hebrew text. Special attention was given to the language of the media; thus, political terms and names of institutions have been included in abundance. The dictionary reflects the contemporary language of Israel which contains vocabulary from earlier periods, borrowings, colloquial expressions as well as recently coined words which have been accepted in common usage. Vocabulary that is limited to the spoken language and words that are borderline cases have been marked as 'colloquial'. Thousands of compounds, visually distinct as subentries, have also been included.

In addition to being thoroughly up–to–date, this work includes several features which should facilitate its use:

a. Since nearly all the material published in Hebrew today is unvocalized, the *ketiv malé* has been utilized to reflect the current spelling. Accordingly, the vocabulary has been listed as it is likely to be found in print; that is, with the *Vav* and the *Yod* serving as vowel letters. On the other hand, in the case of initial closed syllables containing the short vowel [i], there is an apparent inconsistency in spelling, particularly in the Hebrew press. Therefore, based on careful observation, long–established spelling of some words such as 'מִשְׂרָד' (as opposed to מִישְׂדָּר'), and 'מִשְׂטָרָה' (as opposed to 'מִילְכּוּד') has been retained, and the user needs either to add or to delete the *Yod* if the word cannot be located as spelled.

b. Stress has been marked with the accent (ˊ) in penultimate positions only; thus, the absence of the accent mark indicates that the stress is on the last syllable.

c. Verbs have been listed by stem and not by root, so that no advanced knowledge of Hebrew grammar is needed. All verb listings are in the third person, masculine, singular (he), in the past tense. The English translation, however, is given in the infinitive, to distinguish the verbs from the nouns (e.,g., אַהֲבָה "love" and אָהַב "to love").

d. Since many Hebrew verbs require a preposition to precede the object, an important feature of this dictionary is the inclusion of the prepositional linkage between the verb and the following noun. Thus, the user will find בָּגַד (ב-), הוֹדָה (ל-), הִתְגַּבֵּר (עַל), and many others.

e. The gender of nouns has been marked, and the absence of a number mark indicates a singular. Adjectives have been listed in the masculine, singular. In the cases where there is a deviation from the norm, both the gender and the plural are provided, for instance, תִּינוֹק ג.(תִּינוֹקוֹת) or עִיר נ.(עָרִים).

f. Modern Hebrew contains a large number of abbreviations, some of which have become roots (such as דִּיֵּן from the acronym דו"ח). The most commonly used

abbreviations, spelled out in full, have been included as a supplement to this dictionary.

g. To convey the meaning of idiomatic expressions in a comprehensible way, they have usually not been translated literally. If a word-for-word translation is desired, the user may look up each word individually.

h. This dictionary was written as a tool for translating Hebrew words into English, and it should not be used reversely. Furthermore, due to the large number of homonyms in English, and since it is impractical in a dictionary of this type to attach a definition to each English word, Hebrew words should best be viewed within a context. For instance, שִׁירְטֵט ("to draw") refers only to making a drawing or a sketch, and does not relate to the other meanings of 'draw': "pull", "pump water", "draw a conclusion" or any of the other definitions listed in dictionaries of the English language.

i. The material for this dictionary was compiled and processed on an IBM computer, which produced the laser printout.* As the Hebrew language expands and develops, this process will expedite future revisions and updating.

*Avraham Zilkha*
*The University of Texas at Austin*
*June 1989*

## LIST OF ABBREVIATIONS

| | |
|---|---|
| masculine *(mas.)* | ז. (זָכָר) |
| dual *(du.)* | זו. (זוּגִי) |
| conjunction *(con.)* | ח. (מִילַּת-חִיבּוּר) |
| preposition *(prep.)* | י. (מִילַּת-יַחַס) |
| pronoun *(pro.)* | כ. (כִּינּוּי) |
| feminine *(fem.)* | נ. (נְקֵבָה) |
| plural *(pl.)* | ר. (רַבִּים) |
| adjective *(adj.)* | ת. (תּוֹאַר) |
| adverb *(adv.)* | תפ.(תּוֹאַר-פּוֹעַל) |
| colloquial *(col.)* | |
| grammar *(gram.)* | |
| noun *(n.)* | |
| singular *(sg.)* | |

* I wish to thank Dr. Davide Sala of London, England, for his generous contribution toward the completion of this project.

# Modern Hebrew-English Dictionary

סידרת ייל בלשון

# מילון
# עברי-אנגלי
# חדיש

## אברהם זילכה

הוצאת אוניברסיטת ייל

ניו-הייבן ולונדון

אל הקורא העברי :

מילון שימושי זה מגמתו כפולה: לספק את צרכיו של לומד השפה העברית החדשה וגם לאפשר ליודעי עברית הנזקקים לידיעת המקביל האנגלי למילים עבריות למצוא את מבוקשם. המילון מבוסס על האנגלית האמריקאית הן בכתיב והן בבחירת התרגום. המעיין ימצא תועלת במיוחד בצרפים הרבים במילון, שלא תמיד ניתן לתרגמם לאנגלית מילה במילה, כגון ׳בת-קול׳ (echo), ׳שׂכר-דירה׳ (rent), ׳כוכב-לכת׳(planet) או ׳מחלת-הנפילה׳ (epilepsy).

המילון נכתב בכתיב מלא, שהוא הרווח כיום בעברית הישראלית, במיוחד בלשון העיתונות. אולם היות וקיימת אי-עקביות בכתיבת היוד בהברה סגורה בראש המילה, למשל במילים ׳משׂרד׳ לעומת ׳מישדר׳, או ׳משטרה׳ לעומת ׳מיפקד׳, על המעיין במילון להוסיף יוד או להשמיטה אם אינו מוצא את המילה לפי הכתיב המקובל עליו או כפי שהיא מופיעה בטכסט מסויים. יש לנהוג כך גם במקרים שבהם התנועה צירה נכתבת כצירה מלא על-ידי הוספת יוד, כגון ׳אסיפה׳, ׳חירות׳, ׳שריפה׳.

לשם נוחיות, וכדי לחסוך למעיין את החיפוש אחר השורשים, הפעלים מופיעים לפי הבניין ולא לפי השורש כמקובל ברוב המילונים.

אברהם זילכה
אוניברסיטת טקסס
מאי 1989

# א

| | |
|---|---|
| א | *Aleph;* one (numerical value) |
| אָב ז.(אָבוֹת) | father |
| אַב בֵּית-דִּין | presiding judge |
| אָב חוֹרֵג | stepfather |
| אַב-עוֹרְקִים | aorta, main artery |
| אָב ז. | eleventh Hebrew month |
| אַבָּא, אַבָּא ז. | father, daddy |
| אָבַד | to be lost |
| אָבַד עָלָיו הַכֶּלַח | to be obsolete |
| אֲבַדּוֹן ז. | loss, destruction |
| אָבָה | to want |
| אַבהוּת, אֲבָהוּת נ. | fatherhood |
| אַבהִי, אֲבָהִי ת. | fatherly |
| אַבּוּב ז. | oboe |
| אָבוּד ת. | lost, hopeless |
| אֲבוֹי | woe |
| אֲבוּקָה נ. | torch |
| אָבוֹת ז.ר. | forefathers, patriarchs |
| אַבזֵם ז. | buckle |
| אַבחָנָה נ. | distinction |
| אַבטָחָה נ. | safeguard, protection |
| אֲבַטִּיחַ ז. | watermelon |
| אַבטִיפּוּס ז. | prototype |
| אַבטָלָה נ. | unemployment |
| אָבִיב ז. | spring |
| אֲבֵידָה נ. | loss |
| אֲבֵידוֹת בְּנֶפֶש | casualties |
| אֶביוֹן ת. | poor, destitute |
| אֲבִיּוֹנָה נ. | libido |
| אֶביוֹנוּת נ. | poverty, destitution |
| אֲבִיזָר ז. | accessory, gadget |
| אָבִיךְ ת. | hazy |
| אָבִיק ז. | flask |
| אַבִּיר ת. | knight; mighty |
| אַבִּירוּת נ. | valor, knighthood |
| אַבִּירִי ת. | valiant |
| אֲבָל ח. | but |
| אָבֵל ת. | mourner |
| אֵבֶל ז. | mourning |
| אֶבֶן נ.(אֲבָנִים) | stone |
| אֶבֶן-בּוֹחַן | criterion |
| אֶבֶן-חוֹל | sandstone |
| אֶבֶן-חֵן | gem |
| אֶבֶן-יְסוֹד | foundation stone |
| אֶבֶן יְקָרָה | precious stone, jewel |
| אֶבֶן-מָרָה | gallstone |
| אֶבֶן מַשחֶזֶת | grinding stone |
| אֶבֶן-נֶגֶף | stumbling block |
| אֶבֶן-סִיד | limestone |
| אֶבֶן-פִּינָּה | cornerstone |
| אֶבֶן שׁוֹאֶבֶת | magnet |
| אֶבֶן-שִׁינַּיִים | tartar |
| אֶבֶן-שָׂפָה | curbstone |
| אַבנֵט ז. | sash |
| אַבנִית נ. | plaque |
| אֲבַעבּוּעוֹת נ.ר. | smallpox |
| אֲבַעבּוּעוֹת-רוּחַ | chickenpox |
| אָבָץ ז. | zinc |
| אָבָק ז. | dust; powder |
| אֲבַק-שְׂרֵיפָה | gunpowder |
| אֲבָקָה, אַבקָה נ. | powder |
| אַבקַת-אֲפִייָה | baking powder |
| אַבקַת-חָלָב | powdered milk |
| אַבקַת-כְּבִיסָה | laundry detergent |
| אַברֵךְ ז. | young (orthodox) man |
| אַגַּב תפ. | by the way |
| אֶגֶד ז. | bundle, bunch; bandage |
| אַגָּדָה נ. | legend |
| אַגָּדִי, אַגָּדָתִי ת. | legendary |
| אֲגוּדָה נ. | association; bundle |

*adv*=תפ *adj*=ת *pl*=ר *fem*=נ *pro*=כ *prep*=י *con*=ח *du*=זו *mas*=ז

| | |
|---|---|
| co-operative society | אֲגוּדָּה שִׁיתּוּפִית |
| fraternity | אֲגוּדַּת-אַחִים |
| an orthodox party | אֲגוּדַּת-יִשְׂרָאֵל |
| writers' guild | אֲגוּדַּת-סוֹפְרִים |
| thumb | אֲגוּדָל ז. |
| walnut | אֱגוֹז ז. |
| peanut | אֱגוֹז-אֲדָמָה |
| coconut | אֱגוֹז-הוֹדוּ |
| hoarded | אָגוּר ת. |
| 1/100 of a *Shekel*; dime | אֲגוֹרָה נ. |
| hoarding, storage | אֲגִירָה נ. |
| drop | אֶגֶל ז. |
| lake | אֲגַם ז. |
| basin | אַגָּן ז. |
| pelvis | אַגַּן-יְרֵכַיִים |
| pear | אַגָּס ז. |
| wing; flank; division, department | אֲגַף ז. |
| to hoard | אָגַר |
| fee | אַגְרָה נ. |
| fist | אֶגְרוֹף ז. |
| boxer | אֶגְרוֹפָן ז. |
| vase | אֲגַרְטֵל ז. |
| steam, vapor | אֵד ז. |
| red | אָדוֹם ת. |
| master, mister, Mr., sir | אָדוֹן ז. |
| Dear Sir | אָדוֹן נִכְבָּד |
| sir | אֲדוֹנִי ז. |
| God | אֲדוֹנָי ז. |
| devout, orthodox | אָדוּק ת. |
| polite, courteous | אָדִיב ת. |
| politeness, courtesy | אֲדִיבוּת נ. |
| piety, devotion | אֲדִיקוּת נ. |
| mighty, powerful | אַדִּיר ת. |
| might, power | אַדִּירוּת נ. |
| indifferent, apathetic | אָדִישׁ ת. |
| indifference, apathy | אֲדִישׁוּת נ. |
| man, human being; Adam | אָדָם ז. |
| prehistoric man | הָאָדָם הַקַּדְמוֹן |
| to become red | אָדַם |
| reddish | אֲדַמְדַּם ת. |
| earth, land, ground, soil | אֲדָמָה נ. |
| scorched land | אֲדָמָה חֲרוּכָה |
| uncultivated land | אַדְמַת-בּוּר |
| foreign land | אַדְמַת-נֵכָר |
| reddish | אַדְמוּמִי ת. |
| redhead | אַדְמוֹנִי ת. |
| rubella | אַדֶּמֶת נ. |
| pedestal, base | אֶדֶן ז. |
| window sill | אֶדֶן-חַלּוֹן |
| railroad tie | אֶדֶן-רַכֶּבֶת |
| rectangular planter | אֲדָנִית נ. |
| sixth Hebrew month | אֲדָר ז. |
| on the contrary | אַדְרַבָּא, אַדְרַבָּה תפ. |
| architect | אַדְרִיכָל ז. |
| architecture | אַדְרִיכָלוּת נ. |
| cloak | אַדֶּרֶת נ. |
| to love | אָהַב |
| love | אַהֲבָה נ. |
| greed | אַהֲבַת-בֶּצַע |
| strong love | אַהֲבַת-נֶפֶשׁ |
| eternal love | אַהֲבַת-עוֹלָם |
| flirtation | אֲהַבְהָבִים ז.ר. |
| to sympathize, like | אָהַד |
| sympathy, affection | אֲהָדָה נ. |
| beloved | אָהוּב ת. |
| liked | אָהוּד ת. |
| lampshade | אָהִיל ז. |
| or | אוֹ ח. |
| lost | אוֹבֵד ת. |
| perplexed, confused | אוֹבֵד-עֵצוֹת |
| loss, destruction | אוֹבְדָן ז. |
| unconsciousness | אוֹבְדַן-הַכָּרָה |
| haze | אוֹבֶךְ ז. |
| copula *(gram.)* | אוֹגֵד ז. |
| military division | אוּגְדָּה נ. |
| binder | אוֹגְדָן ז. |

*adv*=תפ *adj*=ת *pl*=ר *fem*=נ *pro*=כ *prep*=י *con*=ח *du*=זו *mas*=ז

| | |
|---|---|
| אוּגַּף | to be outflanked |
| אוּד ז. | firebrand |
| אוֹדוֹת נ. | in the matter of, regarding |
| אֹדֶם ז. | redness; red makeup, lipstick |
| אוֹהֵד ז. | sympathizer, fan |
| אֹהֶל ז. | tent |
| אוֹהֶל-סַיָּרִים | small military tent |
| אַוָּז ז. | gander |
| אַוַּז-בָּר | wild goose |
| אַוָּזָה נ. | goose |
| אֱוִיל ת. | fool |
| אֱוִילוּת נ. | foolishness |
| אֱוִילִי ת. | foolish |
| אֲוִיר ז. | air |
| אֲוִירָה נ. | atmosphere |
| אֲוִירוֹן ז. | airplane |
| אֲוִירִי ת. | aerial |
| אַוְרִירִי ת. | airy |
| אוּוְרַר | to be ventilated |
| אַוַּת-נֶפֶשׁ נ. | desire |
| אוֹזְלַת-יָד נ. | helplessness |
| אוּזַּן | to be balanced |
| אֹזֶן נ.(אוֹזְנַיִים) | ear |
| אוֹזְנֵי-הָמָן | a *Purim* pastry, *hamantashen* |
| אוֹזְנִיָּה נ. | earphone, headphone |
| אוֹחַ ז. | owl |
| אוֹטוֹבּוּס ז. | bus |
| אֹטֶם ז. | closure, blockage |
| אוֹטֶם שְׁרִיר הַלֵּב | myocardiac infarction |
| אוֹי (-וַאֲבוֹי) | woe, alas, alack |
| אוֹיֵב ז. | enemy, foe |
| אוּיַּר | to be illustrated |
| אוּיַּשׁ | to be manned |
| אוֹכֵל אָדָם ז. | cannibal |
| אֹכֶל ז. | food |
| אוּכַּל | to be consumed; be corroded |
| אוּכְלוּסִיָּה נ. | population |
| אוּכְלַס | to be populated, inhabited |
| אוּכְמָנִית נ. | blackberry |
| אוּכְסַן | to be given accommodation |
| אוּכָּף ז. | saddle |
| אוּלְטְרָה סְגוּלִי ת. | ultra-violet |
| אוּלַי ת. | perhaps, maybe |
| אוּלָם ז.(אוּלַמּוֹת) | hall, auditorium |
| אוּלַם-הִתְעַמְּלוּת | gymnasium, gym |
| אוּלַם-רִיקּוּדִים | ballroom |
| אוּלָם ח. | but, yet, however |
| אוּלַּף | to be trained, tamed |
| אוּלְפָּן ז. | studio; intensive Hebrew school |
| אוּלְפָּנִית נ. | short-term *Ulpan* |
| אוּלַּץ | to be forced, compelled |
| אוּלְקוּס ז. | ulcer |
| אוֹלָר ז. | pocketknife |
| אוּלְתַּר | to be improvised |
| אוֹם ז. | nut |
| אוֹמְדָן נ. | estimate |
| אוּמָּה נ. | nation, a people |
| הָאוּמּוֹת הַמְּאוּחָדוֹת | United Nations |
| אוּמְלָל ת. | miserable |
| אוּמְלָלוּת נ. | misery |
| אוּמָּן ז. | artist, craftsman |
| אוּמַּן | to be trained |
| אוֹמֵן ז. | tutor, trainer; foster-father |
| אוּמָּנוּת נ. | art, artistry, craftsmanship |
| אוּמְנָם תפ. | indeed |
| אוֹמֶנֶת נ. | nanny; foster-mother |
| אֹומֶץ (-לֵב) ז. | courage, bravery |
| אוּמַּץ | to be adopted; be strained |
| אוּמְצָה נ. | steak, beefsteak |
| אֹומֶר ז. | utterance, speech |
| אוּמַּת | to be verified |
| אוֹן ז. | strength |
| אוֹנָאָה נ. | deception, fraud |

*adv*=תפ *adj*=ת *pl*=ר *fem*=נ *pro*=כ *prep*=י *con*=ח *du*=זו *mas*=ז

| | |
|---|---|
| אוּנָּה | to happen |
| אוֹנוּת נ. | strength, potency |
| אוֹנִייָּה נ. | ship |
| אוֹנִיַּת-דֶּגֶל | flagship |
| אוֹנִיַּת-מִלְחָמָה | warship |
| אוֹנִיַּת-מִפְרָשׂ | sailboat |
| אוֹנִיַּת-מַשָּׂא | freighter |
| אוֹנִיַּת-נוֹסְעִים | passenger ship |
| אוֹנִיַּת-קִיטוֹר | steamship |
| אוֹנִיַּת-קְרָב | battleship |
| אוֹנֵן | to masturbate |
| אוֹנָנוּת נ. | masturbation |
| אוֹנֶס ז. | rape |
| אוּנְקִיָּה נ. | ounce |
| אוֹסֶף ז. | collection |
| אוֹפֶה ז. | baker |
| אוֹפִי ז. | character |
| אוּפְיַין | to be characterized |
| אוֹפְיָינִי ת. | characteristic, typical |
| אוּפַּל | to be blacked out, darkened |
| אוֹפָן ז. | wheel |
| אוֹפֶן ז. | way, manner |
| אוֹפְנָה נ. | fashion |
| אוֹפַנּוֹעַ ז. | motorcycle |
| אוֹפַנַּיִים ז. זו. | bicycle |
| אוֹפְנָתִי ת. | fashionable |
| אוֹפֶק ז. | horizon |
| אוֹפְקִי ת. | horizontal |
| אוּפְשַׁר | to be made possible |
| אוֹצָר ז.(אוֹצָרוֹת) | treasure, treasury |
| אוֹצַר-מִילִּים | vocabulary |
| אוֹצְרוֹת-טֶבַע | natural resources |
| אוֹצֵר ז. | curator |
| אוֹקְיָינוֹס ז. | ocean |
| הָאוֹקְיָינוֹס הַשָּׁקֵט | Pacific Ocean |
| אוֹר ז.(אוֹרוֹת) | light |
| אוֹר לְ- | on the eve of |
| אוֹרֵג ז. | weaver |
| אוּרְגַּן | to be organized |
| אוֹרָה נ. | light; joy |
| אוּרְווָה נ. | stable |
| אוֹרֶז ז. | rice |
| אוֹרֵחַ ז. | guest, visitor |
| אוֹרַח ז.(אוֹרָחוֹת) | way, manner |
| אוֹרַח-חַיִּים | way of life, lifestyle |
| אוֹרְחָה נ. | caravan |
| אוֹרֶךְ ז. | length |
| אוֹרֶךְ-רוּחַ | patience |
| אוֹרְלוֹגִין ז. | pendulum clock, wall clock |
| אוֹרֶן ז. | pine |
| אוֹרְקוֹלִי ת. | audio-visual |
| אוֹשְׁיָה נ. | foundation |
| אוּשְׁפַּז | to be hospitalized |
| אוּשַּׁר | to be approved, confirmed |
| אוֹשֶׁר ז. | happiness |
| אוֹת נ.(אוֹתִיּוֹת) | letter of the alphabet |
| אוֹת גְּרוֹנִית | guttural, pharyngeal |
| אוֹת נָחָה | silent (vocalic) letter |
| אוֹתִיּוֹת שֶׁל קִידּוּשׁ לְבָנָה | large letters |
| אוֹת ז.(אוֹתוֹת) | sign, signal; medal |
| אוֹת-גְּבוּרָה | medal of valor |
| אוֹת-הִצְטַיְּינוּת | mark of excellence |
| אוֹת-כָּבוֹד | honorary decoration |
| אוֹת-הַקּוֹמְמִיּוּת | Israel's War of Independence decoration |
| אוֹת-קַיִן, -קָלוֹן | disgrace |
| אוֹתוֹ כ. ז. | him; that, the same |
| אוֹתָהּ כ. נ. | her; that, the same |
| אוּתַּר | to be located |
| אוֹתֵת | to signal |
| אָז, אֲזַי תפ. | then, at that time; so |
| אַזְבֶּסְטוֹן ז. | asbestos hut |
| אַזְהָרָה נ. | warning |
| אֵזוֹב ז. | hyssop |
| אֲזִיקִים ז.ר. | handcuffs |
| אַזְכָּרָה נ. | memorial service |

| | |
|---|---|
| אָזַל | to be depleted, used up; sold out |
| אַזְנָחָה נ. | neglect |
| אַזְעָקָה נ. | alarm, siren |
| אַזְעָקַת-שָׁווא | false alarm |
| אָזַר | to put on |
| אָזַר אוֹמֶץ | to dare |
| אָזַר כּוֹחַ | to gather strength |
| אֶזְרָח ז. | citizen, civilian |
| אֶזְרָחוּת נ. | citizenship |
| אֶזְרָחוּת-כָּבוֹד | honorary citizenship |
| אֶזְרָחוּת כְּפוּלָה | dual citizenship |
| אֶזְרָחִי ת. | civil, civilian |
| אָח ז. | brother; nurse; fireplace, hearth |
| אָח חוֹרֵג | stepbrother |
| אָח לְצָרָה | fellow in misfortune |
| אָח רַחֲמָן | nurse |
| אֶחָד ז. | one |
| אֶחָד אֶחָד | one by one |
| אֶחָד מִנִּי רַבִּים | one of many |
| אַחַד-עָשָׂר ז. | eleven |
| אֲחָדִים ר. | a few |
| אַחְדּוּת נ. | unity |
| אָחוּ ז. | meadow, pasture |
| אַחֲוָה נ. | brotherhood, comradeship |
| אַחֲוַת-לוֹחֲמִים | brotherhood in arms |
| אָחוּז ת. | caught, seized |
| אֲחוּז-בֶּהָלָה | panic-stricken |
| אֲחוּז-שֵׁינָה | sleepy |
| אָחוּז ז. | percent, percentage, rate |
| אֲחוּז-חֲסִימָה | minimum percentage needed for gaining a seat in the Knesset |
| אֲחוּזָּה נ. | estate |
| אָחוֹר ז. | backside, rear |
| מֵאֲחוֹרֵי הַקְּלָעִים | behind the scenes |
| אֲחוֹרָה תפ. | backward, back |
| אֲחוֹרַיִים ז. זו. | posterior |
| אֲחוֹרָנִי ת. | rear |
| אֲחוֹרַנִּית תפ. | backward |
| אָחוֹת נ. | sister; nurse |
| אָחוֹת חוֹרֶגֶת | stepsister |
| אָחוֹת מוּסְמֶכֶת | certified nurse |
| אָחוֹת מַעֲשִׂית | practical nurse |
| אָחוֹת רַחֲמָנִיָּה | nurse |
| אָחַז (בּ-) | to hold, grasp |
| אָחַז בְּאֶמְצָעִים | to take measures |
| אַחְזָקָה נ. | maintenance |
| אָחִיד ת. | uniform |
| אֲחִידוּת נ. | uniformity |
| אֲחִיזָה נ. | grasp, foothold |
| אֲחִיזַת-עֵינַיִים | delusion, deception, bluff |
| אַחְיָן ז. | nephew |
| אַחְיָנִית נ. | niece |
| אַחְלָמָה נ. | recovery |
| אַחְסָנָה נ. | storage |
| אַחֵר ת. | other, another, else, different |
| אַחַר י. | after |
| אַחַר-כָּךְ | afterward, then, later on |
| לְאַחַר מִכֵּן | afterward, later |
| כִּלְאַחַר-יָד | off-hand, incidentally |
| מֵאַחַר שֶׁ- | because, whereas |
| אַחֲרַאי ז. | liable; in charge |
| אַחֲרָאִי ת. | responsible, reliable |
| אַחֲרוֹן ת. | last, latter |
| אַחֲרוֹן אַחֲרוֹן חָבִיב | 'last but not least' |
| אַחֲרֵי י. | after, behind |
| אַחֲרֵי-הַצָּהֳרַיִים | afternoon, P.M. |
| אַחֲרֵי כִּכְלוֹת הַכֹּל | after all |
| אַחֲרֵי-כֵן | afterward |
| אַחֲרָיוּת, אַחְרָיוּת נ. | responsibility, liability; warranty |
| אַחֲרָיוּת הֲדָדִית | mutual responsibility |

*adv*=תפ *adj*=ת *pl*=ר *fem*=נ *pro*=כ *prep*=י *con*=ח *du*=זו *mas*=ז

| | |
|---|---|
| אַחֲרָיוּת פְּלִילִית | criminal liability |
| בְּאַחֲרָיוּת | guaranteed, under warranty |
| אַחֲרִית נ. | end |
| אַחֲרִית-דָּבָר | epilogue, end |
| אַחֲרִית-הַיָּמִים | end of time |
| אַחֶרֶת תפ. | otherwise |
| אַחַת נ. | one |
| אַחַת וּלְתָמִיד | once and for all |
| אַחַת-עֶשְׂרֵה נ. | eleven |
| אַחַת שְׁתַּיִים | right away, immediately |
| כְּאַחַת | together |
| אַט תפ. | slowly |
| אַט-נוֹעַ ז. | slow motion |
| אֶטֶב ז. | laundry pin; paper clip |
| אָטוּם ת. | sealed; opaque; irresponsive; voiceless *(gram.)* |
| אָטִים ת. | impenetrable |
| אֲטִימָה נ. | closure, sealing off |
| אֲטִימוּת (-חוּשִׁים) נ. | irresponsiveness |
| אָטַם | to seal off |
| אִי ז. | island |
| אִי- | not, im-, in-, non-, un-, dis- |
| אִי-אוֹנוּת | impotence |
| אִי-אִיכְפָּתִיּוּת | indifference |
| אִי-אֵימוּן | non-confidence |
| אִי-אֶפְשָׁר תפ. | impossible |
| אִי-בִּיטָחוֹן | uncertainty, insecurity |
| אִי-גְּמִישׁוּת | inflexibility |
| אִי-דִּיּוּק | inaccuracy |
| אִי-הֲבָנָה | misunderstanding |
| אִי-הַסְכָּמָה | disagreement |
| אִי-הֵיעָנוּת | irresponsiveness |
| אִי-הַתְאָמָה | mismatch, discrepancy, disharmony |
| אִי-הִתְמַצְּאוּת | disfamiliarity |
| אִי-הִתְעָרְבוּת | non-intervention |
| אִי-הַתְקָפָה | nonaggression |
| אִי-וַדָּאוּת | uncertainty |
| אִי-זְהִירוּת | carelessness |
| אִי-זוּגִי | odd (number) |
| אִי-חוּקִיּוּת | illegality, illegitimacy |
| אִי-יְדִיעָה | lack of knowledge, ignorance |
| אִי-יְכוֹלֶת | inability |
| אִי-יְעִילוּת | inefficiency |
| אִי-יַצִּיבוּת | instability |
| אִי-כָּבוֹד | disrespect |
| אִי-לוֹחֲמוּת | non-belligerence |
| אִי-נוֹחוּת | uneasiness, inconvenience |
| אִי-נַחַת | displeasure, discontent |
| אִי-נְטִיָּה | disinclination |
| אִי-נְעִימוּת | unpleasantness |
| אִי-סַבְלָנוּת | impatience |
| אִי-סֵדֶר | disorder |
| אִי-סוֹבְלָנוּת | intolerance |
| אִי-סְפִיקָה | insufficiency |
| אִי-עִיקְבִיּוּת | inconsistency |
| אִי-פְּגִיעוּת | invulnerability |
| אִי-פּוֹרִיּוּת | infertility |
| אִי-פֵּירָעוֹן | non-payment |
| אִי-צֶדֶק | injustice |
| אִי-צִיּוּת | disobedience |
| אִי-רָצוֹן | unwillingness |
| אִי-רְצִיפוּת | discontinuity |
| אִי-רִשְׁמִיּוּת | informality |
| אִי שְׂבִיעוּת רָצוֹן | dissatisfaction, displeasure |
| אִי-שִׁוְיוֹן | inequality |
| אִי שִׁיתּוּף פְּעוּלָּה | non-cooperation |
| אִי-שְׁלֵימוּת | imperfection |
| אִי-שְׁפִיּוּת | insanity |
| אִי-שֶׁקֶט | unrest, disquiet |
| אִי-תְּלוּת | non-dependence |
| אִי תְּשׂוּמֶת לֵב | inattention |
| אֵי תפ. | where |
| אֵי-אֵלֶּה, -אֵלּוּ | some |

| | |
|---|---|
| therefore | אִי לָ זֹאת |
| ever | אֵי-פַּעַם |
| somewhere | אֵי-שָׁם |
| to lose | אִיבֵּד |
| to lose consciousness, faint | אִיבֵּד הַכָּרָה |
| to commit suicide | אִיבֵּד עַצמוֹ לָדַעַת |
| 'to lose one's head' | אִיבֵּד עֶשׁתּוֹנוֹת |
| animosity, hostility | אֵיבָה נ. |
| losing, loss | אִיבּוּד ז. |
| dehydration | אִיבּוּד נוֹזְלִים |
| petrification | אִיבּוּן ז. |
| dusting | אִיבּוּק ז. |
| diagnosis | אִיבחוּן ז. |
| to diagnose | אִיבחֵן |
| to safeguard, protect | אִיבטֵחַ |
| to dust | אִיבֵּק |
| limb, part, organ | אֵיבָר ז. |
| sex organs, genitals | אֵיבְרֵי-הַמִּין |
| to bind, amalgamate; unionize | אִיגֵּד |
| union, association | אִיגּוּד ז. |
| trade union | אִיגּוּד מִקצוֹעִי |
| outflanking | אִיגּוּף ז. |
| to outflank | אִיגֵּף |
| boxing | אִיגרוּף ז. |
| letter, message | אִיגֶּרֶת נ. |
| aerogram | אִיגֶּרֶת-אֲווִיר |
| bond | אִיגֶּרֶת-חוֹב |
| to vaporize, evaporate | אִידָּה |
| evaporation | אִידּוּי ז. |
| Yiddish | אִידִישׁ, אִידִית נ. |
| to desire | אִיוָּה |
| foolishness | אִיוֶּלֶת נ. |
| ventilation | אִיוורוּר ז. |
| to ventilate | אִיוורֵר |
| sound, murmur | אִיוושָׁה נ. |
| threat | אִיוּם ז. |
| terrible, horrible | אָיוֹם ת. |
| illustration | אִיוּר ז. |
| manning | אִיוּשׁ ז. |
| spelling | אִיוּת ז. |
| which *(mas.)*; what | אֵיזֶה כ. ז. |
| which *(fem.)*; what | אֵיזוֹ כ. נ. |
| balance | אִיזּוּן ז. |
| region, zone, district | אֵיזוֹר ז. |
| some | אֵיזוֹשֶׁהִי כ. נ. |
| reference, mention | אִיזכּוּר ז. |
| to refer to, mention | אִיזכֵּר |
| chisel, blade | אִיזמֵל ז. |
| surgical knife | אִיזמֵל-נִיתּוּחִים |
| to balance | אִיזֵּן |
| naturalization | אִיזרוּחַ ז. |
| to naturalize | אִיזרֵחַ |
| some | אֵיזֶשֶׁהוּ כ. ז. |
| to unite, unify, combine | אִיחֵד |
| to stitch, patch up | אִיחָה |
| 'to mend fences' | אִיחָה את הַקֶּרַע |
| union, unification | אִיחוּד ז. |
| stitching, mending | אִיחוּי ז. |
| wishing, wish | אִיחוּל ז. |
| hearty wishes | אִיחוּלִים לְבָבִיִּים |
| delay, latecoming | אִיחוּר ז. |
| to wish | אִיחֵל |
| storage | אִיחסוּן ז. |
| to store | אִיחסֵן |
| to be late; delay | אֵיחַר, אִיחֵר |
| to be late, miss the opportunity | אֵיחַר אֶת הַמּוֹעֵד |
| slow | אִיטִּי ת. |
| slowness | אִיטִּיּוּת נ. |
| meat shop | אִיטלִיז ז. |
| left-handed | אִיטֵּר ת. |
| noodle | אִיטרִיָּה נ. |
| to vaporize | אִייֵּד |
| where | אַיֵּה תפ. |
| doe | אַיָּלָה נ. |
| to threaten | אִייֵּם (עַל) |

*adv*=תפ *adj*=ת *pl*=ר *fem*=נ *pro*=כ *prep*=י *con*=ח *du*=זו *mas*=ז

| | |
|---|---|
| אִיֵּר | to illustrate |
| אִיָּר ז. | eighth Hebrew month |
| אִיֵּשׁ | to man |
| אִיֵּת | to spell |
| אֵיךְ, אֵיכָה תפ. | how |
| אֵיךְ הַמַּרְגָּשׁ? | 'how do you feel?' *(col.)* |
| אֵיךְ שֶׁ- | however; as soon as *(col.)* |
| אֵיכָה | Lamentations |
| אִיכּוּל ז. | corrosion |
| אִיכּוּן ז. | locating |
| אֵיכוּת נ. | quality |
| אֵיכוּת-חַיִּים | quality of life |
| אֵיכוּתִי ת. | qualitative, of high quality |
| אִיכְזֵב | to disappoint |
| אִיכֵּל | to consume, corrode |
| אִיכְלוּס ז. | populating |
| אִיכְלֵס | to populate |
| אִיכֵּן | to locate |
| אִיכְסוּן ז. | lodging, accommodation |
| אִיכְסֵן | to lodge, accommodate |
| אִיכְפַּת (ל-) | it matters (to) |
| אִיכְפָּתִיּוּת נ. | concern, care |
| אִיכָּר ז. | farmer, peasant |
| אֵיכְשֶׁהוּ תפ. | somehow |
| אַיִל ז. | ram; magnate, tycoon |
| אֵיל-כְּסָפִים | financial magnate |
| אֵיל-נֵפְט | oil magnate |
| אֵילוּ כ.ר. | which; some |
| אִילוּ, אִלּוּ ח. | if |
| וְאִילוּ | as for |
| אִילּוּלֵא, אִילּוּלֵי ח. | if not |
| אִילּוּף ז. | training, taming |
| אִילּוּץ ז. | compulsion; coercion |
| אִילְחוּשׁ ז. | anesthetization |
| אִילֵּם ת. | mute |
| אִילָן ז.(אִילָנוֹת) | tree |
| אִילַן-יַחַס | family tree |
| אִילֵּף | to train, tame |

| | |
|---|---|
| אִילְפָּס ז. | casserole |
| אִילֵּץ | to compel, force |
| אִילְתּוּר ז. | improvisation |
| אִילְתִּית נ. | salmon |
| אִילְתֵּר | to improvise |
| אִימָּא נ. | mama, mother, mom *(col.)* |
| אֵימָה נ.(אֵימִים) | terror |
| אֵימַת-הַצִּיבּוּר | stage fright |
| אִימָּהוֹת נ.ר. | mothers; matrix |
| אִימָּהוּת נ. | motherhood |
| אִימָּהִי ת. | motherly |
| אִימּוּן ז. | training |
| אִימּוּן גּוּפָנִי | physical training |
| אִימּוּן-שָׂדֶה | field training |
| אֵימוּן ז. | confidence, trust |
| אִימּוּץ ז. | adoption; straining |
| אִימּוּת ז. | verification |
| אִימֵּץ | to adopt; embrace; strain |
| אִימְרָה נ. | saying |
| אִימְרַת-כָּנָף | sharp-witted saying |
| אִימֵּת | to verify |
| אֵימָתַי תפ. | when |
| אֵימְתָן, אֵימְתָנִי ת. | frightening |
| אַיִן, אֵין תפ. | there is not, not |
| אֵין-אוֹנִים | helpless, powerless |
| אֵין דָּבָר | 'never mind' |
| אֵין ל- | one should not, forbidden to |
| אֵין לוֹ | he has not |
| אֵין מָנוֹס | it is inescapable |
| אֵין תֵּימַהּ | no wonder |
| לְאֵין סְפוֹר | countless |
| לְאֵין עֲרוֹךְ | immeasurably |
| אַיִן תפ. | where |
| מֵאַיִן | from where |
| אִינָּה | to cause |
| אִינּוּס ז. | rape; coercion |
| אֵינְסוֹף ז. | infinity |
| אֵינְסוֹפִי ת. | infinite |

*adv*=תפ *adj*=ת *pl*=ר *fem*=נ *pro*=כ *prep*=י *con*=ח *du*=זו *mas*=ז

| | |
|---|---|
| אִינְפּוּף ז. | nasalization |
| אִיסוּף ז. | gathering, collecting, pickup |
| אִיסוּף כְּסָפִים | fund-raising |
| אִיסוּר ז. | prohibition, ban |
| אִיסִיִּים ז.ר. | Essenes (ancient ascetic Jewish group in Palestine) |
| אִיסֵּף | to gather, collect |
| אִיסרוּ-חַג ז. | the day following certain Jewish holidays |
| אֵיפָה נ. | measure |
| אֵיפָה וְאֵיפָה | double standard |
| אֵיפֹה תפ. | where |
| אֵיפוֹא תפ. | therefore, then |
| אִיפּוּל ז. | blackout, darkening |
| אִיפּוּס ז. | adjustment, synchronization |
| אִיפּוּק ז. | restraint |
| אִיפּוּר ז. | makeup, cosmetics |
| אִיפְיוּן ז. | characterization |
| אִיפְיֵין | to characterize |
| אִיפֵּל | to blackout, darken |
| אִיפֵּס | to adjust, synchronize |
| אִיפֵּר | to apply makeup or cosmetics |
| אִיפְשֵׁר (ל-) | to make it possible (for), enable, permit, allow |
| אִיצטַבָּה נ. | shelf |
| אִיצטַדיוֹן ז. | stadium |
| אִיצטְלָה נ. | robe |
| אִיצטְרוּבָּל ז. | cone |
| אִיקְלֵם | to acclimate; adjust |
| אִירגּוּן ז. | organizing, organization |
| הָאִירגּוּן הַצְּבָאִי הַלְּאוּמִּי | Jewish underground in Palestine, *Irgun* |
| אִירגֵּן | to organize |
| אֵירוֹוִיזיוֹן ז. | Eurovision, song contest |
| אֵירוּחַ ז. | hosting, accommodation |
| אֵירוּסִים, אֵירוּסִין ז.ר. | engagement |
| אֵירוּעַ ז. | happening, event |
| אֵירַח, אִירֵחַ | to host, entertain guests |
| אֵירַס | to engage, betroth |
| אֵירַע | to happen, occur |
| אִישׁ ז.(אֲנָשִׁים, אִישִׁים) | man, person; man of; husband |
| אִישׁ-אֲדָמָה | farmer |
| אִישׁ-בְּלִיַּעַל | scoundrel |
| אִישׁ-זְרוֹעַ | violent; bully |
| אִישׁ-חֶברָה | socialite |
| אִישׁ-חָזוֹן | man of vision |
| אִישׁ-חַיִל | strong man, hero |
| אִישׁ-חָלָל | astronaut |
| אִישׁ-מַדָּע | scientist |
| אִישׁ-מִילּוּאִים | reserve soldier |
| אִישׁ-מִיסתּוֹרִין | mystery man |
| אִישׁ-מַעֲשֶׂה | man of action |
| אִישׁ-מַפְתֵּחַ | key figure |
| אִישׁ-סוֹד | confidant |
| אִישׁ-עֲסָקִים | businessman |
| אִישׁ-צָבָא | soldier |
| אִישׁ-צִיבּוּר | public figure |
| אִישׁ-צְפַרְדֵּעַ | frogman |
| אִישׁ-רוּחַ | intellectual |
| אִישׁ-שְׁלוֹמוֹ | loyal friend, buddy |
| אִישׁ-תְּכָכִים | plotter, instigator |
| אִישָּׁה נ.(נָשִׁים) | woman; wife |
| אִישּׁוּם ז. | indictment |
| אִישׁוֹן ז. | pupil of the eye |
| אִישׁוֹן-לַיְלָה | darkness of the night |
| אִישּׁוּר ז. | approval, confirmation; certificate |
| אִישׁוּת נ. | matrimony |
| אִישִׁי ת. | personal |
| אִישִׁיּוּת נ. | personality; celebrity |
| אִישִׁיּוּת בִּלְתִּי-רְצוּיָה | *persona non grata* |
| אִישִׁים ז.ר. | celebrities, personalities |
| אִישְׁפּוּז ז. | hospitalization |
| אִישְׁפֵּז | to hospitalize |

*adv*=תפ *adj*=ת *pl*=ר *fem*=נ *pro*=כ *prep*=י *con*=ח *du*=זו *mas*=ז

| | |
|---|---|
| אִישֵׁר | to approve, confirm, certify |
| אִישְׁרוּר ז. | ratification |
| אִישְׁרֵר | to ratify |
| אִיתּוּר ז. | locating, localization |
| אִיתּוּרִית נ. | electronic pager |
| אִיתּוּת ז. | signaling |
| אֵיתָן ת. | strong, steadfast, firm |
| אֵיתְנֵי-הַטֶּבַע | forces of nature |
| אֵיתָנוּת נ. | strength, firmness |
| אִיתֵּר | to localize, locate |
| אַךְ ת. | but; only |
| אַךְ וְרַק | only |
| אָכוּל ת. | eaten up; corroded |
| אַכְזָבָה נ. | disappointment |
| אַכְזָר, אַכְזָרִי ת. | cruel |
| אַכְזָרִיּוּת נ. | cruelty |
| אָכִיל ת. | edible |
| אֲכִילָה נ. | eating |
| אָכִיף ת. | enforceable |
| אֲכִיפָה נ. | enforcement |
| אָכַל | to eat, consume |
| אַכְלָן ז. | eater, glutton |
| אָכֵן תפ. | indeed |
| אַכְסַדְרָה נ. | foyer, lobby |
| אַכְסַנְיָה נ. | inn, hostel |
| אַכְסַנְיַת-נוֹעַר | youth hostel |
| אָכַף | to enforce |
| אַל | do not, no, not |
| אַל גַּעַת | 'hands off' |
| אַל חֶלֶד | rust-proof |
| אַל מַעַךְ | crush-proof |
| אֶל י. | to, into |
| אֶל-נָכוֹן | evidently |
| מֵאֵלָיו | by himself, by itself |
| אֵל ז. | God |
| אֶלָּא תפ. | but, rather, except |
| אֶלָּא אִם כֵּן | unless |
| אַלָּה נ. | wooden club |

| | |
|---|---|
| אֵלָה נ. | goddess |
| אֵלָה נ. | oak tree |
| אֵלֶּה, אֵלּוּ כ. | these, those |
| אֱלוֹהִים ז. | God |
| אֱלוֹהוּת נ. | deity, divinity |
| אֱלוֹהִי ת. | divine |
| אֱלוּל ז. | twelfth Hebrew month |
| אֲלוּמָּה נ. | bundle |
| אֲלוּמַּת-אוֹר | light beam |
| אַלּוֹן ז. | oak |
| אֲלוּנְקָה נ. | stretcher |
| אַלּוּף ז. | champion; chief; Brigadier |
| אַלּוּף-מִישְׁנֶה | Lieutenant General |
| אַלּוּף-פִּיקּוּד | regional commander |
| אֱלוֹקִים ז. | God |
| אַלְחוּט ז. | wireless, telegraph, radio |
| אַלְחוּטַאי, אַלְחוּטָן ז. | wireless operator |
| אַלְחוּטִי ת. | wireless, cordless |
| אַלְחוּשׁ ז. | anesthesia |
| אַלְיָה נ. | sheep tail |
| אֱלִיל ז. | idol |
| אֱלִיל-נוֹעַר | youth idol |
| אֱלִילָה נ. | goddess |
| אֱלִילוּת נ. | idolatry, paganism |
| אֱלִילִי ת. | pagan |
| אַלִּים ת. | violent |
| אַלִּימוּת ז. | violence |
| אַלִּימוּת מִילּוּלִית | verbal violence |
| אַלִּיפוּת נ. | championship |
| אֲלַכְסוֹן ז. | diagonal |
| אֵלֶם ז. | muteness, silence |
| אַלְמוֹג ז. | coral |
| אַלְמָוֶת ז. | immortality |
| אַלְמוֹנִי ת. | anonymous, unknown |
| אַלְמוֹנִיּוּת נ. | anonymity |
| אַלְמוֹתִי ת. | immortal |
| אַלְמָן ז. | widower |

*adv*=תפ *adj*=ת *pl*=ר *fem*=נ *pro*=כ *prep*=י *con*=ח *du*=זו *mas*=ז

| | | | |
|---|---|---|---|
| steadfast, courageous | אַמִיץ-רוּחַ | widow | אַלְמָנָה נ. |
| treetop | אָמִיר ז. | widowhood | אַלְמָנוּת נ. |
| saying, utterance | אֲמִירָה נ. | non-metal | אַלְמַתֶּכֶת נ. |
| emirate | אֱמִירוּת נ. | first letter of the alphabet | אָלֶף נ. |
| axiom, truth | אֲמִיתָּה נ. | thousand | אֶלֶף ז. |
| truthfulness, truth | אֲמִיתּוּת נ. | two thousand | אַלְפַּיִם |
| true, real, genuine | אֲמִיתִּי ת. | one thousandth | אַלְפִּית נ. |
| genuineness, authenticity | אֲמִיתִּיּוּת נ. | if | אִם ח. |
| Amen, so be it | אָמֵן תפ. | although | אִם כִּי |
| to foster | אָמַן | if so | אִם כֵּן |
| treaty | אֲמָנָה נ. | is it (interrogative) | הַאִם |
| Geneva Convention | אֲמָנַת-גֶ'נֶבָה | mother | אֵם נ.(אִמָּהוֹת) |
| tilapia | אַמְנוּן ז. | housemother, dorm manager | אֵם-בַּיִת |
| invention | אַמְצָאָה נ. | matrix | אֵם-דְּפוּס |
| middle | אֶמְצַע, אֶמְצַע ז. | crossroads | אֵם-הַדֶּרֶךְ |
| means; intermediacy | אֶמְצָעוּת נ. | stepmother | אֵם חוֹרֶגֶת |
| via, through, by means of | בְּאֶמְצָעוּת | Hebrew vowel letter | אֵם-קְרִיאָה |
| median; medium, means | אֶמְצָעִי ת. | enamel | אֱמָאִיל ז. |
| means; measures; media | אֶמְצָעִים ז.ר. | bath, bathtub, bathroom | אַמְבַּטְיָה נ. |
| safety measures | אֶמְצְעֵי-בִּטָּחוֹן | to estimate | אָמַד |
| teaching aids | אֶמְצְעֵי-הוֹרָאָה | maid, servant | אָמָה נ. |
| precautions | אֶמְצְעֵי-זְהִירוּת | forearm; middle finger | אַמָּה נ. |
| weapons, armament | אֶמְצְעֵי-לְחִימָה | measure, standard | אַמַּת-מִידָּה |
| preventive | אֶמְצְעֵי-מְנִיעָה | diving | אֲמוֹדָאוּת נ. |
| measures; contraceptives | | diver | אֲמוֹדַאי ז. |
| news media | אֶמְצְעֵי-הַתִּיקְשׁוֹרֶת | trained | אָמוּן ת. |
| to say | אָמַר | faith, belief | אֱמוּנָה נ. |
| to lose hope, despair | אָמַר נוֹאַשׁ | superstition | אֱמוּנָה טְפֵלָה |
| take-off | אַמְרָאָה נ. | false belief | אֱמוּנַת-שָׁוְוא |
| impresario, promoter | אַמַרְגָּן ז. | said; expected to, supposed to | אָמוּר ת. |
| administrator | אַמַרְכָּל ז. | Talmudic sage | אָמוֹרָא ז. |
| last night | אֶמֶשׁ תפ. | wealthy, affluent | אָמִיד ת. |
| truth | אֱמֶת נ. | wealth, affluence | אֲמִידוּת נ. |
| really, truly, genuinely | בֶּאֱמֶת | credible, reliable | אָמִין ת. |
| aqueduct | אַמַּת-מַיִם נ. | credibility, reliability | אֲמִינוּת נ. |
| bag, sack | אַמְתַּחַת נ. | courageous, brave | אַמִּיץ ת. |
| excuse, pretext | אֲמַתְלָה נ. | strong | אַמִּיץ-כּוֹחַ |
| to where | אָן, אָנָה תפ. | brave | אַמִּיץ-לֵב |

adv=תפ adj=ת pl=ר fem=נ pro=כ prep=י con=ח du=זו mas=ז

| | |
|---|---|
| אָנָּא | please |
| אַנאַלְפָבֵּיתִיּוּת נ. | illiteracy |
| אַנדַּרטָה נ. | monument |
| אַנדרָלָמוּסיָה נ. | chaos, disorder |
| אָנֶה וָאָנָה תפ. | to and fro |
| אָנוּ כ. | we, we are |
| אָנוֹכִי כ. | I, I am |
| אָנוֹכִיּוּת נ. | selfishness, egoism |
| אָנוֹכִיִּי ת. | selfish |
| אָנוּס ת. | compelled, forced; raped |
| אֲנוּסִים ז.ר. | Maranos (forced Jewish converts in the Spanish Inquisition) |
| אָנוּשׁ ת. | critical, incurable |
| אֱנוֹשׁ ז. | man, human |
| אֱנוֹשׁוּת נ. | mankind, humanity |
| אֱנוֹשִׁי ת. | human, humane |
| אֱנוֹשִׁיּוּת נ. | humaneness |
| אֲנָחָה נ. | sigh |
| אֲנַחנוּ כ. | we, we are |
| אַנטִישֵׁמִי ת. | anti-Semite |
| אַנטִישֵׁמִיּוּת נ. | anti-Semitism |
| אֲנִי כ. | I, I am |
| אָנִין ת. | delicate, refined |
| אֲנִין-דַּעַת | fine, refined |
| אֲנִין-טַעַם | tasteful; gourmet |
| אֲנָךְ ז. | plummet |
| אֲנָכִי ת. | vertical |
| אֲנָנָס ז. | pineapple |
| אָנַס | to force; rape |
| אַנָּס ז. | rapist |
| אַנפִּי ת. | nasal |
| אֲנָקָה נ. | groan, moan |
| אַנקוֹל ז. | hook |
| אַנקוֹר ז. | sparrow |
| אֲנָשִׁים ז.ר.(see איש) | people |
| אַנשֵׁי-עֵט | writers |
| אַנשֵׁי-שֵׁם | famous people |
| אַסדָּה נ. | raft |
| אָסוֹן ז.(אֲסוֹנוֹת) | disaster, catastrophe |
| אֲסוּפִי ז. | foundling |
| אָסוּר ת. | forbidden; imprisoned |
| אֲסוּרִים ז.ר. | chains |
| אָסוּתָא נ. | medicine |
| אֲסִימוֹן ז. | telephone token |
| אָסִיף ז. | harvest |
| אֲסִיפָה נ. | collecting, gathering |
| אֲסֵיפָה נ. | gathering, assembly |
| אֲסֵיפָה פּוּמבִּית | open meeting |
| אֲסֵיפַת-בְּחִירוֹת | election rally |
| אֲסֵיפַת-חֲבֵרִים | members' assembly |
| אֲסֵיפַת-עַם | public gathering |
| אָסִיר ז. | prisoner, inmate |
| אֲסִיר-מִלחָמָה | war prisoner |
| אֲסִיר-עוֹלָם | imprisoned for life |
| אֲסִיר-צִיּוֹן | imprisoned for being a Zionist |
| אֲסִיר-תּוֹדָה | grateful |
| אַסכּוֹלָה נ. | school |
| אַסכָּרָה נ. | diphtheria |
| אֹסֶל ז. | yoke |
| אַסלָה נ. | toilet bowl |
| אָסָם ז. | granary |
| אַסמַכתָּא, אַסמַכתָּה נ. | proof; support, authority |
| אָסַף | to collect, gather; pick up |
| אַספָן ז. | collector |
| אֲסַפסוּף ז. | mob |
| אַספֶּסֶת נ. | alfalfa |
| אַספָּקָה נ. | supply |
| אַספַּקלַריָה נ. | mirror, reflection |
| אָסַר | to imprison |
| אָסַר (עַל) | to forbid, prohibit |
| אַף ז. | nose |
| אַף סוֹלֵד | snub nose |
| אַף ת. | even, also |
| אַף אֶחָד | no one, nobody |

*adv*=תפ *adj*=ת *pl*=ר *fem*=נ *pro*=כ *prep*=י *con*=ח *du*=זו *mas*=ז

| English | Hebrew |
|---|---|
| even though | אַף-כִּי |
| although, albeit | אַף-עַל-פִּי |
| nevertheless | אַף-עַל-פִּי-כֵן |
| never | אַף פַּעַם |
| despite | עַל אַף |
| despite his objection | עַל אַפּוֹ וְעַל חֲמָתוֹ |
| vest; sweater | אֲפוּדָה נ. |
| bullet-proof vest | אֲפוּדַת-מָגֵן |
| guardian, trustee | אַפּוֹטְרוֹפּוֹס ז. |
| guardianship | אַפּוֹטְרוֹפְּסוּת נ. |
| baked | אָפוּי ת. |
| pea | אֲפוּנָה נ. |
| shrouded, wrapped | אָפוּף ת. |
| mysterious | אָפוּף מִיסתּוֹרִין |
| gray; dull | אָפוֹר ת. |
| nasal | אַפִּי ת. |
| baking | אֲפִיָּה נ. |
| darkness | אֲפֵילָה נ. |
| even, even if | אֲפִילוּ, אֲפִילוּ ח. |
| cessation, stoppage | אֲפִיסָה נ. |
| exhaustion | אֲפִיסַת-כּוֹחוֹת |
| Pope | אַפִּיפְיוֹר ז. |
| wafer, waffle | אֲפִיפִית נ. |
| riverbed; channel | אָפִיק ז. |
| unleavened bread hidden at the Passover dinner | אֲפִיקוֹמָן נ. |
| canopy | אַפִּירְיוֹן ז. |
| dark | אָפֵל ת. |
| dim | אֲפְלוּלִי ת. |
| dimness | אֲפְלוּלִית נ. |
| discrimination | אַפלָיָה נ. |
| to cease, become nil, diminish | אָפֵס |
| but | אֶפֶס ח. |
| zero | אֶפֶס ז. |
| inaction, idleness | אֶפֶס-מַעֲשֶׂה |
| (full) to capacity | אֶפֶס-מָקוֹם |
| hopelessness | אֶפֶס-תִּקְוָנָה |
| nothingness | אַפְסוּת, אַפְסִיּוּת נ. |
| meager, insignificant | אַפְסִי ת. |
| quartermastership, supply room | אַפְסְנָאוּת נ. |
| quartermaster | אַפְסְנַאי ז. |
| viper | אֶפְעֶה ז. |
| to surround, wrap | אָפַף |
| ashes | אֵפֶר ז. |
| chick | אֶפְרוֹחַ ז. |
| grayish; dull | אֲפַרוּרִי ת. |
| dullness, monotony | אֲפַרוּרִית נ. |
| earpiece | אֲפַרְכֶּסֶת נ. |
| persimmon | אֲפַרְסְמוֹן ז. |
| peach | אֲפַרְסֵק ז. |
| grayish | אֲפַרְפַּר ת. |
| possible | אֶפְשָׁר תפ. |
| possibility | אֶפְשָׁרוּת נ. |
| possible | אֶפְשָׁרִי ת. |
| surprise | אַפְתָּעָה נ. |
| to hurry, rush | אָץ |
| finger | אֶצְבַּע, אֶצְבַּע נ.(אֶצְבָּעוֹת) |
| Israel's northern tip | אֶצְבַּע-הַגָּלִיל |
| an obscene gesture | אֶצְבַּע מְשׁוּלֶשֶׁת |
| thimble | אֶצְבָּעוֹן ז. |
| Tom Thumb | אֶצְבְּעוֹנִי ז. |
| seaweed | אַצָּה נ. |
| nobility, aristocracy | אֲצוּלָה נ. |
| latent | אָצוּר ת. |
| nobleman, noble | אָצִיל ז. |
| nobility | אֲצִילוּת נ. |
| noble | אֲצִילִי ת. |
| collecting | אֲצִירָה נ. |
| to bestow | אָצַל |
| at; near; with, in the possession of; under (teacher) | אֵצֶל י. |
| arm or ankle bracelet | אֶצְעָדָה נ. |
| to store, collect | אָצַר |
| pistol | אֶקְדָּח ז. |

| | |
|---|---|
| אֶקְדָּח תּוּפִּי | revolver |
| אֶקְדָּחָן ז. | gunman |
| אֲקָדֵמַאי ז. | academician, academic |
| אַקְדָּמָה נ. | preface; prelude |
| אַקְלִים ז. | climate |
| אֶקְרָן ז. | projection screen |
| אָרַב (ל-) | to lurk, ambush |
| אַרְבֶּה ז. | locust |
| אַרְבָּה נ. | barge |
| אַרְבַּע נ. | four |
| אַרְבַּע הָעוֹנוֹת | the four seasons |
| אַרְבַּע-עֶשְׂרֵה נ. | fourteen |
| אַרְבַּע רוּחוֹת הַשָּׁמַיִם | the four directions |
| אַרְבָּעָה ז. | four |
| אַרְבָּעָה-עָשָׂר ז. | fourteen |
| אַרְבָּעִים | forty |
| אָרַג | to weave |
| אֶרֶג ז. | fabric |
| אַרְגָּז ז. | box, case, trunk |
| אַרְגָּמָן ז. | purple |
| אַרְגָּעָה נ. | calm, relief, relaxation |
| אָרָד ז. | bronze |
| אֲרוּבָּה נ. | chimney |
| אָרוּז ת. | packed |
| אֲרוּחָה נ. | meal |
| אֲרוּחַת-בּוֹקֶר | breakfast |
| אֲרוּחַת-צָהֳרַיִים | lunch |
| אֲרוּחַת-עֶרֶב | dinner, supper |
| אָרוֹךְ ת. | long |
| אֲרוֹךְ-טְוָוח | long-range |
| אֲרוֹךְ-מוֹעֵד | long-term |
| אָרוֹן ז.(אֲרוֹנוֹת) | closet, chest, cabinet; casket |
| אֲרוֹן-מֵתִים | coffin |
| אֲרוֹן-סְפָרִים | bookcase |
| אֲרוֹן-הַקּוֹדֶשׁ | the Holy Ark |
| אֲרוֹן-קִיר | built-in closet |
| אָרוּס ז. | engaged, fiancé |
| אָרוּר ת. | damned, cursed |
| אָרַז | to pack |
| אֶרֶז ז. | cedar |
| אָרְחֵי פָּרְחֵי ז.ר. | vagrants, transients |
| אֲרִי, אַרְיֵה ז.(אֲרָיוֹת) | lion; Leo |
| אָרִיג ז. | fabric, cloth |
| אֲרִיגָה נ. | weaving |
| אֲרִיזָה נ. | packing; package |
| אָרִיחַ ז. | tile |
| אֲרִיךְ- ת. | long- |
| אֲרִיךְ-נֶגֶן | long-playing |
| אֲרִיכוּת נ. | length |
| אֲרִיכוּת-יָמִים | longevity |
| אָרִיס ז. | land tenant |
| אָרַךְ | to last, continue |
| אַרְכָּה נ. | time extension |
| אַרְכּוּבָּה נ. | knee, shank |
| אַרְכִיב, אַרְכִיּוֹן ז. | archives |
| אַרְכִיבָר ז. | archivist |
| אֲרַם-נַהֲרַיִים נ. | Mesopotamia |
| אַרְמוֹן ז.(אַרְמוֹנוֹת) | palace, mansion |
| אֲרָמִית נ. | Aramaic |
| אַרְנָב ז., אַרְנֶבֶת נ. | rabbit, hare |
| אַרְנוֹנָה נ. | real estate tax |
| אַרְנָק ז. | wallet, purse |
| אֶרֶס ז. | venom |
| אַרְסִי ת. | venomous, poisonous; malicious |
| אַרְסִיּוּת נ. | venomousness; malice |
| אֲרָעִי ת. | temporary |
| אֶרֶץ נ.(אֲרָצוֹת) | earth, land, ground; country |
| אֶרֶץ-יִשְׂרָאֵל | Land of Israel, Palestine |
| אֶרֶץ-מוֹלֶדֶת | homeland |
| אֶרֶץ-הַקּוֹדֶשׁ | Holy Land |
| אַרְצוֹת-הַבְּרִית | United States |
| אַרְצִי ת. | nationwide |
| אֲרֶשֶׁת נ. | expression |

| | |
|---|---|
| facial expression | אֲרֶשֶׁת-פָּנִים |
| fire, flame | אֵשׁ נ. |
| live ammunition | אֵשׁ חַיָּה |
| crossfire | אֵשׁ צוֹלֶבֶת |
| waterfall | אֶשֶׁד ז. |
| fir | אַשּׁוּחַ ז. |
| Assyria | אַשּׁוּר נ. |
| testicle | אֶשֶׁךְ ז. |
| burial | אַשְׁכָּבָה נ. |
| cluster | אֶשְׁכּוֹל ז. |
| cluster of grapes | אֶשְׁכּוֹל-עֲנָבִים |
| grapefruit | אֶשְׁכּוֹלִית נ. |
| Germany; European Diaspora | אַשְׁכְּנַז נ. |
| a Jew of European descent | אַשְׁכְּנַזִּי ת. |
| tamarisk | אֶשֶׁל ז. |
| potash | אַשְׁלָג ז. |
| potassium | אַשְׁלְגָן ז. |
| illusion, wishful thinking | אַשְׁלָיָה נ. |
| to be guilty | אָשַׁם |
| guilty, at fault | אָשֵׁם ת. |
| guilt, fault | אָשָׁם ז. |
| sinner | אַשְׁמַאי ז. |
| Asmodeus, chief demon | אַשְׁמְדַאי ז. |
| guilt, blame, fault | אַשְׁמָה נ. |
| false accusation | אַשְׁמַת-שָׁווא |
| portion of the night | אַשְׁמוּרָה, אַשְׁמֹורֶת נ. |
| small window, loophole | אֶשְׁנָב ז. |
| magician, wizard | אַשָּׁף ז. |
| chef | אַשַּׁף-מִטְבָּח |
| garbage, trash | אַשְׁפָּה נ. |
| which, who, that | אֲשֶׁר כ. |
| as to, as for, regarding | בַּאֲשֶׁר ל- |
| when, as | כַּאֲשֶׁר |
| than | מֵאֲשֶׁר |
| inspiration | אַשְׁרָאָה נ. |
| credit | אַשְׁרַאי ז. |
| visa, permit | אַשְׁרָה נ. |
| exit visa | אַשְׁרַת-יְצִיאָה |
| entry visa | אַשְׁרַת-כְּנִיסָה |
| transit visa | אַשְׁרַת-מַעֲבָר |
| immigrant visa | אַשְׁרַת-עוֹלֶה |
| tourist visa | אַשְׁרַת-תַּיָּר |
| happy (is, are) | אַשְׁרֵי |
| wife of, woman of | אֵשֶׁת- (see אִישׁ) |
| last year | אֶשְׁתָּקַד תפ. |
| direct–object marker | אֶת כ. |
| with | אֵת י. |
| shovel, ploughshare | אֵת (-חֲפִירָה) ז. |
| you, you are *(fem., sg.)* | אַתְּ כ. נ. |
| challenge | אֶתְגָּר ז. |
| you, you are *(mas., sg.)* | אַתָּה כ. ז. |
| female donkey | אָתוֹן נ.(אֲתוֹנוֹת) |
| Athens | אַתּוּנָה נ. |
| ethical | אֶתִי ת. |
| you, you are *(mas., pl.)* | אַתֶּם כ. ז.ר. |
| yesterday | אֶתְמוֹל תפ. |
| you, you are *(fem., pl.)* | אַתֶּן כ. נ.ר. |
| prostitute's pay | אֶתְנַן ז. |
| site, place | אֲתָר ז. |
| construction site | אֲתַר-בְּנִיָּה |
| excavation site | אֲתַר-חֲפִירוֹת |
| recreation site | אֲתַר-נוֹפֶשׁ |
| antiquities' site | אֲתַר-עַתִּיקוֹת |
| ether | אֶתֶר ז. |
| warning | אַתְרָאָה נ. |
| citron | אֶתְרוֹג ז. |
| signaler, signalman, flagman | אַתָּת ז. |

# ב

| | |
|---|---|
| ב | *Beth;* two (numerical value) |
| בְּ- | in, at; with; for |
| בָּא | to come |
| בָּא בִּבְרִיתוֹ שֶׁל אַבְרָהָם אָבִינוּ | to be circumcised |
| בָּא בִּדְבָרִים | to discuss, negotiate |
| בָּא בְּחֶשְׁבּוֹן | possible, acceptable |
| בָּא בִּטְרוּנְיָה | to complain |
| בָּא בַּיָּמִים | old |
| בָּא בִּמְבוּכָה | to be embarrassed |
| בָּא בְּמַגָּע | to have contact |
| בָּא-כּוֹחַ | representative, agent |
| בָּא לוֹ | 'to feel like' *(col.)* |
| בָּא לִידֵי, -לִכְלָל | to reach a point of |
| בָּא עַל הֶחָתוּם | to sign |
| בָּא עַל עוֹנְשׁוֹ | to be punished |
| בָּא עַל שְׂכָרוֹ | to be paid, rewarded |
| הַבָּא | next, upcoming |
| לְהַבָּא | from now on |
| בָּאוּשׁ ת. | stinking |
| בְּאַקְרַאי תפ. | by chance, accidentally |
| בְּאֵר נ.(בְּאֵרוֹת) | well *(n.)* |
| בְּאֵר-מַיִם | water well |
| בְּאֵר-נֵפְט | oil well |
| בָּאַשׁ | to stink |
| בָּאֶשֶׁת נ. | bad breath |
| בָּבוּאָה נ. | image |
| בָּבֶל נ. | Babylon, Babylonia |
| בָּבַת-עַיִן נ. | apple of the eye |
| בְּבַת אַחַת תפ. | all at once |
| בָּגַד (בּ-) | to betray |
| בֶּגֶד ז. | clothing, garment |
| בֶּגֶד-יָם, -רַחֲצָה | bathing suit |
| בֶּגֶד-שְׂרָד | ceremonial attire |
| בְּגִידָה נ. | betrayal, treason |
| בְּגִילוּפִין תפ. | drunk, intoxicated |
| בְּגִין י. | because of |
| בָּגִיר ז. | adult |
| בִּגְלַל י. | because of |
| בָּגַר | to mature |
| בַּגְרוּת נ. | maturity; matriculation |
| בַּד ז. | cloth, fabric; lie |
| בַּד בְּבַד | at the same time, together with |
| בַּדָּאוּת נ. | lie, fabrication |
| בַּדַּאי ת. | liar |
| בָּדָד תפ. | alone |
| בָּדָה | to fabricate, make up |
| בֶּדוּוִי ז. | Bedouin, Arab nomad |
| בָּדוּי ת. | fabricated, false |
| בְּדוֹלַח ז. | crystal |
| בַּדּוֹן ז. | canvas hut |
| בָּדוּק ת. | tested, verified |
| בְּדוּת, בְּדוּתָא נ. | fabrication, falsehood |
| בִּדְחִילוּ וּרְחִימוּ תפ. | 'with fear and love' |
| בַּדְּחָן ז. | joker, comedian |
| בַּדְּחָנוּת נ. | joking, fun |
| בְּדִידוּת נ. | loneliness, solitude |
| בְּדָיָה נ. | fabrication, lie |
| בִּדְיוֹן ז. | fiction |
| בִּדְיוֹנִי ת. | fictitious |
| בְּדִיחָה נ. | joke |
| בְּדִיחָה גַּסָּה | dirty joke |
| בְּדִיחוּת נ. | joy, fun |
| בְּדִיחוּת-דַּעַת | amusement |
| בְּדִיל ז. | tin |
| בְּדִימוֹס ת. | retired |
| בְּדִיעֲבַד תפ. | in retrospect, after the act |
| בְּדִיקָה נ. | examination, inspection, test |
| בְּדִיקָה בִּיטְחוֹנִית | security check |

| English | Hebrew |
|---|---|
| reexamination | בְּדִיקָה חוֹזֶרֶת |
| autopsy | בְּדִיקָה לְאַחַר הַמָּוֶת |
| medical checkup | בְּדִיקָה רְפוּאִית |
| blood test | בְּדִיקַת דָם |
| earlobe | בְּדַל-אוֹזֶן ז |
| cigarette butt | בְּדַל-סִיגָרְיָה ז |
| isolationist, separatist | בַּדְלָן ז |
| isolationism, separatism | בַּדְלָנוּת נ |
| to examine, check, test | בָּדַק |
| repair | בֶּדֶק ז |
| house repairs, improvements | בֶּדֶק-בַּיִת |
| entertainer | בַּדְרָן ז |
| entertainment | בַּדְרָנוּת נ |
| to wonder | בָּהָה |
| hasty, urgent | בָּהוּל ת |
| definitely, absolutely | בְּהֶחְלֵט תפ |
| hurry; panic | בְּהִילוּת נ |
| bright, light (color); clear | בָּהִיר ת |
| brightness, clarity | בְּהִירוּת נ |
| panic | בֶּהָלָה נ |
| gold rush | הַבֶּהָלָה לְזָהָב |
| panic buying | בֶּהָלַת-קְנִיּות |
| farm animal | בְּהֵמָה נ |
| animal-like, beastly | בַּהֲמִי ת |
| beastliness | בַּהֲמִיּוּת נ |
| to shine | בָּהַק |
| albinism, vitiligo | בַּהֶקֶת נ |
| macula | בַּהֶרֶת נ |
| in him, in it | בּוֹ |
| at the same time, simultaneously | בּוֹ בַּזְּמַן, -זְמַנִּית |
| on the same day | בּוֹ בַּיּוֹם |
| instantaneously | בּוֹ בָּרֶגַע |
| to be explained, interpreted | בּוֹאַר |
| skunk | בּוֹאֵשׁ ז |
| doll, puppet | בּוּבָּה נ |
| traitor | בּוֹגֵד ז |
| treachery | בּוֹגְדָנוּת נ |

| English | Hebrew |
|---|---|
| treacherous | בּוֹגְדָנִי ת |
| adult, mature; graduate | בּוֹגֵר ז |
| university graduate; Bachelor's degree | בּוֹגֵר-אוּנִיבֶרְסִיטָה |
| to isolate; insulate | בּוֹדֵד |
| lonely, isolated; single, lone | בּוֹדֵד ת |
| a few | בּוֹדְדִים ת.ר |
| to be isolated; be insulated | בּוּדַד |
| thumb, big toe | בּוֹהֶן נ (בְּהוֹנוֹת) |
| brightness; leukoderma | בּוֹהַק ז |
| scorn, contempt | בּוּז ז |
| 'shame on', 'boo' | בּוּז (ל-) |
| to be wasted | בּוּזְבַּז |
| simultaneous | בּוֹזְמַנִּי ת |
| tester | בּוֹחֵן ז |
| quiz, test | בּוֹחַן ז |
| elector, voter | בּוֹחֵר ז |
| harsh | בּוֹטֶה ת |
| to be insured | בּוּטַח |
| to be cancelled | בּוּטַל |
| peanut | בּוֹטֶן ז |
| to be stamped | בּוּיַּל |
| to be staged, directed | בּוּיַּם |
| piston | בּוּכְנָה נ |
| stamp; bull's eye | בּוּל ז |
| postal stamp | בּוּל-דּוֹאַר |
| revenue stamp | בּוּל-הַכְנָסָה |
| commemorative stamp | בּוּל-זִיכָּרוֹן |
| log; blockhead | בּוּל-עֵץ |
| stamp collecting | בּוּלָאוּת נ |
| stamp collector | בּוּלַאי ז |
| a songbird | בּוּלְבּוּל ז |
| to be confused | בּוּלְבַּל |
| protruding; prominent; conspicuous | בּוֹלֵט ת |
| to mix; assimilate | בּוֹלֵל |
| intense desire, mania | בּוּלְמוּס ז |
| to suffer harm | בּוֹלַע לוֹ |

adv=תפ  adj=ת  pl=ר  fem=נ  pro=כ  prep=י  con=ח  du=זו  mas=ז

| | | | |
|---|---|---|---|
| shame | בּוּשָׁה נ. | secret police | בּוֹלֶשֶׁת נ. |
| great shame, disgrace | בּוּשָׁה וְחֶרְפָּה | Federal Bureau of Investigation, FBI | בּוֹלֶשֶׁת פֶדֶרָאלִית |
| perfume | בּוֹשֶׂם ז. | builder, mason | בּוֹנֶה ז. |
| to be late, tardy | בּוֹשֵׁשׁ לָבוֹא | unripe fruit; immature | בּוֹסֶר ז. |
| humiliation; disappointment | בּוֹשֶׁת-פָּנִים נ. | orchard, garden | בּוּסְתָּן ז. |
| to loot | בַּז | bubble, blister | בּוּעָה נ. |
| to despise | בָּז (ל-) | burning; pressing, urgent | בּוֹעֵר ת. |
| falcon | בַּז ז. | mud | בּוֹץ ז. |
| profligate, lavish | בַּזְבְּזָן ז. | dinghy | בּוּצִית נ. |
| profligacy, wastefulness | בַּזְבְּזָנוּת נ. | muddy | בּוֹצָנִי ת. |
| despicable | בָּזוּי ת. | to be performed, executed | בּוּצַע |
| to loot, rob | בָּזַז | grape-picker | בּוֹצֵר ז. |
| looting | בְּזִיזָה נ. | to be fortified | בּוּצַר |
| very cheaply | בְּזִיל הַזּוֹל תפ. | cowboy | בּוֹקֵר ז. |
| basalt, lava rock | בַּזֶּלֶת נ. | morning | בּוֹקֶר ז. |
| lightning, flash | בָּזָק ז. | to be criticized; be inspected; be controlled | בּוּקַר |
| telecommunication | בֶּזֶק ז. | to be asked, requested; be sought | בּוּקַשׁ |
| young man; boyfriend | בָּחוּר ז. | pit, hole, pothole | בּוֹר ז.(בּוֹרוֹת) |
| fine young man | בַּחוּר-חֶמֶד | septic tank | בּוֹר-שׁוֹפְכִין |
| Yeshiva student | בַּחוּר-יְשִׁיבָה | ignorant, illiterate | בּוּר ת. |
| 'jolly good fellow' | בָּחוּר כָּאֶרֶז | creator, God | בּוֹרֵא ז. |
| young woman; girlfriend | בַּחוּרָה נ. | screw | בּוֹרֶג ז. |
| mixed | בָּחוּשׁ ת. | bulgur, bulgur wheat | בּוּרְגּוּל ז. |
| nausea, disgust | בְּחִילָה נ. | bourgeoisie | בּוּרְגָּנוּת נ. |
| examination, test; aspect, viewpoint | בְּחִינָה נ. | bourgeois | בּוּרְגָּנִי ת. |
| as, similar to | בְּחִינַת | petit bourgeois | בּוּרְגָּנִי זָעֵיר |
| matriculation exam | בְּחִינַת-בַּגְרוּת | ignorance, illiteracy | בּוּרוּת נ. |
| final examination | בְּחִינַת-גְּמָר | runaway, fugitive | בּוֹרֵחַ ז. |
| from the aspect of | מִבְּחִינַת | stock exchange | בּוּרְסָה נ. |
| chosen; best | בָּחִיר ת. | diamond exchange | בּוּרְסַת-יַהֲלוֹמִים |
| chosen for marriage, fiancé | בְּחִיר-לֵב | arbitrator; selector | בּוֹרֵר ז. |
| choice | בְּחִירָה נ. | to be clarified | בּוֹרַר |
| elections | בְּחִירוֹת נ.ר. | arbitration | בּוֹרְרוּת נ. |
| district elections | בְּחִירוֹת אֵזוֹרִיּוֹת | mandatory arbitration | בּוֹרְרוּת-חוֹבָה |
| secret ballot | בְּחִירוֹת חֲשָׁאִיּוֹת | to be ashamed | בּוֹשׁ |
| general elections | בְּחִירוֹת כְּלָלִיּוֹת | 'shame on you' | בּוֹשׁ וְהִכָּלֵם |

| | |
|---|---|
| primaries | בְּחִירוֹת מוּקְדָּמוֹת |
| mixing; meddling | בְּחִישָׁה נ. |
| to detest, be disgusted (with) | בָּחַל (בּ-) |
| to examine, test | בָּחַן |
| to select, choose, elect | בָּחַר (בּ-) |
| young age | בַּחֲרוּת נ. |
| to mix, stir | בָּחַשׁ |
| to meddle | בָּחַשׁ בַּקְּדֵירָה |
| certain, confident, sure; safe | בָּטוּחַ ת. |
| concrete | בֶּטוֹן ז. |
| reinforced concrete | בֶּטוֹן מְזוּיָּן |
| to trust, rely (on) | בָּטַח (בּ-) |
| safety, security | בֶּטַח ז. |
| certainly *(col.)* | בֶּטַח תפ. |
| certainty; security | בִּטְחָה נ. |
| sweet potato | בָּטָטָה נ. |
| safety | בְּטִיחוּת נ. |
| to cease; be idle | בָּטַל |
| idle, unemployed; void | בָּטֵל ת. |
| idleness | בַּטָּלָה נ. |
| in vain | לְבַטָּלָה |
| idler, vagrant | בַּטְלָן ז. |
| idleness, laziness | בַּטְלָנוּת נ. |
| abdomen, belly, stomach; inner part | בֶּטֶן נ.(בְּטָנִים) |
| the inside of the earth | בֶּטֶן-הָאֲדָמָה |
| from birth | מִבֶּטֶן וּמִלֵּידָה |
| double bass | בַּטְנוּן ז. |
| coming; coitus | בִּיאָה נ. |
| the Messiah's coming | בִּיאַת-הַמָּשִׁיחַ |
| explanation, interpretation | בֵּיאוּר ז. |
| to explain, interpret | בֵּיאֵר |
| sewer | בִּיב ז. |
| gutter | בִּיב-שׁוֹפְכִין |
| zoo | בֵּיבָר ז. |
| clothing | בִּיגּוּד ז. |
| isolation; insulation | בִּידּוּד ז. |
| entertainment | בִּידּוּר ז. |
| to amuse | בִּידַּח, בִּידֵּחַ |
| to entertain | בִּידֵּר |
| sewage | בִּיּוּב ז. |
| knowingly | בְּיוֹדְעִין תפ. |
| stamping | בִּיּוּל ז. |
| staging | בִּיּוּם ז. |
| intelligence (service) | בִּיּוּן ז. |
| ovulation | בִּיּוּץ ז. |
| wasting, waste | בִּיזְבּוּז ז. |
| to waste | בִּיזְבֵּז |
| to scorn, humiliate | בִּיזָּה |
| booty, robbery | בִּיזָּה נ. |
| scorn | בִּיזּוּי ז. |
| disgrace; contempt | בִּיזָּיוֹן ז.(בִּיזְיוֹנוֹת) |
| contempt of court | בִּזָּיוֹן בֵּית-הַמִּשְׁפָּט |
| to pronounce, express | בִּיטֵּא |
| journal, organ | בִּיטָּאוֹן ז. |
| insurance | בִּיטּוּחַ ז. |
| life insurance | בִּיטּוּחַ-חַיִּים |
| National Insurance, Social Security (USA) | בִּיטּוּחַ לְאוּמִּי |
| liability insurance | בִּיטּוּחַ צַד שְׁלִישִׁי |
| automobile insurance | בִּיטּוּחַ-רֶכֶב |
| medical insurance | בִּיטּוּחַ רְפוּאִי |
| expression, idiom | בִּיטּוּי ז. |
| cancellation; nullifying; dismissal; abolition | בִּיטּוּל ז. |
| to insure | בִּיטַּח, בִּיטֵּחַ |
| security, safety; confidence | בִּיטָּחוֹן ז. |
| national security | בִּיטָּחוֹן לְאוּמִּי |
| self-confidence | בִּיטָּחוֹן עַצְמִי |
| security *(adj.)* | בִּיטְחוֹנִי ת. |
| to cancel, call off; abolish; dismiss; nullify | בִּיטֵּל |
| lining | בִּיטְנָה נ. |
| to stamp | בִּיֵּיל |
| to stage, direct | בִּיֵּים |

19 *adv*=תפ *adj*=ת *pl*=ר *fem*=נ *pro*=כ *prep*=י *con*=ח *du*=זו *mas*=ז

| | |
|---|---|
| בִּיֵּשׁ | to abash, embarrass |
| בַּיְישָׁן, בַּיְישָׁנִי ת. | shy, bashful |
| בַּיְישָׁנוּת נ. | shyness |
| בִּיֵּת | to domesticate |
| בִּיכָּה | to mourn, lament |
| בִּיכּוּר ז. | preference |
| בִּיכּוּרִים ז.ר. | first fruit |
| בִּיכֵּר | to prefer |
| בִּילְבּוּל ז. | confusion, mix-up |
| בִּילְבּוּל מוֹחַ | annoyance, bother |
| בִּילְבֵּל | to confuse, mix up |
| בִּילָּה | to spend time; wear out |
| בִּילָּה בִּנְעִימִים | to have a good time |
| בִּילּוּי ז. | spending time, recreation |
| בִּילּוּשׁ ז. | detective work |
| בִּילֵּף | to bluff |
| בִּילֵּשׁ | to sleuth, investigate |
| בִּימַאי ז. | director |
| בִּימָה נ. | stage |
| הַבִּימָה | Israel's national theater |
| בִּימּוּי ז. | directing |
| בֵּין י. | between, among; inter- |
| בֵּין-גוּשִׁי | between the East-West blocs |
| בֵּין-גִּזְעִי | interracial |
| בֵּין-יַבַּשְׁתִּי | intercontinental |
| בֵּין-מִשְׂרָדִי | interministerial |
| בֵּין-עֲדָתִי | intercommunal |
| בֵּין-עִירוֹנִי | inter-city |
| בֵּין כֹּה וָכֹה, -כָּךְ וָכָךְ | anyway, anyhow |
| בֵּין כֶּסֶה לְעָשׂוֹר | between *Rosh Hashanah* and *Yom Kippur* |
| בֵּין הַמְּצָרִים | in an impasse |
| בֵּין הָעַרְבַּיִם | dusk |
| בֵּין הַפַּטִּישׁ וְהַסַּדָּן | between hammer and anvil, in a trap |
| בֵּין-הַשְּׁאָר | among others, *inter alia* |
| בֵּין הַשִּׁיטִּין | between the lines |
| בֵּין הַשְּׁמָשׁוֹת | twilight |
| בֵּינוֹ לְבֵינָהּ | between the sexes |
| בֵּינֵינוּ לְבֵין עַצְמֵנוּ | among ourselves; confidentially |
| בִּינְאוּם ז. | internationalization |
| בִּינְאֵם | to internationalize |
| בִּינָה נ. | wisdom, intelligence |
| בִּינָה מְלָאכוּתִית | artificial intelligence |
| בִּינּוּי ז. | reconstruction |
| בִּינּוּי עָרִים | urban reconstruction |
| בֵּינוֹנִי ת. | medium, average, mediocre |
| בֵּינוֹנִי פּוֹעֵל | active participle |
| בֵּינוֹנִי פָּעוּל | passive participle |
| בֵּינוֹנִיּוּת נ. | mediocrity, average |
| בֵּינוֹת י. | amidst |
| בֵּינַיִים ז.ר. | intermediate, interim |
| בֵּינְלְאוּמִּי ת. | international |
| בֵּינְתַּיִים, בֵּינָתַיִים תפ. | meanwhile, in the meantime |
| בִּיסּוּס ז. | basing, consolidation |
| בִּיסֵּס | to base, consolidate |
| בִּיעְבּוּעַ ז. | bubbling |
| בִּיעְבַּע, בִּיעְבֵּעַ | to bubble |
| בִּיעוּר ז. | cleanup; destruction |
| בִּיעוּר חָמֵץ | removal of leavened bread before Passover |
| בִּיעוּר קוֹצִים | weeding |
| בִּיעוּת ז. | horror |
| בִּיעוּתֵי-לַיְלָה | nightmares |
| בִּיעֵר | to weed out, destroy |
| בִּיצְבּוּץ ז. | sprouting |
| בִּיצְבֵּץ | to sprout |
| בֵּיצָה נ.(בֵּיצִים) | egg; ovum; testicle *(col.)* |
| בֵּיצָה סְרוּחָה | rotten egg |
| בֵּיצָה קָשָׁה | hardboiled egg |
| בֵּיצֵי-דָגִים | fish roe, caviar |

| | |
|---|---|
| בִּיצָה נ. | swamp |
| בִּיצוּעַ ז. | execution, performance, implementation |
| בִּיצוּעִיסט ז. | pragmatist |
| בִּיצוּר ז. | fortification |
| בֵּיצִיָּה נ. | fried egg |
| בֵּיצִית נ. | ovule |
| בִּיצַּע, בִּיצֵּעַ | to carry out, perform |
| בִּיצֵּר | to fortify, strengthen |
| בִּיצָתִי ת. | swampy |
| בִּיקּוּעַ ז. | splitting |
| בִּיקּוּר ז. | visit |
| בִּיקּוּר-בַּיִת | house call |
| בִּיקּוּר-גּוֹמְלִין | return visit |
| בִּיקּוּר מַמלַכתִּי | state visit |
| בִּיקּוּר-נִימּוּסִין | courtesy call |
| בִּיקּוּר רִשמִי | official visit |
| בִּיקּוֹרֶת נ. | criticism; review |
| בִּיקּוֹרֶת סִפרוּתִית | literary criticism |
| בִּיקּוֹרֶת-סְפָרִים | book review |
| בִּיקּוֹרֶת-סְרָטִים | film review |
| בִּיקּוֹרְתִּי ת. | critical |
| בִּיקּוּשׁ ז. | demand, request |
| בִּיקְעָה נ. | valley |
| בִּיקֵּר | to visit; criticize; review |
| בִּיקֵּשׁ | to request, ask for |
| בִּיקְתָּה נ. | hut |
| בִּירדֵּק | to mess up *(col.)* |
| בִּירָה נ. | capital (city) |
| בִּירָה נ. | beer |
| בֵּירוּר ז. | clarification; inquiry |
| בְּבֵירוּר | clearly |
| בִּירִית נ. | garter |
| בֵּירַךְ, בֵּירֵךְ | to bless; congratulate; greet |
| בֵּירַר, בֵּירֵר | to clarify; investigate |
| בֵּירַשׁ | to brush |
| בִּישׁ ת. | bad |
| בִּישׁ-מַזָּל | unlucky |
| בִּישּׁוּל ז. | cooking |
| בִּישּׁוּם ז. | perfuming, scenting |
| בִּישֵּׁל | to cook |
| בִּישֵּׂם | to perfume, scent |
| בִּישֵּׂר | to bring news, announce |
| בַּיִת ז.(בָּתִּים) | house, home, household; stanza |
| בַּיִת לְאוּמִּי | national home |
| בַּיִת מְשוּתָּף | condominium |
| בַּיִת רִאשׁוֹן | the First Temple |
| בַּיִת שֵׁנִי | the Second Temple |
| בֵּית-אָב | household, family |
| בֵּית-אָבוֹת | nursing home |
| בֵּית-אוֹכֶל | eatery, diner |
| בֵּית-אוּלפָּנָא | school |
| בֵּית-אֲחִיזָה | grip, handle |
| בֵּית-אֲרִיגָה | textile mill |
| בֵּית-אֲרִיזָה | packing house |
| בֵּית-אַרכּוּבָּה | crankcase |
| בֵּית-בּוֹשֶׁת | brothel |
| בֵּית-בְּלִיעָה | pharynx |
| בֵּית-דּוֹאַר | post office |
| בֵּית-דִּין | court |
| בֵּית-דִּין גָּבוֹהַּ לְצֶדֶק | high court of justice |
| בֵּית-דִּין לַעֲבוֹדָה | labor court |
| בֵּית-דִּין לִתנוּעָה | traffic court |
| בֵּית-דִּין מִשמַעתִּי | disciplinary court |
| בֵּית-דִּין צְבָאִי | military court |
| בֵּית-דִּין רַבָּנִי | rabbinic court |
| בֵּית-דִּירוֹת | apartment house |
| בֵּית-דְּפוּס | printing press |
| בֵּית-הַאֲרָחָה | guesthouse |
| בֵּית-הַברָאָה | rest house, convalescent home |
| בֵּית-זוֹנוֹת | whorehouse |

*adv*=תפ *adj*=ת *pl*=ר *fem*=נ *pro*=כ *prep*=י *con*=ח *du*=זו *mas*=ז

| | |
|---|---|
| בֵּית-זִיקוּק | refinery |
| בֵּית-חוֹלִים | hospital |
| בֵּית חוֹלֵי רוּחַ | insane asylum |
| בֵּית-חָזֶה | chest |
| בֵּית-חִינּוּךְ | school |
| בֵּית-חֲרוֹשֶׁת | factory |
| בֵּית-יְלָדִים | nursery |
| בֵּית-יִרְאָה | place of worship |
| בֵּית-יִשְׂרָאֵל | the Jewish People |
| בֵּית-יְתוֹמִים | orphanage |
| בֵּית-כָּבוֹד, -כִּיסֵּא | restroom, toilet |
| בֵּית-כֶּלֶא | prison, jail |
| בֵּית-כְּנֶסֶת | synagogue |
| בֵּית-מְגוּרִים | residential house |
| בֵּית-מִדְרָשׁ | college, school |
| בֵּית-מוֹעֵד לְכָל חָי | cemetery |
| בֵּית-מְחוֹקְקִים | legislature |
| בֵּית-מַחֲסֶה | shelter |
| בֵּית-מִטְבָּחַיִים | slaughterhouse |
| בֵּית-מִידּוֹת | large building |
| בֵּית-מֶכֶס | customs house |
| בֵּית-מְלָאכָה | workshop, small factory |
| בֵּית-מְלוּכָה | royal family |
| בֵּית-מָלוֹן | hotel |
| בֵּית-מִסְחָר | shop, store |
| בֵּית-הַמִּקְדָּשׁ | the biblical Temple |
| בֵּית-מַרְגּוֹעַ | resthouse |
| בֵּית-מַרְזֵחַ | tavern |
| בֵּית-מֶרְחָץ | bath house |
| בֵּית-מַרְפֵּא | clinic |
| בֵּית-מִרְקַחַת | pharmacy |
| בֵּית-מְשׁוּגָּעִים | insane asylum |
| בֵּית-מַשְׁכּוֹן | pawnshop |
| בֵּית-מִשְׁפָּט | court of law, courthouse |
| בֵּית-מִשְׁפָּט לְנוֹעַר | juvenile court |
| בֵּית-מִשְׁפָּט לְעִירְעוּרִים | appellate court |
| בֵּית-מִשְׁפָּט לִתְבִיעוֹת קְטַנּוֹת | small claims court |

| | |
|---|---|
| בֵּית-מִשְׁפָּט מְחוֹזִי | district court |
| בֵּית-מִשְׁפָּט עֶלְיוֹן | supreme court |
| בֵּית-מִשְׁפָּט צְבָאִי | military court |
| בֵּית-מִשְׁפָּט שָׂדֶה | field court |
| בֵּית-מִשְׁפָּט שָׁלוֹם | magistrate's court |
| בֵּית-נִבְחָרִים | house of representatives |
| בֵּית-נוּרָה | lamp socket |
| בֵּית-נְכוֹת | museum |
| בֵּית-נָשִׁים | harem |
| בֵּית-נְתִיבוֹת | terminal; train station |
| בֵּית-סוֹהַר | prison, jail |
| בֵּית-סֵפֶר | school |
| בֵּית-סֵפֶר גָּבוֹהַּ | college, university |
| בֵּית-סֵפֶר דָּתִי | religious school |
| בֵּית-סֵפֶר חַקְלָאִי | agricultural school |
| בֵּית-סֵפֶר יְסוֹדִי | elementary school |
| בֵּית-סֵפֶר מַמְלַכְתִּי | state school |
| בֵּית-סֵפֶר מִקְצוֹעִי | vocational school |
| בֵּית-סֵפֶר עַל-יְסוֹדִי | post-elementary school |
| בֵּית-סֵפֶר עֲמָמִי | primary school |
| בֵּית-סֵפֶר תִּיכוֹן | high school |
| בֵּית-סְפָרִים | library |
| בֵּית-הַסְּפָרִים הַלְּאוּמִּי | Israel's National Library |
| בֵּית-עֲבוֹט | pawnshop |
| בֵּית-עָלְמִין | cemetery |
| בֵּית-עָם | community hall |
| בֵּית-עֵסֶק | business establishment |
| בֵּית-קְבָרוֹת | cemetery, graveyard |
| בֵּית-קוֹלְנוֹעַ | movie theater |
| בֵּית-קִיבּוּל | receptacle |
| בֵּית-קַיִץ | summer house |
| בֵּית-קֵירוּר | refrigeration storehouse |
| בֵּית-קָפֶה | coffee shop, café |
| בֵּית-רַבָּן | religious school |
| בֵּית-שֶׁחִי | armpit |
| בֵּית-שִׁימּוּשׁ | restroom |

| | |
|---|---|
| בֵּית-שַׁעֲשׁוּעִים | place of entertainment |
| בֵּית-תִּינוֹקוֹת | nursery |
| בֵּית-תַּמְחוּי | soup kitchen |
| בֵּית-תְּפִילָּה | place of worship |
| בֵּית-תַּרְבּוּת | cultural activities center |
| בֵּית נ. | second letter of the alphabet |
| בֵּיתִי ת. | domestic |
| בִּיתָן ז. | pavilion, booth |
| בָּכָה | to weep, cry |
| בְּכוֹר ז. | firstborn |
| בְּכוֹרָה נ. | priority; premiere |
| בְּכִי, בֶּכִי ז., בְּכִיָּה נ. | weeping, crying |
| בְּכִיָּה לְדוֹרוֹת | eternal tragedy |
| בַּכְיָן ז. | weeper, cry–baby |
| בַּכְיָנוּת נ. | tearfulness, weeping |
| בַּכְיָנִי ת. | tearful, weeping |
| בָּכִיר ת. | senior, elder |
| בְּכִירוּת נ. | seniority |
| בַּל | not, do not |
| בַּל יְתוֹאַר | indescribable |
| לְבַל | in order not to |
| בְּלֹא | without |
| בְּלֹא-עֵת | prematurely |
| בַּלָּאט תפ. | secretly |
| בְּלַאי ז. | wear and tear, amortization |
| בְּלָאִים ז ר. | rags |
| בִּלְבַד תפ. | only, merely |
| בִּלְבַדִּי ת. | exclusive |
| בָּלָגָן ז. | disorder, chaos *(col.)* |
| בַּלְדָּר ז. | courier |
| בָּלָה | to be worn out |
| בָּלֶה ת. | worn out |
| בְּלוֹ ז. | excise tax |
| בַּלּוּט ז. | acorn |
| בַּלּוּטָה נ. | gland |
| בַּלּוּטָה עַרְמוֹנִית | prostate gland |
| בַּלּוּטַת-כָּרֵס | pancreas |
| בַּלּוּטַת-מָגֵן | thyroid gland |
| בָּלוּי ת. | worn out |
| בָּלוּם ת. | full |
| בָּלוֹן ז. | balloon; gas cylinder |
| בְּלוֹף ז. | bluff |
| בְּלוֹק ז. | block, brick |
| בְּלוֹק-כְּתִיבָה | writing pad |
| בְּלוֹרִית נ. | forelock |
| בָּלַט | to protrude, stand out |
| בַּלָּטָה נ. | floor tile |
| בְּלִי י. | without |
| בְּלִי הֶרֶף | incessantly |
| בְּלִי יָדַיִים | 'hands off' |
| בְּלִי מֵשִׂים | unintentionally |
| בְּלִי נֶדֶר | 'no vow made' |
| בְּלִי סָפֵק | undoubtedly |
| בְּלִי עַיִן הָרָע | 'knock on wood' |
| לִבְלִי חָת | fearlessly |
| בְּלִיטָה נ. | protrusion, bulge |
| בְּלִיל ז. | mixture |
| בְּלִימָה נ. | curbing, braking |
| בְּלִימַת פֶּה | silencing |
| בַּלִּיסְטְרָה נ. | catapult |
| בְּלִיעָה נ. | swallowing |
| בָּלַל | to mix |
| בָּלַם | to stop, curb, brake |
| בֶּלֶם ז. | brake |
| בֶּלֶם-אֲוִויר | air brake |
| בֶּלֶם-זַעֲזוּעִים | shock absorber |
| בֶּלֶם-יָד | hand brake, parking brake |
| בָּלַע | to swallow, devour |
| בִּלְעֲדֵי י. | without |
| בִּלְעֲדִי ת. | exclusive |
| בִּלְעֲדִיּוּת נ. | exclusivity |
| בַּלְפָן ז. | bluffer |
| בָּלַשׁ | to search, detect, snoop |
| בַּלָּשׁ ז. | detective |

*adv*=תפ *adj*=ת *pl*=ר *fem*=נ *pro*=כ *prep*=י *con*=ח *du*=זו *mas*=ז

| | |
|---|---|
| בַּלְשָׁן ז. | linguist |
| בַּלְשָׁנוּת נ. | linguistics |
| בַּלְשָׁנוּת חֶבְרָתִית | sociolinguistics |
| בַּלְשָׁנוּת מַשְׁוָוה | comparative linguistics |
| בַּלְשָׁנוּת פְּסִיכוֹלוֹגִית | psycho-linguistics |
| בַּלְשָׁנוּת שִׁימּוּשִׁית | applied linguistics |
| בַּלְשָׁנוּת שֵׁמִית | Semitics |
| בַּלְשָׁנִי ת. | linguistic |
| בִּלְתִּי | not, im-, in, non-, un- |
| בִּלְתִּי-אַחֲרָאִי | irresponsible |
| בִּלְתִּי אִם | unless |
| בִּלְתִּי-אֶפְשָׁרִי ת. | impossible |
| בִּלְתִּי-זָהִיר | careless |
| בִּלְתִּי-חוּקִי | illegal, illegitimate |
| בִּלְתִּי-יְאוּמַּן | unbelievable |
| בִּלְתִּי-יָדוּעַ | unknown |
| בִּלְתִּי-מוּגְבָּל | unlimited |
| בִּלְתִּי-מוּדָע | subliminal |
| בִּלְתִּי-מוּסָרִי | immoral |
| בִּלְתִּי-מַסְפִּיק | insufficient; failing grade |
| בִּלְתִּי-מְעוּרְעָר | unshaken; indisputable |
| בִּלְתִּי-מִפְלַגְתִּי | non-partisan |
| בִּלְתִּי-נִדְלֶה | inexhaustible |
| בִּלְתִּי-נָכוֹן | incorrect |
| בִּלְתִּי-נִלְאֶה | relentless |
| בִּלְתִּי-נִמְנָע | unavoidable, inevitable |
| בִּלְתִּי-נִסְבָּל | intolerable |
| בִּלְתִּי-נִשְׁכָּח | unforgettable |
| בִּלְתִּי-צוֹדֵק | unjust, unjustified, wrong |
| בִּלְתִּי-צָפוּי | unexpected |
| בִּלְתִּי-רָגִיל | unusual, out of the ordinary |
| בִּלְתִּי-רָצוּי | undesirable |
| בִּלְתִּי-שָׁפוּי (-בְּדַעְתּוֹ) | insane |
| בִּלְתִּי-תָּלוּי | independent |
| בַּמַּאי ז. | stage or movie director |

| | |
|---|---|
| בָּמָה נ. | stage, platform; forum |
| בְּמוֹ יָדָיו תפ. | with his own hands |
| בְּמוֹ עֵינָיו תפ. | with his own eyes |
| בְּמֵזִיד תפ. | with a bad intent, maliciously |
| בַּמְיָה נ. | okra |
| בְּמֵישָׁרִין תפ. | directly |
| בְּמַפְגִּיעַ תפ. | insistently |
| בְּמִתְכַּוֵּן תפ. | intentionally |
| בֵּן ז. | son, boy, child; at the age of; possessing, deserving |
| בֶּן-אָדָם | man, human |
| בֶּן-אָח, -אָחוֹת | nephew |
| בֶּן-אַלְמָוֶת | immortal |
| בֶּן-בַּיִת | frequent guest, close friend |
| בֶּן בְּלִי שֵׁם | unknown, nameless |
| בֶּן-בְּלִיַּעַל | wicked, villain |
| בֶּן-בְּרִית | ally; Jew |
| בֶּן-גִּילוֹ | of the same age |
| בֶּן-דּוֹד, -דּוֹדָה | cousin |
| בֶּן-דּוֹרוֹ | a contemporary of |
| בֶּן-זוּג | spouse, mate |
| בֶּן-זוֹנָה | 'son of a bitch' |
| בֶּן-זְמַנֵּנוּ | contemporary |
| בֶּן-זְנוּנִים | bastard |
| בֶּן-זְקוּנִים | youngest son |
| בֶּן חוֹרֵג | stepson |
| בֶּן-חוֹרִין | free man |
| בֶּן-חַיִל | brave; smart |
| בֶּן-חֲלוֹף | temporary, passing |
| בֶּן-חֲסוּת | protégé |
| בֶּן-טוֹבִים | of a good family |
| בֶּן-יוֹמוֹ | day-old |
| בֵּן יָחִיד | only child |
| בֶּן-יְשִׁיבָה | Yeshiva student |
| בֶּן-יִשְׂרָאֵל | Hebrew, Jew |
| בֶּן-כֶּלֶב, -כַּלְבָּה | 'son of a bitch' |
| בֶּן-כְּפָר | villager |

| | |
|---|---|
| city dweller | בֶּן-כְּרָךְ |
| companion, escort | בֶּן-לְוָיָה |
| doomed to die | בֶּן-מָוֶת |
| of the same kind | בֶּן-מִינוֹ |
| member of a minority; Israeli Arab | בֶּן-מִיעוּטִים |
| prince | בֶּן-מֶלֶךְ |
| member of the family | בֶּן-מִשְׁפָּחָה |
| foreigner | בֶּן-נֵכָר |
| city dweller | בֶּן-עִיר |
| hostage | בֶּן-עֲרוּבָּה |
| durable, lasting | בֶּן-קְיָמָא |
| mortal, human | בֶּן-תְּמוּתָה |
| hybrid, mixture | בֶּן-תַּעֲרוֹבֶת |
| cultured, well-educated | בֶּן-תַּרְבּוּת |
| members of the family | בְּנֵי-בַּיִת |
| teenagers | בְּנֵי טִיפֵּשׁ-עֶשְׂרֵה |
| youngsters | בְּנֵי-נְעוּרִים, -תִּשְׁחוֹרֶת |
| son of | בֶּן- |
| overnight | בֶּן-לַיְלָה |
| instantly | בֶּן-רֶגַע |
| construction | בַּנָּאוּת נ. |
| builder | בַּנַּאי ז. |
| to build, construct; establish | בָּנָה |
| built | בָּנוּי ת. |
| gasoline | בֶּנְזִין ז. |
| construction | בְּנִיָּיה נ. |
| building, structure; verb conjugation | בִּנְיָין ז. |
| banking | בַּנְקָאוּת נ. |
| banker | בַּנְקַאי ז. |
| of a bank, banking *(adj.)* | בַּנְקָאִי ת. |
| cash dispensing machine | בַּנְקוֹמָט ז. |
| basis, base, foundation | בָּסִיס ז. |
| air base | בָּסִיס אֲוִירִי |
| training base | בְּסִיס-אִימּוּנִים |
| naval base | בָּסִיס יַמִּי |
| military base | בָּסִיס צְבָאִי |
| basic, fundamental | בְּסִיסִי ת. |
| bubble | בַּעְבּוּעַ ז. |
| to kick | בָּעַט (בְּ-) |
| because of | בְּעֶטְיוֹ שֶׁל |
| problem | בְּעָיָה נ. |
| kick | בְּעִיטָה נ. |
| free kick | בְּעִיטָה חוֹפְשִׁית |
| penalty kick | בְּעִיטַת-עוֹנְשִׁין |
| kickoff | בְּעִיטַת-פְּתִיחָה |
| corner kick | בְּעִיטַת-קֶרֶן |
| coitus | בְּעִילָה נ. |
| anonymously | בְּעִילּוּם שֵׁם תפ. |
| burning, combustion | בְּעִירָה נ. |
| fire | בְּעֵירָה נ. |
| problematic | בְּעָיָתִי ת. |
| problematics | בְּעָיָתִיּוּת נ. |
| to have intercourse with a woman | בָּעַל |
| husband; owner, possessing *(fem.* בַּעֲלַת-*)* | בַּעַל ז. |
| violent, bully | בַּעַל-אֶגְרוֹף |
| landowner | בַּעַל-אֲחוּזָּה |
| responsible | בַּעַל-אַחֲרָיוּת |
| affluent | בַּעַל-אֶמְצָעִים |
| homeowner, landlord | בַּעַל-בַּיִת |
| ally | בַּעַל-בְּרִית |
| fat | בַּעַל-בָּשָׂר |
| stout | בַּעַל-גּוּף |
| the person concerned | בַּעַל-דָּבָר |
| imaginative | בַּעַל-דִּימְיוֹן |
| wealthy; capitalist | בַּעַל-הוֹן |
| reasonable | בַּעַל-הִיגָּיוֹן |
| conscientious | בַּעַל-הַכָּרָה |
| educated | בַּעַל-הַשְׂכָּלָה |
| influential | בַּעַל-הַשְׁפָּעָה |
| senior | בַּעַל-וֶתֶק |
| eligible, privileged | בַּעַל-זְכוּת |
| creditor | בַּעַל-חוֹב |

25 *adv*=תפ *adj*=ת *pl*=ר *fem*=נ *pro*=כ *prep*=י *con*=ח *du*=זו *mas*=ז

| | |
|---|---|
| בַּעַל-חוּלִיּוֹת | vertebrate |
| בַּעַל-חָזוֹן | man of vision |
| בַּעַל-חַי, -חַיִּים | animal |
| בַּעַל-חֲלוֹמוֹת | dreamer |
| בַּעַל-חֵן | graceful |
| בַּעַל-טוּר | columnist |
| בַּעַל-טַעַם | a man of good taste |
| בַּעַל-יֶדַע | knowledgeable, expert |
| בַּעַל-יְכוֹלֶת | capable; well to do |
| בַּעַל-כִּישָׁרוֹן | talented |
| בַּעַל-כָּנָף | bird |
| בַּעַל-מוּם | deformed; disabled |
| בַּעַל-מְלָאכָה | craftsman |
| בַּעַל-מָמוֹן | wealthy |
| בַּעַל-מְנָיוֹת | shareholder |
| בַּעַל-מָעוֹף | imaginative |
| בַּעַל-מִקְצוֹעַ | professional |
| בַּעַל-מֶרֶץ | energetic |
| בַּעַל-מִשְׁפָּחָה | family man |
| בַּעַל-נִיסָּיוֹן | experienced |
| בַּעַל-נְכָסִים | wealthy |
| בַּעַל-עֶרֶךְ | valuable |
| בַּעַל-קוֹמָה | tall; man of stature |
| בַּעַל-רְכוּשׁ | property owner |
| בַּעַל-שֵׂיבָה | gray-haired, old |
| בַּעַל-שֵׁם | famous, distinguished |
| בַּעַל-שְׂרָרָה | man of power |
| בַּעַל-תּוֹקֶף | valid, in effect |
| בַּעַל-תְּשׁוּבָה | repentant, 'born-again' |
| בַּעֲלוּת נ. | ownership |
| בַּעֲלִיל תפ. | clearly |
| בַּעֲלַת- | owner, possessing (see בַּעַל) |
| בַּעֲצַלְתַּיִים תפ. | lazily; slowly |
| בַּעֲקִיפִין תפ. | indirectly |
| בָּעַר | to burn; be urgent |
| בַּעַר ת. | ignorant, uneducated |
| בַּעֲרוּת נ. | ignorance, illiteracy |
| בַּעַת ז. | phobia |
| בְּעָתָה נ. | fear, horror |
| בְּפוּמְבֵּי תפ. | publicly |
| בְּפַרְהֶסְיָה תפ. | publicly, openly |
| בִּפְרוֹטְרוֹט תפ. | in detail |
| בְּפְרוֹס תפ. | on the eve of |
| בַּצּוֹרֶת נ. | drought |
| בְּצִיעָה נ. | slicing |
| בָּצִיר ז. | vintage |
| בָּצָל ז. | onion |
| בָּצַע | to slice |
| בֶּצַע ז. | undeserved gain |
| בָּצֵק ז. | dough |
| בְּצֵק-עָלִים | thin-layered dough |
| בַּצֶּקֶת נ. | edema |
| בָּצַר | to pick grapes |
| בַּקְבּוּק ז. | bottle |
| בַּקְבּוּק-תַּבְעֵרָה | fire bomb, Molotov cocktail |
| בָּקוּעַ ת. | split |
| בָּקִי, בָּקִיא ת. | knowledgeable, expert |
| בְּקִיאוּת נ. | knowledge, expertise |
| בְּקִיעַ ז. | crack, split, fissure |
| בְּקִיעָה נ. | splitting, cracking |
| בָּקַע | to split, crack |
| בָּקָר ז. | cattle, cows |
| בַּקָּרָה נ. | control |
| בַּקָּרָה מֵרָחוֹק | remote control |
| בַּקָּרַת אֵשׁ | fire control |
| בַּקָּשָׁה נ. | request, wish; application |
| בְּבַקָּשָׁה תפ. | please |
| בָּר, בַּר ז. | open land, prairie; wheat, grain |
| בַּר ת. | pure |
| בַּר-לֵבָב | honest, sincere |
| בַּר ז. | son; subject to; possessing |
| בַּר-בֵּי-רַב | student, schoolboy |
| בַּר-בִּיצּוּעַ | workable |
| בַּר-דַּעַת | intelligent |

| | |
|---|---|
| liable for extradition | בַּר-הַסְגָּרָה |
| exchangeable | בַּר-חֲלִיפִין |
| lucky | בַּר-מַזָּל |
| deceased | בַּר-מִינַּן |
| boy of thirteen, assuming religious obligations | בַּר-מִצְוָה |
| authoritative | בַּר-סַמְכָא |
| punishable | בַּר-עוֹנְשִׁין |
| opponent | בַּר-פְּלוּגְתָּא |
| durable, lasting | בַּר-קְיָמָא |
| valid, in force | בַּר-תּוֹקֶף |
| to create | בָּרָא |
| in the beginning; Genesis | בְּרֵאשִׁית תפ. |
| swan | בַּרְבּוּר ז. |
| hail | בָּרָד ז. |
| cheetah | בַּרְדְּלָס ז. |
| hood | בַּרְדָּס ז. |
| chaos *(col.)* | בַּרְדָּק ז. |
| to choose, select | בָּרָה |
| creature | בָּרוּא ת. ז. |
| dynamite | בָּרוּד ז. |
| duck | בַּרְוָז ז. |
| duckling | בַּרְוָזוֹן ז. |
| gross (amount) | בְּרוּטוֹ ז. |
| blessed | בָּרוּךְ ת. |
| 'welcome' | בָּרוּךְ הַבָּא |
| 'thank God' | בָּרוּךְ הַשֵּׁם |
| clear, obvious | בָּרוּר ת. |
| cypress | בְּרוֹשׁ ז. |
| tap, faucet | בֶּרֶז ז. |
| firc hydrant | בֶּרֶז-שְׂרֵיפָה |
| iron | בַּרְזֶל ז. |
| cast iron | בַּרְזֶל-יְצִיקָה |
| heated iron | בַּרְזֶל מְלוּבָּן |
| tarpaulin | בְּרֶזֶנְט ז. |
| to run away, escape | בָּרַח |
| mite | בַּרְחָשׁ ז. |
| clear, certain | בָּרִי ת. |
| healthy | בָּרִיא ת. |
| creation | בְּרִיאָה נ. |
| health | בְּרִיאוּת נ. |
| mental health | בְּרִיאוּת-הַנֶּפֶשׁ |
| public health | בְּרִיאוּת-הַצִּיבּוּר |
| 'to your health'; 'bless you', *Gesundheit* | לַבְּרִיאוּת |
| hoodlum, hooligan, bully | בִּרְיוֹן ז. |
| hooliganism | בִּרְיוֹנוּת נ. |
| people | בְּרִיּוֹת נ.ר. |
| bolt, latch | בָּרִיחַ, בְּרִיחַ ז. |
| escape | בְּרִיחָה נ. |
| creature | בְּרִיָּה נ. |
| kneeling | בְּרִיכָה נ. |
| pool | בְּרֵיכָה נ. |
| fish pond | בְּרֵיכַת-דָּגִים |
| water pool | בְּרֵיכַת-מַיִם |
| swimming pool | בְּרֵיכַת-שְׂחִיָּה |
| choice, alternative | בְּרֵירָה נ. |
| treaty; alliance; covenant | בְּרִית נ. |
| defense treaty | בְּרִית-הֲגָנָה |
| Soviet Union | בְּרִית-הַמּוֹעָצוֹת |
| circumcision, *Brith* | בְּרִית-מִילָה |
| New Testament | הַבְּרִית הַחֲדָשָׁה |
| to kneel | בָּרַךְ |
| knee | בֶּרֶךְ נ.(בִּרְכַּיִים) |
| blessing; congratulation | בְּרָכָה נ. |
| non-productive effort | בְּרָכָה לְבַטָּלָה |
| blessing following an escape from danger | בִּרְכַּת-הַגּוֹמֵל |
| blessing after the meal | בִּרְכַּת-הַמָּזוֹן |
| with regards | בִּבְרָכָה |
| but, yet | בְּרַם ח. |
| man, guy | בַּרְנָשׁ ז. |
| lightning; shine, glow | בָּרָק ז. |
| emerald | בָּרֶקֶת נ. |

*adv*=תפ *adj*=ת *pl*=ר *fem*=נ *pro*=כ *prep*=י *con*=ח *du*=זו *mas*=ז

| | |
|---|---|
| בָּרַר | to choose |
| בְּרָרָה נ. | leftover fruit |
| בָּרְרָן ת. | fastidious, choosy |
| בָּרְרָנוּת נ. | fastidiousness |
| בִּשְׁבִיל י. | for |
| בְּשׂוֹרָה נ. | news; gospel |
| בְּשׂוֹרַת-אִיּוֹב | tragic news |
| בָּשֵׁל ת. | ripe; mature |
| בְּשֵׁלוּת נ. | ripeness; maturity |
| בַּשָּׂם ז. | perfumer |
| בָּשָׂר ז. | meat, flesh |
| בְּשַׂר-אָדָם | human flesh |
| בְּשַׂר-בָּקָר | beef |
| בָּשָׂר וָדָם | flesh and blood, human |
| בָּשָׂר חַי | raw meat |
| בָּשָׂר טָחוּן | ground beef |
| בְּשַׂר-כֶּבֶשׂ | lamb |
| בְּשַׂר-עֵגֶל | veal |
| בְּשַׂר-עוֹף | poultry |
| בָּשָׂר קָפוּא | frozen meat |
| בְּשָׂרִי ת. | meaty |
| בַּת נ.(בָּנוֹת) | daughter; girl |
| | at the age of; possessing; deserving (see בֵּן) |
| בַּת-אָח | niece |
| בַּת-יַעֲנָה | ostrich |
| בַּת-מֶלֶךְ | princess |
| בַּת-עַיִן | pupil of the eye |
| בַּת-צְחוֹק | smile |
| בַּת-קוֹל | echo |
| בְּתוּלָה נ. | virgin; Virgo |
| בְּתוּלָה זְקֵנָה | old maid |
| בְּתוּלָה קְדוֹשָׁה | Holy Virgin |
| בְּתוּלַת-יָם | mermaid |
| בְּתוּלִים ז.ר. | virginity |
| בְּתִירָה נ. | slicing |
| בְּתַר- | post– |
| בֶּתֶר ז. | slice, section |

| | |
|---|---|
| Gimel; three (numerical value) | ג |
| proud | גֵּא, גֵּאָה ת. |
| to rise | גָּאָה |
| pride | גַּאֲוָה נ. |
| arrogant | גַּאַוְתָן ת. |
| arrogance | גַּאַוְתָנוּת נ. |
| redeemed, saved | גָּאוּל ת. |
| redemption, salvation | גְּאוּלָה נ. |
| blood revenge, vendetta | גְּאוּלַת דָּם |
| genius; learned man | גָּאוֹן ת. |
| ingenuity | גְּאוֹנוּת, גְּאוֹנִיּוּת נ. |
| ingenious; Gaonic | גְּאוֹנִי ת. |
| rise, surge; high tide | גֵּאוּת נ. |
| to redeem, salvage | גָּאַל |
| back | גַּב ז.(גַּבִּים, גַּבּוֹת) |
| regarding | לְגַבֵּי |
| money collector; synagogue treasurer | גַּבַּאי ז. |
| pile, heap | גֶּבֶב ז. |
| to collect money | גָּבָה |
| to take testimony | גָּבָה עֵדוּת |
| to gain height, be tall | גָּבַהּ |
| eyebrow | גַּבָּה נ. |
| high, tall | גָּבוֹהַּ ז. |
| tall (person) | גְּבַהּ-קוֹמָה |
| boastfully, proudly | גְּבוֹהָה תפ. |
| border, boundary, limit | גְּבוּל ז.(גְּבוּלוֹת) |
| marginal | גְּבוּלִי ת. |
| heroism, bravery; might | גְּבוּרָה נ. |
| old age; octogenary | גְּבוּרוֹת נ.ר. |
| frontal baldness | גַּבַּחַת נ. |
| money collection | גְּבִיָּה נ. |
| eyebrow | גָּבִין ז. |
| cheese | גְּבִינָה נ. |
| low-fat cheese | גְּבִינָה כְּחוּשָׁה, -רָזָה |
| yellow cheese | גְּבִינָה צְהוּבָּה |
| Swiss cheese | גְּבִינָה שְׁוֵיצָרִית |
| fat cheese | גְּבִינָה שְׁמֵנָה |
| cup, trophy | גָּבִיעַ ז. |
| lord, rich man | גְּבִיר ז. |
| crystal | גָּבִישׁ ז. |
| crystalline | גְּבִישִׁי ת. |
| to abut; limit | גָּבַל |
| hump | גַּבְנוּן ז. |
| humped | גַּבְנוּנִי ת. |
| gypsum, plaster | גֶּבֶס ז. |
| hill | גִּבְעָה נ. |
| stem | גִּבְעוֹל ז. |
| to become stronger, increase, intensify | גָּבַר |
| to overcome, overpower | גָּבַר (עַל) |
| man | גֶּבֶר ז. |
| youth pretending to be a man | גַּבְרְבָר ז. |
| manly, masculine | גַּבְרִי ת. |
| manliness, masculinity | גַּבְרִיּוּת נ. |
| lady, woman; Miss, Mrs. | גְּבֶרֶת נ. |
| physically strong | גַּבְרְתָן ז., גַּבְרְתָנִי ת. |
| mound | גַּבְשׁוּשִׁית נ. |
| roof | גַּג ז.(גַּגּוֹת) |
| tile roof | גַּג-רְעָפִים |
| awning | גָּגוֹן ז. |
| to cut | גָּדַד |
| river bank | גָּדָה נ. |
| West Bank of the Jordan | הַגָּדָה הַמַּעֲרָבִית |
| cut | גָּדוּד ת. |
| regiment, battalion | גְּדוּד ז. |
| big, large, great | גָּדוֹל ת. |

| | |
|---|---|
| גְּדוֹל-מֵימַדִּים | large-scale |
| גְּדוּלָּה נ. | greatness |
| גְּדוּלוֹת נ.ר. | great deeds |
| גָּדוּם ת. | cut, amputated |
| גָּדוּעַ ת. | cut down |
| גָּדוּר ת. | fenced |
| גָּדוּשׁ ת. | full, congested |
| גְּדִי ז. | young goat; Capricorn |
| גְּדִיל ז. | fringe |
| גְּדִילָה נ. | growth |
| גְּדִיעָה נ. | cutting |
| גְּדִירָה נ. | fencing |
| גָּדִישׁ ז. | heap, stack |
| גְּדִישָׁה נ. | heaping, piling |
| גָּדַל | to grow |
| גַּדְלוּת נ. | greatness |
| גָּדַם | to cut off |
| גֶּדֶם ז. | stump |
| גָּדַע | to cut down, chop |
| גַּדְפָן ז. | curser, blasphemer |
| גַּדְפָנוּת נ. | cursing, blasphemy |
| גָּדַר | to fence, enclose |
| גָּדֵר נ.(גְּדֵרוֹת) | fence |
| גָּדֵר חַיָּה | hedge |
| גָּדֵר חַשְׁמַלִּית | electric fence |
| גֶּדֶר-הָרָגִיל | common, ordinary |
| גֶּדֶר-תַּיִל | barbed wire fence |
| הַגָּדֵר הַטּוֹבָה | pre-1982 Israeli-Lebanese border |
| בְּגֶדֶר | within the limits of |
| בְּגֶדֶר-הָאֶפְשָׁרוּת | possible, feasible |
| בְּגֶדֶר-הַחוֹק | within the law |
| גָּדַשׁ | to fill; overdo |
| גֵּהָה נ. | health |
| גָּהוּץ ת. | ironed |
| גֵּו, גַּו ז. | back |
| גּוֹאַל | to be soiled |
| גּוֹאֵל ז. | redeemer, savior |
| גּוֹב ז. | den |
| גּוֹבֶה ז. | money collector |
| גּוֹבַהּ ז. | height, level |
| גּוֹבַיְינָא, גּוֹבַיְינָה נ. | bill collecting; 'cash on delivery', C.O.D. |
| גּוּבַּשׁ | to be formalized, consolidated |
| גּוֹדֶל ז. | size |
| גְּווִיָּה נ. | corpse |
| גְּוִויל ז. | parchment, paper |
| גְּוִויעָה נ. | dying |
| גָּוֶון ז. | color, shade |
| גַּוְונוּנִי ת. | colorful, variable |
| גָּוַע | to die |
| גּוֹזָל ז. | young bird |
| גּוּזְמָא, גּוּזְמָה נ. | exaggeration |
| גּוֹי ז. | gentile |
| גּוּיַּס | to be enlisted, mobilized |
| גּוּיַּר | to be converted to Judaism |
| גּוּלְגּוֹלֶת נ. | skull, head |
| לְגוּלְגּוֹלֶת | per capita |
| גּוּלְגַּל | to be rolled over |
| גּוּלָּה | to be discovered |
| גּוּלָּה נ. | ball, marble |
| גּוּלַּת-הַכּוֹתֶרֶת | capstone, climax |
| גּוֹלָה נ. | exile, diaspora |
| גּוֹלֶה ז. | exile (person), exiled |
| גּוֹלֵל | to roll; unfold |
| גּוֹלֵל אַשְׁמָה (עַל) | to put the blame (on) |
| גּוֹלֵל ז. | tombstone |
| גּוֹלֶם ז. | *Golem*, robot; stupid |
| גּוֹלְמִי ת. | crude, raw |
| גּוֹמֶא ז. | papyrus |
| גּוּמִאֲוִויר ז. | rubber foam |
| גּוּמָה נ. | hole, pit |
| גּוּמַּת-חֵן | dimple |
| גּוּמְחָה נ. | alcove |
| גּוּמִי ז. | rubber; condom |
| גּוּמִי-לְעִיסָה | chewing gum |

*adv*=תפ *adj*=ת *pl*=ר *fem*=נ *pro*=כ *prep*=י *con*=ח *du*=זו *mas*=ז

| | |
|---|---|
| גּוּמִיָּה נ. | rubber band |
| גּוּמְלִין ז.ר. | mutuality, reciprocity |
| גּוּנְדָּה נ. | military unit |
| גּוּנְדָּר ז. | police officer |
| גּוּנָּה | to be condemned, deplored |
| גּוֹנֵן (עַל) | to protect, defend |
| גּוֹסֵס ז. | dying man |
| גֹּועַל (-נֶפֶשׁ) ז. | disgust |
| גּוֹעֲלִי ת. | disgusting, repulsive |
| גּוּף ז. | body; person *(gram.)* |
| גּוּף רִאשׁוֹן | first person |
| גּוּף שְׁלִישִׁי | third person |
| גּוּף שֵׁנִי | second person |
| לְגוּפוֹ שֶׁל דָּבָר, -עִנְיָן | in essence, to the heart of the matter |
| גּוּפָה נ. | corpse |
| גּוּפִיָּה נ. | undershirt |
| גּוּפָנִי ת. | physical, bodily |
| גּוֹפְרִית נ. | sulfur |
| גּוֹפְרִיתָנִי ת. | sulfuric |
| גּוּץ ת. | short person |
| ג'וּק ז. | cockroach |
| גּוּר ז. | cub |
| גּוּר-אַרְיֵה | lion cub |
| גּוֹרֵד שְׁחָקִים ז. | skyscraper |
| גּוֹרָל ז.(גּוֹרָלוֹת) | fate, destiny |
| גּוֹרָלִי ת. | fateful |
| גּוֹרֵם ז. | cause, factor, element |
| גּוֹרֵם-הַזְּמַן | time factor |
| גּוֹרֵם-הַפְתָּעָה | element of surprise |
| גּוֹרֵם מְשׁוּתָּף | common denominator |
| גֹּרֶן נ.(גְּרָנוֹת) | threshing floor, barn |
| חֲצִי-גּוֹרֶן | half a circle |
| גּוֹרֶרֶת נ. | tug, tugger |
| גּוֹרַשׁ | to be expelled, deported, thrown out |
| גּוּשׁ ז. | block, bloc; lump; nugget |
| גּוּשׁ-עָפָר | clod of soil |
| גּוּשְׁפַּנְקָה נ. | seal of approval |
| גּוּשְׁפַּנְקָה רִשְׁמִית | official approval |
| גַּז ז. | gas |
| גַּז-בִּישׁוּל | cooking (butane) gas |
| גַּז מַדְמִיעַ | tear gas |
| גַּז רָעִיל | toxic gas |
| גֵּז ז. | sheep-shearing |
| גִּזְבָּר ז. | treasurer |
| גִּזְבָּרוּת נ. | bursar |
| גָּזוֹז ז. | soda drink |
| גָּזוּז ת. | clipped, cut |
| גְּזוּזְטְרָה נ. | balcony |
| גָּזַז | to shear, cut |
| גַּזֶּזֶת נ. | ringworm |
| גְּזִיזָה נ. | cutting, clipping |
| גְּזֵילָה נ. | loot, robbery |
| גְּזֵירָה נ. | decree, edict |
| גְּזֵירָה מִן הַשָּׁמַיִם | decree from heaven, unavoidable trouble |
| גְּזֵירָה שָׁוָה | analogy |
| גָּזִית נ. | hewn stone |
| גָּזַל | to rob, loot |
| גֶּזֶל ז. | loot |
| גַּזְלָן ז. | robber |
| גָּזַם | to prune, cut |
| גֶּזַע ז. | stem, trunk; race |
| הַגֶּזַע הָאֱנוֹשִׁי | human race |
| גִּזְעִי ת. | thoroughbred; racial |
| גִּזְעָנוּת נ. | racism |
| גִּזְעָנִי ת. | racist |
| גָּזַר | to cut, clip; decide; proclaim; derive |
| גָּזַר (עַל) | to impose (on), sentence |
| גָּזַר אֶת הַדִּין | to sentence |
| גֶּזֶר ז. | carrot |
| גֶּזֶר ז. | piece, cut |
| גְּזַר-דִּין | sentence, verdict |
| גָּח | to burst out |

31 *adv*=תפ *adj*=ת *pl*=ר *fem*=נ *pro*=כ *prep*=י *con*=ח *du*=זו *mas*=ז

| | |
|---|---|
| גָּחוּן ת. | bent over |
| גָּחוֹן ז. | bottom; belly |
| גַּחֲלִילִית נ. | firefly |
| גַּחֶלֶת נ. | burning coal, ember |
| גַּחֶלֶת לוֹחֶשֶׁת | slow–burning coal |
| גָּחַן | to bend over |
| גֵּט ז. | divorce decree |
| גַּיא ז.(גֵּיאָיוֹת) | valley |
| גִּיבֵּב | to heap, pile up |
| גִּיבּוּב ז. | piling up |
| גִּיבּוּב מִילִּים | verbiage |
| גִּיבּוּי ז. | backing, backup |
| גִּיבּוֹר ז. | hero |
| גִּיבּוּשׁ ז. | formalization, consolidation |
| גִּיבֵּחַ ת. | bald (frontally) |
| גִּיבֵּן ת. | hunchback |
| גִּיבֵּשׁ | to formalize, consolidate |
| גִּיבֵּשׁ עֶמְדָּה | to take a stand |
| גִּיגִית נ. | tub |
| גִּיגִית-כְּבִיסָה | laundry tub |
| גִּיד ז. | tendon, vein |
| גִּידּוּל ז. | growing, raising; increase, growth; tumor |
| גִּידּוּל מַמְאִיר | malignant tumor |
| גִּידּוּל-פֶּרֶא | weed |
| גִּידּוּף ז. | curse, insult |
| גִּידּוּר ז. | fencing |
| גִּידֵּל | to raise, grow |
| גִּידֵּם ת. | one–armed, amputee |
| גִּידֵּעַ | to cut off |
| גִּידֵּף | to curse, insult |
| גִּידֵּר | to fence |
| גִּיהוּץ ז. | pressing, ironing |
| גִּיהוּק ז. | belching, burping |
| גִּיהוּת נ. | hygiene |
| גֵּיהִינּוֹם ז. | hell |
| גִּיהֵץ | to press, iron |
| גִּיהֵק | to belch, burp |

| | |
|---|---|
| גִּיוֵּן | to diversify, vary |
| גִּיוּוּן ז. | diversification, variety |
| גִּיּוּס ז. | mobilization, draft, recruitment |
| גִּיּוּס-חוֹבָה | mandatory draft |
| גִּיּוּס כְּלָלִי | general mobilization |
| גִּיּוּס כְּסָפִים | fund–raising |
| גִּיּוּס מִילּוּאִים | reserve call–up |
| גִּיּוּר ז. | conversion to Judaism |
| גִּיּוֹר ז., גִּיּוֹרֶת נ. | convert |
| גִּיזָּה נ. | fleece |
| גִּיזּוּם ז. | pruning |
| גִּיזֵּם | to prune, cut |
| גִּיזְרָה נ. | cut, figure, shape; sector, zone; verb category |
| גִּיזְרַת-אֵשׁ | firing zone |
| גִּיזְרַת-הַחֲסֵרִים | verbs deficient in root–letters |
| גִּיזְרַת-הַכְּפוּלִים | verbs containing duplicated root–letters |
| גִּיזְרַת-הַנָּחִים | verbs containing quiescent root–letters |
| גִּיזְרַת-הַשְּׁלֵמִים | verbs containing regular root–letters |
| גִּיזָּרוֹן ז. | etymology |
| גִּיחָה נ. | sortie |
| גִּיחוּךְ ז. | grin, smile; absurdity |
| גִּיחֵךְ | to grin, smile |
| גִּיֵּס | to mobilize, draft, recruit |
| גִּיֵּר | to convert to Judaism |
| גִּיל ז. | joy; age |
| גִּיל-הַהִתְבַּגְּרוּת | adolescence |
| גִּיל-הָעֲמִידָה | middle age |
| גִּיל-הָעֶשְׂרֵה | teenage |
| גִּיל-הַשֵּׁירוּת | draft age |
| גִּילַאי ז. | member of an age group |
| גִּילְגּוּל ז. | rolling, revolving; metamorphosis |
| גִּילְגּוּל נְשָׁמָה | reincarnation |

| | |
|---|---|
| גִילְגֵל | to roll, revolve |
| גִילָה נ. | joy |
| גִילָה | to discover, uncover; reveal; detect |
| גִילְוֵן | to galvanize |
| גִילוּחַ ז. | shaving, shave |
| גִילוּי ז. | discovery, disclosure, revelation, detection |
| גִילוּי דַעַת | declaration, public statement |
| גִילוּי לֵב | candor, honesty |
| גִילוּי עֲרָיוֹת | incest |
| גִילוּי רֹאש | bareheadedness |
| גִילוּם ז. | personification |
| גִילוּף ז. | engraving, carving, etching |
| גִילַח, גִילֵחַ | to shave |
| גִילָיוֹן ז.(גִילְיוֹנוֹת) | sheet; newspaper copy, issue |
| גִילְיוֹן-אִישוּם | indictment |
| גִילְיוֹן-דְפוּס | printing sheet |
| גִילְיוֹן-הִתְנַהֲגוּת | behavior record |
| גִילָיוֹן מְיוּחָד | special issue |
| גִילְיוֹן-נְיָיר | sheet of paper |
| גִילְיוֹן-עֲבוֹדָה | work sheet |
| גִילְיוֹן-צִיוּנִים | grade sheet, transcript |
| גִילֵם | to personify, embody, play a theatrical role |
| גִילֵף | to engrave, carve, etch |
| גִילְשוֹן ז. | glider |
| גִימְגוּם ז. | stuttering |
| גִימְגֵם | to stutter |
| גִימֵד | to dwarf, shrink |
| גִימוּר ז. | finish |
| גִימַטְרִיָה נ. | numerology |
| גִימֶל נ. | third letter of the alphabet |
| גִימְלַאי ז. | retired, retiree |
| גִימְלָאוֹת נ.ר. | retirement |
| גִימְלָה נ. | pension, benefit |
| גִימְנַסְיָה נ. | high school |
| גִ'ינְגִ'י ז. | redhead *(col.)* |
| גִינָה | to condemn, deplore |
| גִינָה נ. | small garden |
| גִינַת-יֶרֶק, -יָרָק | vegetable garden |
| גִינַת-נוֹי | ornamental garden |
| גִינַת-פְּרָחִים | flower garden |
| גִינוּי ז. | condemnation, denunciation |
| גִינוּן ז. | gardening |
| גִינוּנִים ז.ר. | manners |
| גִינוּנֵי-חֵן | gracious manners |
| גִינוּנֵי-טֶקֶס | ceremonials |
| גִיס ז. | brother-in-law |
| גַיִס ז.(גְיָסוֹת) | army, military column |
| גַיִס חֲמִישִי | fifth column |
| גַיִס מְשוּרְיָין | armored column |
| גְיָסוֹת-שִירְיוֹן | tank corps |
| גִיפּוּף ז. | hugging, caressing |
| גִיפּוּר ז. | sulfurization |
| גִיפֵּף | to hug, caress, fondle |
| גִיפֵּר | to sulfurize |
| גִיר ז. | chalk, lime |
| גִירְגוּר ז. | gargling, gargle |
| גִירְגֵר | to gargle |
| גֵירֵד | to scrape, scratch |
| גֵירָה | to stimulate, excite, tease; provoke |
| גֵירוּד ז. | scraping, scratching |
| גֵירוּי ז. | stimulation, excitement, stimulus |
| גֵירוּי יְצָרִים | stimulation of passions, provocation |
| גֵירוּש ז. | expulsion, deportation |
| גֵירוּש-סְפָרַד | expulsion of Jews from Spain in 1492 |
| גֵירוּשִין ז.ר. | divorce |
| גִירִי ת. | chalky |

*adv*=תפ *adj*=ת *pl*=ר *fem*=נ *pro*=כ *prep*=י *con*=ח *du*=זו *mas*=ז

| English | עברית |
|---|---|
| badger | גִּירִית נ. |
| version | גִּירְסָא, גִּירְסָה נ. |
| paraphrase | גִּירְסָה חוֹפְשִׁית |
| deficit | גֵּירָעוֹן ז.(גִּירְעוֹנוֹת) |
| trade deficit | גֵּירָעוֹן מִסְחָרִי |
| to rake | גֵּירֵף |
| to expel, deport, banish, throw out; divorce | גֵּירַשׁ, גֵּירֵשׁ |
| access, approach; attitude | גִּישָׁה נ. |
| free access | גִּישָׁה חוֹפְשִׁית |
| bridging | גִּישׁוּר ז. |
| tracking, exploring, feeling | גִּישׁוּשׁ ז. |
| to bridge | גִּישֵּׁר (בֵּין, עַל) |
| to track, explore, feel | גִּישֵּׁשׁ |
| to grope in the dark | גִּישֵּׁשׁ בָּאֲפֵילָה |
| wave; pile | גַּל ז. |
| pile of stones | גַּל-אֲבָנִים |
| crankshaft | גַּל-אַרְכּוּבָּה |
| medium wave (AM) | גַּל בֵּינוֹנִי |
| heat wave | גַּל-חוֹם |
| 'skin and bones' | גַּל-עֲצָמוֹת |
| short wave | גַּל קָצָר |
| detector | גַּלַּאי ז. |
| barber | גַּלָּב ז. |
| pulley | גַּלְגִּילָה, גַּלְגֶּלֶת נ. |
| scooter | גַּלְגִּילַיִים ז.זו. |
| roller skate | גַּלְגִּילִית נ. |
| wheel, cycle | גַּלְגַּל ז. |
| steering wheel | גַּלְגַּל-הֶגֶה |
| lifesaver | גַּלְגַּל-הַצָּלָה |
| cyclical events | גַּלְגַּל חוֹזֵר |
| spare wheel | גַּלְגַּל-חִילּוּף |
| zodiac | גַּלְגַּל-הַמַּזָּלוֹת |
| cogwheel, gear | גַּלְגַּל מְשׁוּנָּן, -שִׁינַּיִים |
| flywheel | גַּלְגַּל-תְּנוּפָה |
| crust, skin | גֶּלֶד ז. |
| to go into exile, depart from one's homeland | גָּלָה |
| globe | גְּלוֹבּוּס ז. |
| frozen; skinned | גָּלוּד ת. |
| shaven | גָּלוּחַ ת. |
| exposed, overt, visible; candid | גָּלוּי ת. |
| frank, candid, honest | גְּלוּי-לֵב |
| bareheaded | גְּלוּי-רֹאשׁ |
| in the open, publicly | בְּגָלוּי |
| openly, candidly | גְּלוּיוֹת |
| postcard | גְּלוּיָה נ. |
| pill | גְּלוּלָה נ. |
| birth control pill | גְּלוּלָה לִמְנִיעַת הֵירָיוֹן |
| tranquilizer | גְּלוּלַת-אַרְגָּעָה |
| sleeping pill | גְּלוּלַת-שֵׁינָה |
| latent, embodied | גָּלוּם ת. |
| pastry | גְּלוּסְקָה נ. |
| sarcophagus, casket | גְּלוּסְקָמָה נ. |
| carved, engraved | גָּלוּף ת. |
| printing block | גְּלוּפָה נ. |
| exile, diaspora | גָּלוּת נ. |
| Babylonian Exile | גָּלוּת-בָּבֶל |
| Spanish Exile | גָּלוּת-סְפָרָד |
| of diaspora nature or mentality | גָּלוּתִי ת. |
| characteristics of the exile | גָּלוּתִיּוּת נ. |
| wavy, undulated; corrugated | גַּלִּי ת. |
| ice | גָּלִיד ז. |
| ice cream | גְּלִידָה נ. |
| cylinder, roll, spool | גָּלִיל ז. |
| roll of paper | גְּלִיל-נְיָר |
| rolling; scrolling | גְּלִילָה נ. |
| cylindrical; Galilean | גְּלִילִי ת. |
| cloak, robe | גְּלִימָה נ. |
| carving, engraving | גְּלִיפָה נ. |
| sliding, skiing; overflow | גְּלִישָׁה נ. |
| to roll; scroll; remove | גָּלַל |
| dung, feces | גָּלָל ז. |
| crude, raw material | גֶּלֶם ז. |

| | |
|---|---|
| גַּלְמוּד ת. | lonely |
| גַּלְנֵד ז. | surge |
| גַּלְעֵד ז. | monument |
| גַּלְעִין ז. | fruit pit, kernel |
| גַּלְעִינִי ת. | containing a pit |
| גָּלַף | to carve, engrave |
| גְּלַפְכֹּל ז. | pantograph |
| גָּלַשׁ | to slide, ski; overflow |
| גַּלָּשׁ, גַּלְשָׁן ז. | skier, ice-skater |
| גַּלֶּשֶׁת נ. | eczema |
| גַּם ח. | also, too |
| גַּם אִם, -כִּי | even if |
| גַּם זוֹ לְטוֹבָה | 'something good will come out of the bad' |
| גַּם כֵּן | as well, also |
| גָּמָא | to drink, sip |
| גַּמְגְּמָן ז. | stutterer |
| גַּמְגְּמָנוּת נ. | stuttering |
| גַּמָּד ז. | dwarf, midget |
| גָּמוּד ת. | tiny, undersized |
| גָּמוּל ת. | weaned |
| גְּמוּל ז. | reward; retaliation |
| גָּמוּר ת. | finished, done, complete; absolute |
| גְּמִיאָה נ. | drinking, sipping |
| גְּמִילָה נ. | weaning, freeing from a habit; rewarding, repayment |
| גְּמִילוּת-חֲסָדִים נ. | charity |
| גְּמִיעָה נ. | swallowing, sip |
| גְּמִירָה נ. | finish |
| גָּמִישׁ ת. | flexible, elastic |
| גְּמִישׁוּת נ. | flexibility, elasticity |
| גָּמַל | to wean, free from a habit |
| גָּמַל (ל-) | to repay, reward |
| גֶּמֶל ז. | pension |
| גָּמָל ז. | camel |
| גַּמָּל ז. | camel driver |
| גַּמְלוֹנִי ת. | large, oversize |
| גַּמֶּלֶת נ. | caravan |
| גֻּמָּמִית נ. | pit, hole in the ground |
| גָּמַע | to swallow, sip |
| גָּמַר | to finish, complete, conclude |
| גָּמַר אוֹמֶר | to decide |
| גָּמַר אֶת הַהַלֵּל | to praise |
| גְּמָר, גֶּמֶר ז. | finish, end |
| גְּמָרָא נ. | section of the *Talmud* |
| גֶּמֶשׁ ז. | elasticity, flexibility |
| גְּמָשָׁה נ. | spat |
| גַּן ז. | garden |
| גַּן-חַיּוֹת | zoo |
| גַּן-יְלָדִים | kindergarten |
| גַּן-יֶרֶק | vegetable garden |
| גַּן-עֵדֶן | Paradise |
| גַּן-עִיר, גַּן צִיבּוּרִי | public garden, park |
| גְּנַאי ז. | disgrace, shame, insult |
| גָּנַב | to steal |
| גַּנָּב ז. | thief |
| גַּנְדְּרָן, גַּנְדְּרָנִי ת. | dandy, ostentatious |
| גַּנְדְּרָנוּת נ. | ostentation |
| גָּנוּב ת. | stolen |
| גְּנוֹגֶנֶת נ. | awning |
| גָּנוּז ת. | hidden |
| גַּנּוֹן ז. | pre-school, nursery |
| גְּנוּת נ. | disgrace, defamation |
| גָּנַז | to hide, conceal; put away permanently |
| גֶּנֶז ז. | treasure |
| גַּנָּז ז. | archivist |
| גְּנָזִים ז.ר. | records |
| גַּנְזָךְ ז. | archives |
| גָּנַח | to groan; cough mucus or blood |
| גְּנֵיבָה נ. | theft |
| גְּנִיזָה נ. | hiding; archives |
| גְּנִיחָה נ. | groan |
| גַּנָּן ז. | gardener |
| גַּנָּנוּת נ. | gardening |

*adv*=תפ *adj*=ת *pl*=ר *fem*=נ *pro*=כ *prep*=י *con*=ח *du*=זו *mas*=ז

| | |
|---|---|
| גַּנֶּנֶת נ. | kindergarten teacher |
| גַּס ת. | coarse, rough |
| גַּס (-רוּחַ) ת. | rude, vulgar, obscene |
| גַּסּוּת (-רוּחַ) נ. | rudeness, vulgarity |
| גְּסִיסָה נ. | dying |
| גָּסַס | to be dying |
| גַּעְגּוּעִים ז.ר. | longing, yearning |
| גָּעָה | to moo, baa |
| גָּעָה בִּבְכִי | to wail, sob |
| גָּעוּשׁ ת. | stormy |
| גֶּעֶז נ. | Geez, Ethiopic |
| גְּעִיָּה נ. | mooing; crying |
| גַּעְיָה נ. | a biblical stress mark |
| גְּעִירָה נ. | rebuke, scold |
| גָּעַר (בְּ-) | to rebuke, scold |
| גְּעָרָה נ. | reproach |
| גָּעַשׁ | to storm, rage, quiver |
| גַּעַשׁ נ. | rage, storm |
| גַּעֲשִׁי ת. | volcanic |
| גַּעַת | touching |
| גַּף ז. נ.(גַּפַּיִם) | wing; limb |
| בְּגַפּוֹ | by himself, alone |
| גֶּפֶן נ.(גְּפָנִים) | vine |
| גַּפְרוּר ז. | match |
| גֵּץ ז. | spark |
| גֵּר ז. | convert; stranger |
| גֵּר-צֶדֶק | sincere convert |
| גָּר | to live, dwell, reside |
| גָּרַב | to put on socks |
| גֶּרֶב ז.(גַּרְבַּיִם) | stocking, sock, hosiery |
| גֶּרֶב-מִכְנָס, גַּרְבּוֹן | pantyhose |
| גַּרְגִּיר ז. | grain |
| גַּרְגְּרָן ז. | glutton |
| גַּרְגֶּרֶת נ. | throat |
| גָּרַד | to scrape |
| גַּרְדּוֹם ז. | gallows |
| גָּרֶדֶת נ. | scabies |
| גְּרוֹדֶת נ. | shavings, sawdust |
| גְּ'רוּזִיָה נ. | Soviet Georgia |
| גְּ'רוּזִינִי ת. | Georgian |
| גְּרוּטָאָה, גְּרוּטָה נ. | junk |
| גְּרוּטָאוֹת-בַּרְזֶל | scrap iron |
| גָּרוּם ת. | bony; oversized |
| גָּרוֹן ז.(גְּרוֹנוֹת) | throat |
| גְּרוֹנִי ת. | guttural, throaty, pharyngeal |
| גָּרוּעַ ת. | bad, inferior, worse |
| גָּרוּף ת. | swept, raked |
| גָּרוּר ת. | dragged, towed; follower |
| גָּרוּשׁ ת. | divorced |
| גְּרוּשׁ ז. | piaster; dime |
| גַּרְזֶן ז. | ax, hatchet |
| גְּרֵידָא תפ. | only, merely |
| גְּרִימָה נ. | causing |
| גְּרִיס ז. | groats, grits |
| גְּרִיסָה נ. | coarse grinding |
| גְּרִיעָה נ. | decrease, reduction |
| גְּרִיעוּת נ. | inferiority |
| גְּרִיפָה נ. | sweeping, raking |
| גְּרִיפָּה נ. | influenza, flu |
| גֶ'רִיקָן ז. | water or gasoline container |
| גְּרִירָה נ. | towing, tugging, dragging |
| גָּרַם (לְ-) | to cause |
| גֶּרֶם ז. | bone; body |
| גֶּרֶם שְׁמֵימִי | celestial body |
| גַּרְמִי ת. | bony |
| גָּרַס | to crush; think; determine |
| גָּרַע | to reduce, decrease, subtract |
| גַּרְעִין ז. | kernel, seed; nucleus |
| גַּרְעִינִי ת. | nuclear |
| גַּרְעִינִים ר. | roasted seeds (sunflower, etc.) |
| גַּרְעִינִית נ. | granite |
| גַּרְעֶנֶת נ. | trachoma |
| גָּרַף | to sweep, rake |
| גָּרַר | to tow, tug, drag |
| גְּרָר ז. | towing, tugging, dragging |

*adv*=תפ *adj*=ת *pl*=ר *fem*=נ *pro*=כ *prep*=י *con*=ח *du*=זו *mas*=ז

גְּרָרָה נ. sledge
גֵּרֶשׁ apostrophe; a biblical recitation mark
גֵּרְשַׁיִים ז. זו. abbreviation marks
גָּשׁוּם ת. rainy
גֶּשֶׁם ז. rain
גֶּשֶׁם שׁוֹטֵף torrential rain
גִּשְׁמֵי-בְּרָכָה beneficial rain
גִּשְׁמֵי-זַעַף raging rainstorm
גַּשְׁמִי ת. physical, material
גַּשְׁמִיּוּת נ. materialism, worldliness
גֶּשֶׁר ז. bridge
גֶּשֶׁר-חֲבָלִים rope bridge
גֶּשֶׁר-מַעְבּוֹרֶת ferry bridge
גֶּשֶׁר-סִירוֹת pontoon bridge
גֶּשֶׁר-פִּיקּוּד command bridge
גֶּשֶׁר תָּלוּי suspended bridge
גַּשָּׁשׁ ז. tracker, scout
גַּת נ. vat
גַּת-שְׁמָנִים נ. Gethsemane

*adv*=תפ *adj*=ת *pl*=ר *fem*=נ *pro*=כ *prep*=י *con*=ח *du*=זו *mas*=ז

# ד

| | |
|---|---|
| ד | *Dalet;* four (numerical value) |
| דְּ- | of; that |
| דָּאַב | to grieve, lament |
| דַּאֲבוֹן ז. | grief, anguish, pain |
| דַּאֲבוֹן-לֵב | sorrow |
| לְדַאֲבוֹנִי | to my regret |
| דָּאַג | to worry, be concerned |
| דָּאַג (ל-) | to take care (of), look (after) |
| דְּאָגָה נ. | worry, concern; care |
| דַּאֲגָנִי, דְּאַגְתָּנִי ת. | anxious, worried |
| דַּאֲגָנוּת, דְּאַגְתָּנוּת נ. | anxiety, worry |
| דָּאָה | to glide, fly |
| דָּאוּב ת. | aching, grieving |
| דָּאוּג ת. | concerned, anxious |
| דָּאוֹן ז. | air glider |
| דְּאִיָּה נ. | air gliding |
| דָּבוּק ת. | glued, stuck |
| דָּבוּר ת. | spoken |
| דַּבּוּר ז. | hornet |
| דְּבוֹרָה נ.(דְּבוֹרִים) | bee |
| דֶּבִּיל, דֶּבִּילִי ת. | stupid *(col.)* |
| דֶּבִּילִיּוּת נ. | stupidity *(col.)* |
| דָּבִיק ת. | sticky, adhesive |
| דְּבִיקוּת נ. | adhesiveness |
| דְּבֵיקוּת נ. | adherence, devotion |
| דְּבִיר ז. | part of the biblical Temple |
| דַּבְלוּל ז. | ruffle |
| דָּבַק (בּ-) | to stick (to), adhere; devote oneself (to) |
| דֶּבֶק ז. | glue, adhesive |
| דֶּבְקָה נ. | an Arab dance |
| דָּבָר ז. | thing, matter; saying, utterance |
| דָּבָר בְּעִיתּוֹ | at the right time |
| דָּבָר וְהִיפּוּכוֹ | opposites, contradiction |
| דָּבָר וַחֲצִי דָּבָר | not a thing, nothing |
| דְּבַר-מָה | something |
| בִּדְבַר | in the matter of, regarding |
| דְּבָרִים בְּטֵלִים | nonsense |
| דְּבָרִים כַּהֲוָיָיתָם | as things are |
| דְּבָרִים שֶׁל טַעַם | sensible talk |
| דִּבְרֵי-בֶּלַע | slander |
| דִּבְרֵי-בְּרָכָה | greetings |
| דִּבְרֵי-גְּנַאי | slur |
| דִּבְרֵי-הֶבֶל | nonsense |
| דִּבְרֵי-חַשְׁמַל | electric goods |
| דִּבְרֵי-הַיָּמִים | history, chronicles |
| דִּבְרֵי-הַכְּנֶסֶת | proceedings of the Knesset |
| דִּבְרֵי-מוּסָר | ethics |
| דִּבְרֵי-מְתִיקָה | sweets |
| דִּבְרֵי-עֵרֶךְ | valuables |
| דְּבָרִים | Deuteronomy |
| דֶּבֶר ז. | plague |
| דַּבְּרָן ז. | talkative, loquacious |
| דַּבְּרָנוּת נ. | loquacity |
| דַּבֶּרֶת נ. | excessive talking |
| דְּבַשׁ ז. | honey |
| דַּבֶּשֶׁת נ. | hump |
| דָּג | to fish |
| דָּג ז. | fish |
| דַּג-זָהָב | goldfish |
| דָּג חַי | carp |
| דָּג מָלוּחַ | pickled herring |
| דָּג מְמוּלָּא | stuffed fish; *gefilte fish* |
| דְּגֵי-רְקָק | 'unimportant people' |
| דַּגְדְּגָן ז. | clitoris |
| דָּגָה נ. | fishes |
| דּוּגִית נ. | small fishing boat |
| דָּגוּל ת. | prominent, outstanding |

| | |
|---|---|
| דָּגִיג ז. | small fish |
| דְּגִילָה נ. | professing, raising the banner of |
| דָּגִים | Pisces |
| דְּגִימָה נ. | sampling, sample |
| דְּגִירָה נ. | hatching, incubation |
| דָּגַל (בּ-) | to profess, raise the banner of |
| דֶּגֶל ז. | flag, banner |
| דַּגְלָן ז. | flagman |
| דְּגַם, דֶּגֶם ז. | model, pattern, specimen |
| דָּגָן ז. | grain, cereals |
| דְּגָנִי ת. | cereal |
| דָּגַר | to hatch, incubate |
| דַּגְרָן ז. | studious |
| דָּגֵשׁ ז. | emphasis, stress |
| דָּגֵשׁ חָזָק, -כַּפְלָן | *Dagesh forte* |
| דָּגֵשׁ קַל, -קַשְׁיָן | *Dagesh lene* |
| דַּד ז. | breast, nipple |
| דָּהָה | to fade |
| דֵּהֶה, דָּהוּהַּ, דָּהוּי ת. | faded, discolored |
| דְּהִיָּה נ. | fading |
| דְּהִירָה נ. | galloping |
| דָּהַר | to gallop, rush, speed |
| דְּהָרָה נ. | gallop, rushing, speeding |
| דּוּ- | two, bi-, double |
| דּוּ-אֵיבָרִי | binomial |
| דּוּ-חוֹדְשִׁי | bimonthly |
| דּוּ-חֶלְקִי | bisectional |
| דּוּ-כִּיווּנִי | bidirectional |
| דּוּ-כְּנָפִי | two-winged |
| דּוּ-לְאוּמִּי | binational |
| דּוּ-לְשׁוֹנִי | bilingual |
| דּוּ-מוֹשָׁבִי | two-seater |
| דּוּ-מִינִי | bisexual |
| דּוּ-מְמַדִּי | two-dimensional |
| דּוּ-מְנוֹעִי | twin-engine |
| דּוּ-מִפְלַגְתִּי | bipartisan |
| דּוּ-מַשְׁמָעוּת | ambiguity |
| דּוּ-מַשְׁמָעִי | ambiguous |
| דּוּ-סִיטְרִי | two-way |
| דּוּ-עֶרְכִּי | ambivalent |
| דּוּ-פַּחְמַת הַנַּתְרָן | sodium bicarbonate |
| דּוּ-פַּרְצוּפִי | hypocrite, two-faced |
| דּוּ-פַּרְצוּפִיּוּת | hypocrisy |
| דּוּ-צְדָדִי | bilateral, two-sided |
| דּוּ-קוֹמָתִי | two-story |
| דּוּ-קִיּוּם | coexistence |
| דּוּ-קְרָב | duel |
| דּוּ-רָאשִׁי | two-headed |
| דּוּ-רַגְלִי | two-legged |
| דּוּ-שְׁבוּעִי | biweekly |
| דּוּ-שִׂיחַ | dialogue |
| דּוּ-שְׁנָתִי | biannual |
| דּוּ-שְׂפָתִי | bilabial |
| דּוּ-תַּחְמוֹצֶת | dioxide |
| דּוּ-תַּחְמוֹצֶת הַפַּחְמָן | carbon dioxide |
| דּוּ-תַּכְלִיתִי | dual purpose |
| דּוּ-תְּנוּעָה | diphthong |
| דּוּאִית נ. | duet |
| דּוֹאַר ז. | mail, post office |
| דּוֹאַר-אֲוִויר | air mail |
| דּוֹאַר נָע | rural mail |
| דּוֹאַר צְבָאִי | military mail |
| דּוֹאַר רָשׁוּם | registered mail |
| דּוֹאַר רִשְׁמִי | official mail |
| דּוֹב ז. | bear |
| דּוֹבֵב | to encourage to speak |
| דּוּבְדְּבָן ז. | cherry |
| דּוּבּוֹן ז. | small bear; teddy bear |
| דּוּבַּר | to be spoken |
| דּוֹבֵר ז. | spokesman, speaker |
| דּוֹבֵר אֱמֶת | truthful |
| דּוֹבְרָה נ. | raft |
| דּוּבְשָׁנִית נ. | honey cake |
| דּוּגְדַּג | to be tickled |

*adv*=תפ *adj*=ת *pl*=ר *fem*=נ *pro*=כ *prep*=י *con*=ח *du*=זו *mas*=ז

דּוּגִית נ. dinghy, canoe, small boat
דּוּגְמָא, דּוּגְמָה נ. example, sample
דּוּגְמָן ז., דּוּגְמָנִית נ. model
דּוּגְמָנוּת נ. modeling
דּוּגְמָתִי ת. exemplary
דּוּגְרִי תפ. straightforward *(col.)*
דּוֹגֶרֶת נ. hen
דּוּד ז. boiler, water heater
דּוּד-חַשְׁמַל electric water heater
דּוּד-שֶׁמֶשׁ solar water heater
דּוֹד ז. uncle
דּוֹדָה נ. aunt
דּוֹדִים ז.ר. love
דּוֹדָן ז., דּוֹדָנִית נ. cousin
דְּוַאי ז. sickness
דָּוָה to be ill, in pain
דּוּוַּח to be reported
דָּווּי ת. sick
דַּוְוקָא, דַּוְוקָה תפ. precisely, exactly so
דַּוָּר ז. mailman
דַּוְושָׁה נ. pedal
דַּוְושַׁת-בֶּנְזִין, -דֶּלֶק gas pedal
דַּוָּח ז. reporter
דּוֹחֶה ת. repulsive, repellent
דּוּחַי ז. amphibian
דּוֹחַק ז. pressure, stress; congestion, overcrowding
בְּדוֹחַק with difficulty
דּוּכָּא to be oppressed, suppressed
דּוּכִיפַת נ. hoopoe
דּוּכָן ז. counter, stand, platform
דּוּכַן-נוֹאֲמִים podium, speaker's platform
דּוּכַן-עֵדִים witness stand
דּוּלַּג to be skipped over
דּוֹלְגָנִי ת. skipping; superficial
דּוּלְדַּל to be depleted, thinned out
דּוֹלְפָנִי ת. leaky

דּוֹם ז. silence; at attention
דּוֹם-לֵב cardiac arrest
דּוֹמֶה ת. similar, alike, resembling
דּוֹמֶה שֶׁ- it seems that
וְכַדּוֹמֶה and so on, etc.
דּוּמָה, דּוּמִיָּה נ. silence, quiet
דֳּומִי ז. silence, stillness
דּוּמָם תפ. silently, quietly
דּוֹמֵם ת. silent, still; inanimate
דּוֹמֶן ז. dung, manure
דּוֹמַנִי it seems to me
דּוֹמְעָנִי ת. tearful
דּוֹנַג ז. wax
דּוּנָם ז. 1000 square meters
דּוֹפִי ז. flaw, fault
דּוֹפֶן ז. נ.(דְּפָנִים, דְּפָנוֹת) wall, partition
דּוֹפֶק ז. pulse
דּוֹקְרָנִי ת. thorny; barbed (wire)
דּוֹר ז.(דּוֹרוֹת) generation
לְדוֹרֵי-דּוֹרוֹת forever
דּוּרַג to be ranked, rated, graded
דּוּרֶגֶל ז. bipod
דּוּרָה נ. corn, sorghum
דּוֹרוֹן ז. gift
דּוֹרְסָן ז. trampler, running over; predatory
דּוּשַּׁן to be fattened, fertilized
דָּחָה to postpone; reject, turn down; repel
דָּחָה עַל הַסַּף to reject on the spot
דָּחוּי ת. postponed, deferred; post-dated
דָּחוּס ת. compressed; congested
דָּחוּף ת. urgent, pressing
דָּחוּק ת. hard put *(adj.)*
דְּחִי ז. failure, downfall
מִדְּחִי אֶל דֶּחִי from bad to worse
דְּחִיָּה נ. postponement; rejection
דָּחִיס ת. compressible

| | |
|---|---|
| דְּחִיסָה נ. | compression |
| דְּחִיסוּת נ. | compressibility; density |
| דְּחִיפָה נ. | push, impetus |
| דְּחִיפוּת נ. | urgency |
| דְּחִיקָה נ. | pressing, push; encroachment |
| דַּחְלִיל ז. | scarecrow, bogeyman |
| דָּחַס | to compress, pack |
| דָּחַף | to push, shove, drive |
| דַּחַף ז. | thrust, drive, urge, impulse |
| דַּחְפּוֹר ז. | bulldozer |
| דָּחַק | to push, press |
| דָּחַק אֶת הַקֵּץ | to be impatient, press for a quick end |
| דָּחַק אֶת רַגְלָיו | to push someone aside, encroach upon |
| דֹּחַק, דַּחַק ז. | pressure; need |
| דַּי ז. תפ. | enough, sufficient, adequate |
| דַּי וְהוֹתֵר | more than needed |
| דִּיבָּה נ. | slander, libel |
| דִּיבּוּב ז. | dubbing |
| דִּיבּוּק ז. | possession by a dead soul; obsession |
| דִּיבּוּר ז. | speech, speaking, talking |
| דִּיבּוּר יָשִׁיר | direct speech |
| דִּיבּוּר עָקִיף | indirect speech |
| דִּיבּוּרִי ת. | colloquial |
| דִּיבֵּר | to speak, talk |
| דִּיבֵּר ז. | speech; God's Commandment |
| דַּיִג ז. | fishing |
| דִּיגְדֵּג | to tickle |
| דִּיגְדּוּג ז. | tickling |
| דִּיגּוּל ז. | raising the banner |
| דִּיגֵּל | to raise the banner |
| דִּיגֵּל נֶשֶׁק | to present arms |
| דִּיגְלוֹן ז. | small flag |
| דִּיגְמוּן ז. | modeling |
| דִּיגְמֵן | to model |
| דִּידָּה | to hop, skip |
| דְּיוֹ ז. נ. | ink |
| דִּיוּוּחַ ז. | reporting |
| דִּיוֵּחַ, דִּיוְּחַ | to report |
| דִּיּוּן ז. | discussion, debate |
| דִּיּוּק ז. | precision, accuracy |
| בְּדִיּוּק | exactly, precisely |
| דְּיוֹקָן ז. | portrait, profile, image |
| דִּיּוּר ז. | housing, living |
| דְּיוֹתָה נ. | inkwell |
| דִּיחוּי ז. | delay, postponement |
| דַּיָּג ז. | fisherman |
| דַּיָּל ז., דַּיֶּלֶת נ. | flight attendant, steward(-ess) |
| דַּיָּן ז. | judge; rabbinic court judge |
| דַּייסָה נ. | porridge, grits |
| דִּייֵּק | to be precise, accurate |
| דַּייקָן ת. | meticulous, punctual |
| דַּייקָנוּת נ. | precision, puncuality |
| דַּיָּר ז. | tenant |
| דִּיכֵּא | to oppress, suppress, depress |
| דִּיכָּאוֹן ז. | depression |
| דִּיכְדֵּךְ | to depress |
| דִּיכְדּוּךְ ז. | depression |
| דִּיכּוּי ז. | oppression, suppression |
| דִּילֵּג (עַל) | to skip, jump (over) |
| דִּילְדּוּל ז. | depletion; improvishment |
| דִּילְדֵּל | to deplete, exhaust; improvish |
| דִּילּוּג ז. | skipping, hop; omission |
| דִּילּוּג זְמַן | time-lapse |
| דִּילּוּל ז. | thinning, dilution |
| דִּילֵּל | to thin, dilute |
| דִּימְדּוּם ז. | dimness, unclarity |
| דִּימָּה | to imagine; liken, compare |
| דִּימּוּי ז. | comparison; image |
| דִּימּוּם ז. | bleeding, hemorrhage |
| דִּימְייֵן | to imagine, fancy |
| דִּין ז. | judgment; law; trial |

| | |
|---|---|
| דִּין וּדְבָרִים | debate, argument |
| דִּין וְחֶשְׁבּוֹן | report |
| דִּין-תּוֹרָה | Jewish law; arbitration |
| דִּינֵי-אִישׁוּת | family law |
| דִּינֵי-כַּשְׁרוּת | religious dietary laws |
| דִּינֵי-עוֹנָשִׁין | penal law |
| כַּדִּין | according to the law, as required |
| דַּיִס ז. | concrete mixture |
| דִּיסְקוּס ז. | disc |
| דִּיעָה נ. (see דֵּעָה) | opinion |
| דִּיפְדּוּף ז. | turning pages |
| דִּיפְדֵּף (בּ-) | to turn pages, flip through |
| דִּיצָה נ. | joy |
| דָּיֵק ז. | rampart |
| דִּיקְדֵּק | to be strict, meticulous |
| דִּיקְדּוּק ז. | grammar; strictness |
| דִּיקְדּוּק הִיסְטוֹרִי | historical grammar |
| דִּיקְדּוּק מַשְׁוֶה | comparative grammar |
| דִּיקְדּוּק מִיבְנִי | structural grammar |
| דִּיקְדּוּקִי ת. | grammatical |
| דִּיקּוּר ז. | acupuncture |
| דִּיקָן ז. | dean |
| דִּיר ז. | shed, pen |
| דִּיר-חֲזִירִים | pig sty |
| דִּירְבּוּן ז. | spurring, urging |
| דִּירְבֵּן | to spur, urge |
| דֵּירֵג | to grade, rate, rank |
| דִּירָה נ. | apartment |
| דִּירַת-גַּג | rooftop apartment |
| דִּירַת-קַרְקַע | ground floor apartment |
| דִּירַת-שְׂרָד | official apartment |
| דֵּירוּג ז. | grading, rating, ranking; scale |
| דִּירָתִי ת. | of an apartment *(adj.)* |
| דַּיִשׁ ז. | threshing |

| | |
|---|---|
| דִּישׁוּן ז. | fertilization; fattening |
| דִּישׁוֹן ז. | antelope |
| דִּישֵּׁן | to fertilize; fatten |
| דַּךְ ת. | poor; oppressed |
| דַּל ת. | poor; meager |
| דַּל-בָּשָׂר | skinny |
| דַּלַּת-הָעָם | the poor masses |
| דַּלְגִּית נ. | jump rope |
| דַּלְגָן ז. | hopper, skipper |
| דָּלָה | to draw water; exhaust |
| דָּלוּחַ ת. | dirty, muddy |
| דָּלוּק ת. | burning; lit; turned-on |
| דַּלּוּת נ. | poverty |
| דְּלִי ז. | bucket; Aquarius |
| דַּלְיוֹת נ. | varicose veins |
| דְּלִיָּה נ. | drawing water |
| דְּלִיחוּת נ. | dirt, pollution |
| דָּלִיל ת. | thin, sparse |
| דְּלִילוּת נ. | thinness, sparseness |
| דְּלִיפָה נ. | leak, leakage |
| דָּלִיק ת. | flammable, combustible |
| דְּלֵיקָה נ. | fire |
| דְּלִיקוּת נ. | flammability, combustibility |
| דָּלִית נ. | grapevine |
| דְּלַעַת נ. | pumpkin |
| דָּלַף | to leak |
| דַּלְפוֹן ז. | poor, destitute |
| דֶּלְפֵּק ז. | counter |
| דָּלַק | to burn, glow; be on (light) |
| דָּלַק (אַחֲרֵי) | to chase, pursue |
| דֶּלֶק ז. | fuel, gasoline |
| דַּלֶּקֶת נ. | inflammation |
| דַּלֶּקֶת-גָּרוֹן | laryngitis |
| דַּלֶּקֶת-כְּלָיוֹת | nephritis |
| דַּלֶּקֶת הַמְּעִי הַגַּס | colitis |
| דַּלֶּקֶת-הַסִּימְפוֹנוֹת | bronchitis |
| דַּלֶּקֶת-עוֹר | dermatitis |
| דַּלֶּקֶת-עֲצַבִּים | neuritis |

| | |
|---|---|
| דַּלֶּקֶת-פְּרָקִים | arthritis |
| דַּלֶּקֶת קְרוּם הַמּוֹחַ | meningitis |
| דַּלֶּקֶת-רֵיאוֹת | pneumonia |
| דַּלֶּקֶת-שְׁקֵדִים | tonsilitis |
| דַּלֶּקֶת-תּוֹסֶפְתָּן | appendicitis |
| דַּלַּקְתִּי ת. | inflammatory |
| דֶּלֶת נ. | door |
| דֶּלֶת-הֲזָזָה | sliding door |
| דָּלֶת נ. | fourth letter of the alphabet |
| בְּדָלֶת אַמּוֹת | within the confines of |
| דְּלָתַיִים נ. זו. | double doors |
| בִּדְלָתַיִים סְגוּרוֹת | behind closed doors |
| דָּם ז. | blood |
| דִּמְדוּמִים ז. ר. | twilight |
| דָּמָה (ל-) | to resemble, look like |
| דְּמוּי- ת. | resembling, like |
| דָּמוּם ת. | bleeding |
| דָּמוּעַ ת. | tearful |
| דְּמוּת נ. | image, figure, shape; character |
| דִּמְיוֹן ז. | imagination; resemblance |
| דִּמְיוֹנִי ת. | imaginative, fictitious |
| דָּמִים ז. ר. | money, fee |
| דְּמֵי-אַבְטָלָה | unemployment benefits |
| דְּמֵי-הוֹבָלָה | freight charges |
| דְּמֵי-חֲנוּכָּה | *Hanukkah* gift |
| דְּמֵי-חָסוּת | protection money |
| דְּמֵי-חֲתִימָה | subscription fee |
| דְּמֵי-טִירְחָה | lawyer's fee |
| דְּמֵי-כִּיס | pocket money |
| דְּמֵי-כְּנִיסָה | admission fee |
| דְּמֵי לֹא-יֶחֱרַץ | bribe |
| דְּמֵי-מְזוֹנוֹת | alimony |
| דְּמֵי-מַפְתֵּחַ | 'key money' paid to lease a property |
| דְּמֵי-מִשְׁלוֹחַ | shipping charges |
| דְּמֵי-נְזִיקִין | damages |
| דְּמֵי-נְסִיעָה | fare |
| דְּמֵי-עֲמָלָה | commission |
| דְּמֵי-קְדִימָה | down payment, deposit |
| דְּמֵי-שְׂכִירוּת | rent |
| דְּמֵי-שְׁתִיָּיה | tip |
| דְּמֵי-שְׁתִיקָה | hush money |
| דְּמֵי-תִּיווּךְ | brokerage fee |
| דָּמַם | to be silent, quiet |
| דְּמָמָה נ. | silence, quiet |
| דַּמֶּמֶת נ. | hemophilia |
| דָּמַע | to shed tears |
| דִּמְעָה נ. | tear |
| דִּמְעוֹת-תַּנִּין | crocodile tears |
| דַּמְקָה נ. | checkers |
| דָּן | to judge, sentence |
| דָּן (בּ-) | to discuss, debate |
| דֵּעָה נ. | opinion |
| דֵּעָה מוּקְדֶּמֶת | prejudgment |
| דֵּעָה צְלוּלָה | clear mind |
| דֵּעָה קְדוּמָה | prejudice |
| דֵּעָה שְׁקוּלָה | reasoning |
| בְּדֵעָה אַחַת | unanimous, unanimously |
| דַּעַת-קָהָל | public opinion |
| דֵּעוֹת חֲלוּקוֹת | disagreement |
| דְּעִיכָה נ. | dying out, fading |
| דָּעַךְ | to die out, fade |
| דַּעַת נ. | knowledge |
| דַּף ז. | page, sheet |
| דַּף-נְיָיר | sheet of paper |
| דַּפֵּי-זָהָב | telephone yellow pages |
| דַּפְדֶּפֶת נ. | note pad |
| דְּפוּס ז. | print, printing press; mold |
| דָּפוּק ת. | beaten; mistreated; screwed up *(col.)* |
| דְּפִיקָה נ. | knock, beat; flop, mishap; sexual intercourse *(col.)* |
| דַּפְנָה נ. | laurel |
| דַּפָּס ז. | printer |
| דָּפַק | to knock, beat, hammer; mistreat; screw up; have sexual intercourse *(col.)* |

*adv*=תפ *adj*=ת *pl*=ר *fem*=נ *pro*=כ *prep*=י *con*=ח *du*=זו *mas*=ז

דק ◊ דתיות

| | |
|---|---|
| דַּק ת. | thin, fine |
| דַּקְדְּקָן ז. | strict, meticulous |
| דַּקְדְּקָנוּת נ. | meticulousness |
| דַּקָּה נ. | minute |
| דַּקּוּת נ. | thinness, fineness |
| דַּקִּיק ת. | very fine, thin |
| דְּקִירָה נ. | stabbing, prick; sarcastic comment |
| דְּקִירָה בַּגַּב | stab in the back |
| דְּקִירַת מַחַט | needle puncture |
| דְּקִירַת סַכִּין | knife stab |
| דֶּקֶל ז. | palm tree |
| דָּקַר | to stab, puncture, prick; make a sarcastic insinuation |
| דֶּקֶר ז. | pick (tool) |
| דָּר | to dwell, reside |
| דַּרְבוֹן, דַּרְבָן ז. | spur |
| דַּרְבָּן ז. | porcupine |
| דֶּרֶג ז. | level, grade |
| דֶּרֶג בָּכִיר | senior level |
| דֶּרֶג מְדִינִי | political level |
| דֶּרֶג צְבָאִי | military level |
| דַּרְגָּה נ. | degree, rank, grade; step |
| דְּרַגְנוֹעַ ז. | escalator |
| דַּרְגָּשׁ ז. | couch; pallet |
| דַּרְדָּס ז. | sandal, slipper; 'Smurf' (cartoon character) |
| דַּרְדַּק ז. | baby, child |
| דָּרוּג ת. | graded |
| דְּרוּזִי ת. | Druze |
| דָּרוּךְ ת. | cocked; tense; ready |
| דָּרוּךְ לַקְּרָב | ready for battle |
| דָּרוֹם ז. | south |
| דְּרוֹמִי ת. | southern, southerly |
| דָּרוּס ת. | trampled, run over |
| דְּרוֹר ז. | freedom |
| דָּרוּשׁ ת. | needed, required, necessary |
| דְּרִיכָה נ. | stepping, treading; cocking |
| דְּרִיכָה בַּמָּקוֹם | lack of progress |
| דְּרִיכוּת נ. | attention, readiness |
| דְּרִיסָה נ. | running over, trampling |
| דְּרִיסַת רֶגֶל | foothold, access |
| דְּרִישָׁה נ. | demand, requirement |
| דְּרִישַׁת שָׁלוֹם | greetings, regards |
| דָּרַךְ | to step, trample; cock, trigger |
| דֶּרֶךְ ז. נ.(דְּרָכִים) | way, road, course; manner; through, by way of, via |
| דֶּרֶךְ-אַגַּב | by the way, incidentally |
| דֶּרֶךְ-אֶרֶץ | good manners |
| דֶּרֶךְ-גִּישָׁה | access road |
| דֶּרֶךְ-חַיִּים | way of life, lifestyle |
| דֶּרֶךְ-הַיִּיסוּרִים | *Via Dolorosa* |
| דֶּרֶךְ-הַיָּשָׁר | ethical behavior |
| דֶּרֶךְ-הַמֶּלֶךְ | main road |
| דֶּרֶךְ-עָפָר | dirt road |
| דֶּרֶךְ צְלֵיחָה | 'bon voyage'; 'good luck' |
| דֶּרֶךְ-קֶבַע | regularly; permanently |
| בְּדֶרֶךְ-כְּלָל | usually, generally |
| דַּרְכּוֹן ז. | passport |
| דָּרַס | to run over, trample |
| דָּרַשׁ | to demand, require; preach |
| דְּרָשׁ ז. | exegesis |
| דְּרָשָׁה נ. | sermon |
| דַּרְשָׁן ז. | preacher |
| דַּרְשָׁנוּת נ. | preaching |
| דָּשׁ | to thresh; deal with repeatedly |
| דַּשׁ ז. | flap, fold |
| דֶּשֶׁא ז. | lawn, grass |
| דָּשֵׁן ת. | fat |
| דֶּשֶׁן ז. | fertilizer |
| דֶּשֶׁן כִּימִי | chemical fertilizer |
| דָּת נ. | religion, faith |
| דַּת-מֹשֶׁה | Judaism |
| כַּדָּת וְכַדִּין | by the rule, properly |
| דָּתִי ת. | religious, devout |
| דָּתִיּוּת נ. | religiosity |

*adv*=תפ *adj*=ת *pl*=ר *fem*=נ *pro*=כ *prep*=י *con*=ח *du*=זו *mas*=ז

44

# ה

ה *Hé;* five (numerical value)
הַ- the, definite article
הֲ- interrogative prefix
הֵא נ. fifth letter of the alphabet
הֵא הַיְדִיעָה definite article *(gram.)*
הַאֲבָקָה נ. pollination
הֶאְדִּים to redden, become red
הֶאְדִּיר to magnify, glorify
הַאְדָּרָה נ. magnifying; glorification
הֶאֱהִיל (עַל) to cover, shelter
הַאֲהָלָה נ. covering, sheltering
הֶאֱזִין to listen
הַאֲזָנָה נ. listening
הַאֲזָנַת-סֵתֶר eavesdropping, wiretapping
הֶאָח cheers, 'hurrah'
הַאֲחָדָה נ. unifying, uniformity
הֶאֱחִיד to unify, make uniform
הֵאֵט to slow down, decelerate
הָאָטָה נ. slowing down, deceleration
הֵאִיץ to accelerate
הֵאִיץ (בְּ-) to urge, hurry
הֵאִיר to illuminate, light up
הֵאִיר פָּנִים to be friendly
הֶאֱכִיל to feed
הַאֲכָלָה נ. feeding
הַאֲלָהָה נ. deification, idolization
הֶאֱלִיהַּ to deify, idolize
הֶאֱמִין (בְּ-,לְ-) to believe
הֶאֱמִיר to rise, soar
הַאֲמָנָה נ. confirmation, accreditation
הַאֲמָרָה נ. rising, soaring
הַאֲמָרַת-מְחִירִים price increase
הֶאֱנִישׁ to humanize
הַאֲנָשָׁה נ. humanization
הַאֲפָלָה נ. darkening, blackout
הָאָצָה נ. acceleration; hurrying; urging
הֶאֱצִיל to inspire; bestow
הַאֲצָלָה נ. inspiration; bestowal
הֶאָרָה נ. illumination, lighting; clarification
הַאֲרָחָה נ. lodging, accommodation
הֶאֱרִיךְ to lengthen, prolong, extend
הֶאֱרִיךְ יָמִים to live long
הֶאֱרִיק to ground (electrically)
הַאֲרָכָה נ. lengthening, extension
הַאֲרָקָה נ. electrical grounding
הֶאֱשִׁים (בְּ-) to accuse (of), blame
הַאֲשָׁמָה נ. accusation, blame
הַב give *(mas.sg.)*
הֲבָאָה נ. bringing
הֲבַאי ז. nonsense
הִבְאִישׁ to stink; defame
הִבְאִישׁ אֶת רֵיחוֹ to defame, slander
הַבְאָשָׁה נ. stinking; defamation
הִבְדִּיל to differentiate, separate
לְהַבְדִּיל 'unrelated to this'
הֶבְדֵּל ז. difference
הַבְדָּלָה נ. differentiation, separation; benediction at the end of the Sabbath and festivals
הָבָה 'let us'
הִבְהִיל to frighten, scare; summon urgently
הַבְהָלָה נ. scaring; summoning urgently
הִבְהִיק to flash, flare
הִבְהִיר to brighten; clarify
הַבְהָרָה נ. clarification; brightening
הִבְזִיק to flash
הַבְזָקָה נ. flashing

| | |
|---|---|
| הִבְחִיל | to nauseate |
| הִבְחִין (בְּ-) | to notice; distinguish |
| הַבְחָנָה נ. | distinction, discrimination |
| הַבָּטָה נ. | looking, glancing |
| הַבְטָחָה נ. | promise, assurance |
| הִבְטִיחַ | to secure, guarantee |
| הִבְטִיחַ (לְ-) | to promise, assure |
| הִבְטִיל | to put out of work, lay off |
| הַבְטָלָה נ. | laying off, unemployment |
| הֵבִיא | to bring |
| הֵבִיא בְּחֶשְׁבּוֹן | to take into account |
| הֵבִיא לְ- | to bring about, cause |
| הִבִּיט (בְּ-) | to look (at), watch |
| הֵבִיךְ | to embarrass; bewilder |
| הָבִיל ת. | hot and humid |
| הֵבִין | to understand |
| הֵבִיס | to defeat |
| הִבִּיעַ | to express |
| הֲבָכָה נ. | embarrassing, embarrassment |
| הֶבֶל ז. | vanity; nonsense |
| הֲבֵל הֲבָלִים | nonsense |
| הַבְלָגָה נ. | restraint |
| הַבְלָטָה נ. | emphasis, stress |
| הִבְלִיג | to restrain oneself |
| הִבְלִיט | to emphasize, stress; stick out |
| הִבְלִיעַ | to conceal, assimilate |
| הַבְלָעָה נ. | concealment, assimilation |
| הֲבָנָה נ. | understanding |
| הֲבָנָה הֲדָדִית | mutual understanding |
| הֲבָסָה נ. | defeating |
| הַבָּעָה נ. | expression |
| הַבָּעָה בִּכְתָב | written expression |
| הַבָּעָה בְּעַל-פֶּה | oral expression |
| הַבָּעַת פָּנִים | facial expression |
| הַבָּעַת תּוֹדָה | expression of gratitude |
| הַבָּעַת תַּנְחוּמִים | condolences |
| הִבְעִיר | to set on fire, burn |
| הִבְעִית | to scare, frighten |
| הַבְעָרָה נ. | setting on fire, burning |
| הַבְקָעָה נ. | breaking through |
| הַבְרָאָה נ. | healing, recovery |
| הַבְרָגָה נ. | screwing in; screw thread |
| הֲבָרָה נ. | syllable |
| הֲבָרָה מוּטְעֶמֶת | stressed syllable |
| הֲבָרָה סְגוּרָה | closed syllable (ending with a consonant) |
| הֲבָרָה פְּתוּחָה | open syllable (ending with a vowel) |
| הַבְרָחָה נ. | smuggling |
| הִבְרִיא | to heal, recover |
| הִבְרִיג | to screw in |
| הִבְרִיחַ | to smuggle; cause to flee |
| הִבְרִיךְ | to make someone kneel |
| הִבְרִיק | to shine, glitter |
| הִבְרִישׁ | to brush |
| הַבְרָקָה נ. | shining; smart saying |
| הַבְרָשָׁה נ. | brushing |
| הִבְשִׁיל | to ripen |
| הַבְשָׁלָה נ. | ripening |
| הַגַּאי ז. | steersman, navigator |
| הֲגָבָה נ. | reacting |
| הַגְבָּהָה נ. | raising, elevating |
| הִגְבִּיהַּ | to raise, elevate |
| הִגְבִּיל | to limit, restrict, curtail |
| הִגְבִּיר | to strengthen, intensify; make louder, amplify |
| הַגְבָּלָה נ. | limitation, restriction |
| הַגְבָּלַת יְלוּדָה | birth control |
| הַגְבָּרָה נ. | intensification, strengthening; making louder |
| הַגְבָּרַת קוֹל | sound amplification |
| הַגָּדָה נ. | telling, tale; Passover *Haggadah* |
| הִגְדִּיל | to enlarge, increase |

הִגְדִּיר — to define
הִגְדִּישׁ — to pile up; overfill
הִגְדִּישׁ אֶת הַסְּאָה — to overdo, go too far
הַגְדָּלָה נ. — enlarging, enlargement, magnification; increase
הַגְדָּרָה נ. — definition
הַגְדָּרָה עַצְמִית — self-determination
הַגְדָּשָׁה נ. — overfilling
הָגָה — to pronounce; think, conceive (an idea)
הֶגֶה ז. — utterance, sound; steering wheel
הַגָּהָה נ. — proofreading
הָגוּי ת. — pronounced
הָגוּן ת. — decent, honest
הָגוּת נ. — philosophy, thought
הָגוּתִי ת. — philosophical
הַגְזָמָה נ. — exaggeration
הֵגִיב (עַל) — to react (to)
הָגִיג נ. — thought
הִגִּיד (לְ-) — to say, tell (to)
הִגִּיהַּ — to proofread
הֶגְיוֹנִי ת. — rational, logical, reasonable
הֵגִיחַ — to burst forth
הֲגִיָּה נ. — pronunciation
הֲגִינוּת נ. — decency, honesty
הִגִּיעַ (אֶל,לְ-) — to arrive (at), reach
הִגִּיעַ לוֹ — to deserve, be entitled to
הֵגִיף — to close, shut
הֲגִירָה נ. — immigration, emigration
הִגִּישׁ — to submit, present; serve (food)
הִגְלָה — to deport; banish
הִגְלִיד — to coagulate; form a scar
הַגְלָיָה נ. — deportation, banishment
הַגְלָשַׁת מִילִּים נ. — wordwrap
הֶגְמוֹן ז. — cardinal, bishop
הִגְמִישׁ — to make flexible; moderate
הַגְמָשָׁה נ. — making flexible; moderation

הֵגֵן (עַל) — to defend, protect
הַגְנָבָה נ. — smuggling, sneaking in
הֲגָנָה, הֲגַנָּה נ. — defense, protection; Jewish military organization in Mandatory Palestine, *Haganah*
הֲגָנָה אֲוִירִית — air defense
הֲגָנָה עַצְמִית — self-defense
הִגְנִיב — to smuggle in, insert secretly
הֲגַנָּתִי ת. — defensive, protective
הַגָּעָה נ. — arrival
הִגְעִיל — to disgust; cleanse dishes in boiling water
הַגְעָלָה נ. — cleansing in boiling water
הֲגָפָה נ. — closing, shutting
הִגְרִיל — to draw lots, raffle
הַגְרָלָה נ. — lottery, sweepstakes
הַגָּשָׁה נ. — submitting, offering, presentation; serving food
הִגְשִׁים — to realize, fulfill, implement
הַגְשָׁמָה נ. — realization, fulfillment, implementation
הֵד ז. — echo, repercussion
הַדְאָגָה נ. — causing concern
הִדְאִיב — to distress, cause grief
הִדְאִיג — to cause concern, make worry
הִדְבִּיק — to glue, stick, affix; infect, transmit (disease); catch up with
הִדְבִּיר — to exterminate, eradicate
הַדְבָּקָה נ. — gluing, sticking; infecting
הַדְבָּרָה נ. — extermination, eradication; pest-control
הִדְגִּים — to demonstrate, illustrate give an example
הִדְגִּיר — to incubate
הִדְגִּישׁ — to stress, emphasize, accentuate
הַדְגָּמָה נ. — demonstration, illustration, exemplification


*adv*=תפ *adj*=ת *pl*=ר *fem*=נ *pro*=כ *prep*=י *con*=ח *du*=זו *mas*=ז

הַדְגָּרָה נ. — incubating, hatching
הַדְגָּשָׁה נ. — stressing, emphasis, accentuation
הֲדָדִי ת. — mutual, reciprocal
הֲדָדִיּוּת נ. — mutuality; reciprocity
הִדְהִים — to stun, shock, amaze
הֲדוֹם ז. — footstool
הָדוּק ת. — tight
הָדוּר ת. — glorious, luxurious, elegant
הַדָּחָה נ. — removal from office, impeachment, dismissal
הֲדָחָה נ. — washing, rinsing
הֲדָחַת כֵּלִים — dishwashing
הֶדְיוֹט ז. (הֶדְיוֹטוֹת) — ignorant; commoner
הִדִּיחַ — to remove from office, impeach, dismiss
הֵדִיחַ — to rinse, wash (dishes)
הֲדִיפָה נ. — beating back, repelling
הִדִּיר — to deprive, prevent
הִדְלִיחַ — to pollute
הִדְלִיף — to leak
הִדְלִיק — to ignite, light, turn on
הַדְלָפָה נ. — leaking, leak
הַדְלָקָה נ. — igniting, lighting
הַדְלָקַת נֵרוֹת — candle–lighting
הִדְמָה — to simulate
הַדְמָיָה נ. — simulation
הִדְמִיעַ — to bring tears
הֲדַס ז., הֲדַסָּה נ. — myrtle
הָדַף — to repel, ward off, beat back
הֶדֶף ז. — blast; recoil
הֶדֶף-אֲוִויר — air blast
הִדְפִּיס — to print, type
הֶדְפֵּס ז. — lithograph
הַדְפָּסָה נ. — printing, print, typing
הֶדֶק ז. — trigger; clip; laundry pin
הָדָר ז. — glory, splendor; citrus fruit
הַדְרָגָה נ. — gradation

בְּהַדְרָגָה — gradually
הַדְרָגָתִי ת. — gradual
הִדְרִיךְ — to guide, lead; teach, instruct
הִדְרִים — to go south
הַדְרָכָה נ. — guidance; instruction, teaching
הַדְרָן — encore
הֶהִין — to dare
הוּא כ. ז. — he, he is, it, it is
הַהוּא ז. — that *(mas.)*
כְּהוּא-זֶה — a little bit
הוּאֲדַר — to be glorified
הוּאֲחַד — to be made uniform or standard
הוּאֲחַר — to be delayed
הוּאַט — to be slowed down, decelerated
הוֹאִיל — to agree
הוֹאִיל וְ- — because, since, whereas
הוֹאִיל בְּטוּבוֹ — to be gracious
הוּאֲכַל — to be fed
הוּאֲפַל — to be darkened
הוּאַץ — to be accelerated; be hurried
הוּאֲצַל — to be inspired; be bestowed
הוּאַר — to be lit, illuminated
הוּאֲרַךְ — to be lengthened, extended
הוּאֲרַק — to be electrically grounded
הוּבָא — to be brought
הוּבָא לִמְנוּחוֹת — to be laid to rest, be buried
הוּבְדַּל — to be differentiated, separated, distinguished
הוּבְהַל — to be frightened; be summoned urgently
הוּבְהַר — to be clarified; be brightened
הוּבְזַק — to be flashed
הוּבְחַן — to be noticed, distinguished
הוּבְטַח — to be secured
הוּבְטַח לוֹ — to be promised, assured
הוּבְטַל — to be put out of work, laid off
הוֹבִיל — to lead; transport

הוֹבִישׁ to cause shame
הוּבַל to be led, transported
הוֹבָלָה נ. freight, shipping, transport
הוּבְלַט to be made visible; be stressed
הוּבְלַע to be concealed, assimilated
הוּבַן to be understood
הוֹבְנֶה ז. ebony
הוּבַס to be defeated
הוּבַּע to be expressed
הוּבְעַר to be set on fire, ignited
הוּבְקַע to be broken through, penetrated
הוּבְרַג to be screwed in
הוּבְרַח to be smuggled
הוּבְרַךְ to be made to kneel
הוּבְרַר to be clarified, become clear
הוּבְרַשׁ to be brushed
הוּגְבַּהּ to be raised, lifted, elevated
הוּגְבַּל to be limited, restricted
הוּגְבַּר to be intensified, strengthened
הוּגַּד to be said, told
הוּגְדַּל to be enlarged, magnified; be increased
הוּגְדַּר to be defined
הוּגַּהּ to be proofread
הוֹגֶה ז. thinker, meditator
הוֹגֶה דֵּעוֹת philosopher
הוֹגִיעַ to tire, exhaust
הוּגְלָה to be deported, banished
הוּגְמַשׁ to be made flexible
הוֹגֵן ת. decent, fair
הוֹגֶן ז. decency, fairness
כַּהוֹגֶן properly, fairly
הוּגַן to be defended, protected
הוּגְנַב to be smuggled in
הוֹגָעָה נ. tiring, causing fatigue
הוּגְעַל to be cleansed in boiling water
הוּגַּף to be closed, shut
הוּגְרַל to be drawn (lottery), raffled
הוּגַּשׁ to be submitted, presented; be served (food)
הוּגְשַׁם to be realized, implemented
הוֹד ז. glory, splendor
הוֹד וְהָדָר grandeur
הוֹד-מַלְכוּתוֹ His Majesty
הוֹד-מַעֲלָתוֹ His Excellency
הוֹד-קְדוּשָּׁתוֹ His Holiness
הוֹד-רוֹמְמוּתוֹ His Highness
הוּדְאַג to be worried
הוֹדָאָה נ. confession, admission
הוּדְבַּק to be glued, stuck; be infected
הוּדְבַּר to be exterminated, eradicated
הוּדְגַּם to be demonstrated, exemplified
הוּדְגַּר to be incubated, hatched
הוּדְגַּשׁ to be stressed, emphasized, accentuated
הוֹדָה (בּ-) to admit, acknowledge, concede, confess
הוֹדָה בְּאַשְׁמָה to plead guilty
הוֹדָה (ל-) to thank
הֹודוּ India
הוֹדוֹת תפ.(ל-) thanks to
הוּדַח to be washed, rinsed
הוּדַּח to be removed from office, overthrown, dismissed
הֹודִי ת. Indian; turkey (bird)
הוֹדָיָה נ. thanksgiving
הוֹדִיעַ to announce
הוֹדִיעַ בְּרַבִּים to announce publicly
הוֹדִיעַ (ל-) to inform
הוּדְלַף to be leaked


*adv*=תפ *adj*=ת *pl*=ר *fem*=נ *pro*=כ *prep*=י *con*=ח *du*=זו *mas*=ז

| | | | |
|---|---|---|---|
| to be in need (of) | הוּזְקַק (ל-) | to be ignited, lit, turned on | הוּדְלַק |
| to be poured, made to flow | הוּזְרַם | to be simulated | הוּדְמָה |
| to be injected | הוּזְרַק | to be announced | הוּדַע |
| to be hidden, concealed | הוּחְבָּא | announcement, notice; | הוֹדָעָה נ. |
| to be celebrated | הוּחַג | message | |
| to be pushed through, inserted | הוּחְדַּר | official communiqué | הוֹדָעָה רְשְׁמִית |
| to be held, kept | הוּחְזַק | to be printed | הוּדְפַּס |
| to be returned | הוּחְזַר | to be tightened, fastened | הוּדַּק |
| to be revived, resurrected | הוּחְיָה | to be graded, graduated | הוּדְרַג |
| to expect | הוֹחִיל | to be instructed, coached, | הוּדְרַךְ |
| to be leased | הוּחְכַּר | guided | |
| to be started | הוּחַל | to be | הוּנָה |
| to be enforced, applied | הוּחַל | trouble, calamity | הוּנָה נ. |
| to be rusted | הוּחְלַד | to his misfortune | לְהַוּנָתוֹ |
| to be made sick | הוּחְלָה | present; present tense | הוֹוֶה |
| to be decided, determined | הוּחְלַט | way of life, customs | הַוַּי ז. |
| to be changed, exchanged, | הוּחְלַף | being, existence | הַוָּיָה נ. |
| substituted, replaced | | to become pink | הוֹוְרִיד |
| to be smoothed | הוּחְלַק | delirious, dreamer | הוֹזֶה ז. |
| to be weakened | הוּחְלַשׁ | to be gilded | הוּזְהַב |
| to be heated | הוּחַם | to be warned, cautioned | הוּזְהַר |
| to be soured; be missed | הוּחְמַץ | to be moved | הוּזַז |
| to be made serious or severe | הוּחְמַר | to be made to crawl | הוּזְחַל |
| to be pardoned | הוּחַן | to make cheaper, reduce price | הוֹזִיל |
| to be parked | הוּחְנָה | to be mentioned; be reminded | הוּזְכַּר |
| to be choked, suffocated; | הוּחְנַק | to be made cheaper, | הוּזַל |
| be silenced | | reduced (in price) | |
| to be stored | הוּחְסַן | to be shed | הוּזַּל |
| to be deducted, deleted | הוּחְסַר | price reduction | הוֹזָלָה נ. |
| to be legislated | הוּחַק | to be sprinkled, sprayed | הוּזְלַף |
| to be ruined, destroyed | הוּחְרַב | to be refuted | הוּזַם |
| to be terrified, shaken | הוּחְרַד | to be invited; be ordered | הוּזְמַן |
| to be boycotted, banned; | הוּחְרַם | to be fed | הוּזַן |
| be excommunicated; be confiscated | | to be neglected | הוּזְנַח |
| to be deafened | הוּחְרַשׁ | to be dashed, thrust | הוּזְנַק |
| to be rushed; be felt | הוּחַשׁ | to be summoned urgently | הוּזְעַק |
| to be made suspect | הוּחְשַׁד | to be harmed, damaged | הוּזַּק לוֹ |
| to be darkened | הוּחְשַׁךְ | to be put upright | הוּזְקַף |

הוחתם ◇ הולך על ארבע

| | |
|---|---|
| הוחתַם | to be signed |
| הוטַב | to improve, be made better |
| הוטַב לו | to feel better |
| הוטבַּל | to be dipped; baptized |
| הוטבַּע | to be drowned; be imprinted |
| הוטָּה | to be turned, diverted |
| הוטַח | to be thrown |
| הוטַל | to be imposed, levied, charged |
| הוטַל | to be thrown, dropped |
| הוטלָא | to be patched |
| הוטמַן | to be concealed |
| הוטמַע | to be absorbed, assimilated |
| הוטַס | to be flown |
| הוטעָה | to be misled |
| הוטעַם | to be stressed, emphasized |
| הוטעַן | to be loaded; be charged |
| הוטרַד | to be bothered, annoyed |
| הוטרַח | to be troubled, bothered |
| הוֹי | alas |
| הוכאַב לו | to be hurt |
| הוכבַּד | to be made heavy |
| הוכָּה | to be hit, beaten, battered |
| הוכָּה בְּסַנווֵרים | to be blinded |
| הוכהָה | to be darkened, dimmed |
| הוכוַן | to be guided, directed |
| הוכזַב | to be disappointed |
| הוכַח | to be proven |
| הוֹכָחָה נ. | proof, evidence |
| הוכחַש | to be denied |
| הוֹכִיחַ | to prove; reprimand |
| הוכלַל | to be included |
| הוכלַם | to be humiliated |
| הוכַן | to be prepared |
| הוכנַס | to be let in, admitted, inserted |
| הוכנַע | to be subdued, defeated |
| הוכסַף | to be silver-plated |
| הוכעַס | to be angered |
| הוכפַּל | to be doubled, multiplied |

| | |
|---|---|
| הוכפַּש | to be smeared, sullied, defamed |
| הוכַּר | to be recognized, known |
| הוכרַז | to be declared |
| הוכרַח | to be forced, compelled |
| הוכרַע | to be decided; be subdued, overpowered |
| הוכשַל | to be failed; be misled |
| הוכשַר | to be trained, prepared; be made *kosher* (fit to eat) |
| הוכתַּב | to be dictated |
| הוכתַּם | to be stained |
| הוכתַּף | to be shouldered (arms) |
| הוכתַּר | to be crowned |
| הוכתַּר בְּהַצלָחָה | to end with success |
| הולאָה | to be tired, exhausted |
| הולאַם | to be nationalized |
| הולבַּן | to be whitened, bleached; laundered (money) |
| הולבַּש | to be dressed, clothed |
| הוֹלָדָה נ. | fathering, begetting |
| הוֹלֶדֶת נ. | birth |
| הולהַב | to be excited; be inflamed |
| הולוָה | to be lent |
| הולחַם | to be soldered |
| הולחַן | to be composed; be made into a song |
| הולַט | to be wrapped |
| הוֹלִיד | to father, beget, give birth; cause, generate |
| הוֹלִיךְ | to lead; transport passengers |
| הוֹלִיךְ שׁוֹלָל | to mislead, deceive |
| הוֹלֵךְ ז. | walker, goer |
| הוֹלֵךְ בָּטֵל | idler |
| הוֹלֵךְ לו | 'it is going well for him' *(col.)* |
| הוֹלֵךְ עַל אַרבַּע | four-legged animal |

51 *adv*=תפ *adj*=ת *pl*=ר *fem*=נ *pro*=כ *prep*=י *con*=ח *du*=זו *mas*=ז

| | |
|---|---|
| הוֹלֵךְ רֶגֶל | pedestrian |
| הוֹלֵךְ רָכִיל | gossiper, slanderer |
| הוֹלָכָה נ. | transporting |
| הוּלַּל | to be praised |
| הוֹלֵל ת. | unruly, indecent |
| הוֹלֵלוּת נ. | unruliness, indecency |
| הוֹלֵם ת. | suitable, proper |
| הולעַט | to be fed |
| הולקָה | to be beaten, bashed |
| הומאַס | to be made undesirable |
| הוֹמֶה ת. | noisy; busy (place) |
| הומחַז | to be made into a play, dramatized |
| הומחַש | to be made realistic |
| הוּמַט | to be brought down |
| הומטַר | to be showered |
| הומלַח | to be salted, salinated |
| הומלַט | to be rescued |
| הומלַךְ | to be crowned, made king |
| הומלַץ | to be recommended |
| הוּמַם | to be stunned |
| הוּמַס | to be melted, dissolved |
| הומעַט | to be decreased, reduced |
| הומצָא | to be invented; be provided |
| הוּמַר | to be exchanged; be converted from Judaism |
| הומרַד | to be incited to revolt |
| הומרַץ | to be stimulated |
| הומשַׁךְ | to be continued |
| הוּמַת | to be put to death, killed |
| הומתַּק | to be sweetened; be desalinated; be mitigated |
| הוֹן ז. | capital; wealth |
| הון חוֹזֵר | operating capital |
| הון פּוֹלִיטִי | political gain |
| הון שָׁחור | illegally earned money |
| הון תּוֹעָפוֹת | immense amount of money |
| הוֹנָאָה נ. | fraud, deceit |
| הוֹנָה | to defraud, deceive |
| הונהַג | to be instituted, established |
| הוּנַח לו | to be left alone |
| הוּנַּח | to be laid down, placed; be assumed, supposed |
| הונחָה | to be guided |
| הונחַל | to be given, bequeathed |
| הונחַת | to be brought down, landed; be given (a blow) |
| הונמַךְ | to be lowered |
| הונמַק | to be explained |
| הוּנַס | to be chased away; be routed |
| הוּנַע | to be set in motion, powered |
| הונעַם | to be made pleasant |
| הוּנַף | to be wielded, raised |
| הונפַּק | to be issued (stocks) |
| הונצַח | to be perpetuated, immortalized; be commemorated |
| הוֹנָקָה נ. | breast-feeding |
| הוּסַב | to be turned, diverted; changed |
| הוסבַּר | to be explained |
| הוסגַּר | to be turned in, extradited |
| הוסדַּר | to be settled, arranged |
| הוסוָה | to be camouflaged, disguised |
| הוּסַח | to be diverted |
| הוּסַט | to be moved aside |
| הוֹסִיף | to add; continue |
| הוסכַּם | to be agreed |
| הוסלַם | to be escalated |
| הוסמַךְ | to be authorized; be awarded a diploma |
| הוּסַע | to be transported |
| הוסעַר | to be stirred up |
| הוּסַף | to be added |
| הוספַּד | to be eulogized |
| הוֹסָפָה נ. | addition, supplement |
| הוּסַק | to be heated; be concluded |

to be removed הוּסַר
to be filmed, videotaped הוּסְרַט
to be incited, inflamed הוּסַת
to be hidden, concealed, הוּסְתַּר
covered
to be overcast הוּעַב
to be employed, put to work הוֳעֲבַד
to be pawned הוֳעֲבַט
to be transferred, moved, הוֳעֲבַר
passed
to be set, designated הוּעַד
designation הוֹעָדָה נ.
to be preferred הוּעֲדַף
to set, designate הוֹעִיד
to benefit, help הוֹעִיל
to be insulted הוּעֲלַב
to be raised, lifted, elevated הוֳעֲלָה
to be promoted הוֳעֲלָה בְּדַרְגָּה
to be hidden, concealed הוּעֲלַם
to be dimmed הוּעַם
to be made to stand, placed הוּעֲמַד
to be prosecuted הוּעֲמַד לְדִין
to be loaded הוּעֲמַס
to be deepened הוּעֲמַק
to be granted, awarded הוּעֲנַק
to be kept busy; be employed הוֳעֲסַק
to be flown; be thrown הוּעַף
to be commented, remarked הוּעַר
to be estimated; be appreciated הוּעֲרַךְ
to be piled הוּעֲרַם
to be admired הוּעֲרַץ
to be copied; be shifted, moved הוּעְתַּק
to be eased, relieved הוּפַג
to be shelled, bombarded הוּפְגַּז
to be demonstrated הוּפְגַּן
to be brought together הוּפְגַּשׁ
be frightened, intimidated הוּפְחַד
to be reduced, decreased הוּפְחַת

to appear, show up הוֹפִיעַ
to be dropped; be toppled, הוּפַּל
brought down; be shot down
to be exaggerated הוּפְלַג
to be discriminated (against) הוּפְלָה
to be ejected הוּפְלַט
to be turned, diverted; הוּפְנָה
be referred
to be hypnotized הוּפְנַט
to be appeased הוּפַס
to be stopped, terminated, הוּפְסַק
discontinued
appearance; show הוֹפָעָה נ.
debut הוֹפָעַת-בְּכוֹרָה
to be put into operation, הוּפְעַל
activated, turned on; be exerted
a passive verb הוּפְעַל, הוֹפְעַל ז.
conjugation
to be spread; be distributed הוּפַץ
to be bombed הוּפְצַץ
to be extracted, derived הוּפַק
to be obtained; be produced הוּפַק
to be put in charge; הוּפְקַד
be deposited
to be acquired; be jacked (price) הוּפְקַע
to be abandoned הוּפְקַר
to be violated, broken, disturbed הוּפַר
to be separated הוּפְרַד
to be fertilized, made הוּפְרָה
fruitful
to be exaggerated הוּפְרַז
to be flown; be made to bloom הוּפְרַח
to be refuted הוּפְרַךְ
to be disturbed, interrupted, הוּפְרַע
bothered
to be excreted; be set aside הוּפְרַשׁ
to be undressed; be made הוּפְשַׁט
abstract

*adv*=תפ *adj*=ת *pl*=ר *fem*=נ *pro*=כ *prep*=י *con*=ח *du*=זו *mas*=ז

| | |
|---|---|
| הוּפְשַׁל | to be rolled up |
| הוּפְשַׁר | to be defrosted, thawed |
| הוּפְתַּע | to be surprised |
| הוּצָא | to be taken out, removed; be issued; be spent |
| הוֹצָאָה נ. | taking out; spending, expense, expenditure; publishing, publication, edition |
| הוֹצָאָה לָאוֹר | publishing, publication |
| הוֹצָאָה לַפּוֹעַל | implementation, execution (of court order) |
| הוֹצָאָה שְׁנִיָּיה | second edition (of a newspaper) |
| הוֹצָאַת סְפָרִים | publishing company |
| הוּצַּב | to be positioned, posted |
| הוּצְבַּע | to be voted |
| הוּצַּג | to be introduced, shown, exhibited, presented |
| הוּצְדַּק | to be justified |
| הוּצְהַר | to be declared |
| הוּצְחַק | to be made to laugh |
| הוֹצִיא | to take out, bring out, remove; issue; spend (money); publish |
| הוֹצִיא אוֹתוֹ מֵהַכֵּלִים | to drive someone mad |
| הוֹצִיא דִּיבָּה | to slander |
| הוֹצִיא לָאוֹר | to publish |
| הוֹצִיא לַפּוֹעַל | to implement, carry out |
| הוֹצִיא לָרִיק | to waste |
| הוֹצִיא מִחוּץ לָחוֹק | to outlaw |
| לְהוֹצִיא אֶת | excluding, except |
| הוּצַּל | to be rescued, saved |
| הוּצַל | to be shaded |
| הוּצְלַב | to be crossed, crisscrossed |
| הוּצְלַל | to be submerged |
| הוּצְמָא | to be made thirsty |
| הוּצְמַד | to be attached, linked; coupled |
| הוּצְמַח | to be grown |
| הוּצְנַח | to be parachuted |
| הוּצְנַע | to be concealed; be downplayed |
| הוּצַּע | to be offered, proposed, suggested |
| הוּצְעַד | to be marched |
| הוּצַף | to be flooded |
| הוּצְפַּן | to be hidden |
| הוּצַר | to be narrowed, limited |
| הוּצְרַךְ | to be in need, required |
| הוּצַּת | to be set on fire, ignited |
| הוּקָא | to be vomited |
| הוּקְדַּם | to be moved ahead, preceded |
| הוּקְדַּשׁ | to be devoted, dedicated |
| הוּקַז | to be bled |
| הוּקְטַן | to be reduced, decreased |
| הוֹקִיעַ | to denounce, condemn |
| הוֹקִיר | to cherish, revere |
| הוּקַל | to be eased; be made lighter |
| הוּקַל לוֹ | to feel better, have a relief |
| הוּקְלַט | to be recorded |
| הוּקַם | to be established, erected |
| הוּקְנָה | to be provided |
| הוּקְנַט | to be teased, irritated |
| הוּקְסַם | to be enchanted, fascinated |
| הוּקַע | to be denounced, condemned |
| הוֹקָעָה נ. | denunciation, condemnation |
| הוּקַּף | to be encircled, surrounded |
| הוּקְפָּא | to be frozen |
| הוּקְפַּץ | to be bounced, made to jump |
| הוּקְצַב | to be budgeted, allocated |
| הוּקְצָה | to be allotted, set aside |
| הוּקְצַע | to be planed |
| הוּקְצַף | to be foamed |
| הוּקְרָא | to be recited, read out |
| הוּקְרַב | to be sacrificed; brought near |
| הוֹקָרָה נ. | cherishing, esteem |
| הוּקְרַן | to be projected, shown; be radiated |

| | | | |
|---|---|---|---|
| to worsen, deteriorate | הוּרַע | to be congealed | הוּקְרַשׁ |
| to be starved, made hungry | הוּרְעַב | to be beaten, hit; be compared | הוּקַשׁ |
| to be shaken | הוּרְעַד | to be shown | הוּרְאָה |
| to be poisoned | הוּרְעַל | teaching, instruction; | הוֹרָאָה נ. |
| to be bombarded | הוּרְעַשׁ | order; meaning | |
| to be made to run; be rushed | הוּרַץ | instructions, orders, | הוֹרָאוֹת נ.ר. |
| to be emptied | הוּרַק | directions | |
| to be made to dance | הוּרְקַד | to be angered, annoyed | הוּרְגַּז |
| turning green | הוֹרָקָה נ. | to be accustomed | הוּרְגַּל |
| to be allowed, permitted, | הוּרְשָׁה | to be calmed down, relaxed | הוּרְגַּע |
| authorized | | to be felt, sensed | הוּרְגַּשׁ |
| bequesting, leaving (for) | הוֹרָשָׁה נ. | to be lowered, brought down; | הוּרַד |
| to be convicted | הוּרְשַׁע | be reduced; be removed | |
| to be boiled | הוּרְתַּח | to be demoted | הוּרַד בְּדַרְגָּה |
| to be married off | הוּשָּׂא | lowering, bringing down; | הוֹרָדָה נ. |
| to be lent | הוּשְׁאַל | reduction; demotion | |
| to be left | הוּשְׁאַר | price reduction | הוֹרָדַת מְחִירִים |
| to be returned; be replied | הוּשַׁב | dropping passengers off | הוֹרָדַת נוֹסְעִים |
| seating | הוֹשָׁבָה נ. | to be anesthetized; be put | הוּרְדַּם |
| to be improved | הוּשְׁבַּח | to sleep | |
| to be sworn in | הוּשְׁבַּע | to teach; show, point out | הוֹרָה |
| to be stopped; be laid off, | הוּשְׁבַּת | to instruct, order | הוֹרָה (ל-) |
| struck | | Israeli folkdance | הוֹרָה נ. |
| to be reached, achieved | הוּשַּׂג | parent | הוֹרֶה ז. |
| to be watched, supervised | הוּשְׁגַּח | to be widened, expanded | הוּרְחַב |
| to be delayed | הוּשְׁהָה | to be removed; be put at | הוּרְחַק |
| to be compared; be equalized | הוּשְׁוָנָה | a distance | |
| to be braided | הוּשְׁזַר | to be wetted, moistened | הוּרְטַב |
| to be sharpened | הוּשְׁחַז | to lower, take down, bring | הוֹרִיד |
| to be threaded | הוּשְׁחַל | down; reduce; remove, take off | |
| to be blackened | הוּשְׁחַר | to shed tears | הוֹרִיד דְּמָעוֹת |
| to be marred, spoiled | הוּשְׁחַת | parents | הוֹרִים ז.ר. |
| to be extended | הוּשַׁט | to turn green; empty (col.) | הוֹרִיק |
| extending | הוֹשָׁטָה נ. | to bequeath, leave (to) | הוֹרִישׁ |
| to seat, settle | הוֹשִׁיב | to be assembled, put | הוּרְכַּב |
| to extend | הוֹשִׁיט | together, composed | |
| to save, rescue | הוֹשִׁיעַ | to be bowed | הוּרְכַּן |
| to be laid down, put to bed | הוּשְׁכַּב | to be raised, lifted, elevated | הוּרַם |

　　*adv*=תפ　*adj*=ת　*pl*=ר　*fem*=נ　*pro*=כ　*prep*=י　*con*=ח　*du*=זו　*mas*=ז

הוּשְׁכַּח to be made to forget
הוּשְׁכַּן to be settled, established
הוּשְׁכַּר to be rented, leased
הוּשְׁלָה to be misled, given an illusion
הוּשְׁלַט to be made ruler, given control
הוּשְׁלַךְ to be thrown; be discarded
הוּשְׁלַם to be completed, perfected
הוּשַׂם to be put, placed
הוּשְׁמַד to be destroyed, annihilated, exterminated
הוּשְׁמַט to be dropped, omitted
הוּשְׁמַע to be sounded, played
הוּשְׁמַץ to be defamed
הוּשְׂנָא to be caused to be hated
הוּשְׁעָה to be suspended
הוֹשָׁעָה נ. rescue, salvation
הוּשְׁעַן to be leaned against
הוֹשַׁעְנָא רַבָּא נ. seventh day of Tabernacles
הוּשְׁפַּל to be humiliated; be lowered
הוּשְׁפַּע to be influenced, affected
הוּשַּׁק to be launched
הוּשְׁקָה to be watered; be given a drink
הוּשְׁקַט to be quietened, calmed
הוּשְׁקַע to be invested; be sunk
הוּשַׁר to be sung, chanted
הוּשְׁרָה to be immersed, soaked
הוּשְׁרַשׁ to be rooted
הוּשְׁתַּל to be transplanted
הוּשְׁתַּק to be silenced, suppressed
הוּשְׁתַּת to be based
הוּתְאַם to be adapted, fitted, matched
הוּתְוָה to be outlined
הוּתַּז to be splashed; be cut off
הוּתְחַל to be started, begun
הוֹתִיר to leave over, leave behind
הוּתַּךְ to be melted
הוּתְמַד בּוֹ to be done constantly
הוּתְנָה to be stipulated, conditioned upon
הוּתְנַע to be started up
הוּתְסַס to be fermented, agitated
הוּתְעָה to be misled
הוּתְפַּל to be desalinated
הוּתְקַן to be installed, assembled
הוּתְקַף to be attacked, assaulted
הוּתַּר to be permitted, allowed; untied
הוּתְרָה to be warned
הוֹתָרָה נ. leaving over, leaving behind
הוּתְרַם to be made to donate
הוּתְרַע to be warned; be protested
הוּתַּשׁ to be weakened
הִזְדַּהָה to identify oneself, identify with
הִזְדַּהוּת נ. identification, solidarity
הִזְדַּהֵם to become filthy, polluted, contaminated
הִזְדַּהֲמוּת נ. pollution, contamination
הִזְדַּוֵּג to pair together; have sexual intercourse
הִזְדַּוְּגוּת נ. pairing together; sexual intercourse
הִזְדַּחֵל to crawl slowly
הִזְדַּחֲלוּת נ. crawling slowly
הִזְדַּיֵּן to have a sexual intercourse *(col.)*; arm oneself
הִזְדַּיֵּן בְּסַבְלָנוּת to be patient
הִזְדַּיְּנוּת נ. having an intercourse *(col.)*; arming oneself
הִזְדַּכֵּךְ to become pure
הִזְדַּכְּכוּת נ. becoming pure, purification
הִזְדַּמֵּן to be (somewhere) by chance
הִזְדַּמֵּן לוֹ to have the opportunity

הִזְדַּמְּנוּת נ. opportunity, chance; occasion
בְּהִזְדַּמְּנוּת when there is a chance; at a bargain price
הִזְדַּנֵּב to trail behind
הִזְדַּנְּבוּת נ. trailing behind
הִזְדַּעֲזַע, הִזְדַּעְזֵעַ to shake, be shocked
הִזְדַּעְזְעוּת נ. shaking, shock
הִזְדַּעֵק to cry out
הִזְדַּעֲקוּת נ. outcry
הִזְדַּקֵּן to age
הִזְדַּקְּנוּת נ. aging
הִזְדַּקֵּף to stand up straight
הִזְדַּקְּפוּת נ. standing straight, erection
הִזְדַּקֵּק (ל-) to need
הִזְדַּקְּקוּת נ. need
הִזְדַּקֵּר to protrude
הִזְדַּקְּרוּת נ. protrusion
הִזְדָּרֵז to hurry up, rush
הִזְדָּרְזוּת נ. hurry, rush
הָזָה to daydream, fantasize
הַזְהָבָה נ. gilding
הִזְהִיב to turn golden; gild
הִזְהִיר to warn, caution
הַזְהָרָה נ. warning, cautioning
הֲזָזָה נ. moving, removing
הֲזָיָה נ. delusion, fantasy
הֵזִיז to move, remove, shift
הִזִּיל to shed, drop
הֵזִין to feed
הֵזִיעַ to perspire, sweat
הִזִּיק (ל-) to harm, damage
הִזְכִּיר to mention
הִזְכִּיר (ל-) to remind
הַזְכָּרָה נ. reminding; mentioning
הִזְלִיף to spray
הִזְמִין to invite; order; reserve
הַזְמָנָה נ. invitation; order; reservation
הַזְמָנָה לְדִין citation
הֲזָנָה נ. feeding, nourishment
הַזְנָחָה נ. neglecting, neglect
הִזְנִיחַ to neglect
הִזְנִיק to launch, send
הֲזָעָה נ. sweating, perspiration
הִזְעִים to enrage
הִזְעִיף פָּנָיו to display anger
הִזְעִיק to summon urgently; sound an alarm
הִזְקִין to age
הִזְקִיק to require, oblige
הִזְרִים to pour, cause to flow
הִזְרִיעַ to inseminate
הִזְרִיק to inject
הַזְרָמָה נ. pouring, causing to flow
הַזְרָעָה נ. insemination
הַזְרָעָה מְלָאכוּתִית artificial insemination
הַזְרָקָה נ. injecting, injection
הַחְבָּאָה נ. hiding, concealment
הֶחְבִּיא to hide, conceal
הֶחְדִּיר to insert, bring in
הַחְדָּרָה נ. insertion
הֶחֱוָה קִידָּה to bow
הֶחֱוִיר to turn pale, turn white
הַחְוָרָה נ. turning pale
הֶחֱזִיק (בּ-) to grasp, hold, hold on to; maintain
הֶחֱזִיק מַעֲמָד to hold out, survive
הֶחֱזִיר to give back, return; restore; refund
הֶחְזֵר ז. refund
הַחְזָרָה נ. giving back, returning
הַחְטָאָה נ. causing to sin; missing, miss
הֶחֱטִיא to cause to sin, corrupt; miss

57 adv=תפ adj=ת pl=ר fem=נ pro=כ prep=י con=ח du=זו mas=ז

| | |
|---|---|
| הַחֲיָאָה נ. | reviving, revival |
| הֶחֱיָה | to revive, resurrect |
| הֵחִיל | to enforce, apply |
| הֵחִישׁ | to rush, speed up, expedite |
| הֶחְכִּים | to become wise |
| הֶחְכִּיר | to lease out |
| הַחְכָּרָה נ. | leasing |
| הֵחֵל (בּ-) | to begin (with) |
| הַחְלָאָה נ. | causing illness |
| הַחְלָדָה נ. | rusting |
| הֲחָלָה נ. | enforcement, application |
| הֶחְלֵט ז. | decision, resolution |
| בְּהֶחְלֵט | absolutely, definitely |
| הַחְלָטָה נ. | decision, resolution |
| הֶחְלֵטִי ת. | decisive, absolute |
| הֶחְלֵטִיּוּת נ. | decisiveness, absoluteness |
| הֶחֱלִיא | to cause illness, make sick |
| הֶחֱלִיד | to rust |
| הֶחֱלִיט | to decide, determine |
| הֶחֱלִים | to recuperate, recover |
| הֶחֱלִיף | to change, exchange, substitute, replace, shift |
| הֶחֱלִיף כּוֹחַ | to regain one's strength |
| הֶחֱלִיף מַהֲלָךְ | to shift gear |
| הֶחֱלִיק | to skid, slide; ice skate |
| הֶחֱלִישׁ | to weaken |
| הַחְלָמָה נ. | recuperation, recovery |
| הַחְלָפָה נ. | exchange, changing, substitution |
| הַחְלָקָה נ. | skidding, sliding |
| הַחְלָקָה עַל קֶרַח | ice skating |
| הַחְלָשָׁה נ. | weakening |
| הַחְמָאָה נ. | complimenting, flattering |
| הֶחְמִיא (ל-) | to compliment, flatter |
| הֶחְמִיץ | to turn sour, acidify; miss |
| הֶחְמִיר | to make severe; be strict; worsen, deteriorate |
| הַחְמָצָה נ. | souring, acidification; missing |
| הַחְמָרָה נ. | increase in severity, deterioration |
| הֶחֱנָה | to park (a vehicle) |
| הַחֲנָיָה נ. | parking |
| הֶחֱנִיף (ל-) | to flatter |
| הֶחֱנִיק | to stifle, suffocate |
| הַחְנָפָה נ. | flattering (n.) |
| הַחְנָקָה נ. | suffocation |
| הֶחְסִין | to store |
| הֶחְסִיר | to deduct, subtract, omit; be absent |
| הַחְסָנָה נ. | storing, storage |
| הַחְסָרָה נ. | deduction, subtraction |
| הַחְרָבָה נ. | destruction |
| הַחְרָדָה נ. | frightening; disturbing |
| הֶחֱרִיא | to defecate |
| הֶחֱרִיב | to destroy |
| הֶחֱרִיד | to frighten, shake; disturb |
| הֶחֱרִים | to boycott, ban; confiscate |
| הֶחֱרִיף | to worsen, deteriorate; intensify |
| הֶחֱרִישׁ | to deafen; hush, be silent |
| הַחְרָמָה נ. | boycotting, banning; confiscation |
| הַחְרָפָה נ. | worsening, deterioration |
| הַחְשָׁבָה נ. | appreciation |
| הַחְשָׁדָה נ. | throwing suspicion |
| הֲחָשָׁה נ. | rushing, speeding up, expediting |
| הֶחֱשָׁה | to be silent |
| הֶחֱשִׁיב | to consider important, appreciate |
| הֶחְשִׁיד | to throw suspicion |
| הֶחְשִׁיךְ | to become dark, darken |
| הַחְשָׁכָה נ. | darkening |
| הֶחְתִּים | to stamp; make someone sign or subscribe |

| English | Hebrew |
|---|---|
| getting a signature; subscription | הַחְתָּמָה נ. |
| improvement; benefit, bonus | הֲטָבָה נ. |
| to immerse; baptize | הִטְבִּיל |
| to drown; imprint; mint coins | הִטְבִּיע |
| immersion; baptism | הַטְבָּלָה נ. |
| drowning; imprinting | הַטְבָּעָה נ. |
| throwing | הֲטָחָה נ. |
| diversion, deflection | הַטָיָה נ. |
| to throw (at) | הֵטִיח (ב-) |
| to speak harshly | הֵטִיח דְּבָרִים |
| to throw, drop, cast | הֵטִיל |
| to lay an egg | הֵטִילָה בֵּיצָה |
| to impose, levy, charge; throw; commission, assign | הֵטִיל |
| to terrify, terrorize | הֵטִיל אֵימָה |
| to boycott, ban | הֵטִיל חֵרֶם (עַל) |
| to doubt | הֵטִיל סָפֵק |
| to fly (airplane); transport by air | הֵטִיס |
| to preach; drip | הִטִיף |
| patching | הַטְלָאָה נ. |
| throwing, casting | הֲטָלָה נ. |
| imposition, levy; throwing | הַטָלָה נ. |
| to patch | הִטְלִיא |
| to conceal, hide away | הִטְמִין |
| to absorb, assimilate | הִטְמִיע |
| concealing, hiding away | הַטְמָנָה נ. |
| flying, transporting by air | הַטָסָה נ. |
| to mislead, deceive | הִטְעָה |
| misleading, deception | הַטְעָיָה נ. |
| to stress, emphasize | הִטְעִים |
| to load | הִטְעִין |
| stress, emphasis | הַטְעָמָה נ. |
| loading | הַטְעָנָה נ. |
| preaching; dripping | הַטָפָה נ. |
| bothering, harassment | הַטְרָדָה נ. |
| bothering, imposing trouble | הַטְרָחָה נ. |
| to bother, disturb, harass | הִטְרִיד |
| to bother, trouble | הִטְרִיחַ |
| she, she is, it, it is | הִיא כ. נ. |
| that (fem.) | הַהִיא נ. |
| being lost, disappearance | הֵיאָבְדוּת נ. |
| wrestling | הֵיאָבְקוּת נ. |
| grasping, taking hold; farming settlement | הֵיאָחֲזוּת נ. |
| sealing, tight closure | הֵיאָטְמוּת נ. |
| how | הֵיאָךְ תפ. |
| loss of speech, silence | הֵיאָלְמוּת נ. |
| being forced into, coercion | הֵיאָלְצוּת נ. |
| sighing | הֵיאָנְחוּת נ. |
| being forced; being raped | הֵיאָנְסוּת נ. |
| moaning | הֵיאָנְקוּת נ. |
| gathering, assembling | הֵיאָסְפוּת נ. |
| separation, segregation; dissimilation (gram.) | הִיבָּדְלוּת נ. |
| to flicker | הִיבְהֵב |
| flickering | הִיבְהוּב ז. |
| being frightened | הִיבָּהֲלוּת נ. |
| being examined | הִיבָּחֲנוּת נ. |
| being elected | הִיבָּחֲרוּת נ. |
| aspect | הֶיבֵּט ז. |
| to steam (food) | הִיבֵּל |
| being stopped, halted, curbed | הִיבָּלְמוּת נ. |
| being swallowed, absorbed | הִיבָּלְעוּת נ. |
| being built, established | הִיבָּנוּת נ. |
| being created | הִיבָּרְאוּת נ. |
| phonetics | הִיבָּרוֹן ז. |
| being screwed in | הִיבָּרְגוּת נ. |
| being saved, redemption, salvation | הִיגָּאֲלוּת נ. |
| pronunciation; steering | הִיגּוּי ז. |
| phonetic | הִיגּוּיִי ת. |
| reason, logic | הִיגָּיוֹן ז. |
| revelation; being exiled | הִיגָּלוּת נ. |

| | |
|---|---|
| הִיגָּמְלוּת נ. | weaning, quitting a habit |
| הִיגָּמְרוּת נ. | being finished, depletion |
| הִיגָּנְזוּת נ. | concealment; being put away |
| הִיגֵּר | to emigrate, migrate |
| הִיגָּרְעוּת נ. | being subtracted |
| הִיגָּרְפוּת נ. | being raked, swept away |
| הִיגָּרְרוּת נ. | being dragged, drawn; following |
| הִידָּבְקוּת נ. | adherence, adhesion, attachment; catching a disease |
| הִידָּבְרוּת נ. | discussion, negotiation; agreement |
| הֵידָד | bravo |
| הִידְהֵד | to echo, resound |
| הִידּוּק ז. | tightening, fastening |
| הִידּוּר ז. | luxury, elegance |
| הִידָּחֲקוּת נ. | pushing |
| הִידַּלְדֵּל | to diminish, dwindle; become poor |
| הִידַּלְדְּלוּת נ. | diminishing, dwindling; impoverishment |
| הִידָּלְקוּת נ. | being lit, ignited |
| הִידַּמּוּת נ. | resemblance; assimilation *(gram.)* |
| הִידֵּק | to tighten, fasten |
| הִידֵּר | to glorify |
| הִידַּרְדֵּר | to deteriorate; roll down |
| הִידַּרְדְּרוּת נ. | deterioration; rolling down |
| הִידָּרְסוּת נ. | being run over |
| הִידָּרְשׁוּת נ. | being required; necessity |
| הָיָה | to be, exist |
| הָיָה ל- | to become |
| הָיָה לו | to have (had) |
| הֵיהָפְכוּת נ. | turning (into), becoming |
| הֵיהָרְגוּת נ. | being killed |
| הֵיהָרְסוּת נ. | being ruined, destruction |
| הִיוָּאֲשׁוּת נ. | desperation, hopelessness |
| הִיוָּדְעוּת נ. | becoming known |
| הִיוָּה | to comprise, constitute |
| הִיוָּלְדוּת נ. | being born, birth |
| הִיוּוּן ז. | capitalization, turning into cash |
| הִיוָּסְדוּת נ. | establishment, foundation |
| הִיוָּעֲדוּת נ. | meeting |
| הִיוָּעֲצוּת נ. | consultation |
| הִיוָּצְרוּת נ. | formation |
| הִיוָּשְׁעוּת נ. | rescue, salvation |
| הִיוּלִי ת. | primary, early |
| הֱיוֹת ז. | being |
| הֱיוֹת וְ-, שֶׁ- | since, because |
| הִיוָּתְרוּת נ. | remaining |
| הִיזָּכְרוּת נ. | recalling, remembering |
| הֶיזֵּק ז. | damage, harm |
| הִיזָּקְפוּת נ. | standing erect; being credited (to an account) |
| הִיזָּקְקוּת נ. | need |
| הִיזָּרְקוּת נ. | being thrown |
| הֵיחָבְאוּת נ. | hiding |
| הֵיחָלְצוּת נ. | escaping, escape |
| הֵיחָלְצוּת לְעֶזְרָה | coming to the aid (of) |
| הֵיחָלְקוּת נ. | division |
| הֵיחָלְשׁוּת נ. | weakening |
| הֵיחָנְקוּת נ. | suffocation |
| הֵיחָסְמוּת נ. | being blocked, blockage |
| הֵיחָפְזוּת נ. | rush, hurry |
| הֵיחָצוּת נ. | bisection |
| הֵיחָקְרוּת נ. | being interrogated, investigated |
| הֵיחָרְבוּת נ. | being destroyed, destruction |
| הֵיחָרְכוּת נ. | being scorched |
| הֵיחָשְׁבוּת נ. | being considered |
| הֵיחָשְׁדוּת נ. | being suspected |
| הֵיחָשְׂפוּת נ. | disclosure, exposure |
| הֵיחָתְכוּת נ. | being cut |
| הֵיטֵב תפ. | well *(adv.)* |
| הִיטַּגֵּן | to be fried |

| | |
|---|---|
| הִיטַּגְּנוּת נ. | being fried |
| הִיטָּה | to turn, divert; conjugate |
| הִיטַּהֵר | to be purified |
| הִיטַּהֲרוּת נ. | purification |
| הֵיטִיב | to do (something) well |
| הֵיטִיב (עִם) | to be good (to), benefit |
| הֶיטֵל ז. | levy, charge |
| הִיטַּלְטֵל | to wander; be moved around |
| הִיטַּלְטְלוּת נ. | wandering; being moved around |
| הִיטַּמֵּא | to become impure |
| הִיטַּמְּאוּת נ. | becoming impure |
| הִיטַּמְטֵם | to become stupid; pretend to be stupid |
| הִיטַּמְטְמוּת נ. | stupidity; pretending stupidity |
| הִיטָּמְעוּת נ. | absorption, assimilation |
| הִיטַּנֵּף | to become filthy |
| הִיטַּנְּפוּת נ. | becoming filthy |
| הִיטָּפְלוּת נ. | clinging; annoying |
| הִיטָּרְפוּת נ. | being devoured; destruction |
| הִיטַּשְׁטֵשׁ | to become blurred, vague; illegible |
| הִיטַּשְׁטְשׁוּת נ. | becoming blurred, vague |
| הַיְינוּ, דְּהַיְינוּ | 'that is to say' |
| הַיְינוּ הַךְ | it is all the same |
| הִיכָּבְלוּת נ. | being bound, tied |
| הִיכָּה | to hit, strike, beat |
| הִיכָּה גַּלִּים | to send shock waves |
| הִיכָּה עַל חֵטְא | to repent |
| הִיכָּה שׁוֹרָשִׁים | to take root, get established |
| הִיכָּווּת נ. | being burned, scalded |
| הֵיכָל ז.(הֵיכָלוֹת) | palace; temple |
| הִיכָּלְאוּת נ. | being jailed |
| הִיכָּלְלוּת נ. | inclusion |
| הִיכָּלְמוּת נ. | being ashamed |
| הֵיכָן תפ. | where |
| הִיכָּנְסוּת נ. | entering, entry |
| הִיכָּנְעוּת נ. | surrender, resignation |
| הִיכָּפְלוּת נ. | being multiplied |
| הֶיכֵּר ז. | recognition |
| הֶיכֵּרוּת נ. | acquaintance |
| הִיכָּרְתוּת נ. | being chopped, cut off |
| הִיכָּשְׁלוּת נ. | failure |
| הִילָּה נ. | aura, halo, corona |
| הִילּוּךְ ז. | transmission gear |
| הִילּוּךְ אֲחוֹרִי | reverse gear |
| הִילּוּךְ גָּבוֹהַּ | high gear |
| הִילּוּךְ נָמוּךְ | low gear |
| הִילּוּל ז. | praise |
| הִילּוּלָה נ. | festivity, celebration |
| הִילֵּךְ | to walk about |
| הִילֵּל | to praise |
| הִילָּפְתוּת נ. | being twisted |
| הִימָּאֲסוּת נ. | being fed up with; being despised |
| הִימָּהֲלוּת נ. | being diluted |
| הִימּוּם ז. | stunning, astonishment |
| הִימּוּר ז. | betting |
| הִימָּזְגוּת נ. | being mixed |
| הִימָּחֲצוּת נ. | being crushed |
| הִימָּחֲקוּת נ. | being erased, erasure |
| הֵימִין | to go to the right |
| הִימָּלְאוּת נ. | being filled, completed |
| הִימָּלְטוּת נ. | escape |
| הִימָּלְכוּת נ. | reconsidering |
| הִימֵּם | to stun, astonish |
| הִימְנוֹן ז. | hymn, anthem |
| הִימְנוֹן לְאוּמִּי | national anthem |
| הִימָּנוּת נ. | being counted |
| הִימָּנְעוּת נ. | refrain, avoidance; abstention |

61 *adv*=תפ *adj*=ת *pl*=ר *fem*=נ *pro*=כ *prep*=י *con*=ח *du*=זו *mas*=ז

| | |
|---|---|
| הִימָּצְאוּת נ. | being located, existence |
| הִימֵּר | to bet, gamble |
| הִימָּשְׁכוּת נ. | continuation; attraction |
| הִימָּתְחוּת נ. | being stretched, tightened |
| הִינֵּה | here, behold |
| הִינָּה | to give pleasure |
| הינהון ז. | saying yes |
| הינהֵן | to say yes |
| הִינוּמָה נ. | bridal veil |
| הִינָּזְרוּת נ. | abstaining from |
| הֵינִיקָה | to breast-feed, nurse |
| הִינָּפְשׁוּת נ. | resting, vacationing |
| הִינָּצְלוּת נ. | being saved, escape |
| הִינָּשְׂאוּת נ. | rising, heaving; marrying |
| הִינָּשְׁכוּת נ. | being bitten |
| הִינָּשְׁלוּת נ. | being evicted; deprived |
| הִינָּתְקוּת נ. | being cut off, disconnected |
| הִיסָּגְרוּת נ. | being closed |
| הִיסָּדְקוּת נ. | being cracked |
| הִיסָּה | to hush, silence |
| הִיסּוּי ז. | hushing, silencing |
| הִיסּוּס ז. | hesitation, reluctance |
| הֶיסֵּחַ ז. | diversion, distraction |
| בְּהֶיסֵּחַ-הַדַּעַת | inadvertently |
| הִיסָּחֲבוּת נ. | being dragged |
| הִיסָּחֲטוּת נ. | being squeezed |
| הִיסָּחֲפוּת נ. | being swept away |
| הֶיסֵּט ז. | moving aside |
| הִיסֵּס | to hesitate, be reluctant |
| הִיסָּפְגוּת נ. | being absorbed |
| הִיסָּפְחוּת נ. | being annexed |
| הִיסָּתְמוּת נ. | blockage |
| הִיסָּתְרוּת נ. | being hidden |
| הֶיעָדֵר ז. | lack of, absence |
| הֵיעָדרוּת נ. | absence |
| הֵיעָזְרוּת נ. | being helped |
| הֵיעָטְפוּת נ. | being wrapped, covered |
| הֵיעָכְרוּת נ. | becoming muddy, murky |
| הֵיעָלְבוּת נ. | being insulted, offended |
| הֵיעָלְמוּת נ. | disappearance |
| הֵיעָנוּת נ. | consent |
| הֵיעָצְרוּת נ. | stopping, stoppage; being arrested |
| הֵיעָקְרוּת נ. | being uprooted |
| הֵיעָרְכוּת נ. | deployment; preparedness |
| הֵיעָשׂוּת נ. | being done; becoming |
| הֵיעָתְקוּת נ. | shifting |
| הֵיעָתְרוּת נ. | acceding, yielding |
| הִיפָּגְמוּת נ. | becoming defective |
| הִיפָּגְעוּת נ. | being hurt, damaged |
| הִיפָּדוּת נ. | being ransomed, redeemed |
| הִיפּוּךְ ז. | reverse, reversal |
| הִיפָּטְרוּת נ. | getting rid of |
| הִיפֵּךְ | to reverse |
| הֶיפֵךְ ז. | reverse, opposite, contrary |
| לְהֶיפֶךְ | to the contrary, the opposite |
| וּלְהֶיפֶךְ | and vice versa |
| הִיפָּלְטוּת נ. | being ejected, released, emitted |
| הִיפָּנוּת נ. | becoming unoccupied, free |
| הִיפָּסְלוּת נ. | being disqualified |
| הִיפָּסְקוּת נ. | being discontinued; stoppage |
| הִיפָּעֲמוּת נ. | excitement |
| הִיפָּעֲרוּת נ. | opening wide |
| הִיפָּצְעוּת נ. | being injured, injury |
| הִיפָּקְדוּת נ. | being counted; being absent |
| הִיפָּקְחוּת נ. | opening |
| הִיפָּרְדוּת נ. | separation |
| הִיפָּרְטוּת נ. | being broken into small units |
| הִיפָּתְחוּת נ. | being opened |
| הִיצָּלְבוּת נ. | being crucified |
| הִיצָּלוּת נ. | being roasted |
| הִיצָּמְדוּת נ. | attachment |
| הֶיצֵעַ, הֶיצֵּעַ ז. | supply |

| | |
|---|---|
| הֶיצֵעַ וּבִיקוּשׁ | supply and demand |
| הִיקָּבְעוּת נ. | being fixed, determined |
| הִיקָּהֲלוּת נ. | assembling, gathering |
| הִיקָּווּת נ. | collection of water |
| הִיקָּלְטוּת נ. | absorption; adaptation |
| הִיקָּלְעוּת נ. | being thrown into |
| הֶיקֵּף ז. | extent, scope; circumference |
| הֶיקֵּפִי ת. | peripheral, circumferential |
| הִיקָּרְאוּת נ. | being called |
| הִיקָּרְשׁוּת נ. | coagulation |
| הֶיקֵּשׁ ז. | analogy |
| הִיקָּשְׁרוּת נ. | being connected, tied |
| הֵירָאוּת נ. | being seen, appearance |
| הֵירָגְנוּת נ. | grumbling |
| הֵירָגְעוּת נ. | relaxing, cooling down |
| הֵירָדְמוּת נ. | falling asleep |
| הירהור ז. | thought |
| הירהֵר (ב-) | to think (about) |
| הֵירָטְבוּת נ. | getting wet |
| הֵירָיוֹן ז. | pregnancy |
| הֵירָמְסוּת נ. | being trampled, stepped on |
| הֵירָצְחוּת נ. | being murdered |
| הֵירָצְעוּת נ. | being pierced |
| הֵירָקְבוּת נ. | rotting, decomposing |
| הֵירָקְמוּת נ. | formation |
| הֵירָקְעוּת נ. | being flattened |
| הֵירָשְׁמוּת נ. | registering |
| הֵירָתְמוּת נ. | being tied to; committing oneself |
| הֵירָתְעוּת נ. | being deterred, reluctance |
| הִישָּׁאֲבוּת נ. | being drawn, extracted |
| הִישָּׁאֲרוּת נ. | remaining |
| הִישָּׁבְעוּת נ. | swearing |
| הִישָּׁבְרוּת נ. | breaking, breakage |
| הֶישֵּׂג ז. | achievement, accomplishment |
| בְּהֶישֵּׂג-יָד | within reach, affordable |
| הִישָּׁזְפוּת נ. | being suntanned |
| הִישָּׁחֲקוּת נ. | being eroded; crushed |
| הֵישִׁיר | to straighten; go straight |
| הִישָּׁכְחוּת נ. | being forgotten |
| הִישָּׁמְדוּת נ. | destruction |
| הִישָּׁמְטוּת נ. | being dropped; omitted |
| הִישָּׁמְעוּת נ. | being heard |
| הִישָּׁמְרוּת נ. | preservation, survival; taking care |
| הִישָּׁנוּת נ. | repetition, recurrence |
| הִישָּׁעֲנוּת נ. | leaning on; reliance |
| הִישָּׂרְדוּת נ. | survival |
| הִישָּׂרְטוּת נ. | being scratched |
| הִישָּׂרְפוּת נ. | being scorched, burned down |
| הִיתָּבְעוּת נ. | being required, obliged; being sued |
| הִיתּוּךְ ז. | melting |
| הִיתּוּל ז. | comedy, mockery, sarcasm |
| הִיתּוּלִי ת. | comic, sarcastic |
| הִיתּוֹסֵף | to be added |
| הִיתּוֹסְפוּת נ. | addition |
| הֶיתֵּז ז. | sprinkle |
| הִיתֵּל (ב-) | to mock, make fun (of) |
| הִיתָּלוּת נ. | hanging; dependence |
| הִיתָּלְשׁוּת נ. | being plucked, uprooted |
| הִיתַּמֵּם | to pretend to be naive or innocent |
| הִיתַּמְּמוּת נ. | pretending naiveté, innocence |
| הִיתָּקְלוּת נ. | bumping into, encounter |
| הִיתָּקְעוּת נ. | being stuck |
| הִיתָּקְפוּת נ. | being attacked |
| הֶיתֵּר ז. | permission, authorization, license, permit |
| הֶיתֵּר יְצִיאָה | exit permit |
| הַכְאָבָה נ. | causing pain, hurting |
| הַכָּאָה נ. | beating, battery |
| הִכְאִיב (ל-) | to hurt, cause pain |

63 *adv*=תפ *adj*=ת *pl*=ר *fem*=נ *pro*=כ *prep*=י *con*=ח *du*=זו *mas*=ז

| | |
|---|---|
| הַכְבָּדָה נ. | making it harder; burdening |
| הִכְבִּיד | to make harder; burden |
| הִכְהָה | to darken, dim |
| הִכְוִין | to direct, guide |
| הַכְוָנָה נ. | directing, guidance |
| הַכְזָבָה נ. | causing disappointment |
| הִכְזִיב | to cause disappointment |
| הַכְחָדָה נ. | annihilation |
| הִכְחִיד | to annihilate |
| הִכְחִיל | to turn blue |
| הִכְחִישׁ | to deny |
| הַכְחָלָה נ. | turning blue |
| הַכְחָשָׁה נ. | denial |
| הֲכִי | the most |
| הֲכִי טוֹב | the best |
| הֲכִי גָּרוּעַ (-רַע) | the worst |
| הֵכִיל | to contain, include |
| הֵכִין | to prepare |
| הִכִּיר | to know, recognize, be familiar with; meet |
| הִכִּיר (בּ-) | to recognize, accept |
| הִכִּישׁ | to bite (snake) |
| הִכְלִיא | to crossbreed |
| הִכְלִיל | to include; generalize |
| הִכְלִים | to cause shame, insult |
| הַכְלָלָה נ. | inclusion; generalization |
| הָכֵן ז. | preparedness, readiness; alert |
| הֲכָנָה נ. | preparation; readiness |
| הִכְנִיס | to insert, admit, let in |
| הִכְנִיס (ל-) | to bring income |
| הִכְנִיעַ | to subdue, suppress |
| הַכְנָסָה נ. | inserting, insertion, letting in; income, revenue |
| הַכְנָסַת אוֹרְחִים | hospitality |
| הַכְנָסַת כַּלָּה | arranging marriage for a bride |
| הַכְנָעָה נ. | subjugation, suppression |
| הִכְסִיף | to turn silvery; turn gray (hair) |
| הַכְסָפָה נ. | turning silvery; silver-plating |
| הִכְעִיס | to anger, aggravate |
| הַכְעָסָה נ. | angering, aggravation |
| הִכְפִּיל | to double, multiply |
| הִכְפִּישׁ | to smear, sully, defame |
| הַכְפָּלָה נ. | doubling, multiplying |
| הַכְפָּשָׁה נ. | smearing, defamation |
| הַכָּרָה נ. | recognition; conviction; consciousness |
| הַכָּרַת תּוֹדָה | gratitude |
| הַכְרָזָה נ. | declaration, proclamation, announcement |
| הַכְרָזַת הָעַצְמָאוּת | Declaration of Independence |
| הֶכְרֵחַ ז. | necessity |
| בְּהֶכְרֵחַ | necessarily |
| הַכְרָחָה נ. | forcing, compelling |
| הֶכְרֵחִי ת. | necessary, indispensable, vital |
| הֶכְרֵחִיּוּת נ. | necessity |
| הִכְרִיז (עַל) | to declare, proclaim |
| הִכְרִיחַ | to force, compel |
| הִכְרִיעַ | to subdue, defeat; decide |
| הִכְרִית | to cut down; destroy |
| הַכְרָעָה נ. | subduing, defeating; decision |
| הַכְרָתָה נ. | cutting down; destruction |
| הַכָּרָתִי ת. | conscious |
| הַכָּשָׁה נ. | snake bite |
| הִכְשִׁיל | to cause failure, thwart |
| הִכְשִׁיר | to train, prepare; legalize; make fit to eat |
| הַכְשָׁלָה נ. | failing, thwarting |
| הֶכְשֵׁר ז. | authorization, legalization, permit |
| הַכְשָׁרָה נ. | training, preparation |
| הַכְתָּבָה נ. | dictation |
| הִכְתִּיב | to dictate |
| הִכְתִּים | to stain, tarnish |

| | |
|---|---|
| הִכְתִּיף | to shoulder (arms) |
| הִכְתִּיר | to crown |
| הַכְתָּמָה נ. | staining, tarnishing |
| הַכְתָּפָה נ. | shouldering (arms) |
| הַכְתָּרָה נ. | crowning, coronation |
| הֲלֹא | is it not, surely |
| הָלְאָה תפ. | further, away; 'down with' |
| הֶלְאָה | to tire, exhaust |
| הִלְאִים | to nationalize |
| הַלְאָמָה נ. | nationalization |
| הִלְבִּין | to whiten, bleach; launder (money) |
| הִלְבִּין אֶת פָּנָיו | to cause someone shame, embarrass |
| הִלְבִּישׁ | to clothe, dress |
| הַלְבָּנָה נ. | whitening, bleaching |
| הַלְבָּשָׁה נ. | clothing |
| הַלָּה כ. ז. | that |
| הַלְהָבָה נ. | causing enthusiasm, exciting |
| הִלְהִיב | to cause enthusiasm, excite |
| הַלְוָוָאָה נ. | loan |
| הַלְוָוָאָה וְחִיסָּכוֹן | savings and loan |
| הַלְוָוָאָה צְמוּדָה | a loan linked to currency or to the cost-of-living index |
| הַלְוַואי | 'I wish' |
| הִלְוָה | to lend |
| הַלְוָיָה נ. | funeral |
| הַלְוָיָה מַמְלַכְתִּית | state funeral |
| הָלוֹךְ וָשׁוֹב | back and forth; round trip |
| הֲלוֹם תפ. | to here |
| הָלוּם ת. | struck, shocked |
| הֲלוּם רַעַם | thunderstruck |
| הַלָּז, הַלָּזֶה כ. ז. | that |
| הִלְחִים | to solder |
| הִלְחִין | to write music |
| הַלְחָמָה נ. | soldering |
| הַלְחָנָה נ. | writing music |
| הֲלָטָה נ. | wrapping, covering |
| הֵלִיט | to wrap, cover |
| הָלִיךְ ז. | proceeding, process |
| הֲלִיכִים מִשְׁפָּטִיִּים | legal proceedings |
| הֲלִיכֵי-גֵּירוּשִׁין | divorce proceedings |
| הֲלִיכָה נ. | going, walking |
| הֲלִימָה נ. | hitting, striking |
| הֵלִין | to provide accommodation or lodging; keep until morning |
| הִלִּין | to grumble |
| הָלַךְ | to go, walk, go away, go on |
| הָלַךְ בַּתֶּלֶם | to toe the mark, conform |
| הָלַךְ לְאִיבּוּד | to be lost |
| הָלַךְ לְעוֹלָמוֹ | to pass away, die |
| הָלַךְ לַעֲזָאזֵל | to go to hell, get lost |
| הָלַךְ לִקְרָאת | to head for; compromise |
| הַלָּךְ ז. | walker |
| הֵלֶךְ ז. | traveler, wanderer |
| הֲלַךְ-רוּחַ | mood |
| הֲלָכָה נ. | law; Jewish law, *Halachah* |
| כַּהֲלָכָה | correctly, properly |
| לַהֲלָכָה | in theory |
| הַלֵּל ז. | praise |
| הַלָּלוּ כ. ר. | those, these |
| הַלְלוּיָהּ | 'Praise the Lord', *hallelujah* |
| הָלַם | to suit, fit |
| הָלַם (בְּ-) | to hit, strike |
| הֶלֶם ז. | shock |
| הֲלָנָה נ. | providing accommodation |
| הֲלָנַת שָׂכָר | delay in paying wages |
| הַלְעָזָה נ. | slander |
| הַלְעָטָה נ. | feeding |
| הִלְעִיג | to mock, ridicule |
| הִלְעִיז | to slander |
| הִלְעִיט | to feed |
| הֲלָצָה נ. | joke, humor |
| הַלְקָאָה נ. | whipping, flogging |
| הַלְקָאָה עַצְמִית | self-castigation |
| הִלְקָה | to whip, flog |

*adv*=תפ *adj*=ת *pl*=ר *fem*=נ *pro*=כ *prep*=י *con*=ח *du*=זו *mas*=ז

| | |
|---|---|
| הִלְשִׁין | to inform on |
| הַלְשָׁנָה נ. | informing on, tattle-tale |
| הֵם כ. ז. | they, they are *(mas.)* |
| הָהֵם ז. | those *(mas.)* |
| הִמְאִיס | to make undesirable |
| הַמְאָסָה נ. | causing to be undesirable |
| הָמָה | to growl, moan, coo; be noisy |
| הֲמוּלָּה נ. | noise, roar |
| הָמוּם ת. | stunned, shocked |
| הָמוֹן ז. | crowd, mob, mass; many, lots of *(col.)* |
| הֲמוֹנִי ת. | massive; vulgar, tasteless |
| הֲמוֹנִיּוּת נ. | vulgarity, tastelessness |
| הַמְחָאָה נ. | check, bank note |
| הַמְחָאָה בַּנְקָאִית | cashier's check |
| הַמְחָאַת-דּוֹאַר | postal money order |
| הַמְחָאַת-נוֹסְעִים | traveler's check |
| הַמְחָזָה נ. | making into a play, dramatization |
| הִמְחִיז | to make into a play, dramatize |
| הִמְחִישׁ | to illustrate, make real |
| הַמְחָשָׁה נ. | illustration, realization |
| הִמְטִיר | to shower |
| הַמְטָרָה נ. | showering |
| הֶמְיָה נ. | sound, rumble |
| הֶמְיַת-לֵב | yearning |
| הֵמִיט | to bring about, cause |
| הֵמִיט אָסוֹן, -שׁוֹאָה | to bring disaster |
| הֵמִיר | to convert, exchange |
| הֵמִית | to kill, execute |
| הַמְלָחָה נ. | salting, salination |
| הַמְלָטָה נ. | giving birth (to an animal) |
| הִמְלִיחַ | to salt, salinate |
| הִמְלִיטָה | to give birth (animal) |
| הִמְלִיךְ | to crown |
| הִמְלִיץ (עַל) | to recommend |
| הַמְלָכָה נ. | crowning |
| הַמְלָצָה נ. | recommendation |
| הָמַם | to stun |
| הֵמֵס | to melt, dissolve |
| הֲמָסָה נ. | melting, dissolving |
| הַמְעָטָה נ. | lessening, reduction |
| הִמְעִיט | to lessen, decrease, reduce |
| הַמְצָאָה נ. | invention; providing |
| הִמְצִיא | to invent, fabricate; provide |
| הַמְרָאָה נ. | takeoff |
| הִמְרָה | to disobey, defy |
| הֲמָרָה נ. | exchange, conversion |
| הֲמָרַת דָּת | religious conversion |
| הֲמָרַת מַטְבֵּעַ | currency exchange |
| הֲמָרַת פְּסַק דִּין | commutation of sentence |
| הִמְרִיא | to take off |
| הִמְרִיד | to incite to rebellion |
| הַמְרָדָה נ. | inciting to rebellion |
| הַמְרָיָה נ. | disobedience, rebelliousness |
| הִמְרִיץ | to stimulate, urge |
| הַמְרָצָה נ. | stimulation, urging, impetus |
| הִמְשִׁיךְ (בּ-) | to continue, go on (with) |
| הִמְשִׁיל | to compare; put in power |
| הֶמְשֵׁךְ ז. | continuation, sequel |
| בְּהֶמְשֵׁכִים | series, serial |
| הַמְשָׁכָה נ. | continuation |
| הֶמְשֵׁכִיּוּת נ. | continuity |
| הַמְשָׁלָה נ. | comparison; putting in power |
| הֲמָתָה נ. | killing, execution |
| הֲמָתַת-חֶסֶד | euthanasia, mercy killing |
| הִמְתִּין (ל-) | to wait (for) |
| הִמְתִּיק | to sweeten; mitigate |
| הַמְתָּנָה נ. | waiting |
| הַמְתָּקָה נ. | sweetening; mitigation |
| הֵן | yes; surely |
| בְּהֵן-צֶדֶק | with word of honor |
| הֵן...וְהֵן | both |
| הֵן כ. נ. | they, they are *(fem.)* |
| הָהֵן נ. | those *(fem.)* |

*adv*=תפ *adj*=ת *pl*=ר *fem*=נ *pro*=כ *prep*=י *con*=ח *du*=זו *mas*=ז

| | |
|---|---|
| enjoyment, pleasure | הֲנָאָה נ. |
| yielding, producing | הֲנָבָה נ. |
| sprouting | הַנְבָּטָה נ. |
| to sprout | הִנְבִּיט |
| intonation | הַנְגָּנָה נ. |
| engineering technician | הַנְדָּסַאי ז. |
| engineering | הַנְדָּסָה נ. |
| construction engineering | הַנְדָּסַת-בִּנְיָן |
| electrical engineering | הַנְדָּסַת-חַשְׁמָל |
| mechanical engineering | הַנְדָּסַת-מְכוֹנוֹת |
| engineering *(adj.)* | הַנְדָּסִי ת. |
| to here | הֵנָּה תפ. |
| to here and there | הֵנָּה וָהֵנָּה |
| leadership; leading; instituting | הַנְהָגָה נ. |
| to lead; institute | הִנְהִיג |
| management, directorship | הַנְהָלָה נ. |
| accounting | הַנְהָלַת חֶשְׁבּוֹנוֹת |
| discount | הֲנָחָה נ. |
| assumption; putting | הַנָּחָה נ. |
| to guide; moderate | הִנְחָה |
| guidance, direction | הַנְחָיָה נ. |
| guidelines, instructions | הַנְחָיוֹת נ.ר. |
| to bequeath, give | הִנְחִיל |
| to land, bring down | הִנְחִית |
| to strike a blow | הִנְחִית מַהֲלוּמָה,-מַכָּה |
| bequest, giving | הַנְחָלָה נ. |
| teaching of Hebrew to adults | הַנְחָלַת הַלָּשׁוֹן |
| landing, bringing down | הַנְחָתָה נ. |
| to dissuade | הֵנִיא |
| to yield, produce | הֵנִיב |
| to bear fruit | הֵנִיב פְּרִי |
| to move, nod | הֵנִיד |
| to blink | הֵנִיד עַפְעַף |
| to put down, place | הֵנִיחַ |
| to put; assume | הִנִּיחַ |
| to allow; leave one alone | הִנִּיחַ (ל-) |
| to chase away, rout | הֵנִיס |
| to motivate; set in motion, start | הֵנִיעַ |
| to wield, raise | הֵנִיף |
| to lower, reduce | הִנְמִיךְ |
| lowering, reduction | הַנְמָכָה נ. |
| explanation | הַנְמָקָה נ. |
| to anoint | הִנְסִיךְ |
| anointment | הַנְסָכָה נ. |
| moving, propulsion | הֲנָעָה נ. |
| self-propulsion | הֲנָעָה עַצְמִית |
| front-wheel drive | הֲנָעָה קִדְמִית |
| to make pleasant | הִנְעִים |
| footwear | הַנְעָלָה נ. |
| making pleasant | הַנְעָמָה נ. |
| wielding, waving, raising | הֲנָפָה נ. |
| to animate | הִנְפִּישׁ |
| issuing stocks | הַנְפָּקָה נ. |
| animation | הַנְפָּשָׁה נ. |
| shining, shine | הָנֵץ ז. |
| sunrise | הָנֵץ הַחַמָּה |
| sprout; shine, glow | הֵנֵץ ז. |
| immortalization; perpetuating; commemoration | הַנְצָחָה נ. |
| to immortalize; perpetuate; commemorate | הִנְצִיחַ |
| breast-feeding | הֲנָקָה נ. |
| respiration | הַנְשָׁמָה נ. |
| mouth-to-mouth resuscitation | הַנְשָׁמָה מִפֶּה לְפֶה |
| silence | הַס ז. |
| to turn; change, reassign, divert; sit | הֵסֵב |
| turning; changing, reassignment, diversion | הֲסָבָה נ. |
| to explain | הִסְבִּיר |
| to be friendly | הִסְבִּיר פָּנִים |
| explanation | הֶסְבֵּר ז. |
| explaining; information (service) | הַסְבָּרָה נ. |

*adv*=תפ *adj*=ת *pl*=ר *fem*=נ *pro*=כ *prep*=י *con*=ח *du*=זו *mas*=ז

הַסְבָּרָתִי ת. explanatory, informative
הַסָּגָה נ. moving, removing
הַסָּגַת גְּבוּל trespassing
הִסְגִּיר to turn in, extradite; reveal
הֶסְגֵּר ז. blockade; quarantine
הַסְגָּרָה נ. turning in, extradition
הִסְדִּיר to settle, arrange
הֶסְדֵּר ז. settlement, arrangement
הַסְדָּרָה נ. settling, arranging
הַסְוָאָה נ. disguise, camouflage
הִסְוָה to disguise, camouflage
הַסָּחָה נ. diversion
הֲסָטָה נ. moving aside
הִסִּיג to move
הִסִּיחַ to divert
הֵסִיחַ to talk
הֵסִיט to move aside
הִסִּיעַ to transport, give a ride
הִסִּיק to heat, stoke; draw a conclusion
הֵסִיר to remove
הֵסִית to incite
הִסְכִּים to agree
הִסְכִּין to adjust, be accustomed to
הִסְכִּית to listen
הֶסְכֵּם ז. agreement
הַסְכָּמָה נ. consent, agreement
הַסְכָּמָה הֲדָדִית mutual agreement
הַסְכָּנָה נ. being accustomed, adjustment
הִסְמִיךְ to certify; authorize
הִסְמִיק to blush
הַסְמָכָה נ. certfication; authorization
הַסְמָקָה נ. blushing
הַסְסָן ז. hesitant, reluctant person
הַסְסָנוּת נ. hesitation, reluctance
הַסְסָנִי ת. hesitant, reluctant
הַסְעָדָה נ. catering
הַסָּעָה נ. transportation

הִסְעִיר to enrage, cause a stir
הַסְעָרָה נ. enraging
הֶסְפֵּד ז. eulogy, obituary
הַסְפָּדָה נ. eulogizing
הִסְפִּיד to eulogize
הִסְפִּיק to suffice, be enough; have sufficient time
הֶסְפֵּק ז. output, capacity
הַסְפָּקָה נ. supply
הַסָּקָה נ. heating, stoking
הַסָּקָה מֶרְכָּזִית central heating
הֲסָרָה נ. removal
הַסְרָחָה נ. stinking
הַסְרָטָה נ. filming, videotaping
הִסְרִיחַ to stink
הִסְרִיט to film, videotape
הִסְתָּאֵב to degenerate; be corrupt
הִסְתָּאֲבוּת נ. degeneration; political corruption
הִסְתַּבֵּךְ to become entangled; involved
הִסְתַּבְּכוּת נ. entanglement; involvement
הִסְתַּבֵּן to soap oneself
הִסְתַּבְּנוּת נ. soaping
הִסְתַּבֵּר to become apparent, evident, likely; be probable
הִסְתַּבְּרוּת נ. probability
הִסְתַּגֵּל to adapt, adjust
הִסְתַּגְּלוּת נ. adaptation, adjustment
הִסְתַּגֵּף to mortify oneself
הִסְתַּגְּפוּת נ. mortification, self-deprivation
הִסְתַּגֵּר to shut oneself up, be seclusive
הִסְתַּגְּרוּת נ. seclusion
הִסְתַּדֵּר to be settled, arranged; manage, get along; settle down

*adv*=תפ *adj*=ת *pl*=ר *fem*=נ *pro*=כ *prep*=י *con*=ח *du*=זו *mas*=ז

הִסְתַּדְּרוּת נ. labor organization, union
הַהִסְתַּדְּרוּת הַכְּלָלִית General Labor Union, *Histadrut*
הַהִסְתַּדְּרוּת הַצִּיּוֹנִית הָעוֹלָמִית World Zionist Organization
הִסְתַּדְּרוּתִי ת. of the *Histadrut* (*adj.*)
הֲסָתָה נ. incitement
הִסְתּוֹבֵב to turn around, revolve rotate; walk around
הִסְתּוֹבְבוּת נ. turning around, rotating; walking around
הִסְתּוֹדֵד to talk in secret
הִסְתּוֹדְדוּת נ. talking in secret
הִסְתּוֹכֵךְ to be under a cover
הִסְתּוֹכְכוּת נ. being under a cover
הִסְתּוֹפֵף to frequent
הִסְתּוֹפְפוּת נ. frequenting
הִסְתַּחֵף to be swept away, eroded
הִסְתַּחֲפוּת נ. being swept away, erosion
הִסְתַּחרֵר to become dizzy
הִסְתַּחרְרוּת נ. becoming dizzy, dizziness
הִסְתַּיֵּג (מ-) to have reservations, disagree; disassociate oneself (from)
הִסְתַּיְּגוּת נ. reservation, disagreement; disassociation
הִסְתַּיֵּד to become calcified, calcareous
הִסְתַּיְּדוּת נ. calcification
הִסְתַּיְּדוּת עוֹרְקִים arteriosclerosis
הִסְתַּיֵּם to end, finish, be concluded
הִסְתַּיְּמוּת נ. end, finish, conclusion
הִסְתַּיֵּעַ (בּ-) to be helped (by)
הִסְתַּיְּעוּת נ. being helped
הִסְתִּיר to hide, conceal, cover up, obstruct vision
הִסְתַּכֵּל (בּ-,עַל) to look (at), watch

הִסְתַּכְּלוּת נ. looking, watching, observation
הִסְתַּכֵּם (בּ-) to amount (to), add up
הִסְתַּכְּמוּת נ. total amount
הִסְתַּכֵּן to take a risk
הִסְתַּכְּנוּת נ. taking a risk
הִסְתַּכסֵךְ to quarrel, feud
הִסְתַּכסְכוּת נ. quarreling, feuding
הִסְתַּלֵּף to become distorted
הִסְתַּלְּפוּת נ. becoming distorted
הִסְתַּלֵּק to go away, scram
הִסְתַּלְּקוּת נ. going away, scramming
הִסְתַּמֵּא to become blind
הִסְתַּמְּאוּת נ. becoming blind
הִסְתַּמֵּךְ to rely
הִסְתַּמְּכוּת נ. reliance
הִסְתַּמֵּן to emerge, shape up
הִסְתַּמְּנוּת נ. emergence, shaping up
הִסְתַּנוֵור to be blinded, dazzled
הִסְתַּנווְרוּת נ. being blinded, dazzled
הִסְתַּנֵּן (אֶל,ל-) to infiltrate
הִסְתַּנְּנוּת נ. infiltration
הִסְתַּנֵּף to become a branch of, be affiliated with
הִסְתַּנְּפוּת נ. affiliation
הִסְתָּעֵף to branch out, diverge
הִסְתָּעֲפוּת נ. branching out, divergence, juncture
הִסְתָּעֵר (עַל) to attack, charge
הִסְתָּעֲרוּת נ. attack, attacking, charging
הִסְתַּפֵּחַ (אֶל,ל-) to join, be attached (to), affiliated (with)
הִסְתַּפְּחוּת נ. joining, being attached or affiliated
הִסְתַּפֵּק (בּ-) to be satisfied (with), be content (with)
הִסְתַּפֵּק בְּמוּעָט to demand little, be modest

*adv*=תפ *adj*=ת *pl*=ר *fem*=נ *pro*=כ *prep*=י *con*=ח *du*=זו *mas*=ז

| | |
|---|---|
| הִסְתַּפְּקוּת נ. | having enough, being satisfied, content with |
| הִסְתַּפֵּר | to get a haircut |
| הִסְתַּפְּרוּת נ. | getting a haircut |
| הִסְתַּקְרֵן | to become curious |
| הִסְתַּקְרְנוּת נ. | being curious |
| הֶסְתֵּר ז. | hiding |
| בְּהֶסְתֵּר | secretly |
| הִסְתַּרְבֵּל | to become cumbersome, clumsy |
| הִסְתַּרְבְּלוּת נ. | becoming cumbersome, clumsy |
| הַסְתָּרָה נ. | hiding, concealment, cover-up |
| הִסְתָּרֵךְ | to trail |
| הִסְתָּרֵס | to become castrated; be distorted |
| הִסְתָּרְסוּת נ. | becoming castrated; distortion |
| הִסְתָּרֵק | to comb one's hair |
| הִסְתָּרְקוּת נ. | combing one's hair |
| הִסְתַּתֵּם | to be clogged |
| הִסְתַּתְּמוּת נ. | clogging |
| הִסְתַּתֵּר | to hide |
| הִסְתַּתְּרוּת נ. | hiding |
| הַעֲבָדָה נ. | putting to work, employing |
| הֶעָבָה נ. | clouding |
| הֶעֱבִיד | to make someone work, employ |
| הֶעֱבִיר | to transfer, pass, shift |
| הֶעֱבִיר אוֹתוֹ עַל דַּעְתּוֹ | to drive someone out of his mind |
| הֶעֱבִישׁ | to mold |
| הַעֲבָרָה נ. | transfer, shift |
| הֶעגִין | to anchor |
| הַעֲגָנָה נ. | anchoring |
| הֶעְדִּין | to refine |
| הֶעְדִּיף | to prefer, favor |
| הַעֲדָפָה נ. | preferring, favoring, preference |
| הֶעְדֵּר ז. | absence, lack of |
| הַעֲוָיָה נ. | grimace |
| הֵעֵז | to dare |
| הֶעָזָה נ. | daring |
| הֶעֱזִיב | to cause to leave |
| הֶעֱטָה נ. | to cover, enwrap |
| הֶעֱטִיר | to crown |
| הַעֲטָרָה נ. | crowning |
| הֵעִיב (עַל) | to cloud; mar |
| הֵעִיף | to fly; eject; throw, throw out |
| הֵעִיק (עַל) | to burden; distress |
| הֵעִיר | to awaken; comment |
| הֶעֱכִיר | to make murky; gloom |
| הַעֲלָאָה נ. | raise, increase; promotion |
| הַעֲלָבָה נ. | insulting |
| הֶעֱלָה | to raise, lift; promote; bring an immigrant to Israel |
| הֶעֱלָה בָּאֵשׁ | to set on fire |
| הֶעֱלָה גֵּרָה | to ruminate, chew cud; repeat over and over again |
| הֶעֱלָה חֶרֶס | to achieve nothing, fail |
| הֶעֱלָה עַל נֵס | to praise publicly |
| הֶעֱלָה אֶת קַרְנוֹ | to enhance one's prestige |
| הֶעֱלִיב | to insult, offend |
| הֶעֱלִיל (עַל) | to accuse falsely, libel |
| הֶעְלִים | to hide, conceal |
| הֶעְלִים עַיִן | to turn a blind eye, ignore, disregard |
| הַעֲלָמָה נ. | hiding, concealment |
| הַעֲלָמַת מַס | tax evasion |
| הֵעֵם | to dim |
| הַעֲמָדָה נ. | making stand, putting straight up, placing |
| הֶעֱמִיד | to make stand, put straight up, place |

| | |
|---|---|
| to endanger | הֶעֱמִיד בְּסַכָּנָה |
| to put on trial, prosecute | הֶעֱמִיד לְדִין |
| to pretend | הֶעֱמִיד פָּנִים |
| load, overload, burden | הֶעֱמִיס |
| to deepen | הֶעֱמִיק |
| loading, burdening | הַעֲמָסָה נ. |
| deepening | הַעֲמָקָה נ. |
| comparison, pitting one against another | הַעֲמָתָה נ. |
| to give (to), grant | הֶעֱנִיק (ל-) |
| to punish, penalize | הֶעֱנִישׁ |
| granting, giving | הַעֲנָקָה נ. |
| punishing, penalizing | הַעֲנָשָׁה נ. |
| to keep someone busy, occupy; employ | הֶעֱסִיק |
| keeping busy; employing | הַעֲסָקָה נ. |
| flying | הַעָפָה נ. |
| to climb; immigrate illegally to Mandatory Palestine | הֶעְפִּיל |
| climbing; illegal immigration to Mandatory Palestine | הַעְפָּלָה נ. |
| to sadden, distress | הֶעֱצִיב |
| pressing | הֲעָקָה נ. |
| remark, comment, note | הֶעָרָה נ. |
| footnote | הֶעָרַת-שׁוּלַיִים |
| to evaluate, assess; appreciate | הֶעֱרִיךְ |
| to cheat, deceive | הֶעֱרִים (עַל) |
| to shower with | הֶעֱרִיף (עַל) |
| to admire | הֶעֱרִיץ |
| evaluation, assessment; appreciation | הַעֲרָכָה נ. |
| cheating, deceiving | הַעֲרָמָה נ. |
| admiration | הַעֲרָצָה נ. |
| to become grassy | הֶעֱשִׂיב |
| to enrich | הֶעֱשִׁיר |
| enrichment | הַעֲשָׁרָה נ. |
| to copy; shift, relocate | הֶעֱתִיק |
| to give abundantly | הֶעֱתִיר (עַל) |

| | |
|---|---|
| copy | הֶעְתֵּק ז. |
| copying; shifting, relocation | הַעְתָּקָה נ. |
| giving abundantly | הַעְתָּרָה נ. |
| relief, relaxation | הֲפָגָה נ. |
| tension relief | הֲפָגַת מֶתַח, -מְתִיחוּת |
| shelling, bombardment | הַפְגָּזָה נ. |
| to shell, bombard | הִפְגִּיז |
| to demonstrate | הִפְגִּין |
| to arrange a meeting, bring together | הִפְגִּישׁ |
| demonstration | הַפְגָּנָה נ. |
| protest demonstration | הַפְגָּנַת-מְחָאָה |
| demonstrative | הַפְגַּנְתִי ת. |
| arranging a meeting | הַפְגָּשָׁה נ. |
| truce; lull; cessation, stop | הֲפוּגָה נ. |
| reversed, overturned, upside down, inverted, inside out | הָפוּךְ ת. |
| scaring, frightening, intimidation | הַפְחָדָה נ. |
| blowing | הֲפָחָה נ. |
| to scare, frighten, intimidate | הִפְחִיד |
| to reduce, decrease, depreciate | הִפְחִית |
| reduction, depreciation | הַפְחָתָה נ. |
| dismiss; release | הִפְטִיר |
| portion from the Prophets which follows the reading from the Tora during services | הַפְטָרָה נ. |
| to relieve, relax; reduce | הֵפִיג |
| to blow | הֵפִיחַ |
| to blow life into | הֵפִיחַ רוּחַ-חַיִּים (ב-) |
| turning upside down; changing into; coup, revolution | הֲפִיכָה נ. |
| counter-revolution | הֲפִיכַת-נֶגֶד |
| aborted coup | הֲפִיכַת-נֵפֶל |
| to drop; knock down; overthrow; shoot down | הִפִּיל |
| to cast lots | הִפִּיל גּוֹרָל |
| to frighten, terrorize | הִפִּיל חִתִּיתוֹ |

הִפִּילָה to have a miscarriage
הֵפִיס to appease; calm
הֵפִיץ to spread, distribute
הֵפִיץ בָּרַבִּים to publicize
הֵפִיק to produce; derive, obtain
הֵפִיק תּוֹעֶלֶת to derive benefit
הָפַךְ to turn upside down, invert
הָפַךְ בַּדָּבָר to debate in one's mind, consider
הָפַךְ אֶת הַגַּלְגַּל to turn the tide, change the course of events
הָפַךְ אֶת הַיּוֹצְרוֹת to change the basic order of things
הָפַךְ לְ- to turn into, become
הָפַךְ עוֹלָמוֹת 'to raise hell'
הָפַךְ אֶת עוֹרוֹ to change one's attitude
הָפַךְ אֶת הַקְּעָרָה עַל פִּיהָ to turn things upside down
הֲפַכְפַּךְ, הֲפַכְפְּכָן ת. fickle, unstable
הֲפַכְפְּכוּת, הֲפַכְפְּכָנוּת נ. fickleness, instability
הַפְלֵא וָפֶלֶא תפ. wonder of wonders
הַפְלָגָה נ. sailing, cruise; exaggeration
הַפְלָגַת בְּכוֹרָה maiden voyage
הִפְלָה to discriminate
הַפָּלָה נ. dropping; abortion, miscarriage
הַפָּלָה מְלָאכוּתִית induced abortion
הַפְלָטָה נ. ejecting, emitting; uttering
הִפְלִיא to amaze
הִפְלִיא לַעֲשׂוֹת to do wonders
הִפְלִיא אֶת מַכּוֹתָיו to beat hard
לְהַפְלִיא wonderfully
הִפְלִיג to sail, cruise; exaggerate
הַפְלָיָה נ. discriminating, discrimination
הִפְלִיט to eject, emit; utter
הִפְלִיל to incriminate

הַפְלָלָה נ. incrimination
הִפְנָה to turn, divert; refer
הַפְנָיָה נ. turning, diverting; referral
הִפְנִים to retrovert
הַפְנָמָה נ. introversion
הֶפְסֵד ז. loss
הֲפָסָה נ. appeasing, appeasement
הִפְסִיד to lose
הִפְסִיעַ to pace, walk
הִפְסִיק to stop, halt, discontinue
הֶפְסֵק ז. pause
הַפְסָקָה נ. stopping, interrupting; break, intermission, recess
הַפְסָקַת אוֹכֶל lunch break
הַפְסָקַת אֵשׁ ceasefire
הַפְסָקַת חַשְׁמַל power outage, blackout
הִפְעִיל to set in motion, activate, operate
הִפְעִים to excite
הַפְעָלָה נ. setting in motion, activation, operating
הַפְעָמָה נ. exciting
הֲפָצָה נ. spreading, distribution
הִפְצִיעַ to break
הִפְצִיץ to bomb
הִפְצִיר (בְּ-) to plead (with), pressure
הַפְצָצָה נ. bombing
הַפְצָרָה נ. pleading, pressuring
הַפְקָדָה נ. depositing, deposit
הֲפָקָה נ. production; obtaining, acquiring
הִפְקִיד to deposit
הִפְקִיעַ to expropriate, confiscate; overcharge, overprice
הִפְקִיר to abandon
הַפְקָעָה נ. expropriation, confiscation
הַפְקָעַת אֲדָמוֹת land expropriation
הַפְקָעַת מְחִירִים price-jacking

| | |
|---|---|
| הֶפְקֵר ז. | lawlessness; ownerless property |
| הַפְקָרָה נ. | abandoning, abandonment |
| הֶפְקֵרוּת נ. | lawlessness |
| הֵפֵר | to violate, breach |
| הַפְרָדָה נ. | separating, separation, segregation |
| הִפְרָה | to fertilize, inseminate |
| הֲפָרָה נ. | violation; breach |
| הֲפָרַת חוֹזֶה | breach of contract |
| הֲפָרַת חוֹק | violation of the law |
| הֲפָרַת מִשְׁמַעַת | disobedience |
| הֲפָרַת סֵדֶר | disturbance, disorderly conduct |
| הַפְרָזָה נ. | exaggeration |
| הַפְרָחָה נ. | flying; spreading; causing to bloom |
| הִפְרִיד | to separate, segregate |
| הַפְרָיָה נ. | fertilization, insemination |
| הַפְרָיָה מְלָאכוּתִית | artificial insemination |
| הִפְרִיז | to exaggerate |
| הִפְרִיחַ | to fly; spread; make the land bloom |
| הִפְרִיךְ | to refute |
| הִפְרִיעַ (ל-) | to bother, disturb, interfere (with), interrupt |
| הִפְרִישׁ | to set aside; secrete |
| הַפְרָכָה נ. | refuting, refutation |
| הַפְרָעָה נ. | disturbing, interruption |
| הַפְרָעַת סֵדֶר | disturbance, disorder |
| הֶפְרֵשׁ ז. | difference, remainder |
| הַפְרָשָׁה נ. | setting aside; secretion, discharge |
| הַפְשָׁטָה נ. | undressing, disrobing; making abstract, abstraction |
| הִפְשִׁיט | to undress; make abstract |
| הִפְשִׁיל | to roll up |
| הִפְשִׁיר | to thaw, defrost, melt |
| הַפְשָׁלָה נ. | rolling up |
| הַפְשָׁרָה נ. | thaw, defrosting, melting |
| הִפְתִּיעַ | to surprise, startle |
| הַפְתָּעָה נ. | surprise |
| הַצָּבָה נ. | positioning, stationing |
| הִצְבִּיעַ | to raise one's hand; vote |
| הִצְבִּיעַ (עַל) | to point (at); indicate |
| הַצְבָּעָה נ. | pointing; voting |
| הַצָּגָה נ. | presentation, show, performance |
| הַצָּגָה יוֹמִית | matinee |
| הַצָּגַת-בְּכוֹרָה | premiere |
| הִצְדִּיעַ (ל-) | to salute |
| הִצְדִּיק | to justify |
| הַצְדָּעָה נ. | salute |
| הַצְדָּקָה נ. | justification |
| הַצְהָבָה נ. | yellowing |
| הִצְהִיב | to turn yellow |
| הִצְהִיל | to cause joy |
| הִצְהִיר | to declare, proclaim |
| הַצְהָרָה נ. | declaration, proclamation |
| הַצְהָרָה בִּשְׁבוּעָה | sworn statement, affidavit |
| הַצְהָרַת-בַּלְפוּר | the Balfour Declaration |
| הִצְחִין | to stink |
| הִצְחִיק | to make someone laugh, amuse |
| הִצְחִיר | to turn white |
| הִצְטַבֵּעַ | to paint oneself |
| הִצְטַבְּעוּת נ. | painting oneself |
| הִצְטַבֵּר | to accumulate, accrue |
| הִצְטַבְּרוּת נ. | accumulation, accrual |
| הִצְטַדֵּק | to justify oneself, apologize |
| הִצְטַדְּקוּת נ. | apology |
| הִצְטוֹפֵף | to crowd together |
| הִצְטוֹפְפוּת נ. | crowding together |
| הִצְטַחְצֵחַ | to groom oneself |
| הִצְטַחְצְחוּת נ. | grooming oneself |
| הִצְטַחֵק | to chuckle |

*adv*=תפ *adj*=ת *pl*=ר *fem*=נ *pro*=כ *prep*=י *con*=ח *du*=זו *mas*=ז

| | |
|---|---|
| chuckling, chuckle | הִצְטַחֲקוּת נ. |
| to supply or equip oneself | הִצְטַיֵּד |
| supplying or equipping oneself | הִצְטַיְּדוּת נ. |
| to excel, be distinct | הִצְטַיֵּן |
| excellence, distinction | הִצְטַיְּנוּת נ. |
| to be portrayed, pictured | הִצְטַיֵּר |
| portrayal, being pictured | הִצְטַיְּרוּת נ. |
| to cross, intersect | הִצְטַלֵּב |
| intersection | הִצְטַלְּבוּת נ. |
| to have one's picture taken, be photographed | הִצְטַלֵּם |
| having one's picture taken, being photographed | הִצְטַלְּמוּת נ. |
| to form a scar | הִצְטַלֵּק |
| scarring | הִצְטַלְּקוּת נ. |
| to decrease, be reduced; limit oneself | הִצְטַמְצֵם |
| decrease, reduction; limiting oneself | הִצְטַמְצְמוּת נ. |
| to shrink | הִצְטַמֵּק |
| shrinking | הִצְטַמְּקוּת נ. |
| to catch a cold; cool down | הִצְטַנֵּן |
| catching a cold; flu; cooling | הִצְטַנְּנוּת נ. |
| to be modest | הִצְטַנֵּעַ |
| being modest | הִצְטַנְּעוּת נ. |
| to wrap oneself in a scarf, veil oneself | הִצְטַעֵף |
| wrapping oneself in a scarf, veiling oneself | הִצְטַעֲפוּת נ. |
| to dress up in a fancy fashion | הִצְטַעְצֵעַ |
| dressing up in a fancy fashion | הִצְטַעְצְעוּת נ. |
| to cry out, scream | הִצְטַעֵק |
| crying out, screaming | הִצְטַעֲקוּת נ. |
| to be sorry, regret | הִצְטַעֵר |
| being sorry, regret | הִצְטַעֲרוּת נ. |
| to need | הִצְטָרֵךְ |
| need | הִצְטָרְכוּת נ. |
| to join | הִצְטָרֵף (אֶל,ל-) |
| joining | הִצְטָרְפוּת נ. |
| to place, position, station | הִצִּיב |
| to present, introduce, show, exhibit, display; perform | הִצִּיג |
| to exhibit, flaunt | הִצִּיג לְרַאֲוָה |
| to save, rescue, salvage | הִצִּיל |
| to suggest, propose, offer | הִצִּיעַ |
| to flood, overflow | הֵצִיף |
| to peek (at), glance | הֵצִיץ (בּ-) |
| to bother, annoy, harass | הֵצִיק (ל-) |
| to light, ignite, set on fire | הִצִּית |
| crossbreeding | הַצְלָבָה נ. |
| rescue, salvation | הַצָּלָה נ. |
| success | הַצְלָחָה נ. |
| successfully; 'good luck' | בְּהַצְלָחָה |
| to crossbreed | הִצְלִיב |
| to succeed, manage | הִצְלִיחַ |
| to submerge | הִצְלִיל |
| to whip, flog | הִצְלִיף (בּ-) |
| whipping, flogging | הַצְלָפָה נ. |
| causing thirst | הַצְמָאָה נ. |
| attaching, tying together, linking; linkage to the cost of living or to another currency, indexing | הַצְמָדָה נ. |
| growing | הַצְמָחָה נ. |
| to make thirsty, cause thirst | הִצְמִיא |
| to attach, tie together, link | הִצְמִיד |
| to grow | הִצְמִיחַ |
| to make a cuckold of | הִצְמִיחָה קַרְנַיִים |
| dropping by parachute | הַצְנָחָה נ. |
| to drop by parachute; drop | הִצְנִיחַ |
| to become lean | הִצְנִים |
| to hide, conceal, play down | הִצְנִיעַ |
| modesty | הֶצְנֵעַ ז. |

| | |
|---|---|
| הַצְנָעָה נ. | concealment, playing down |
| הַצְעָדָה נ. | leading a march; advancing |
| הַצָּעָה נ. | suggestion, proposal, offer |
| הַצָּעַת חוק | bill |
| הַצָּעַת מְחִיר | bid |
| הִצְעִיד | to lead a march; advance |
| הִצְעִיר | to rejuvenate, make younger |
| הַצְעָרָה נ. | rejuvenation, making younger |
| הֲצָפָה נ. | flooding |
| הִצְפִּין | to hide, conceal; turn north |
| הַצְפָּנָה נ. | hiding, concealment; turning north |
| הֲצָצָה נ. | peeking, glancing |
| הֲצָקָה נ. | bothering, harassment |
| הֵצֵר | to narrow, limit |
| הֵצֵר צְעָדָיו | to put obstacles in someone's way |
| הִצְרִיד | to become hoarse, cause hoarseness |
| הִצְרִיךְ | to require, necessitate |
| הַצְרָכָה נ. | requiring, necessitating; verb–preposition linkage *(gram.)* |
| הַצָּתָה נ. | lighting, ignition; arson |
| הֲקָאָה נ. | vomiting |
| הִקְבִּיל | to parallel; compare |
| הִקְבִּיל אֶת פָּנָיו | to welcome, receive |
| הַקְבָּלָה נ. | parallelization; comparison, matching; parallelism |
| הַקְדָּחָה נ. | burning |
| הִקְדִּיחַ | to burn |
| הִקְדִּים | to be early, do early; precede; write an introduction |
| הִקְדִּיר | to darken; turn gloomy |
| הִקְדִּישׁ | to dedicate, devote |
| הֶקְדֵּם ז. | earliness |
| בְּהֶקְדֵּם | soon, shortly |
| הַקְדָּמָה נ. | moving forward; introduction |
| הַקְדָּרָה נ. | darkening; turning gloomy |
| הֶקְדֵּשׁ ז. | dedication; religious endowment |
| הַקְדָּשָׁה נ. | dedication |
| הִקְהָה | to blunt, dull |
| הַקְהָיָה נ. | blunting, dulling |
| הִקְהִיל | to assemble, gather |
| הַקְהֵל ז. | assembly |
| הַקָּזָה נ. | bleeding, shedding blood |
| הַקָּזַת דָּם | blood-letting |
| הִקְטִין | to reduce |
| הִקְטִיר | to burn incense |
| הַקְטָנָה נ. | reduction; diminutive *(gram.)* |
| הַקְטָרָה נ. | burning incense |
| הֵקִיא | to vomit, throw up |
| הִקִּיז | to bleed, shed blood |
| הֵקִים | to set up, establish |
| הִקִּיף | to surround, encircle |
| הִקִּיף | to sell on credit |
| הֵקִיץ | to wake up, awaken |
| הִקִּישׁ (עַל) | to beat, knock (on), hit, tap; draw analogy |
| הֵקֵל (עַל) | to make easier (for), facilitate; make lighter |
| הֵקֵל בָּעוֹנֶשׁ | to mitigate a sentence |
| הֵקֵל רֹאשׁ | to take lightly |
| הֲקַלָּה נ. | easing; relief; mitigation |
| הַקְלָטָה נ. | recording |
| הִקְלִיט | to record |
| הֲקָמָה נ. | setting up, establishment |
| הִקְנָה (ל-) | to provide |
| הַקְנָטָה נ. | teasing, annoyance |
| הַקְנָיָה נ. | providing |
| הִקְנִיט | to tease, annoy |
| הִקְסִים | to enchant, fascinate |
| הַקְסָמָה נ. | enchanting, fascination |
| הַקְפָּאָה נ. | freezing, freeze |
| הַקְפָּאַת שָׂכָר | wage freeze |
| הַקְפָּדָה נ. | strictness; carefulness |

הַקָּפָה נ. encirclement, surrounding; carrying the Tora in a circle in the synagogue
הֲקָפָה נ. credit
הִקְפִּיא to freeze
הִקְפִּיד (עַל) to be strict; be careful
הִקְפִּיץ to make jump, bounce; give a short ride
הַקְפָּצָה נ. bouncing
הַקְצָאָה נ. allocation
הַקְצָבָה נ. allocation, appropriation
הִקְצָה to allocate
הֲקָצָה נ. awakening
הִקְצִיב to allocate, allot, appropriate
הִקְצִין to radicalize
הִקְצִיעַ to plane
הִקְצִיף to foam
הַקְצָנָה נ. radicalization
הַקְצָעָה נ. planing
הַקְצָפָה נ. foaming
הַקְרָאָה נ. recitation, reading loud
הַקְרָבָה נ. sacrificing
הִקְרָה to make happen
הַקְרָחָה נ. balding
הִקְרִיא to recite, read aloud
הִקְרִיב to sacrifice; bring near
הִקְרִיחַ to bald
הִקְרִין to radiate; project
הִקְרִישׁ to congeal
הַקְרָנָה נ. radiation; projection
הַקְרָשָׁה נ. congealing
הַקְשָׁאָה נ. hardening, stiffening
הַקְשָׁבָה נ. listening, attention
הִקְשָׁה to make hard, stiffen; ask
הַקָּשָׁה נ. knocking, tapping, drumming
הֶקֵּשָׁה נ. analogy, comparison
הַקְשָׁחָה נ. hardening
הִקְשִׁיב to listen; heed

הִקְשִׁיחַ to harden
הֶקְשֵׁר ז. context
הַר ז. mountain, mount
הַר-הַבַּיִת Temple Mount
הַר-גַּעַשׁ volcano
הֶרְאָה (לְ-) to show (to), exhibit
הִרְבָּה to do much of; increase
הַרְבֵּה תפ. ת. much, many, a lot
הַרְבָּיָה נ. increasing, multiplying
הִרְבִּיעַ to arrange for animals to mate
הִרְבִּיץ (לְ-) to hit, beat, strike
הִרְבִּיץ תּוֹרָה to teach
הַרְבָּעָה נ. mating of animals
הַרְבָּצָה נ. hitting, beating, striking
הָרַג to kill
הֶרֶג ז. killing
הַרְגָּזָה נ. annoying, angering, irritation
הִרְגִּיז to annoy, anger, irritate
הִרְגִּיל to accustom, train
הִרְגִּיעַ to calm, relax, tranquilize, soothe
הִרְגִּישׁ (בְּ-) to feel, sense
הֶרְגֵּל ז. habit
הַרְגָּעָה נ. calming, relaxing, soothing
הַרְגָּשָׁה נ. feeling, sense
הִרְדִּים to put to sleep; anesthetize
הַרְדָּמָה נ. putting to sleep; anesthesia
הָרָה ת. pregnant
הֲרֵה אָסוֹן disastrous
הֲרֵה גוֹרָל fateful
הֲרֵה סַכָּנוֹת dangerous
הַרְהָבָה נ. daring
הִרְהִיב to dare
הָרוּג ת. ז. killed, slain; fatality
הֲרוּג-מַלְכוּת martyr
הִרְוָה to saturate
הַרְוָיָה נ. saturation

| | |
|---|---|
| הִרְוִיחַ | to gain, profit, earn |
| הִרְזָה | to lose weight, slim |
| הַרְזָיָה נ. | weight-loss |
| הַרְחָבָה נ. | widening, broadening, extension |
| הֲרָחָה נ. | smelling |
| הִרְחִיב | to widen, broaden, extend |
| הִרְחִיב אֶת הַדִּיבּוּר | to speak at length, elaborate |
| הִרְחִיק | to put far; remove; go far |
| הִרְחִיק לֶכֶת | to go too far |
| הַרְחֵק תפ. | far away |
| הַרְחָקָה נ. | putting far; removing, removal |
| הַרְטָבָה נ. | wetting, dampening, moistening |
| הִרְטִיב | to wet, dampen, moisten |
| הִרְטִיט | to quiver |
| הֲרֵי | here is; is it not that |
| הֲרִיגָה נ. | killing, homicide, manslaughter |
| הֵרִיחַ | to smell |
| הֵרִים | to raise, lift, pick up |
| הֵרִים כּוֹסִית | to make a toast |
| הֵרִים קַרְנוֹ | to raise one's prestige |
| הֵרִים תְּרוּמָה | to make a donation |
| הֲרִיסָה נ. | destroying, ruining, destruction, demolition |
| הֲרִיסוֹת נ.ר. | ruins |
| הֵרִיעַ (ל-) | to cheer |
| הֵרִיץ | to make run, rush |
| הֵרִיק | to empty, pour out |
| הֶרְכֵּב ז. | composition |
| הַרְכָּבָה נ. | composing, assembly, formation; inoculation |
| הִרְכִּיב | to compose, assemble, put together, form; carry; inoculate |
| הִרְכִּין (רֹאשׁוֹ) | to bow |
| הַרְכָּנָה נ. | bowing |
| הֲרָמָה נ. | lifting, raising |
| הֲרָמַת מִשְׁקָלוֹת | weight-lifting |
| הַרְמוֹן ז. | harem |
| הִרְנִין | to rejoice; cheer up |
| הָרַס | to destroy, ruin, demolish |
| הֶרֶס ז. | destruction |
| הַרְסָן ז. | destructive person |
| הַרְסָנוּת נ. | destructiveness |
| הַרְסָנִי ת. | destructive |
| הַרְעָבָה נ. | starving, causing hunger |
| הַרְעָדָה נ. | shaking, rattling |
| הֲרָעָה נ. | deterioration, worsening |
| הִרְעִיב | to starve, cause hunger |
| הִרְעִיד | to shake, rattle |
| הִרְעִיל | to poison |
| הִרְעִים | to thunder |
| הִרְעִישׁ | to make noise; shake; bombard |
| הַרְעָלָה נ. | poisoning |
| הַרְעָלַת דָּם | toxemia |
| הַרְעָלַת קֵיבָה | food poisoning |
| הַרְעָשָׁה נ. | shaking; bombardment |
| הֶרֶף ז. | short time, moment; cessation |
| כְּהֶרֶף-עַיִן | instantly, in a flash |
| הִרְפָּה | to loosen, relax |
| הִרְפָּה (מ-) | to let go |
| הַרְפָּיָה נ. | loosening, relaxation |
| הַרְפָּיַת מֶתַח | tension relief |
| הַרְפַּתְקָה נ. | adventure |
| הַרְפַּתְקָן ז. | adventurer |
| הַרְפַּתְקָנוּת נ. | adventurism |
| הַרְפַּתְקָנִי ת. | adventurous |
| הַרְצָאָה נ. | lecture |
| הִרְצָה | to lecture |
| הֲרָצָה נ. | making someone run; rushing; breaking in an engine |
| בַּהֲרָצָה | in a broken-in condition |
| הִרְצִין | to become serious |
| הַרְקָבָה נ. | decaying, rotting |


*adv*=תפ *adj*=ת *pl*=ר *fem*=נ *pro*=כ *prep*=י *con*=ח *du*=זו *mas*=ז

| | |
|---|---|
| making someone dance; leading a dance | הַרְקָדָה נ. |
| emptying, evacuating | הֲרָקָה נ. |
| to decay, rot, decompose | הִרְקִיב |
| to make someone dance, lead a dance | הִרְקִיד |
| to climb high | הִרְקִיעַ |
| to skyrocket | הִרְקִיעַ שְׁחָקִים |
| climbing high | הַרְקָעָה נ. |
| mountainous | הֲרָרִי ת. |
| permission, licensing, authorization | הַרְשָׁאָה נ. |
| to allow, permit | הִרְשָׁה (ל-) |
| to afford, allow oneself | הִרְשָׁה לְעַצְמוֹ |
| to impress | הִרְשִׁים |
| to find guilty, convict | הִרְשִׁיעַ |
| registering, registration, enrollment | הַרְשָׁמָה נ. |
| conviction | הַרְשָׁעָה נ. |
| to become pregnant, conceive | הָרְתָה |
| boiling | הַרְתָּחָה נ. |
| to boil | הִרְתִּיחַ |
| to deter | הִרְתִּיעַ |
| deterrence | הַרְתָּעָה נ. |
| to lend | הִשְׁאִיל |
| to leave, leave behind | הִשְׁאִיר |
| lending; metaphor | הַשְׁאָלָה נ. |
| leaving, leaving behind | הַשְׁאָרָה נ. |
| returning, restoring, reinstating | הֲשָׁבָה נ. |
| returning a lost object, 'lost and found' | הֲשָׁבַת אֲבֵידָה |
| improvement | הַשְׁבָּחָה נ. |
| to improve | הִשְׁבִּיחַ |
| to swear in | הִשְׁבִּיעַ |
| to satisfy hunger | הִשְׂבִּיעַ |
| to supply (food) | הִשְׁבִּיר |
| to strike, cease (work) | הִשְׁבִּית |

| | |
|---|---|
| swearing in | הַשְׁבָּעָה נ. |
| satisfying hunger | הַשְׂבָּעָה נ. |
| striking, cessation of work | הַשְׁבָּתָה נ. |
| achieving | הַשָּׂגָה נ. |
| supervision; watching | הַשְׁגָּחָה נ. |
| Providence | הַשְׁגָּחָה עֶלְיוֹנָה |
| to watch, supervise | הִשְׁגִּיחַ (עַל) |
| to delay | הִשְׁהָה |
| delay | הַשְׁהָיָה נ. |
| comparison, equalization | הַשְׁוָואָה נ. |
| comparative | הַשְׁוָואָתִי ת. |
| to compare, equalize | הִשְׁוָוה |
| sharpening | הַשְׁחָזָה נ. |
| to sharpen | הִשְׁחִיז |
| to thread, pass through | הִשְׁחִיל |
| to tan, become dark brown | הִשְׁחִים |
| to blacken | הִשְׁחִיר |
| to insult, defame | הִשְׁחִיר אֶת פָּנָיו |
| to destroy; corrupt | הִשְׁחִית |
| threading, passing through | הַשְׁחָלָה נ. |
| tanning, turning dark brown | הַשְׁחָמָה נ. |
| blackening | הַשְׁחָרָה נ. |
| destroying; corrupting | הַשְׁחָתָה נ. |
| sailing, floating | הֲשָׁטָה נ. |
| to marry off | הִשִּׂיא |
| to give advice | הִשִּׂיא עֵצָה |
| to give back, return; answer, reply, respond | הֵשִׁיב |
| to restore, reinstate | הֵשִׁיב עַל כַּנּוֹ |
| to achieve, accomplish; obtain; reach; catch up with | הִשִּׂיג |
| to converse | הֵשִׂיחַ |
| to sail, float | הֵשִׁיט |
| to touch; be a tangent; launch | הִשִּׁיק |
| to shed, drop | הִשִּׁיר |
| to cause joy | הֵשִׂישׂ |
| laying down, putting to bed | הַשְׁכָּבָה נ. |
| causing to forget | הַשְׁכָּחָה נ. |

| | |
|---|---|
| הִשְׁכִּיב | to lay down, put to bed |
| הִשְׁכִּיחַ | to make forget |
| הִשְׂכִּיל | to become wise; succeed |
| הִשְׁכִּים | to get up early |
| הִשְׁכִּין | to establish, settle |
| הִשְׂכִּיר | to rent out, lease |
| הַשְׂכָּלָה נ. | education; the Enlightenment |
| הַשְׂכָּלָה גְּבוֹהָה | higher education |
| הַשְׂכָּלָתִי ת. | educational |
| הַשְׁכֵּם תפ. | early *(adv.)* |
| הַשְׁכָּמָה נ. | early rising |
| הַשְׁכָּנַת שָׁלוֹם נ. | peacemaking |
| הַשְׂכָּרָה נ. | leasing, rental |
| הִשְׁלָה | to mislead, deceive |
| הַשְׁלָטָה | putting in power; enforcement |
| הִשְׁלִיט | to put in power; enforce |
| הִשְׁלִיךְ | to throw, throw away, discard |
| הִשְׁלִיךְ יְהָבוֹ (עַל) | to put one's hopes in |
| הִשְׁלִים | to complete |
| הִשְׁלִים (עִם) | to accept, resign (to); make peace (with), reconcile |
| הִשְׁלִישׁ | to deposit with a third party |
| הַשְׁלָכָה נ. | throwing; implication |
| הַשְׁלָמָה נ. | completion; acceptance |
| הַשְׁמָדָה נ. | extermination, annihilation |
| הַשְׁמָטָה נ. | deletion, omission, dropping |
| הִשְׁמִיד | to exterminate, annihilate |
| הִשְׁמִיט | to delete, omit, drop |
| הִשְׂמִיל | to go left |
| הִשְׁמִין | to gain weight; fatten |
| הִשְׁמִיעַ | to let hear, play for; make a sound, pronounce, say |
| הִשְׁמִיץ | to defame, slander |
| הַשְׁמָנָה נ. | gaining weight; fattening |
| הַשְׁמָעָה נ. | sounding, playing, saying |
| הַשְׁמָצָה נ. | defamation, slander, libel |
| הִשְׂנִיא | to cause to be hated |
| הִשְׁעָה | to suspend |
| הַשְׁעָיָה נ. | suspension |
| הִשְׁעִין | to put against, lean |
| הַשְׁעָנָה נ. | putting against, leaning |
| הַשְׁעָרָה נ. | assumption, hypothesis |
| הִשְׁפִּיךְ | to ejaculate *(col.)* |
| הִשְׁפִּיל | to humiliate; lower |
| הִשְׁפִּיעַ (עַל) | to influence, affect; give plenty of |
| הַשְׁפָּלָה נ. | humiliation; lowering |
| הַשְׁפָּעָה נ. | influence, effect, impact |
| הַשְׁקָאָה, הַשְׁקָיָה נ. | irrigation |
| הִשְׁקָה | to give a drink; water, irrigate |
| הַשָּׁקָה נ. | touching; launching (a ship) |
| הַשְׁקָטָה נ. | quieting, calming |
| הִשְׁקִיט | to quiet, calm |
| הִשְׁקִיעַ | to invest; put in; sink |
| הִשְׁקִיף (עַל) | to watch, observe, overlook |
| הַשְׁקָעָה נ. | investment |
| הַשְׁקָפָה נ. | opinion, view, outlook |
| הַשְׁקָפַת-עוֹלָם | philosophy |
| הַשְׁרָאָה נ. | inspiration |
| הִשְׁרָה | to inspire; soak |
| הַשְׁרָיָה נ. | soaking |
| הִשְׁרִישׁ | to strike roots |
| הַשְׁרָשָׁה נ. | striking roots |
| הִשְׁתָּאָה | to wonder, be puzzled |
| הִשְׁתָּאוּת נ. | wondering, puzzlement |
| הִשְׁתַּבֵּחַ | to be improved; be praised |
| הִשְׁתַּבְּחוּת נ. | improvement; praise |
| הִשְׁתַּבֵּץ | to fit in, integrate |
| הִשְׁתַּבְּצוּת נ. | fitting in, integration |
| הִשְׁתַּבֵּשׁ | to be jumbled, messed-up |
| הִשְׁתַּבְּשׁוּת נ. | jumble, mess |
| הִשְׁתַּגֵּעַ | to go crazy, become insane |
| הִשְׁתַּגְּעוּת נ. | going crazy or insane |
| הִשְׁתַּדֵּךְ | to get into an arranged marriage |
| הִשְׁתַּדְּכוּת נ. | an arranged marriage |

*adv*=תפ *adj*=ת *pl*=ר *fem*=נ *pro*=כ *prep*=י *con*=ח *du*=זו *mas*=ז

הִשְׁתַּדֵּל to try, make an effort
הִשְׁתַּדְּלוּת נ. trying, making an effort
הִשְׁתַּהָה to be delayed, hold on
הִשְׁתַּהוּת נ. delay
הִשְׁתּוֹבֵב to act naughtily
הִשְׁתּוֹבְבוּת נ. acting naughtily
הִשְׁתַּוָּה to become equal; reach an agreement
הִשְׁתַּוּוּת נ. becoming equal, equivalence
הִשְׁתּוֹחֵחַ to bend, lower oneself
הִשְׁתּוֹחֲחוּת נ. bending, lowering oneself
הִשְׁתּוֹלֵל to go berserk, run wild
הִשְׁתּוֹלְלוּת נ. going berserk, running wild
הִשְׁתּוֹמֵם to wonder, be puzzled
הִשְׁתּוֹמְמוּת נ. wondering, puzzlement
הִשְׁתּוֹקֵק to yearn, desire
הִשְׁתּוֹקְקוּת נ. yearning, desire
הִשְׁתַּזֵּף to be suntanned
הִשְׁתַּזְּפוּת נ. suntan
הִשְׁתַּזֵּר to be interlaced
הִשְׁתַּזְּרוּת נ. interlacing
הִשְׁתַּחֲוָה to bow
הִשְׁתַּחֲווּת נ. bowing
הִשְׁתַּחֵל to squeeze oneself through
הִשְׁתַּחֲלוּת נ. squeezing through
הִשְׁתַּחֵם to tan, become dark brown
הִשְׁתַּחֲמוּת נ. tanning, becoming dark brown
הִשְׁתַּחֵף to get tuberculosis
הִשְׁתַּחֲפוּת נ. getting tuberculosis
הִשְׁתַּחֵץ, הִשְׁתַּחְצֵן to be arrogant, brag
הִשְׁתַּחֲצוּת, הִשְׁתַּחְצְנוּת נ. arrogance
הִשְׁתַּחֵק to be eroded
הִשְׁתַּחֲקוּת נ. erosion
הִשְׁתַּחְרֵר to go free, be liberated; free oneself; be released, discharged
הִשְׁתַּחְרְרוּת נ. going free, liberation; release, discharge
הִשְׁתַּטָּה to act foolishly
הִשְׁתַּטּוּת נ. acting foolishly
הִשְׁתַּטֵּחַ to lie down
הִשְׁתַּטְּחוּת נ. lying down
הִשְׁתַּיֵּךְ to belong to, be affiliated with
הִשְׁתַּיְּכוּת נ. belonging, affiliation
הִשְׁתַּיֵּר to remain
הִשְׁתַּיְּרוּת נ. remaining
הִשְׁתִּיל to transplant, implant
הִשְׁתִּין to urinate
הִשְׁתִּיק to silence
הִשְׁתִּית to base
הִשְׁתַּכֵּחַ to be forgotten
הִשְׁתַּכְּחוּת נ. being forgotten
הִשְׁתַּכְלֵל to be improved, perfected
הִשְׁתַּכְלְלוּת נ. improvement
הִשְׁתַּכֵּן to settle in a home
הִשְׁתַּכְּנוּת נ. settling in a home
הִשְׁתַּכְנֵעַ to become convinced
הִשְׁתַּכְנְעוּת נ. becoming convinced
הִשְׁתַּכֵּר to become drunk, intoxicated
הִשְׂתַּכֵּר to earn wages
הִשְׁתַּכְּרוּת נ. intoxication
הִשְׂתַּכְּרוּת נ. earning
הִשְׁתַּכְשֵׁךְ to splash oneself
הִשְׁתַּכְשְׁכוּת נ. splashing oneself
הִשְׁתַּלֵּב to integrate, interlock
הִשְׁתַּלְּבוּת נ. integration, interlocking
הַשְׁתָּלָה נ. transplant, implantation
הִשְׁתַּלְהֵב to become inflamed; become enthusiastic
הִשְׁתַּלְהֲבוּת נ. becoming inflamed

| | |
|---|---|
| to take over, overpower, dominate, control | הִשְׁתַּלֵּט (עַל) |
| takeover, domination | הִשְׁתַּלְּטוּת נ. |
| to be worthwhile, pay; advance one's study or skills | הִשְׁתַּלֵּם |
| advance study | הִשְׁתַּלְּמוּת נ. |
| to evolve, descend | הִשְׁתַּלְשֵׁל |
| evolution | הִשְׁתַּלְשְׁלוּת נ. |
| chain of events | הִשְׁתַּלְשְׁלוּת הָעִנְיָנִים |
| to convert from Judaism | הִשְׁתַּמֵּד |
| conversion from Judaism | הִשְׁתַּמְּדוּת נ. |
| to evade, dodge | הִשְׁתַּמֵּט (מ-) |
| evasion, dodging | הִשְׁתַּמְּטוּת נ. |
| to become oily | הִשְׁתַּמֵּן |
| becoming oily | הִשְׁתַּמְּנוּת נ. |
| to be deduced, interpreted; hear from each other | הִשְׁתַּמֵּעַ |
| deduction, interpretation | הִשְׁתַּמְּעוּת נ. |
| to be preserved | הִשְׁתַּמֵּר |
| preservation | הִשְׁתַּמְּרוּת נ. |
| to use, utilize | הִשְׁתַּמֵּשׁ (בּ-) |
| use, utilization | הִשְׁתַּמְּשׁוּת נ. |
| urination | הַשְׁתָּנָה נ. |
| to change, become different | הִשְׁתַּנָּה |
| changing, change | הִשְׁתַּנּוּת נ. |
| to be split | הִשְׁתַּסֵּעַ |
| splitting, split | הִשְׁתַּסְּעוּת נ. |
| to be enslaved, subjugated | הִשְׁתַּעְבֵּד |
| enslavement, subjugation | הִשְׁתַּעְבְּדוּת נ. |
| to cough | הִשְׁתַּעֵל |
| coughing | הִשְׁתַּעֲלוּת נ. |
| to be bored | הִשְׁתַּעֲמֵם |
| being bored | הִשְׁתַּעַמְמוּת נ. |
| to have fun, play (with) | הִשְׁתַּעֲשֵׁעַ, הִשְׁתַּעְשֵׁעַ (בּ-) |
| playing, having fun | הִשְׁתַּעַשְׁעוּת נ. |
| to pour out, flow; pour one's heart out | הִשְׁתַּפֵּךְ |
| flow; emotional outpour | הִשְׁתַּפְּכוּת נ. |
| to go downward | הִשְׁתַּפֵּל |
| going downward | הִשְׁתַּפְּלוּת נ. |
| to slant, slope | הִשְׁתַּפֵּעַ |
| slanting, slope | הִשְׁתַּפְּעוּת נ. |
| to be improved | הִשְׁתַּפֵּץ |
| improvement | הִשְׁתַּפְּצוּת נ. |
| to improve | הִשְׁתַּפֵּר |
| improvement | הִשְׁתַּפְּרוּת נ. |
| to rub off, be rubbed | הִשְׁתַּפְשֵׁף |
| rubbing off, being rubbed | הִשְׁתַּפְשְׁפוּת נ. |
| silencing | הַשְׁתָּקָה נ. |
| to rehabilitate oneself | הִשְׁתַּקֵּם |
| rehabilitation | הִשְׁתַּקְּמוּת נ. |
| to settle | הִשְׁתַּקַּע, הִשְׁתַּקֵּעַ |
| settling | הִשְׁתַּקְּעוּת נ. |
| to be reflected | הִשְׁתַּקֵּף |
| reflection | הִשְׁתַּקְּפוּת נ. |
| to creak | הִשְׁתַּקְשֵׁק |
| creaking | הִשְׁתַּקְשְׁקוּת נ. |
| to be misplaced | הִשְׁתַּרְבֵּב |
| being misplaced | הִשְׁתַּרְבְּבוּת נ. |
| to plod | הִשְׁתָּרֵךְ |
| plodding | הִשְׁתָּרְכוּת נ. |
| to extend | הִשְׁתָּרַע, הִשְׁתָּרֵעַ |
| extending | הִשְׁתָּרְעוּת נ. |
| to prevail | הִשְׁתָּרֵר |
| prevalence | הִשְׁתָּרְרוּת נ. |
| to take root | הִשְׁתָּרֵשׁ |
| taking root | הִשְׁתָּרְשׁוּת נ. |
| basing | הַשְׁתָּתָה נ. |
| to participate, take part | הִשְׁתַּתֵּף |
| participation | הִשְׁתַּתְּפוּת נ. |
| to become silent, hush | הִשְׁתַּתֵּק |
| silence, hush | הִשְׁתַּתְּקוּת נ. |
| to kill oneself, commit suicide | הִתְאַבֵּד |

| | |
|---|---|
| הִתְאַבְּדוּת נ. | suicide |
| הִתְאַבֵּךְ | to rise |
| הִתְאַבְּכוּת נ. | rise |
| הִתְאַבֵּל (עַל) | to mourn |
| הִתְאַבְּלוּת נ. | mourning |
| הִתְאַבֵּן | to be petrified |
| הִתְאַבְּנוּת נ. | petrification |
| הִתְאַבֵּק | to be covered with dust |
| הִתְאַבְּקוּת נ. | being covered with dust |
| הִתְאַגֵּד | to unite, organize |
| הִתְאַגְּדוּת נ. | union, organization |
| הִתְאַגְרֵף | to box |
| הִתְאַגְרְפוּת נ. | boxing |
| הִתְאַדָּה | to evaporate, vaporize |
| הִתְאַדּוּת נ. | evaporation, vaporization |
| הִתְאַדֵּם | to redden, blush |
| הִתְאַדְּמוּת | reddening, blushing |
| הִתְאַהֵב (בּ-) | to fall in love (with) |
| הִתְאַהֲבוּת נ. | falling in love |
| הִתְאַוָּה (ל-) | to desire, crave (for) |
| הִתְאַוּוּת נ. | desiring, craving |
| הִתְאוֹנֵן | to complain |
| הִתְאוֹנְנוּת נ. | complaining |
| הִתְאַוְרֵר | to get fresh air, be ventilated |
| הִתְאַוְרְרוּת נ. | getting fresh air, ventilation |
| הִתְאוֹשֵׁשׁ | to recover |
| הִתְאוֹשְׁשׁוּת נ. | recovery |
| הִתְאַזֵּן | to be balanced |
| הִתְאַזְּנוּת נ. | balancing |
| הִתְאַזֵּר בְּסַבְלָנוּת | to have patience |
| הִתְאַזְרֵחַ | to become a citizen, be naturalized |
| הִתְאַזְרְחוּת נ. | naturalization |
| הִתְאַחֵד | to unite |
| הִתְאַחֲדוּת נ. | union, organization, association |
| הִתְאַחָה | to be patched, patched up |
| הִתְאַחוּת נ. | patching |
| הִתְאַחֵז | to settle on land |
| הִתְאַחֲזוּת נ. | settlement |
| הִתְאַחֵר | to come late, be tardy |
| הִתְאַחֲרוּת נ. | coming late, tardiness |
| הִתְאַיֵּד | to vaporize |
| הִתְאַיְּדוּת נ. | vaporization |
| הִתְאִים (ל-) | to fit, match, adapt (to) |
| הִתְאַכְזֵב (מ-) | to be disappointed (in) |
| הִתְאַכְזְבוּת נ. | disappointment |
| הִתְאַכְזֵר (אֶל) | to be cruel (to), mistreat |
| הִתְאַכְזְרוּת נ. | cruelty, mistreatment |
| הִתְאַכֵּל | to be corroded |
| הִתְאַכְּלוּת נ. | corrosion |
| הִתְאַכְלֵס | to become populated |
| הִתְאַכְלְסוּת נ. | becoming populated |
| הִתְאַכְסֵן | to stay, lodge |
| הִתְאַכְסְנוּת נ. | staying, lodging |
| הִתְאַלֵּם | to become mute |
| הִתְאַלְּמוּת נ. | becoming mute |
| הִתְאַלְמֵן | to become a widow(-er) |
| הִתְאַלְמְנוּת נ. | becoming a widow(-er) |
| הֶתְאֵם ז. | agreement, accord |
| בְּהֶתְאֵם (ל-) | according to |
| הַתְאָמָה נ. | fitting, matching, compatibility; correlation |
| הִתְאַמְלֵל | to become miserable |
| הִתְאַמְלְלוּת נ. | becoming miserable |
| הִתְאַמֵּן | to train, practice |
| הִתְאַמְּנוּת נ. | training, practicing |
| הִתְאַמֵּץ | to make an effort; strain or exert oneself |
| הִתְאַמְּצוּת נ. | effort; strain, exertion |
| הִתְאַמֵּת | to come true, be verified |
| הִתְאַמְּתוּת נ. | verification |
| הִתְאַנָּה (ל-) | to provoke, harm |
| הִתְאַנּוּת נ. | provocation, doing harm |

*adv*=תפ *adj*=ת *pl*=ר *fem*=נ *pro*=כ *prep*=י *con*=ח *du*=זו *mas*=ז

| | |
|---|---|
| התאַנֵחַ | to sigh |
| התאַנְחוּת נ. | sighing |
| התאַסְלֵם | to become a Muslim |
| התאַסְלְמוּת נ. | conversion to Islam |
| התאַסֵף | to gather |
| התאַסְפוּת נ. | gathering |
| התאַפֵּס | to become nothing (zero), vanish |
| התאַפְּסוּת נ. | becoming nothing (zero), vanishing |
| התאַפֵּק | to restrain oneself |
| התאַפְּקוּת נ. | self-restraint |
| התאַפֵּר | to put on makeup |
| התאַפְּרוּת נ. | putting on makeup |
| התאַקְלֵם | to become adjusted, adapt |
| התאַקְלְמוּת נ. | adjustment |
| התאַרְגֵן | to get organized |
| התאַרְגְנוּת נ. | organizing |
| התאָרַח, התאָרֵחַ | to stay as a guest, lodge |
| התאָרְחוּת נ. | staying, lodging |
| התאָרֵךְ | to become longer, be prolonged |
| התאָרְכוּת נ. | becoming longer, being prolonged |
| התאָרֵס | to become engaged |
| התאָרְסוּת נ. | engagement |
| התאַשֵּׁר | to be confirmed, verified |
| התאַשְּׁרוּת נ. | confirmation, verification |
| התבָּאֵר | to be clarified |
| התבָּאֲרוּת נ. | clarification |
| התבַּגֵּר | to mature |
| התבַּגְּרוּת נ. | maturity, adolescence |
| התבַּדָּה | to be proven false or wrong |
| התבַּדּוּת נ. | being proven false or wrong |
| התבַּדֵּחַ | to joke |
| התבַּדְּחוּת נ. | joking |
| התבַּדֵּל | to separate oneself |
| התבַּדְּלוּת נ. | separation |
| התבַּדֵּר | to be entertained |
| התבַּדְּרוּת נ. | entertainment |
| התבַּהֵר | to become clear |
| התבַּהֲרוּת נ. | clearing |
| התבּוֹדֵד | to seclude oneself, be a recluse |
| התבּוֹדְדוּת נ. | seclusion, solitude |
| התבּוֹלֵל | to assimilate |
| התבּוֹלְלוּת נ. | assimilation |
| התבּוֹנֵן (ב-) | to stare (at), watch, observe |
| התבּוֹנְנוּת נ. | watching, observation |
| התבּוֹסֵס בְּדָמוֹ | to roll in one's blood |
| התבּוֹשֵׁשׁ | to be ashamed |
| התבּוֹשְׁשׁוּת נ. | being ashamed |
| התבַּזְבֵּז | to be wasted |
| התבַּזְבְּזוּת נ. | waste |
| התבַּזָּה | to humiliate oneself |
| התבַּזּוּת נ. | self-humiliation |
| התבַּטֵּא | to express oneself |
| התבַּטְּאוּת נ. | expression, pronouncement |
| התבַּטֵּל | to be canceled, become void; belittle oneself |
| התבַּטְּלוּת נ. | cancellation; self-disparagement |
| התבַּיֵּשׁ (ב-) | to be ashamed (of) |
| התבַּיְּשׁוּת נ. | being ashamed, shame |
| התבַּלְבֵּל | to be confused |
| התבַּלְבְּלוּת נ. | confusion |
| התבַּלָּה | to wear out |
| התבַּלּוּת נ. | wearing out |
| התבַּלֵּט | to stand out; be visible |
| התבַּלְּטוּת נ. | standing out; being visible |

adv=תפ adj=ת pl=ר fem=נ pro=כ prep=י con=ח du=זו mas=ז

| | |
|---|---|
| הִתְבַּסֵּם | to wear perfume; become drunk |
| הִתְבַּסְּמוּת נ. | wearing perfume; intoxication |
| הִתְבַּסֵּס | to establish oneself; become consolidated; be based on |
| הִתְבַּסְּסוּת נ. | establishing oneself; consolidation |
| הִתְבַּעְבֵּעַ | to bubble |
| הִתְבַּעְבְּעוּת נ. | bubbling |
| הִתְבַּצֵּעַ | to be carried out, executed, performed, implemented |
| הִתְבַּצְּעוּת נ. | execution, implementation |
| הִתְבַּצֵּר | to fortify or strengthen oneself |
| הִתְבַּצְּרוּת נ. | fortifying oneself |
| הִתְבַּקֵּעַ | to split, burst |
| הִתְבַּקְּעוּת נ. | splitting, bursting |
| הִתְבַּקֵּשׁ | to be asked, requested |
| הִתְבַּקְּשׁוּת נ. | being asked, requested |
| הִתְבָּרֵג | to be screwed in |
| הִתְבָּרְגוּת נ. | screwing |
| הִתְבָּרַךְ, הִתְבָּרֵךְ | to be blessed |
| הִתְבָּרְכוּת נ. | being blessed |
| הִתְבָּרֵר | to become clear, clarified, apparent |
| הִתְבָּרְרוּת נ. | clarification |
| הִתְבַּשֵּׁל | to cook; ripen |
| הִתְבַּשְּׁלוּת נ. | cooking; ripening |
| הִתְבַּשֵּׂם | to wear perfume |
| הִתְבַּשְּׂמוּת נ. | putting on perfume |
| הִתְבַּשֵּׂר | to receive news |
| הִתְבַּשְּׂרוּת נ. | receiving news |
| הִתְגָּאָה (בּ-) | to be proud (of), boast |
| הִתְגָּאוּת נ. | being proud, boasting |
| הִתְגַּבֵּב | to be piled up |
| הִתְגַּבְּבוּת נ. | piling up |
| הִתְגַּבֵּן | to become hunchbacked |
| הִתְגַּבְּנוּת נ. | becoming hunchbacked |
| הִתְגַּבֵּר | to intensify, increase |
| הִתְגַּבֵּר (עַל) | to overcome, overpower |
| הִתְגַּבְּרוּת נ. | intensification, increase |
| הִתְגַּבְּרוּת (עַל) | overcoming, overpowering |
| הִתְגַּבֵּשׁ | to form, crystallize |
| הִתְגַּבְּשׁוּת נ. | formation, crystallization |
| הִתְגַּדֵּם | to lose an arm |
| הִתְגַּדְּמוּת נ. | losing an arm |
| הִתְגַּדֵּר (בּ-) | to brag (about) |
| הִתְגַּדְּרוּת נ. | bragging |
| הִתְגּוֹדֵד | to gather |
| הִתְגּוֹדְדוּת נ. | gathering |
| הִתְגַּוֵּן | to change color or form |
| הִתְגַּוְּנוּת נ. | changing color or form |
| הִתְגּוֹלֵל | to roll |
| הִתְגּוֹלְלוּת נ. | rolling |
| הִתְגּוֹנֵן | to defend oneself |
| הִתְגּוֹנְנוּת נ. | self-defense |
| הִתְגּוֹרֵר | to dwell, live |
| הִתְגּוֹרְרוּת נ. | dwelling, living |
| הִתְגּוֹשֵׁשׁ | to wrestle |
| הִתְגּוֹשְׁשׁוּת נ. | wrestling |
| הִתְגַּיֵּס | to enlist; volunteer |
| הִתְגַּיְּסוּת נ. | enlisting; volunteering |
| הִתְגַּיֵּר | to convert to Judaism |
| הִתְגַּיְּרוּת נ. | converting to Judaism |
| הִתְגַּלְגֵּל | to roll, roll up; develop |
| הִתְגַּלְגְּלוּת נ. | rolling; development |
| הִתְגַּלָּה | to be discovered, revealed, uncovered |
| הִתְגַּלּוּת נ. | discovery, revelation |
| הִתְגַּלֵּחַ | to shave oneself |
| הִתְגַּלְּחוּת נ. | shaving oneself |
| הִתְגַּלֵּם | to be embodied |
| הִתְגַּלְּמוּת נ. | embodiment |

| | | | |
|---|---|---|---|
| to roll down; deteriorate | הִתְדַּרְדֵּר | to break out | הִתְגַּלֵּעַ |
| rolling down; | הִתְדַּרְדְּרוּת נ. | breaking out | הִתְגַּלְּעוּת נ. |
| deterioration | | to ski | הִתְגַּלֵּשׁ |
| to echo, reverberate | הִתְהַדְהֵד | skiing | הִתְגַּלְּשׁוּת נ. |
| echoing, reverberation | הִתְהַדְהֲדוּת נ. | to become dwarfed | הִתְגַּמֵּד |
| to be tightened | הִתְהַדֵּק | becoming dwarfed | הִתְגַּמְּדוּת נ. |
| tightening | הִתְהַדְּקוּת נ. | to sneak | הִתְגַּנֵּב |
| to adorn oneself | הִתְהַדֵּר | sneaking | הִתְגַּנְּבוּת נ. |
| self-adornment | הִתְהַדְּרוּת נ. | to be dandy | הִתְגַּנְדֵּר |
| to be formed, come into | הִתְהַוָּה | being dandy | הִתְגַּנְדְּרוּת נ. |
| being | | to long (for), miss (אֶל,ל-,עַל) | הִתְגַּעְגֵּעַ |
| formation, coming into being נ. | הִתְהַוּוּת | missing, longing | הִתְגַּעְגְּעוּת נ. |
| to act wild | הִתְהוֹלֵל | to erupt, rage | הִתְגַּעֵשׁ |
| acting wild | הִתְהוֹלְלוּת נ. | eruption, rage | הִתְגַּעֲשׁוּת נ. |
| to walk around | הִתְהַלֵּךְ | to hug | הִתְגַּפֵּף |
| walking around | הִתְהַלְּכוּת נ. | hugging | הִתְגַּפְּפוּת נ. |
| to praise oneself | הִתְהַלֵּל | to scratch oneself | הִתְגָּרֵד |
| self-praise | הִתְהַלְּלוּת נ. | scratching oneself | הִתְגָּרְדוּת נ. |
| to turn upside down, | הִתְהַפֵּךְ | to provoke | הִתְגָּרָה (ב-) |
| overturn, be reversed | | provocation | הִתְגָּרוּת נ. |
| overturn, reversal | הִתְהַפְּכוּת נ. | to divorce | הִתְגָּרֵשׁ (מ-) |
| outlining | הַתְווָאָה, הַתְווָיָה נ. | divorcing | הִתְגָּרְשׁוּת נ. |
| to confess | הִתְווַדָּה | to materialize | הִתְגַּשֵּׁם |
| confession | הִתְווַדּוּת נ. | materialization | הִתְגַּשְּׁמוּת נ. |
| to become | הִתְווַדַּע (אֶל) | to be bridged | הִתְגַּשֵּׁר |
| acquainted (with); become known | | being bridged | הִתְגַּשְּׁרוּת נ. |
| acquaintance | הִתְווַדְּעוּת נ. | to be attached; be infected | הִתְדַּבֵּק |
| to outline | הִתְווָה | attachment; infection | הִתְדַּבְּקוּת נ. |
| to argue, debate | הִתְווַכֵּחַ | to litigate | הִתְדַּיֵּין |
| argument, debate | הִתְווַכְּחוּת נ. | litigation | הִתְדַּיְּינוּת נ. |
| to be added | הִתּוֹסֵף, הִתְווַסֵּף | to dwindle, be depleted | הִתְדַּלְדֵּל |
| addition | הִתּוֹסְפוּת, הִתְווַסְּפוּת נ. | dwindling, depletion | הִתְדַּלְדְּלוּת נ. |
| to be regulated | הִתְווַסֵּת | to knock repeatedly | הִתְדַּפֵּק |
| regulation | הִתְווַסְּתוּת נ. | repeated knocking | הִתְדַּפְּקוּת נ. |
| to meet | הִתְווַעֵד | to be spurred | הִתְדַּרְבֵּן |
| meeting, conference | הִתְווַעֲדוּת נ. | being spurred | הִתְדַּרְבְּנוּת נ. |
| cutting off; spraying | הַתָּזָה נ. | to be graded, classified | הִתְדָּרֵג |
| to hide (oneself) | הִתְחַבֵּא | being graded | הִתְדָּרְגוּת נ. |

*adv*=תפ *adj*=ת *pl*=ר *fem*=נ *pro*=כ *prep*=י *con*=ח *du*=זו *mas*=ז

| | |
|---|---|
| הִתְחַבְּאוּת נ. | hiding |
| הִתְחַבֵּב (עַל) | to be liked (by) |
| הִתְחַבְּבוּת נ. | being liked |
| הִתְחַבֵּט | to exert oneself |
| הִתְחַבְּטוּת נ. | exertion |
| הִתְחַבֵּק | to embrace, hug |
| הִתְחַבְּקוּת נ. | embracing, hugging |
| הִתְחַבֵּר | to be connected, join, befriend, associate oneself with |
| הִתְחַבְּרוּת נ. | connection, joining |
| הִתְחַדֵּד | to be sharpened |
| הִתְחַדְּדוּת נ. | sharpening |
| הִתְחַדְּדוּת יְחָסִים | deterioration of relations |
| הִתְחַדֵּשׁ | to be renewed; be resumed |
| הִתְחַדְּשׁוּת נ. | renewal; resumption |
| הִתְחַוֵּר | to become clear |
| הִתְחַוְּרוּת נ. | clarification |
| הִתְחוֹלֵל | to break out, happen |
| הִתְחוֹלְלוּת נ. | outbreak, happening |
| הִתְחַזָּה (ל-) | to pretend to be, disguise oneself (as), impersonate |
| הִתְחַזּוּת נ. | pretention, impersonation |
| הִתְחַזֵּק | to intensify, be strengthened |
| הִתְחַזְּקוּת נ. | intensification |
| הִתְחַיֵּב | to commit oneself, be obliged |
| הִתְחַיְּבוּת נ. | obligation |
| הִתְחַיֵּךְ | to smile |
| הִתְחַיְּכוּת נ. | smiling |
| הִתְחִיל | to begin, start |
| הִתְחִים | to delimit |
| הִתְחַכֵּךְ (בּ-) | to rub (against) |
| הִתְחַכְּכוּת נ. | rubbing against |
| הִתְחַכֵּם | to be tricky |
| הִתְחַכְּמוּת נ. | trickery |
| הַתְחָלָה נ. | beginning, start |
| הִתְחַלָּה | to pretend to be sick |
| הִתְחַלּוּת נ. | pretending to be sick |
| הִתְחַלְחֵל | to tremble |
| הִתְחַלְחֲלוּת נ. | trembling |
| הִתְחַלֵּל | to become desecrated |
| הִתְחַלְּלוּת נ. | becoming desecrated |
| הִתְחַלֵּף | to change, exchange; switch with each other |
| הִתְחַלְּפוּת נ. | change, exchange; switching |
| הִתְחַלֵּק | to be divided; share; slip |
| הִתְחַלְּקוּת נ. | division; sharing; slipping |
| הַתְחָלָתִי ת. | initial |
| הַתְחָמָה נ. | delimitation |
| הִתְחַמֵּם | to warm up, get hot; become emotional |
| הִתְחַמְּמוּת נ. | warming up, getting hot |
| הִתְחַמְצֵן | to oxidize |
| הִתְחַמְצְנוּת נ. | oxidization |
| הִתְחַמֵּק (מ-) | to evade, escape |
| הִתְחַמְּקוּת נ. | evasion, escape |
| הִתְחַמֵּשׁ (בּ-) | to arm oneself (with) |
| הִתְחַמְּשׁוּת נ. | arming oneself |
| הִתְחַנְחֵן | to coquette |
| הִתְחַנְחֲנוּת נ. | being coquettish |
| הִתְחַנֵּךְ | to be educated |
| הִתְחַנְּכוּת נ. | education |
| הִתְחַנֵּן (אֶל) | to beg, plead (with) |
| הִתְחַנְּנוּת נ. | begging, pleading |
| הִתְחַנֵּף (אֶל) | to flatter |
| הִתְחַנְּפוּת נ. | flattery |
| הִתְחַסֵּד | to be hypocritical |
| הִתְחַסְּדוּת נ. | hypocrisy |
| הִתְחַסֵּל | to be liquidated |
| הִתְחַסְּלוּת נ. | liquidation |
| הִתְחַסֵּן | to become immune |
| הִתְחַסְּנוּת נ. | becoming immune |
| הִתְחַסְפֵּס | to become rough |
| הִתְחַסְפְּסוּת נ. | becoming rough |

| | |
|---|---|
| to dig in, be entrenched | הִתְחַפֵּר |
| digging in, entrenchment | הִתְחַפְּרוּת נ. |
| to masquerade, disguise oneself | הִתְחַפֵּשׂ |
| masquerading, disguise | הִתְחַפְּשׂוּת נ. |
| to be insolent | הִתְחַצֵּף |
| insolence | הִתְחַצְּפוּת נ. |
| to track, search | הִתְחַקָּה (עַל, אַחֲרֵי) |
| tracking, searching | הִתְחַקּוּת נ. |
| to mess up, fail (col.) | הִתְחַרְבֵּן |
| mess, failure | הִתְחַרְבְּנוּת נ. |
| to compete (with), rival | הִתְחָרָה (ב-) |
| competition, rivalry | הִתְחָרוּת נ. |
| to rhyme | הִתְחָרֵז |
| rhyming | הִתְחָרְזוּת נ. |
| to regret; change one's mind | הִתְחָרֵט (עַל) |
| regret; change of mind | הִתְחָרְטוּת נ. |
| to take into consideration, be considerate (with) | הִתְחַשֵּׁב (ב-) |
| consideration | הִתְחַשְּׁבוּת נ. |
| to settle an account | הִתְחַשְׁבֵּן |
| settling an account | הִתְחַשְׁבְּנוּת נ. |
| to become stronger | הִתְחַשֵּׁל |
| becoming stronger | הִתְחַשְּׁלוּת נ. |
| to be electrified, electrocuted | הִתְחַשְׁמֵל |
| electrification, electrocution | הִתְחַשְׁמְלוּת נ. |
| to feel like, desire | הִתְחַשֵּׁק לוֹ |
| desire | הִתְחַשְּׁקוּת נ. |
| to make oneself pretty (col.) | הִתְחַתֵּךְ |
| to marry, get married (to) | הִתְחַתֵּן (עִם) |
| to cut off; spray | הִתִּיז |
| to lose hope (in), despair | הִתְיָאֵשׁ (מ-) |

| | |
|---|---|
| losing hope, despair | הִתְיָאֲשׁוּת נ. |
| to dry up | הִתְיַבֵּשׁ |
| drying up | הִתְיַבְּשׁוּת נ. |
| to become tired, exhausted | הִתְיַגֵּעַ |
| fatigue, exhaustion | הִתְיַגְּעוּת נ. |
| to become friends, befriend | הִתְיַדֵּד |
| becoming friends | הִתְיַדְּדוּת נ. |
| to become a Jew | הִתְיַהֵד |
| becoming a Jew | הִתְיַהֲדוּת נ. |
| to brag, boast, be arrogant | הִתְיַהֵר |
| bragging, boasting, arrogance | הִתְיַהֲרוּת נ. |
| to become Hellenized | הִתְיַוֵּון |
| Hellenization | הִתְיַוְּנוּת נ. |
| to be alone with; isolate oneself | הִתְיַחֵד |
| being alone with; solitude | הִתְיַחֲדוּת נ. |
| to rut | הִתְיַחֵם |
| rutting | הִתְיַחֲמוּת נ. |
| to relate (to); refer (to); treat | הִתְיַחֵס (אֶל) |
| relating; reference | הִתְיַחֲסוּת נ. |
| to pretend | הִתְיַמֵּר |
| pretension | הִתְיַמְּרוּת נ. |
| to suffer | הִתְיַסֵּר |
| suffering | הִתְיַסְּרוּת נ. |
| to become efficient | הִתְיַעֵל |
| becoming efficient | הִתְיַעֲלוּת נ. |
| to consult | הִתְיָעֵץ |
| consultation | הִתְיָעֲצוּת נ. |
| to make oneself beautiful | הִתְיַפָּה |
| making oneself beautiful | הִתְיַפּוּת נ. |
| to sob | הִתְיַפֵּחַ |
| sobbing | הִתְיַפְּחוּת נ. |
| to be stabilized; report | הִתְיַצֵּב |
| stabilization; reporting | הִתְיַצְּבוּת נ. |
| to increase in price | הִתְיַקֵּר |

*adv=*תפ  *adj=*ת  *pl=*ר  *fem=*נ  *pro=*כ  *prep=*י  *con=*ח  *du=*זו  *mas=*ז

| English | Hebrew |
|---|---|
| price increase | הִתְיַיקְרוּת נ |
| to fear, be afraid (of) | הִתְיָירֵא (מ-) |
| fear | הִתְיָירְאוּת נ |
| to settle; sit down | הִתְיַישֵׁב |
| settling, settlement | הִתְיַישְׁבוּת נ |
| to become old, outdated, obsolete | הִתְיַישֵׁן |
| becoming old, outdated | הִתְיַישְׁנוּת נ |
| to straighten up | הִתְיַישֵׁר |
| straightening up | הִתְיַישְׁרוּת נ |
| to become an orphan | הִתְיַיתֵּם |
| becoming an orphan | הִתְיַיתְּמוּת נ |
| to melt | הִתִּיךְ |
| to untie, loosen, release | הִתִּיר |
| to allow, permit | הִתִּיר (ל-) |
| to weaken, exhaust | הִתִּישׁ |
| to be honored; be offered refreshment | הִתְכַּבֵּד |
| being honored | הִתְכַּבְּדוּת נ |
| to be washed, laundered | הִתְכַּבֵּס |
| being washed, laundered | הִתְכַּבְּסוּת נ |
| to become a ball | הִתְכַּדֵּר |
| becoming a ball | הִתְכַּדְּרוּת נ |
| melting | הַתָּכָה נ |
| to mean, intend (to) | הִתְכַּוֵּון (ל-) |
| intention, meaning | הִתְכַּוְּונוּת נ |
| to be prepared (for), get ready | הִתְכּוֹנֵן (ל-) |
| preparedness, readiness | הִתְכּוֹנְנוּת נ |
| to bend | הִתְכּוֹפֵף |
| bending | הִתְכּוֹפְפוּת נ |
| to shrink | הִתְכַּוֵּוץ |
| shrinking | הִתְכַּוְּוצוּת נ |
| muscle spasm | הִתְכַּוְּוצוּת שְׁרִירִים |
| to deny, disavow | הִתְכַּחֵשׁ (ל-) |
| denial, disavowal | הִתְכַּחֲשׁוּת נ |
| to be destroyed, eliminated | הִתְכַּלָה |
| destruction, elimination | הִתְכַּלּוּת נ |

| English | Hebrew |
|---|---|
| to sustain oneself, be maintained | הִתְכַּלְכֵּל |
| sustenance | הִתְכַּלְכְּלוּת נ |
| to be named | הִתְכַּנָּה |
| being named | הִתְכַּנּוּת נ |
| to gather, assemble | הִתְכַּנֵּס |
| gathering, assembly | הִתְכַּנְּסוּת נ |
| to be sheltered by wings | הִתְכַּנֵּף |
| being sheltered by wings | הִתְכַּנְּפוּת נ |
| to cover oneself, be covered | הִתְכַּסָה |
| covering oneself, being covered | הִתְכַּסּוּת נ |
| to clear one's throat | הִתְכַּעְכֵּעַ |
| clearing one's throat | הִתְכַּעְכְּעוּת נ |
| to become angry | הִתְכַּעֵס |
| becoming angry | הִתְכַּעֲסוּת נ |
| to become ugly | הִתְכַּעֵר |
| becoming ugly | הִתְכַּעֲרוּת נ |
| to be atoned for | הִתְכַּפֵּר |
| atonement | הִתְכַּפְּרוּת נ |
| to wrap oneself | הִתְכַּרְבֵּל |
| wrapping oneself | הִתְכַּרְבְּלוּת נ |
| to turn yellow | הִתְכַּרְכֵּם |
| turning yellow | הִתְכַּרְכְּמוּת נ |
| to exchange letters, correspond | הִתְכַּתֵּב |
| correspondence | הִתְכַּתְּבוּת נ |
| to brawl, fight | הִתְכַּתֵּשׁ |
| brawl, fight | הִתְכַּתְּשׁוּת נ |
| to flare up | הִתְלַבָּה |
| flare-up | הִתְלַבּוּת נ |
| to struggle (with), debate with oneself | הִתְלַבֵּט (ב-) |
| struggle, debating with oneself | הִתְלַבְּטוּת נ |
| to bloom | הִתְלַבְלֵב |
| blooming | הִתְלַבְלְבוּת נ |

התלבן ◇ התמלט

הִתְלַבֵּן to become white; become hot (metal); be clarified
הִתְלַבְּנוּת נ. becoming white; becoming hot (metal); clarification
הִתְלַבֵּשׁ to get dressed
הִתְלַבֵּשׁ (עַל) to pick on someone *(col.)*
הִתְלַבְּשׁוּת נ. getting dressed
הִתְלָה to suspend
הִתְלַהֵב to become enthusiastic
הִתְלַהֲבוּת נ. enthusiasm
הִתְלַהֵט to blaze
הִתְלַהֲטוּת נ. blazing
הִתְלוֹנֵן to complain
הִתְלוֹנְנוּת נ. complaining
הִתְלוֹצֵץ to joke
הִתְלוֹצְצוּת נ. joking
הִתְלַחְלֵחַ to become moist, damp
הִתְלַחְלְחוּת נ. becoming moist, damp
הִתְלַחֵשׁ to whisper with
הִתְלַחֲשׁוּת נ. whispering with
הִתְלַטֵּף to caress each other
הִתְלַטְּפוּת נ. caressing each other
הַתְלָיָה נ. suspension
הִתְלַכֵּד to unite, merge
הִתְלַכְּדוּת נ. unity, merger
הִתְלַכְלֵךְ to become dirty, soiled
הִתְלַכְלְכוּת נ. becoming dirty, soiled
הִתְלַכְסֵן to slant
הִתְלַכְסְנוּת נ. slanting
הִתְלַמֵּד to teach oneself, learn
הַתְּלָן ז. joker
הַתְּלָנוּת נ. mockery
הַתְּלָנִי נ. joking, mocking
הִתְלַקֵּחַ to flare up, catch fire
הִתְלַקְּחוּת נ. flaring up, catching fire
הִתְלַקֵּט to be collected, gathered
הִתְלַקְּטוּת נ. collection, gathering
הִתְלַקְלֵק to lick one's lips
הִתְלַקְלְקוּת נ. licking one's lips
הִתְמַגְנֵט to become magnetized
הִתְמַגְנְטוּת נ. magnetization
הֶתְמֵד ז. permanence
הַתְמָדָה נ. persistence, continuation
הִתְמַהְמֵהַּ to linger
הִתְמַהְמְהוּת נ. lingering
הִתְמוֹגֵג to have pleasure; dissolve
הִתְמוֹגְגוּת נ. pleasure; dissolution
הִתְמוֹדֵד to compete; struggle; tackle
הִתְמוֹדְדוּת נ. competition; struggle, showdown
הִתְמוֹטֵט to collapse, break down
הִתְמוֹטְטוּת נ. collapse, breakdown
הִתְמוֹטְטוּת עֲצַבִּים nervous breakdown
הִתְמוֹסֵס to dissolve
הִתְמוֹסְסוּת נ. dissolution
הִתְמַזֵּג to merge, blend
הִתְמַזְּגוּת נ. merger, blend
הִתְמַזֵּל מַזָּלוֹ to be lucky
הִתְמַזְמֵז to loiter; neck *(col.)*
הִתְמַזְמְזוּת נ. loitering; necking *(col.)*
הִתְמַזְרֵחַ to become Oriental
הִתְמַזְרְחוּת נ. becoming Oriental
הִתְמַחָה to specialize, become expert
הִתְמַחוּת נ. specialization
הִתְמִיד to persist, do constantly
הִתְמִיהַּ to amaze, astonish
הִתְמַיֵּן to be sorted, classified
הִתְמַיְּנוּת נ. being sorted, classified
הִתְמַכֵּן to be mechanized
הִתְמַכְּנוּת נ. mechanization
הִתְמַכֵּר (אֶל,ל-) to become addicted (to); be devoted (to)
הִתְמַכְּרוּת נ. addiction; devotion
הִתְמַלֵּא to become full, fill up
הִתְמַלְּאוּת נ. becoming full, filling up
הִתְמַלֵּט to escape, slip

89 *adv*=תפ *adj*=ת *pl*=ר *fem*=נ *pro*=כ *prep*=י *con*=ח *du*=זו *mas*=ז

| | |
|---|---|
| escaping, slipping | הִתְמַלְּטוּת נ |
| to pretend innocence | הִתַּמֵּם |
| pretending innocence | הִתַּמְּמוּת נ |
| to be financed | הִתְמַמֵּן |
| financing | הִתְמַמְּנוּת נ |
| to materialize, be realized | הִתְמַמֵּשׁ |
| realization | הִתְמַמְּשׁוּת נ |
| to be appointed | הִתְמַנָּה |
| being appointed | הִתְמַנּוּת נ |
| to become established | הִתְמַסֵּד |
| to dissolve | הִתְמַסְמֵס |
| dissolution | הִתְמַסְמְסוּת נ |
| to give or devote oneself | הִתְמַסֵּר |
| giving oneself, devotion | הִתְמַסְּרוּת נ |
| to decrease, diminish | הִתְמַעֵט |
| decrease, diminution | הִתְמַעֲטוּת נ |
| to become Westernized | הִתְמַעֲרֵב |
| Westernization | הִתְמַעַרְבוּת נ |
| to be familiar (with); know one's way | הִתְמַצֵּא (ב-) |
| orientation; familiarity | הִתְמַצְּאוּת נ |
| to be fully extracted | הִתְמַצָּה |
| full extraction | הִתְמַצּוּת נ |
| to lick one's lips | הִתְמַצְמֵץ |
| licking one's lips | הִתְמַצְמְצוּת נ |
| to be centered; be divided in two | הִתְמַצֵּעַ |
| centering; division in two | הִתְמַצְּעוּת נ |
| to haggle, bargain | הִתְמַקֵּחַ |
| haggling, bargaining | הִתְמַקְּחוּת נ |
| to settle, pick a place | הִתְמַקֵּם |
| settling, picking a place | הִתְמַקְּמוּת נ |
| to rot, decay | הִתְמַקְמֵק |
| rotting, decay | הִתְמַקְמְקוּת נ |
| to revolt, rebel | הִתְמָרֵד |
| revolt, rebellion | הִתְמָרְדוּת נ |
| to be embittered, discontent | הִתְמַרְמֵר |
| embitterment, discontent | הִתְמַרְמְרוּת נ |

| | |
|---|---|
| to be burnished | הִתְמָרֵק |
| being burnished | הִתְמָרְקוּת נ |
| to continue, extend | הִתְמַשֵּׁךְ |
| continuance | הִתְמַשְּׁכוּת נ |
| to stretch oneself | הִתְמַתֵּחַ |
| stretching oneself | הִתְמַתְּחוּת נ |
| to become moderate | הִתְמַתֵּן |
| moderation | הִתְמַתְּנוּת נ |
| to become sweet, sweeten | הִתְמַתֵּק |
| sweetening | הִתְמַתְּקוּת נ |
| to prophesy, predict | הִתְנַבֵּא |
| prophecy, prediction | הִתְנַבְּאוּת נ |
| to wipe oneself | הִתְנַגֵּב |
| wiping oneself | הִתְנַגְּבוּת נ |
| to object (to), oppose, resist | הִתְנַגֵּד (ל-) |
| opposition, objection, resistance | הִתְנַגְּדוּת נ |
| to wrestle, clash | הִתְנַגֵּחַ |
| wrestling, clash | הִתְנַגְּחוּת נ |
| to be played | הִתְנַגֵּן |
| music-playing | הִתְנַגְּנוּת נ |
| to collide | הִתְנַגֵּשׁ |
| collision | הִתְנַגְּשׁוּת נ |
| to volunteer | הִתְנַדֵּב |
| volunteering | הִתְנַדְּבוּת נ |
| to swing, fluctuate | הִתְנַדְנֵד |
| swinging, fluctuation | הִתְנַדְנְדוּת נ |
| to evaporate, fade away | הִתְנַדֵּף |
| evaporation, fading away | הִתְנַדְּפוּת נ |
| to stipulate | הִתְנָה |
| to behave | הִתְנַהֵג |
| behavior | הִתְנַהֲגוּת נ |
| behavioral | הִתְנַהֲגוּתִי ת |
| to be conducted, carried on; proceed, go on | הִתְנַהֵל |
| proceeding, conduct | הִתְנַהֲלוּת נ |
| to sway | הִתְנוֹדֵד |

| | |
|---|---|
| swaying | הִתְנוֹדְדוּת נ |
| to degenerate, decay | הִתְנַוֵּן |
| degeneration, decadence | הִתְנַוְּנוּת נ |
| to flutter, wave | הִתְנוֹסֵס |
| fluttering, waving | הִתְנוֹסְסוּת נ |
| to move, sway | הִתְנוֹעֵעַ |
| moving, swaying | הִתְנוֹעֲעוּת נ |
| to flutter | הִתְנוֹפֵף |
| fluttering | הִתְנוֹפְפוּת נ |
| to glitter, sparkle | הִתְנוֹצֵץ |
| glittering, sparkling | הִתְנוֹצְצוּת נ |
| to abstain (from); live as a hermit | הִתְנַזֵּר (מ-) |
| abstinence | הִתְנַזְּרוּת נ |
| to settle | הִתְנַחֵל |
| settlement | הִתְנַחֲלוּת נ |
| to be consoled, comforted | הִתְנַחֵם |
| consolation | הִתְנַחֲמוּת נ |
| stipulating, stipulation | הַתְנָיָה נ |
| to plot (against), harm | הִתְנַכֵּל (ל-) |
| plotting, harming | הִתְנַכְּלוּת נ |
| to shun, be alienated, estranged | הִתְנַכֵּר (אֶל-) |
| shunning, alienation, estrangement | הִתְנַכְּרוּת נ |
| to nap, doze | הִתְנַמְנֵם נ |
| napping, dozing | הִתְנַמְנְמוּת נ |
| to experience, endure | הִתְנַסָּה (ב-) |
| experiencing, experience | הִתְנַסּוּת נ |
| to be formulated | הִתְנַסֵּחַ |
| formulation | הִתְנַסְּחוּת נ |
| starting an engine | הַתְנָעָה נ |
| to waver, rock | הִתְנַעֲנֵעַ |
| wavering, rocking | הִתְנַעֲנְעוּת נ |
| to shake oneself; disassociate oneself (from) | הִתְנַעֵר (מ-) |
| shaking; disassociation | הִתְנַעֲרוּת נ |
| to swell, be inflated | הִתְנַפֵּחַ |

| | |
|---|---|
| swelling, inflation | הִתְנַפְּחוּת נ |
| to throw oneself (at), attack, assault | הִתְנַפֵּל (עַל) |
| attack, assault | הִתְנַפְּלוּת נ |
| to flutter, wave | הִתְנַפְנֵף |
| fluttering, waving | הִתְנַפְנְפוּת נ |
| to be crushed, shattered | הִתְנַפֵּץ |
| crush, shatter | הִתְנַפְּצוּת נ |
| to quarrel, wrangle | הִתְנַצֵּחַ |
| quarrel, wrangling | הִתְנַצְּחוּת נ |
| to apologize | הִתְנַצֵּל |
| apology | הִתְנַצְּלוּת נ |
| to twinkle, sparkle | הִתְנַצְנֵץ |
| twinkling, sparkling | הִתְנַצְנְצוּת נ |
| to become a Christian | הִתְנַצֵּר |
| becoming a Christian | הִתְנַצְּרוּת נ |
| to be perforated | הִתְנַקֵּב |
| perforation | הִתְנַקְּבוּת נ |
| to become clean | הִתְנַקָּה |
| becoming clean | הִתְנַקּוּת נ |
| to be drained | הִתְנַקֵּז |
| drainage | הִתְנַקְּזוּת נ |
| to take revenge; backlash | הִתְנַקֵּם (ב-) |
| revenge | הִתְנַקְּמוּת נ |
| to attack, intend to kill | הִתְנַקֵּשׁ (ב-) |
| to make an attempt on someone's life | הִתְנַקֵּשׁ בְּחַיָּיו |
| assault, intent to kill | הִתְנַקְּשׁוּת נ |
| to rise; be arrogant | הִתְנַשֵּׂא |
| rise; arrogance | הִתְנַשְּׂאוּת נ |
| to breathe heavily, pant | הִתְנַשֵּׁם |
| breathing heavily, panting | הִתְנַשְּׁמוּת נ |
| to breathe with difficulty | הִתְנַשֵּׁף |
| breathing with difficulty | הִתְנַשְּׁפוּת נ |
| to kiss (each other) | הִתְנַשֵּׁק |
| kissing (each other) | הִתְנַשְּׁקוּת נ |
| to be separated, disconnected | הִתְנַתֵּק |

הִתְנַתְּקוּת נ. separation, disconnection
הִתְסִיס to ferment; stimulate; incite, create unrest
הַתְסָסָה נ. fermentation; stimulation; inciting, creating unrest
הִתְעַבָּה to thicken, become dense
הִתְעַבּוּת נ. thickening, becoming dense
הִתְעַבְּרָה to conceive, become pregnant
הִתְעַבְּרוּת נ. conception, becoming pregnant
הִתְעַבֵּשׁ to become moldy
הִתְעַבְּשׁוּת נ. becoming moldy, mold
הִתְעַגֵּל to become round or circular
הִתְעַגְּלוּת נ. rounding, becoming circular
הִתְעַגֵּן to be deserted by a spouse
הִתְעַגְּנוּת נ. being deserted by a spouse
הִתְעַדֵּן to become refined; indulge in luxury
הִתְעַדְּנוּת נ. refinement; indulgence
הִתְעָה to mislead
הִתְעוֹדֵד to be encouraged; recover
הִתְעוֹדְדוּת נ. encouragement; recovery
הִתְעַוֵּר to go blind
הִתְעַוְּרוּת נ. going blind
הִתְעַוֵּת to convulse; be twisted; be distorted
הִתְעַוְּתוּת נ. twisting; convulsion; distortion
הִתְעוֹפֵף to fly
הִתְעוֹפְפוּת נ. flying
הִתְעוֹרֵר to wake up, awake, rise
הִתְעוֹרְרוּת נ. awakening; rising
הִתְעַטֵּף to wrap oneself
הִתְעַטְּפוּת נ. wrapping oneself
הִתְעַטֵּשׁ to sneeze
הִתְעַטְּשׁוּת נ. sneezing

הַתְעָיָה נ. misleading
הִתְעַיֵּף to become tired
הִתְעַיְּפוּת נ. tiredness, fatigue
הִתְעַכֵּב to be delayed; linger
הִתְעַכְּבוּת נ. delay; lingering
הִתְעַכֵּל to be digested
הִתְעַכְּלוּת נ. digestion
הִתְעַלָּה to rise; be exalted, elated
הִתְעַלּוּת נ. rise; exaltation, elation
הִתְעַלֵּל (בְּ-) to abuse, maltreat, brutalize
הִתְעַלְּלוּת נ. abuse, maltreatment
הִתְעַלֵּם (מִ-) to ignore, overlook
הִתְעַלְּמוּת נ. ignoring, overlooking
הִתְעַלֵּס (עִם) to make love (to)
הִתְעַלְּסוּת נ. lovemaking
הִתְעַלֵּף to faint
הִתְעַלְּפוּת נ. fainting
הִתְעַמֵּל to exercise, work out
הִתְעַמְּלוּת נ. physical exercise, workout
הִתְעַמְעֵם to be dimmed
הִתְעַמְעֲמוּת נ. dimming
הִתְעַמֵּק (בְּ-) to go deeply into; study thoroughly
הִתְעַמְּקוּת נ. going deeply; thorough study
הִתְעַנֵּג to derive pleasure, enjoy oneself
הִתְעַנְּגוּת נ. pleasure, enjoyment
הִתְעַנָּה to be tortured, tormented; to fast
הִתְעַנּוּת נ. torture, torment
הִתְעַנְיֵין to be interested
הִתְעַנְיְינוּת נ. interest
הִתְעַנֵּן to become cloudy
הִתְעַנְּנוּת נ. cloudiness
הִתְעַסֵּק (בְּ-) to deal (with); occupy oneself (with)

הִתְעַסֵּק (עִם) to flirt with *(col.)*
הִתְעַסְּקוּת נ. dealings, occupation
הִתְעַצֵּב to become sad
הִתְעַצְּבוּת נ. becoming sad
הִתְעַצְבֵּן to become irritated, angered
הִתְעַצְבְּנוּת נ. becoming irritated, angered
הִתְעַצֵּל to be lazy
הִתְעַצְּלוּת נ. being lazy
הִתְעַצֵּם to gain power
הִתְעַצְּמוּת נ. gaining power
הִתְעַקֵּל to be twisted
הִתְעַקְּלוּת נ. twisting
הִתְעַקֵּם to bend, become crooked
הִתְעַקְּמוּת נ. bending, becoming crooked
הִתְעַקֵּר to become sterilized
הִתְעַקְּרוּת נ. becoming sterilized
הִתְעַקֵּשׁ to be stubborn, obstinate
הִתְעַקְּשׁוּת נ. stubornness, obstinacy
הִתְעָרֵב to be mixed with; intervene, interfere; become involved; bet
הִתְעַרְבֵּב to become mixed, mixed up
הִתְעַרְבְּבוּת נ. mixing, mixture
הִתְעָרְבוּת נ. intervention, interference; betting
הִתְעַרְבֵּל to be mixed
הִתְעָרָה to become established
הִתְעָרוּת נ. becoming established
הִתְעַרְטֵל to undress, become naked
הִתְעַרְטְלוּת נ. undressing, going naked
הִתְעַרְעֵר to become unstable, shaky
הִתְעַרְעֲרוּת נ. instability, destabilization
הִתְעַרְפֵּל to become foggy; dim; unclear
הִתְעַרְפְּלוּת נ. fogginess; dimness; unclarity

הִתְעַשֵּׁר to get rich
הִתְעַשְּׁרוּת נ. getting rich
הִתְעַשֵּׁת to reconsider
הִתְעַשְּׁתוּת נ. reconsidering
הִתְעַתֵּד to intend, prepare for
הִתְעַתְּדוּת נ. intention, preparation
הִתְפָּאֵר (בְּ-) to brag (about), boast
הִתְפָּאֲרוּת נ. bragging, boasting
הִתְפַּגֵּר to become a corpse; collapse from fatigue *(col.)*
הִתְפַּגְּרוּת נ. becoming a corpse
הִתְפַּדֵּר to powder oneself
הִתְפַּדְּרוּת נ. powdering oneself
הִתְפּוֹגֵג to dissipate
הִתְפּוֹגְגוּת נ. dissipation
הִתְפּוּטֵּר to be forced to resign
הִתְפּוֹצֵץ to explode, blow up; rupture
הִתְפּוֹצְצוּת נ. explosion, blowup; rupture
הִתְפּוֹרֵר to disintegrate, crumble
הִתְפּוֹרְרוּת נ. disintegration, crumbling
הִתְפַּזֵּר to dissipate, be dispersed, be scattered
הִתְפַּזְּרוּת נ. dissipation, scattering
הַתְפָּחָה נ. swelling
הִתְפַּחֵם to become sooty; be electrocuted
הִתְפַּחֲמוּת נ. becoming sooty; electrocution
הִתְפַּטֵּם to overeat
הִתְפַּטְּמוּת נ. overeating
הִתְפַּטֵּר to resign, quit
הִתְפַּטֵּר (מ-) to get rid (of)
הִתְפַּטְּרוּת נ. resignation
הִתְפִּיחַ to swell
הִתְפַּיֵּחַ to become sooty
הִתְפַּיְּחוּת נ. becoming sooty
הִתְפַּיֵּס to make peace, reconcile
הִתְפַּיְּסוּת נ. reconciliation

*adv*=תפ *adj*=ת *pl*=ר *fem*=נ *pro*=כ *prep*=י *con*=ח *du*=זו *mas*=ז

| | |
|---|---|
| to desalinate | הִתְפִּיל |
| to become sober | הִתְפַּכֵּחַ |
| sobriety | הִתְפַּכְּחוּת נ. |
| to wonder, be amazed | הִתְפַּלֵּא |
| wondering, amazement | הִתְפַּלְּאוּת נ. |
| to split, be divided | הִתְפַּלֵּג |
| split, division | הִתְפַּלְּגוּת נ. |
| desalination | הַתְפָּלָה נ. |
| to be split, sliced; sneak into *(col.)* | הִתְפַּלֵּחַ |
| splitting, being sliced; sneaking in *(col.)* | הִתְפַּלְּחוּת נ. |
| to pray (to, for) | הִתְפַּלֵּל (ל-) |
| praying | הִתְפַּלְּלוּת נ. |
| to argue | הִתְפַּלְמֵס |
| polemics | הִתְפַּלְמְסוּת נ. |
| to philosophize | הִתְפַּלְסֵף |
| philosophizing | הִתְפַּלְסְפוּת נ. |
| to argue | הִתְפַּלְפֵּל |
| argument | הִתְפַּלְפְּלוּת נ. |
| to be shaken, shocked | הִתְפַּלֵּץ |
| shaking, shock | הִתְפַּלְּצוּת נ. |
| to roll about | הִתְפַּלֵּשׁ |
| rolling about | הִתְפַּלְּשׁוּת נ. |
| to become vacant, unoccupied, free; have free time | הִתְפַּנָּה |
| becoming vacant, unoccupied, free | הִתְפַּנּוּת נ. |
| to introvert | הִתְפַּנֵּם |
| introversion | הִתְפַּנְּמוּת נ. |
| to behave in a spoiled way | הִתְפַּנֵּק |
| behaving in a spoiled way | הִתְפַּנְּקוּת נ. |
| verb conjugation | הִתְפַּעֵל |
| to be impressed (with), admire | הִתְפַּעֵל (מ-) |
| admiration, being impressed | הִתְפַּעֲלוּת נ. |
| to be excited | הִתְפַּעֵם |
| excitement | הִתְפַּעֲמוּת נ. |
| to be deciphered, decoded | הִתְפַּעֲנֵחַ |
| decipherment, decoding | הִתְפַּעַנְחוּת נ. |
| to crack | הִתְפַּצֵּחַ |
| cracking | הִתְפַּצְּחוּת נ. |
| to split, be divided | הִתְפַּצֵּל |
| split, division | הִתְפַּצְּלוּת נ. |
| to be counted, call a roll | הִתְפַּקֵּד |
| calling a roll | הִתְפַּקְּדוּת נ. |
| to become clever; regain sight | הִתְפַּקֵּחַ |
| becoming clever; seeing | הִתְפַּקְּחוּת נ. |
| to burst | הִתְפַּקֵּעַ |
| bursting | הִתְפַּקְּעוּת נ. |
| to become licentious | הִתְפַּקֵּר |
| licentiousness | הִתְפַּקְּרוּת נ. |
| to break up; be separated | הִתְפָּרֵד |
| breaking up; separation | הִתְפָּרְדוּת נ. |
| to behave rowdily | הִתְפַּרְחֵחַ |
| rowdy behavior | הִתְפַּרְחֲחוּת נ. |
| to crumble | הִתְפָּרֵךְ |
| crumbling | הִתְפָּרְכוּת נ. |
| to wear excessive makeup | הִתְפַּרְכֵּס |
| wearing excessive makeup | הִתְפַּרְכְּסוּת נ. |
| to make a living | הִתְפַּרְנֵס |
| making a living | הִתְפַּרְנְסוּת נ. |
| to spread out; be deployed | הִתְפָּרֵס |
| spreading out; deployment | הִתְפָּרְסוּת נ. |
| to become famous, publicized; be published | הִתְפַּרְסֵם |
| gaining fame, publicity | הִתְפַּרְסְמוּת נ. |
| to be disorderly; riot | הִתְפָּרֵעַ |
| disorderly conduct; riot | הִתְפָּרְעוּת נ. |
| to burst out; break in | הִתְפָּרֵץ |
| outburst, outbreak; break-in | הִתְפָּרְצוּת נ. |
| to break apart, disintegrate; be dismantled; relieve oneself | הִתְפָּרֵק |

| | |
|---|---|
| הִתְפַּרְקֵד | to lie on the back |
| הִתְפַּרְקְדוּת נ. | lying on the back |
| הִתְפָּרְקוּת נ. | breaking apart, disintegration; decomposition; relief |
| הִתְפַּרְקֵן | to be relieved of tension |
| הִתְפַּרְקְנוּת נ. | relief from tension |
| הִתְפָּרֵשׁ | to be interpreted |
| הִתְפָּרְשׁוּת נ. | interpretation |
| הִתְפַּשֵּׁט | to spread; undress |
| הִתְפַּשְּׁטוּת נ. | spread; undressing |
| הִתְפַּשֵּׁר | to compromise |
| הִתְפַּשְּׁרוּת נ. | compromising |
| הִתְפַּתָּה | to be seduced, enticed |
| הִתְפַּתּוּת נ. | being seduced, enticed |
| הִתְפַּתֵּחַ | to develop |
| הִתְפַּתְּחוּת נ. | development |
| הִתְפַּתְּחוּתִי ת. | developmental |
| הִתְפַּתֵּל | to wind; writhe |
| הִתְפַּתְּלוּת נ. | winding; writhing |
| הִתְקַבֵּל | to be received; be accepted |
| הִתְקַבְּלוּת נ. | being received; acceptance |
| הִתְקַבֵּץ | to gather, assemble |
| הִתְקַבְּצוּת נ. | gathering |
| הִתְקַדֵּם | to advance, proceed, make progress |
| הִתְקַדְּמוּת נ. | advance, progress |
| הִתְקַדֵּר | to become dark, overcast |
| הִתְקַדְּרוּת נ. | darkening, becoming overcast |
| הִתְקַדֵּשׁ | to become holy, sanctified |
| הִתְקַדְּשׁוּת נ. | sanctification |
| הַתָּקָה נ. | cutting off, displacement |
| הִתְקַהָה | to become dull, blunt |
| הִתְקַהוּת נ. | becoming dull, blunt |
| הִתְקַהֵל | to gather, assemble |
| הִתְקַהֲלוּת נ. | gathering |
| הִתְקוֹטֵט | to squabble |
| הִתְקוֹטְטוּת נ. | squabbling |
| הִתְקוֹמֵם | to rise up, rebel |
| הִתְקוֹמְמוּת נ. | uprising, rebellion |
| הִתְקַטֵּב | to be polarized |
| הִתְקַטְּבוּת נ. | polarization |
| הִתְקַטֵּר | to be scented |
| הִתְקַטְּרוּת נ. | scenting |
| הִתְקַיֵּם | to exist; take place, be held; be realized, fulfilled; sustain oneself |
| הִתְקַיְּמוּת נ. | existence; realization, fulfillment |
| הִתְקִין | to install; decree |
| הִתְקִיף | to attack |
| הִתְקַלֵּחַ | to take a shower |
| הִתְקַלְּחוּת נ. | taking a shower |
| הִתְקַלֵּס | to be praised |
| הִתְקַלְּסוּת נ. | praise |
| הִתְקַלֵּף | to peel off |
| הִתְקַלְּפוּת נ. | peeling off |
| הִתְקַלְקֵל | to be spoiled; be corrupted; break down, malfunction |
| הִתְקַלְקְלוּת נ. | spoiling; breaking down; corruption |
| הִתְקַלֵּשׁ | to be thinned |
| הִתְקַלְּשׁוּת נ. | thinning |
| הִתְקַמֵּט | to wrinkle |
| הִתְקַמְּטוּת נ. | wrinkling |
| הִתְקַמֵּץ | to contract, shrink |
| הִתְקַמְּצוּת נ. | contraction, shrinking |
| הִתְקַמֵּר | to be arched, curved, convex |
| הִתְקַמְּרוּת נ. | arching, curving |
| הִתְקַנֵּא (בּ-) | to be jealous (of), envy |
| הִתְקַנְּאוּת נ. | envy, jealousy |
| הַתְקָנָה נ. | installation |
| הִתְקַנֵּחַ | to wipe oneself; eat dessert |
| הִתְקַנְּחוּת נ. | wiping oneself |

| | |
|---|---|
| הִתקַעְקֵעַ | to be undermined, destroyed |
| הִתקַעְקְעוּת נ. | undermining, destruction |
| הִתקַעֵר | to curve, becoming concave |
| הִתקַעֲרוּת נ. | curving, becoming concave |
| הֶתקֵף ז. | attack |
| הֶתקֵף-לֵב | heart attack |
| הַתקָפָה נ. | attack, offensive |
| הַתקָפַת-נֶגֶד | counter-attack |
| הַתקָפַת-פֶּתַע | surprise attack |
| הִתקַפֵּחַ | to be deprived |
| הִתקַפְּחוּת נ. | being deprived |
| הַתקָפִי ת. | offensive, aggressive |
| הִתקַפֵּל | to fold, fold down |
| הִתקַפְּלוּת נ. | folding |
| הִתקַצֵּף | to be enraged |
| הִתקַצְּפוּת נ. | rage |
| הִתקַצֵּץ | to be cut down, reduced |
| הִתקַצְּצוּת נ. | being cut down, reduced |
| הִתקַצֵּר | to be shortened |
| הִתקַצְּרוּת נ. | shortening |
| הִתקָרֵב (אֶל-,ל-) | to come near, approach |
| הִתקָרְבוּת נ. | coming near, approaching |
| הִתקָרֵחַ | to bald |
| הִתקָרְחוּת נ. | balding |
| הִתקָרֵר | to cool down, become cold; catch a cold |
| הִתקָרְרוּת נ. | cooling; catching cold |
| הִתקָרֵשׁ | to congeal |
| הִתקָרְשׁוּת נ. | congealment |
| הִתקַשָּׁה | to harden; be difficult; have difficulty |
| הִתקַשּׁוּת נ. | hardening; having difficulty |
| הִתקַשֵּׁחַ | to become harsh |
| הִתקַשְּׁחוּת נ. | harshness |
| הִתקַשֵּׁט | to adorn oneself, dress up |
| הִתקַשְּׁטוּת נ. | self-adornment |
| הִתקַשֵּׁר | to join together, be bound |
| הִתקַשֵּׁר (אֶל,עִם) | to contact, call |
| הִתקַשְּׁרוּת נ. | connection; contact |
| הַתרָאָה נ. | warning |
| הִתרָאָה | to see (each other) |
| הִתרָאוּת נ. | seeing (each other) |
| הִתרַבָּה | to increase, multiply |
| הִתרַבּוּת נ. | increase, multiplication |
| הִתרַבְרֵב | to brag, boast |
| הִתרַבְרְבוּת נ. | bragging, boasting |
| הִתרַגֵּז (עַל) | to become angry |
| הִתרַגְּזוּת נ. | becoming angry, anger |
| הִתרַגֵּל (אֶל,ל-) | to get used (to), be accustomed (to) |
| הִתרַגְּלוּת נ. | getting used to |
| הִתרַגֵּעַ | to relax |
| הִתרַגְּעוּת נ. | relaxation |
| הִתרַגֵּשׁ | to be excited |
| הִתרַגְּשׁוּת נ. | excitement |
| הִתרָה (בְּ-) | to warn |
| הַתָּרָה נ. | untying; permitting |
| הִתרַוָּה | to become saturated |
| הִתרַוּוּת נ. | saturation |
| הִתרוֹמֵם | to rise |
| הִתרוֹמְמוּת נ. | rising |
| הִתרוֹמְמוּת רוּחַ | exaltation |
| הִתרוֹנֵן | to rejoice, sing joyously |
| הִתרוֹנְנוּת נ. | rejoicing, singing joyously |
| הִתרוֹעֵעַ | to befriend |
| הִתרוֹעֲעוּת נ. | befriending |
| הִתרוֹפֵף | to become weak, weaken |
| הִתרוֹפְפוּת נ. | weakening |
| הִתרוֹצֵץ | to run around |
| הִתרוֹצְצוּת נ. | running around |
| הִתרוֹקֵן | to become empty |
| הִתרוֹקְנוּת נ. | becoming empty |
| הִתרוֹשֵׁשׁ | to become impoverished |
| הִתרוֹשְׁשׁוּת נ. | impoverishment |

| | |
|---|---|
| הִתְרַחֵב | to widen, broaden, expand |
| הִתְרַחֲבוּת נ. | widening, broadening, expansion |
| הִתְרַחֵץ | to wash (oneself), bathe |
| הִתְרַחֲצוּת נ. | washing, bathing |
| הִתְרַחֵק (מ-) | to go far, distance oneself (from) |
| הִתְרַחֲקוּת נ. | going far, keeping a distance |
| הִתְרַחֵשׁ | to occur, happen |
| הִתְרַחֲשׁוּת נ. | occurrence, incident |
| הִתְרַטֵּב | to become wet |
| הִתְרַטְּבוּת נ. | becoming wet |
| הִתְרִים | to raise donations |
| הִתְרִיס | to protest |
| הִתְרִיעַ | to caution, alarm; protest |
| הִתְרַכֵּז (בְּ-) | to concentrate (on) |
| הִתְרַכְּזוּת נ. | concentration |
| הִתְרַכֵּךְ | to soften |
| הִתְרַכְּכוּת נ. | softening |
| הַתְרָמָה נ. | raising donations |
| הַתְרָסָה נ. | protest |
| הִתְרַסֵּן | to restrain oneself |
| הִתְרַסְּנוּת נ. | self-restraint |
| הִתְרַסֵּק | to crash, be shattered |
| הִתְרַסְּקוּת נ. | crash, shattering |
| הִתְרָעָה | to befriend, associate with |
| הַתְרָעָה נ. | caution, alarm; protest |
| הִתְרָעוּת נ. | friendship, association |
| הִתְרַעֵם | to grumble |
| הִתְרַעֲמוּת נ. | grumbling |
| הִתְרַעֲנֵן | to freshen up |
| הִתְרַעַנְנוּת נ. | freshening up |
| הִתְרַפֵּא | to heal, recover, be cured |
| הִתְרַפְּאוּת נ. | healing, recovery, cure |
| הִתְרַפָּה | to become slack |
| הִתְרַפּוּת נ. | slackness |
| הִתְרַפֵּט | to wear out |
| הִתְרַפְּטוּת נ. | wearing out |
| הִתְרַפֵּס | to be servile |
| הִתְרַפְּסוּת נ. | servility |
| הִתְרַפֵּק (עַל) | to cling (to) |
| הִתְרַפְּקוּת נ. | clinging |
| הִתְרַצָּה | to be reconciled |
| הִתְרַצּוּת נ. | conciliation |
| הִתְרַקֵּם | to be formed |
| הִתְרַקְּמוּת נ. | formation |
| הִתְרַשֵּׁל | to be negligent, careless |
| הִתְרַשְּׁלוּת נ. | negligence, carelessness |
| הִתְרַשֵּׁם (מ-) | to be impressed (by) |
| הִתְרַשְּׁמוּת נ. | impression |
| הִתְרַתֵּחַ | to be angry |
| הִתְרַתְּחוּת נ. | anger |
| הִתְרַתֵּךְ | to be welded |
| הִתְרַתְּכוּת נ. | being welded |
| הִתְרַתֵּק | to be tied up, connected |
| הִתְרַתְּקוּת נ. | tying up, connection |
| הַתָּשָׁה נ. | causing exhaustion; attrition |

# ו

| English | Hebrew |
|---|---|
| *Waw;* six (numerical value) | ו |
| and | וְ- |
| wadi, valley | וָאדִי ז.(וָאדִיּוֹת) |
| certainty | וַדָּאוּת נ. |
| certainly; certainty | וַדַּאי תפ. ז. |
| certainly | בְּוַדַּאי |
| certain | וַדָּאִי ת. |
| hook | וָו ז. |
| sixth letter of the alphabet | וָו נ. |
| consecutive *Waw* | וָו-הַהִיפּוּךְ |
| conjunctive *Waw* | וָו-הַחִיבּוּר |
| to be regulated | וּוּסַּת |
| to ascertain, ensure; verify | וִידֵּא |
| confession | וִידּוּי ז. |
| vase | וָזָה נ. |
| argument, debate | וִיכּוּחַ ז. |
| curtain, drape | וִילוֹן ז.(וִילוֹנוֹת) |
| velar *(gram.)* | וִילוֹנִי ת. |
| regulating, regulation | וִיסּוּת ז. |
| to regulate | וִיסֵּת |
| Leviticus | וַיִּקְרָא |
| concession, renunciation, yielding; disclaimer | וִיתּוּר ז. |
| to give up, relinquish, yield, waive, disclaim | וִיתֵּר (עַל) |
| etc., and so on | וְכוּלֵּי, וְכוּ' |
| argumentative | וַכְּחָן ת. |
| polemics | וַכְּחָנוּת נ. |
| newborn, infant; fetus | וָלָד ז. |
| regulator | וַסָּת ז. |
| thermostat | וַסַּת חוֹם |
| menstruation, menses, period | וֶסֶת נ. |
| representative committee | וַעַד ז. |
| homeowners committee | וַעַד-בַּיִת |
| parents committee, PTA | וַעַד-הוֹרִים |
| Hebrew Language Committee (1890-1953) | וַעַד-הַלָּשׁוֹן |
| workers committee | וַעַד-עוֹבְדִים |
| executive committee | וַעַד פּוֹעֵל |
| Jewish National Committee in Mandatory Palestine | הַוַּעַד הַלְּאוּמִּי |
| committee, commission, board | וַעֲדָה נ. |
| advisory committee | וַעֲדָה מְיַיעֶצֶת |
| coordinating committee | וַעֲדָה מְרַכֶּזֶת |
| joint committee | וַעֲדָה מְשׁוּתֶּפֶת |
| disciplinary committee | וַעֲדַת-מִשְׁמַעַת |
| permanent committee | וַעֲדָה מַתְמֶדֶת |
| appointed committee | וַעֲדָה קְרוּאָה |
| medical board | וַעֲדָה רְפוּאִית |
| steering committee | וַעֲדַת-הִיגּוּי |
| Foreign Affairs and Security Committee | וַעֲדַת הַחוּץ וְהַבִּיטָּחוֹן |
| commission of inquiry | וַעֲדַת-חֲקִירָה |
| Finance Committee | וַעֲדַת-הַכְּסָפִים |
| Internal Affairs Committee | וַעֲדַת-הַפְּנִים |
| sub-committee | וַעֲדַת-מִישְׁנֶה |
| conference, convention | וְעִידָה נ. |
| summit conference | וְעִידַת-פִּיסְגָּה |
| rose | וֶרֶד ז. |
| rose extract | וַרְדִּינוֹן ז. |
| pink | וָרוֹד ת. |
| vein | וָרִיד ז. |
| venous | וְרִידִי ת. |
| esophagus | וֶשֶׁט ז. |
| and no more | וְתוּ לָא, -לֹא ח. |
| veteran, old-timer | וָתִיק ת. |
| seniority, length of service | וֶתֶק ז. |
| lenient, acquiescent person | וַתְּרָן ת. |
| leniency, acquiescence | וַתְּרָנוּת נ. |

# ז

| | |
|---|---|
| ז | *Zayin;* seven (numerical value) |
| זְאֵב ז. | wolf |
| זַאֲטוּט ז. | child |
| זֹאת כ. נ. | this, this is |
| זֹאת אוֹמֶרֶת | that is to say, it means |
| זֹאת וְעוֹד | furthermore |
| זָב | to flow, drip; discharge |
| זָב דָּם | to bleed |
| זְבוּב ז. | fly |
| זָבַח | to slaughter, sacrifice |
| זֶבַח ז. | sacrifice |
| זֶבֶל ז. | garbage, trash; manure, fertilizer |
| זֶבֶל אוֹרְגָּנִי | organic fertilizer |
| זֶבֶל כִּימִי | chemical fertilizer |
| זַבָּל ז. | garbage worker |
| זַבָּן ז. | store salesman |
| זַגָּג ז. | glazier |
| זַגָּגוּת נ. | glaziery |
| זְגוּגִי ת. | glazed |
| זְגוּגִית נ. | sheet of glass, pane |
| זֵד ז. | wicked, evil |
| זָדוֹן ז. | malice, wickedness, evil |
| בְּזָדוֹן | maliciously |
| זְדוֹנִי ת. | malicious |
| זְדוֹנִיּוּת נ. | maliciousness |
| זֶה כ. ז. | this, this is |
| זֶה אֶת זֶה | each other |
| זֶה לֹא (מִ)כְּבָר | recently |
| זֶה עַתָּה | just now, at this moment |
| בָּזֶה | hereby |
| כָּזֶה | like this, such |
| זָהָב ז. | gold |
| זָהָב צָרוּף | fine gold |
| זְהַבְהַב ת. | golden |
| זֵהֶה ת. | identical |
| זֶהוּ כ. ז. | this is; that is it |
| זָהוֹב ת. | gold-colored |
| זָהוּב ז. | gold coin |
| זָהוּם ת. | filthy, contaminated |
| זָהוּר ת. | glowing |
| זְהוֹרִית נ. | rayon |
| זֶהוּת נ. | identity |
| זָהִיר ת. | cautious, careful |
| זְהִירוּת נ. | caution, care |
| בִּזְהִירוּת | carefully, cautiously |
| זָהַר | to glow, shine |
| זַהֲרוּרִי ת. | glowing |
| זוֹב דָּם ז. | bleeding |
| זוּג ז.(זוּגוֹת) | pair, couple |
| זוּג אוֹ פֶּרֶט | 'odd or even' (game) |
| זוּגוֹת זוּגוֹת | in pairs |
| זוּגָה נ. | wife |
| זוּגִי ת. | even number, dual, double |
| זוֹהִי כ. נ. | this is |
| זוּהֲמָה נ. | filth |
| זוֹהֵר ת. | bright, shiny |
| זוֹהַר ז. | glow, brilliance, shine |
| זוֹהַר-הַשֶּׁמֶשׁ | sunshine |
| זַוָּד ז. | luggage maker |
| זָוִית נ. | angle, corner |
| זָוִית חַדָּה | acute angle |
| זָוִית יְשָׁרָה | right angle |
| זָוִית קֵהָה | obtuse angle |
| זָוִית קוֹדְקוֹדִית | vertex angle |
| זָוִית-רְאִיָּה | perspective |
| זָוִית רְחָבָה | wide angle |
| זָוִיתִי ת. | angular |
| זְוָעָה נ. | horror, atrocity |
| זְוָעָתִי ת. | horrible, atrocious |

*adv*=תפ *adj*=ת *pl*=ר *fem*=נ *pro*=כ *prep*=י *con*=ח *du*=זו *mas*=ז

| | |
|---|---|
| זוֹחֵל ז. | reptile |
| זוּטָא ת. | small, minor, mini |
| זוּטָר ת. | low-ranking, junior |
| זוּיַּן | to be armed |
| זוּיַּף | to be forged, faked |
| זוֹךְ ז. | purity, clarity |
| זוּכָּה | to be acquitted; be credited |
| זוּכַּךְ | to be purified, cleansed |
| זוֹל ת. | cheap, inexpensive |
| בְּזוֹל | cheaply, inexpensively; cheap |
| זוֹלְלָן ז. | glutton |
| זוֹלְלָנוּת נ. | gluttony |
| זוּלַת י. ז. | except, other than; others |
| זוּמַּן | to be prepared; be summoned |
| זוֹנָה נ. | prostitute, whore; bitch; nasty |
| זוּעֲזַע | to be shocked, shaken |
| זוֹעֵם ת. | angry, furious |
| זוּפַּת | to be tarred |
| זוּקַּק | to be refined, purifed, distilled |
| זָז | to move, move away |
| זָחִיחַ ת. | sliding, movable |
| זְחִיחוּת נ. | haughtiness; euphoria |
| זְחִיחוּת-דַּעַת | pride |
| זְחִילָה נ. | crawling, creeping |
| זָחַל | to crawl, creep |
| זַחַל ז. | larva, caterpillar |
| זַחְלָם ז. | armored personnel carrier |
| זַחְלָן, זַחְלָנִי ת. | toady |
| זִיבָה נ. | drip; gonorrhea |
| זִיבּוּל ז. | fertilization |
| זִיגְזֵג | to zig-zag |
| זִיהָה | to identify |
| זִיהוּי ז. | identification |
| זִיהוּם ז. | contamination, pollution; infection |
| זִיהוּם אֲוִויר | air pollution |
| זִיהוּמִי ת. | infectious |
| זִיהֵם | to contaminate, pollute, soil |

| | |
|---|---|
| זִיו ז. | splendor, lustre, brilliance |
| זִיוֵּג | to pair, match for marriage |
| זִיווּג ז. | pairing, matching |
| זִיּוּן ז. | arming; sexual intercourse *(col.)* |
| זִיּוּף ז. | falsification, faking, forgery, counterfeit; (singing) off-key |
| זִיז ז. | projection, bracket |
| זִיֵּן | to arm; engage in sexual intercourse *(col.)* |
| זַיָּן ז. | fornicator *(col.)* |
| זִיֵּף | to falsify, forge, fake, counterfeit; sing or play off-key |
| זַיְּפָן ז. | forger, counterfeiter |
| זִיכָּה | to acquit, vindicate; entitle; credit (an account) |
| זִיכּוּי ז. | acquittal, vindication; crediting, credit |
| זִיכּוּךְ ז. | purification, cleansing |
| זִיכָּיוֹן ז.(זיכיונות) | concession, right |
| זיכיון-נֵפט | oil lease |
| זִיכֵּךְ | to purify, cleanse |
| זִיכָּרוֹן ז.(זיכרונות) | memory, remembrance, memorial |
| זיכרון-דְּבָרִים | minutes, record |
| זיכרונו לִבְרָכָה | 'bless his memory' |
| זיכרונות | memoirs; protocol |
| זִיל, בְּזִיל הַזּוֹל תפ. | very cheap, inexpensively |
| זִילוּף ז. | sprinkling, spraying |
| זִילזוּל ז. | disrespect, disregard |
| זִילְזֵל (ב-) | to belittle, disregard, degrade |
| זִימָּה נ. | prostitution, lechery |
| זִימּוּן ז. | invitation, summons |
| זִימזוּם ז. | buzzing, buzz |
| זִימְזֵם | to buzz |
| זִימֵּן | to invite, summon |
| זִימֵּר | to sing, chant |

*adv*=תפ *adj*=ת *pl*=ר *fem*=נ *pro*=כ *prep*=י *con*=ח *du*=זו *mas*=ז

| | |
|---|---|
| singing, chanting | זִימְרָה נ. |
| weapons, arms; penis (col.) | זַיִן ז. |
| seventh letter of the alphabet | זַיִן נ׳ |
| leap | זִינּוּק ז. |
| to leap forth, gush out | זִינֵּק |
| tremble, movement | זִיע ז. |
| perspiration, sweat | זִיעָה נ. |
| sweat, hard labor | זִיעַת-אַפַּיִים |
| to shock, shake | זִיעֲזֵע, זִיעְזֵעַ |
| bristle | זִיף ז. |
| tarring | זִיפּוּת ז. |
| beach sand (used for concrete mix) | זִיפְזִיף ז. |
| to tar | זִיפֵּת |
| inferior, 'lousy' (col.) | זִיפַת ת. |
| spark | זִיק ז. |
| connection, attachment | זִיקָה נ. |
| refining, distilling; spark | זִיקּוּק ז. |
| fireworks | זִיקּוּקִין דִינוּר |
| chameleon | זִיקִית נ. |
| old age | זִיקְנָה נ. |
| erection | זִיקְפָּה נ. |
| to refine, purify, distill | זִיקֵּק |
| arena | זִירָה נ. |
| battle arena | זִירַת-קְרָב |
| urging; expediting | זֵירוּז ז. |
| to urge; expedite | זֵירֵז |
| olive | זַיִת ז. |
| pure | זַךְ ת. |
| eligibility | זַכָּאוּת נ. |
| innocent; eligible, deserving | זַכַּאי ת. |
| to win, gain | זָכָה (ב-,ל-) |
| to benefit from someone's default, gain effortlessly | זָכָה מִן הַהֶפְקֵר |
| glass | זְכוּכִית נ. |
| magnifying glass | זְכוּכִית מַגְדֶּלֶת |
| remembered | זָכוּר ת. |
| I remember | זָכוּרְנִי, זְכוּרַנִי |

| | |
|---|---|
| right, prerogative, privilege; credit | זְכוּת נ. |
| voting right | זְכוּת-בְּחִירָה, -הַצְבָּעָה |
| copyright | זְכוּת-יוֹצְרִים |
| privilege | זְכוּת-יֶתֶר |
| priority, right of way | זְכוּת-קְדִימָה |
| human rights | זְכוּיוֹת-אָדָם |
| civil rights | זְכוּיוֹת-אֶזְרָח |
| thanks to, due to | בִּזְכוּת |
| All Rights Reserved | כָּל הַזְּכוּיוֹת שְמוּרוֹת |
| purity, clarity | זַכּוּת נ. |
| winning, gaining | זְכִייָה נ. |
| remembering, recollection | זְכִירָה נ. |
| to remember, recollect, memorize | זָכַר |
| male, masculine | זָכָר ז. |
| memory, remembrance; trace | זֵכֶר ז. |
| masculinity; male organ | זַכְרוּת נ. |
| to drip, flow | זָלַג |
| perfume | זֶלַח ז. |
| dripping, flowing | זְלִיגָה נ. |
| gorging | זְלִילָה נ. |
| to gorge | זָלַל |
| to sprinkle, drip | זָלַף |
| twig | זְמוֹרָה נ. |
| buzzer | זַמְזָם ז. |
| available | זָמִין ת. |
| availability | זְמִינוּת נ. |
| nightingale | זָמִיר ז. |
| songs; singing | זְמִירוֹת נ.ר. |
| to plot | זָמַם |
| plot, bad intent; muzzle | זְמָם ז. |
| time, period; tense (gram.) | זְמַן, זְמָן ז. |
| a short while, some time | זְמַן-מָה |
| when, while | בִּזְמַן שֶ- |
| as long as | כָּל זְמַן שֶ- |
| long ago; from the time that | מִזְּמַן |

*adv*=תפ *adj*=ת *pl*=ר *fem*=נ *pro*=כ *prep*=י *con*=ח *du*=זז *mas*=ז

| English | Hebrew |
|---|---|
| at the time | בִּזְמַנּוֹ |
| temporary, provisional | זְמַנִּי ת. |
| temporarily | זְמַנִּית תפ. |
| to prune, trim | זָמַר |
| song | זֶמֶר ז. |
| singer | זַמָּר ז. |
| song festival | זִמְרִיָּה נ. |
| emerald | זְמָרַגְד, זְמָרְגַד ז. |
| suede | זֶמֶשׁ ז. |
| to feed, nourish | זָן |
| variety, kind, species | זַן ז. |
| adulterer, fornicator, lecher | זַנַּאי ז. |
| tail | זָנָב ז.(זְנָבוֹת) |
| ponytail (hairstyle) | זְנַב-סוּס |
| cigarette butt | זְנַב-סִיגַרְיָה |
| ginger | זַנְגְּבִיל ז. |
| to prostitute | זָנָה |
| neglected, abandoned | זָנוּחַ ת. |
| prostitution, fornication | זְנוּנִים ז.ר. |
| prostitution | זְנוּת נ. |
| promiscuous woman | זַנְזוֹנֶת נ. |
| to neglect, abandon | זָנַח |
| neglect, abandonment | זְנִיחָה נ. |
| to move, budge | זָע |
| meager, scant | זָעוּם ת. |
| angry | זָעוּף ת. |
| shock, turbulence | זַעֲזוּעַ ז. |
| earth tremor | זַעֲזוּעַ-אֲדָמָה |
| brain concussion | זַעֲזוּעַ-מוֹחַ |
| tiny, minute | זָעִיר ת. |
| small | זְעִיר ת. |
| on a small scale, in miniature | בִּזְעִיר-אַנְפִּין |
| to be furious, enraged | זָעַם |
| fury, rage | זַעַם ז. |
| to be angry | זָעַף |
| anger, rage | זַעַף ז. |
| saffron | זַעְפְרָן ז. |

| English | Hebrew |
|---|---|
| to scream, cry out | זָעַק |
| scream, outcry | זְעָקָה נ. |
| tiny | זַעֲרוּרִי ת. |
| crop (in a bird's gullet) | זֶפֶק ז. |
| tar, asphalt | זֶפֶת נ. |
| tar worker | זַפָּת ז. |
| old age | זְקוּנִים ז.ר. |
| erect, upright | זָקוּף ת. |
| in need (of) | זָקוּק ת.(ל-) |
| sentry, guard | זָקִיף ז. |
| erection; crediting | זְקִיפָה נ. |
| erectness, uprightness | זְקִיפוּת נ. |
| to grow old | זָקֵן, זָקַן |
| old, elderly, elder | זָקֵן ת. |
| chief judge | זְקַן-הַשׁוֹפְטִים |
| beard | זָקָן ז. |
| thin beard | זְקַנְקַן ז. |
| to erect, lift; credit | זָקַף |
| to credit an account, give credit | זָקַף לִזְכוּת |
| to debit, charge | זָקַף לְחוֹבָה |
| a biblical accent mark | זָקֵף ז. |
| foreign, stranger, alien | זָר ז. |
| bouquet, wreath | זֵר ז. |
| flower bouquet | זֵר-פְּרָחִים |
| spout | זַרְבּוּבִית נ. |
| penis (col.) | זֶרֶג נ. |
| twig, sprout | זֶרֶד ז. |
| to spread, scatter | זָרָה |
| scattered | זָרוּי ת. |
| seeded, sown | זָרוּעַ ת. |
| arm | זְרוֹעַ נ.(זְרוֹעוֹת) |
| with open arms | בִּזְרוֹעוֹת פְּתוּחוֹת |
| discarded, thrown away | זָרוּק ת. |
| strangeness, alienation | זָרוּת נ. |
| rain shower | זַרְזִיף ז. |
| starling | זַרְזִיר ז. |
| to shine; rise (sun) | זָרַח |

| | |
|---|---|
| זַרְחָן ז. | phosphorus |
| זַרְחָנִי ת. | phosphoric |
| זָרִיז ת. | swift, agile |
| זְרִיזוּת נ. | swiftness, agility |
| זְרִיחָה נ. | shining; sunrise |
| זְרִיָּה נ. | scattering, sprinkling |
| זְרִימָה נ. | flow, flowing |
| זְרִיעָה נ. | seeding, sowing |
| זְרִיקָה נ. | throwing; injection |
| זְרִיקַת-חִיסּוּן | immunization shot |
| זְרִיקַת-עוֹנֶשׁ | penalty throw (soccer) |
| זְרִיקַת-עִידּוּד | 'shot in the arm', encouragement |
| זָרַם | to flow |
| זֶרֶם ז. | flow, current, stream; trend |
| זֶרֶם-אֲווִיר | air current |
| זֶרֶם-חִילּוּפִין | alternating current (AC) |
| זֶרֶם חַשְׁמַלִּי | electric current |
| זֶרֶם יָשָׁר | direct current (DC) |
| זֶרֶם-מַיִם | stream of water |
| זַרְנוּק ז. | water hose |
| זַרְנִיךְ ז. | arsenic |
| זָרַע | to seed, sow |
| זֶרַע ז. | seed; sperm, semen |
| זָרַק | to throw, toss, throw away, discard |
| זֶרֶק ז. | injection fluid |
| זַרְקוֹר ז. | projector, searchlight |
| זֶרֶת נ. | the little finger |

*adv*=תפ *adj*=ת *pl*=ר *fem*=נ *pro*=כ *prep*=י *con*=ח *du*=זו *mas*=ז

# ח

| | |
|---|---|
| ח | *Het;* eight (numerical value) |
| חָבַב | to like |
| חָבוּא, חָבוּי ת. | hidden |
| חָבוּט ת. | beaten |
| חָבוּל ת. | injured, beaten |
| חָבוּק ת. | embraced |
| חָבוּר ת. | joined, attached |
| חֲבוּרָה נ. | group, band |
| חֲבוּרַת-רְחוֹב | street gang |
| חַבּוּרָה נ. | bruise |
| חָבוּשׁ ת. | bandaged; worn; imprisoned |
| חַבּוּשׁ ז. | quince |
| חָבַט (בּ-) | to beat, strike (at) |
| חֲבָטָה נ. | blow, strike |
| חָבִיב ת. | lovable, amiable; favorite |
| חֲבִיבוּת נ. | amiability |
| חֶבְיוֹן ז. | hiding place |
| חֲבִיטָה נ. | beating, striking |
| חֲבִילָה נ. | package, parcel, bundle |
| חֲבִישָׁה נ. | bandaging; wearing (a hat) |
| חָבִית נ. | barrel |
| חֲבִיתָה נ. | omelette |
| חָבַל (בּ-) | to injure |
| חֶבֶל ז. | rope, cord; district |
| חֶבֶל-הַטַּבּוּר | umbilical cord |
| חֶבֶל-כְּבִיסָה | clothesline |
| חֶבֶל-תְּלִיָּה | hanging rope |
| חַבְלֵי-שֵׁינָה | sleepiness |
| חֶבְלֵי-לֵידָה ז.ר. | labor pains |
| חֲבָל (שֶׁ-) תפ. | it is a pity, 'too bad' |
| חֲבָל עַל | it is a waste of |
| חֲבָלָה נ. | injury |
| חַבָּלָה נ. | sabotage |
| חַבְּלָן ז. | saboteur; explosives expert |
| חַבְּלָנוּת נ. | terrorism |
| חַבְּלָנִי ת. | terroristic |
| חֲבַצֶּלֶת נ. | lily |
| חָבַק | to embrace |
| חָבַר | to join together, associate |
| חָבֵר ז. | friend, comrade, fellow, mate; member |
| חֲבֵר-הִסְתַּדְּרוּת | labor union member |
| חֲבֵר-כָּבוֹד | honorary member |
| חֲבֵר-כְּנֶסֶת | Knesset member, M.K. |
| חָבֵר לַחֶדֶר | roommate |
| חָבֵר לַנֶּשֶׁק | comrade in arms |
| חָבֵר לַעֲבוֹדָה | co–worker, colleague |
| חֲבֵר-מֶמְשָׁלָה | cabinet member |
| חֲבֵר-קִיבּוּץ | kibbutz member |
| חֶבֶר ז. | band, company, staff |
| חֶבֶר-הַלְּאוּמִּים | League of Nations |
| חֶבֶר-מוּשְׁבָּעִים | jury |
| חֶבֶר-נֶאֱמָנִים | board of trustees |
| חֶבֶר-הָעַמִּים הַבְּרִיטִי | British Commonwealth |
| חֶבְרָה נ. | company, corporation, society |
| חֶבְרָה בְּעֵירָבוֹן מוּגְבָּל | Ltd. |
| חֶבְרָה מִסְחָרִית | commercial company |
| חֶבְרָה צִיבּוּרִית | public company |
| חֶבְרָה קַדִּישָׁא | mortuary |
| חֶבְרַת-אֵם | holding company |
| חֶבְרַת-בַּת | subsidiary |
| חֶבְרַת-שֶׁפַע | affluent society |
| חֶבְרַת-תְּעוּפָה | airline |
| חֲבֵרוּת נ. | friendship, comradeship; membership |
| חַברוּתִי, חֲבֵרִי ת. | friendly, sociable |
| חֶבְרַיָּה ז.ר. | group of friends, 'gang' *(col.)* |
| חֶבְרֶ'מָן ז. | friendly, outgoing person |

| | |
|---|---|
| חֶבְרָתִי ת. | social, communal |
| חָבַשׁ | to bandage; wear (hat); imprison |
| חַבַּשׁ נ. | Ethiopia |
| חָג | to go in a circle |
| חַג ז. | holiday |
| חַג-הָאוּרִים | *Hanukkah* |
| חַג-הָאָסִיף | *Sukkoth* |
| חַג-הַבִּיכּוּרִים | *Shavuoth* |
| חַג-הַמּוֹלָד | Christmas |
| חַג-הַמַּצּוֹת | Passover |
| חַג-הָעַצְמָאוּת | Independence Day |
| חַג שָׂמֵחַ | 'happy holiday' |
| חָגָב ז. | grasshopper |
| חָגַג | to celebrate |
| חָגָו ז. | crevice |
| חָגוּר ת. | girdled, belted; wearing a backpack |
| חֲגוֹר ז. | backpack; girdle |
| חֲגוֹר-קְרָב | battle pack |
| חֲגוֹרָה נ. | belt, girdle |
| חֲגוֹרַת-בְּטִיחוּת | safety belt |
| חֲגוֹרַת-בִּיטָּחוֹן | security belt |
| חֲגוֹרַת-הַצָּלָה | life belt |
| חֲגוֹרַת-צְנִיעוּת | chastity belt |
| חֲגִיגָה נ. | celebration, festivity |
| חֲגִיגִי ת. | festive, ceremonial |
| חֲגִיגִיּוּת נ. | festivity |
| חֲגִירָה נ. | girding |
| חָגַר | to wear a belt; gird; put on a backpack |
| חָד | to tell a riddle |
| חַד ת. | sharp, acute |
| חַד ז. | one, single |
| חַד-אֵיבָרִי | monomial |
| חַד-כִּיווּנִי | unidirectional |
| חַד-לְשׁוֹנִי | monolingual |
| חַד-מְנוֹעִי | single-engine |
| חַד-מַשְׁמָעִי | unequivocal |
| חַד-סִיטְרִי | one-way |
| חַד-פַּעֲמִי | one-time |
| חַד-צְדָדִי | one-sided, unilateral |
| חַד-שִׂיחַ | monologue |
| חַדְגּוֹנוּת, חַדְגּוֹנִיּוּת נ. | monotony |
| חַדְגּוֹנִי ת. | monotonous |
| חִדּוּד ז. | point, spike |
| חֶדְוָה נ. | joy |
| חָדוּר ת. | penetrated, saturated |
| חַדּוּת נ. | sharpness, resolution |
| חָדִיר ת. | penetrable |
| חֲדִירָה נ. | penetration, incursion |
| חֲדִירוּת נ. | penetrability |
| חָדִישׁ ת. | modern |
| חָדַל | to cease, stop |
| חֲדַל-אוֹנִים | helpless, powerless |
| חֲדַל-אִישִׁים | good-for-nothing |
| חֶדֶק ז. | elephant's trunk |
| חָדַר (ל-) | to penetrate (into), invade |
| חֶדֶר ז. | room, chamber; traditional Jewish school |
| חֲדַר-אוֹכֶל | dining room |
| חֲדַר-אוֹרְחִים | living room, guestroom |
| חֲדַר-בַּקָּרָה | control room |
| חֲדַר-הַמְתָּנָה | waiting room |
| חֲדַר-הִתְאוֹשְׁשׁוּת | recovery room |
| חֲדַר-חֲדָשׁוֹת | news room |
| חֲדַר-כְּבִיסָה | laundry room |
| חֲדַר-לֵידָה | delivery room |
| חֲדַר-מַדְרֵגוֹת | stairway, stairwell |
| חֲדַר-מִבְצָעִים | operations room |
| חֲדַר-מִיּוּן | emergency room |
| חֲדַר-מְכוֹנוֹת | ship's boiler room |
| חֲדַר-מֵתִים | morgue |
| חֲדַר-נוֹחִיּוּת | restroom |
| חֲדַר-נִיתּוּחַ | surgery room |
| חֲדַר-עֲבוֹדָה | study room |
| חֲדַר-שֵׁינָה | bedroom |

| | |
|---|---|
| חֲדַר-שֵׁירוּתִים | restroom |
| בְּחַדְרֵי-חֲדָרִים | in a secret place, secretly |
| חַדרוֹן ז. | small room, cubicle |
| חַדרָנִית נ. | chambermaid |
| חָדָשׁ ז. | new |
| מֵחָדָשׁ | anew, re- |
| חֲדָשָׁה נ. | news item |
| חֲדָשׁוֹת נ.ר. | news |
| חַדְשָׁן ז. | innovator |
| חַדְשָׁנוּת נ. | innovation |
| חַדְשָׁנִי ת. | innovative |
| חוֹב ז.(חוֹבוֹת) | debt |
| חוֹבֵב ז. | amateur, novice, hobbyist; fan |
| חוֹבֵב כַּדּוּרֶגֶל | football fan |
| חוֹבֵב מוּסִיקָה | music lover |
| חוֹבֵב רַדיוֹ | ham operator |
| חוֹבְבָן ז. | amateur |
| חוֹבְבָנוּת נ. | amateurishness |
| חוֹבְבָנִי ת. | amateurish |
| חוֹבָה נ. | obligation, duty; guilt; debit |
| חוֹבֵל ז. | ship's officer |
| חוֹבלָנִי ת. | traumatic |
| חוֹבֶרֶת נ. | pamphlet, booklet |
| חוֹבֵשׁ ז. | paramedic |
| חוּג ז. | circle, sphere; study group; university department or major |
| חוּג-הַסִּילוֹן | jet set |
| חוּגָה נ. | dial; rotor |
| חוֹגֵר ז. | non-commissioned officer |
| חוֹד ז. | point, sharp end |
| חוֹד-חֲנִית | spearhead |
| חוּדַּד | to be sharpened |
| חוֹדרָנִי ת. | penetrating, piercing |
| חוּדַּשׁ | to be renewed; be innovated |
| חוֹדֶשׁ ז. | month |
| חוֹדשִׁי ת. | monthly |
| חַוָּאוּת נ. | farming, ranching |
| חַוַּאי ז. | farmer, rancher |
| חַוָּה נ. | farm; Eve |
| חֲוָיָה נ. | experience |
| חֲוִילָה נ. | villa |
| חָוַר | to be pale |
| חֲוַרְוַר, חֲוַרוּרִי ת. | palish |
| חֲוַת-דַּעַת נ. | opinion, evaluation |
| חוֹזֶה ז. | contract; prophet, visionary |
| חוֹזִי ת. | contractual |
| חוּזַּק | to be strengthened, fortified |
| חוֹזֶק ז. | strength |
| חוֹזֵר ז. | returning, recurring; a circular |
| חוֹזֵר בִּתְשׁוּבָה | repentant; a 'born-again' devotee |
| חוֹזֵר חֲלִילָה | recurring, repetitive |
| חוֹחַ ז. | thistle |
| חוּט ז. | thread, string, cord, wire |
| חוּט-חַשְׁמַל | electric wire |
| חוּט מַאֲרִיךְ | extension cord |
| חוּט-שִׁידְרָה | spinal cord |
| חוֹטֵא ז. | sinner |
| חוּטָּא | to be disinfected |
| חוֹטֵב עֵצִים ז. | lumberjack |
| חוֹטֶם ז. | nose |
| חוֹטֵף ז. | grabber; kidnapper, hijacker |
| חוֹטֵף מְטוֹסִים | airplane hijacker |
| חוֹטֶר ז. | twig; pointer |
| חוּיַּב | to be obliged; be charged (account); be found guilty |
| חוּיַּג | to be dialed |
| חוּכָא וְאִיטְלוּלָא נ. | laughingstock |
| חוֹכֵךְ ת. | fricative *(gram.)* |
| חוֹכמָה נ. | wisdom |
| חוֹכֵר ז. | lessee, tenant |
| חוֹל ז.(חוֹלוֹת) | sand |
| חוֹל טוֹבְעָנִי | quicksand |
| חוֹל ז. | non-holy, secular |
| חוֹל-הַמּוֹעֵד | between the first and last days of Passover and *Sukkoth* |

| | |
|---|---|
| חוֹלֵב ז. | milkman |
| חוֹלֶבֶת נ. | milk cow |
| חוּלְדָּה נ. | rat |
| חוֹלֶה ת. ז. | sick, ill; a patient |
| חוֹלֶה אָנוּשׁ | gravely ill |
| חוֹלֵה-לֵב | heart patient |
| חוֹלֵה-נֶפֶשׁ, -רוּחַ | mentally ill, insane |
| חוֹלֵה-עֲצַבִּים | neurotic |
| חֹלִי ז. | sickness, illness |
| חוֹלִי ת. | sandy |
| חוּלְיָה נ. | link, joint, ring, vertebra; group, band |
| חוֹלִירָע ז. | cholera |
| חוֹלִית נ. | sand dune |
| חוֹלֵל | to perform, execute; create; dance |
| חוּלַּל | to be desecrated |
| חוֹלֵם ז. | dreamer |
| חוֹלֵם בְּהָקִיץ | day dreamer |
| חוֹלָם ז. | *Holam*, the vowel [o] |
| חוֹלָם חָסֵר, ( ֹ) | *Holam* (without a *Vav*) |
| חוֹלָם מָלֵא, (וֹ) | *Holam* (with a *Vav*) |
| חוֹלְמָנִי ת. | dreamy |
| חוֹלָנִי ת. | sickly |
| חוֹלָנִיּוּת נ. | sickliness |
| חוֹלֵץ ז. | corkscrew |
| חוּלְצָה נ. | shirt, blouse |
| חוּלַּק | to be divided, partitioned; be distributed |
| חוּלְשָׁה נ. | weakness |
| חוֹם ז. | heat, warmth; temperature; fever |
| חוּם ת. | brown |
| חוֹמְדָן ז. | greedy |
| חוֹמָה נ. | a surrounding wall |
| חוּמּוּס ז. | creamy dish made of spiced chick peas |
| חוֹמְלָנִי ת. | compassionate, merciful |
| חוּמַּם | to be warmed, heated |
| חֹמֶץ ז. | vinegar |
| חוּמְצָה נ. | acid |
| חוּמְצָה גוֹפְרָתִית | sulfuric acid |
| חוּמְצָה זַרְחָנִית | phosphoric acid |
| חוּמְצָה חַנְקָנִית | nitric acid |
| חוּמְצַת-בּוֹר | boric acid |
| חוּמְצַת-לִימוֹן | citric acid |
| חוּמְצַן | to be oxidized |
| חֹמֶר ז. | material, matter, substance; clay |
| חוֹמֶר-גֶּלֶם | raw material |
| חוֹמֶר-הַדְבָּרָה | insecticide |
| חוֹמֶר-חִיטּוּי | disinfectant |
| חוֹמֶר-נִיקּוּי | cleaning agent, cleaner |
| חוֹמֶר-נֶפֶץ | explosive (material) |
| חוּמְרָה נ. | severity, seriousness; strictness |
| חוֹמְרָה נ. | computer hardware |
| חוֹמְרִי ת. | material *(adj.)* |
| חוֹמְרִיּוּת, חוֹמְרָנוּת נ. | materialism |
| חוֹמְרָנִי ת. | materialistic |
| חוּמַּשׁ | to be armed |
| חוּמָּשׁ ז. | the Pentateuch, five books of the Tora |
| חֹמֶשׁ ז. | five years |
| חוּנַּךְ | to be educated |
| חוֹנַן | to be gifted |
| חוּסַּל | to be exterminated, be liquidated; be settled |
| חוּסַּן | to be made immune, immunized |
| חֹסֶן ז. | strength |
| חוּסְפַּס | to be roughened |
| חוּסַּר | to be subtracted; be lacking |
| חֹסֶר- ז. | lack of, absence of |

107 *adv*=תפ *adj*=ת *pl*=ר *fem*=נ *pro*=כ *prep*=י *con*=ח *du*=זו *mas*=ז

| | |
|---|---|
| immaturity | חוֹסֶר-בַּגְרוּת |
| anemia | חוֹסֶר-דָּם |
| carelessness | חוֹסֶר-זְהִירוּת |
| amnesia | חוֹסֶר-זִיכָּרוֹן |
| impotence | חוֹסֶר כּוֹחַ-גַּבְרָא |
| poverty | חוֹסֶר-כֹּל |
| unemployment | חוֹסֶר-עֲבוֹדָה |
| insomnia | חוֹסֶר-שֵׁינָה |
| shore, coast, beach | חוֹף ז. |
| seashore, beach | חוֹף-יָם |
| safe place | חוֹף-מִבְטָחִים |
| beach | חוֹף-רַחֲצָה |
| canopy; wedding | חוּפָּה נ. |
| haste | חוּפְזָה נ. |
| handful | חוֹפֶן ז. |
| congruent, concurrent, overlapping | חוֹפֵף ת. |
| freedom; vacation | חוֹפֶשׁ ז. |
| freedom of choice | חוֹפֶשׁ-בְּחִירָה |
| freedom of expression | חוֹפֶשׁ-בִּיטּוּי |
| freedom of speech | חוֹפֶשׁ-דִּיבּוּר |
| freedom of action | חוֹפֶשׁ-פְּעוּלָּה |
| freedom of the individual | חוֹפֶשׁ-הַפְּרָט |
| school summer vacation | הַחוֹפֶשׁ הַגָּדוֹל |
| vacation, leave | חוּפְשָׁה נ. |
| leave without pay | חוּפְשָׁה לְלֹא תַּשְׁלוּם |
| maternity leave | חוּפְשַׁת-לֵידָה |
| a vacation to visit one's homeland (particularly Israel) | חוּפְשַׁת-מוֹלֶדֶת |
| sick leave | חוּפְשַׁת-מַחֲלָה |
| free, unrestricted | חוֹפְשִׁי ת. |
| liberty | חוֹפְשִׁיּוּת נ. |
| outside | חוּץ ז. |
| abroad, outside Israel | חוּץ-לָאָרֶץ |
| except, other than | חוּץ מ- |
| off limits | מִחוּץ לַתְּחוּם |
| quarryman | חוֹצֵב ז. |
| fiery | חוֹצֵב לֶהָבוֹת |
| bisector | חוֹצֶה (-זָווִית) ז. |
| impudence, insolence, audacity, 'the nerve' | חוּצְפָּה נ. |
| impudent, insolent | חוּצְפָּן, חוּצְפָּנִי ת. |
| law, rule | חוֹק ז. |
| statute of limitation | חוֹק-הִתְיַשְּׁנוּת |
| basic law | חוֹק-יְסוֹד |
| bylaw | חוֹק-עֵזֶר |
| 'Law of Return' which grants automatic citizenship to Jews | חוֹק-הַשְׁבוּת |
| 'Sabbath Law' which forbids work on Jewish holidays | חוֹק-הַשַּׁבָּת |
| constitution | חוּקָּה נ. |
| legal, lawful, legitimate | חוּקִּי ת. |
| legality, legitimacy; rule | חוּקִּיּוּת נ. |
| enema | חוֹקֶן ז. |
| to legislate | חוֹקֵק |
| investigator, inquirer; researcher, scholar | חוֹקֵר ז. |
| constitutional | חוּקָּתִי ת. |
| hole, cavity; remote place *(col.)* | חוֹר ז. |
| dryness; wilderness | חוֹרֶב ז. |
| ruin | חוּרְבָּה נ. |
| destruction | חוּרְבָּן ז. |
| since the destruction of the Second Temple | לַחוּרְבָּן |
| aberrant; exceeding; step- | חוֹרֵג ת. |
| irregular, out of the ordinary | חוֹרֵג מִן הָרָגִיל |
| extermination, annihilation | חוֹרְמָה נ. |
| winter | חוֹרֶף ז. |
| wintry | חוֹרְפִּי ת. |
| mink | חוֹרְפָּן ז. |
| squeaky | חוֹרֵק, חוֹרְקָנִי ת. |

| | |
|---|---|
| חוֹרֶשׁ ז. חוּרְשָׁה נ. | forest, grove, woods |
| חוּשׁ ז. | sense |
| חוּשַּׁב | to be calculated, computed |
| חוּשְׁדָנִי ת. | suspicious |
| חוּשְׁחָשׁ ז. | a citrus fruit |
| חוֹשֶׁךְ ז. | darkness, dark |
| חוּשַּׁל | to be forged; be strengthened |
| חוּשָׁם ז. | a fool (after a folk character) |
| חוּשְׁמַל | to be electrified, electrocuted |
| חוּשָׁנִי ת. | sensual |
| חוּשָׁנִיּוּת נ. | sensuality |
| חוּשְׂפָנִי ת. | revealing |
| חוּשְׁקָנִי ת. | lustful |
| חוֹשְׁשָׁנִי, חוֹשֶׁשְׁנִי | I am afraid |
| חוֹתֵךְ ת. | decisive; cutting |
| חוּתַּל | to be diapered |
| חוֹתָם ז. | seal; mark |
| חוֹתֶמֶת נ. | stamp |
| חוֹתֵן ז. | father-in-law |
| חוֹתֶנֶת נ. | mother-in-law |
| חוֹתְרָנִי ת. | subversive |
| חַזָּאוּת נ. | weather prediction |
| חַזַּאי ז. | weather forecaster |
| חָזָה | to envisage, predict; watch |
| חָזֶה ז.(חָזוֹת) | chest, breast |
| חָזוּי ת. | predicted |
| חָזוֹן ז.(חֲזוֹנוֹת) | vision, revelation |
| חָזוּת נ. | appearance |
| חָזוּתִי ת. | visual |
| חֲזָזִית נ. | acne |
| חָזִיז ז. | lightning, flash |
| חֲזִיָּה נ. | brassiere, bra; vest |
| חֲזִיר ז. | pig, swine, pork |
| חֲזִירוּת נ. | boorish behavior |
| חֲזִית נ. | front |
| חֲזִיתִי ת. | frontal |
| חַזָּן ז. | cantor |
| חַזָּנוּת נ. | cantillation, cantoral music |

| | |
|---|---|
| חָזַק | to be strong |
| חֲזַק וֶאֱמַץ | 'all power to you' |
| חָזָק ת. | strong, powerful, firm, sturdy |
| חֶזְקָה נ. | strength, power (math), exponent |
| חֲזָקָה נ. | right of possession, claim |
| בְּחֶזְקַת | considered as, constituting |
| חָזַר | to go back, return; recur |
| חָזַר בּוֹ | to renege, reconsider; regret, repent |
| חָזַר בִּתְשׁוּבָה | to repent, be 'born again' religiously |
| חָזַר חֲלִילָה | to recur continuously |
| חָזַר לְאֵיתָנוֹ | to recover, heal |
| חָזַר לְמוּטָב | to revert to good behavior |
| חָזַר לְסוּרוֹ | to revert to bad behavior |
| חָזַר עַל | to repeat, redo; review |
| חָזַר עַל עֲקֵבָיו | to turn back |
| חָזַר עַל הַפְּתָחִים | to beg from door to door |
| חֲזָרָה נ. | return; repetition; review, rehearsal |
| חֲזָרָה כְּלָלִית | dress rehearsal; comprehensive review |
| בַּחֲזָרָה | back *(adv.)* |
| חֲזֶרֶת נ. | horseradish |
| חַזֶּרֶת נ. | mumps |
| חָטָא | to sin |
| חֵטְא ז. | sin |
| חָטַב | to cut wood |
| חָטוּב ת. | cut, carved; shapely |
| חֲטוֹטֶרֶת נ. | hump |
| חָטוּף ת. | abducted, snatched; hijacked; quick; vocalized with a *Hataf* |
| חָטָט ז. | pimple |
| חַטְטָן ז. | nosy, inquisitive, snoopy |
| חַטְטָנוּת נ. | nosiness, snooping |

| Hebrew | English |
|---|---|
| חֲטִיבָה נ. | unit, division, brigade |
| חֲטִיבַת-בֵּינַיִים | middle school |
| חֲטִיבָתִי ת. | of a division, brigade *(adj.)* |
| חֲטִיף ז. | snack |
| חֲטִיפָה נ. | kidnapping, abduction; snatching; hijacking |
| חֲטִיפַת מָטוֹס | airplane hijacking |
| חָטַף | to kidnap, snatch; hijack |
| חֲטָף ז. | compound Hebrew *Schwa* |
| חֲטַף סֶגּוֹל | the vowel [◌ֱ] |
| חֲטַף פַּתָּח | the vowel [◌ֲ] |
| חֲטַף קָמָץ | the vowel [◌ֳ] |
| חַטְפָן ז. | snatcher, grabber |
| חַי, חָיָה | to live, reside |
| חַי ת. | living, alive, lively, vivacious |
| חִיבֵּב | to like, be fond of |
| חִיבָּה נ. | affection |
| חִיבּוּק ז. | embrace, hug |
| חִיבּוּר ז. | joining together; joint; composition; addition (math) |
| חִיבֵּל (בּ-) | to sabotage, undermine, damage, vandalize |
| חִיבֵּק | to embrace, hug |
| חִיבֵּר | to join together, connect; compose, author |
| חִיגֵּר ת. | lame |
| חִידֵּד | to sharpen |
| חִידָה נ. | riddle |
| חִידּוּד ז. | sharpening; wit |
| חִידוֹן ז. | quiz |
| חִידּוּשׁ ז. | renewal; innovation; resumption |
| חִידָּלוֹן ז. | nothingness, extinction |
| חִידֶּקֶל ז. | Tigris River |
| חִידֵּשׁ | to renew; innovate; resume |
| חַיָּה נ. | animal, beast |
| חַיַּת-בַּיִת | domestic animal, pet |
| חַיַּת-טֶרֶף | predator |
| חַיַּת-פֶּרֶא | wild animal |
| חִיּוּב ז. | affirmation; positive; conviction; debit, charging |
| חִיּוּבִי ת. | positive, affirmative |
| חִיּוּג ז. | dialing |
| חִיּוּג יָשִׁיר | direct dialing |
| חִיוָּה | to state, express |
| חִיוּוּי ז. | expression; indicative *(gram.)* |
| חִיוֵּר ת. | pale |
| חִיוָּרוֹן ז. | paleness |
| חִיּוּךְ ז. | smile |
| חִיּוּל ז. | enlisting, induction |
| חִיּוּנִי ת. | vital, indispensable |
| חִיּוּנִיּוּת נ. | vitality, indispensability |
| חַיּוּת נ. | vitality |
| חִיזּוּי ז. | forecast, prediction |
| חִיזּוּק ז. | strengthening, fortifying |
| חִיזּוּר ז. | courting, courtship |
| חִיזָּיוֹן ז.(חֶזְיוֹנוֹת) | vision; play |
| חִיזֵּק | to strengthen, fortify |
| חִיזֵּר (אַחֲרֵי) | to court, woo |
| חִיטֵּא | to disinfect |
| חִיטָּה נ. | wheat |
| חִיטּוּב ז. | carving; curve |
| חִיטּוּט ז. | scrabbling; searching, snooping |
| חִיטּוּי ז. | disinfection |
| חִיטֵּט (בּ-) | to scrabble; search, snoop |
| חִיטֵּט בָּאַף | to pick one's nose |
| חִייֵּב | to compel, oblige, require; convict; debit, charge |
| חַיָּיב ת. | must, obliged; guilty; owing, indebted |
| חִייֵּג | to dial |
| חַיידַּק ז. | germ |
| חִייָּה | to revive |
| חַיָּיט ז. | tailor |
| חַיָּיטוּת נ. | tailoring |

| | |
|---|---|
| חִייֵךְ | to smile |
| חַייְכָן ז. | smiler |
| חַייְכָנִי ת. | smiling |
| חַיָּל ז. | soldier |
| חַיַּל-מִילּוּאִים | reservist |
| חַיָּל מְשׁוּחְרָר | army veteran |
| חַיָּל סָדִיר | regular soldier |
| חַיַּל-קֶבַע | career soldier |
| חַיָּל שָׂכִיר | mercenary |
| חַיִּים ז.ר. | life |
| לְחַיִּים | 'Cheers' |
| חַיֵּי-עוֹלָם | eternal life |
| חַיֵּי-שָׁעָה | life of momentary pleasures |
| בְּחַיֵּי | 'I swear by' |
| חִיכָּה (ל-) | to wait (for) |
| חִיכּוּךְ ז. | rubbing, friction |
| חִיכִּי ת. | palatal |
| חִיכֵּךְ | to rub |
| חִיל ז. | fear |
| חַיִל ז. | force, army; strength |
| חֵיל-אֲווִיר | air force |
| חֵיל-אַסְפָּקָה | supply corps |
| חֵיל-הַנְדָּסָה | engineering corps |
| חֵיל-יָם | navy |
| חֵיל-מוֹדִיעִין | intelligence corps |
| חֵיל-מַחַץ | strike force |
| חֵיל-מַצָּב | garrison |
| חֵיל-מִשְׁלוֹחַ | expeditionary force |
| חֵיל-פָּרָשִׁים | cavalry |
| חֵיל-קֶשֶׁר | signal corps |
| חֵיל-רַגְלִים | infantry |
| חֵיל-רְפוּאָה | medical corps |
| חֵיל-שִׁירְיוֹן | armored corps |
| חֵיל-תּוֹתְחָנִים | artillery force |
| חִילָּה אֶת פָּנָיו | to appease, plead |
| חִילּוּל ז. | desecration |
| חִילּוּל הַקּוֹדֶשׁ | sacrilege |
| חִילּוּל הַשֵּׁם | blasphemy |

| | |
|---|---|
| חִילּוּן ז. | secularization |
| חִילּוֹנִי ת. | secular |
| חִילּוּף ז. | change, exchange |
| חִילּוּף חוֹמָרִים | metabolism |
| חִילּוּפֵי אִיגְּרוֹת | exchange of letters, correspondence |
| חִילּוּפֵי אֵשׁ, -יְרִיּוֹת | exchange of fire, shootout |
| חִילּוּפֵי גַּבְרֵי | personnel changes, reshuffle |
| חִילּוּפֵי דְּבָרִים | argument |
| חִילּוּפֵי מִשְׁמָרוֹת | change of guard |
| חִילּוּץ ז. | rescue; pulling out |
| חִילּוּץ עֲצָמוֹת | physical exercise |
| חִילּוּק ז. | division |
| חִילּוּקֵי דֵּעוֹת | disagreement |
| חִילָּזוֹן ז.(חֶלזוֹנוֹת) | snail |
| חִילְחוּל ז. | seepage |
| חִילְחֵל | to seep |
| חִילֵּל | to desecrate, defile; play the flute |
| חִילֵּץ | to rescue; pull out |
| חִילֵּק | to divide, partition; distribute |
| חֵימָה נ. | wrath, rage |
| חִימּוּם ז. | heating |
| חִימּוּם מֶרְכָּזִי | central heating |
| חִימּוּשׁ ז. | arming, armament |
| חִימּוּשׁ גַּרְעִינִי | nuclear armament |
| חִימֵּם | to heat, warm up |
| חִימְצוּן ז. | oxidation |
| חִימְצֵן | to oxidize |
| חִימֵּשׁ | to arm; multiply by five |
| חֵימָר ז. | asphalt |
| חִינְגָּא, חִינְגָּה נ. | feast, celebration |
| חִינּוּךְ ז. | education |
| חִינּוּךְ גָּבוֹהַּ | higher education |
| חִינּוּךְ גּוּפָנִי | physical education |
| חִינּוּךְ-חוֹבָה | compulsory education |

*adv*=תפ *adj*=ת *pl*=ר *fem*=נ *pro*=כ *prep*=י *con*=ח *du*=זו *mas*=ז

| | |
|---|---|
| חִינּוּךְ יְסוֹדִי | elementary education |
| חִינּוּךְ מְעוֹרָב | co-education |
| חִינּוּךְ מִקְצוֹעִי | vocational education |
| חִינּוּךְ מְשׁוּתָּף | co-education |
| חִינּוּךְ עַל-יְסוֹדִי | post-elementary education |
| חִינּוּכִי ת. | educational |
| חִינֵּךְ | to educate |
| חִינָּם, בְּחִינָּם תפ. | free of charge |
| לְחִינָּם | in vain; without a purpose |
| חִינָּנִי ת. | charming, graceful |
| חִינָּנִיּוּת נ. | charm, grace |
| חִיסּוּל ז. | liquidation, elimination, extermination, ending |
| חִיסּוּל חֶשְׁבּוֹנוֹת | settling accounts |
| חִיסּוּן ז. | immunization |
| חִיסּוּר ז. | subtraction, deduction |
| חִיסָּכוֹן ז.(חֶסְכוֹנוֹת) | saving; frugality |
| חִיסֵּל | to liquidate, eliminate, exterminate, put an end to |
| חִיסֵּן | to immunize |
| חִיסֵּר | to subtract, deduct |
| חִיסָּרוֹן ז.(חֶסְרוֹנוֹת) | deficiency, defect; disadvantage |
| חִיפָּה (עַל) | to cover, cover up, protect |
| חִיפּוּי ז. | covering, cover-up, protection |
| חִיפּוּשׂ ז. | search, quest |
| חִיפּוּשִׁית נ. | beetle |
| חִיפָּזוֹן ז. | haste, hurry |
| חִיפֵּשׂ | to look for, search |
| חַיִץ ז. | barrier |
| חִיצוֹן, חִיצוֹנִי ת. | external, exterior, outside *(adj.)* |
| חִיצוֹנִיּוּת נ. | exterior *(n.)* |
| חִיצֵּר | to blow the trumpet |
| חֵיק ז. | lap, bosom |

| | |
|---|---|
| חֵיק-הַטֶּבַע | outdoors |
| חִיקָּה | to imitate, copy |
| חִיקּוּי ז. | imitation, copy |
| חִירְבָּה נ. | ruins; ruined Arab village |
| חִירְבּוּן ז. | defecation; flop *(col.)* |
| חִירְבֵּן | to defecate; spoil *(col.)* |
| חֵירוּם ז. | emergency |
| חֵירוּף ז. | curse; risk |
| חֵירוּק שִׁינַּיִים ז. | gnashing one's teeth, anger |
| חִירוּרג ז. | surgeon |
| חֵירוּת נ. | freedom, liberty |
| חִירְחוּר ז. | incitement, provocation |
| חִירְחֵר | to instigate, stir up, incite |
| חִירִיק ז. | the vowel [·] |
| חִירִיק חָסֵר | *Hirik* not followed by a *Yod* |
| חִירִיק מָלֵא | *Hirik* followed by a *Yod* |
| חֵירֵף | to curse; risk |
| חֵירֵף נַפְשׁוֹ | to risk one's life |
| חֵירֵשׁ ת. | deaf |
| חֵירֵשׁ-אִילֵּם | deaf-mute |
| חֵירְשׁוּת נ. | deafness |
| חִישׁ תפ. | quickly, soon, fast |
| חִישֵּׁב | to calculate, compute, estimate |
| חִישְׁבֵּן | to calculate, make accounts |
| חִישָּׁה נ. | sensing |
| חִישּׁוּב ז. | calculation, computation; consideration |
| חִישּׁוּל ז. | forging; strengthening |
| חִישּׁוּק ז. | hoop |
| חִישּׁוּר ז. | spoke |
| חִישֵּׁל | to forge, strengthen |
| חִישְׁמוּל ז. | electrification, electrocution |
| חִישְׁמֵל | to electrify, electrocute |

| | |
|---|---|
| חִישֵּׁק | to fasten, gird |
| חֵית נ. | eighth letter of the alphabet |
| חִיתּוּךְ ז. | cutting, cut |
| חִיתּוּךְ דִּיבּוּר | diction, articulation |
| חִיתּוּךְ עֵץ | wood-carving |
| חִיתּוּל ז. | diaper |
| חִיתּוּן ז. | marrying off |
| חִיתֵּל | to wrap, diaper |
| חִיתֵּן | to marry off |
| חֵךְ ז. | palate |
| חַכָּה נ. | fishhook, fishing rod |
| חָכוּר ת. | leased |
| חֲכִירָה נ. | leasing, lease |
| חָכַךְ | to rub, scratch |
| חָכַךְ בְּדַעְתּוֹ | to hesitate |
| חַכְלִיל, חַכְלִילִי ת. | reddish |
| חָכַם | to be wise |
| חָכָם ת. | wise, smart |
| חָכָם בַּלַּילָה | fool *(col.)* |
| חָכַר | to lease |
| חָל (עַל) | to apply (to); fall (on) |
| חֶלְאָה נ. | filth |
| חֶלְאַת-אָדָם | scum |
| חָלַב | to milk |
| חָלָב ז. | milk |
| חֵלֶב ז. | fat *(n.)* |
| חַלְבָה, חַלְוָה נ. | *halva*, sesame candy |
| חֶלְבּוֹן ז. | egg white; protein |
| חֲלָבִי ת. | milky, dairy |
| חַלְבָּן ז. | milkman |
| חֶלֶד ז. | world; lifetime |
| חָלָה | to become ill |
| חַלָּה נ. | twisted loaf of bread |
| חָלוּד ת. | rusty |
| חֲלוּדָה נ. | rust |
| חָלוּל ת. | hollow |
| חֲלוֹם ז.(חֲלוֹמוֹת) | dream |
| חֲלוֹם-בַּלָּהוֹת | nightmare |
| חֲלוֹמִי ת. | imaginary, fabulous |
| חַלּוֹן ז.(חַלּוֹנוֹת) | window |
| חַלּוֹן-רַאֲוָה | display window |
| הַחַלּוֹנוֹת הַגְּבוֹהִים | 'high officials' |
| חָלוּף ז. | passing, vanishing |
| חֲלוּפָה נ. | alternative |
| לַחֲלוּפִין | alternatively |
| חָלוּץ ז. | pioneer, vanguard, spearhead |
| חֲלוּצִיּוּת נ. | pioneering |
| חָלוּק ז. | robe, gown |
| חָלוּק ת. | divided, in disagreement |
| חַלּוּק ז. | pebble |
| חֲלוּקָּה נ. | division, partition; distribution |
| חָלוּשׁ ת. | weak, frail |
| חָלוּת נ. | applicability |
| חֶלְזוֹנִי ת. | spiral |
| חַלְחוֹלֶת נ. | rectum |
| חַלְחָלָה נ. | fear, trembling, terror |
| חָלַט | to pour (boiling water) |
| חַלְטוּרָה נ. | cheap art |
| חֲלִיבָה נ. | milking |
| חָלִיל ז. | flute |
| חָלִילָה תפ. | and so on, repeatedly |
| חָלִילָה | 'God forbid' |
| חֲלִילוֹן ז. | piccolo |
| חֲלִילִית נ. | recorder (small flute) |
| חֲלִילָן ז. | flutist, flautist |
| חָלִיף ת. | interchangeable |
| חֲלִיפָה נ. | suit; change |
| חֲלִיפַת מִכְתָּבִים | exchange of letters, correspondence |
| חֲלִיפוֹת תפ. | alternately |
| חֲלִיפִי ת. | alternate |
| חֲלִיפִין ז.ר. | exchange |
| חֲלִיצָה נ. | taking off (shoes), removal; ceremony marking a man's refusal to marry his brother's widow |

*adv*=תפ *adj*=ת *pl*=ר *fem*=נ *pro*=כ *prep*=י *con*=ח *du*=זו *mas*=ז

| | |
|---|---|
| חָלָל ז. | fallen, dead; martyr; space |
| חָלָל חִיצוֹן | outer space |
| חָלָל רֵיק | vacuum |
| חֲלָלִית נ. | spaceship |
| חָלַם | to dream, imagine |
| חֶלְמָאִי ת. | fool (an inhabitant of Chelm) |
| חֶלְמוֹן ז. | egg yolk |
| חַלָּמִישׁ ז. | flint |
| חָלַף | to pass, vanish |
| חֵלֶף ז. | spare part |
| חַלְפָן ז. | money-changer |
| חָלַץ | to take off (shoes), remove |
| חֶלֶץ ז.(חֲלָצַיִים) | loins |
| חָלַק (עַל) | to disagree (with), differ |
| חָלַק כָּבוֹד | to pay tribute, honor |
| חָלָק ת. | smooth; blank |
| חֵלֶק ז. | part, section, portion |
| חֵלֶק-הָאֲרִי | lion's share |
| חֶלְקֵי-הַדִּיבּוּר, -הַדִּבֵּר | parts of speech *(gram.)* |
| חֶלְקֵי-חִילּוּף | spare parts |
| חֶלְקָה נ. | plot, field |
| חֶלְקַת-אֲדָמָה | lot |
| חֲלָקוֹת נ.ר. | flattery |
| חֶלְקִי ת. | partial, part-time |
| חֶלְקִיק ז. | particle |
| חֶלְקִית תפ. | partially, partly |
| חֲלַקְלַק ת. | slippery, smooth |
| חֲלַקְלַקָּה נ. | skating rink |
| חֲלַקְלַקּוֹת תפ. | in a flattering manner |
| חָלַשׁ | to be weak |
| חָלַשׁ (עַל) | to dominate, control |
| חַלָּשׁ ת. | weak, feeble |
| חַם, חָם ת. | hot, warm, heated |
| חַם-מֶזֶג | hot-tempered |
| חָם ז. | father-in-law |
| חֶמְאָה נ. | butter |
| חֶמְאַת-בּוֹטְנִים | peanut butter |
| חָמַד | to desire |
| חָמַד לָצוֹן | to joke |
| חֶמֶד ז. | beauty, loveliness |
| חֶמְדָּה נ. | desire; precious thing |
| חַמְדָן ז. | lustful; greedy |
| חַמְדָנוּת נ. | lust; greed |
| חַמָּה נ. | sun |
| חָמוּד ת. | lovely, cute; desirable |
| חֲמוּם-מוֹחַ ת. | hot-headed |
| חָמוּס ת. | robbed |
| חָמוּץ ת. | sour |
| חֲמוּצִים ז.ר. | variety of pickled vegetables |
| חַמּוּקִים ז.ר. | body curves |
| חֲמוֹר ז. | donkey, ass |
| חֲמוֹר-גֶּרֶם | jackass |
| חָמוּר ת. | grave, serious, severe, critical |
| חָמוּשׁ ת. | armed |
| חָמוֹת נ. | mother-in-law |
| חֲמִיטָה נ. | pancake |
| חָמִים ת. | warm |
| חֲמִימוּת נ. | warmth |
| חַמִּין ז.ר. | stew kept warm for the Sabbath |
| חֲמִיצָה נ. | sour soup, *borscht* |
| חֲמִיצוּת נ. | sourness, acidity |
| חֲמִישָּׁה ז. | five |
| חֲמִישָּׁה-עָשָׂר ז. | fifteen |
| חֲמִישִׁי ת. | fifth |
| חֲמִישִׁיָּה נ. | quintet; quintuplet |
| חֲמִישִּׁים | fifty |
| חֲמִישִׁית נ. | one-fifth |
| חָמַל(עַל) | to pity, feel sorry (for); spare |
| חֶמְלָה נ. | pity, mercy |
| חֲמָמָה נ. | greenhouse |
| חַמָּנִית נ. | sunflower |
| חָמַס | to rob; do injustice |

חָמָס ז. injustice
חַמְסִין ז. hot dry wind
חַמְסָן ז. robber
חַמְסָנוּת נ. robbery
חָמַץ to turn sour
חָמֵץ ז. leavened bread; non-kosher for Passover
חִמְצָה נ. chickpea
חֲמַצְמַץ ת. sourish
חַמְצָן ז. oxygen
חָמַק to slip away, escape, evade
חֲמַקְמַק ת. elusive, evasive
חַמְקָן, חַמְקָנִי ת. evasive
חַמְקָנוּת נ. evasiveness
חַמְרָה נ. reddish loam
חַמְרָן ז. aluminum
חָמֵשׁ נ. five
חֲמֵשׁ-עֶשְׂרֵה נ. fifteen
חַמְשִׁיר ז. limerick
חֵמֶת נ. skin bottle
חֵמֶת-חֲלִילִים bagpipes
חֵן ז. grace, beauty, charm
חֵן-חֵן thanks
חָנָה to park
חֶנְוָנִי ז. shopkeeper
חָנוּט ת. mummified
חֲנוּכָּה נ. dedication, consecration; *Hanukkah* feast
חֲנוּכִּיָּה נ. *Hanukkah* candlesticks
חַנּוּן ת. merciful, compassionate
חֲנוּפָּה נ. flattery
חָנוּק ת. choked, strangled, suffocated
חֲנוּת נ. shop, store
חָנַט to mummify
חַנְטָרִישׁ ז. nonsense *(col.)*
חֲנָיָה, חֲנִיָּיה נ. parking
חֶנְיוֹן ז. parking area
חֲנִיטָה נ. mummification

חָנִיךְ ז. student, apprentice, trainee; disciple
חֲנִיכוּת נ. apprenticeship
חֲנִיכַיִים ז. זו. gums
חֲנִינָה נ. pardon, amnesty
חֲנִיקָה נ. strangulation, choking
חֲנִית נ. spear
חָנַךְ to inaugurate, dedicate, hold opening ceremony
חָנַן to pardon
חַנְפָן ז. flatterer
חַנְפָנוּת נ. flattery
חָנַק to strangle, choke, suffocate
חֶנֶק ז. strangulation
חַנְקָה נ. nitrate
חַנְקָן ז. nitrogen
חָס (עַל) to have mercy (on); spare
חַס וְחָלִילָה, -וְשָׁלוֹם 'God forbid'
חֶסֶד ז. favor, charity
בְּחֶסֶד עֶלְיוֹן very gifted, talented
חַסְדָן ז. hypocrite
חַסְדָנוּת נ. hypocrisy
חָסָה to find shelter
חַסָּה נ. lettuce
חָסוּד ת. graceful; hypocritical
חָסוּי ת. sheltered, protected; classified
חָסוּךְ ת. saved
חָסוּם ת. blocked
חָסוֹן ת. strong
חָסוּת נ. protection; patronage, auspices, sponsorship
בְּחָסוּת- under the auspices of
חַסְחוּס ז. cartilage
חָסִיד ז. pious; *Hassidic* Jew; follower, fan
חֲסִיד אוּמּוֹת הָעוֹלָם a Gentile who saved Jews
חֲסִידָה נ. stork

חֲסִידוּת נ. — *Hassidism*
חֲסִימָה נ. — blocking, barring
חָסִין ת. — immune
חֲסִין-אֵשׁ — fireproof
חֲסִינוּת נ. — immunity
חָסַךְ — to save
חֶסְכוֹנוֹת ז.ר. — savings
חַסְכָן ז. — frugal person
חַסְכָנִי ת. — thrifty, frugal
חֲסַל — it is the end of
וַחֲסַל — 'and that is the end of it'
חָסַם — to block
חָסֵר — to be lacking, missing
חָסֵר ת. — missing
חֲסַר- — lacking, in-, un-, –less (fem. חַסְרַת-)
חֲסַר-אוֹנִים — helpless, powerless
חֲסַר-אֶמְצָעִים — poor
חֲסַר-בַּיִת — homeless
חֲסַר-הַכָּרָה — unconscious
חֲסַר-חִינּוּךְ — uneducated; ill-mannered
חֲסַר-טַעַם — tasteless; meaningless
חֲסַר-יֶשַׁע — helpless
חֲסַר-כֹּל — destitute
חֲסַר-לֵב — heartless, cruel
חֲסַר-מַזָּל — unlucky
חֲסַר-מְנוּחָה — restless
חֲסַר-מִשְׁמַעַת — undisciplined
חֲסַר-נִיסָּיוֹן — inexperienced
חֲסַר-עֵרֶךְ — worthless, insignificant
חֲסַר-שַׁחַר — baseless, unfounded
חֲסַר-תְּבוּנָה — fool, foolish
חֲסַר-תּוֹחֶלֶת, -תִּקְוָה — hopeless
חֲסַר-תּוֹעֶלֶת — useless
חֲסַר-תּוֹקֶף — invalid
חֲסַר-תַּכְלִית — purposeless, futile
חֲסַר-תַּקְדִּים — unprecedented
חֲסַר-תַּרְבּוּת — uncivilized

חַף ת. — innocent, clean
חַף מִפֶּשַׁע — not guilty, innocent
חָפוּז ת. — hasty, hurried
חֲפוּי-רֹאשׁ ת. — ashamed, embarrassed
חָפוּף ת. — washed
חָפוּר ת. — dug
חַפּוּת נ. — innocence
חֲפִיסָה נ. — packet, deck (of cards)
חֲפִיפָה נ. — washing (hair); overlapping
חֲפִירָה נ. — digging, excavation; ditch
חָפַף — to wash (hair), shampoo; overlap, coincide
חָפֵץ, חָפַץ (בְּ-) — to desire, want
חֵפֶץ ז. — desire; object, article
בְּחֵפֶץ-לֵב — willingly, with pleasure
חֲפָצִים ז.ר. — belongings; baggage
חָפַר — to dig, excavate
חַפָּר ז. — digger
חֲפַרְפֶּרֶת נ. — mole
חָפַת — to roll up
חֵפֶת ז. — cuff
חֵץ ז. — arrow
כְּחֵץ מִקֶּשֶׁת — very fast
חֲצָאִית נ. — skirt
חָצַב — to quarry, carve
חַצֶּבֶת נ. — measles
חָצָה — to bisect, part; cross
חָצוּב ת. — carved, quarried
חֲצוּבָה נ. — tripod
חָצוּי ת. — halved, divided, bisected
חָצוּף ת. — impudent, insolent
חֲצוֹצְרָה נ. — trumpet
חֲצוֹצְרָן ז. — trumpeter
חֲצוֹת (-הַלַּיְלָה) נ. — midnight
חֲצוֹת-הַיּוֹם — midday
חֵצִי, חֲצִי ז. — half
חֲצִי-אִי — peninsula
חֲצִיבָה נ. — quarrying; carving

*adv*=תפ *adj*=ת *pl*=ר *fem*=נ *pro*=כ *prep*=י *con*=ח *du*=זו *mas*=ז

חציה ◊ חריפות

חֲצִיָּה, חֲצָיָה נ. halving, bisecting; crossing
חֶצְיוֹן ז. median
חָצִיל ז. eggplant
חֲצִיצָה נ. separating, partition
חָצִיר ז. hay, grass
חָצַץ to separate, partition
חָצָץ ז. gravel
חָצֵר נ.(חֲצֵרוֹת) yard, courtyard
חֲצֵרִים ז.ר. premises
חַצְרָן ז. janitor
חָקוּק ת. carved, engraved
חָקוּר ת. investigated; interrogated
חַקְיָן ז. imitator, impressionist
חַקְיָנוּת נ. imitation
חֲקִיקָה נ. legislation
חֲקִירָה נ. investigation, probe, examination; interrogation
חֲקִירַת מָוֶת inquest
חֲקִירַת שְׁתִי וָעֵרֶב cross-examination
חַקְלָאוּת נ. agriculture
חַקְלַאי ז. farmer
חַקְלָאִי ת. agricultural
חָקַק to legislate; carve, engrave
חָקַר to investigate, probe; research; interrogate
חֵקֶר ז. inquiry; research, study
חַקְרָן ז. prier, inquisitive
חַקְרָנוּת נ. prying, inquisitiveness
חָרָא ז. feccs; 'lousy' *(col.)*
חָרַב to be ruined, destroyed
חָרֵב ת. ruined, desolate
חֶרֶב נ.(חֲרָבוֹת) sword
חֶרֶב-פִּיפִיּוֹת double-edged sword
חֶרְבּוֹן ז. mess, flop *(col.)*
חָרַג to deviate; exceed
חַרְגּוֹל ז. grasshopper
חָרַד to be afraid, concerned, anxious
חָרֵד ת. fearful, concerned, anxious
חֲרָדָה נ. fear, concern, anxiety
חַרְדּוֹן ז. lizard
חֲרֵדִי ז. ultra-orthodox Jew
חַרְדָּל ז. mustard
חָרָה לוֹ to be angered
חָרוּב ז. carob
חָרוּבִית נ. carob tree
חָרוּז ז., ת. bead; rhyme, verse; rhymed
חָרוּט ת. engraved; cone
חָרוּךְ ת. scorched
חֲרוּמַף ז. flat-nosed
חָרוֹן (-אַף) ז. wrath
חֲרֹסֶת נ. *ḥaroseth*, a mixture of fruit, nuts, and wine eaten on Passover eve
חָרוּץ ת. diligent, studious
חָרוּר ת. full of holes, perforated
חָרוּשׁ ת. ploughed
חֲרוּשׁ-קְמָטִים wrinkled (face)
חֲרֹשֶׁת נ. industry
חָרוּת ת. engraved, inscribed
חָרַז to string beads; rhyme
חַרְזָן ז. rhymester
חָרַט to engrave, etch
חֶרֶט ז. stylus
חָרָט ז. engraver
חֲרָטָה נ. regret, remorse
חַרְטוֹם ז. beak, nose
חָרָטוּת נ. engraving
חָרִיג ת. deviant, irregular, unusual
חֲרִיגָה נ. deviation, aberration
חֲרִיזָה נ. stringing beads; rhyming
חֲרִיטָה נ. engraving, etching
חֲרִיכָה נ. scorching
חָרִיף ת. sharp; spicy, hot; acute; harsh
חֲרִיפוּת נ. sharpness; acuteness; harshness

| English | עברית |
|---|---|
| crevice, groove | חָרִיץ ז. |
| cutting; deciding | חֲרִיצָה נ. |
| verdict, judgment | חֲרִיצַת דִּין |
| slander | חֲרִיצַת לָשׁוֹן |
| diligence | חֲרִיצוּת נ. |
| squeak, grating | חֲרִיקָה נ. |
| small hole | חָרִיר ז. |
| ploughing | חָרִישׁ ז., חֲרִישָׁה נ. |
| silence | חֲרִישׁוּת נ. |
| silent, quiet | חֲרִישִׁי ת. |
| engraving | חֲרִיתָה נ. |
| to scorch | חָרַךְ |
| loophole | חָרָךְ ז. |
| boycott, ban, excommunication | חֵרֶם ז. |
| ban on bigamy | חֵרֶם דְּרַבֵּנוּ גֵרְשׁוֹם |
| lustful, 'horny' (col.) | חַרְמָן ת. |
| sickle | חֶרְמֵשׁ ז. |
| clay, sherd | חֶרֶס ז. |
| china, porcelain | חַרְסִינָה נ. |
| red clay soil | חַרְסִית נ. |
| despite | חֶרֶף תפ. |
| disgrace, shame | חֶרְפָּה נ. |
| the shame of hunger | חֶרְפַּת-רָעָב |
| to cut; decide | חָרַץ |
| chain | חַרְצוּבָה נ. |
| fruit pit | חַרְצָן ז. |
| to grate; gnash teeth; squeak | חָרַק |
| insect | חֶרֶק ז. |
| 'action', disturbance (col.) | חֲרָקָה נ. |
| squeaky | חַרְקָנִי ת. |
| to plough | חָרַשׁ |
| deaf | חֵרֵשׁ ת. |
| secretly, silently | חֶרֶשׁ תפ. |
| deafness | חֵרְשׁוּת נ. |
| artichoke | חַרְשָׁף ז. |
| to engrave, carve | חָרַת |
| to feel, sense; rush | חָשׁ |
| secrecy | חֲשַׁאי ז. |

| English | עברית |
|---|---|
| secret | חֲשָׁאִי ת. |
| secrecy | חֲשָׁאִיּוּת נ. |
| to think, regard; intend | חָשַׁב |
| accountant | חַשָּׁב ז. |
| arithmetic; calculation; account; bill | חֶשְׁבּוֹן ז.(חֶשְׁבּוֹנוֹת) |
| expense account | חֶשְׁבּוֹן-הוֹצָאוֹת |
| soul-searching | חֶשְׁבּוֹן-נֶפֶשׁ |
| checking account | חֶשְׁבּוֹן עוֹבֵר וָשָׁב |
| at the expense of | עַל חֶשְׁבּוֹן |
| accounting | חֶשְׁבּוֹנָאוּת נ. |
| counting frame | חֶשְׁבּוֹנִיָּה נ. |
| invoice | חֶשְׁבּוֹנִית נ. |
| to suspect, be suspicious (of) | חָשַׁד (ב-) |
| suspicion | חֲשָׁד ז. |
| suspicious person | חַשְׁדָן ז. |
| suspiciousness | חַשְׁדָנוּת נ. |
| to be silent | חָשָׁה |
| important | חָשׁוּב ת. |
| suspected, suspect | חָשׁוּד ת. |
| second Hebrew month | חֶשְׁוָן ז. |
| dark | חָשׁוּךְ ת. |
| lacking | חָשׂוּךְ ת. |
| childless | חֲשׂוּךְ-בָּנִים, -יְלָדִים |
| incurable | חֲשׂוּךְ-מַרְפֵּא |
| exposed, bare | חָשׂוּף ת. |
| desired, beloved | חָשׁוּק ת. |
| thinking | חֲשִׁיבָה נ. |
| importance | חֲשִׁיבוּת נ. |
| darkness | חֲשִׁיכָה נ. |
| uncovering, exposure | חֲשִׂיפָה נ. |
| to become dark, darken | חָשַׁךְ |
| electricity | חַשְׁמַל ז. |
| electrical work | חַשְׁמַלָּאוּת נ. |
| electrician | חַשְׁמַלַּאי ז. |
| electric, electrical | חַשְׁמַלִּי ת. |
| streetcar, trolley | חַשְׁמַלִּית נ. |

| | |
|---|---|
| חַשְׁמָן ז. | Cardinal |
| חָשַׂף | to expose, uncover |
| חַשְׂפָן ז., חַשְׂפָנִית נ. | stripper |
| חַשְׂפָנוּת נ. | striptease |
| חָשַׁק (בְּ-) | to desire, crave (for) |
| חֵשֶׁק ז. | desire, lust |
| חַשְׁקָנוּת נ. | lustfulness, sexual desire |
| חָשַׁשׁ (מ-) | to fear, be concerned (about) |
| חֲשָׁשׁ ז. | fear, concern |
| חַת ז. | fear |
| חַת-שְׁתַּיִים תפ. | right away *(col.)* |
| חָתוּךְ ת. | cut, sliced |
| חָתוּל ז. | cat |
| חֲתוּל-בָּר | wildcat |
| חֲתוּלַת-מִין | sex kitten |
| חָתוּם ת. | signed, stamped; sealed |
| הֶחָתוּם מַטָּה | the undersigned |
| חֲתוּנָּה נ. | wedding |
| חָתִיךְ ת. | handsome, good-looking *(col.)* |
| חֲתִיכָה נ. | piece, slice; beautiful woman *(col.)* |
| חֲתִימָה נ. | signing, signature, autograph; subscription |
| חֲתִימַת-זָקָן | trace of a beard |
| חֲתִירָה נ. | undermining, sabotage; striving; rowing |
| חָתַךְ | to cut |
| חֲתָךְ ז. | cut, incision; cross section |
| חַתְכָנִי ת. | decisive |
| חֲתַלְתּוּל ז. | kitten, pussycat |
| חָתַם | to seal, stamp; conclude |
| חָתַם (עַל) | to sign; subscribe (to) |
| חָתַם בְּרָאשֵׁי-תֵּיבוֹת | to initial |
| חָתָן ז. | bridegroom; son-in-law |
| חֲתַן-פְּרָס | award winner, laureate |
| חָתַר | to strive; row |
| חָתַר (נֶגֶד,תַּחַת) | to undermine, subvert |
| חַתְרָן ז. | subversive, saboteur |
| חַתְרָנוּת נ. | subversion, sabotage, undermining |

*adv*=תפ *adj*=ת *pl*=ר *fem*=נ *pro*=כ *prep*=י *con*=ח *du*=זו *mas*=ז

# ט

| | |
|---|---|
| ט | *Tet;* nine (numerical value) |
| טָאבּוּ ז. | land registry |
| טָבוּחַ ת. | slaughtered |
| טָבוּל ת. | dipped, immersed |
| טָבוּעַ ת. | drowned; coined, engraved, imprinted |
| טַבּוּר ז. | navel; center |
| טַבּוּרִי ז. | navel orange |
| טָבַח | to slaughter |
| טֶבַח ז. | slaughter, massacre |
| טַבָּח ז., טַבָּחִית נ. | cook |
| טַבָּחוּת נ. | cooking |
| טְבִיחָה נ. | slaughtering |
| טְבִילָה נ. | dipping, immersion; baptism |
| טְבִילַת אֵשׁ | first battle experience |
| טָבִין ז.ר. | bonds, securities |
| טָבִין וּתְקִילִין | good money, cash |
| טְבִיעָה נ. | drowning, sinking; coining, stamping, impression |
| טְבִיעַת אֶצְבַּע | fingerprint |
| טְבִיעַת עַיִן | perceptiveness |
| טָבַל | to dip, immerse |
| טַבְלָה נ. | board; table |
| טַבְלִית נ. | tablet |
| טָבַע | to drown, sink; coin, imprint |
| טֶבַע ז. | nature, character |
| טִבְעוֹנוּת נ. | a belief in a vegetarian, raw diet |
| טִבְעוֹנִי ת. | one who eats vegetarian, raw food |
| טִבְעִי ת. | natural |
| טַבַּעַת נ. | ring, band |
| טַבַּעַת-נִישּׂוּאִין | wedding ring |
| טַבָּק ז. | tobacco |
| טַבְרָנִי ת. | Tiberian |
| טָהוֹר ת. | pure, clean |
| טָהַר | to be cleansed, purified |
| ט"ו בִּשְׁבָט | Arbor Day |
| טוֹב ת. | good, fine |
| טוּב ז. | good *(n.)*, goodness |
| טוּב-טַעַם | good taste |
| טוּב-לֵב | goodheartedness |
| טוֹבָה נ. | favor, good deed |
| טוֹבַת-הֲנָאָה | benefit, profit |
| טוֹבַת-הַכְּלָל | the public interest |
| טוּבִין ז.ר. | goods |
| טוּבַּע | to be drowned, sunk |
| טוֹבְעָנִי ת. | boggy, muddy |
| טוּגַּן | to be fried |
| טוֹהַר | to be cleansed, purged; be exonerated |
| טוֹהַר ז. | purity, cleanness |
| טוֹהַר-מִידּוֹת | integrity |
| טוֹהֳרָה | cleansing, cleanness, purity |
| טָוָה | to weave, spin |
| טוּוַּח | to be adjusted for firing |
| טְוַוח ז. | range |
| טְוַוח-בִּיטָּחוֹן | safe distance; safety margin |
| טְוָוח קָצָר | short range |
| טְוָוח רָחוֹק | long range |
| טְוַוח-שְׁמִיעָה | earshot |
| לְטְוָוח אָרוֹךְ | in the long run |
| טְוִוּיָּה נ. | weaving, spinning |
| טַוָּס ז. | peacock |
| טוֹחֵן ז. | miller |
| טוֹחֶנֶת נ. | molar |
| טוֹטוֹ ז. | sports betting |
| טוּיַּח | to be plastered |
| טוּלְטַל | to be moved, carried |

טוּמָא to be defiled
טוּמְאָה נ. defilement, impurity
טוּמְטַם to be made a fool of
טוּנַּף to be made filthy
טוֹעֵן ז. claimant, plaintiff
טוּפַּח to be cultivated, nurtured
טוּפַּל to be treated, taken care of
טוֹפֶס ז. form; copy
טוּר ז. column
טוּרַאי ז. army private
טוּרַאי רִאשׁוֹן private first class
טוֹרַח ז. bother, burden
טוּרִיָּה נ. wide hoe
טוֹרֵף ז. carnivorous
טוּרְפַּד to be torpedoed, sabotaged
טוֹרְפָנִי ת. predatory
טוּשׁ ז. India ink
טוּשְׁטַשׁ to be blurred, obliterated
טָח to plaster
טַחַב ז. humidity, dampness
טָחוּב ת. humid, damp
טְחוֹל ז. spleen
טָחוּן ת. ground, crushed
טְחוֹרִים ז.ר. hemorrhoids
טְחִינָה נ. grinding
טְחִינָה נ. sesame sauce, *tahini*
טָחַן to grind, mill, crush
טֶחָן ז. miller
טַחֲנָה נ. mill
טַחֲנַת-רוּחַ windmill
טִיב ז. quality, character, nature
טִיבּוּעַ ז. drowning, sinking
טִיבַּע to drown, sink
טִיגּוּן ז. frying
טִיגּוּן עָמוֹק deep fry
טִיגֵּן to fry
טִיהוּר ז. purification, purge; exoneration

טִיהֵר to purify, purge, cleanse; exonerate
טִיוּוּחַ ז. adjusting guns for firing
טִיוֵּחַ to adjust range of guns
טִיוּחַ ז. plastering
טְיוּטָה נ. draft
טִיוּל ז. excursion, tour, trip, stroll
טִיוּלִית נ. tour truck
טִיחַ ז. plaster
טִיט ז. mud, loam, clay
טִיֵּחַ to plaster, coat
טַיָּח ז. plaster worker
טִיֵּל to stroll, hike, tour
טַיֶּלֶת נ. promenade
טַיָּס ז. pilot
טַיַּס-חָלָל astronaut
טַיַּס-מִשְׁנֶה co-pilot
טַיַּס-נִיסּוּי test pilot
טַיֶּסֶת נ. squadron
טִיכֵּס to arrange
טִיכֵּס עֵצָה to seek advice
טִיל ז. rocket, missile
טִיל אֲוִויר-אֲוִויר air-to-air missile
טִיל בֵּין-יַבַּשְׁתִּי intercontinental ballistic missile, IBM
טִיל גַּרְעִינִי nuclear missile
טִיל מוּנְחֶה guided missile
טִיל קַרְקַע-אֲוִויר surface-to-air missile, SAM
טִיל-שִׁיוּט cruise missile
טִילוֹן ז. motor scooter
טִילְטוּל ז. moving
טִילְטֵל to move, transfer; fling
טִילְפֵּן (אֶל,לְ-) to telephone, call
טִימֵּא to defile, taint
טִימְטוּם ז. stupidity
טִימְטֵם to make a fool of
טִין ז. mud, clay


*adv*=תפ *adj*=ת *pl*=ר *fem*=נ *pro*=כ *prep*=י *con*=ח *du*=זו *mas*=ז

| | |
|---|---|
| טִינָה נ. | grudge, resentment |
| טִינּוֹפֶת נ. | filth |
| טִינֵּף | to make filthy, befoul |
| טַיִס ז. | flying |
| טִיסָה נ. | flight |
| טִיסַת-בְּכוֹרָה | maiden flight |
| טִיסַת-שֶׂכֶר | charter flight |
| טִיסָן ז. | model airplane |
| טִיעוּן ז. | claim, plea |
| טִיפָּה נ. | drop |
| טִיפ-טִיפָּה | a little |
| הַטִּיפָּה הַמָּרָה | alcohol |
| טִיפַּת-חָלָב | newborn clinic |
| טִיפִּין-טִיפִּין | drop by drop, little by little |
| טִיפּוּחַ ז. | fostering, cultivation |
| טִיפּוּל ז. | treatment, care; therapy |
| טִיפּוּל בְּהֶלֶם | shock treatment |
| טִיפּוּל נִמְרָץ | intensive care |
| טִיפּוּל רְפוּאִי | medical care |
| טִיפּוּל שׁוֹרֶשׁ | root canal treatment |
| טִיפּוּס ז. | type, character |
| טִיפּוּסִי ת. | typical, characteristic |
| טִיפֵּחַ | to foster, cultivate, nurture |
| טִיפְטוּף ז. | dripping, drizzle; sprinkle |
| טִיפְטֵף | to drip, drizzle; sprinkle |
| טִיפֵּל (בּ-) | to treat, take care (of) |
| טִיפֵּס (עַל) | to climb |
| טִיפֵּשׁ ת. | fool, stupid |
| טִיפֵּשׁ-עֶשְׂרֵה | teen-age |
| טִיפְּשׁוּת נ. | foolishness, silliness |
| טִיפְּשִׁי ת. | foolish, silly |
| טִירְדָּה נ. | bother, annoyance, burden |
| טִירָה נ. | castle |
| טִירוֹן ז. | recruit; novice |
| טִירוֹנוּת נ. | basic military training |
| טֵירוּף (-דַּעַת) ז. | insanity, madness |
| טִירְחָה נ. | bother, trouble; effort |

| | |
|---|---|
| טִירְטוּר ז. | rattle, noise; hazing |
| טִירְטֵר | to rattle, make noise; haze *(col.)* |
| טִישְׁטוּשׁ ז. | blurring, obliteration |
| טִישְׁטֵשׁ | to blur, obliterate |
| טֵית נ. | ninth letter of the alphabet |
| טֶכְנַאי ז. | technician |
| טַכְסִיס ז. | tactics, scheme, trick |
| טַל ז. | dew |
| טָלָא | to patch |
| טְלַאי ז. | patch |
| טֶלֶוִיזְיָה בִּכְבָלִים נ. | cable television |
| טָלֶה ז. | lamb; Aries |
| טָלוּא ת. | patched |
| טָלוּל ת. | dewy |
| טַלְטֵלָה נ. | hurling, throwing; shakeup |
| טַלִּית נ. | prayer shawl |
| טֶלֶף ז.(טְלָפַיִים) | hoof |
| טָמֵא ת. | impure, defiled |
| טֶמְבֶּל ת. | dumb, stupid *(col.)* |
| טָמוּן ת. | buried, hidden |
| טְמִיעָה נ. | assimilation |
| טָמִיר ת. | hidden, secret |
| טָמַן | to bury, hide |
| טֶנֶא ז. | wicker basket |
| טַנְבּוּר ז. | small drum |
| טֶנְדֶּר ז. | pickup truck |
| טֶנִיס-שׁוּלְחָן ז. | ping-pong |
| טַס ז. | tray |
| טָס | to fly |
| טֶסְט ז. | driving test |
| טַסִּית נ. | small tray |
| טָעָה | to make a mistake, err |
| טָעוּן ת. | loaded; charged; in need of |
| טְעוּן-טִיפּוּחַ | disadvantaged (child) |
| טָעוּת נ. | error, mistake |
| טָעוּת-דְּפוּס | misprint |
| טְעִיָּה נ. | erring, making a mistake |

| | |
|---|---|
| טָעִים ת. | delicious, tasty |
| טְעִימָה נ. | tasting |
| טְעִינָה נ. | loading; charging |
| טָעַם | to taste |
| טַעַם ז. | taste, flavor; sense, reason; intonation, accent *(gram.)* |
| טַעַם לִפְגָם | defect; bad taste |
| טַעֲמֵי-הַמִּקְרָא | biblical cantillation marks |
| מִטַּעַם | on behalf of, in the name of |
| טָעַן | to load; charge; claim, argue, plead |
| טַעֲנָה נ. | claim, argument, assertion |
| טַעֲנַת-שָׁווא | false claim, pretense |
| טַף ז. | small children |
| טָפַח (עַל) | to slap, strike |
| טֶפַח ז. | span |
| טַפְטֶפֶת נ. | dropper, pipette |
| טְפִיחָה נ. | slap, strike |
| טַפִּיל ת. | parasite |
| טַפִּילוּת נ. | parasitism |
| טְפִיפָה נ. | mincing walk |
| טָפַל (עַל) | to attach, attribute (to); smear |
| טָפֵל ת. | secondary, incidental |
| טַפְסָן ז. | climber |
| טַפְסָן ז. | concrete-mold maker (in construction) |
| טָפַף | to mince |
| טֶקֶס ז. | ceremony; protocol |
| טָרַד | to bother; drive out, banish |
| טַרְדָן, טַרְדָנִי ז. | bothersome, pest |
| טַרְדָנוּת נ. | bothering, nuisance |
| טָרוּד ת. | busy, preoccupied |
| טְרוֹם | before, pre- |
| טְרוֹמִי ת. | prefabricated |
| טְרוּנְיָא, טְרוּנְיָה נ. | harsh complaint |
| טָרוּף ת. | torn apart; mixed, confused |
| טָרוּק ת. | slammed |
| טֶרוֹר ז. | terrorism, terror |
| טָרַח | to take the trouble; work hard |
| טַרְזָן ת. | dandy |
| טַרְחָן ת. | annoying person |
| טָרִי ת. | fresh |
| טְרִיּוּת נ. | freshness |
| טְרִיז ז. | wedge |
| טְרֵיפָה נ. | non-kosher food |
| טְרִיקָה נ. | slamming |
| טֶרֶם תפ. | before *(adv.)*; not yet |
| טְרֶמְפּ ז. | ride, hitchhiking |
| טְרֶמְפִּיאָדָה נ. | hitchhiking stop |
| טְרֶמְפִּיסְט ז. | hitchhiker, rider |
| טָרַף | to prey, devour; scramble (egg) |
| טָרַף קְלָפִים | to shuffle cards |
| טֶרֶף ז. | prey |
| טָרֵף ת. | non-kosher, unfit to eat |
| טַרְפֶּדֶת נ. | torpedo boat |
| טָרַק | to slam |
| טְרַקְלִין ז. | parlor, salon |
| טֶרֶשׁ ז. | rock, stone |
| טָרֶשֶׁת נ. | sclerosis |
| טָרֶשֶׁת נְפוֹצָה | multiple sclerosis |

# י

| Hebrew | English |
|---|---|
| י | *Yod;* ten (numerical value) |
| יָאֶה ת. | proper, befitting |
| יְאוֹר ז. | the Nile River |
| יָאוּת ת. | proper, right |
| כַּיָּאוּת | properly |
| יְבָבָה נ. | whimper, sobbing |
| יְבוּא ז. | import |
| יְבוּאָן ז. | importer |
| יְבוּל ז. | crop, yield |
| יְבוּשַׂם לוֹ | 'good for him' |
| יַבחוּשׁ ז. | gnat |
| יַבֶּלֶת נ. | blister, callus |
| יָבָם ז. | brother-in-law |
| יְבָמָה נ. | a deceased brother's wife |
| יָבֵשׁ | to dry, dry up |
| יָבֵשׁ ת. | dry |
| יַבָּשָׁה נ. | dry land, mainland |
| יְבֵשׁוּת נ. | dryness |
| יַבֶּשֶׁת נ. | continent |
| יַבַּשְׁתִּי ת. | continental |
| יָגוֹן ז. | sorrow, grief |
| יָגוֹר | to fear |
| יְגִיעַ ז., יְגִיעָה נ. | labor, toil, effort |
| יְגִיעַ-כַּפַּיִים | labor of one's hand |
| יָגַע | to labor, exert oneself |
| יָגֵעַ ת. | tired, weary |
| יָד נ.(יָדַיִים) | hand; monument |
| יָד אַחַת | in unison |
| יַד-הַגּוֹרָל | fate |
| יַד-הַמִּקְרֶה | coincidence |
| יָד וָשֵׁם | memorial for victims of the Holocaust |
| יָד לַפֶּה | 'hush' |
| יָד פְּתוּחָה, -רְחָבָה | generosity |
| יָד קְמוּצָה | stinginess |
| לְיַד | next to, by; affiliated with |
| מִיָּד | immediately |
| עַל-יַד | next to, near |
| עַל-יְדֵי | by, by means of |
| יְדוֹנִית נ. | muff; handcuff |
| יָדוּעַ ת. | known, well-known |
| יָדוּעַ לְשִׁימְצָה | infamous, notorious, of ill-repute |
| יְדוּעַ-שֵׁם | famous |
| יְדוּעָה בַּצִּיבּוּר | common-law wife |
| כַּיָּדוּעַ | as is known |
| יָדִיד ז. | close friend |
| יְדִידוּת נ. | friendship |
| יְדִידוּתִי ת. | friendly |
| יְדִיעָה נ. | knowledge; news item, report, piece of information |
| יְדִיעַת-הָאָרֶץ | geography |
| לִידִיעָתְךָ | 'for your information' |
| יְדִיעוֹן ז. | bulletin |
| יָדִית נ. | handle |
| יָדָנִי ת. | manual |
| יָדַע | to know |
| יֶדַע ז. | knowledge, know-how |
| יֶדַע-עַם | folklore |
| יַדְעָן ז. | knowledgeable, expert |
| יַדְעָנוּת נ. | knowledge, expertise |
| יָהּ ז. | God |
| יְהֵא | will be; let it be |
| יַהֲדוּת נ. | Judaism, Jewry; Jewishness |
| יְהוּדוֹן ז. | derogatory reference to a Jew |
| יְהוּדִי ת. | Jew, Jewish |
| יְהוּדִי מְשִׁיחִי | Messianic Jew (believer in Jesus) |
| יְהֹוָה ז. | the biblical name of God |
| יְהִי | let it be, let there be |

| | |
|---|---|
| 'I wish' | יְהִי רָצוֹן |
| 'no matter what' | וִיהִי מָה |
| arrogant | יָהִיר ת. |
| arrogance | יְהִירוּת נ. |
| diamond | יַהֲלוֹם ז. |
| diamond dealer | יַהֲלוֹמָן ז. |
| to be imported | יוּבָּא |
| jubilee; anniversary | יוֹבֵל ז. |
| centennial | יוֹבֵל-מֵאָה |
| stream | יוּבַל ז. |
| to be dried, dehydrated | יוּבַּשׁ |
| dryness, drought | יֹובֶשׁ ז. |
| farmer | יוֹגֵב ז. |
| iodine | יוֹד ז. |
| tenth letter of the alphabet | יוֹד נ. |
| knowledgeable, well-informed | יוֹדֵעַ דָּבָר |
| arrogance | יוּהֲרָה נ. |
| Greece | יָוָן נ. |
| initiator | יוֹזֵם ז. |
| initiative | יוֹזְמָה נ. |
| to be singled out, assigned | יוּחַד |
| to be hoped for | יוּחַל |
| to be sexually excited | יוּחַם |
| to be attributed, attached | יוּחַס |
| pedigree | יוּחֲסִין ז.ר. |
| burlap | יוּטָה נ. |
| to be born | יוּלַּד |
| woman giving birth | יוֹלֶדֶת נ. |
| July | יוּלִי ז. |
| day | יוֹם ז. |
| Day of Judgment, doomsday | יוֹם-הַדִּין |
| birthday | יוֹם-הוּלֶּדֶת |
| memorial day | יוֹם-זִיכָּרוֹן |
| non-holiday; weekday | יוֹם-חוֹל |
| Thursday | יוֹם חֲמִישִׁי |
| holiday | יוֹם טוֹב |
| second day of the Festivals celebrated in the Diaspora | יוֹם טוֹב שֵׁנִי שֶׁל גָּלוּיוֹת |
| every day | יוֹם-יוֹם |
| Day of Atonement | יוֹם-כִּיפּוּר |
| study day, one-day seminar | יוֹם-עִיּוּן |
| Independence Day | יוֹם-הָעַצְמָאוּת |
| Sunday | יוֹם רִאשׁוֹן |
| Wednesday | יוֹם רְבִיעִי |
| Saturday | יוֹם שַׁבָּת |
| Friday | יוֹם שִׁישִּׁי |
| Tuesday | יוֹם שְׁלִישִׁי |
| anniversary | יוֹם-הַשָּׁנָה |
| Monday | יוֹם שֵׁנִי |
| on the same day | בּוֹ בַּיּוֹם |
| today | הַיּוֹם |
| nowadays | כַּיּוֹם |
| per day, per diem | לְיוֹם |
| daily newspaper | יוֹמוֹן ז. |
| daily | יוֹמִי ת. |
| daily; ordinary, casual | יוֹמְיוֹמִי ת. |
| day and night | יוֹמָם וָלַיְלָה תפ. |
| diary; calendar; register | יוֹמָן ז. |
| newsreel | יוֹמַן-חֲדָשׁוֹת |
| desk officer on duty | יוֹמָנַאי ז. |
| pretension | יוּמְרָה נ. |
| pretentious, ambitious | יוּמְרָנִי ת. |
| dove, pigeon | יוֹן ז., יוֹנָה נ. |
| dovish | יוֹנִי ת. |
| June | יוּנִי ז. |
| mammal | יוֹנֵק ז. |
| to be assigned, designated | יוּעַד |
| to be made efficient | יוּעַל |
| adviser, counselor, consultant | יוֹעֵץ ז. |
| to be beautified; be authorized | יוּפָּה |
| beauty, splendor | יוֹפִי ז. |
| to be exported | יוּצָּא |

| | |
|---|---|
| יוֹצֵא ז. | outgoing, departing |
| יוֹצֵא דּוֹפֶן | exceptional |
| יוֹצֵא חֲלָצָיו | offspring |
| יוֹצֵא מִן הַכְּלָל | extraordinary |
| יוֹצֵא צָבָא | liable for military service |
| וְכַיּוֹצֵא בָּזֶה | et cetera |
| יוּצַּב | to be stabilized |
| יוּצַּג | to be represented |
| יוֹצֵר ז. | creator, inventor |
| יוּצַּר | to be manufactured |
| יוֹקֵב ז. | wine maker |
| יוֹקֵד ת. | burning, glowing |
| יוּקַּר | to be made more expensive |
| יוֹקֶר ז. | expensiveness, high cost |
| יוֹקֶר-הַמִּחְיָה | cost of living |
| בְּיוֹקֶר | expensively, expensive |
| יוּקְרָה נ. | prestige |
| יוּקְרָתִי ת. | prestigious |
| יוֹרֵד ז. | descending; emigrant from Israel |
| יוֹרֵד יָם | sailor |
| יוֹרֶה ז. | first rain of the season |
| יוּרַט | to be intercepted |
| יוֹרֵשׁ ז. | heir; successor |
| יוֹרֵשׁ עֶצֶר | crown prince |
| יוֹשֵׁב ז. | resident |
| יוֹשֵׁב-רֹאשׁ | chairman |
| יוֹשֵׁב-רֹאשׁ הַכְּנֶסֶת | Knesset Speaker |
| יוּשַּׁב | to be settled |
| יוֹשֶׁן ז. | oldness; former condition |
| יוּשַּׁר | to be straightened, leveled |
| יוֹשֶׁר ז. | honesty |
| יוֹתֵר תפ. | more; anymore |
| יוֹתֵר גָּרוּעַ, -רַע | worse |
| יוֹתֵר טוֹב | better |
| יוֹתֵר מִדַּי | too much |
| בְּיוֹתֵר | the most |
| יָזוּם ת. | initiated, pre-meditated |
| יִזְכּוֹר | memorial prayer |
| יָזַם | to initiate, undertake |
| יַזָּם ז. | initiator, promoter, entrepreneur |
| יֶזַע ז. | sweat |
| יַחַד, בְּיַחַד, יַחְדָּיו תפ. | together |
| יְחִי | 'long live' |
| יָחִיד ז. | single, sole, individual; singular |
| יָחִיד בְּמִינוֹ | one of a kind, unique |
| יְחִידֵי-סְגוּלָּה | select people, unique |
| יְחִידָה נ. | unit |
| יְחִידָה קְרָבִית | combat unit |
| יְחִידוּת נ. | solitariness; uniqueness |
| בִּיחִידוּת | in private |
| יְחִידִי ת. | sole, single |
| יַחַס ז. | relation; ratio; attitude |
| בְּיַחַס (ל-) | in relation to, regarding |
| יַחֲסָה נ. | case *(gram.)* |
| יַחֲסוּת, יַחֲסִיּוּת נ. | relativity |
| יַחֲסִי ת. | relative |
| יְחָסִים ז.ר. | relations, relationship |
| יְחָסִים בֵּינלְאוּמִּיִּים | international relations |
| יַחֲסֵי-אֱנוֹשׁ | human relations |
| יַחֲסֵי-גּוֹמְלִין | mutual relations |
| יַחֲסֵי-חוּץ | foreign relations |
| יַחֲסֵי-מִין | sexual relations |
| יַחֲסֵי-צִיבּוּר | public relations |
| יַחְסָן ז. | member of a high-class family |
| יָחֵף ת. | barefoot |
| יַחְפָן ז. | pauper |
| יֵיאֵשׁ | to cause despair |
| יִיבֵּא | to import |
| יִיבֵּב | to whimper |
| יִיבּוּא ז. | importation |
| יִיבּוּם ז. | levirate marriage |
| יִיבּוּשׁ ז. | drying, draining |
| יִיבֵּשׁ | to dry, drain |
| יִיגֵּעַ | to tire, exhaust |
| יִידָּה | to throw |

| | |
|---|---|
| definition *(gram.)* | יִידּוּעַ ז. |
| to make known; mark as definite *(gram.)* | יִידֵּעַ |
| to Judaize, convert to Judaism | יִיהֵד |
| to single out; assign | יִיחֵד |
| to speak on a particular matter | יִיחֵד אֶת הַדִּיבּוּר |
| uniqueness; setting apart | יִיחוּד ז. |
| especially | בְּיִיחוּד |
| exclusive | יִיחוּדִי ת. |
| exclusiveness | יִיחוּדִיּוּת נ. |
| hope, aspiration | יִיחוּל ז. |
| rut | יִיחוּם ז. |
| pedigree; high-class lineage | יִיחוּס ז. |
| to hope, aspire | יִיחֵל |
| to attribute, attach | יִיחֵס |
| to deliver a baby | יִילֵּד |
| newborn | יִילּוֹד ז. |
| to howl, wail | יִילֵּל |
| wine | יַיִן ז.(יֵינוֹת) |
| to establish, found | יִיסֵּד |
| establishment | יִיסּוּד ז. |
| revaluation | יִיסּוּף ז. |
| suffering, agony | יִיסּוּרִים ז.ר. |
| to torment | יִיסֵּר |
| to designate, assign | יִיעֵד |
| designation; destiny | יִיעוּד ז. |
| efficiency | יִיעוּל ז. |
| advising, counseling | יִיעוּץ ז. |
| afforestation | יִיעוּר ז. |
| to make efficient | יִיעֵל |
| to advise, counsel | יִיעֵץ (ל-) |
| to afforest | יִיעֵר |
| to beautify; authorize | יִיפָּה |
| to empower, authorize | יִיפָּה אֶת כּוֹחוֹ |
| beautification | יִיפּוּי ז. |
| authorization; power of attorney | יִיפּוּי כּוֹחַ |

| | |
|---|---|
| to export | יִיצֵּא |
| to stabilize | יִיצֵּב |
| to represent | יִיצֵּג |
| exportation, export | יִיצוּא ז. |
| stabilization | יִיצוּב ז. |
| representation | יִיצוּג ז. |
| representative | יִיצוּגִי ת. |
| manufacturing, production | יִיצוּר ז. |
| to manufacture, produce | יִיצֵּר |
| price hike | יִיקּוּר ז. |
| to raise price, make expensive | יִיקֵּר |
| interception, forced landing | יֵירוּט ז. |
| to intercept, force to land | יֵירֵט |
| to settle, inhabit | יִישֵּׁב |
| settling land, settlement | יִישּׁוּב ז. |
| application | יִישּׂוּם ז. |
| straightening, leveling | יִישּׁוּר ז. |
| to apply | יִישֵּׂם |
| to straighten, level | יִישֵּׁר |
| perhaps, possible | יִיתָּכֵן תפ. |
| can, be able (to), capable (of) | יָכוֹל (ל-) |
| ability, capability | יְכוֹלֶת נ. |
| child, boy | יֶלֶד ז. |
| girl | יַלְדָּה נ. |
| to bear a child | יָלְדָה |
| small boy | יַלְדּוֹן ז. |
| small girl | יַלְדּוֹנֶת נ. |
| childhood | יַלְדוּת נ. |
| childish | יַלְדוּתִי ת. |
| birth, birthrate | יְלוּדָה נ. |
| native, born in | יָלִיד ת. |
| howl, wail | יְלָלָה נ. |
| locust larva | יֶלֶק ז. |
| bag; anthology | יַלְקוּט ז. |
| sea | יָם ז. |
| Sea of Galilee | יַם-כִּינֶּרֶת |
| Dead Sea | יַם-הַמֶּלַח |
| Red Sea | יַם-סוּף |

*adv*=תפ *adj*=ת *pl*=ר *fem*=נ *pro*=כ *prep*=י *con*=ח *du*=זו *mas*=ז

| English | Hebrew |
|---|---|
| Mediterranean Sea | הַיָּם הַתִּיכוֹן |
| seamanship | יַמָּאוּת נ. |
| seaman, sailor | יַמַּאי ז. |
| lake | יַמָּה נ. |
| marine, maritime | יַמִּי ת. |
| navy | יַמִּיָּה נ. |
| days | יָמִים ז.ר. |
| High Holidays | יָמִים נוֹרָאִים |
| (from *Yom Kippur* to *Rosh Hashanah*) | |
| Middle Ages | יְמֵי-הַבֵּינַיִים |
| ancient times | יְמֵי-קֶדֶם |
| some days later | לְיָמִים |
| every year | מִיָּמִים יָמִימָה |
| (he) never | מִיָּמָיו |
| right, right hand | יָמִין ז. |
| full day (24 hours) | יְמָמָה נ. |
| right-hand, right-wing | יְמָנִי ת. |
| January | יָנוּאָר ז. |
| suckling, nursing; absorption | יְנִיקָה נ. |
| to suckle, nurse; absorb | יָנַק |
| babyhood | יַנְקוּת נ. |
| owl | יַנְשׁוּף ז. |
| to establish, found | יָסַד |
| foundation, | יְסוֹד ז.(יְסוֹדוֹת) |
| basis; element | |
| basic; elementary; thorough | יְסוֹדִי ת. |
| thoroughness | יְסוֹדִיּוּת נ. |
| to continue; add | יָסַף |
| to designate, assign | יָעַד |
| objective, target | יַעַד ז. |
| dustpan | יָעֶה ז. |
| efficient, effective | יָעִיל ת. |
| efficiency, effectiveness | יְעִילוּת נ. |
| mountain goat | יָעֵל ז. |
| ostrich | יָעֵן ז. |
| because | יַעַן ח. |
| flight; hurry | יָעָף ז. |
| to advise, counsel | יָעַץ (ל-) |

| English | Hebrew |
|---|---|
| forest | יַעַר ז.(יְעָרוֹת) |
| honeycomb | יַעֲרָה נ. |
| beautiful, nice; valid | יָפֶה ת. |
| refined, noble; | יְפֵה-נֶפֶשׁ |
| liberal (used sarcastically) | |
| handsome, beautiful | יְפֵה-תּוֹאַר |
| very beautiful | יְפֵהפֶה, יְפֵהפִיָּה ת. |
| splendor | יִפְעָה נ. |
| to go out, exit, emerge, leave | יָצָא |
| 'to lose an arm | יָצָא בְּשֵׁן וָעַיִן |
| and a leg' | |
| to come out unharmed | יָצָא חָלָק |
| to fulfill one's | יָצָא יְדֵי חוֹבָה |
| obligation | |
| to be born, appear | יָצָא לַאֲוִויר הָעוֹלָם |
| to be published | יָצָא לָאוֹר |
| to become famous, | יָצָא לוֹ שֵׁם |
| be known as | |
| to be carried out, executed | יָצָא לַפּוֹעַל |
| to retire | יָצָא לְפֶנְסִיָה |
| to lose one's | יָצָא מִגִּדְרוֹ, -מִכֵּלָיו |
| temper | |
| to lose one's mind | יָצָא מִדַּעְתּוֹ |
| to become unusable | יָצָא מִכְּלַל שִׁימּוּשׁ |
| to become intolerable | יָצָא מִן הָאַף |
| to die | יָצְאָה נַפְשׁוֹ, -נִשְׁמָתוֹ |
| prostitute | יַצְאָנִית נ. |
| prostitution | יַצְאָנוּת נ. |
| export | יְצוּא ז. |
| exporter | יְצוּאָן ז. |
| cast, poured | יָצוּק ת. |
| creature | יְצוּר ז. |
| exit, departure | יְצִיאָה נ. |
| Exodus from Egypt | יְצִיאַת-מִצְרַיִים |
| stable, firm | יַצִּיב ת. |
| stability | יַצִּיבוּת נ. |
| representative | יָצִיג ת. |
| balcony, gallery | יָצִיעַ ז. |

| | |
|---|---|
| יְצִיקָה נ. | casting, pouring |
| יְצִיר ז. | creature |
| יְצִיר-כַּפָּיו | one's own creation |
| יְצִירָה נ. | creation, formation; musical composition; work (of art) |
| יְצִירַת-מוֹפֵת | masterpiece |
| יָצַק | to cast, pour |
| יָצַר | to create, manufacture |
| יֵצֶר ז. | instinct; desire |
| יֵצֶר-הַמִּין | sexual urge, libido |
| יֵצֶר-הָרָע | evil instinct |
| יַצְרָן ז. | manufacturer |
| יַצְרָנִי ת. | productive |
| יֶקֶב ז. | winery |
| יָקַד | to burn, glow |
| יְקוּם ז. | universe |
| יְקִיצָה נ. | awakening |
| יַקִּיר ת. | dear, beloved |
| יָקַר | to be dear, precious |
| יָקָר ת. | expensive, costly; dear, precious |
| יְקַר-הַמְּצִיאוּת | hard to find, rare |
| יְקַר-עֵרֶךְ | valuable |
| יַקְרָן ז. | one who overcharges |
| יָרֵא | to fear, be afraid of |
| יָרֵא ת. | fearful |
| יְרֵא שָׁמַיִם | God-fearing |
| יִרְאָה נ. | fear |
| יִרְאַת-כָּבוֹד | respect, reverence |
| יָרַד | to come down, descend, step down; decrease, decline, drop; get off a vehicle; emigrate from Israel |
| יָרַד גֶּשֶׁם | to rain |
| יָרַד לְחַיָּיו | to harass, torment |
| יָרַד לְטִמְיוֹן | 'to go down the drain' |
| יָרַד לְסוֹף דַּעְתּוֹ | to understand |
| יָרַד מִגְּדוּלָּתוֹ | to lose one's prominence |
| יָרַד מִנְּכָסָיו | to lose one's wealth |
| יָרַד שֶׁלֶג | to snow |

| | |
|---|---|
| יָרָה (בְּ-) | to shoot, fire (at) |
| יָרוּד ת. | low, inferior |
| יָרוֹק ת. | green |
| יְרוּשָּׁה נ. | inheritance, estate |
| יְרוּשָׁלַיִם נ. | Jerusalem |
| יָרֵחַ ז. | moon |
| יֶרַח ז. | month |
| יֶרַח-דְּבַשׁ | honeymoon |
| יַרְחוֹן ז. | monthly journal |
| יְרִי, יֶרִי ז. | shooting, firing |
| יָרִיב ז. | opponent, rival, adversary |
| יְרִיבוּת נ. | rivalry |
| יָרִיד ז. | fair, market |
| יְרִיד-סְפָרִים | book fair |
| יְרִידָה נ. | descent, stepping down; drop, decline; emigration from Israel |
| יְרִיָּה נ. | shot |
| יְרִיעָה נ. | sheet; curtain |
| יְרִיקָה נ. | spitting, spit |
| יָרֵךְ, יֶרֶךְ נ.(יְרֵכַיִים) | thigh |
| יַרְכְּתֵי- | rear of, end |
| יָרַק | to spit |
| יֶרֶק ז.(יְרָקוֹת) | vegetable |
| יַרְקָן ז. | greengrocer |
| יְרַקְרַק ת. | greenish |
| יָרַשׁ | to inherit |
| יֵשׁ | there is, there are |
| יֵשׁ ל- | it is necessary, required |
| יֵשׁ לוֹ | he has, he possesses |
| יֵשׁ שֶׁ- | some, sometimes |
| יָשַׁב | to sit, sit down; reside, be situated |
| יָשַׁב בְּדִין | to sit in court |
| יָשַׁב בָּטֵל | to be idle |
| יָשַׁב (בְּ)רֹאשׁ | to chair, preside |
| יָשַׁב עַל גֶּחָלִים | to be impatient |
| יָשַׁב עַל הַמְּדוֹכָה | to deliberate |
| יָשַׁב שִׁבְעָה | to observe a seven-day mourning |

*adv*=תפ *adj*=ת *pl*=ר *fem*=נ *pro*=כ *prep*=י *con*=ח *du*=זו *mas*=ז

| | |
|---|---|
| יָשַׁב תַּעֲנִית | to fast |
| יַשְׁבָן ז. | posterior, buttocks |
| יֵשׁוּ, יֵשׁוּעַ | Jesus |
| יָשׁוּב ת. | seated, sitting |
| יְשׁוּעָה נ. | salvation |
| יְשׁוּעִי ת. | Jesuit |
| יֵשׁוּת נ. | entity, existence |
| יְשִׁיבָה נ. | sitting; session; religious seminary, *Yeshiva* |
| יְשִׁיבַת-הֶסְדֵּר | a *Yeshiva* whose students serve in the army |
| יְשִׁיבַת-מְלִיאָה | plenary session |
| יְשִׁימוֹן ז. | desert, wasteland |
| יָשִׁיר ת. | direct, non-stop |
| יְשִׁירוּת תפ. | directly |
| יָשִׁישׁ ז. | old man, elderly |
| יָשֵׁן, יָשַׁן | to sleep |
| יָשֵׁן ז. | asleep |
| יָשָׁן ת. | old |
| יָשָׁן נוֹשָׁן | very old |
| יֶשַׁע, יֵשַׁע ז. | salvation, deliverance |
| יָשָׁר ת. | straight, level; honest |
| יִשְׂרָאֵל נ. | Israel |
| יִשְׂרְאֵלִי ת. | Israeli, Israelite |
| יִשְׂרְאֵלִיּוּת נ. | being Israeli |
| יָתֵד נ.(יְתֵדוֹת) | wedge, stake |
| יָתוֹם ז. | orphan |
| יַתּוּשׁ ז. | mosquito |
| יַתְמוּת נ. | orphanhood |
| יָתֵר ת. | superfluous |
| יָתֵר עַל כֵּן, יְתֵרָה מִזּוֹ | moreover, furthermore |
| יָתֵר עַל הַמִּידָּה | too much |
| יֶתֶר ז. | remainder, rest of |
| -יֶתֶר | over-, too much |
| בְּיֶתֶר-שְׂאֵת | more strongly |
| יִתְרָה נ. | remainder, reserve; balance |
| יִתְרוֹן ז.(יִתְרוֹנוֹת) | advantage, gain |

# כ

| | |
|---|---|
| כ | *Kaf;* twenty (numerical value) |
| כְּ- | as, like; about, approximately |
| כָּאַב | to ache, hurt |
| כְּאֵב ז. | pain, ache |
| כְּאֵב-בֶּטֶן | stomachache |
| כְּאֵב-לֵב | heartache, anguish |
| כְּאֵב-רֹאשׁ | headache |
| כְּאֵב-שִׁנַּיִים | toothache |
| כָּאוּב ת. | painful |
| כָּאן תפ. | here |
| לְכָאן וּלְכָאן | to both sides, on either side |
| מִכָּאן וְאֵילָךְ | from now on, henceforth |
| עַד כָּאן | up to here, hitherto |
| כַּאֲשֶׁר ח. | when, as |
| כַּבָּאוּת נ. | fire-fighting |
| כַּבַּאי ז. | fireman |
| כַּבָּאִית נ. | fire truck |
| כָּבֵד | to be heavy |
| כָּבֵד ת. | heavy |
| כְּבַד-מִשקל | heavyweight; significant |
| כָּבֵד ז. | liver |
| כְּבֵדוּת נ. | heaviness |
| בִּכְבֵדוּת | with difficulty |
| כָּבָה | to be extinguished, go out |
| כָּבוֹד ז. | honor, respect, dignity |
| בְּכָבוֹד רַב | Respectfully |
| לִכבוֹד | in honor of; To |
| בִּכבוֹדוֹ וּבְעַצמוֹ | himself, 'in flesh and blood' |
| כְּבוּדָּה נ. | baggage, belongings |
| כָּבוּשׁ ת. | conquered, subdued; pickled |
| כִּבְיָכוֹל תפ. | seemingly, purportedly |
| כְּבִילָה נ. | tying, chaining |
| כָּבִיס ת. | washable |
| כְּבִיסָה נ. | laundry |
| כַּבִּיר ת. | great, mighty |
| כְּבִישׁ ז. | road, highway |
| כָּבַל | to tie up, chain |
| כֶּבֶל ז. | cable; chain |
| כָּבַס | to launder |
| כְּבָסִים ז.ר. | laundry |
| כְּבָר תפ. | already |
| כְּבָר לֹא | no longer, not anymore |
| מִכְּבָר | long ago |
| מִשֶּׁכְּבָר הַיָּמִים | many days ago |
| כְּבָרָה נ. | sieve |
| כָּבַשׁ | to conquer, capture; subdue, suppress; pickle |
| כֶּבֶשׁ ז. | ramp, slope |
| כֶּבֶשׂ ז. | lamb, sheep |
| כִּבְשָׁן ז. | furnace, oven |
| כְּגוֹן תפ. | such as |
| כַּד ז. | jug, jar |
| כְּדַאי תפ. | worthwhile, worth it, desirable |
| כְּדָאִיּוּת נ. | desirability; profitability |
| כַּדּוּר ז. | ball; bullet; pill |
| כַּדּוּר-הָאָרֶץ | earth, the globe |
| כַּדּוּר-בָּסִיס | baseball |
| כַּדּוּר-בָּשָׂר | meatball |
| כַּדּוּר-יָד | handball |
| כַּדּוּר נוֹתֵב | tracer bullet |
| כַּדּוּר-סְרָק | blank shell |
| כַּדּוּר פּוֹרֵחַ | balloon |
| כַּדּוּר-שֵׁינָה | sleeping pill |
| כַּדּוּר תּוֹעֶה | stray bullet |
| כַּדּוּרֶגֶל ז. | football, soccer |
| כַּדּוּרַגְלָן ז. | football player |
| כַּדּוּרִי ת. | round, spherical |
| כַּדּוּרִית נ. | blood cell |

| | |
|---|---|
| כַּדּוּרְסַל ז. | basketball |
| כַּדּוּרְסַלָן ז. | basketball player |
| כַּדּוּרְעָף ז. | volleyball |
| כַּדּוֹרֶת נ. | bowling |
| כְּדֵי תפ. | in order to, so that |
| כִּדְלְהַלָּן, כִּדְלְקַמָּן תפ. | as follows |
| כֹּה תפ. | so |
| כָּהָה | to be dim, dark |
| כֵּהֶה, כָּהוּי ת. | dim, dark |
| כְּהֵה-עוֹר | dark-skinned |
| כָּהוֹגֶן, כְּהוֹגֶן תפ. | properly |
| כְּהוּנָּה נ. | tenure in public office, term, service; priesthood |
| כֵּהוּת נ. | dimness, darkness |
| כַּהֲלָכָה תפ. | properly |
| כָּהֵנָּה וְכָהֵנָּה תפ. | more of the same |
| כְּהֶרֶף-עַיִן תפ. | instantaneously |
| כּוֹאֵב ז. | hurting, aching |
| כּוּבַּד | to be honored, respected |
| כֹּובֶד ז. | weight; gravity |
| בְּכֹובֶד-רֹאשׁ | seriously |
| כּוֹבֵס ז. | laundryman |
| כּוּבַּס | to be laundered |
| כּוֹבַע, כֹּובַע ז. | hat, cap |
| כּוֹבַע-גֶּרֶב | woven tube hat |
| כּוֹבַע-טֶמְבֶּל | traditional Israeli work hat |
| כּוֹבַע-פְּלָדָה | steel helmet |
| כּוֹבָעָן ז. | hat maker, hatter |
| כּוֹבֵשׁ ז. | conqueror |
| כֹּוהֶל ז. | alcohol, spirit |
| כּוֹהֵן ז. | priest, *Cohen* |
| כּוֹהֵן-דָּת | clergyman |
| כָּוָה | to burn, scald |
| כָּווּי ת. | burned, scalded |
| כְּוִויָּה נ. | skin burn |
| כָּוִויץ ת. | shrinkable |
| כּוּוַּן | to be directed, aimed; be set |
| כַּוָּנָה נ. | intention, aim, goal |
| בְּכַוָּנָה | intentionally |
| בְּכַוָּנָה תְּחִילָּה | premeditated |
| כַּוֶּנֶת נ. | viewfinder, rifle's sight |
| כַּוְּרָן ז. | beekeeper |
| כַּוֶּרֶת נ. | beehive |
| כּוֹזֵב ת. | false |
| כּוֹחַ ז.(כּוֹחוֹת) | strength, power, force |
| כּוֹחַ-אָדָם | manpower |
| כּוֹחַ-גַּבְרָא | male potency |
| כּוֹחַ-מַחַץ | strike force |
| כּוֹחַ-הַמְּשִׁיכָה | gravity |
| כּוֹחַ-מְשִׁימָּה | task force |
| כּוֹחַ-סֶבֶל | perseverance |
| כּוֹחַ-סוּס | horsepower |
| כּוֹחַ-עֲמִידָה | tenacity, stamina |
| כּוֹחַ צְבָאִי | military force |
| כּוֹחַ-רָצוֹן | will power |
| כּוֹחוֹת-בִּיטָּחוֹן | security forces |
| כּוֹחוֹת-הַטֶּבַע | forces of nature |
| כּוֹחוֹ בְּמוֹתְנָיו | vigorous, potent |
| כּוֹחוֹ יָפֶה | valid, in effect |
| בְּכוֹחַ | forcibly; potentially |
| כּוּךְ ז. | alcove; crypt |
| כּוֹכָב ז. | star; asterisk |
| כּוֹכַב-יָם | starfish |
| כּוֹכַב-לֶכֶת | planet |
| כּוֹכָב נוֹפֵל | meteor |
| כּוֹכַב-הַצָּפוֹן | Polaris |
| כּוֹכַב-קוֹלְנוֹעַ | movie star |
| כּוֹכַב-שָׁבִיט | comet |
| כּוֹל (see כָּל) | all, every, each |
| כּוּלֵּי, וְכוּלֵּי | et cetera |
| כּוֹלֵל ת. | including, encompassing; inclusive, comprehensive |
| כּוֹלְלָנִי ת. | general, generalized |
| כֹּומֶר ז. | priest, clergyman |
| כּוּמְתָּה נ. | beret |

| | |
|---|---|
| to be named, called | כּוּנָּה |
| to establish, form, set up | כּוֹנֵן |
| disk drive | כּוֹנָן-דִּיסְקֶטִים ז. |
| readiness, (state of) alert | כּוֹנְנוּת נ. |
| bookshelf, bookcase | כּוֹנָנִית נ. |
| receiver | כּוֹנֵס נְכָסִים ז. |
| glass, cup | כּוֹס נ.(כּוֹסוֹת) |
| vagina *(col.)* | כּוּס ז. |
| to be covered | כּוּסָּה |
| small wine cup | כּוֹסִית נ. |
| multiplier | כּוֹפֵל ז. |
| to bend | כּוֹפֵף |
| to be atoned for | כּוּפַּר |
| heretic, infidel | כּוֹפֵר ז. |
| ransom | כֹּופֶר ז. |
| dumpling | כּוּפְתָּה נ. |
| to be buttoned up | כּוּפְתַּר |
| furnace | כּוּר ז. |
| nuclear reactor | כּוּר גַּרְעִינִי |
| melting pot | כּוּר-הִיתּוּךְ |
| miner | כּוֹרֶה ז. |
| coal miner | כּוֹרֵה פֶּחָם |
| necessity, must | כֹּורַח ז. |
| dictated by reality | כּוֹרַח-הַמְּצִיאוּת |
| bookbinder | כּוֹרֵךְ סְפָרִים ז. |
| binder | כּוֹרְכָן ז. |
| beach limestone | כּוּרְכָּר ז. |
| grape-grower | כּוֹרֵם ז. |
| armchair | כּוּרְסָה נ. |
| to be chewed up, nibbled | כּוּרְסַם |
| negro; Ethiopian | כּוּשִׁי, כֹּושִׁי ת. |
| failing; feeble | כּוֹשֵׁל ת. |
| to be bewitched, enchanted | כּוּשַּׁף |
| ability; fitness | כֹּושֶׁר ז. |
| physical fitness | כּוֹשֶׁר גּוּפָנִי |
| writer | כּוֹתֵב ז. |
| shirt | כּוּתּוֹנֶת, כְּתֹונֶת נ. |
| nightgown | כּוּתּוֹנֶת-לַיְלָה |
| wall | כֹּותֶל ז. |
| Western (Wailing) Wall | הַכּוֹתֶל הַמַּעֲרָבִי |
| cotton | כּוּתְנָה נ. |
| to be encircled, surrounded | כּוּתַּר |
| title; headline, caption | כּוֹתֶרֶת נ. |
| subtitle | כּוֹתֶרֶת-מִישְׁנֶה |
| main headline | כּוֹתֶרֶת רָאשִׁית |
| lie, falsehood | כָּזָב ז. |
| liar | כַּזָּב, כַּזְבָן ז. |
| blue | כָּחוֹל ת. |
| slim, skim | כָּחוּשׁ ת. |
| slimness | כְּחִישׁוּת נ. |
| black eye shadow, kohl | כֹּחַל ז. |
| as is, unadorned | בְּלֹא כַּחַל וּבְלֹא שָׂרָק |
| bluish | כְּחַלְחַל ת. |
| deceit | כַּחַשׁ ז. |
| because; that | כִּי ח. |
| then | כִּי אָז |
| very well | בְּכִי טוֹב |
| the most | הֲכִי |
| if; is it not that | וְכִי |
| ulcer | כִּיב ז. |
| stomach ulcer | כִּיב-קֵיבָה |
| to respect, honor; offer | כִּיבֵּד |
| to extinguish, put out | כִּיבָּה |
| honoring, respecting; refreshments | כִּיבּוּד ז. |
| extinguishing | כִּיבּוּי ז. |
| lights-out | כִּיבּוּי אוֹרוֹת |
| fire extinguishing | כִּיבּוּי אֵשׁ,-שְׂרֵיפָה |
| laundering, washing | כִּיבּוּס ז. |
| conquest | כִּיבּוּשׁ ז. |
| ulcerative | כִּיבִי ת. |
| distance | כִּיבְרַת-דֶּרֶךְ נ. |
| bayonet; spear; handle bars | כִּידוֹן ז. |
| dribble | כִּידְרוּר ז. |

| | |
|---|---|
| כִּידְרֵר | to dribble |
| כִּיהֵן | to serve (in public office) |
| כִּיוֵּן | to direct; set, adjust, tune |
| כִּיווּן ז. | adjusting, tuning; direction |
| בְּכִיווּן-הַשָּׁעוֹן | clockwise |
| כֵּיוָן, מִכֵּיוָן שֶׁ- תפ. | because, since |
| כִּיווּנוּן ז. | adjustment, tuning |
| כִּיוונֵן | to adjust, tune |
| כִּיוֵּץ | to contract, shrink |
| כִּיווּץ ז. | contracting, shrinking |
| כִּיּוּל ז. | measuring, calibration |
| כִּיּוּס ז. | pickpocketing |
| כִּיּוּר ז. | clay–molding |
| כִּיּוֹר ז. | sink; basin |
| כִּיזֵּב | to lie |
| כִּיחַ ז. | phlegm, spit |
| כִּיחָלוֹן ז. | cyanosis |
| כִּיחֵשׁ | to deny, lie |
| כִּייֵּל | to measure, calibrate |
| כַּייָּס ז. | pickpocket |
| כִּייֵּף | to have fun *(col.)* |
| כִּייֵּר | to mold clay |
| כִּיכֵּב | to star in a movie |
| כִּיכָּר נ.(כִּיכָּרוֹת) | square, plaza; loaf |
| כִּיכַּר-לֶחֶם | loaf of bread |
| כִּילָּה | to finish; annihilate |
| כִּילַי ת. | miser |
| כִּילָּיוֹן ז. | annihilation, destruction |
| כִּליוֹן-עֵינַיִים | impatience |
| כִּילְכֵּל | to maintain, support |
| כִּימַאי ז. | chemist |
| כִּימְיָה נ. | chemistry |
| כִּינָּה | to name, call, nickname |
| כִּינָּה נ.(כִּינִּים) | louse |
| כִּינּוּי ז. | name, title, nickname; pronoun |
| כִּינּוּי-גוּף | personal pronoun |
| כִּינּוּי-זִיקָה | relative pronoun |
| כִּינּוּי-מוּשָׂא | object pronoun |
| כִּינּוּן ז. | establishment, formation |
| כִּינּוּס ז. | gathering, conference, convention |
| כִּינּוֹר ז.(כִּינּוֹרוֹת) | violin |
| כִּינֶּמֶת נ. | pediculosis |
| כִּינֵּס | to gather, assemble |
| כִּיס ז. | pocket |
| כִּיס-הַמָּרָה | gallbladder |
| כִּיסֵּא ז.(כִּיסאוֹת) | chair; seat |
| כִּיסֵּא-גַּלְגַּלִּים | wheelchair |
| כִּיסֵּא חַשְׁמַלִּי | electric chair |
| כִּיסֵּא-נוֹחַ | easy chair, recliner |
| כִּיסָּה | to cover |
| כִּיסּוּחַ ז. | mowing, cutting |
| כִּיסּוּי ז. | covering, cover; coverage |
| כִּיסֵּחַ | to mow, cut |
| כִּיסָן ז. | dumpling |
| כִּיעוּר ז. | ugliness |
| כִּיעכּוּעַ ז. | throat–clearing, cough |
| כִּיעְכֵּעַ | to clear one's throat, cough |
| כִּיעֵר | to make ugly |
| כֵּיף ז. | fun *(col.)* |
| כִּיפָּה נ. | skullcap, cap; dome |
| כִּיפָּה אֲדוּמָּה | Red Riding Hood |
| כִּיפַּת-הַסֶּלַע | Dome of the Rock |
| תַּחַת כִּיפַּת-הַשָּׁמַיִים | in the open air, outdoors |
| כִּיפּוּף ז. | bending |
| כִּיפּוּר ז. | atonement; Day of Atonement |
| כִּיפֵּר (עַל) | to atone; pardon |
| כִּיפְתּוּר ז. | buttoning |
| כִּיפְתֵּר | to button |
| כֵּיצַד תפ. | how |
| כִּירָה נ.(כִּירַיִים) | stove, burner |
| כִּירוּרג ז. | surgeon |
| כִּירְכּוּר ז. | dance; twirl |
| כִּירְכֵּר | to dance; twirl |
| כִּירְכָּרָה נ. | carriage |

| | |
|---|---|
| כִּירְסוּם ז. | gnawing, chewing; erosion |
| כִּירְסֵם | to gnaw, chew |
| כִּישּׁוּף ז. | witchcraft, magic |
| כִּישּׁוּרִים ז.ר. | qualifications |
| כִּישְׁכּוּשׁ ז. | wagging |
| כִּישְׁכֵּשׁ | to wag |
| כִּישָּׁלוֹן ז.(כִּישְׁלוֹנוֹת) | failure; defeat |
| כִּישֵּׁף | to do witchcraft |
| כִּישָּׁרוֹן ז.(כִּישְׁרוֹנוֹת) | talent, aptitude |
| כִּישְׁרוֹנִי ת. | talented |
| כִּיתָּה נ. | class, classroom; sect; platoon |
| כִּיתַּת-יוֹרִים | firing squad |
| כִּיתּוּר ז. | encircling, encirclement |
| כִּיתּוּת ז. | beating, pounding |
| כִּיתֵּר | to encircle |
| כִּיתֵּת | to beat, pound |
| כִּיתֵּת רַגְלָיו | to take a tiring walk |
| כִּיתָּתִי ת. | sectarian |
| כִּיתָּתִיּוּת נ. | sectarianism |
| כָּךְ, כָּכָה תפ. | so, thus, this way |
| כָּךְ וְכָךְ | so-and-so |
| כָּכָה כָּכָה | so-so *(col.)* |
| לְפִיכָךְ | therefore, accordingly |
| כָּל, כּוֹל | all, every, any, each |
| כָּל אֶחָד | everyone |
| כָּל אֵימַת שֶׁ- | whenever |
| כָּל-בּוֹ | department store |
| כָּל זְמַן שֶׁ- | as long as |
| כָּל טוּב | 'all the best' |
| כָּל יָכוֹל | omnipotent, mighty |
| כָּל כָּךְ | so much, so |
| כָּל כַּמָּה זְמַן? | how often? |
| כָּל מַה שֶׁ- | whatever |
| כָּל מִי שֶׁ- | whoever |
| כָּל עוֹד | as long as |
| כָּל עִיקָּר | at all, absolutely |
| כָּל צוֹרְכּוֹ | as needed, sufficiently |
| כָּלְשֶׁהוּ | somewhat |
| כָּל שֶׁכֵּן | all the more so, definitely |
| הַכֹּל | everything |
| בְּכָל אוֹפֶן | anyhow, at any rate |
| בְּכָל זֹאת | nevertheless |
| כְּכָל הָאֶפְשָׁר | as much as possible |
| כְּכָל שֶׁ- | inasmuch as |
| לְכָל הַיּוֹתֵר | at the most |
| לְכָל הַפָּחוֹת | at least |
| לְכָל הָרוּחוֹת | 'to hell', 'damn it' |
| מִכֹּל הַבָּא לַיָּד | whatever is available |
| מִכֹּל וָכֹל | entirely, absolutely |
| מִכָּל מָקוֹם | in any case |
| עַל כָּל פָּנִים | anyway, anyhow |
| כָּלָא | to imprison, jail |
| כֶּלֶא ז. | prison, jail |
| כִּלְאַחַר-יָד תפ. | casually |
| כִּלְאַיִים ז.זו. | hybrid |
| כֶּלֶב ז. | dog |
| כֶּלֶב-גִּישּׁוּשׁ | tracking dog |
| כֶּלֶב-זְאֵב | wolfhound |
| כֶּלֶב-יָם | seal |
| כֶּלֶב-צַיִד | hound |
| כֶּלֶב שׁוֹטֶה | mad dog |
| כֶּלֶב-שְׁמִירָה | watchdog |
| כַּלְבִּיָּה נ. | dog pound |
| כְּלַבְלָב ז. | puppy |
| כַּלֶּבֶת נ. | rabies |
| כָּלָה | to cease; be finished, depleted |
| כַּלָּה נ. | bride |
| כָּלוּא ת. | imprisoned |
| כְּלוּב ז. | cage |
| כָּלוּל ת. | included |
| כְּלוּלוֹת נ.ר. | wedding |
| כְּלוּם ז.תפ. | nothing; anything; is it not |
| כְּלוֹמַר ח. | that is to say, namely |
| כְּלוֹנָס ז.(כְּלוֹנְסָאוֹת) | pole, stilt |
| כְּלִי ז. | tool, instrument |
| כְּלִי-הַקָּשָׁה | percussion instrument |

| | |
|---|---|
| aircraft | כְּלִי-טַיִס |
| string instrument | כְּלִי-מֵיתָר |
| wind instrument | כְּלִי-נְשִׁיפָה |
| weapon | כְּלִי-נֶשֶׁק |
| motor vehicle | כְּלִי-רֶכֶב |
| vessel | כְּלִי-שַׁיִט |
| tool, accessory | כְּלִי-שָׁרֵת |
| utensils | כְּלֵי-אוֹכֶל |
| household goods | כְּלֵי-בַּיִת |
| musical instruments | כְּלֵי-זֶמֶר |
| kitchenware | כְּלֵי-מִטְבָּח |
| bedding | כְּלֵי-מִיטָּה |
| religious articles | כְּלֵי-קוֹדֶשׁ |
| communication media | כְּלֵי-הַתִּקְשׁוֹרֶת |
| firsthand | מִכְּלִי רִאשׁוֹן |
| imprisonment | כְּלִיאָה נ. |
| staple | כְּלִיב ז. |
| kidney | כִּלְיָה נ. |
| destruction, extinction | כְּלָיָה נ. |
| totally, completely, entirely | כָּלִיל תפ. |
| utter perfection | כְּלִיל-הַשְּׁלֵימוּת |
| gorgeous woman | כְּלִילַת-יוֹפִי |
| coronary | כְּלִילִי ת. |
| shame, disgrace | כְּלִימָּה נ. |
| economy, economics | כַּלְכָּלָה נ. |
| home economics | כַּלְכָּלַת בַּיִת |
| economic | כַּלְכָּלִי ת. |
| economist | כַּלְכְּלָן ז. |
| to include, encompass | כָּלַל |
| rule, principle; total; entirety; community | כְּלָל ז. |
| nationwide | כְּלָל-אַרְצִי |
| at all | כְּלָל וּכְלָל, -וְעִיקָּר |
| in general; at all | בִּכְלָל |
| general | כְּלָלִי ת. |
| generally | כְּלָלִית תפ. |
| anemone | כַּלָּנִית נ. |
| toward, opposite | כְּלַפֵּי י. |

| | |
|---|---|
| somehow; any *(mas., sg.)* | כָּלְשֶׁהוּ |
| to yearn (for) | כָּמַהּ (אֶל,ל-) |
| how much, how many; how; several, a few | כַּמָּה תפ. |
| like, as | כְּמוֹ, כְּמוֹת- י. |
| likewise, also, furthermore | כְּמוֹ-כֵן |
| of course | כַּמּוּבָן תפ. |
| cumin | כַּמּוֹן ז. |
| hidden, concealed | כָּמוּס ת. |
| capsule | כְּמוּסָה נ. |
| priesthood, clergy | כְּמוּרָה נ. |
| withered | כָּמוּשׁ ת. |
| quantity | כַּמּוּת נ. |
| quantitative | כַּמּוּתִי ת. |
| within range of | כִּמְטַחֲוֵי- תפ. |
| at close range | כִּמְטַחֲוֵי-קֶשֶׁת |
| yearning, longing | כְּמִיהָה נ. |
| almost, nearly | כִּמְעַט תפ. |
| to wither | כָּמַשׁ |
| yes; so | כֵּן |
| thus, so | וּבְכֵן |
| and so forth | וְכֵן הַלְאָה |
| therefore | לָכֵן |
| because | שֶׁכֵּן |
| sincere, honest | כֵּן, כֵּנֶה ז. |
| pedestal, base | כַּן ז. |
| launching pad | כַּן-שִׁיגּוּר, -שִׁילּוּחַ |
| assembled, gathered | כָּנוּס ת. |
| submissive, subdued | כָּנוּעַ ת. |
| gang | כְּנוּפְיָה נ. |
| sincerity, honesty | כֵּנוּת נ. |
| entrance, entry, admission | כְּנִיסָה נ. |
| surrender, submission, capitulation | כְּנִיעָה נ. |
| to assemble, gather | כָּנַס |
| convention, conference | כֶּנֶס ז. |
| church | כְּנֵסִיָּיה נ. |
| Church of the Nativity | כְּנֵסִיַּית-הַמּוֹלָד |

| | |
|---|---|
| Church of the Holy Sepulcher | כְּנֵסִיַּת הַקֶּבֶר |
| Israel's parliament, *Knesset* | כְּנֶסֶת נ. |
| wing | כָּנָף נ.(כְּנָפַיִים) |
| violinist | כַּנָּר ז. |
| it seems, apparently | כַּנִּרְאֶה תפ. |
| throne | כֵּס (-מְלוּכָה) ז. |
| silvery | כָּסוּף ת. |
| cover, covering | כְּסוּת נ. |
| glove | כְּסָיָה נ. |
| mowing, cutting off | כְּסִיחָה נ. |
| fool | כְּסִיל ת. |
| foolishness, stupidity | כְּסִילוּת נ. |
| third Hebrew month | כִּסְלֵו ז. |
| rocking chair | כִּסְנוֹעַ ז. |
| to chew, bite | כָּסַס |
| money; silver | כֶּסֶף ז. |
| small change | כֶּסֶף קָטָן |
| financial, monetary, fiscal | כַּסְפִּי ת. |
| mercury | כַּסְפִּית נ. |
| safe, safety deposit box | כַּסֶּפֶת נ. |
| pillow, quilt | כֶּסֶת נ. |
| after (time) | כַּעֲבוֹר תפ. |
| angry | כָּעוּס ת. |
| ugly | כָּעוּר ת. |
| bagel | כַּעַךְ ז. |
| to be angry | כָּעַס |
| anger | כַּעַס ז. |
| quick-tempered | כַּעֲסָן ז. |
| quick temper | כַּעֲסָנוּת נ. |
| spoon | כַּף נ.(כַּפּוֹת) |
| palm, sole | כַּף נ.(כַּפַּיִים) |
| hand, palm | כַּף-יָד |
| scale | כַּף-מֹאזְנַיִים |
| trowel | כַּף-סַיָּידִים |
| foot, sole | כַּף-רֶגֶל |
| palm branch | כַּף-תְּמָרִים |
| (to judge) in favor | לְכַף-זְכוּת |

| | |
|---|---|
| (to judge) against | לְכַף-חוֹבָה |
| from head to toe | מִכַּף-רֶגֶל וְעַד רֹאשׁ |
| eleventh letter of the alphabet | כָּף נ. |
| cape, cliff | כֵּף ז. |
| to force, impose (on) | כָּפָה (עַל) |
| forced, imposed | כָּפוּי ת. |
| ungrateful; ingrate | כְּפוּי-טוֹבָה |
| double, doubled | כָּפוּל ת. |
| many times over | כָּפוּל וּמְכוּפָּל |
| multiple | כְּפוּלָּה נ. |
| bent; subordinate, subject to | כָּפוּף ת. |
| frost | כְּפוֹר ז. |
| tied, bound | כָּפוּת ז. |
| according to, as | כְּפִי י. |
| it seems, apparently | כְּפִי הַנִּרְאֶה |
| coercion, duress | כְּפִיָּיה נ. |
| ingratitude | כְּפִיּוּת-טוֹבָה נ. |
| a double | כָּפִיל ז. |
| multiplying | כְּפִילָה נ. |
| duplication; overlapping | כְּפִילוּת נ. |
| flexible | כָּפִיף ת. |
| bending; basket | כְּפִיפָה נ. |
| together | בִּכְפִיפָה אַחַת |
| subordination | כְּפִיפוּת נ. |
| lion cub | כְּפִיר ז. |
| heresy, atheism; denial | כְּפִירָה נ. |
| teaspoon | כַּפִּית נ. |
| binding | כְּפִיתָה נ. |
| to multiply, double, duplicate | כָּפַל |
| multiplication, double | כֶּפֶל ז. |
| repetition | כֶּפֶל-לָשׁוֹן |
| duplicate | כֶּפֶל ז. |
| twofold, twice | כִּפְלַיִים זו. |
| to bend | כָּפַף |
| glove | כְּפָפָה נ. |
| 'with kid gloves' | בִּכְפָפוֹת שֶׁל מֶשִׁי |
| to deny | כָּפַר (בּ-) |

137 *adv*=תפ *adj*=ת *pl*=ר *fem*=נ *pro*=כ *prep*=י *con*=ח *du*=זו *mas*=ז

| English | Hebrew |
|---|---|
| to deny the charges, plead 'not guilty' | כָּפַר בָּאַשְׁמָה |
| to deny God | כָּפַר בָּעִיקָר |
| village | כְּפָר ז. |
| atonement; absolution | כַּפָּרָה נ. |
| rural, rustic; villager | כַּפְרִי ת. |
| to tie, bind | כָּפַת |
| button | כַּפְתּוֹר ז. |
| excellent | כַּפְתּוֹר וָפֶרַח |
| pillow; meadow | כַּר ז. |
| lawn | כַּר-דֶּשֶׁא |
| cock's comb, crest | כַּרְבּוֹלֶת נ. |
| to dig | כָּרָה |
| cabbage | כְּרוּב ז. |
| cauliflower | כְּרוּבִית נ. |
| leaflet; proclamation | כְּרוּז ז. |
| announcer; auctioneer | כָּרוֹז ז. |
| dug; open (ear) | כָּרוּי ת. |
| bound | כָּרוּךְ ת. |
| attracted, attached (to) | כָּרוּךְ (אַחֲרֵי) |
| involves, requires | כָּרוּךְ (בְּ-) |
| crane | כְּרוּכְיָה נ. |
| strudel | כְּרוּכִית נ. |
| cut, amputated | כָּרוּת ת. |
| poster, placard | כְּרָזָה נ. |
| ticket, card | כַּרְטִיס ז. |
| credit card | כַּרְטִיס-אַשְׁרַאי |
| visiting card | כַּרְטִיס-בִּיקוּר |
| greeting card | כַּרְטִיס-בְּרָכָה |
| membership card | כַּרְטִיס-חָבֵר |
| admission ticket | כַּרְטִיס-כְּנִיסָה |
| season ticket | כַּרְטִיס-מָנוּי |
| card index; flash card; multiple-ride bus ticket | כַּרְטִיסִיָּה נ. |
| ticket seller | כַּרְטִיסָן ז. |
| card index | כַּרְטֶסֶת נ. |
| digging | כְּרִיָּה נ. |
| sandwich | כָּרִיךְ ז. |

| English | Hebrew |
|---|---|
| book-binding; book cover | כְּרִיכָה נ. |
| bindery | כְּרִיכִיָּה נ. |
| kneeling | כְּרִיעָה נ. |
| shark | כָּרִישׁ ז. |
| small pillow, cushion | כָּרִית נ. |
| cutting, amputation | כְּרִיתָה נ. |
| to bind; connect | כָּרַךְ |
| volume | כֶּרֶךְ ז. |
| large city | כְּרַךְ ז. |
| rim, edge | כַּרְכּוֹב ז. |
| saffron | כַּרְכּוֹם ז. |
| vineyard | כֶּרֶם ז. |
| belly, stomach | כֶּרֶס, כָּרֵס נ.(כְּרֵסוֹת) |
| in an advanced stage of pregnancy | כְּרֵסָהּ בֵּין שִׁנֶּיהָ |
| big-bellied | כַּרְסְתָן ת. |
| to kneel | כָּרַע (-בֶּרֶךְ) |
| animal leg or thigh | כְּרַע נ.(כְּרָעַיִם) |
| celery | כַּרְפַּס ז. |
| to cut off, amputate | כָּרַת |
| to sign a treaty | כָּרַת בְּרִית |
| when, as | כְּשֶׁ- |
| qualified, eligible | כָּשִׁיר ת. |
| qualification, eligibility | כְּשִׁירוּת נ. |
| to fail; stumble | כָּשַׁל |
| failure | כֶּשֶׁל ז. |
| magician, wizard | כַּשָּׁף, כַּשְׁפָן ז. |
| magic, sorcery | כְּשָׁפִים ז.ר. |
| fit, proper; *kosher*, conforms to religious dietary laws | כָּשֵׁר ת. |
| fitness; religious dietary fitness | כַּשְׁרוּת נ. |
| sect, cult, faction | כַּת נ. |
| to write, write down | כָּתַב |
| writing, handwriting | כְּתָב ז. |
| charge sheet, indictment | כְּתַב-אִישׁוּם |
| diplomatic credentials | כְּתַב-הַאֲמָנָה |
| hieroglyphics; illegible | כְּתַב-חַרְטוֹמִים |

| | |
|---|---|
| כְּתַב-יָד | handwriting; manuscript |
| כְּתַב-יְתֵדוֹת | cuneiform |
| כְּתַב-עִירעוּר | statement of appeal |
| כְּתַב-עֵת | periodical, journal |
| כַּתָּב ז. | correspondent, reporter |
| כַּתָּבָה נ. | news report, article |
| כַּתָּבַת-שַׁעַר | cover story |
| כְּתָבִים ז.ר. | writings, literary works |
| כִּתבֵי-הַקּוֹדֶשׁ | Holy Scriptures |
| כַּתבָן ז., כַּתבָנִית נ. | typist |
| כָּתוּב ת. | written |
| כְּתוּבָּה נ. | marriage contract |
| כְּתוֹבֶת נ. | address; inscription |
| כָּתוֹם ת. | orange color |
| כָּתוּשׁ ת. | crushed, ground |
| כָּתוּת ז. | pounded, crushed |
| כְּתִיב ז. | spelling, writing; written version of the Bible |
| כְּתִיב חָסֵר | 'deficient' spelling (without vowel letters) |
| כְּתִיב מָלֵא | 'plene' spelling (with vowel letters) |
| כְּתִיבָה נ. | writing |
| כְּתִישָׁה נ. | crushing, grinding |
| כְּתִיתָה נ. | pounding, crushing |
| כֶּתֶם ז. | stain, spot |
| כָּתֵף נ.(כְּתֵפַיִים) | shoulder |
| כְּתֵפָה נ. | shoulder strap, suspender |
| כְּתֵפִייָּה נ. | suspender; cape |
| כֶּתֶר ז. | crown |
| כָּתַשׁ | to crush, grind |
| כָּתַת | to pound, crush |

*adv*=תפ *adj*=ת *pl*=ר *fem*=נ *pro*=כ *prep*=י *con*=ח *du*=זו *mas*=ז

# ל

| | |
|---|---|
| ל | *Lamed;* thirty (numerical value) |
| ל- | to; of, belonging to |
| לֹא | no, not |
| לֹא בְּאָלֶף רַבָּתִי | definitely not |
| לֹא כָּל שֶׁכֵּן | all the more |
| לֹא יְסוּלָּא בְּפָז | priceless |
| לֹא יִצְלַח, -יוּצְלַח | good-for-nothing |
| לֹא עוֹד אֶלָּא | moreover |
| בְּלֹא, לְלֹא | without |
| וָלֹא | otherwise |
| וְלֹא הִיא | it is not so |
| לְלֹא רֶתַע | recoilless |
| לֵאֶה ת. | tired |
| לָאו | no, not |
| לָאו דַּוְוקָא | not necessarily so |
| בְּלָאו הָכֵי, -הָכִי | anyhow, anyway |
| לְאוֹם ז. | nationality |
| לְאוּמִּי ת. | national |
| לְאוּמִּיּוּת נ. | nationalism; nationality |
| לְאוּמָּנוּת נ. | chauvinism; nationalism |
| לְאוּמָּנִי ת. | chauvinist, nationalistic |
| לֵאוּת נ. | tiredness, fatigue |
| לְאַט תפ. | slowly |
| לְאַלְתַּר תפ. | immediately |
| לֵאמוֹר תפ. | as follows |
| לְאָן תפ. | where to |
| לְאָן שֶׁהוּא | to somewhere |
| לֵב, לֵבָב ז.(לְבָבוֹת, לִיבּוֹת-) | heart; core |
| בְּלֶב-יָם | far out into the sea |
| בְּלֵב וָנֶפֶשׁ | with devotion |
| בְּלֵב שָׁלֵם | wholeheartedly |
| לְבָבִי ת. | hearty, cordial, amicable |
| לְבָבִיּוּת נ. | heartiness, cordiality |
| לְבַד תפ. | alone |
| לְבַד מִן | except, other than |
| בִּלְבַד | only, merely |
| בִּלְבַדִּי | exclusive |
| וּבִלְבַד שֶׁ- | as long as, only if |
| מִלְּבַד | other than, in addition to |
| לֶבֶד ז. | felt |
| לְבוֹנָה נ. | frankincense |
| לָבוּשׁ ת. | dressed |
| לְבוּשׁ ז. | clothing, dress, attire |
| לָבִיא ז. | lion |
| לְבִיבָה נ. | pancake, *latke* |
| לָבִיד ז. | plywood |
| לְבִישָׁה נ. | wearing |
| לַבְלָב ז. | pancreas |
| לַבְלָר ז. | clerk |
| לַבְלָרוּת נ. | office work |
| לָבָן ת. | white |
| לֶבֶּנִיָּה נ. | sour milk, yogurt |
| לְבַנְבַּן ת. | whitish |
| לְבָנָה נ. | moon |
| לְבֵנָה נ.(לְבֵנִים) | brick |
| לְבָנִים ז.ר. | underwear |
| לַבְקָן ת. | albino |
| לָבַשׁ | to put on, wear |
| ל"ג בָּעוֹמֶר | the 33rd day of the *Omer* |
| לְגַבֵּי י. | regarding, concerning |
| לְגִימָה נ. | sipping, sip |
| לַגְלְגָן ז. | mocker, scoffer |
| לַגְלְגָנוּת נ. | mockery, sneer |
| לָגַם | to sip, drink |
| לְגַמְרֵי תפ. | entirely, absolutely |
| לַהַב ז. | blade |
| לֶהָבָה נ. | flame |
| לַהֲבִיוֹר ז. | flamethrower |
| לַהַג ז. | dialect |
| לָהוּט ת.(אַחֲרֵי) | attracted (to); eager |

להט ◇ לחלוחית

| | |
|---|---|
| לָהַט | to blaze, burn |
| לַהַט ז. | blaze, heat |
| לַהֲטוּט ז. | trick |
| לַהֲטוּטָן ז. | trickster, juggler |
| לַהֲטוּטָנוּת נ. | trickery, jugglery |
| לְהָטִים ז.ר. | tricks |
| לָהִיט ז. | hit, popular |
| לְהִיטוּת נ. | eagerness; attraction |
| לְהַלָּן תפ. | below, as follows |
| לַהַק ז. | group; air squadron |
| לַהֲקָה נ. | group, troupe, band |
| לַהֲקַת-קֶצֶב | rock music group |
| לְהִתְרָאוֹת | 'I will be seeing you' |
| לוּ, לוּא ח. | if, if only |
| לוֹבֶן ז. | white, whiteness |
| לוּבַּן | to be bleached; clarified; heated (iron) |
| לוֹהֵט ת. | burning, blazing |
| לְוַאי ח. | if only, 'I wish'; |
| לְוַאי ז. | accompaniment; attribute |
| לָוָה | to borrow |
| לוּוָּה | to be accompanied |
| לוֹוֶה ז. | borrower |
| לְוָיָה נ. | funeral |
| לַוויָן ז. | satellite |
| לַוויַן-תִּיקְשׁוֹרֶת | communication satellite |
| לִווְיָתָן ז. | whale |
| לוּז ז. | almond |
| לוּחַ ז.(לוּחוֹת) | board, plate, blackboard |
| לוּחַ-בַּקָּרָה | control panel |
| לוּחַ-זְמַנִּים | timetable |
| לוּחַ-הַכֶּפֶל | multiplication table |
| לוּחַ-מוֹדָעוֹת | bulletin board |
| לוּחַ-מַקָּשִׁים | keyboard |
| לוּחַ-שָׁנָה | calendar |
| לוּחוֹת-הַבְּרִית | Tablets of the Decalogue |
| לוּחִית נ. | plate, tablet |
| לוּחִית-זִיהוּי | license plate |
| לוֹחֵם ז. | fighter, warrior |
| לוֹחֵם שְׁוָרִים | bullfighter |
| לוֹחֲמָה נ. | warfare |
| לוֹחֲמָה גַּרְעִינִית | nuclear warfare |
| לוֹחֲמָה זְעִירָה | guerrilla warfare |
| לוֹחֲמָה כִּימִית | chemical warfare |
| לוֹחֲמוּת נ. | belligerency |
| לוֹחֵשׁ ז. | whispering |
| לוּט ת. | enclosed |
| לוֹכְסָנִי ת. | diagonal |
| לוּל ז. | chicken coop; playpen |
| לוּלֵא, לוּלֵי ח. | were it not, if not |
| לוּלָאָה נ. | loop, knot |
| לוּלָב ז. | palm branch |
| לוּלְיָין ז. | acrobat |
| לוּלְיָינוּת נ. | acrobatics |
| לוּלְיָינִי ת. | spiral |
| לוּלָן ז. | poultry farmer |
| לוּנָה פַּארְק ז. | amusement park |
| לֹעַ ז.(לוֹעוֹת) | pharynx; throat; mouth (animal); volcano crater |
| לוֹעֲגָנִי ת. | sarcastic |
| לוֹעֲזִי ת. | foreign, non-Hebrew |
| לְזוּת-שְׂפָתַיִם נ. | slander |
| לַח ת. | humid, damp, moist |
| לֵחַ ז., לֵחָה נ. | moisture |
| לְחוּד תפ. | separately |
| לָחוּץ ז. | pressed, pressured, compressed |
| לַחוּת נ. | humidity, moisture |
| לְחִי, לֶחִי נ.(לְחָיַיִם) | cheek, jaw |
| לְחִימָה נ. | fighting |
| לְחִיץ ז. | push-button |
| לְחִיצָה נ. | pressing |
| לְחִישָׁה נ. | whispering, whisper |
| לַחְלוּחִי ת. | moist, damp |
| לַחְלוּחִית נ. | moisture, dampness |

141 *adv*=תפ *adj*=ת *pl*=ר *fem*=נ *pro*=כ *prep*=י *con*=ח *du*=זו *mas*=ז

| | |
|---|---|
| לַחֲלוּטִין תפ. | absolutely, completely |
| לָחַם (בּ-,נֶגֶד) | to fight (against) |
| לֶחֶם ז. | bread |
| לֶחֶם-חֶסֶד | donated food |
| לַחְמָנִיָּה נ. | roll, bun |
| לַחַן ז. | melody, tune |
| לָחַץ (עַל) | to press, pressure |
| לָחַץ יָד | to shake hands |
| לָחַץ עַל הַהֶדֶק | to pull the trigger |
| לַחַץ ז. | pressure |
| לַחַץ-אֲווִיר | air pressure |
| לַחַץ-דָּם | blood pressure |
| לַחְצָן ז. | push-button |
| לַחְצָנִית נ. | snap |
| לָחַשׁ | to whisper |
| לַחַשׁ ז. | whisper, hiss; incantation |
| לַחְשָׁן ז. | prompter, whisperer |
| לְטָאָה נ. | lizard |
| לְטִיפָה נ. | caressing, patting |
| לָטַשׁ עַיִן | to stare |
| לִיבָּה | to inflame, incite |
| לִיבּוּי ז. | inflaming, inciting |
| לִיבּוּן ז. | whitening; clarifying |
| לִיבלֵב | to bloom; prosper |
| לִיבֵּן | to whiten; clarify |
| לִיגְיוֹן-הַזָּרִים ז. | Foreign Legion |
| לִיגלֵג (עַל) | to mock, sneer |
| לִיגלוּג | mockery, sneer |
| לֵידָה נ. | birth, delivery |
| לִיוָּה | to accompany, escort |
| לִיוּוּי ז. | accompaniment, escort |
| לִיחֵךְ | to chew, graze |
| לִיטָא נ. | Lithuania |
| לִיטוּף ז. | caressing, patting |
| לִיטוּשׁ ז. | polishing |
| לִיטֵּף | to caress, pat |
| לִיטֵּשׁ | to polish |
| לִיטְרָה נ. | pound |
| לִיכֵּד | to unite, unify |
| לִיכּוּד ז. | unity, unification; a right-wing political bloc |
| לִיכלוּךְ ז. | dirtying, smearing; dirt, filth |
| לִיכלֵךְ | to soil, make dirty, smear |
| לִיכסֵן | to slant |
| לִיכסֵן מַבָּט | to look out of the corner of the eye |
| לַיִל, לֵיל, לַיְלָה ז.(לֵילוֹת) | night, eve |
| לֵיל-הַבְּדוֹלַח | *Kristallnacht* |
| לֵיל-חַג | holiday eve |
| לֵיל-מְנוּחָה | 'good night' |
| לֵיל-הַסֵּדֶר | Passover eve |
| לֵיל-שַׁבָּת | Sabbath eve, Friday night |
| לֵיל-שִׁימּוּרִים | sleepless night |
| לֵילִי ת. | nightly |
| לִילִית נ. | owl |
| לִילָךְ ז. | lilac |
| לִימֵּד | to teach, instruct, train |
| לִימֵּד זְכוּת | to speak in favor, defend |
| לִימּוּד ז. | learning, study; teaching |
| לִימוֹן ז. | lemon |
| לִינָה נ. | lodging, staying overnight |
| לִיף ז. | fiber |
| לִיפּוּף ז. | winding, coiling, wrapping |
| לִיפֵּף | to wind, coil, wrap |
| לֵיצָן ז. | clown, jester |
| לֵיצָנוּת נ. | clowning, joking |
| לִיקּוּט ז. | picking, collecting |
| לִיקּוּי ז. | defect, flaw; eclipse |
| לִיקּוּי-חַמָּה | solar eclipse |
| לִיקּוּי-יָרֵחַ | lunar eclipse |
| לִיקֵּט | to pick, collect |
| לִיקּוּק, לִיקלוּק ז. | licking; flattery |
| לִיקֵּק, לִיקלֵק | to lick |
| לִיקֵּק (ל-) | to flatter |
| לַיִשׁ ז. | lion |
| לִישְׁכָּה נ. | bureau, office, chamber |

*adv*=תפ *adj*=ת *pl*=ר *fem*=נ *pro*=כ *prep*=י *con*=ח *du*=זו *mas*=ז

142

| | |
|---|---|
| draft office | לִישְׁכַּת-גִּיּוּס |
| chamber of commerce | לִישְׁכַּת-מִסְחָר |
| welfare bureau | לִישְׁכַּת-סַעַד |
| employment bureau | לִישְׁכַּת-עֲבוֹדָה |
| Bar Association | לִישְׁכַּת עוֹרְכֵי הַדִּין |
| there is not | לֵית |
| with no choice | בְּלֵית בְּרֵירָה |
| seemingly, in theory | לְכָאוֹרָה תפ. |
| to capture; trap | לָכַד |
| lacquer, varnish | לַכָּה נ. |
| nail polish | לַכַּת-צִיפּוֹרְנַיִים |
| captured; trapped | לָכוּד ת. |
| capture; trapping | לְכִידָה נ. |
| dirty, slob | לַכְלְכָן ז. |
| therefore | לָכֵן ח. |
| to learn, study | לָמַד |
| to learn a lesson | לָמַד לֶקַח |
| eleventh letter of the alphabet | לָמֶד נ. |
| third consonant of the root | לָמֶד הַפּוֹעַל |
| sufficiently, quite | לְמַדַּי תפ. |
| scholar, learner | לַמְדָן ז. |
| scholarship, learning | לַמְדָנוּת נ. |
| why | לָמָה תפ. |
| experienced | לְמוּד-נִיסָּיוֹן ת. |
| learning | לְמִידָה נ. |
| abundantly | לְמַכְבִּיר תפ. |
| except for, excluding, | לְמַעֵט תפ. |
| for the sake of, in order that | לְמַעַן י. ח. |
| for God's sake | לְמַעַן הַשֵּׁם |
| in advance | לְמַפְרֵעַ תפ. |
| fortunately | לְמַרְבֵּה הַמַּזָּל תפ. |
| unfortunately | לְמַרְבֵּה הַצַּעַר תפ. |
| despite, in spite of | לַמְרוֹת תפ. |
| to lodge, stay overnight | לָן |
| intermittently | לְסֵירוּגִין תפ. |
| jaw | לֶסֶת נ. |
| to scorn, ridicule, mock | לָעַג (ל-) |
| scorn, mockery | לַעַג ז. |

| | |
|---|---|
| scoffer | לַעֲגָן ז. |
| scornful, sarcastic | לַעֲגָנִי ת. |
| opposite, compared to | לְעוּמַת י. |
| in the same way as | כְּלְעוּמַת שֶׁ- |
| chewed | לָעוּס ת. |
| slander; foreign language | לַעַז ז. |
| 'to hell', 'damn it' | לַעֲזָאזֵל |
| above | לְעֵיל תפ. |
| chewing | לְעִיסָה נ. |
| wormwood; bitterness | לַעֲנָה נ. |
| to chew | לָעַס |
| coiled, wound | לָפוּף ת. |
| grasped | לָפוּת ת. |
| according to | לְפִי י. |
| for the time being | לְפִי שָׁעָה |
| torch | לַפִּיד ז. |
| accordingly | לְפִיכָךּ תפ. |
| winding | לְפִיפָה נ. |
| grasp | לְפִיתָה נ. |
| shortly before | לִפְנוֹת- י. |
| at dawn | לִפְנוֹת-בּוֹקֶר |
| before sunset | לִפְנוֹת-עֶרֶב |
| before; in front of; ago | לִפְנֵי י. |
| before that, previously | לִפְנֵי-כֵן |
| B.C. | לִפְנֵי-הַסְּפִירָה |
| before noon, A.M. | לִפְנֵי-הַצָּהֳרַיִים |
| in the past, formerly | לְפָנִים תפ. |
| within | לִפְנִים תפ. |
| less strictly than required by law, leniently | לִפְנִים מְשׁוּרַת הַדִּין |
| to wind, wrap around | לָפַף |
| to grasp, clasp | לָפַת |
| turnip | לֶפֶת ז. |
| compote | לִפְתָּן ז. |
| joker, jester | לֵץ ז. |
| joke, prank | לָצוֹן ז. |
| permanently, for good | לִצְמִיתוּת תפ. |
| to be afflicted (with), stricken | לָקָה (ב-) |

*adv*=תפ  *adj*=ת  *pl*=ר  *fem*=נ  *pro*=כ  *prep*=י  *con*=ח  *du*=זז  *mas*=ז

| | |
|---|---|
| לָקוֹחַ ז.(לָקוֹחוֹת) | customer, client |
| לָקוּחַ ת. | taken |
| לָקוּי ת. | faulty, defective |
| לָקַח | to take |
| לָקַח בְּחֶשְׁבּוֹן | to take into account |
| לָקַח חֵלֶק | to take part, participate |
| לָקַח לַלֵּב | to be offended, hurt |
| לֶקַח ז. | lesson |
| לֶקֶט ז. | collection; assortment; gleanings |
| לְקִיחָה נ. | taking |
| לְקִיקָה נ. | licking |
| לָקַק | to lick |
| לַקְקָן ז. | licker; flatterer *(col.)* |
| לַקְקָנוּת נ. | flattery *(col.)* |
| לִקְרַאת י. | toward |
| לֶקֶשׁ ז. | late crop |
| לָרִאשׁוֹנָה תפ. | for the first time |
| לְרַבּוֹת תפ. | including |
| לָרִיק תפ. | in vain |
| לָשׁ | to knead |
| לְשַׁד ז. | juice; marrow |
| לְשַׁד-עֲצָמוֹת | bone marrow |
| לָשׁוֹן נ.(לְשׁוֹנוֹת) | tongue; language |
| לְשׁוֹן-אֵם | mother tongue |
| לְשׁוֹן-אֵשׁ | flame |
| לְשׁוֹן-דִּיבּוּר | colloquial, vernacular |
| לְשׁוֹן-הַמְעָטָה | understatement |
| לְשׁוֹן-זָכָר | masculine |
| לָשׁוֹן זָרָה | foreign language |
| לְשׁוֹן-חֲזָ"ל, -חֲכָמִים | Mishnaic Hebrew |
| לְשׁוֹן-יָחִיד | singular |
| לְשׁוֹן-יְלָדִים | child language |
| לְשׁוֹן-יָם | inlet |
| לְשׁוֹן-מֹאזְנַיִים | pointer on scales; pivotal |
| לְשׁוֹן-הַמִּקְרָא | biblical Hebrew |
| לָשׁוֹן נוֹפֵל עַל לָשׁוֹן | pun |
| לְשׁוֹן-נְקֵבָה | feminine |
| לָשׁוֹן סַגִּי-נְהוֹר | euphemism |
| לְשׁוֹן-סְתָרִים | secret code |
| לְשׁוֹן-הַקּוֹדֶשׁ | Holy Tongue, Hebrew |
| לְשׁוֹן-רַבִּים, -רִיבּוּי | plural |
| לְשׁוֹן-הָרָע | slander, libel, gossip |
| לְשׁוֹנַאי ז. | linguist |
| לְשׁוֹנִי ת. | lingual |
| לֶשֶׁם ז. | opal |
| לְשֶׁעָבַר תפ. | previously, formerly; ex– |
| לֶתֶת ז. | malt |

*adv*=תפ *adj*=ת *pl*=ר *fem*=נ *pro*=כ *prep*=י *con*=ח *du*=זו *mas*=ז 144

# מ

| | |
|---|---|
| *Mem;* forty (numerical value) | מ |
| from; of; than | מ- י. |
| struggle, conflict | מַאֲבָק ז. |
| reservoir | מַאֲגָר ז. |
| data base | מַאֲגַר-נְתוּנִים |
| vaporizer; carburetor | מְאַדֶּה ז. |
| Mars | מַאדִים ז. |
| hundred; century | מֵאָה נ. |
| lover | מְאַהֵב ז. |
| encampment | מַאֲהָל ז. |
| safeguarded, secured | מְאוּבְטָח ת. |
| petrified; fossil | מְאוּבָּן ת. |
| dusty | מְאוּבָּק ת. |
| combined, amalgamated; unionized | מְאוּגָּד ת. |
| outflanked | מְאוּגָּף ת. |
| very | מְאוֹד |
| steamed, vaporized | מְאוּדֶּה ת. |
| in love | מְאוֹהָב ת. |
| desires | מַאֲוַויִּים ז.ר. |
| electric fan, ventilator | מְאַוְורֵר ז. |
| ventilated | מְאוּורָר ת. |
| balanced; horizontal | מְאוּזָּן ת. |
| naturalized | מְאוּזְרָח ת. |
| united | מְאוּחָד ת. |
| joined together, stitched | מְאוּחֶה ת. |
| stored | מְאוּחְסָן ת. |
| late | מְאוּחָר ת. תפ. |
| evaporated | מְאוּיָּד ת. |
| illustrated | מְאוּיָּר ת. |
| manned | מְאוּיָּשׁ ת. |
| spelled | מְאוּיָּת ת. |
| disappointed | מְאוּכְזָב ת. |
| eaten; corroded | מְאוּכָּל ת. |
| populated, inhabited | מְאוּכְלָס ת. |
| trained; tamed | מְאוּלָּף ת. |
| forced, involuntary | מְאוּלָּץ ת. |
| improvised, ad-lib | מְאוּלְתָּר ת. |
| anything, nothing | מְאוּם, מְאוּמָה ז. |
| trained | מְאוּמָּן ת. |
| adopted; strenuous | מְאוּמָּץ ת. |
| verified, confirmed | מְאוּמָּת ת. |
| vertical, upright | מְאוּנָּךְ ת. |
| nasalized | מְאוּנְפָּף ת. |
| hooked | מאונקל ת. |
| repulsive, despicable | מָאוּס ת. |
| characterized | מְאוּפְיָין ת. |
| darkened, blacked out | מְאוּפָּל ת. |
| zeroed; synchronized | מְאוּפָּס ת. |
| restrained | מְאוּפָּק ת. |
| wearing makeup, made up | מְאוּפָּר ת. |
| adapted, adjusted | מְאוּקְלָם ת. |
| light | מָאוֹר ז.(מְאוֹרוֹת) |
| eyesight | מְאוֹר-עֵינַיִים |
| organized | מְאוּרְגָּן ת. |
| den | מְאוּרָה נ. |
| engaged to be married | מְאוֹרָס ת. |
| event, happening, incident | מְאוֹרָע ז.(מְאוֹרָעוֹת) |
| Arab riots in Palestine during the British Mandate | הַמְּאוֹרָעוֹת |
| hospitalized | מְאוּשְׁפָּז ת. |
| happy; approved, confirmed | מְאוּשָּׁר ת. |
| strong; well, in good spirits | מְאוּשָּׁשׁ ת. |
| localized, located | מְאוּתָּר ת. |
| signaler, flagman | מְאוֹתֵת ז. |
| listener | מַאֲזִין ז. |
| balance, balance sheet | מַאֲזָן ז. |
| balance of power | מַאֲזַן-כּוֹחוֹת |
| trade balance | מַאֲזָן מִסְחָרִי |

מַאֲזַן-תַּשְׁלוּמִים balance of payments
מֹאזְנַיִם ז. זו. scales, balance; Libra
מַאֲחָז ז. hold, grip, handle; foothold
מַאֲחֵז ז. clip; holder
מְאַחֵר ז. tardy, latecomer
מֵאִידָךְ (-גִּיסָא) תפ. on the other hand
מְאַיֵּם ת. threatening
מֵאֵימָתַי תפ. since when
מֵאַיִן תפ. from where
מֵאֵין כָּמוֹהוּ unmatched, peerless
מֵאִיץ ז. accelerator
מֵאִיר ת. illuminating, glowing
מֵאִיר עֵינַיִים clear, legible
מֵאִית נ. one hundredth
מְאַכְזֵב ת. disappointing
מַאֲכָל ז. food
מְאַכֵּל ת. corrosive
מַאֲכֶלֶת נ. slaughtering knife
מְאַלְחֵשׁ ז. anesthetic
מְאַלֵּף ת. trainer, tamer; instructive
מְאַלֵּף חַיּוֹת animal trainer
מַאֲמִין ז. believer
מְאַמֵּן ז. trainer, coach
מַאֲמָץ ז. effort, strain
מַאֲמָר ז. article, essay
מַאֲמַר-מַעֲרֶכֶת editorial
מָאַס (בּ-) to detest, be fed up (with)
מְאַסֵּף ז. rearguard; local (bus)
מַאֲסָר ז. imprisonment
מַאֲסַר-עוֹלָם life sentence
מַאֲסָר עַל תְּנַאי suspended sentence
מַאֲפֶה ז. pastry
מַאֲפִיָּה נ. bakery
מְאַפֵּר ז. makeup artist
מַאֲפֵרָה נ. ashtray
מַאֲרָב ז. ambush
מְאַרְגֵּן ז. organizer
מְאָרֵחַ ז. host

מַאֲרִיךְ ז. extender
מַאֲשִׁים ז. ת. accuser; accusatory
מֵאֵת י. from; by
מַבְדֵּד ז. insulator
מְבַדֵּחַ ת. amusing, funny
מַבְהִיל ת. horrifying
מַבְהִיק ת. shining, gleaming
מָבוֹא ז.(מְבוֹאוֹת) entrance; preface, introduction, prologue
מְבוֹאָר ת. interpreted, explained
מְבוּגָּר ת. adult, grown-up; old
מְבוֹדָד ת. isolated, insulated
מְבוּדָּח ת. amused
מְבוּדָּר ת. entertained
מְבוֹהָל ת. frightened; hurried
מְבוּזְבָּז ת. wasted
מְבוּזֶּה ת. despised
מְבוּטָּא ת. pronounced, expressed
מְבוּטָּח ת. insured
מְבוּטָּל ת. canceled, void; insignificant
מָבוֹי ז. passage
מָבוֹי סָתוּם dead end, impasse
מְבוּיָּל ת. stamped
מְבוּיָּם ת. staged; directed
מְבוּיָּשׁ ת. bashful, ashamed
מְבוּיָּת ת. domesticated
מָבוֹךְ ז. maze, labyrinth
מְבוּכָה נ. embarrassment; confusion
מַבּוּל ז. flood, deluge
מְבוּלְבָּל ת. confused, mixed-up
מְבוּסָּם ת. drunk
מְבוּסָּס ת. established, well-founded
מַבּוּעַ ז. fountain, spring
מְבוּצָּר ת. fortified
מְבוּקָּע ת. cracked, split-up
מְבוּקָּר ת. controlled; criticized
מְבוּקָּשׁ ת. wanted, sought-after, in demand; request

| | |
|---|---|
| blessed | מְבוֹרָךְ ת. |
| genitals | מְבוּשִׁים ז.ר. |
| cooked | מְבוּשָׁל ת. |
| perfumed, scented | מְבוּשָׂם ת. |
| dissected, cut-up | מְבוּתָּר ת. |
| photo flash | מַבְזֵק ז. |
| nauseating, disgusting | מַבְחִיל ת. |
| test tube | מַבְחֵנָה נ. |
| ladle | מַבְחֵשׁ ז. |
| glance, look, view | מַבָּט ז. |
| safety fuse | מַבְטֵחַ ז. |
| promising | מַבְטִיחַ ת. |
| embarrassing | מֵבִיךְ ת. |
| knowledgeable, expert | מֵבִין ז. |
| shameful, disgraceful | מֵבִישׁ ת. |
| die | מַבְלֵט ז. |
| structure, building | מִבְנֶה ז. |
| structural | מִבְנִי ת. |
| satisfied, content, happy (col.) | מַבְסוּט ת. |
| expression | מַבָּע ז. |
| through | מִבַּעַד י. (ל-) |
| frightening, scary | מַבְעִית ת. |
| burner, torch | מַבְעֵר ז. |
| performer, executor | מְבַצֵּעַ ז. |
| visitor; critic; inspector | מְבַקֵּר ז. |
| State Comptroller | מְבַקֵּר הַמְּדִינָה |
| auditor | מְבַקֵּר חֶשְׁבּוֹנוֹת |
| literary critic | מְבַקֵּר סִפְרוּתִי |
| applicant | מְבַקֵּשׁ ז. |
| screwdriver | מַבְרֵג ז. |
| convalescent | מַבְרִיא ת. |
| smuggler | מַבְרִיחַ ז. |
| brilliant, shining, lustrous | מַבְרִיק ת. |
| telegram | מִבְרָק ז. |
| telegraph office | מִבְרָקָה נ. |
| brush | מִבְרֶשֶׁת נ. |
| cook | מְבַשֵּׁל ז. |
| brewery | מִבְשָׁלָה נ. |

| English | Hebrew |
|---|---|
| messenger; herald | מְבַשֵּׂר ז. |
| magician | מָג ז. |
| wiper, squeegee | מַגֵּב, מַגָּב ז. |
| windshield wiper | מַגֵּב-שְׁמָשׁוֹת |
| jack, lifter | מַגְבֵּהַּ ז. |
| restrictive, limiting | מַגְבִּיל ת. |
| amplifier | מַגְבִּיר ת. |
| loudspeaker | מַגְבִּיר-קוֹל |
| fund-drive | מַגְבִּית נ. |
| United Jewish Appeal | הַמַּגְבִּית הַיְּהוּדִית הַמְּאוּחֶדֶת |
| hat | מִגְבַּעַת נ. |
| amplifier | מַגְבֵּר ז. |
| towel | מַגֶּבֶת נ. |
| paper towel | מַגֶּבֶת-נְיָיר |
| sweetness | מֶגֶד ז. |
| definer | מַגְדִּיר ז. |
| grower | מְגַדֵּל ז. |
| lighthouse | מִגְדַּלּוֹר ז. |
| confection | מִגְדָּן ז. |
| pastry shop | מִגְדָּנִיָּה נ. |
| iron | מַגְהֵץ ז. |
| steam iron | מַגְהֵץ-אֵדִים |
| stained, soiled | מְגוֹאָל ת. |
| piled up | מְגוּבָּב ת. |
| humped | מְגוּבָּן ת. |
| crystallized, consolidated | מְגוּבָּשׁ ת. |
| large, overgrown | מְגוּדָּל ת. |
| fenced | מְגוּדָּר ת. |
| ironed, pressed | מְגוֹהָץ ת. |
| varied; colorful | מְגוּוָּן ת. |
| variety, assortment | מִגְוָּן ז. |
| ridiculous | מְגוּחָךְ ת. |
| veined | מְגוּיָּד ת. |
| enlisted, mobilized, recruit | מְגוּיָּס ת. |
| rolled | מְגוּלְגָּל ת. |
| exposed, visible | מְגוּלֶּה ת. |
| galvanized | מְגוּלְוָּון ת. |

*adv*=תפ  *adj*=ת  *pl*=ר  *fem*=נ  *pro*=כ  *prep*=י  *con*=ח  *du*=זו  *mas*=ז

| English | עברית |
|---|---|
| shaven | מְגוּלָח ת. |
| clean–shaven | מְגוּלָח לְמִשְׁעִי |
| rolled | מְגוּלָל ת. |
| carved, engraved | מְגוּלָף ת. |
| stammered; hesitant; unclear | מְגוּמְגָּם ת. |
| dandy, flashy | מְגוּנְדָּר ת. |
| indecent, disgraceful | מְגוּנֶּה ת. |
| valve | מָגוֹף ז. |
| plug, stopper | מְגוּפָה נ. |
| embraced | מְגוּפָּף ת. |
| sulfurized | מְגוּפָּר ת. |
| fear | מָגוֹר ז. |
| scraped | מְגוֹרָד ת. |
| stimulated, teased | מְגוֹרֶה ת. |
| barn, granary | מְגוּרָה נ. |
| dwelling, residence | מְגוּרִים ז.ר. |
| coarse, heavy, cumbersome | מְגוּשָׁם ת. |
| bridged | מְגוּשָׁר ת. |
| shears | מַגְזֵזָה נ. |
| wire cutter | מִגְזָרַיִים ז.זו. |
| narrator; preacher | מַגִּיד ז. |
| fortune–teller | מַגִּיד-עֲתִידוֹת |
| proofreader | מַגִּיהַּ ז. |
| scroll, roll | מְגִילָה נ. |
| genealogy, pedigree, family tree | מְגִילַּת-יוֹחֲסִין |
| Declaration of Independence | מְגִילַּת-הָעַצְמָאוּת |
| Dead Sea Scrolls | הַמְּגִילוֹת הַגְּנוּזוֹת |
| sorrow, grief | מְגִינָה נ. |
| lampshade | מָגִינוֹר ז. |
| deserving, entitled to | מַגִּיעַ לוֹ |
| epidemic, plague | מַגֵּיפָה נ. |
| epidemic (adj.) | מַגֵּיפָתִי ת. |
| drawer | מְגִירָה, מְגֵירָה נ. |
| waiter; radio or television presenter | מַגִּישׁ ז. |

| English | עברית |
|---|---|
| sickle | מַגָּל ז. |
| whip, lash | מַגְלֵב ז. |
| razor, shaver | מַגְלֵחַ ז. |
| engraver | מַגְלֵף ז. |
| slide, chute | מַגְלֵשָׁה נ. |
| skis | מִגְלָשַׁיִים ז.זו. |
| stutterer | מְגַמְגֵּם ז. |
| aim, objective; direction, tendency | מְגַמָּה נ. |
| humanities track | מְגַמָּה סִפְרוּתִית |
| science track | מְגַמָּה רֵיאָלִית |
| tendentious | מְגַמָּתִי ת. |
| tendentiousness | מְגַמָּתִיוּת נ. |
| shield, protector | מָגֵן ז. |
| Star of David, hexagram | מָגֵן-דָּוִיד |
| Israel's emergency medical service | מָגֵן-דָּוִיד אָדוֹם |
| windshield | מָגֵן-רוּחַ |
| sunshade | מָגֵן-שֶׁמֶשׁ |
| magnetism | מַגְנֵטִיּוּת נ. |
| touch, contact | מַגָּע ז. |
| sexual intercourse | מַגָּע מִינִי |
| disgusting | מַגְעִיל ת. |
| boot | מַגָּף ז.(מַגָּפַיִים) |
| scraper; grater | מַגְרֵד ז. |
| stimulating; sexually exciting | מְגָרֶה ת. |
| appetizing | מְגָרֶה אֶת הַתֵּיאָבוֹן |
| grinder, mill | מַגְרֵסָה נ. |
| deficiency, fault | מִגְרַעַת נ. |
| rake | מַגְרֵפָה נ. |
| trailer, rig | מַגְרָר ז. |
| sled | מִגְרָרָה נ. |
| grater | מִגְרֶרֶת נ. |
| tray | מַגָּשׁ ז. |
| realizer, fulfiller | מַגְשִׁים ז. |
| measure, gauge, –meter | מַד ז. |
| light meter | מַד-אוֹר |
| altimeter | מַד-גּוֹבַהּ |

| | |
|---|---|
| מַד-גֶּשֶׁם | rain gauge |
| מַד-זָוִוית | protractor |
| מַד-זְמַן | chronometer |
| מַד-טְוָוח | range finder |
| מַד-לַחוּת | hygrometer |
| מַד-לַחַץ | pressure gauge |
| מַד-מְהִירוּת | speedometer |
| מַד-רוּחַ | anemometer |
| מַד-רַעַשׁ | seismograph |
| מַדְאִיג ת. | worrisome |
| מַדְבִּיר חֲרָקִים ז. | insecticide |
| מַדְבֵּקָה נ. | sticker |
| מְדַבֵּר ז. | speaker; first person singular *(gram.)* |
| מַדְגֵּרָה נ. | incubator |
| מָדַד | to measure, survey |
| מַדָּד ז. | index |
| מַדַּד יוֹקֶר הַמִּחְיָה | cost of living index |
| מַדַּד הַמְּחִירִים לַצַּרְכָן | consumer price index |
| מַדְהִים ת. | amazing, stunning |
| מְדוּבְלָל ת. | sparse, loose |
| מְדוּבָּר ת. | spoken, said |
| מָדוּד ת. | measured |
| מַדְוֶה ז. | illness |
| מְדוּיָּק ת. | exact, precise, accurate |
| מְדוּכָּא ת. | depressed; oppressed |
| מְדוּכְדָּךְ ת. | distressed, depressed |
| מְדוּלְדָּל ת. | sparse, thin; dangling |
| מְדוּמֶּה ת. | imaginary, unreal |
| מָדוֹן ז., מְדָנִים ר. | quarrel |
| מְדוּנָּג ת. | waxed |
| מַדּוּעַ תפ. | why |
| מְדוּפְלָם ת. | diploma holder, certified |
| מְדוּקְדָּק ת. | precise; strict |
| מְדוּקָּר ת. | pricked, punctured |
| מָדוֹר ז. | department; compartment; newspaper section |

| | |
|---|---|
| מְדוֹרָג ת. | graded; ranked |
| מְדוּרָה נ. | campfire, bonfire |
| מְדוּשָּׁא ת. | grass-covered |
| מְדוּשָּׁן ת. | fat |
| מַדְחוֹם ז. | thermometer |
| מַדְחָן ז. | parking meter |
| מַדְחֵס ז. | compressor |
| מַדְחֵף ז. | propeller |
| מַדְחֵף-סִילוֹן | jet propeller |
| מְדִידָה נ. | measurement, survey |
| מַדִּיחַ ז. | seducer, enticer |
| מֵדִיחַ כֵּלִים ז. | dishwasher |
| מַדִּים ז.ר. | uniform, costume |
| מְדִינַאי ז. | statesman, politician |
| מְדִינָה נ. | state, country; province |
| מְדִינָה זָרָה | foreign country |
| מְדִינָה מִתְפַּתַּחַת | developing country |
| מְדִינַת-חָסוּת | protectorate |
| מְדִינַת-סַעַד | welfare state |
| מְדִינִי ת. | political |
| מְדִינִיּוּת נ. | policy |
| מְדִינִיּוּת-חוּץ | foreign policy |
| מְדַכֵּא ת. | depressing; oppressive |
| מְדַכְדֵּךְ ת. | distressing, depressing |
| מַדְלֵק ז. | lighter, starter |
| מַדְמִיעַ ת. | lachrymal |
| מַדְמֵנָה נ. | dunghill, garbage dump |
| מַדָּע ז. | science |
| מַדָּע בִּדְיוֹנִי | science fiction |
| מַדְּעֵי-הַחֶבְרָה | social sciences |
| מַדְּעֵי-הַטֶּבַע | natural sciences |
| מַדְּעֵי-הַיַּהֲדוּת | Jewish studies |
| מַדְּעֵי-הַמְּדִינָה | political science |
| מַדְּעֵי-הַמַּחְשֵׁב | computer science |
| מַדְּעֵי-הָרוּחַ | humanities |
| מַדָּעִי ת. | scientific, scholarly |
| מַדְּעָן, מַדָּעָן ז. | scientist |
| מַדָּף ז. | shelf |

*adv*=תפ *adj*=ת *pl*=ר *fem*=נ *pro*=כ *prep*=י *con*=ח *du*=זו *mas*=ז

bookshelf מַדַּף-סְפָרִים
printer (person) מַדְפִּיס ז.
electronic printer מַדְפֶּסֶת נ.
strict, meticulous; grammarian מְדַקְדֵּק
reciter מְדַקְלֵם ז.
awl מַדְקֵר ז.
spurring, stimulating מְדַרְבֵּן ת.
step, stair; level מַדְרֵגָה נ.
first-rate מִמַּדְרֵגָה רִאשׁוֹנָה
escalator מַדְרֵגוֹת נָעוֹת
slope מִדְרוֹן ז.
sloping מִדְרוֹנִי ת.
pedestrian mall מִדְרָחוֹב ז.
instructor; guide; handbook מַדְרִיךְ ז.
sidewalk מִדְרָכָה נ.
doormat מִדְרָסָה נ.
study; commentary מִדְרָשׁ ז.
school, academy מִדְרָשָׁה נ.
what מָה תפ.
'what is wrong?' מַה בְּכָךְ?
especially that, moreover מַה גַּם שֶׁ-
'what is it?' 'what is the matter?' מַה יֵּשׁ?
'what is the matter with you?' מַה (יֵּשׁ)לְּךָ?
'what do you have to do with?' מַה לְּךָ וְ-?
'whatever you think' מַה נַּפְשָׁךְ?
'how are things?' 'what is new?' מַה נִּשְׁמָע?
'what is the connection?' מַה שַּׁיָּךְ?
'how are you?' מַה שְּׁלוֹמְךָ?
trivial, insignificant שֶׁל מַה בְּכָךְ
flickering מְהַבְהֵב ת.
steaming מַהְבִּיל ת.
immigrant, emigrant מְהַגֵּר ז.
edition מַהֲדוּרָה נ.
news bulletin מַהֲדוּרַת-חֲדָשׁוֹת

editor מַהְדִּיר ז.
paper clip; laundry pin מְהַדֵּק ז.
strict observer of religious laws מְהַדֵּר ז., מְהַדְּרִין ר.
what is מַהוּ ז.
decent, honest מְהוּגָּן ת.
resonator מָהוֹד ז.
fastened; stapled; tight מְהוּדָּק ת.
luxurious, elegant מְהוּדָּר ת.
worn out, shabby מְהוּהָ ת.
diluted, mixed; circumcised מָהוּל ת.
praised; renowned מְהוּלָּל ת.
riot, commotion; confusion מְהוּמָה נ.
bloody riots מְהוּמוֹת-דָּמִים
hesitant מְהוּסָס ת.
inverted; upside down מְהוּפָּךְ ת.
hypnotized מְהוּפְּנָט ת.
planed; smooth, polished מְהוּקְצָע ת.
pensive מְהוּרְהָר ת.
essence, nature מַהוּת נ.
essential מַהוּתִי ת.
what is מַהִי נ.
dilution; circumcision מְהִילָה נ.
reliable, credible מְהֵימָן ת.
reliability, credibility מְהֵימָנוּת נ.
fast, speedy, prompt; express מָהִיר ת.
bad-tempered, edgy מְהִיר-חֵימָה
perceptive, quick to understand מְהִיר-תְּפִיסָה
speed, promptness מְהִירוּת נ.
fast, quickly בִּמְהִירוּת
to dilute, mix; circumcise מָהַל
blow מַהֲלוּמָה נ.
walk; move, step; transmission gear מַהֲלָךְ ז.
way, access מַהְלָכִים ז.ר.
pit, pothole מַהֲמוֹרָה נ.
stunning מְהַמֵּם ת.

| | |
|---|---|
| מְהַנְדֵּס ז. | engineer |
| מְהַנֶּה ת. | enjoyable |
| מְהַסֵּס ז. | hesitating, hesitant |
| מַהְפָּךְ ז. | coup; tropic |
| מַהְפֵּכָה נ. | revolution |
| מַהְפְּכָן ז. | revolutionary person |
| מַהְפְּכָנוּת נ. | revolutionism |
| מַהְפְּכָנִי ת. | revolutionary |
| מְהַפְּנֵט ז. | hypnotizing; hypnotist |
| מַהֵר תפ. | quickly, soon, fast |
| מְהֵרָה תפ. | soon |
| בִּמְהֵרָה | soon, shortly, speedily |
| מַהֲתַלָּה נ. | joke, farce |
| מוּאָץ ת. | accelerated |
| מוּאָר ת. | lit, illuminated |
| מוּאֳרָךְ ת. | lengthened, extended |
| מוּאֳרָק ת. | grounded |
| מוּבָאָה נ. | quotation, citation |
| מוּבְדָּל ת. | differentiated; separated |
| מוּבְהָק ת. | clear; outstanding, distinguished |
| מוּבְחָר ת. | selected, best choice |
| מוּבְטָח ת. | promised, guaranteed |
| מוּבְטַחְנִי | I am sure |
| מוּבְטָל ת. | unemployed, idle |
| מוֹבִיל ז. | carrier, tranporter |
| הַמּוֹבִיל הָאַרְצִי | Israel's national water carrier |
| מוּבָל ת. | duct |
| מוּבְלָע ת. | enclosed, absorbed |
| מוּבְלַעַת נ. | enclave |
| מוּבָן ז. | meaning |
| מוּבָן ת. | understood, comprehensible |
| מוּבָן מֵאֵלָיו | self-explanatory |
| כַּמּוּבָן | of course |
| מוּבָס ת. | defeated |
| מוּבְרָג ת. | screwed-in |
| מוּבְרָח ת. | smuggled |
| מוּג-לֵב ת. | coward |
| מוּגְבָּל ת. | limited; restricted; confined |
| מוּגְבַּל-רְאִיָּה | vision-impaired |
| מוּגְבַּל-שְׁמִיעָה | hearing-impaired |
| מוּגְבָּר ת. | intensified; reinforced |
| מוּגְדָּל ת. | enlarged, magnified; increased |
| מוּגְדָּר ת. | defined, certain |
| מוּגָּה ת. | proofread, corrected |
| מוּגְזָם ת. | exaggerated |
| מוּגְלָה נ. | pus, purulence |
| מוּגְלָתִי ת. | purulent |
| מוּגְמָר ת. | finished, completed |
| מוּגָן ת. | protected, secured |
| מוּגְנַט | to be magnetized |
| מוּגָף ת. | shut |
| מוּגַּר | to be defeated, routed |
| מוּדְאָג ת. | worried, concerned |
| מוּדְבָּק ת. | glued, stuck |
| מוּדְגָּשׁ ת. | stressed; having a *Dagesh* |
| מוֹדֵד ז. | surveyor; index; yardstick |
| מֹודָה נ. | fashion *(col.)* |
| מוּדָּח ת. | overthrown, deposed |
| מוֹדִיעַ ז. | informer, announcer |
| מוֹדִיעִין ז.ר. | information; intelligence (service) |
| מוּדְלָק ת. | lit, ignited |
| מוּדָע ת. | aware, conscious |
| מוֹדָעָה נ. | advertisement, ad |
| מוּדָעוּת נ. | awareness, consciousness |
| מוּדְפָּס ת. | printed |
| מוּדְרָג ת. | graduated, graded |
| מוּדְרָךְ ת. | guided |
| מוֹהֵל ז. | circumciser |
| מֹוהַר ז. | dowry |
| מָוֶת ז. | death |
| מוֹז ז. | banana |
| מוֹזֵג ז. | bartender |
| מוּזַּג | to be combined, blended |

מוזהָב ת. gilded
מוזכָּר ת. mentioned
מוזָל ת. reduced in price, discounted
מוזמָן ת. invited, guest; on order
מוזנָח ת. neglected; sloppy
מוזָר ת. strange, odd, weird
מוזָרות נ. strangeness, oddity
מוזרָם ת. made to flow, poured
מוזרָק ת. injected
מוֹחַ ז.(מוחות) brain, mind
מוחזָק ת. held
מוֹחִי ת. cerebral
מוחכָּר ת. leased
מוחלָט ת. absolute, definite
מוחלָש ת. weakened
מוֹחֵץ ת. crushing, smashing
מוֹחֵק ז. eraser
מוּחֳרָם ת. confiscated; boycotted, banned
מוֹחֳרָת נ. תפ. next day
מוֹחֳרָתַיִם זו. תפ. the day after tomorrow
מוּחָשִׁי ת. tangible, concrete
מוּחָשִׁיות נ. reality, concreteness
מוחשָׁךְ ת. darkened
מוֹט ז.(מוטות) rod, pole, bar
מוּטָב תפ. better
מוטבָּל ת. dipped, immersed
מוטבָּע ת. stamped, imprinted
מוּטֶה ת. leaning, bent
מוֹטֵט to knock down, cause to collapse
מוּטָל ת. lying; thrown
מוּטָּל ת. imposed, required; levied
מוּטָל בְּסָפֵק doubtful
מוטלָא ת. patched
מוטמָן ת. hidden
מוטמָע ת. absorbed, assimilated
מוּטָס ת. airborne
מוטעֶה ת. mistaken, erroneous
מוטעָם ת. stressed, accented
מוטעָן ת. loaded
מוטרָד ת. bothered, troubled
מוּיַּן to be sorted, classified
מוֹךְ ז. cotton wool
מוּכֶּה ת. beaten, battered
מוּכֵּה גורָל ill-fated, miserable
מוּכֵּה סַנווֵרים blinded, dazzled
מוּכֵּה תַּדהֵמָה stunned
מוכוָן ת. directed, guided
מוּכָח ת. proven
מוכחָד ת. exterminated, destroyed
מוֹכִיחַ ז. rebuker
מוּכַּן to be mechanized
מוּכָן ת. prepared, ready, ready-made
מוּכָן וּמְזוּמָּן eagerly ready
מוכנָע ת. subdued
מוֹכֵס ז. customs officer
מוכסָף ת. silvery
מוכפָּל ת. doubled, multiplied
מוֹכֵר ז. seller, salesman, vendor
מוּכָּר ת. known, familiar
מוכרָח ת. compelled, obliged, must
מוכרָע ת. defeated
מוכרָת ת. cut off
מוכשָׁר ת. talented; fitted, made fit to eat by Jewish law
מוכתָּב ת. dictated
מוכתָּם ת. stained
מוכתָּף ת. placed on the shoulder
מוכתָּר ת. crowned
מוּל י. opposite, against, in front of
מוּלָּא to be filled, stuffed
מולאָם ת. nationalized
מוֹלָד ז. birth
מוֹלֶדֶת נ. homeland, native land
מוּלַּח to be salted
מולחָם ת. soldered, welded

מוֹלִיד ז. father
מוֹלְיָה נ. praline
מוֹלִיךְ ז. conductive, conductor
מוֹלִיכוּת נ. conductivity
מוּם ז. defect, flaw, deformity
מוּמְחֶה ז. expert, skilled, specialist
מוּמְחָז ת. made into a play, dramatized
מוּמְחִיּוּת נ. expertise, skill, specialty
מוּמְיָה נ. mummy
מוּמְלָץ ת. recommended
מוּמַּן to be financed
מוּמָּס ת. dissolved
מוּמָר ז. convert from Judaism
מוּמְרָץ ת. urged, encouraged
מוּמַּשׁ to be materialized, realized
מוֹנֶה ז. counter, meter
מוּנָּה to be appointed
מוּנְהָג ת. led
מוּנָּח ת. laid, placed
מוּנַּח to be termed
מוּנָּח ז. term
מוּנְחֶה ת. guided
מוֹנִיטִין ז. ר. fame; reputation
מוֹנִים ר. times, -fold
מוֹנִית נ. taxi, cab
מוֹנֵעַ ת. preventive
מוּנַּע to be motorized
מוּנָע ת. propelled, driven, powered
מוּנָף ת. raised, wielded
מוּסָב ת. turned, diverted; endorsed
מוּסְבָּר ת. explained
מוּסְגָּר ת. parenthetic, embedded
מוֹסָד ז.(מוֹסָדוֹת) institution, institute, establishment
מוֹסָד לְהַשְׂכָּלָה גְבוֹהָה institute of higher learning
הַמּוֹסָד Israel's intelligence organization
מוּסְוֶה ת. disguised, camouflaged

מוּסָט ת. moved, shifted
מוּסִיקָה קָאמֶרִית נ. chamber music
מוּסָךְ ז. garage, hangar
מוּסַּךְ to be curtained
מוּסְכָּם ת. agreed; conventional
מוּסְכָּמוֹת נ. ר. conventions
מוּסְמָךְ ת. authorized; qualified; certified
מוּסְמַךְ-אוּנִיבֶרְסִיטָה Master's degree holder
מוּסְמַס to be dissolved
מוּסְמַר to be nailed
מוּסָף ז. supplement; additional prayer
מוּסְפַּר to be numbered
מוּסָק ת. heated
מוּסָר ז. ethics, morals, morality
מוּסַר-הַשֵּׂכֶל moral lesson
מוּסַר-כְּלָיוֹת remorse
מוּסְרָט ת. filmed, videotaped
מוּסָרִי ת. moral, ethical
מוּסָרִיּוּת נ. morality, ethics
מוּסָת ת. incited
מוּסְתָּר ת. hidden, concealed
מוּעֲבָר ת. transferred, transmitted
מוֹעֵד ז. fixed time, term; holiday, religious festival
מוֹעֵד אַחֲרוֹן deadline
בְּעוֹד מוֹעֵד in good time, in advance
מוֹעֲדִים לְשִׂמְחָה 'happy holiday'
מוּעָד ת. liable; habitual
מוּעָד לְפוּרְעָנוּת destined for trouble
מוֹעֲדוֹן ז. club
מוֹעֲדוֹן-לַיְלָה nightclub
מוּעָט ת. meager, scanty, small
מוֹעִיל ת. useful, beneficial
מוּעָם ת. dimmed
מוּעֲמָד ז. candidate
מוּעֲמָדוּת נ. candidacy
מוֹעֵן ז. addressee, sender

מוּעֳסָק ת. employed
מוֹעָצָה נ. council, board
מוֹעָצָה מְקוֹמִית local council
מוֹעֶצֶת-הַבִּיטָּחוֹן U.N. Security Council
מוֹעֶצֶת-מְנַהֲלִים board of directors
מוּעָקָה נ. depression, distress
מוּעָר ת. annotated
מוּעֲשָׁר ת. enriched
מוּפְחָת ת. reduced, decreased
מוּפְלָא ת. wonderful, marvelous
מוּפְלָג ת. prominent; abundant
מוּפְלֶה ת. discriminated against
מוּפְלֶה לְטוֹבָה favored
מוּפְלֶה לְרָעָה discriminated against
מוּפְנֶה ת. turned, directed
מוּפְנָם ת. introvert
מוּפְסָד ת. at a loss, loser
מוּפְסָק ת. stopped, interrupted
מוֹפָע ז. appearance, show
מוּפָץ ת. distributed, spread
מוּפְקָד ת. deposited
מוּפְקָד עַל in charge of
מוּפְקָע ת. expropriated, confiscated; exorbitant
מוּפְקָר ת. abandoned; licentious
מוּפְקֶרֶת נ. promiscuous woman, whore
מוּפְרָד ת. separated
מוּפְרֶה ת. fertilized, inseminated
מוּפְרָז ת. exaggerated
מוּפְרָח ת. flown; blooming
מוּפְרָךְ ת. refuted
מוּפְרָע ת. mentally disturbed
מוּפְרָעוּת נ. mental disorder
מוּפְשָׁט ת. abstract; undressed
מוּפְשָׁל ת. rolled up
מוּפְשָׁר ת. thawed
מוֹפֵת ז.(מוֹפְתִים) example; wonder

לְמוֹפֵת exemplary; perfectly
מוֹפְתִי ת. exemplary
מוּפְתָּע ת. surprised
מוֹץ ז. chaff
מוֹצָא ז. outlet, exit; origin, descent
מוֹצָא-פֶּה utterance
מוֹצָאֵי-חַג holiday's last evening
מוֹצָאֵי-שַׁבָּת Saturday night
לְלֹא מוֹצָא dead end
מוּצָּב ת. positioned, stationed
מוּצָּב ז. military position
מוּצָּג ז. exhibit
מוּצְדָּק ת. justified
מוּצָה to be extracted; be exhausted
מוּצְהָב ת. yellowish
מוּצְהָר ת. declared
מוֹצִיא לָאוֹר ז. publisher
מוֹצִיא לְפוֹעַל ז. executor
מוּצָל ת. shaded
מוּצְלָב ת. criss-crossed
מוּצְלָח ת. successful
מוּצְנָח ת. dropped by parachute
מוּצְנָע ת. hidden
מוּצַּע to be centered
מוּצָּע ת. suggested, proposed
מוּצָּף ת. flooded
מוּצְפָּן ת. hidden
מוֹצֵץ ז. baby's pacifier
מוּצָק ת. solid
מוּצָקוּת נ. solidity
מוּצָר ז. product
מוֹקֵד ז. focus; center; hearth
מוּקְדָּם ת. תפ. early
בְּמוּקְדָּם אוֹ בִּמְאוּחָר sooner or later
מוּקְדָּשׁ ת. dedicated, devoted
מוּקְהֶה ת. dull, blunted
מוּקְטָן ת. reduced
מוּקְיוֹן ז. clown

| | |
|---|---|
| מוֹקִיר ז. | respectful, cherishing |
| מוּקְלָט ת. | recorded |
| מוּקַם | to be located, positioned |
| מוּקְסָם ת. | enchanted, fascinated |
| מוּקָע ת. | deplored |
| מוּקַף | to be hyphenated |
| מוּקָף ת. | surrounded, encircled |
| מוּקְפָּא ת. | frozen |
| מוּקְצָב ת. | budgeted, allocated |
| מוּקְצֶה ת. | allocated; separated |
| מוּקְצָף ת. | whipped, foamy; enraged |
| מוּקְרָח ת. | bald |
| מוּקְרָשׁ ת. | congealed |
| מוּקַשׁ | to be mined |
| מוֹקֵשׁ ז. | mine; trap |
| מוּקְשֶׁה ת. | hardened |
| מוּקְשָׁח ת. | made harsh, hardened |
| מוֹר ז. | myrrh |
| מוֹרָא ז. | fear |
| מוֹרָאָה נ. | horror |
| מוֹרַג ז. | threshing sledge |
| מוּרְגָּז ת. | angered, annoyed |
| מוּרְגָּל ת. | accustomed, used to |
| מוּרְגָּע ת. | relaxed |
| מוֹרֵד ז. | rebel |
| מוֹרָד ז.(מוֹרָדוֹת) | slope |
| מוּרְדָּף ת. | persecuted |
| מוֹרֶה ז. | teacher, instructor; rebellious |
| מוֹרֵה-דֶּרֶךְ | guide |
| מוֹרֶה פְּרָטִי | private teacher, tutor |
| מוּרְחָב ת. | widened, expanded, enlarged |
| מוּרְחָק ת. | removed; banished |
| מוֹרַט | to be plucked; be polished |
| מוּרְטָב ת. | wetted, wet |
| מוֹרִיק ת. | green |
| מֹורֶךְ-לֵב ז. | cowardice, timidity |
| מוּרְכָּב ת. | complex, compound |
| מוּרְכָּבוּת נ. | complexity |
| מוּרְכָּן ת. | bent |
| מוּרָם ת. | raised, elevated |
| מוּרְסָה נ. | abscess |
| מוּרְעָב ת. | starved |
| מוּרְעָל ת. | poisoned, poisonous |
| מוֹרַק | to be polished |
| מוֹרָשָׁה, מוֹרֶשֶׁת נ. | heritage, legacy |
| מוּרְשֶׁה ת. | licensed, authorized |
| מוּרְשָׁע ת. | convicted |
| מוּרְתָּח ת. | boiled |
| מוֹרַת-רוּחַ נ. | displeasure |
| מוּשָׂא ז. | object *(gram.)* |
| מוּשָׂא יָשִׁיר | direct object |
| מוּשָׂא עָקִיף | indirect object |
| מוּשְׁאָל ת. | metaphorical |
| מוֹשָׁב ז. | seat; session; residence; cooperative settlement |
| מוֹשַׁב-זְקֵנִים | home for the aged |
| מוֹשָׁבָה נ. | settlement, colony |
| מוּשְׁבָּע ת. ז. | sworn; confirmed; juror |
| מוּשְׁבָּת ת. | out of work; on strike |
| מוּשָּׂג ז. | idea, concept |
| מוּשְׁזָר ת. | interwoven |
| מוּשְׁחָז ת. | sharpened |
| מוּשְׁחָר ת. | blackened |
| מוּשְׁחָת ת. | corrupt, immoral |
| מוּשָׁט ת. | extended |
| מוֹשִׁיעַ ז. | savior |
| מוֹשְׁכָה נ. | rein |
| מוּשְׂכָּל ז. | idea, concept |
| מוּשְׂכָּל רִאשׁוֹן | axiom |
| מוּשְׁכַּן | to be mortgaged; be pawned |
| מוּשְׂכָּר ת. | rented, leased |
| מוֹשֵׁל ז. | governor, ruler |
| מוּשְׁלָג ת. | snowy |
| מוּשְׁלָם ת. | perfect; complete |
| מוּשְׁמָץ ת. | slandered |
| מוּשְׁמַשׁ | to be touched, felt |

155 *adv*=תפ *adj*=ת *pl*=ר *fem*=נ *pro*=כ *prep*=י *con*=ח *du*=זו *mas*=ז

| | |
|---|---|
| מוּשְׁעֶה ת. | suspended |
| מוּשְׁפָּל ת. | humiliated; lowered |
| מוּשְׁקֶה ת. | irrigated, watered |
| מוּשְׁרָשׁ ת. | rooted |
| מוּשְׁתָּן ת. | lousy *(col.)* |
| מוּשְׁתָּת ת. | based |
| מוּתְאָם ת. | fitted, adapted |
| מוּתְוֶה ת. | outlined |
| מוֹתְחָן ז. | thriller |
| מוּתָּךְ ת. | melted |
| מֹתֶן ז.(מוֹתְנַיִים) | waist, hip |
| מוּתַּן | to be moderated |
| מוּתְנֶה ת. | conditioned |
| מוּתְפָּל ת. | desalinated |
| מוּתַּק | to be sweetened |
| מֹתֶק ז. | sweetness; darling, 'honey' *(col.)* |
| מוּתָּר תפ. ת. | permitted, permissible |
| מוֹתָר ז. | remainder |
| לְמוֹתָר | needless |
| מוֹתָרוֹת ז.ר. | luxury |
| מוּתָשׁ ת. | weakened |
| מִזְבֵּחַ ז.(מִזְבְּחוֹת) | altar |
| מִזְבָּלָה נ. | garbage dump |
| מָזַג | to pour a drink, mix |
| מֶזֶג ז. | temper; mixture |
| מֶזֶג-אֲוִויר | weather |
| מַזְגָן (-אֲוִויר) ז. | air conditioner |
| מִזְדַּמֵּן ת. | occasional |
| מִזְדַּקֵּן ת. | aging |
| מַזְהִיר ת. | brilliant, glowing |
| מְזוּבָּל ת. | fertilized |
| מָזוּג ת. | poured, mixed |
| מְזוּגָּג ת. | covered with glass |
| מְזוּגְזָג ת. | zigzagging |
| מְזוֹהֶה ת. | identified |
| מְזוֹהָם ת. | filthy, contaminated, polluted |
| מְזוֹוָד ז. | kit bag |
| מִזְוָודָה נ. | suitcase |
| מְזָוֶוה ז. | pantry |
| מְזַוֵּעַ ת. | atrocious, terrible |
| מְזוּזָה נ. | doorpost; parchment attached to the doorpost |
| מָזוּט ז. | crude oil |
| מְזוּיָּן ת. | armed; screwed-up *(col.)* |
| מְזוּיָּף ת. | forged, fake, false |
| מְזוּכָּךְ ת. | purified |
| מְזוּמָּן ז. ת. | cash; ready |
| מָזוֹן ז.(מְזוֹנוֹת) | food, nutrient |
| מְזוֹנוֹת נ.ר. | alimony |
| מְזוּנָּב ת. | tailed |
| מְזוּעְזָע ת. | shocked, shaken |
| מְזוּפָּת ת. | tarred; lousy *(col.)* |
| מְזוּקָּן ת. | bearded |
| מְזוּקָּק ת. | refined, distilled |
| מָזוֹר ז. | cure, remedy |
| מְזוֹרָז ת. | speedy, accelerated |
| מֵזַח ז. | pier |
| מִזְחֶלֶת נ. | sled |
| מְזֵי-רָעָב ת.ר. | starving |
| מְזִיגָה נ. | blending; mixture |
| מְזִימָּה נ. | scheme, plot |
| מֵזִין ת. | nutritious |
| מַזִּיק ת. | harmful; pest |
| מַזְכִּיר ז. | secretary |
| מַזְכִּיר כְּלָלִי | secretary-general |
| מַזְכִּיר-הַמְּדִינָה | Secretary of State |
| מַזְכִּירָה אוֹטוֹמָטִית | telephone answering machine |
| מַזְכִּירוּת נ. | secretariat, office |
| מַזְכֶּרֶת נ. | souvenir |
| מַזָּל ז.(מַזָּלוֹת) | luck; fate; star; sign of the zodiac |
| מַזָּל טוֹב | 'congratulations' |
| מַזְלֵג ז.(מַזְלְגוֹת) | fork |
| מַזְלֵחַ ז. | sprayer |

| | |
|---|---|
| מִזְלָלָה נ. | eatery |
| מַזְלֵף ז. | watering can |
| מַזְמְזָן ז. | loafer *(col.)* |
| מִזְמוֹר ז. | song, chant; psalm |
| מַזְמֵרָה נ. | shears |
| מִזְנוֹן ז. | buffet; snack bar |
| מִזְנוֹנַאי ז. | snack bar attendant |
| מְזַעְזֵעַ ת. | shocking |
| מַזְעֵק ז. | alarm |
| מִזְרוֹן ז. | mattress |
| מִזְרָח ז. | east; East, Orient |
| הַמִּזְרָח הַקָּרוֹב | Near East |
| הַמִּזְרָח הָרָחוֹק | Far East |
| הַמִּזְרָח הַתִּיכוֹן | Middle East |
| מִזְרָחִי ת. | eastern; Eastern, Oriental; non-European Jew |
| מִזְרָחִיּוּת נ. | Oriental nature |
| מִזְרָחָן ז. | Orientalist |
| מִזְרְחָנוּת נ. | Oriental studies, Orientalism |
| מִזְרָן ז. | mattress |
| מַזְרֵק ז. | injector, needle, syringe |
| מִזְרָקָה נ. | water fountain |
| מָחָא כַּף | to clap hands, applaud |
| מְחָאָה נ. | protest |
| מַחֲבוֹא ז. | hiding place, hideout |
| מַחֲבוֹאִים ז.ר. | hide-and-seek |
| מַחְבּוֹשׁ ז. | incarceration |
| מַחְבֵּט ז. | carpet beater |
| מַחְבֵּטָה נ. | thresher |
| מְחַבֵּל ז. | terrorist, saboteur |
| מְחַבֵּר ז. | author; composer |
| מַחְבָּר ז. | joint |
| מַחְבֶּרֶת נ. | notebook; booklet, pamphlet |
| מַחֲבַת נ. | pan |
| מַחְדֵּד, מְחַדֵּד ז. | pencil sharpener |
| מֶחְדָּל ז. | no-action, default, neglect, failure |
| מְחַדֵּשׁ ז. | innovator |
| מָחָה | to wipe out, wipe off |
| מָחָה (נֶגֶד, עַל) | to protest |
| מְחוּבָּק ת. | embraced |
| מְחוּבָּר ת. | joined, connected |
| מָחוֹג ז. | clock hand, pointer |
| מְחוּגָה נ. | compass |
| מְחוּדָּד ת. | sharpened, pointed |
| מְחוּדָּשׁ ת. | renewed, innovated |
| מַחֲוֶוה ז. | pointer |
| מֶחְוָוה נ. | gesture |
| מְחוּוָּר ת. | clear, clarified |
| מָחוֹז ז.(מְחוֹזוֹת) | district, county |
| מְחוֹז-חֵפֶץ | destination |
| מְחוֹזִי ת. | of a district *(adj.)* |
| מְחוּזָּק ת. | strengthened, reinforced |
| מְחוּטָּא ת. | disinfected |
| מְחוּטָּב ת. | carved; well-shaped |
| מְחוּיָּב ת. | committed, obligated |
| מְחוּיַּב הַמְּצִיאוּת | inevitable |
| מְחוּיָּבוּת נ. | commitment, obligation |
| מְחוּיָּל ת. | enlisted, inducted |
| מְחוּיָּץ ת. | partitioned |
| מָחוֹךְ ז. | corset, girdle |
| מְחוּכָּם ת. | clever, shrewd |
| מָחוּל ת. | forgiven |
| מָחוֹל ז. | dance |
| מְחוֹלֵל ז. | dancer; generator |
| מְחוּלָּל ת. | desecrated |
| מְחוּלָּק ת. | divided, partitioned |
| מְחוּמָּם ת. | heated; angry *(col.)* |
| מְחוּמְצָן ת. | oxidized, bleached |
| מְחוּמָּשׁ ז. | fivefold; pentagon |
| מְחוּנָּךְ ת. | educated; well-bred |
| מְחוֹנָן ת. | gifted, talented |
| מְחוּסָּל ת. | finished, liquidated |
| מְחוּסָּן ת. | immunized, immune |
| מְחוּסְפָּס ת. | rough, abrasive |
| מְחוּסַּר- ת. | lacking, devoid of |

| | |
|---|---|
| מְחוּסַר-עֲבוֹדָה | unemployed |
| מְחוּפֶּה ת. | covered |
| מְחוּפָּר ת. | dug in |
| מְחוּפָּשׂ ת. | disguised, masquerading |
| מָחוּץ ת. | crushed |
| מְחוּצָּף ת. | insolent |
| מָחוּק ת. | erased, wiped-out |
| מְחוֹקֵק ז. | legislator |
| מְחוּרְבָּן ת. | rotten, lousy *(col.)* |
| מְחוֹרָז ת. | threaded; rhymed |
| מְחוֹרָךְ ת. | scorched, charred |
| מְחוֹרָץ ת. | grooved |
| מְחוֹרָר ת. | riddled, porous |
| מְחוּשָּׁב ת. | calculated |
| מְחוּשָּׁל ת. | forged; strong |
| מְחוּשְׁמָל ת. | electrified |
| מְחוּשָּׁק ת. | hooped |
| מְחוּתָּךְ ת. | well-groomed, dandy *(col.)* |
| מְחוּתָּל ת. | diapered |
| מְחוּתָּן ז. | related by marriage; father-in-law |
| מַחֲזָאוּת נ. | playwriting |
| מַחֲזַאי ז. | playwright |
| מַחֲזֶה ז.(מַחֲזוֹת) | sight, view; play |
| מַחֲזֶה-שָׁווא | hallucination |
| מַחֲזוֹר ז. | cycle; circulation; period; graduating class; prayer book |
| מַחֲזוֹר-הַדָּם | blood circulation |
| מַחֲזוֹרִי ת. | cyclical, circulatory, periodic, recurring |
| מַחֲזוֹרִיּוּת נ. | periodicity, recurrence |
| מַחֲזִיק מַפְתְּחוֹת ז. | keyholder, keychain |
| מַחֲזִירוֹר ז. | reflector |
| מַחֲזֶמֶר ז. | musical play |
| מַחְזֵק ז. | holder |
| מְחַזֵּר ז. | suitor |
| מַחַט נ.(מְחָטִים) | needle |

| | |
|---|---|
| מְחַטֵּא ת. | disinfectant |
| מְחִי ז. | blow |
| בִּמְחִי-יָד | with one blow |
| מְחִיאוֹת כַּפַּיִם נ.ר. | clapping, applause |
| מִחְיָה נ. | living, livelihood |
| מְחַיֵּיב ת. | obliging, binding |
| מְחִילָה נ. | forgiveness, pardon |
| בִּמְחִילָה מִכְּבוֹדוֹ | with all due respect |
| מְחִילָּה נ. | tunnel |
| מְחִיצָה נ. | crushing |
| מְחִיצָּה נ. | partition, divider, barrier |
| מְחִיקָה נ. | erasure, deletion |
| מְחִיר ז. | price, cost |
| בִּמְחִיר הַקֶּרֶן | at cost |
| מְחִירוֹן ז. | price list |
| מְחִית נ. | purée |
| מַחְכִּיר ז. | lessor |
| מָחַל (ל-) | to forgive, pardon |
| מַחְלָבָה נ. | dairy |
| מַחֲלָה נ. | illness, sickness, disease |
| מַחֲלָה מִידַּבֶּקֶת | contagious disease |
| מַחֲלָה מַמְאֶרֶת | malignant disease |
| מַחֲלַת-יָם | sea sickness |
| מַחֲלַת-מִין | venereal disease |
| מַחֲלַת-הַנְּפִילָה | epilepsy |
| מַחֲלַת-נֶפֶשׁ, -רוּחַ | mental illness |
| מַחֲלַת הַפֶּה וְהַטְּלָפַיִים | hoof-and-mouth disease |
| מַחֲלוֹקֶת נ. | controversy, dispute |
| מַחֲלִיא ת. | sickening |
| מַחֲלִיק עַל קֶרַח ז. | ice skater |
| מַחֲלִיקַיִים ז.זו. | skates |
| מַחְלֵף ז. | changer; converter |
| מֶחְלָף ז. | highway interchange |
| מַחְלָפָה נ. | plait of hair |
| מַחְלֵץ ז. | corkscrew |
| מַחֲלָצוֹת נ.ר. | festive attire |

*adv*=תפ *adj*=ת *pl*=ר *fem*=נ *pro*=כ *prep*=י *con*=ח *du*=זו *mas*=ז

| | |
|---|---|
| מְחַלֵּק ז. | divider; distributor |
| מַחְלָקָה נ. | department, division; hospital ward; platoon |
| מַחְלָקָה רִאשׁוֹנָה | first class |
| מַחְלֶקֶת-יוֹלְדוֹת | maternity ward |
| מַחְלַקְתִּי ת. | departmental |
| מַחְמָאָה נ. | compliment |
| מַחְמָד ז. | delight, desirable |
| מַחְמַד-לֵב | darling |
| מַחְמִיא ת. | flattering |
| מַחְמִיר ת. | strict |
| מַחְמַל-נֶפֶשׁ ז. | beloved |
| מֵחֲמַת י. | because of |
| מַחֲנָאוּת נ. | camping |
| מַחֲנֶה ז.(מַחֲנוֹת) | camp, encampment |
| מַחֲנֵה-אִימּוּנִים | training camp |
| מַחֲנֵה-הֶסְגֵּר | quarantine |
| מַחֲנֵה-מַעֲצָר | detention camp |
| מַחֲנֵה-נוֹפֶשׁ | recreation camp |
| מַחֲנֵה-רִיכּוּז | concentration camp |
| מַחֲנֵה-שְׁבוּיִים | prisoner of war camp |
| מַחֲנַיִים ז.ר. | dodge ball |
| מַחֲנִיק ת. | suffocating, stuffy |
| מְחַנֵּךְ ז. | educator |
| מְחַנֵּךְ כִּיתָּה | teacher in charge |
| מַחֲנָק ז. | suffocation, strangulation |
| מַחְסֶה ז. | shelter, cover, refuge |
| מַחְסוֹם ז. | barrier; barricade; muzzle |
| מַחְסוֹם-דְּרָכִים | roadblock |
| מַחְסוֹר ז. | shortage |
| מַחְסָן ז. | warehouse, storage, depot |
| מַחְסַן-אַסְפָּקָה | supply depot |
| מַחְסַן-נֶשֶׁק | arsenal |
| מַחְסַן-תַּחְמוֹשֶׁת | ammunition dump |
| מַחְסָנַאי ז. | warehouse keeper |
| מַחְסָנִית נ. | cartridge |
| מְחַסֵּר ז. | subtrahend |
| מַחְפּוֹרֶת נ. | trench |
| מַחְפִּיר ת. | shameful, disgraceful |
| מַחְפֵּר ז. | dredge |
| מָחַץ | to crush |
| מַחַץ ז. | blow, strike (force) |
| מַחְצָב ז. | mineral, ore |
| מַחְצָבָה, מַחְצֵבָה נ. | quarry |
| מַחֲצִית נ. | half |
| מַחְצֶלֶת נ. | floor mat |
| מַחְצֵצָה נ. | toothpick |
| מְחַצְצֵר ז. | trumpeter |
| מָחַק | to erase, delete; cross out |
| מַחַק ז. | eraser |
| מֶחְקָר ז. | research |
| מָחָר תפ. | tomorrow |
| מַחֲרָאָה נ. | toilet |
| מַחֲרוֹזֶת נ. | string, necklace |
| מְחַרְחֵר ז. | inciter, provocateur |
| מְחַרְחֵר מִלְחָמָה | warmonger |
| מַחֲרֵטָה נ. | lathe |
| מַחֲרִיד ת. | horrible, dreadful, shocking |
| מַחֲרִישׁ אוֹזְנַיִים | ear-piercing, deafening |
| מַחֲרֵשָׁה נ. | plough |
| מַחְשֵׁב ז. | computer; calculator |
| מַחְשֵׁב-כִּיס | pocket calculator |
| מַחְשָׁבָה נ. | thought |
| בְּמַחְשָׁבָה תְּחִילָּה | intentionally, premeditated |
| מַחֲשֶׁבֶת נ. | craft, artistry |
| מַחְשׂוֹף ז. | open neckline, bare spot |
| מַחְשָׁךְ ז. | darkness |
| מְחַשְׁמֵל ת. | elecrifying |
| מַחְשָׁשָׁה נ. | hashish smoking den |
| מַחְתֶּרֶת נ. | underground |
| מַחְתַּרְתִּי ת. | of an underground *(adj.)* |
| מָט | to collapse, fall; waver; checkmate |
| מַטְאֲטֵא ז. | broom |
| מְטַאטֵא ז. | sweeper |

| | |
|---|---|
| מִטְבָּח ז. | kitchen; cuisine |
| מִטְבָּחוֹן ז. | kitchenette |
| מַטְבִּיל ז. | baptizer |
| מַטְבֵּעַ ז. נ.(מַטְבְּעוֹת) | coin, currency |
| מַטְבֵּעַ זָר, -חוּץ | foreign currency |
| מַטְבֵּעַ חוּקִי | legal tender |
| מַטְבֵּעַ-לָשׁוֹן | idiom, expression |
| מַטְבֵּעַ שָׁחוּק | cliché |
| מִטְבָּעָה נ. | mint |
| מַטֶּה ז.(מַטּוֹת) | staff; stick; headquarters |
| מַטֶּה כְּלָלִי | general staff |
| מַטֵּה-פְּעוּלָּה | activity headquarters |
| מַטֵּה-קֶסֶם | magic wand |
| מַטָּה תפ. | below, down |
| לְמַטָּה | down, under; downstairs |
| מְטוּאטָא ת. | swept |
| מְטוּגָּן ת. | fried |
| מְטוֹהָר ת. | purified, cleansed, purged |
| מַטְוֶה ז. | yarn |
| מִטְוָח ז. | firing range; target-shooting |
| מְטוּוָּח ת. | set for firing |
| מַטְווִייָּה נ. | spinning mill |
| מְטוּטֶּלֶת נ. | pendulum |
| מְטוּיָּח ת. | plastered |
| מְטוּיָּט ת. | muddied |
| מָטוֹל ז. | projector |
| מְטוּלָּא ת. | patched |
| מְטוּלְטָל ת. | movable |
| מְטוּמָּא ת. | defiled |
| מְטוּמְטָם ת. | stupid, dumb |
| מְטוּנָּף ת. | filthy, foul |
| מָטוֹס ז. | airplane, plane, aircraft |
| מְטוֹס-בּוּכְנָה | propeller plane |
| מְטוֹס-בִּיּוּן, -רִיגּוּל | spy plane |
| מְטוֹס-יֵירוּט | interceptor |
| מְטוֹס-נוֹסְעִים | passenger plane |
| מְטוֹס-סִילוֹן | jet plane |
| מְטוֹס-קְרָב | fighter plane |
| מְטוֹס-תּוֹבָלָה | cargo plane |
| מְטוּפָּח ת. | cultivated, well-cared for, groomed |
| מְטוּפָּל ת. (בּ-) | caring (for); under care |
| מְטוּפָּשׁ ת. | foolish, silly |
| מְטוֹרָף ת. | insane |
| מְטוּשְׁטָשׁ ת. | blurry; dumb *(col.)* |
| מַטָּח ז. | barrage, salvo |
| מַטְחֵנָה נ. | grinder |
| מְטַיֵּיל ז. | hiker, traveler |
| מְטִיל ז. | metal bar |
| מְטִיל-זָהָב | gold bar |
| מַטִּיף ז. | preacher |
| מַטְלִית נ. | rag |
| מַטְמוֹן ז. | treasure |
| מַטְמוֹרָה נ. | hiding place, cache |
| מַטָּס ז. | flight formation |
| מַטָּע ז. | plantation, orchard |
| מַטְעֶה ת. | misleading, deceptive |
| מַטְעָם ז., מַטְעַמִּים ר. | delicacy |
| מַטְעֵן ז. | charger |
| מַטְפֶּה ז. | fire extinguisher |
| מִטְפַּחַת נ. | kerchief, handkerchief |
| מִטְפַּחַת-רֹאשׁ | headscarf |
| מְטַפְטֵף ז. | dropper |
| מְטַפֶּלֶת נ. | nursemaid, caretaker |
| מְטַפֵּס ז. | climbing, climber |
| מְטַפֵּס הָרִים | mountain climber |
| מַטְקָה נ. | paddleball |
| מָטָר ז.(מְטָרוֹת) | rain, showers; barrage |
| מַטָּרָה נ. | purpose, aim, objective; target |
| מִטְרִיָּה נ. | umbrella |
| מַטְרֵף ז. | egg beater |
| מִי | who |
| מִי וָמִי | who is who |
| מִי יִתֵּן | 'I wish' |
| מִי שֶׁ- | he who, whoever |

| | | | |
|---|---|---|---|
| contagious | מִידַבֵּק ת. | former, ex- | מִי שֶׁהָיָה |
| desert, | מִידְבָּר ז.(מִידבָּרִיוֹת) | refusal | מֵיאוּן ז. |
| wilderness | | repulsiveness, disgust | מֵיאוּס ז. |
| barren, arid, desert-like | מִידבָּרִי ת. | to refuse | מֵיאֵן |
| sample, specimen | מִידגָּם ז. | dry dock | מִיבדּוֹק ז. |
| measure, extent, size; quality | מִידָּה נ. | test, quiz | מִיבדָּק ז. |
| tit for tat | מִידָּה כְּנֶגֶד מִידָּה | examination, test | מִיבחָן ז. |
| the letter of the law | מִידַּת-הַדִּין | screen test | מִיבחַן-בַּד |
| leniency | מִידַּת-הָרַחֲמִים | driving test | מִיבחַן-נְהִיגָה |
| to a great extent | בְּמִידָּה רַבָּה | selection, assortment | מִיבחָר ז. |
| to the extent that; | בְּמִידָּה שֶׁ- | pronunciation, accent | מִיבטָא ז. |
| in case | | trust, confidence | מִיבטָח ז. |
| equally | בְּמִידָּה שָׁוָה | operation, mission; | מִיבצָע ז. |
| to some degree | בְּמִידַּת מָה | special sale | |
| custom-made | לְפִי מִידָּה | the 1956 Sinai | מִיבצַע-סִינַי, -קָדֶשׁ |
| each, every | מִידֵי | Campaign | |
| every day | מִידֵי-יוֹם | operational | מִיבצָעִי ת. |
| once in a while | מִידֵי-פַּעַם | fortress, stronghold | מִיבצָר ז. |
| information | מֵידָע ז. | a cut through a mountain | מִיבתָּר ז. |
| step, footboard | מִידרָךְ ז. | elevation, height | מִיגבָּה ז. |
| foot support | מִידרָס ז. | limitation, restriction, | מִיגבָּלָה נ. |
| doormat | מִידרָסָה נ. | handicap | |
| lawn | מִידשָׁאָה נ. | tower | מִיגדָּל ז. |
| who is (he) | מִיהוּ | water tower | מִיגדַּל-מַיִם |
| to rush, hurry | מִיהֵר | control tower | מִיגדַּל-פִּיקוּחַ |
| desperate, hopeless | מְיוֹאָשׁ ת. | derrick | מִיגדַּל-קִידוּחַ |
| blistered | מְיוּבָּל ת. | lighthouse | מִיגדָּלוֹר ז. |
| dried, dehydrated | מְיוּבָּשׁ ת. | overthrow | מִיגּוֹר ז. |
| tired, exhausted | מְיוּגָּע ת. | sector, section | מִיגזָר ז. |
| befriended, friendly with | מְיוּדָּד ת. | defensive (n.) | מִיגנָנָה נ. |
| acquaintance; definite (gram.) | מְיוּדָּע ת. | to overthrow, topple | מִיגֵּר |
| made Jewish, Judaized | מְיוּהָד ת. | deficiency, fault | מִיגרַעַת נ. |
| sweaty | מְיוּזָּע ת. | sled | מִיגרָר ז. |
| special, particular | מְיוּחָד ת. | lot, plot, field | מִיגרָשׁ ז. |
| one of a kind, unique | מְיוּחָד בְּמִינוֹ | parking lot | מִיגרַשׁ-חֲנָיָה |
| especially, particularly | בִּמיוּחָד | tennis court | מִיגרַשׁ-טֶנִיס |
| hoped for, anticipated | מְיוּחָל ת. | football field | מִיגרַשׁ-כַּדּוּרֶגֶל |
| ruttish, in heat | מְיוּחָם ת. | playground | מִיגרַשׁ-מִישׂחָקִים |

| | |
|---|---|
| מְיוּחָס ת. | of high-class family; distinguished, privileged |
| מְיוּחָס (ל-) | attributed (to) |
| מְיוּמָן ת. | skilled |
| מְיוּמָנוּת נ. | skill |
| מִיּוּן ז. | sorting, classification |
| מָיוֹנִית נ. | mayonnaise |
| מְיוּסָר ת. | tormented |
| מְיוּעָד ת. | designated, destined |
| מְיוּעָר ת. | wooded, afforested |
| מְיוּפֶּה ת. | beautified; authorized |
| מְיוּפֵּה-כּוֹחַ | representative, envoy |
| מְיוּצָא ת. | exported |
| מְיוּצָב ת. | stabilized |
| מְיוּצָג ת. | represented |
| מְיוּשָׁב ת. | inhabited, populated, settled |
| מְיוּשָּׁב בְּדַעְתּוֹ | stable-minded |
| מְיוּשָׁן ת. | old, old-fashioned |
| מְיוּשָׁר ת. | straightened |
| מְיוּתָּם ת. | orphaned; lonely, isolated |
| מְיוּתָּר ת. | excess, excessive, superfluous; needless |
| מִיזֵּג | to combine, mix; air-condition |
| מִיזּוּג ז. | combination, blend, mixing |
| מִיזּוּג אֲוִויר | air conditioning |
| מִיזּוּג גָּלוּיוֹת | ethnic integration among immigrants in Israel |
| מִיזְכָּר ז. | memorandum |
| מִיזְמוּז ז. | fondling *(col.)*; delaying |
| מִיזְמֵז | to fondle, neck *(col.)*; drag, delay |
| מֵיזָע ז. | sweater |
| מִיזְעוּר ז. | miniaturization |
| מִיזְעָרִי ת. | tiny, minute, minimal |
| מִיחָה | to protest |
| מִיחוּשׁ ז. | pain |
| מִיחְזוּר ז. | recycling |
| מִיחְזֵר | to recycle |

| | |
|---|---|
| מִיחְלָק ז. | police department |
| מֵיחָם ז. | kettle |
| מִיחְשֵׁב | to computerize |
| מִיחְשׁוּב ז. | computerization |
| מֵיטָב ז. | best of |
| מִיטָּה נ. | bed |
| מִיטַּת-סְדוֹם | narrow place; tight situation |
| מֵטִיב ז. | benefactor |
| מִיטַּלְטֵל ת. | portable, movable |
| מִיטַּלְטְלִין ז.ר. | movable goods |
| מִיטְעָן ז. | load, charge |
| מִיטְעַן חַבָּלָה | explosive charge |
| מִיטְעָן חַשְׁמַלִּי | electric charge |
| מִיטְרָד ז. | nuisance |
| מִיטְרָד צִיבּוּרִי | public nuisance |
| מְיַיבֵּשׁ ז. | dryer |
| מְיַיבֵּשׁ שֵׂיעָר | hair dryer |
| מְייַגֵּעַ ת. | tiring, exhausting |
| מִיָּד תפ. | immediately, right away |
| מִיָּדִי ת. | immediate |
| מִיָּדִיּוּת נ. | immediacy |
| מְיַילֶּדֶת נ. | midwife |
| מִיֵּין | to sort, classify |
| מְיַיסֵּד ז. | founder |
| מְיַיצֵּג ז. | representative |
| מְיַישֵּׁר זֶרֶם ז. | AC to DC adapter |
| מִיכּוּן ז. | mechanization |
| מִיכְחוֹל ז. | painting brush |
| מֵיכָל ז. | container |
| מֵיכָלִית נ. | tanker |
| מֵיכָלִית-נֵפְט | oil tanker |
| מִיכֵּן | to mechanize |
| מִיכְסֶה ז. | cover, lid |
| מִיכְסָה נ. | quota |
| מִיכְרֶה ז.(מִיכְרוֹת) | a mine |
| מִיכְשׁוֹל ז. | obstacle, stumbling block, barrier |

| English | Hebrew |
|---|---|
| instrumentation | מִיכְשׁוּר ז. |
| coin in Mandatory Palestine; penny | מִיל ז. |
| to fill up; fulfill | מִילֵּא |
| so be it | מֵילָא |
| anyway, in any case | מִמֵּילָא |
| scholarship, fellowship | מִילְגָּה נ. |
| circumcision | מִילָה נ. |
| word | מִילָה נ.(מִילִּים) |
| word-for-word | מִילָה בְּמִילָה |
| foreign word | מִילָה זָרָה |
| personal pronoun | מִילַת-גּוּף |
| insult | מִילַת-גְּנַאי |
| conjunction | מִילַת-חִיבּוּר, -קִישׁוּר |
| preposition | מִילַת-יַחַס |
| exclamation | מִילַת-קְרִיאָה |
| interrogative | מִילַת-שְׁאֵלָה |
| reserves | מִילוּאִים ז.ר. |
| rescuing | מִילוּט ז. |
| filling, fulfilling; refill | מִילוּי ז. |
| verbal, literal | מִילּוּלִי ת. |
| dictionary, lexicon | מִילּוֹן ז. |
| lexicography | מִילּוֹנָאוּת נ. |
| lexicographer | מִילּוֹנַאי ז. |
| to rescue | מִילֵּט |
| billion | מִילְיַארְד ז. |
| particle (gram.) | מִילִּית נ. |
| to booby-trap, entrap | מִילְכֵּד |
| booby-trapping, entrapping, catch | מִילְכּוּד ז. |
| to speak, say | מִילֵּל |
| mumble | מִילְמוּל ז. |
| to mumble | מִילְמֵל |
| water | מַיִם ז.ר. |
| running water | מַיִם זוֹרְמִים |
| spring water | מַיִם חַיִּים |
| distilled water | מַיִם מְזוּקָּקִים |
| murky water | מַיִם עֲכוּרִים |

| English | Hebrew |
|---|---|
| calm water; tranquillity | מֵי-מְנוּחוֹת |
| sewage | מֵי-שׁוֹפְכִין, -שְׁפָכִים |
| drinking water | מֵי-שְׁתִיָּה |
| underground water | מֵי-תְּהוֹם |
| dimension | מֵימַד ז. |
| financing | מִימוּן ז. |
| festival of Moroccan-Jewish origin the day after Passover | מִימוֹנָה נ. |
| fulfillment, realization | מִימוּש ז. |
| showers | מִימְטָר ז. |
| watery, aqueous | מֵימִי ת. |
| canteen | מֵימִיָּה נ. |
| selling | מִימְכָּר ז. |
| to finance | מִימֵּן |
| hydrogen | מֵימָן ז. |
| establishment | מִימְסָד ז. |
| relay | מִימְסָר ז. |
| transmission gear | מִימְסָרָה נ. |
| finding | מִימְצָא ז. |
| saying | מִימְרָה נ. |
| paste, spread | מִימְרָח ז. |
| to carry out, fulfill, realize | מִימֵּשׁ |
| administration | מִימְשָׁל ז. |
| civilian administration | מִימְשָׁל אֶזְרָחִי |
| military administration, military rule | מִימְשָׁל צְבָאִי |
| kind, type, sort; sex; gender | מִין ז. |
| mankind | הַמִּין הָאֱנוֹשִׁי |
| to appoint | מִינָּה |
| custom, habit | מִינְהָג ז. |
| management, administration | מִינְהָל ז. |
| business administration | מִינְהַל-עֲסָקִים |
| public administration | מִינְהָל צִיבּוּרִי |
| management, administration, executive office | מִינְהָלָה נ. |
| administrative | מִינְהָלִי ת. |
| administrator | מִינְהָלָן ז. |

adv=תפ adj=ת pl=ר fem=נ pro=כ prep=י con=ח du=זו mas=ז

מִינוּחַ ז. — terminology
מִינּוּי ז. — appointment
מִינּוּן ז. — dosage
מִינוּת נ. — heresy
מִינְזָר ז. — monastery
מִינֵּחַ — to term, create terminology
מִנְחָת ז. — landing strip
מִינִי ת. — sexual
מִינִיּוּת נ. — sexuality
מִינֵּן — to dispense medicine
מֵיסַב ז. — bearing
מִיסְדָּר ז. — parade, military inspection; fraternity
מִיסְדַּר-זִיהוּי — police lineup
מִיסּוּי ז. — taxation
מִיסּוּךְ ז. — curtaining
מִיסְחוּר ז. — commercialization
מִיסְחֵר — to commercialize
מִיסְלוּל ז. — routing
מִיסְמָךְ ז. — document
מִיסְעָף ז. — three-way intersection, junction
מִיסְקָר ז. — military review; survey
מִיעוּט ז. — minority; few, little; lessening
מִיעֵט — to lessen
מִיפְגָּן ז. — parade, show, demonstration
מִיפְגָּע ז. — nuisance; obstacle
מִיפְגָּע צִיבּוּרִי — public nuisance
מִיפְגָּע תַּברוּאָתִי — public health hazard
מִיפְגָּשׁ ז. — meeting, rendezvous
מִיפָּה — to map
מִיפּוּי ז. — mapping
מִיפְלָט ז. — escape, refuge
מִיפְלָס ז. — level
מִיפְלַס-מַיִם — water level
מִיפְעָל ז. — project, enterprise, work; industrial plant
מִיפְעַל-חַיִּים — lifetime work
מִיפְעַל-הַפַּיִס — Israel's national lottery
מִיפְעָם ז. — tempo
מִיפְקָד ז. — census
מִיפְקַד-אוּכְלוּסִין — population census
מִיפְקָדָה נ. — command post, headquarters
מִיפְרָט ז. — specification
מִיפְרָעָה נ. — advance payment
מִיפְרָץ ז. — gulf, bay
מִיפְרָק ז. — joint
מִיפְרָשׂ ז. — sail
מִיפְרָשִׂית נ. — sailboat
מִיפְתָּן ז. — threshold
מִיץ ז. — juice, extract
מִיצְבּוֹר ז. — stockpile
מִיצָּה — to drain; exhaust
מִיצּוּי ז. — draining; exhausting
מִיצּוּעַ ז. — centering; averaging
מִיצֵּעַ — to center; average
מִיצְעָד ז. — parade, march
מִיצְעַד-הַפִּזְמוֹנִים — hit parade
מִיצְעָר ת. — tiny
מִיצְרָךְ ז. — commodity, item, consumer product
מִיצְרַךְ-הַחוֹדֶשׁ, -הַשָּׁבוּעַ — sale item of the month or the week
מִיקְבָּץ ז. — grouping; cluster
מִיקֵּד — to focus
מִיקְדָּמָה נ. — down payment, advance
מִיקּוּד ז. — focusing; zip code
מִיקּוּחַ ז. — bargaining
מִיקּוּם ז. — location; placement
מִיקּוּף ז. — hyphenation
מִיקּוּשׁ ז. — mining
מִיקָּח ז. — taking; buying
מִיקָּח וּמִימְכָּר — buying and selling
מִיקְלָט ז. — shelter, refuge, bomb shelter
מִיקְלָט מְדִינִי — political asylum
מִיקֵּם — to locate, place

*adv*=תפ *adj*=ת *pl*=ר *fem*=נ *pro*=כ *prep*=י *con*=ח *du*=זו *mas*=ז

164

| | | | |
|---|---|---|---|
| referendum | מִישְׁאַל-עָם | vault, arch | מִיקְמָר ז. |
| request, wish | מִישְׁאָלָה נ. | charm, magic | מִיקְסָם ז. |
| desire; wishful thinking | מִישְׁאֶלֶת-לֵב | illusion, mirage | מִיקְסַם-שָׁווא |
| shelter, refuge | מִישְׂגָּב ז. | jelly | מִיקְפָּא ז. |
| error, mistake | מִישְׁגֶּה ז. | rhythm, beat | מִיקְצָב ז. |
| sexual intercourse | מִישְׁגָּל ז. | march (music) | מִיקְצַב-לֶכֶת |
| broadcast | מִישְׁדָּר ז. | microwave | מִיקְרוֹגַל ז. |
| plain, plateau; level | מִישׁוֹר ז. | to mine | מִיקֵשׁ |
| flat, plane | מִישׁוֹרִי ת. | squash, melon, or | מִיקְשָׁאָה נ. |
| touching, feeling | מִישׁוּשׁ ז. | cucumber patch | |
| cream, ointment, paste | מִישְׁחָה נ. | block of material | מִיקְשָׁה נ. |
| shoe polish | מִישְׁחַת-נַעֲלַיִים | one piece | מִיקְשָׁה אַחַת |
| tooth paste | מִישְׁחַת-שִׁינַּיִים | maximum; majority | מֵירָב ז. |
| swimming contest, swim | מִישְׂחֶה ז. | maximal | מֵירָבִּי ת. |
| game, play; acting | מִישְׂחָק ז. | deposit | מִירְבָּץ ז. |
| play on words, pun | מִישְׂחַק-מִילִים | chase, hot pursuit | מִירְדָּף ז. |
| level ground, surface | מִישְׁטָח ז. | space | מִירְווָח ז. |
| bed; lying | מִישְׁכָּב ז. | race | מֵירוֹץ ז. |
| homosexuality | מִישְׁכַּב-זָכָר | arms race | מֵירוֹץ-חִימּוּשׁ |
| mortgaging | מִישְׁכּוּן ז. | obstacle race | מֵירוֹץ-מִיכְשׁוֹלִים |
| intelligence | מִישְׂכָּל ז. | car racing | מֵירוֹץ-מְכוֹנִיּוֹת |
| to mortgage, pawn | מִישְׁכֵּן | horse races | מֵירוֹץ-סוּסִים |
| residence, dwelling place | מִישְׁכָּן ז. | polishing, shining | מֵירוּק ז. |
| commanding post | מִישְׁלָט ז. | centering; centralizing | מִירְכּוּז ז. |
| touching, feeling | מִישְׁמוּשׁ ז. | to center; centralize | מִירְכֵּז |
| apricot | מִישְׁמֵשׁ, מִישְׁמִישׁ | deception, fraud | מִירְמָה נ. |
| to touch, feel | מִישְׁמֵשׁ | trampling | מִירְמָס ז. |
| deputy, second, sub–; double | מִישְׁנֶה ז. | to polish, shine | מֵירֵק |
| double energy | מִישְׁנֶה מֶרֶץ | fabric, web | מִירְקָם ז. |
| secondary | מִישְׁנִי ת. | projection screen | מִירְקָע ז. |
| deposit, sediment, residue | מִישְׁקָע ז. | to embitter | מֵירֵר |
| precipitation | מִישְׁקָעִים ז.ר. | to make one's | מֵירֵר אֶת חַיָּיו |
| position, job, office | מִישְׂרָה נ. | life miserable | |
| part-time job | מִישְׂרָה חֶלְקִית | to cry bitterly | מֵירֵר בִּבְכִי |
| full-time job | מִישְׂרָה מְלֵאָה | register; prescription | מִירְשָׁם ז. |
| permanent job | מִישְׂרָה קְבוּעָה | population register | מִירְשַׁם-תּוֹשָׁבִים |
| to touch, feel | מִישֵׁשׁ | poll | מִישְׁאָל |
| symmetry, correlation | מִיתְאָם ז. | public opinion poll | מִישְׁאַל דַּעַת קָהָל |

*adv=*תפ *adj=*ת *pl=*ר *fem=*נ *pro=*כ *prep=*י *con=*ח *du=*זו *mas=*ז

| | |
|---|---|
| מֵיתאָר ז. | outline |
| מִיתָה נ. | dying, death |
| מִיתָה חֲטוּפָה | sudden death |
| מִיתּוּן ז. | moderation; recession |
| מִיתוֹס ז. | myth |
| מִיתחָם ז. | delimited area |
| מִיתקָן ז. | device; installation |
| מִיתקָפָה נ. | offensive *(n.)* |
| מֵיתָר ז. | string; chord |
| מֵיתְרֵי-הַקּוֹל | vocal chords |
| מִיתרָס ז. | barricade |
| מַכאוֹב ז. | pain |
| מַכאִיב ת. | painful |
| מְכַבֶּה ז. | extinguisher |
| מְכַבֵּה אֵש | fireman |
| מַכַּבִּיָּה נ. | Jewish international games |
| מִכבָּסָה, מַכבֵּסָה נ. | laundromat |
| מַכבֵּש ז. | steamroller |
| מַכבֵּש-דְּפוּס | printing press |
| מַכָּה נ. | blow, hit, strike |
| מַכָּה נִיצַּחַת | decisive blow |
| מַכַּת-חַשמַל | electric shock, jolt |
| מַכַּת-מְדִינָה | widespread problem |
| מַכַּת-שֶׁמֶש | sunstroke |
| מַכּוֹת-רֶצַח | murderous blows, hard beating |
| מְכוּבָּד ת. | respectable, distinguished |
| מְכוּבָּס ת. | washed, laundered |
| מְכוּדָּן ת. | equipped with a bayonet |
| מְכוּוָּן ת. | directed, set; adjusted, tuned; intentional, deliberate |
| בִּמכוּוָּן | intentionally, deliberately |
| מַכווֵן ז. | tuning instrument |
| מְכוּוָּץ ת. | shrunk, contracted |
| מִכוֶורֶת נ. | beehive, apiary |
| מְכוּיָּל ת. | calibrated |
| מְכוּלָה נ. | shipping container |
| מַכּוֹלֶת נ. | grocery, grocery store |
| מָכוֹן ז. | institute, institution |
| מְכוֹן-יוֹפִי | beauty parlor |
| מְכוֹן-מֶחקָר | research institute |
| מְכוֹן-עִיסּוּי | massage parlor |
| מְכוֹנָאוּת נ. | mechanics |
| מְכוֹנַאי ז. | mechanic, machinist |
| מְכוּנֶּה ת. | named, called, nicknamed |
| מְכוֹנָה נ. | machine |
| מְכוֹנַת-אֱמֶת | lie detector, polygraph |
| מְכוֹנַת-גִּילּוּחַ | shaver |
| מְכוֹנַת-דְּפוּס | printer, press |
| מְכוֹנַת-הַעתָּקָה, -צִילּוּם | copier |
| מְכוֹנַת-חִישּׁוּב | adding machine |
| מְכוֹנַת-יְרִיָּה | machine gun |
| מְכוֹנַת-כְּבִיסָה | washer |
| מְכוֹנַת-כְּתִיבָה | typewriter |
| מְכוֹנַת-תְּפִירָה | sewing machine |
| מְכוֹנִית נ. | automobile, car |
| מְכוֹנִית-גְּרָר | tow-truck, wrecker |
| מְכוֹנִית-טֶנדֶר | pickup truck |
| מְכוֹנִית-כִּיבּוּי | fire truck |
| מְכוֹנִית-מֵירוֹץ | race car |
| מְכוֹנִית מִסחָרִית | van |
| מְכוֹנִית-מַשָּׂא | truck |
| מְכוֹנִית-נוֹסְעִים | passenger car |
| מְכוֹנִית פְּתוּחָה | convertible |
| מְכוֹנִית-תּוֹפֶת | car bomb |
| מְכוּנָּס ת. | gathered; folded |
| מְכוּנָּס בְּתוֹך עצמו | introvert |
| מְכוּנָּף ת. | winged |
| מְכוּסֶּה ת. | covered |
| מְכוּסָּח ת. | mowed, cut down |
| מְכוֹעָר ת. | ugly |
| מְכוּפָּל ת. | multiplied |
| מְכוּפתָּר ת. | buttoned up |
| מָכוּר ת. | sold; addicted |
| מָכוּר לְסַמִּים | drug addict |
| מְכוּרבָּל ת. | wrapped up, covered |

| English | Hebrew | | English | Hebrew |
|---|---|---|---|---|
| job-vacancy announcement; call for bids | מִכְרָז ז. | | place of origin | מְכוֹרָה נ. |
| decisive | מַכְרִיעַ ת. | | bound | מְכוֹרָךְ ת. |
| rodent | מְכַרְסֵם ז. | | saffron-colored, yellow | מְכוּרְכָּם ת. |
| instrument, tool | מַכְשִׁיר ז. | | nibbled | מְכוּרְסָם ת. |
| instrument maker | מַכְשִׁירָן ז. | | hoe; pick-axe | מַכּוֹשׁ ז. |
| wizard, magician | מְכַשֵּׁף ז. | | xylophone | מַכּוֹשִׁית נ. |
| witch | מְכַשֵּׁפָה נ. | | bewitched, enchanted | מְכוּשָׁף ת. |
| letter | מִכְתָּב ז. | | surrounded, encircled | מְכוּתָּר ת. |
| open letter | מִכְתָּב גָּלוּי | | preparatory class | מְכִינָה נ. |
| desk | מַכְתֵּבָה נ. | | acquaintance | מַכִּיר ז. |
| epigram | מִכְתָּם ז. | | selling, sale | מְכִירָה נ. |
| mortar; crater | מַכְתֵּשׁ ז. | | clearance sale | מְכִירָה כְּלָלִית |
| to circumcise | מָל | | public auction | מְכִירָה פּוּמְבִּית |
| to be full; be completed | מָלֵא | | liquidation sale | מְכִירַת-חִיסּוּל |
| full, filled, complete | מָלֵא ת. | | end-of-season sale | מְכִירַת סוֹף הָעוֹנָה |
| tiring, exhausting | מַלְאֶה ת. | | stockade; make-shift jail | מִכְלָאָה נ. |
| stock, inventory | מְלַאי ז. | | stapler | מַכְלֵב ז. |
| angel | מַלְאָךְ ז. | | total, entirety | מִכְלוֹל ז. |
| angel of death | מַלְאַךְ-הַמָּוֶת | | encyclopedia | מִכְלָל ז. |
| work; craft | מְלָאכָה נ. | | college, university | מִכְלָלָה נ. |
| handicraft | מְלֶאכֶת-יָד | | fishing net | מִכְמוֹרֶת נ. |
| work of art | מְלֶאכֶת-מַחְשֶׁבֶת | | treasure | מַכְמָן ז. |
| artificial | מְלָאכוּתִי ת. | | denominator | מְכַנֶּה ז. |
| artificiality | מְלָאכוּתִיּוּת נ. | | common denominator | מְכַנֶּה מְשׁוּתָּף |
| heart-warming, attractive | מְלַבֵּב ת. | | profitable, lucrative | מַכְנִיס ת. |
| clothing, dress | מַלְבּוּשׁ ז. | | hospitable | מַכְנִיס אוֹרְחִים |
| whitening, bleach | מַלְבִּין ת. | | sock, hose | מִכְנָס ז. |
| rectangle | מַלְבֵּן ז. | | trousers, pants, slacks | מִכְנָסַיִים ז. זו. |
| rectangular | מַלְבֵּנִי ת. | | jogging shorts | מִכְנְסֵי-הִתְעַמְּלוּת |
| scoffer | מְלַגְלֵג ז. | | customs, duty | מֶכֶס ז. |
| fork lift | מַלְגֵּזָה נ. | | lawn mower | מַכְסֵחָה נ. |
| fullness | מְלוֹא ז. | | silvery; gray (hair) | מַכְסִיף ת. |
| one's full height | מְלוֹא קוֹמָתוֹ | | multiplier | מַכְפִּיל ז. |
| in the full sense of the word | בִּמְלוֹא מוּבָן הַמִּילָה | | multiple | מַכְפֵּלָה נ. |
| heated (metal); clarified | מְלוּבָּן ת. | | to sell | מָכַר |
| dressed | מְלוּבָּשׁ ת. | | sale | מֶכֶר ז. |
| | | | acquaintance, casual friend | מַכָּר ז. |

מְלוּהָט ת. incandescent
מַלְוֶה ז. lender
מְלַוֶּה ז. companion, escort
מְלַוֵּה מַלְכָּה songs chanted at the end of the Sabbath
מִלְוֶה ז. loan
מָלוּחַ ת. salty
מְלוּטָּשׁ ת. polished
מְלוּכָּד ת. united, joined
מְלוּכָה נ. monarchy
מְלוּכְלָךְ ת. dirty, filthy
מְלוּכָנִי ת. monarchical
מְלוּכְסָן ת. diagonal, slanting
מְלוּמָּד ז. scholar; learned, experienced
מָלוֹן ז.(מְלוֹנוֹת) hotel
מְלוֹנָאוּת נ. hotel business
מְלוֹנַאי ז. hotelier, hotel owner
מְלוּנָה נ. lodge; kennel
מְלוֹנוֹעַ ז. motel
מְלוּפָּף ת. coiled, wound
מְלוּקָּט ת. gathered, collected
מֶלַח ז. salt
מַלָּח ז. sailor
מְלֵחָה נ. salt land
מִלְחִי ת. saline
מַלְחִין ז. composer
מַלְחֵם ז. soldering iron
מִלְחָמָה נ. war, warfare, battle
מִלְחָמָה גַּרְעִינִית nuclear war
מִלְחֶמֶת-אֶזְרָחִים, -אַחִים civil war
מִלְחֶמֶת-הַתָּשָׁה war of attrition
מִלְחֶמֶת-חוֹרְמָה war of extermination
מִלְחֶמֶת-מָגֵן defensive war
מִלְחֶמֶת-מֶנַע preventive war
מִלְחֶמֶת-מַעֲמָדוֹת class war
מִלְחֶמֶת-עוֹלָם world war
מִלְחֶמֶת-עֲצַבִּים war of nerves

מִלְחֶמֶת-הָעַצְמָאוּת, -הַשִּׁיחְרוּר Israel's 1948 War of Independence
מִלְחֶמֶת-קוֹדֶשׁ holy war
מִלְחֶמֶת שֵׁשֶׁת הַיָּמִים the 1967 Six-Day War
מִלְחַמְתִּי ת. of war, belligerent
מִלְחַמְתִּיּוּת נ. militarism, belligerency
מֶלְחָצַיִים ז. זו. vice
מֶלֶט ז. cement; mortar
מִלְטָשָׁה נ. diamond-polishing shop
מְלִיאָה נ. plenum; plenary
מָלִיחַ ז. herring
מְלִיחוּת נ. saltiness, salinity
מְלִיל ז. dumpling
מֵלִיץ ז. advocate
מֵלִיץ יוֹשֶׁר defender
מְלִיצָה נ. phraseology, rhetoric
מְלִיצִי ת. figurative, rhetorical
מְלִיצִיּוּת נ. figurative language, rhetorical style
מְלִיקָה נ. wringing a bird's neck
מְלִית נ. stuffing, filling
מָלַךְ to reign
מֶלֶךְ ז. king, monarch
מַלְכָּה נ. queen
מַלְכַּת-יוֹפִי beauty queen
מַלְכּוֹדֶת נ. trap, snare, booby-trap
מַלְכוּת נ. kingdom; reign
מַלְכוּתִי ת. royal, regal
מִלְּכַתְּחִילָּה תפ. from the beginning
מֶלֶל ז. talk, chatter
מְלַמֵּד ז. teacher, tutor
מַלְמָלָה נ. muslin
מִלְּעֵיל ז. penultimate accent *(gram.)*
מִלְּעֵילִי ת. penultimate
מְלָפְפוֹן ז. cucumber
מְלָפְפוֹן חָמוּץ pickled cucumber
מֶלְצָר ז. waiter

| | |
|---|---|
| מֶלְצָרוּת נ. | waiter's work |
| מָלַק | to wring a bird's neck |
| מַלְקָה, מַלְקוֹת נ. | lash, lashing, whipping |
| מַלְקוֹחַ ז. | booty |
| מַלְקוֹשׁ ז. | last rain, spring showers |
| מֶלְקָחַיִים ז. זו. | forceps, tongs |
| מַלְקֵט ז. | tweezers |
| מִלְרַע ז. | ultimate accent *(gram.)* |
| מִלְרָעִי ת. | ultimate *(gram.)* |
| מַלְשִׁין ז. | informer, tattle-tale |
| מֶלְתָּחָה נ. | cloakroom |
| מַלְתָּעָה נ. | predator's tooth |
| מֵם נ. | thirteenth letter of the alphabet |
| מַמְאִיר ת. | malignant |
| מַמְגוּרָה נ. | silo, granary |
| מְמוּזָּג ת. | temperate; air-conditioned |
| מְמוּחְשָׁב ת. | computerized |
| מְמוּיָּן ת. | classified, sorted |
| מְמוּכָּן ת. | mechanized |
| מְמוּלָּא ת. | filled, stuffed |
| מְמוּלָּח ת. | salted; sharp, witty |
| מְמוּלְכָּד ת. | booby-trapped |
| מְמוּמָּן ת. | financed |
| מְמוּמָּשׁ ת. | realized, materialized, fulfilled |
| מָמוֹן ז. (מָמוֹנוֹת) | money, property |
| מְמוּנֶּה ז. | in charge, responsible official |
| מְמוּנָּע ת. | motorized |
| מְמוּסָּד ת. | established, institutionalized |
| מְמוּסְחָר ת. | commercialized |
| מְמוּסְמָר ת. | nailed |
| מְמוּסְפָּר ת. | numbered |
| מְמוּעֲרָב ת. | Westernized |
| מְמוּצָּע ת. | average, medium |
| מְמוּצַּע-קוֹמָה | medium-height person |
| מְמוּקָּשׁ ת. | mined |
| מְמוֹרָט ת. | plucked |
| מְמוּרְמָר ת. | embittered, disgruntled |
| מְמוֹרָק ת. | polished |
| מְמוּשָּׁךְ ת. | continuous; lengthy, prolonged |
| מְמוּשְׁכָּן ת. | mortgaged, pawned |
| מְמוּשְׁמָע ת. | obedient, disciplined |
| מְמוּשְׁקָף ת. | wearing glasses, bespectacled |
| מְמוּתָּק ת. | sweetened |
| מַמְזֵר ז. | bastard, illegitimate child; shrewd, clever *(col.)* |
| מַמְזֵרוּת נ. | bastardy, illegitimacy |
| מַמְזֵרִי ת. | bastardly; cleverish |
| מִמְחָטָה נ. | handkerchief |
| מַמְטֵרָה נ. | sprinkler |
| מְמַלֵּא מָקוֹם ז. | deputy, acting |
| מַמְלָכָה נ. | kingdom, monarchy |
| הַמַּמְלָכָה הַמְּאוּחֶדֶת | United Kingdom |
| מַמְלַכְתִּי ת. | of a state *(adj.)*, stately |
| מִמַּעַל תפ. | from above |
| מְמַצֶּה ת. | thorough, exhaustive |
| מַמְצִיא ז. | inventor |
| מַמָּשׁ תפ. ז. | really, literally; reality, substance |
| מַמָּשׁוּת, מַמָּשִׁיּוּת נ. | reality, substance |
| מַמָּשִׁי ת. | real, concrete, tangible |
| מֶמְשָׁלָה נ. | government, cabinet |
| מֶמְשֶׁלֶת אַחְדוּת לְאוּמִּית | national unity government |
| מֶמְשֶׁלֶת-מַעֲבָר | transitional government |
| מֶמְשֶׁלֶת-צְלָלִים | shadow government |
| מֶמְשֶׁלֶת-קוֹאָלִיצְיָה | coalition government |
| מֶמְשַׁלְתִּי ת. | governmental |
| מְמַתֵּן ת. | moderating |
| מַמְתָּק ז. | candy, sweet |
| מָן ז. | manna |
| מִן י. | from; than |
| מִן הַדִּין | it is incumbent, required |

מִן הַמִּניָין — regular; full (professorial rank)
מִן הַנִּמְנָע — it is impossible, infeasible
מִן הַסְּתָם — probably
מִן הַשָּׂפָה וְלַחוּץ — insincerely
מִן הָרָאוּי — it is proper
מִנבָּטָה נ. — seedbed
מַנגִּינָה נ. — melody, tune
מְנַגֵּן ז. — player, musician
מַנגָּנוֹן ז. — apparatus, mechanism; bureaucracy
מְנַדֵּב ז. — donor
מָנָה — to count
מָנָה נ. — portion, ration; share; meal, course
מָנָה אַחֲרוֹנָה — dessert
מָנָה אַחַת אַפַּיִים — double portion; reprimand
מָנָה רִאשׁוֹנָה — first course
מְנַת-חֶלקוֹ — one's share or fate
מְנַת-יֶתֶר — overdose
מְנַת-מִשׂכָּל — intelligence quotient, IQ
מִנהָג ז. — custom, practice, habit
מַנהִיג ז. — leader
מַנהִיגוּת נ. — leadership
מְנַהֵל ז. — manager, director, executive
מְנַהֵל בֵּית-סֵפֶר — school principal
מְנַהֵל חֶשבּוֹנוֹת — accountant, bookkeeper
מְנַהֵל עֲבוֹדָה — foreman
מְנַהֵל עֲסָקִים — business manager
מִנהָרָה נ. — tunnel
מְנוֹאָץ ת. — contemptible
מְנוּגָּב ת. — wiped, dried
מְנוּגָּד ת.(ל-) — opposite, against, opposed, contrary (to)

מְנוּדֶּה ת. — ostracized, outcast
מְנוּוָּל ת. — scoundrel, despicable
מְנוּוָּן ת. — degenerated, decadent
מְנוּזָּל ת. — having a runny nose
מָנוֹחַ ז. — rest; resting place
הַמָּנוֹחַ — the late, the deceased
מְנוּחָה נ. — rest
מְנוּחַת-עוֹלָם — final rest, burial
מְנוּחָתוֹ עֵדֶן — 'may he rest in Heaven'
מְנוּטֶּה ת. — biased
מְנוּטרָל ת. — neutralized
מָנוּי ז. ת. — subscriber; counted
מָנוּי וְגָמוּר — determined
מְנוּכֶּה ת. — deducted, subtracted
מְנוּכָּר ת. — alienated
מְנוּכָּשׁ ת. — weeded
מְנוּמנָם ת. — sleepy, drowsy
מְנוּמָּס ת. — polite, well-mannered
מְנוּמָּק ת. — explained
מְנוּמָּר ת. — spotted
מְנוּמָּשׁ ת. — freckled
מָנוֹס ז. — escape
מְנוּסָה נ. — flight, rout
מְנוּסֶּה ת. — experienced; tested
מְנוּסָּח ת. — phrased
מְנוּסָּר ת. — sawed
מָנוֹעַ ז. — engine, motor
מְנוֹעַ-בּוּכנָה — piston engine
מָנוֹעַ סִיבּוּבִי — rotary engine
מְנוֹעַ-סִילוֹן — jet engine
מְנוֹעַ-קִיטוֹר — steam engine
מָנוּעַ ת. — prevented
מְנוֹעִי ת. — motorized
מָנוֹף ז. — crane; lever
מְנוֹפַאי ז. — crane operator
מְנוּפֶּה ת. — strained, sifted, cleaned
מְנוּפָּח ת. — inflated, swollen; puffy; exaggerated

| | | | |
|---|---|---|---|
| delicacies; pleasures | מַנְעַמִּים ז.ר. | shattered, crushed | מְנוּפָּץ ת. |
| piano key | מְנַעֲנַע ז. | defeated | מְנוּצָּח ת. |
| winner, victor; musical conductor | מְנַצֵּחַ ז. | exploited, used | מְנוּצָּל ת. |
| | | perforated, punctured | מְנוּקָּב ת. |
| punch, perforator | מְנַקֵּב ז. | cleaned | מְנוּקָּה ת. |
| punctuator, vocalizer | מְנַקֵּד ז. | drained | מְנוּקָּז ת. |
| cleaner; janitor | מְנַקֶּה ז. | gouged out | מְנוּקָּר ת. |
| causing envy | מְנַקֵּר עֵינַיִים ת. | lamp; candlestick, candelabrum, menorah | מְנוֹרָה נ. |
| surgeon; analyst | מְנַתֵּחַ ז. | | |
| system analyst | מְנַתֵּחַ מַעֲרָכוֹת | kerosene lamp | מְנוֹרַת-נֵפְט |
| tax, levy | מַס ז. | evicted, deprived | מְנוּשָּׁל ת. |
| poll tax | מַס-גּוּלְגּוֹלֶת | having lanes | מְנוּתָּב ת. |
| income tax | מַס-הַכְנָסָה | operated on; analyzed | מְנוּתָּח ת. |
| membership fee | מַס-חָבֵר | disconnected, detached, cut off | מְנוּתָּק ת. |
| travel tax | מַס-נְסִיעוֹת | | |
| estate tax | מַס-עִיזָּבוֹן | offering; afternoon prayer | מִנְחָה נ. |
| value-added tax, VAT | מַס עֶרֶךְ מוּסָף | moderator, talk-show host | מַנְחֶה ז. |
| sales tax | מַס-קְנִיָּה | comforter | מְנַחֵם ז. |
| capital gains tax | מַס רְווחֵי הוֹן | the month of Av | מְנַחֵם-אָב |
| property tax | מַס-רְכוּשׁ | fortune teller | מְנַחֵשׁ ז. |
| purchase tax | מַס-רְכִישָׁה | damper, absorber | מַנְחֵת ז. |
| improvement tax | מַס-שֶׁבַח | from, since | מִנִּי |
| entertainment tax | מַס-שַׁעֲשׁוּעִים | since then | מִנִּי אָז |
| lip service | מַס-שְׂפָתַיִים | stock, share | מְנָיָה נ. |
| tavern | מִסְבָּאָה נ. | spontaneously | מִנֵּיהּ וּבֵיהּ תפ. |
| mosque | מִסְגָּד ז. | counting | מְנִיָּה נ. |
| stylist | מְסַגְנֵן ז. | count, counting; quorum | מִנְיָין ז. |
| blacksmith | מַסְגֵּר ז. | C.E., A.D. | לַמִּנְיָין |
| blacksmith's work | מַסְגְּרוּת נ. | from where | מִנַּיִן |
| blacksmith shop | מַסְגֵּרִיָּה נ. | motive | מֵנִיעַ ז. |
| frame, framework | מִסְגֶּרֶת נ. | prevention; objection | מְנִיעָה נ. |
| within, within the framework of | בְּמִסְגֶּרֶת | hand fan | מְנִיפָה נ. |
| | | prism | מְנִסְרָה נ. |
| foundation, base | מַסָּד ז. | to prevent | מָנַע |
| data base | מַסַּד-נְתוּנִים | prevention | מֶנַע ז. |
| corridor, hallway | מִסְדְּרוֹן ז.(מִסְדְּרוֹנוֹת) | lock | מַנְעוּל ז. |
| essay | מַסָּה נ. | safety lock | מַנְעוּל-בִּיטָחוֹן |
| filthy | מְסוֹאָב ת. | footwear | מַנְעָל ז. |

מְסוּבִּין ז.ר. reclined
מְסוּבָּךְ ת. complicated, complex
מְסוּגָּל ת.(ל-) capable (of)
מְסוּגנָן ת. styled
מְסוּגָּר ת. enclosed, tightly shut
מְסוּדָּר ת. orderly, neat, organized; settled, settled down
מְסוּוָּג ת. classified
מַסוֶה ז. disguise
מְסוּיָּג ת. reserved; restricted, limited
מְסוּיָּם ת. certain, definite, specific
מָסוּךְ ת. blended, mixed
מְסוּכָּם ת. summarized; concluded
מְסוּכָּן ת. dangerous, risky, hazardous
מְסוּכסָךְ ת. in conflict, at odds
מְסוּלסָל ת. curly; trilled
מְסוּלָּע ת. rocky
מְסוּלָּף ת. distorted
מְסוּמָּא ת. blinded
מְסוּמָּל ת. symbolized
מְסוּמָּם ת. drugged
מְסוּמָּן ת. marked
מְסוּמָּר ת. nailed
מְסוּמרָר ת. riveted
מְסוּנוָר ת. blinded, dazzled
מְסוּנָּן ת. filtered
מְסוּנָּף ת. affiliated
מַסּוֹעַ ז. conveyor
מְסוּעָף ת. branched off
מְסוּעָר ת. stormy
מְסוּפָּח ת. annexed, appended, attached
מְסוּפָּק ת. doubtful; supplied
מְסוּפָּר ת. told; cut (hair)
מְסוּפרָר ת. numbered
מַסּוֹק ז. helicopter
מְסוּקָּל ת. cleared from stones
מְסוּקרָן ת. curious
מַסּוֹר ז. saw

מָסוּר ת. devoted; delivered
מְסוֹרָב עֲלִיָּיה ז. refusenik
מְסוּרבָּל ת. cumbersome, clumsy
מְסוֹרָג ת. barred, covered with a grill
מְסוּרגָּל ת. lined, ruled
מָסוֹרָה נ. Masoretic version of the Bible
מְסוּרטָט ת. drawn, sketched
מַסּוֹרִית נ. hacksaw
מְסוֹרָס ת. castrated; distorted
מְסוֹרָק ת. combed
מָסוֹרֶת נ. tradition
מָסוֹרתִּי ת. traditional
מְסוּתָּר ת. hidden
מְסוּתָּת ת. cut (stone)
מַסחֵט ז. מַסחֵטָה נ. squeezer, wringer
מִסחָר ז. commerce, trade
מִסחָרִי ת. commercial
מְסַחרֵר ת. dizzying
מַסטִיק ז. chewing gum *(col.)*
מְסִיבָּה נ. party
מְסִיבַּת-יוֹבֵל anniversary party
מְסִיבַּת יוֹם הוּלֶדֶת birthday party
מְסִיבַּת-סִיּוּם graduation party
מְסִיבַּת-עִיתּוֹנָאִים press conference
מְסִיבַּת-פְּרֵידָה farewell party
מְסַייֵּעַ ת. helping; auxiliary
מְסִילָּה נ. track, road
מְסִילַּת-בַּרזֶל railroad track
מְסִיסָה נ. dissolution
מַסִּיק ז. furnace operator, stoker
מְסִירָה נ. delivery; passing information
מְסִירוּת נ. devotion, dedication
מְסִירוּת-נֶפֶש strong devotion; self-sacrifice
מֵסִית ז. instigator
מָסַךְ to mix drinks, blend
מָסָךְ ז. curtain, screen

| English | עברית | English | עברית |
|---|---|---|---|
| message | מֶסֶר ז. | the Iron Curtain | מָסַךְ-הַבַּרְזֶל |
| knitting needle | מַסְרֵגָה נ. | smoke screen | מָסַךְ-עָשָׁן |
| movie or video camera | מַסְרֵטָה נ. | mask | מַסֵכָה נ. |
| carcinogen | מְסַרְטֵן ז. | oxygen mask | מַסֵכַת-חַמְצָן |
| stinking | מַסְרִיחַ ת. | poor, miserable | מִסְכֵּן ת. |
| cameraman; projectionist | מַסְרִיט ז. | misery | מִסְכֵּנוּת נ. |
| comb | מַסְרֵק ז. | web; tractate | מַסֶּכֶת נ. |
| hiding place | מִסְתּוֹר ז. | track, route, course, orbit | מַסְלוּל ז. |
| mysterious | מִסְתּוֹרִי ת. | runway, airstrip | מַסְלוּל-הַמְרָאָה |
| mystery | מִסְתּוֹרִין ז.ר. | check clearing house | מִסְלָקָה נ. |
| infiltrator, marauder | מִסְתַּנֵּן ז. | nail; highlight | מַסְמֵר ז. |
| processor; arranger | מְעַבֵּד ז. | blinding, dazzling | מְסַנְוֵר ת. |
| word processor | מְעַבֵּד תַּמְלִילִים | filter, strainer | מַסְנֵן ז., מִסְנֶנֶת נ. |
| laboratory, lab | מַעְבָּדָה נ. | journey, voyage, trip | מַסָּע ז.(מַסָּעוֹת) |
| language lab | מַעְבָּדָה לְשׁוֹנִית | shuttle trip | מַסַּע-דִּילוּגִים |
| laboratory technician | מַעְבָּדָן ז. | crusade | מַסַּע-צְלָב |
| of a laboratory (adj.) | מַעְבַּדְתִּי ת. | support; chair back | מִסְעָד ז. |
| ferryboat | מַעְבּוֹרֶת נ. | restaurant | מִסְעָדָה נ. |
| space shuttle | מַעְבּוֹרֶת-חָלָל | restaurateur | מִסְעָדָן ז. |
| employer | מַעֲבִיד ז. | lamentation, mourning | מִסְפֵּד ז. |
| transmitter, carrier, conveyor | מַעֲבִיר ז. | fodder | מִסְפּוֹא ז. |
| culvert | מַעֲבִיר-מַיִם | enough, sufficient | מַסְפִּיק ת. |
| passage, transition, shift | מַעֲבָר ז. | shipyard | מִסְפָּנָה נ. |
| mountain pass | מַעֲבַר-הָרִים | satisfying | מְסַפֵּק ת. |
| pedestrian crossing | מַעֲבַר-חֲצִיָּה | number, digit | מִסְפָּר ז. |
| in transit | בְּמַעֲבָר | odd number | מִסְפָּר אִי-זוּגִי |
| immigrants' transit camp | מַעְבָּרָה נ. | even number | מִסְפָּר זוּגִי |
| roller | מַעְגִּילָה נ. | cardinal number | מִסְפָּר יְסוֹדִי |
| circle, orbit, circuit | מַעְגָּל ז. | ordinal | מִסְפָּר סוֹדֵר, -סִידּוּרִי |
| integrated circuit | מַעְגָּל מְשׁוּלָּב | decimal number | מִסְפָּר עֶשְׂרוֹנִי |
| closed cicuit | מַעְגָּל סָגוּר | fraction | מִסְפָּר שָׁבוּר |
| vicious circle | מַעְגַּל-קְסָמִים | integer | מִסְפָּר שָׁלֵם |
| anchorage | מַעֲגָן ז. | narrator, story-teller | מְסַפֵּר ז. |
| to stumble | מָעַד | barber shop | מִסְפָּרָה נ. |
| delicacy | מַעֲדָן ז. | numerical | מִסְפָּרִי ת. |
| delicatessen | מַעֲדָנִייָה נ. | scissors | מִסְפָּרַיִים ז.זו. |
| hoe, pick | מַעְדֵּר ז. | conclusion | מַסְקָנָה נ. |
| processed; cultivated; arranged | מְעוּבָּד ת. | to deliver, hand over; inform | מָסַר |

*adv*=תפ *adj*=ת *pl*=ר *fem*=נ *pro*=כ *prep*=י *con*=ח *du*=זו *mas*=ז

| | |
|---|---|
| thickened, dense | מְעֻבֶּה ת. |
| pregnant; leap (year) | מְעֻבֶּרֶת ת. |
| rounded | מְעֻגָּל ת. |
| encouraging | מְעוֹדֵד ת. |
| encouraged | מְעוֹדָד ת. |
| delicate, refined | מְעֻדָּן ת. |
| up-to-date, updated | מְעֻדְכָּן ת. |
| twisted, distorted, deformed | מְעֻוָּת ת. |
| stronghold, fortress | מָעוֹז ז. |
| meager, small | מָעוּט ת. |
| of limited means, poor | מְעוּטֵי-יְכֹלֶת |
| wrapped | מְעֻטָּף ת. |
| decorated, crowned | מְעֻטָּר ת. |
| rhombus, diamond-shaped | מְעֻיָּן ז. |
| crushed | מָעוּךְ ת. |
| digested | מְעֻכָּל ת. |
| excellent, superior | מְעֻלֶּה ת. |
| unconscious | מְעֻלָּף ת. |
| paginated | מְעֻמָּד ת. |
| starched | מְעֻמְלָן ת. |
| dim | מְעֻמְעָם ת. |
| residence; dormitory | מָעוֹן ז.(מְעוֹנוֹת) |
| day-care center | מְעוֹן-יוֹם |
| wearing a necktie | מְעֻנָּב ת. |
| tender | מְעֻנָּג ת. |
| den; habitat | מְעוֹנָה נ. |
| tortured, tormented | מְעֻנֶּה ת. |
| camping trailer | מְעוֹנוֹעַ ז. |
| interested | מְעוּנְיָן ת. |
| cloudy | מְעֻנָּן ת. |
| partly cloudy | מְעֻנָּן חֶלְקִית |
| flight; broad vision | מָעוֹף, מָעוּף ז. |
| bird's-eye view | מִמְעוּף-הַצִּפּוֹר |
| flying | מְעוֹפֵף ת. |
| molded, rotten | מְעֻפָּשׁ ת. |
| designed, fashioned | מְעֻצָּב ת. |
| annoyed, angry | מְעֻצְבָּן ת. |
| cubic | מְעֻקָּב ת. |

| | |
|---|---|
| confiscated; crooked | מְעֻקָּל ת. |
| twisted, bent | מְעֻקָּם ת. |
| bypassed | מְעֻקָּף ת. |
| sterilized | מְעֻקָּר ת. |
| mixed, blended; involved | מְעֹרָב ת. |
| mixed up | מְעֻרְבָּב ת. |
| involvement | מְעֹרָבוּת נ. |
| rolled | מְעֻרְגָּל ת. |
| connected, involved | מְעֹרֶה ת. |
| bare, undressed, naked | מְעֻרְטָל ת. |
| unstable, shaky | מְעֻרְעָר ת. |
| foggy; obscure | מְעֻרְפָּל ת. |
| arousing, stimulating | מְעוֹרֵר ת. |
| nauseating | מְעוֹרֵר בְּחִילָה |
| worrisome | מְעוֹרֵר דְּאָגָה |
| frightening | מְעוֹרֵר פַּחַד |
| pitiful | מְעוֹרֵר רַחֲמִים |
| appetizing | מְעוֹרֵר תֵּיאָבוֹן |
| artificial | מְעֻשֶּׂה ת. |
| smoked | מְעֻשָּׁן ת. |
| money, coins, small change | מָעוֹת נ.ר. |
| to diminish, decrease | מָעַט |
| few, a few, a little | מְעַט ת. תפ. |
| little by little | מְעַט מְעַט |
| almost | כִּמְעַט |
| cover, wrap | מַעֲטֶה ז. |
| wrapping | מַעֲטָף ז. |
| envelope | מַעֲטָפָה נ. |
| letter-bomb | מַעֲטֶפֶת-נֶפֶץ |
| mantle | מַעֲטֶפֶת נ. |
| intestine | מְעִי ז.(מֵעַיִם) |
| colon | הַמְעִי הַגַּס |
| small intestine | הַמְעִי הַדַּק |
| appendix | הַמְעִי הָעִיוֵּר |
| stumble, slip | מְעִידָה נ. |
| fountain, spring | מַעְיָן ז. |
| crush, crushing | מְעִיכָה נ. |
| coat, jacket | מְעִיל ז. |

מעיל-גשם ◊ מערכת-העיכול

מְעִיל-גֶּשֶׁם raincoat
מְעִיל עֶלְיוֹן overcoat
מְעִילָה נ. embezzlement
מֵעִיק ת. troublesome, distressing
מָעַךְ to crush
מָעַל (בּ-) to embezzle
מָעַל בָּאֵימוּן to betray trust
מַעֲלָה נ. degree; step; advantage, virtue
מַעְלָה תפ. up, upward
לְמַעְלָה above, up, on top; upstairs
מַעֲלֶה ז. ascent, slope, uphill
מַעֲלֶה גֵרָה ז. ruminant
מַעֲלִיב ת. insulting, offensive
מַעֲלִית נ. elevator
מַעֲלָלִים ז.ר. actions, shenanigans
מַעֲמָד ז.(מַעֲמָדוֹת) stand; position; class; status
מַעֲמָד חֶבְרָתִי social status; social class
מַעֲמָד חוּקִי legal status
הַמַּעֲמָד הַבֵּינוֹנִי middle class
בְּמַעֲמַד in the presence of
מַעֲמִיק ת. thorough, in-depth
מְעַמֵּל ז. athletics instructor
מַעֲמָס ז. load
מַעֲמָסָה נ. burden, heavy load
מַעֲמָק ז. depth
מַעַן ז. address
לְמַעַן for the sake of, so that
מַעֲנֶה ז. answer, reply
מְעַנְיֵן ת. interesting
מַעֲנָק ז. grant, award
מַעֲנַק-לֵידָה maternity benefit
מַעֲנַק-מֶחְקָר research grant
מַעֲסִיק ז. employer
מַעְפִּיל ז. illegal immigrant to Mandatory Palestine
מְעַצֵּב ז. designer
מְעַצֵּב אוֹפְנָה fashion designer
מְעַצְבֵּן ת. irritating, aggravating
מַעְצוֹר ז. inhibition, restraint; stoppage
מַעְצוֹרִים ז.ר. brakes
מַעֲצִיב ת. saddening, distressing
מַעֲצָמָה נ. powerful nation, world power
מַעֲצֶמֶת-עָל superpower
הַמַּעֲצָמוֹת הַגְּדוֹלוֹת the Great Powers
מַעְצָר, מַעֲצָר ז. arrest, detention
מַעֲצָר בּוֹדֵד solitary confinement
מַעֲצַר-בַּיִת house arrest
מַעֲקָב ז. surveillance, watch
מַעֲקֶה ז. railing, handrail, banister
מַעֲקוֹף ז. highway median strip
מַעֲרָב ז. west; West
הַמַּעֲרָב הַפָּרוּעַ the Wild West
מְעַרְבֹּלֶת נ. whirlpool, turbulence
מַעֲרָבוֹן ז. western movie
מַעֲרָבִי ת. western, westerly; Western
מְעַרְבֵּל ז. mixer
מְעַרְבֵּל בֶּטוֹן concrete mixer
מְעָרָה נ. cave, cavern, grotto
מְעָרַת-נְטָפִים stalagmite and stalactite cave
מַעֲרוֹךְ ז. rolling pin
מַעֲרוּמִּים ז.ר. nakedness
מַעֲרִיב ז. evening prayer
מַעֲרִיךְ ז. assessor, appraiser; exponent
מַעֲרִיץ ז. admirer, fan
מַעֲרָךְ ז. disposition, formation; a political labor alignment
מַעֲרָכָה נ. campaign, battle; act
מַעֲרֶכֶת-בְּחִירוֹת election campaign
מַערכוֹן ז. one-act play
מַעֲרֶכֶת נ. system; editorial board or office
מַעֲרֶכֶת-הָעִיכּוּל digestive system

| | |
|---|---|
| מַעֲרֶכֶת-הַשֶּׁמֶשׁ | solar system |
| מְעַרְעֵר ז. | appellant |
| מַעַשׂ ז. | deed, action |
| מַעֲשֶׂה ז. | deed, act; event; story |
| מַעֲשֵׂה-אוֹנָן | masturbation |
| מַעֲשֵׂה-בְּרֵאשִׁית | the Creation |
| מַעֲשֵׂה-זְוָעָה | atrocity |
| מַעֲשֵׂה-חַבָּלָה | terrorist act, sabotage |
| מַעֲשֶׂה מְגוּנֶּה | indecent act, molestation |
| מַעֲשֵׂה-מֶרְכָּבָה | complicated act |
| מַעֲשֵׂה-סְדוֹם | sodomy |
| מַעֲשֵׂה-קוּנְדֵּס | prank |
| לְמַעֲשֶׂה | in fact, actually |
| מַעֲשִׂי ת. | practical |
| מַעֲשִׂיּוּת נ. | practicality |
| מַעֲשִׂיָּה נ. | tale, fairy tale |
| מְעַשֵּׁן ז. | smoking, smoker |
| מַעֲשֵׁנָה נ. | chimney |
| מַעֲשֵׂר ז. | one-tenth |
| מַעְתָּק ז. | shift; displacement |
| מַעְתֵּקָה נ. | copier |
| מְפַגֵּר ת. | behind, in arrears; backward; retarded |
| מְפַגֵּר בְּשִׂכְלוֹ | mentally retarded |
| מַפָּה נ. | map |
| מַפַּת-קִיר | wall map |
| מַפַּת-שׁוּלְחָן | table cloth |
| מְפוֹאָר ת. | splendid, luxurious |
| מְפוּבְרָק ת. | fabricated, false |
| מְפוּגָּר ת. | overdue; exhausted |
| מְפוּדָּר ת. | powdered, wearing makeup |
| מְפוּזָּר ת. | scattered; absent-minded |
| מַפּוּחַ ז. | bellows |
| מְפוּחָד ת. | scared, frightened |
| מַפּוּחוֹן ז. | accordion |
| מַפּוּחִית (-פֶּה) נ. | harmonica |
| מַפּוּחִית-יָד | concertina |
| מְפוּחְלָץ ת. | stuffed (animal) |
| מְפוּחָם ת. | blackened; charred |
| מְפוּטָּם ת. | fattened |
| מְפוּטָּר ת. | fired, dismissed, laid-off |
| מְפוּיָּח ת. | covered with soot |
| מְפוּיָּס ת. | appeased, pacified |
| מְפוּכָּח ת. | sober |
| מְפוּלָּג ת. | divided, segmented |
| מְפוּלָּח ת. | sliced |
| מְפוּלָּס ת. | paved, cut (road) |
| מְפוּלְפָּל ת. | sharp, witty |
| מַפּוֹלֶת נ. | collapse, crash; landslide |
| מַפּוֹלֶת-שְׁלָגִים | avalanche |
| מְפוּנֶּה ת. | evacuee |
| מְפוּנָּק ת. | pampered, spoiled |
| מְפוּסְטָר ת. | pasteurized |
| מְפוּסָּל ת. | sculptured, carved |
| מְפוּסְפָּס ת. | mosaic *(adj.)* |
| מְפוּסָּק ת. | punctuated |
| מְפוּעְנָח ת. | deciphered, decoded; solved |
| מְפוּצֶּה ת. | compensated |
| מְפוּצָּח ת. | cracked |
| מְפוּצָּל ת. | split, divided |
| מְפוּקָּח ת. | clever, shrewd |
| מְפוּקְפָּק ת. | dubious, questionable, shady |
| מְפוּקָּק ת. | corked |
| מְפוֹרָד ת. | separated |
| מְפוֹרָז ת. | demilitarized |
| מְפוּרְזָל ת. | iron-clad |
| מְפוֹרָט ת. | detailed |
| מְפוּרְכָּס ת. | wearing excessive makeup |
| מְפוּרְסָם ת. | famous, well-known |
| מְפוֹרָק ת. | dismantled, disassembled, dissolved, taken apart |
| מְפוּרְקָד ת. | supine |
| מְפוֹרָר ת. | crumbled |
| מְפוֹרָשׁ ת. | explicit; interpreted, explained |

| | |
|---|---|
| בְּמְפוֹרָשׁ | explicitly, clearly, expressly |
| מְפוּשָׂק ת. | spread-apart, astride |
| מְפוּתֶּה ת. | seduced, enticed |
| מְפוּתָּח ת. | developed; engraved |
| מְפוּתָּל ת. | twisted, winding |
| מַפָּח ז. | blowing, blower; frustration |
| מַפַּח-נֶפֶשׁ | frustration, disappointment |
| מַפְטִיר ז. | reader of the conclusion of the *Torah* during services |
| מֵפִיץ ז. | distributor |
| מֵפִיק ז. | producer |
| מַפִּיק ז. | a dot in a final *Hé* |
| מֵפִיר ז. | breaker; violator |
| מֵפִיר שְׁבִיתָה | strike-breaker |
| מַפִּית נ. | napkin |
| מְפַכֶּה ת. | gushing, flowing |
| מַפָּל ז. | fall |
| מַפַּל-מַיִם | waterfall |
| מַפַּל-מֶתַח | voltage drop |
| מַפְּלֵי-בָּשָׂר | fat folds in a person |
| מִפְלָגָה נ. | political party, faction |
| הַמִּפְלָגָה הַדָּתִית הַלְּאוּמִית | National Religious Party, NRP |
| מִפְלֶגֶת-הָעֲבוֹדָה | Labor Party |
| מִפְלֶגֶת הַפּוֹעֲלִים הַמְּאוּחֶדֶת | United Workers Party, *Mapam* |
| מִפְלַגְתִּי ת. | of a party, partisan |
| מִפְלַגְתִּיּוּת נ. | partisanship, factionalism |
| מַפָּלָה נ. | defeat, downfall |
| מַפְלֵט ז. | exhaust; ejector |
| מִפְלֶצֶת נ. | monster |
| מִפְנֶה ז. | turn, change of course |
| מִפְּנֵי י. | because (of) |
| מַפְסִידָן ז. | loser |
| מַפְסֶלֶת נ. | chisel |
| מִפְסָעָה נ. | groin |
| מַפְסֵק ז. | electric switch |
| מַפְעִיל ז. | operator |
| מַפָּץ ז. | shatter |
| מַפְצֵחַ ז. | cracker |
| מַפְצֵחַ אֱגוֹזִים | nutcracker |
| מַפְצִיץ ז. | bomber |
| מְפַקֵּד ז. | commander |
| מְפַקֵּד עֶלְיוֹן | commander-in-chief |
| מִפְקָדָה נ. | command post, headquarters |
| מְפַקֵּחַ ז. | inspector, supervisor |
| מְפַקֵּחַ כְּלָלִי | inspector general |
| מַפְקִיד ז. | depositor |
| מַפְרִיס פַּרְסָה ז. | ungulate |
| מַפְרִיעַ ז. | disturber, heckler |
| מְפַרְנֵס ז. | provider, breadwinner |
| מְפַרְסֵם ז. | advertiser |
| מִפְרָעָה נ. | advance payment |
| מְפָרֵק ז. | liquidator |
| מִפְשָׂעָה נ. | groin |
| מַפְשֵׁר ז. | defroster |
| מְפַתֶּה ת. | tempting; seductive; seducer |
| מַפְתֵּחַ ז.(מַפְתְּחוֹת) | key; index |
| מַפְתֵּחַ סוֹל | G clef (music) |
| מַפְתֵּחַ-עִנְיָנִים | index |
| מַפְתִּיעַ ת. | surprising |
| מָצָא | to find, locate, find out |
| מָצָא חֵן בְּעֵינָיו | to like |
| מָצְאָה יָדוֹ | to be able to |
| מַצָּב | situation, condition, state of being |
| מַצַּב-הָכֵן | state of alert |
| מַצַּב-חֵירוּם | state of emergency |
| מַצַּב-מִלְחָמָה | state of war |
| מַצַּב-רוּחַ | mood, spirits |
| מַצֵּבָה נ. | tombstone; monument |
| מַצְבִּיא ז. | military commander |
| מַצְבִּיעַ ז. | voter |
| מַצְבֵּר ז. | battery |
| מַצָּג ז. | video screen, display |

מְצָדָה נ. fortress
מַצָּה נ. unleavened bread eaten during Passover, *matzah*
מַצָּה שְׁמוּרָה *matzah* made of specially kept wheat
מַצְהִיב ת. yellowing, yellowish
מְצוּבְרָח ת. in a bad mood, moody *(adj.)*
מָצוֹד ז. hunt, manhunt
מְצוֹדֵד ת. charming, captivating
מְצוּדָה נ. fort, citadel
מִצְוָה נ. command; good deed
מִצְוַת לֹא-תַּעֲשֶׂה prohibition
מִצְוַת-עֲשֵׂה positive command
מְצוּוֶּה ת. commanded, ordered
מְצוּחְצָח ת. polished
מְצוּטָּט ת. quoted
מָצוּי ת. common, ordinary, available
מְצוּיָּד ת. equipped
מְצוּיָּן ת. excellent; marked, noted
מְצוּיָּר ת. illustrated
מְצוּלָּב ת. crossed
מְצוּלָה נ. depth, deep water
מְצוּלָּם ת. photographed
מְצוּלָּע ז. polygon
מְצוּלָּק ת. scarred
מְצוּמָּד ת. attached
מְצוּמְצָם ת. reduced, limited
מְצוּמָּק ת. shriveled, wrinkled
מְצוּנְזָר ת. censored
מְצוּנָּן ת. having a cold; chilled, cooled
מְצוּנָּף ת. wearing a scarf
מְצוֹעָף ת. veiled
מְצוּעְצָע ת. ornate, flamboyant
מָצוֹף ז. float
מְצוּפֶּה ת. covered, coated; expected
מָצוּץ ת. sucked
מָצוּץ מִן הָאֶצְבַּע fabricated, false
מְצוּקָה נ. distress, bind, need
מְצוּקָה כַּסְפִּית financial bind
מְצוּקַת-דִּיוּר housing shortage
מָצוֹר ז. siege
מְצוֹרָע ת. leper
מְצוֹרָף ת. attached
מְצוֹרָר ת. bound, packed
מֵצַח ז. forehead
מֵצַח נְחוּשָׁה insolence
מִצְחִיָּה נ. visor
מַצְחִיק ת. funny
מִצְטַבֵּר ת. cumulative
מְצִיאָה נ. finding; find; bargain
מְצִיאוּת נ. reality
מְצִיאוּתִי ת. realistic
מְצִיאוּתִיּוּת נ. realism
מַצִּיל ז. lifeguard; savior
מְצִילָּה נ. bell, chime
מְצִילְתַּיִים ז.זו. cymbals
מְצִיצָה נ. sucking, suction
מְצִיצָן ז. peeping Tom
מַצִּית ז. cigarette lighter; arsonist
מִצְלוֹל ז. dive; tone
מַצְלִיחַ ת. successful
מַצְלִיף ז. flogger; parliamentary whip
מַצְלֵמָה נ. camera
מְצַלְצְלִים ז.ר. coins
מַצְמֵד ז. clutch
מַצְנֵחַ ז. parachute
מַצְנִיעַ לֶכֶת ת. humble, modest
מַצְנֵן ז. radiator
מִצְנֶפֶת נ. headscarf
מַצָּע ז. platform; bed
מְצַעֵר ת. saddening
מִצְפֶּה ז. lookout, observation post
מִצְפֵּה-כּוֹכָבִים observatory
מַצְפּוּן ז. conscience
מַצְפּוּנִי ת. conscientious
מָצַץ to suck

| | |
|---|---|
| מִצְרַיִם נ. | Egypt |
| מַצָּת ז. | spark plug |
| מַקְבִּיל ת. | parallel |
| מַקְבִּילִית נ. | parallelogram |
| מַקְבִּילִית-כּוֹחוֹת | parallelogram of forces |
| מַקֶּבֶת נ. | mallet, sledgehammer |
| מַקְדֵּחַ ז., מַקְדֵּחָה נ. | drill |
| מְקַדֵּם ז. | factor, coefficient |
| מִקְדָּשׁ ז. | temple |
| מַקְהֵלָה נ. | choir, chorus |
| מְקוּבָּל ת. | common, conventional, acceptable; *Kabbalist*, mystic |
| מְקוּדָּשׁ ת. | sanctified, holy |
| מִקְוֶה ז. | pool, pond; ritual bath |
| מְקוּוֶּה ת. | hoped for |
| מְקוּוָּן ת. | on-line |
| מְקוּוְקָו ת. | lined, ruled |
| מְקוּזָּז ת. | written-off |
| מְקוּטָּב ת. | polarized |
| מְקוּטָּע ת. | fragmentary, discontinuous; intermittent |
| מָקוֹל ז. | phonograph |
| מְקוּלָּח ת. | showered |
| מְקוּלָּל ת. | cursed, damned |
| מְקוּלָּס ת. | praised |
| מְקוּלָּף ת. | peeled, shelled |
| מְקוּלְקָל ת. | spoiled; broken, out of order |
| מָקוֹם ז.(מְקוֹמוֹת) | place, location; space, room |
| הַמָּקוֹם | God |
| מְקוֹם-תּוּרְפָּה | weak spot |
| בִּמְקוֹם | instead of |
| מִכֹּל מָקוֹם | in any case, anyway |
| מְקוֹמוֹן ז. | local newspaper |
| מְקוּמָּט ת. | wrinkled |
| מְקוֹמִי ת. | local |
| מְקוּמָּר ת. | vaulted, arched |
| מְקוֹנֵן ז. | mourner |
| מַקּוֹף ז. | patrolled area |
| מְקוּפָּח ת. | deprived |
| מְקוּפָּל ת. | folded, plaited |
| מְקוּצָּץ ת. | cut-up; reduced |
| מְקוּצָּר ת. | shortened, abbreviated |
| מָקוֹר ז.(מְקוֹרוֹת) | source, origin; infinitive *(gram.)* |
| מָקוֹר מוּחְלָט | infinitive absolute |
| מָקוֹר נִסְמָךְ | infinitive construct |
| מַקּוֹר ז. | beak |
| מְקוֹרָב ת. | close to; friend |
| מְקוֹרֶה ת. | roofed |
| מְקוּרְזָל ת. | frizzy |
| מְקוֹרָח ת. | bald |
| מְקוֹרִי ת. | original |
| מְקוֹרִיּוּת נ. | originality |
| מְקוֹרָץ ת. | molded, shaped |
| מְקוּרְקָע ת. | grounded |
| מְקוּרְקָף ת. | scalped |
| מְקוֹרָר ת. | cooled, chilled |
| מַקּוֹשׁ ז. | drumstick, clapper |
| מְקוּשָּׁט ת. | decorated |
| מַקּוֹשִׁית נ. | xylophone |
| מְקוּשְׁקָשׁ ת. | scribbled; unintelligible |
| מְקוּשְׂקָשׂ ת. | scaly |
| מְקוּשָּׁר ת. | tied-to, connected |
| מְקוּשָּׁת ת. | arched |
| מַקְטֵר ז. | incense burner |
| מִקְטוֹרֶן ז. | jacket |
| מְקַטְרֵג ז. | accuser |
| מִקְטֶרֶת נ. | pipe |
| מַקִּיף ת. | comprehensive; surrounding |
| מֵקֵל ת. | lenient |
| מַקֵּל ז.(מַקְלוֹת) | stick, cane |
| מִקְלֶדֶת נ. | keyboard |
| מַקְלֶה ז. | toaster |

| | |
|---|---|
| מַקְלוֹן ז. | small stick |
| מִקְלַחַת נ. | shower |
| מַקְלֵט ז. | receiver |
| מַקְלֵעַ, מִקְלָע ז. | machine gun |
| מִקְלְעָן ז. | machine gunner |
| מִקְלַעַת נ. | slingshot; braid |
| מַקְלֵף ז. | peeler |
| מְקַנֵּא ז. | jealous, envious |
| מַקְסִים ת. | charming, fascinating |
| מַקָּף ז. | hyphen, dash |
| מַקְפֵּא ז. | freezer |
| מַקְפִּיא דָּם ת. | bloodcurdling |
| מַקְפֵּצָה נ. | diving board |
| מִקְצוֹעַ ז.(מִקְצוֹעוֹת) | profession, occupation, vocation |
| מִקְצוֹעַ-לִימּוּדִים | subject of studies |
| מִקְצוֹעִי ת. | professional, vocational |
| מִקְצוֹעִיּוּת נ. | professionalism |
| מִקְצוֹעָן ז. | professional |
| מַקְצִיף ת. | foamy |
| מַקְצֵעָה נ. | plane |
| מַקְצֵף ז. | eggbeater |
| מִקְצֶפֶת נ. | icing on cake |
| מַקְצֵצָה נ. | cutter |
| מַקְצֵרָה נ. | harvester, mower |
| מִקְצָת תפ. נ. | a little, part, some of |
| בְּמִקְצָת | slightly; partially |
| מַקָּק ז. | cockroach |
| מִקְרָא ז. | Bible; reading |
| מִקְרָאוֹת גְּדוֹלוֹת | Bible with rabbinic commentaries |
| מִקְרָאָה נ. | reader; anthology |
| מִקְרָאִי ת. | biblical |
| מִקְרֶה ז. | incident, event, occurrence; coincidence; case |
| בְּמִקְרֶה | by chance, accidentally |
| בְּמִקְרֶה שֶׁ- | in the event that, in case |

| | |
|---|---|
| מִקְרִי ת. | accidental, by chance |
| מִקְרִיּוּת נ. | chance, coincidence |
| מַקְרִיחַ ת. | balding |
| מַקְרִין ת. | radiant |
| מַקְרִישׁ ת. | coagulant |
| מַקְרֵן ז. | projector |
| מַקְרֵן-שְׁקוּפִיּוֹת | slide projector |
| מְקַרְקְעִין ז.ר. | land, real estate |
| מְקָרֵר ז. | refrigerator, icebox |
| מַקָּשׁ ז. | typing key |
| מְקַשֵּׁר ז. | connector; liaison |
| מַר ת. | bitter |
| מַר-נֶפֶשׁ | embittered, unhappy |
| מַר ז. | Mister, Mr. |
| מַרְאֶה ז.(מַרְאוֹת) | sight, view, appearance |
| מַרְאֵה מָקוֹם | citation, reference |
| מַרְאָה נ. | mirror |
| מְרַאֲיֵין ז. | interviewer |
| מַרְאִית נ. | appearance |
| לְמַרְאִית-עַיִן | seemingly |
| מַרְבָד ז. | carpet, rug |
| מַרְבַד-קְסָמִים | magic carpet |
| מַרְבֶּה ז. | much |
| מַרְבֵּה רַגְלַיִים | millipede |
| לְמַרְבֵּה הַצַּעַר | unfortunately |
| מַרְבִּית נ. | most of |
| מַרְגּוֹעַ ז. | rest, relaxation |
| מְרַגֵּל ז. | spy |
| מַרְגְּלוֹת נ.ר. | feet; bottom |
| מַרְגָּלִית נ. | jewel; pearl |
| מַרְגֵּמָה נ. | mortar |
| מְרַגֵּשׁ ת. | exciting, moving |
| מָרַד (בְּ-, נֶגֶד) | to rebel (against), revolt |
| מֶרֶד ז. | rebellion, revolt, mutiny |
| מַרְדָּן ז. | rebellious person |
| מַרְדָּנוּת נ. | rebelliousness |

*adv*=תפ *adj*=ת *pl*=ר *fem*=נ *pro*=כ *prep*=י *con*=ח *du*=זו *mas*=ז

| | |
|---|---|
| מַרְדָנִי ת. | rebellious, insubordinate |
| מָרָה נ. | gall, bile |
| מָרָה שְחוֹרָה | melancholy |
| מַרְהִיב ת. | splendid |
| מְרוּאיָן ת. | interviewed |
| מְרוּבָּד ת. | layered, stratified |
| מְרוּבֶּה ת. | numerous, multiple |
| מְרוּבָּע ת. ז. | square |
| מְרוּגָז ת. | angered, irate |
| מְרוּגָש ת. | excited, emotional |
| מָרוּד ת. | depressed |
| מְרוּהָט ת. | furnished |
| מְרוּוָח ת. | spacious |
| מָרוּחַ ת. | spread, smeared |
| מְרוּחָק ת. | far, remote |
| מָרוּט ת. | plucked |
| מְרוּטָש ת. | ripped-open |
| מְרוּכָּז ת. | concentrated; centralized |
| מְרוּכָּךְ ת. | softened |
| מָרוֹם ז. | height, sky |
| מְרוּמֶּה ת. | cheated, deceived |
| מְרוּמָּז ת. | hinted, implied |
| בִּמְרוּמָּז | implicitly |
| מְרוֹמִים ז.ר. | heavens |
| מְרוֹמָם ת. | elevated |
| מְרוּסָן ת. | curbed, restrained |
| מְרוּסָס ת. | sprayed |
| מְרוּסָק ת. | crushed; mashed |
| מְרוּעֲנָן ת. | refreshed |
| מְרוּעָף ת. | tiled (roof) |
| מְרוּפָּד ת. | upholstered; cushioned, padded |
| מְרוּפָּט ת. | shabby |
| מְרוּפָּש ת. | muddy |
| מְרוּצָה נ. | running |
| בִּמְרוּצַת-הַזְּמַן | in the course of time |
| מְרוּצֶה ת. | satisfied, content |
| מְרוּצָּץ ת. | crushed, shattered |
| מָרוּק ת. | polished |
| מְרוּקָּם ת. | embroidered |
| מְרוֹקָן ת. | emptied |
| מְרוּקָּע ת. | flattened |
| מָרוֹר ז. | bitter herbs; horseradish |
| מְרוּשָּל ת. | sloppy, negligent |
| מְרוּשָּע ת. | wicked, evil |
| מְרוֹשָש ת. | impoverished, broke |
| מְרוּשָּת ת. | covered with a net |
| מָרוּת נ. | authority, domination |
| מָרוֹת תפ. | bitterly |
| מְרוּתָּךְ ת. | welded |
| מְרוּתָּק ת. | bound; mesmerized; confined |
| מַרְזֵב ז. | gutter |
| מָרַח | to spread, smear, rub in |
| מֶרְחָב ז. | space, wide-open area; region |
| מֶרְחָבִי ת. | spatial; regional |
| מַרְחִיק לֶכֶת ת. | far-reaching |
| מֶרְחָץ ז. | bath |
| מֶרְחַץ-דָּמִים | bloodbath |
| מֶרְחָק ז. | distance |
| מַרְחֶשְוָן (חֶשְוָן) ז. | second Hebrew month |
| מָרַט | to pluck |
| מְרִי, מֶרִי ז. | rebellion, resistance |
| מְרִיבָה נ. | quarrel |
| מְרִידָה נ. | rebellion |
| מְרִיחָה נ. | spreading, smearing |
| מְרִיטָה נ. | plucking |
| מְרִיטַת עֲצַבִּים | nerve-wracking |
| מְרִיצָה נ. | wheelbarrow |
| מָרִיר ת. | bitter |
| מְרִירוּת נ. | bitterness |
| מֵרְכָאוֹת כְּפוּלוֹת נ.ר. | quotation marks |
| מֶרְכָּב ז. | chassis |
| מֶרְכָּבָה נ. | chariot, carriage |
| מַרְכּוֹלֶת נ. | merchandise |

| | |
|---|---|
| מֶרְכָּז ז. | center |
| מֶרְכַּז-הַכּוֹבֶד | center of gravity |
| מֶרְכַּז-עֲצַבִּים | nerve center |
| מְרַכֵּז ז. | organizer, coordinator |
| מֶרְכָּזִי ת. | central |
| מֶרְכָּזִיָּה, מִרְכֶּזֶת נ. | telephone exchange, switchboard |
| מֶרְכָּזָן ז., מֶרְכָּזָנִית נ. | telephone operator |
| מַרְכִּיב ז. | component |
| מַרְנִין ת. | joyful, causing joy |
| מַרְסֵס ז. | sprayer |
| מַרְסֵק ז. | masher |
| מִרְעֶה ז. | pasture |
| מַרְעוֹם ז. | bomb fuse |
| מַרְפֵּא ז. | healing, cure |
| מִרְפָּאָה נ. | clinic, infirmary |
| מִרְפָּאַת-חוּץ | outpatient clinic |
| מִרְפֶּסֶת נ. | balcony, porch |
| מַרְפֵּק ז. | elbow |
| מֶרֶץ ז. | energy, vigor |
| מַרְצֶה ז. | lecturer, speaker |
| מַרְצֶה בָּכִיר | senior lecturer |
| מְרַצֵּחַ ז. | murderer |
| מַרְצֵעַ ז. | awl |
| מְרַצֵּף ז. | tile-layer |
| מַרְצֶפֶת נ. | tile |
| מָרָק ז. | soup |
| מְרַק-פֵּירוֹת | compote |
| מֶרְקָחָה נ. | mixture of spices |
| כְּמֶרְקָחָה | in turmoil |
| מִרְקַחַת נ. | confection |
| מַרְשִׁים ת. | impressive |
| מִרְשַׁעַת נ. | wicked woman |
| מַרְתִּיעַ ת. | deterrent |
| מַרְתֵּף ז. | basement, cellar |
| מְרַתֵּק ת. | thrilling, fascinating |
| מַשָּׂא ז.(מַשָּׂאוֹת) | load, freight; burden |
| מַשָּׂא וּמַתָּן | negotiations |
| מַשְׁאָב ז. | resource |
| מַשְׁאַבֵּי-אֱנוֹשׁ | human resources |
| מַשְׁאֵבָה נ. | pump |
| מַשְׁאוֹב ז. | bucket |
| מַשָּׂאִית נ. | truck |
| מִשְׁאַת-נֶפֶשׁ נ. | desire, aspiration, ideal |
| מַשַּׁב-רוּחַ ז. | breeze |
| מַשְׂבִּיעַ ת. | filling |
| מַשְׂבִּיעַ רָצוֹן | satisfactory |
| מִשְׁבֶּצֶת נ. | square; checker |
| מַשְׁבֵּר ז. | crisis |
| מַשְׁגִּיחַ ז. | supervisor, inspector |
| מְשַׁגֵּעַ ת. | maddening; exciting |
| מַשְׁדֵּר ז. | transmitter |
| מָשָׁה | to pull out of the water |
| מַשֶּׁהוּ ז. | something |
| מַשּׂוֹא-פָּנִים ז. | favoritism, partiality |
| מַשּׂוּאָה נ. | signal fire |
| מָשׁוֹב ז. | feedback |
| מְשׁוּבָּח ת. | excellent |
| מְשׁוּבָּץ ת. | inlaid; checkered |
| מְשׁוּבָּשׁ ת. | disrupted; distorted; illegible |
| מְשׁוּגָּע ת. | crazy, mad, insane |
| מְשׁוּגָּע לַדָּבָר | crazy for, obsessed |
| מְשׁוּדָּר ת. | broadcasted, telecast |
| מִשְׁוָאָה נ. | equation |
| מַשְׁוֶה ת. | comparative |
| מַשְׁוָנִי ת. | equatorial; comparative |
| מָשׁוּחַ ת. | oiled, anointed |
| מְשׁוּחָד ת. | bribed; biased |
| מְשׁוּחְרָר ת. | liberated; discharged; exempted |
| מָשׁוֹט ז. | oar, paddle |
| מְשׁוּטָּח ת. | flat |
| מְשׁוֹטֵט ז. | wanderer, transient |
| מָשׁוּי ת. | pulled out of the water |
| מָשׁוּךְ ת. | drawn; pulled |

מְשׂוּכָה נ. hedge
מְשׂוּכָּל ת. crossed
מְשׂוּכְלָל ת. sophisticated; improved
מְשׂוּכְנָע ת. convinced
מָשׁוּל ת. compared, resembling
מְשׁוּלָּב ת. integrated, combined
מְשׁוּלְהָב ת. inflamed, incited
מְשׁוּלָּח ת. launched; dispatched; let loose
מְשׁוּלַּח רֶסֶן loose, uncontrollable
מְשׁוּלָּל ת. deprived, denied, lacking
מְשׁוּלַּל זְכוּיוֹת deprived of rights
מְשׁוּלַּל יְסוֹד baseless
מְשׁוּלָּם ת. paid
מְשׁוּלָּשׁ ז. ת. triangle; triangular; trebled, triple
מְשׁוּלָּשׁ שְׁוֵה צְלָעוֹת equilateral triangle
מְשׁוּלָּשׁ שְׁוֵה שׁוֹקַיִים isosceles triangle
הַמְּשׁוּלָּשׁ Arab-inhabited area in northern Israel
מְשׁוּמָּד ת. converted from Judaism
מְשׁוּמָּן ת. oiled, greased, lubricated
מְשׁוּמָּר ת. preserved, canned
מְשׁוּמָּשׁ ת. used, second-hand
מְשׁוּנֶּה ת. strange, odd, bizarre
מְשׁוּנָּן ת. toothed
מְשׁוּסֶּה ת. incited
מְשׁוּסָּע ת. split, torn
מְשׁוּעְבָּד ת. enslaved, subjugated; mortgaged
מְשׁוּעֲמָם ת. bored
מְשׁוּעָר ת. estimated
מָשׁוֹף ז. file
מְשׁוּפָּם ת. moustached
מְשׁוּפָּע ת. oblique, sloping, slanting; abundant

מְשׁוּפָּץ ת. renovated, refurbished; overhauled
מְשׁוּפָּר ת. improved
מְשׁוּפְשָׁף ת. rubbed, polished; worn; hard-worked *(col.)*
מְשׁוּקָּם ת. rehabilitated; rebuilt
מְשׁוּקָּע ת. sunken; immersed
מְשׁוּקָּץ ת. abhorred, detestable
מַשּׂוֹר ז. saw
מְשׂוּרָה נ. graduated measuring cylinder
מְשׂוּרְטָט ת. drawn, sketched
מְשׁוּרְיָין ת. ז. armored, reinforced; armored vehicle; guaranteed
מַשּׂוֹרִית נ. hacksaw
מְשׁוֹרֵר ז. poet
מְשׁוּרָשׁ ת. rooted
מָשׂוֹשׂ ז. joy
מְשׁוּשֶּׁה ז. hexagon
מְשׁוּתָּף ת. common, joint, shared
מְשׁוּתָּק ת. paralyzed
מָשַׁח to oil; anoint
מִשְׁחוֹלֶת נ. pull-through
מַשְׁחֵז ז. whetstone
מַשְׁחֵזָה נ. grinder
מַשְׁחֶתֶת נ. destroyer
מַשְׂטֵמָה נ. hatred
מִשְׁטָר ז. regime, rule
מִשְׁטָר צְבָאִי martial law
מִשְׁטָרָה נ. police
מִשְׁטָרָה חֲשָׁאִית secret police
מִשְׁטָרָה צְבָאִית military police, MP
מִשְׁטֶרֶת-תְּנוּעָה traffic police
מִשְׁטַרְתִּי ת. of police *(adj.)*
מֶשִׁי ז. silk
מֵשִׁיב ז. respondent
מֵשִׁיב נֶפֶשׁ ת. refreshing
מָשִׁיחַ ז. Messiah
מְשִׁיחַ-שֶׁקֶר false Messiah

| | |
|---|---|
| oiling, anointing | מְשִׁיחָה נ. |
| Messianic | מְשִׁיחִי ת. |
| Messianism | מְשִׁיחִיּוּת נ. |
| pulling, drawing, dragging; attraction; withdrawing (money) | מְשִׁיכָה נ. |
| sex appeal | מְשִׁיכָה מִינִית |
| overdraft | מְשִׁיכַת-יֶתֶר |
| task, mission, assignment | מְשִׂימָה נ. |
| tangent | מַשִּׁיק ז. |
| to pull, draw, drag; attract, lure; withdraw (money) | מָשַׁךְ |
| to carry the burden | מָשַׁךְ בְּעוֹל |
| duration | מֶשֶׁךְ ז. |
| during | בְּמֶשֶׁךְ |
| in the course of time | בְּמֶשֶׁךְ הַזְּמַן |
| pawn | מַשְׁכּוֹן ז. |
| salary | מַשְׂכּוֹרֶת נ. |
| extra-month salary | מַשְׂכּוֹרֶת שְׁלוֹשׁ-עֶשְׂרֵה |
| well-educated; member of the Enlightenment Movement | מַשְׂכִּיל ז. |
| ornament; figure, image | מַשְׂכִּית נ. |
| convincing | מְשַׁכְנֵעַ ת. |
| mortgage | מַשְׁכַּנְתָּא, מַשְׁכַּנְתָּה נ. |
| mortgage linked to the cost of living index | מַשְׁכַּנְתָּא צְמוּדָה |
| mimeograph, duplicator | מְשַׁכְפֶּלֶת נ. |
| intoxicating | מְשַׁכֵּר ת. |
| to govern, rule, dominate | מָשַׁל |
| proverb, parable; example | מָשָׁל ז. |
| for example | לְמָשָׁל |
| shipping, mailing, shipment | מִשְׁלוֹחַ ז. |
| occupation | מִשְׁלַח-יָד ז. |
| delegation | מִשְׁלַחַת נ. |
| Proverbs | מִשְׁלֵי |
| complement; complementary, supplementary | מַשְׁלִים ת. ז. |
| laxative | מְשַׁלְשֵׁל ת. |
| joyous, cheery | מְשַׂמֵּחַ ת. |
| slanderer, slanderous | מַשְׁמִיץ ז. |
| meaning, sense | מַשְׁמָע ז. |
| meaning | מַשְׁמָעוּת נ. |
| meaningful | מַשְׁמָעוּתִי ת. |
| discipline | מִשְׁמַעַת נ. |
| disciplinary | מִשְׁמַעְתִּי ת. |
| preservative | מְשַׁמֵּר ז. |
| guard | מִשְׁמָר ז.(מִשְׁמָרוֹת) |
| civil guard | מִשְׁמָר אֶזְרָחִי |
| border police | מִשְׁמַר-הַגְּבוּל |
| honor guard | מִשְׁמַר-כָּבוֹד |
| guard; shift | מִשְׁמֶרֶת נ. |
| night shift | מִשְׁמֶרֶת-לַיְלָה |
| young guard | מִשְׁמֶרֶת צְעִירָה |
| the six books of Oral Law | מִשְׁנָה נ. |
| choke, throttle | מַשְׁנֵק ז. |
| enslaver, subjugator | מְשַׁעְבֵּד ז. |
| path | מִשְׁעוֹל ז. |
| boring, dull | מְשַׁעֲמֵם ת. |
| support; stick; armrest | מִשְׁעֶנֶת נ. |
| broken reed; weak | מִשְׁעֶנֶת קָנֶה רָצוּץ |
| amusing, entertaining | מְשַׁעֲשֵׁעַ ת. |
| family | מִשְׁפָּחָה נ. |
| foster family | מִשְׁפָּחָה אוֹמֶנֶת |
| single-parent family | מִשְׁפָּחָה חַד-הוֹרִית |
| of a family | מִשְׁפַּחְתִּי ת. |
| trial; law; justice; sentence | מִשְׁפָּט ז. |
| mini-trial | מִשְׁפָּט זוּטָא |
| relative clause | מִשְׁפַּט-זִיקָה |
| retrial | מִשְׁפָּט חוֹזֵר |
| compound sentence | מִשְׁפָּט כּוֹלֵל |
| complex sentence | מִשְׁפָּט מוּרְכָּב |
| joined sentence | מִשְׁפָּט מְחוּבָּר |
| criminal law | מִשְׁפָּט פְּלִילִי |
| court martial | מִשְׁפָּט צְבָאִי |
| prejudice | מִשְׁפָּט קָדוּם |
| show trial | מִשְׁפַּט-רַאֲוָה |

| | |
|---|---|
| מִשְׁפָּטִי ת. | judicial, legal |
| מִשְׁפְּטָן ז. | jurist, lawyer |
| מִשְׁפְּטָנוּת נ. | jurisprudence, law |
| מַשְׁפִּיל ת. | humiliating, demeaning |
| מַשְׁפֵּךְ ז. | funnel |
| מֶשֶׁק ז. | farm; farming settlement; economy |
| מֶשֶׁק-בַּיִת | household |
| מֶשֶׁק-עֵזֶר | auxiliary farm |
| מַשָּׁק ז. | noise, rattle |
| מַשְׁקֶה ז.(מַשְׁקָאוֹת) | drink, beverage |
| מַשְׁקֶה חָרִיף | alcoholic beverage |
| מַשְׁקֶה קַל | soft drink |
| מִשְׁקוֹלֶת נ. | weight |
| מַשְׁקוֹף ז. | lintel |
| מִשְׁקִי ת. | economic |
| מַשְׁקִיעַ ז. | investor |
| מַשְׁקִיף ז. | observer, onlooker |
| מַשְׁקִיף או״ם | U.N. observer |
| מִשְׁקָל ז.(מִשְׁקָלוֹת) | weight |
| מִשְׁקָל ז.(מִשְׁקָלִים) | scale; rhyme; morphological pattern |
| מִשְׁקָל סְגוּלִי | specific gravity |
| מִשְׁקָפַיִים ז. זו. | glasses, spectacles |
| מִשְׁקְפֵי-מָגֵן | goggles |
| מִשְׁקְפֵי-קְרִיאָה | reading glasses |
| מִשְׁקְפֵי-שֶׁמֶשׁ | sunglasses |
| מִשְׁקֶפֶת נ. | binoculars |
| מִשְׁקֶפֶת-שָׂדֶה | field glasses |
| מִשְׂרָד ז. | office; cabinet ministry |
| מִשְׂרַד-הַחוּץ | Foreign Ministry |
| מִשְׂרַד-הַפְּנִים | Interior Ministry |
| מִשְׂרַד-הַקְּלִיטָה | Immigrants Absorption Ministry |
| מִשְׂרָדִי ת. | of an office *(adj.)*, clerical |
| מַשְׁרוֹקִית נ. | whistle |
| מְשַׂרְטֵט ז. | draftsman |
| מִשְׂרָפָה נ. | incinerator |
| מְשָׁרֵת ז. | servant |
| מִשְׁתֶּה ז. | banquet, feast |
| מַשְׁתֵּלָה, מִשְׁתָּלָה נ. | nursery |
| מִשְׁתַּמֵּט ז. | evader, dodger |
| מִשְׁתָּנָה, מַשְׁתֵּנָה נ. | latrine, urinal |
| מִשְׁתַּנֶּה ת. | variable |
| מְשַׁתֵּף פְּעוּלָּה ז. | collaborator |
| מַשְׁתֵּק ז. | silencer |
| מִשְׁתַּתֵּף ז. | participant |
| מֵת | to die |
| מֵת ת. | dead |
| מִתְאַבֵּד ז. | suicide (person) |
| מְתַאֲבֵן ז. | appetizer |
| מִתְאַגְרֵף ז. | boxer |
| מַתְאִים ת. | suitable, fit, appropriate |
| מַתְאֵם ז. | adapter |
| מִתְאַמֵּן ז. | trainee |
| מִתְבּוֹדֵד ז. | secluded, recluse |
| מִתְבּוֹלֵל ז. | assimilated |
| מַתְבֵּן ז. | haystack |
| מֶתֶג ז. | switch; accent mark |
| מִתְגּוֹשֵׁשׁ ז. | wrestler |
| מְתוֹאָם ת. | coordinated, correlated |
| מְתוֹאָר ת. | described |
| מְתוֹאֲרָךְ ת. | dated |
| מְתוּבָּל ת. | spiced, seasoned |
| מִתְוֶוה ז. | ketch, layout |
| מְתַוֵּךְ ז. | mediator, middle man, broker |
| מְתוּזְמָר ת. | orchestrated |
| מָתוּחַ ת. | stretched, tight; tense |
| מְתוּחְכָּם ת. | sophisticated |
| מְתוּיָּל ת. | wired |
| מְתוּכָּן ת. | weighed, measured |
| מְתוּכְנָן ת. | planned, designed |
| מְתוּלָּם ת. | furrowed |
| מְתוּלָּע ת. | wormy |
| מְתוּלְתָּל ת. | curled, curly |
| מְתוּמָּן ז. | octagon |

| | |
|---|---|
| מְתוּמְצָת ת. | summarized |
| מָתוּן ת. | moderate, mild |
| מְתוּסְבָּךְ ת. | afflicted with complexes |
| מְתוּסְכָּל ת. | frustrated |
| מְתוֹעָב ת. | despicable, atrocious |
| מְתוֹעָל ת. | channeled, trenched |
| מְתוֹעָשׂ ת. | industrialized |
| מְתוֹפֵף ז. | drummer |
| מָתוֹק ת. | sweet |
| מְתוּקָּן ת. | repaired, fixed; corrected |
| מְתוּרְבָּת ת. | civilized, cultured |
| מְתוּרְגָּל ת. | drilled, trained |
| מְתוּרְגָּם ת. | translated |
| מְתוּרְגְּמָן ז. | translator |
| מְתוֹרָץ ת. | explained |
| מְתוּשָּׁע ז. | nonagon |
| מָתַח | to stretch, tighten; strain; play a joke, bluff |
| מָתַח בִּיקּוֹרֶת | to criticize |
| מֶתַח ז. | tension, stress; suspense |
| מֶתַח גָּבוֹהַּ | high voltage |
| מֶתַח נַפְשִׁי | emotional stress |
| מַתְחִיל ז. | beginner |
| מִתְחַלֶּה ז. | faking sickness |
| מִתְחַלֵּף ת. | alternating |
| מִתְחַלֵּק ת. | divisible |
| מִתְחַמֵּק ת. | evasive |
| מִתְחַסֵּד ז. | hypocrite |
| מִתְחָרֶה ז. | competitor |
| מָתַי תפ. | when |
| מְתֵי-מְעַט ז.ר. | a few people |
| מְתִיחָה נ. | stretching, tightening; straining; practical joke, bluff |
| מְתִיחוּת נ. | tension, stress |
| מְתִיחוּת-עֲצַבִּים | nervous tension |
| מִתְיַיהֵד ז. | a convert to Judaism |
| מִתְיַיהֵר ת. | arrogant |
| מִתְיַיוֵּן ז. | Hellenist |
| מִתְיַישֵּׁב ז. | settler |
| מְתִינוּת נ. | moderation, mildness |
| מְתִיקוּת נ. | sweetness |
| מַתִּירָנוּת נ. | permissiveness |
| מַתִּירָנִי ת. | permissive |
| מַתְכּוֹן ז. | recipe |
| מַתְכּוֹנֶת נ. | format, form |
| מְתַכְנֵן ז. | planner |
| מְתַכְנֵת ז. | programmer |
| מַתֶּכֶת נ. | metal |
| מַתֶּכֶת יְקָרָה | precious metal |
| מַתַּכְתִּי ת. | metallic |
| מַתְלֶה ז. | hanger |
| מִתְלֶה ז. | suspension |
| מִתְלַמֵּד ז. | trainee, student |
| מַתְמִיד ת. | constant, perpetual; diligent |
| מַתְמִיהַּ ת. | astonishing, strange |
| מַתָּן ז. | giving, granting |
| מַתָּן בַּסֵּתֶר | secret charity |
| מִתְנַגֵּד ז. | opponent, antagonist; opponent of *Hassidism* |
| מַתְנֵד ז. | oscillator |
| מִתְנַדֵּב ז. | volunteer |
| מַתָּנָה נ. | gift, present |
| מִתְנַוֵּן ת. | degenerated, decadent |
| מִתְנַחֵל ז. | settler (on land taken in 1967) |
| מַתְנֵעַ ז. | starter |
| מִתְנַשֵּׂא ת. | arrogant |
| מְתַסְכֵּל ת. | frustrating |
| מַתְעֶה ת. | misleading |
| מִתְעַמֵּל ז. | athlete |
| מִתְפַּלֵּל ז. | worshiper |
| מִתְפָּרָה נ. | sewing shop |
| מָתַק | to be sweet |
| מֶתֶק-שְׂפָתַיִים ז. | sweet talk, eloquence |
| מִתְקַבֵּל עַל הַדַּעַת ת. | reasonable, acceptable, credible |

| | |
|---|---|
| מְתַקֵּדֵם ת. | advanced; progressive |
| מִתקוֹמֵם ז. | rebel |
| מַתקִיף ז. | attacker |
| מְתַקֵּן ז. | repairman |
| מִתקַפֵּל ת. | folding |
| מְתַקתֵּק ת. | ticking |
| מְתַקתַּק ת. | sweetish |
| מְתַרגֵּם ז. | translator |
| מַתרִים ז. | fund-raiser, solicitor |
| מַתָּת נ. | gift, present |

187 *adv*=תפ *adj*=ת *pl*=ר *fem*=נ *pro*=כ *prep*=י *con*=ח *du*=זו *mas*=ז

# נ

| | |
|---|---|
| נ | *Nun;* fifty (numerical value) |
| נָא | please |
| נָא ת. | raw, half-cooked |
| נֶאֱבַד | to be lost |
| נֶאֱבַק | to struggle, fight, wrestle |
| נֶאֱגַד | to be bound together |
| נֶאֱגַר | to be hoarded, stored |
| נֹאד ז.(נֹאדוֹת) | skin bottle |
| נֶאְדָּר ת. | magnificent |
| נָאֶה ת. | nice, elegant, good-looking |
| נֶאֱהַב | to be loved, liked |
| נֶאֱהָב ת. | beloved |
| נֶאֱהַד | to be liked; be supported |
| נָאוֶה ז. | beautiful, nice |
| נְאוּם ז. | speech |
| נָאוֹר ת. | enlightened |
| נְאוֹת-מִידְבָּר נ.ר. | oasis |
| נֵאוֹת | to agree, consent |
| נָאוֹת ת. | proper fit |
| נֶאֱזַר | to be girded |
| נֶאֱחַז (בְּ-) | to grasp, hold |
| נֶאֱטַם | to be sealed off |
| נֶאֱכַל | to be eaten, consumed |
| נֶאֱכַף | to be enforced |
| נֶאֱלָח ת. | filthy; despicable |
| נֶאֱלָחוּת נ. | filth |
| נֶאֱלַם | to be muted, silent |
| נֶאֱלָם ת. | silent |
| נֶאֱלַץ | to be compelled, forced |
| נָאַם | to give a speech, address |
| נֶאֱמַד | to be estimated, assessed |
| נֶאֱמָן ת. | faithful, loyal; trustee |
| נֶאֱמָנוּת נ. | faithfulness, loyalty; trusteeship |
| נֶאֱמַר | to be said |
| נֶאֱנַח | to sigh |
| נֶאֱנַס | to be raped; be forced |
| נֶאֱנַק | to groan |
| נֶאֱסַף | to be gathered, collected |
| נֶאֱסַר | to be jailed; be forbidden |
| נָאַף | to commit adultery |
| נֶאֱפָה | to be baked |
| נַאֲפוּפִים ז.ר. | adultery |
| נֶאֱפַל | to be darkened |
| נַאֲפָן ז. | adulterer |
| נְאָצָה נ. | contempt, blasphemy |
| נֶאֱצָל ת. | noble |
| נֶאֱצַר | to be stored |
| נְאָקָה נ. | groan |
| נָאקָה נ. | female camel |
| נֶאֱרַג | to be woven |
| נֶאֱרַז | to be packed |
| נֶאֱשַׁם (בְּ-) | to be accused (of) |
| נֶאֱשָׁם ז. | accused, defendant |
| נִבְאַשׁ | to become repulsive |
| נִבְדָּה | to be fabricated |
| נִבְדַּל | to be different; stay separated |
| נִבְדָּל ת. | different; separate |
| נִבְדַּק | to be examined, checked |
| נִבְהַל (מִ-) | to be scared (of) |
| נְבוּאָה נ. | prophecy |
| נְבוּאוֹת שְׁחוֹרוֹת | gloom and doom, pessimism |
| נְבוּאִי ת. | prophetic |
| נָבוּב ת. | hollow |
| נַבּוּט ז. | wooden club |
| נָבוֹךְ | to be embarrassed; be confused |
| נָבוֹךְ ת. | embarrassed; perplexed |
| נָבוֹן ת. | wise, intelligent |

| | |
|---|---|
| נְבוֹנוּת נ. | wisdom, intelligence |
| נִבְזֶה ת. | despicable, contemptuous |
| נִבְזוּת נ. | deplorable behavior |
| נִבְזִי ת. | despicable |
| נָבַח | to bark |
| נַבְחָן ז. | barking dog |
| נִבְחַן | to be examined, tested |
| נִבְחָן ת. | examined, tested |
| נִבְחַר | to be chosen, selected; elected |
| נִבְחָר ת. | chosen, selected; elected |
| נִבְחֶרֶת נ. | sport team |
| נִבְחַשׁ | to be stirred |
| נָבַט | to germinate |
| נֶבֶט ז. | sprout |
| נָבִיא ז. | prophet |
| נְבִיא-שֶׁקֶר | false prophet |
| נְבִיאִים | Prophets, second section of the Bible |
| נְבִיחָה נ. | barking, bark |
| נְבִיטָה נ. | germination |
| נְבִילָה נ. | withering |
| נְבִיעָה נ. | gushing forth |
| נֶבֶךְ ז. | pitiful person *(col.)* |
| נָבַל | to wither |
| נָבָל ת. | scoundrel, villain |
| נֶבֶל ז. | harp |
| נְבָלָה נ. | deplorable act, outrage |
| נְבֵלָה נ. | corpse; scoundrel |
| נִבְלַל | to be mixed |
| נִבְלַם | to be braked, halted, curbed |
| נִבְלַע | to be swallowed; be absorbed |
| נִבְנָה | to be built, constructed |
| נָבַע | to gush forth; originate, derive from |
| נִבְעַט | to be kicked |
| נִבְעָר ת. | ignorant |
| נִבְעָרוּת נ. | ignorance |
| נִבְעַת | to be frightened |
| נִבְצַר | to be infeasible, impossible |
| נִבְקַע | to be split, broken |
| נָבַר | to peck, search |
| נִבְרָא | to be created |
| נֶבְרוֹזָה נ. | neurosis |
| נִבְרַר | to be selected |
| נִבְרֶשֶׁת נ. | chandelier |
| נִגְאַל | to be redeemed, freed |
| נִגְבָּה | to be collected (money) |
| נָגַד | to be against, opposite |
| נֶגֶד י. | against, opposite; counter- |
| כְּנֶגֶד | versus, in opposition to |
| מִנֶּגֶד | at a distance |
| נַגָּד ז. | resistor |
| נֶגְדִּי ת. | opposite; counter- |
| נֶגְדִּיּוּת נ. | contrast, polarity |
| נִגְדַּם | to be cut off, amputated |
| נִגְדַּע | to be cut off |
| נִגְדַּר | to be fenced |
| נִגְדַּשׁ | to be over-filled |
| נָגַהּ | to glow |
| נָגוֹז | to fade away, vanish |
| נָגוֹל | to be unrolled |
| נָגוּס ת. | bitten |
| נָגוּעַ ת.(בְּ-) | afflicted (with) |
| נִגְזַז | to be clipped, cut |
| נִגְזַל | to be robbed, deprived |
| נִגְזַם | to be pruned, cut |
| נִגְזַר | to be cut; be decreed; be derived *(gram.)* |
| נִגְזֶרֶת נ. | derivative |
| נָגַח | to ram |
| נַגְחָן ז. | ramming animal |
| נָגִיד ז. | director; governor |
| נְגִיחָה נ. | ramming |
| נְגִינָה נ. | playing music |
| נְגִיסָה נ. | biting, bite of food |
| נְגִיעָה נ. | touching; connection |

189 *adv*=תפ *adj*=ת *pl*=ר *fem*=נ *pro*=כ *prep*=י *con*=ח *du*=זו *mas*=ז

| | |
|---|---|
| נָגִיף ז. | virus |
| נְגִיפִי ת. | viral |
| נְגִיפָה נ. | defeat |
| נִגְלָה | to be revealed; be exiled |
| נִגְלֶה ת. | visible, apparent |
| נִגְלַל | to be rolled up |
| נִגְמַד | to be dwarfed, shrink |
| נִגְמַל | to be weaned; quit a habit |
| נִגְמַר | to end, be finished |
| נִגְמַר לו | to run out of |
| נַגָּן ז. | musician, music player |
| נֶגֶן ז. | playing |
| נִגְנַב | to be stolen |
| נִגְנַז | to be concealed; be put away |
| נָגַס | to take a bite |
| נָגַע (בּ-) | to touch; have relevance (to) |
| נֶגַע ז. | affliction |
| נִגְעַל | to be disgusted |
| נָגַף | to defeat; strike |
| נֶגֶף ז. | obstacle |
| נַגָּר ז. | carpenter |
| נַגָּרוּת נ. | carpentry |
| נַגָּרִיָּה נ. | carpentry shop |
| נִגְרַם | to be caused |
| נִגְרַס | to be ground |
| נִגְרַע | to be subtracted, reduced |
| נִגְרַר | to be dragged, drawn, towed |
| נִגְרָר ת. | towed |
| נִגְשַׁר | to be bridged |
| נָד | to wander, move |
| נֵד ז. | wall, mound |
| נְדָבָה נ. | donation, charity |
| נִדְבָּךְ ז. | layer |
| נַדְבָן ז. | donor, philanthropist |
| נַדְבָנוּת נ. | philanthrophy |
| נַדְבָנִי ת. | philanthropic |
| נִדְבַּק | to stick, adhere |
| נִדְבַּר | to talk, negotiate; agree |
| נָדַד | to wander, roam |
| נָדְדָה שְׁנָתוֹ | to be unable to sleep |
| נִדְהַם | to be astonished, amazed |
| נְדוֹד ז., נְדוּדִים ר. | wandering |
| נְדוּדֵי-שֵׁינָה | insomnia |
| נָדוֹן | to be discussed; be sentenced |
| נְדוּנְיָה נ. | dowry |
| נָדוֹשׁ ת. | threshed; worn–out, cliché |
| נִדְחָה | to be rejected, turned down; be postponed, deferred |
| נִדְחַס | to be compressed |
| נִדְחַף | to push oneself, rush; be pushed |
| נִדְחַק | to push; be pushed aside; be pressed |
| נָדִיב ת. | generous |
| נְדִיבוּת (-לֵב) נ. | generosity |
| נְדִידָה נ. | wandering, migration |
| נָדִיף ת. | volatile |
| נְדִיפוּת נ. | volatility |
| נָדִיר ת. | rare |
| נְדִירָה נ. | vowing |
| נְדִירוּת נ. | rarity |
| נִדְכָּא ת. | oppressed, miserable |
| נִדְלָה | to be drawn out |
| נִדְלֶה ת. | drawn out |
| נִדְלַל | to be thinned |
| נִדְלַק | to be lit, set on fire; be turned on |
| נָדַם | to become silent, mute |
| נִדְמָה | to be like, resemble; seem |
| נִדְמֶה ת. | it seems |
| נָדָן ז. | sheath |
| נַדְנֵדָה נ. | swing, see–saw |
| נַדְנְדָן ז. | a nag, nagger |
| נִדְעַךְ | to die out, be extinguished |
| נָדַף (רֵיחַ) | to spread (smell) |
| נִדְפַּס | to be printed |

| | |
|---|---|
| נִדְפַּק | to be beaten, hammered |
| נִדְפַּק | to be screwed up *(col.)* |
| נִדְקַר | to be pricked, stabbed |
| נָדַר | to vow |
| נֶדֶר ז. | vow |
| נִדְרַךְ | to be stepped on, trampled; be cocked, triggered |
| נִדְרַס | to be run over; be trampled |
| נִדְרַשׁ | to be required, demanded; be expounded |
| נִדְרָשׁ ת. | required |
| נָהַג | to drive; be used to (do) |
| נָהַג (בּ-) | to behave (with), treat |
| נֶהָג, נָהָג ז. | driver, chauffeur |
| נֶהְגָּה | to be pronounced |
| נֶהְדַּף | to be repulsed, pushed back |
| נֶהְדַּק | to be fastened |
| נֶהְדָּר ת. | magnificent, splendid |
| נָהָה | to follow |
| נָהוּג ת. | customary, common, practiced |
| נְהִיגָה נ. | driving |
| נְהִיָּה נ. | following, going after |
| נְהִימָה נ. | growling, snarling |
| נָהִיר ת. | clear, lucid |
| נְהִירָה נ. | flowing |
| נְהִירוּת נ. | clarity |
| נֶהֱלַם | to be hit, struck |
| נָהַם | to growl, snarl |
| נְהָמָה נ. | growl |
| נֶהֱנָה (מ-) | to enjoy |
| נַהֲפוֹךְ הוּא ח. | on the contrary |
| נֶהֱפַךְ | to be turned over, overturned, inverted |
| נֶהֱפַךְ (ל-) | to turn into, become |
| נָהַר | to flow, stream; glow |
| נָהָר ז.(נְהָרוֹת) | river |
| נֶהֱרַג | to be killed |
| נֶהֱרַס | to be ruined, destroyed |
| נוֹאָל ת. | foolish |
| נוֹאֵם ז. | speaker, orator |
| נוֹאֵף ז. | adulterer |
| נוֹאַשׁ | to lose hope, despair |
| נוֹאָשׁ ת. | desperate |
| נוֹבֶלָה נ. | short story |
| נוֹבֵעַ ז. | gushing; originating from |
| נוֹגַב | to be wiped off |
| נוֹגֵד ת. | contrary, in opposition to |
| נוּגַּד | to be opposed |
| נוֹגְדָן ז. | antibody |
| נוּגֶה ת. | sad |
| נוּגַּח | to be rammed into; be picked on |
| נוּגַּן | to be played |
| נוּגַּס | to be bitten, nibbled |
| נוֹגֵעַ ז. | touching |
| נוֹגֵעַ לַלֵּב | heart-touching |
| בְּנוֹגֵעַ ל- | with regard to, concerning |
| הַנּוֹגֵעַ בַּדָּבָר | concerned party |
| נוּדַּב | to be donated; be volunteered |
| נוֹדֵד ז. | wanderer, migrant |
| נוּדָּה | to be excommunicated, made an outcast |
| נוּדְנַד | to be swayed, rocked |
| נוּדְנִיק ז. | a nag, nagger *(col.)* |
| נוֹדַע | to become known |
| נוֹדַע לוֹ | to be informed |
| נוֹדָע ת. | well-known |
| נוֹהַג ז. | custom, practice |
| נוֹהַל ז. | procedure |
| נוּהַל | to be managed, administered |
| נַוָּד ז. | nomad |
| נָוֶה ז.(נָווֹת) | dwelling place |
| נְוֵה-קַיִץ | summer resort |
| נוּוַּט | to be navigated |
| נַוָּט ז. | navigator |
| נַוָּטוּת נ. | navigation |
| נוּוַּן | to become degenerated |

*adv*=תפ *adj*=ת *pl*=ר *fem*=נ *pro*=כ *prep*=י *con*=ח *du*=זו *mas*=ז

| | |
|---|---|
| liquid *(n.)* | נוֹזֵל ז. |
| liquid *(adj.)* | נוֹזְלִי ת. |
| convenient, comfortable; at ease | נוֹחַ ת. |
| comfort, convenience | נוֹחוּת נ. |
| convenience; restroom | נוֹחִיּוּת נ. |
| to be consoled, comforted | נוּחַם |
| to be guessed | נוּחַשׁ |
| leaning, inclined | נוֹטֶה ת. |
| guard | נוֹטֵר ז. |
| guard work | נוֹטְרוּת נ. |
| notary | נוֹטַריוֹן ז. |
| notary public | נוֹטַריוֹן צִיבּוּרִי |
| acronym | נוֹטָרִיקוֹן ז. |
| to be neutralized | נוּטרַל |
| ornament, decoration; beauty | נוֹי ז. |
| to be deducted, subtracted | נוּכָּה |
| to realize | נוֹכַח (-לָדַעַת) |
| present | נוֹכֵחַ ת. |
| in the face of, opposite | נוֹכַח י. |
| presence | נוֹכְחוּת נ. |
| present, current | נוֹכְחִי ת. |
| crook, swindler | נוֹכֵל ז. |
| crookedness, swindling | נוֹכְלוּת נ. |
| foreigner, alien | נוֹכְרִי ת. |
| to be weeded | נוּכַּשׁ |
| loom | נוֹל ז. |
| to be born | נוֹלַד |
| what is to come, the future | הַנּוֹלָד |
| to be explained, argued | נוּמַּק |
| to be spotted | נוּמַּר |
| fourteenth letter of the alphabet | נוּן נ. |
| to be founded, established | נוֹסַד |
| to be tried, tested | נוּסָּה |
| to be formulated, phrased | נוּסַּח |
| version; text | נֹוסַח, נוּסָח ז. |
| formula | נוּסחָה נ. |
| passenger, traveler | נוֹסֵעַ ז. |
| to be added | נוֹסַף |
| additional, extra | נוֹסָף ת. |
| to be sawed | נוּסַּר |
| motion, movement | נוֹעַ ז. |
| to meet | נוֹעַד |
| to be designated, intended for | נוֹעַד ל- |
| bold, daring | נוֹעָז ת. |
| boldness, daring | נוֹעָזוּת נ. |
| pleasantness | נוֹעַם ז. |
| to be shaken, rocked | נוּעֲנַע |
| to consult (with) | נוֹעַץ (בּ-,עִם) |
| to be shaken; be beaten | נוֹעַר |
| youth | נוֹעַר ז. |
| landscape, scenery, view | נוֹף ז. |
| to be sifted | נוּפָּה |
| to be inflated; be exaggerated | נוּפַּח |
| turquoise, gem | נוֹפֶךְ ז. |
| fallen | נוֹפֵל ז. |
| to wave | נוֹפֵף |
| to be shattered | נוּפַּץ |
| vacationer | נוֹפֵשׁ ז. |
| vacation, recreation | נוֹפֶשׁ ז. |
| feather | נוֹצָה נ. |
| to be defeated, overcome | נוּצַּח |
| to be exploited, used | נוּצַּל |
| glittering, sparkling | נוֹצֵץ ת. |
| to be cast, poured out | נוּצַק |
| to be created, formed | נוֹצַר |
| to be converted to Christianity | נוּצַּר |
| Christian | נוֹצרִי ת. |
| piercing, penetrating | נוֹקֵב ת. |
| to be pierced, punched, punctured | נוּקַּב |
| shepherd | נוֹקֵד ז. |
| to be dotted, pointed, vocalized | נוּקַּד |
| to be cleaned; be exonerated | נוּקָּה |
| to be drained | נוּקַּז |
| vindictive, vengeful | נוֹקמָנִי ת. |

| | |
|---|---|
| נוֹקֵר ז. | firing pin |
| נוּקַר | to be poked |
| נוּקְשֶׁה ת. | hard, harsh, stiff, inflexible |
| נוּקְשׁוּת נ. | harshness, stiffness |
| נוֹרָא ת. | terrible, horrible, awful; very *(col.)* |
| נוֹרָאוֹת נ.ר. | awful things |
| נוֹרָאִי ת. | terrible, awful *(col.)* |
| נוֹרָה | to be shot, fired |
| נוּרָה נ. | light bulb |
| נוּרִית נ. | buttercup |
| נוֹשֵׂא ז. | subject, topic, issue; carrier |
| נוֹשֵׂא כֵּלִים | henchman |
| נוֹשֵׂא מִכְתָּבִים | mailman |
| נוֹשֵׂאת מְטוֹסִים | aircraft carrier |
| נוֹשְׂאִי ת. | containing a subject *(gram.)* |
| נוֹשַׁב | to be settled, inhabited |
| נוֹשָׁב ת. | inhabited, populated |
| נוֹשֶׁה ז. | creditor |
| נוּשַׁךְ | to be bitten |
| נוּשַׁל | to be dispossessed, evicted |
| נוֹשָׁן ת. | old |
| נוֹשַׁע | to be saved, rescued |
| נוֹתֵב ת. | tracing |
| נוּתַּח | to be operated on; be cut; be analyzed |
| נוּתַּץ | to be shattered, smashed |
| נוּתַּק | to be disconnected, cut off |
| נוֹתַר | to remain |
| נוֹתָר ת. | remaining, remainder |
| נִזְבַּח | to be slaughtered |
| נִזְהַר (מ-) | to be careful (with), be cautious, watch out |
| נְזִיד-עֲדָשִׁים | pottage; of little value |
| נָזִיל ת. | liquid, fluid |
| נְזִילָה נ. | leak, dripping |
| נְזִילוּת נ. | liquidity, fluidity |
| נְזִיפָה נ. | reprimand, rebuke |
| נְזִיקִין ז.ר. | damages |
| נָזִיר ז. | monk; hermit |
| נְזִירָה נ. | nun |
| נְזִירוּת נ. | monasticism; abstinence |
| נִזְכַּר | to be mentioned |
| הַנִּזְכָּר לְעֵיל | the aforementioned |
| נִזְכַּר (בּ-) | to recall, be reminded (of); |
| נָזַל | to leak, drip; flow |
| נִזְלַף | to be sprinkled |
| נַזֶּלֶת נ. | cold, runny nose |
| נֶזֶם ז. | nose ring |
| נִזְמַר | to be pruned |
| נִזְנַח | to be neglected |
| נִזְעַם | to be angered, outraged |
| נִזְעָם ת. | angry, furious |
| נִזְעַק | to be called, summoned; gather hastily |
| נָזַף (בּ-) | to reprimand, rebuke |
| נֶזֶק ז. | damage |
| נִזְקַף | to stand up straight; be charged or credited to an account |
| נִזְקַק (ל-) | to need |
| נִזְקָק ז. | needy |
| נֵזֶר ז. | crown, diadem |
| נִזְרָה | to be scattered |
| נִזְרַע | to be sawed |
| נִזְרַק | to be thrown, cast, thrown away |
| נָח | to rest |
| נָח ת. | rested; stationary |
| נֶחְבָּא | to be hidden, concealed |
| נֶחְבָּא ת. | hidden |
| נֶחְבָּא אֶל הַכֵּלִים | shy, bashful |
| נֶחְבַּט | to be beaten, hit |
| נֶחְבַּל | to be injured |
| נֶחְבַּשׁ | to be bandaged; be jailed |
| נֶחְגַּר | to be worn |
| נָחוּץ ת. | necessary |
| נָחוּשׁ ת. | firm, determined |

*adv*=תפ *adj*=ת *pl*=ר *fem*=נ *pro*=כ *prep*=י *con*=ח *du*=וז *mas*=ז

נְחוֹשֶׁת נ. copper
נָחוּת ת. inferior, low
נֶחְטַב to be cut down, chopped
נֶחְטַף to be kidnapped, snatched
נְחִיל ז. swarm
נְחִיצוּת נ. necessity
נָחִיר ז.(נְחִירַיִים) nostril
נְחִירָה נ. snore
נְחִיתָה נ. landing
נְחִיתַת-אוֹנֶס forced landing
נְחִיתַת-חֵירוּם emergency landing
נְחִיתוּת נ. inferiority
נָחַל to acquire, gain
נַחַל ז. creek, small river, stream
נַחַל אֵיתָן perennial creek
נַחַל אַכְזָב dry creek
נַחְלָאִי ת. member of an agricultural military unit
נֶחְלַב, נֶחְלְבָה to be milked
נֶחֱלַד to rust
נַחֲלָה נ. estate; property; inheritance
נַחֲלַת-הַכְּלָל public domain
נַחְלִיאֵלִי ז. wagtail
נֶחֱלַץ to escape; be pulled out
נֶחֱלַץ לְעֶזְרָה to come to the aid
נֶחֱלַק to be divided
נֶחֱלַשׁ to be weakened
נֶחְמָד ת. lovely, nice
נֶחְמָדוּת נ. loveliness
נֶחָמָה נ. consolation, comfort
נֶחְמַס to be robbed
נַחְנוּ כ. we, we are
נֶחֱנַט to be embalmed
נֶחֱנַךְ to be dedicated, consecrated
נֶחֱנַק to be choked, suffocated; be strangled
נֶחְסַךְ to be saved
נֶחְסַם to be blocked

נֶחְפַּז to hurry, rush
נֶחְפָּז ת. rushing, in a hurry; hasty
נֶחְפַּר to be dug
נֶחְצַב to be quarried, carved
נֶחֱצָה to be halved; be crossed
נַחְצִי ת. emphatic *(gram.)*
נֶחְקַק to be engraved; be legislated
נֶחְקַר to be investigated, researched; be interrogated
נָחַר to snore
נֶחֱרַב to be ruined, destroyed
נֶחֱרַד to be shaken, frightened
נֶחֱרַז to be threaded; be rhymed
נֶחֱרַט to be engraved
נֶחֱרַךְ to be scorched, charred
נַחְרָן ז. snorer
נֶחֱרַץ to be decided
נֶחֱרָץ ת. absolute, certain
נֶחֱרָצוֹת תפ. absolutely, certainly
נֶחֱרַשׁ to be ploughed
נָחָשׁ ז. snake, serpent
נֶחְשַׁב to be thought of, considered
נֶחְשַׁד to be suspected
נַחְשׁוֹל ז. big wave, surge
נַחְשׁוֹן ז. daring person
נַחְשׁוֹנִי ת. daring
נֶחְשָׁל ת. backward, undeveloped
נֶחְשָׁלוּת נ. backwardness
נֶחְשַׂף to be exposed, uncovered
נֶחְשַׁק to be desired
נָחַת to land
נָחָת ז. marine soldier
נַחַת (-רוּחַ) נ. satisfaction
בְּנַחַת calmly, quietly
נַחַת-זְרוֹעַ נ. strong blow, beating
נַחְתּוֹם ז. baker
נֶחְתַּךְ to be cut; be decided
נֶחְתַּם to be signed; be sealed, stamped

| | |
|---|---|
| נַחֶתֶת נ. | landing craft |
| נִטְבַּח | to be slaughtered |
| נִטְבַּל | to be dipped, immersed |
| נִטְבַּע | to be coined |
| נָטָה | to lean, be inclined; bend; turn aside; conjugate *(gram.)* |
| נָטָה חֶסֶד | to show kindness, favor |
| נָטָה לָמוּת | to be on the verge of death |
| נָטוּי ת. | stretched; bent |
| נָטוּל ת. | lacking |
| נְטוּל-הַכָּרָה | unconscious |
| נְטוּל-יְסוֹד | unfounded |
| נְטוּל-עֵרֶךְ | worthless |
| נָטוּעַ ת. | planted |
| נָטוֹר ז. | guard |
| נְטוּרֵי-קַרְתָּא | an ultra-orthodox extremist group |
| נָטוּשׁ ת. | abandoned, deserted; taking place |
| נִטְחַן | to be ground |
| נְטִיָּה נ. | inclination, tendency |
| נְטִילָה נ. | taking, getting |
| נְטִילַת יָדַיִים | hand-washing |
| נְטִילַת רְשׁוּת | getting permission |
| נְטִיעָה נ. | planting |
| נָטִיף ז. | stalactite, stalagmite |
| נְטִיפָה נ. | dripping |
| נְטִירָה נ. | guarding, holding |
| נְטִישָׁה נ. | abandonment, desertion |
| נָטַל | to take, get |
| נֵטֶל ז. | load, burden |
| נִטְמָא | to become impure |
| נִטְמַן | to be hidden, concealed |
| נִטְמַע | to be absorbed, assimilated |
| נָטַע | to plant; instill |
| נֶטַע ז. | plant |
| נֶטַע זָר | foreign element |
| נִטְעַם | to be tasted |
| נִטְעַן | to be loaded; be charged |
| נָטַף | to drip |
| נֶטֶף ז. | drop |
| נִטְפַּל (אֶל) | to cling to; annoy, pick on |
| נָטַר | to guard |
| נָטַר טִינָה | to hold a grudge |
| נִטְרַד | to be annoyed, disturbed |
| נַטְרָן ז. | grudging person |
| נִטְרַף | to be eaten by a beast; be beaten (eggs) |
| נִטְרְפָה דַּעְתּוֹ | to lose one's mind |
| נִטְרַק | to be slammed |
| נָטַשׁ | to abandon, desert |
| נִיאוּף ז. | adultery |
| נִיאֵף | to commit adultery |
| נִיב ז. | idiom, expression; dialect; fang |
| נִיב-שְׂפָתַיִים | utterance |
| נִיבָּא | to prophesy, predict |
| נִיבּוּל פֶּה ז. | obscene language, obscenity |
| נִיבּוֹן ז. | dictionary of idioms |
| נִיבַּט | to look; be seen |
| נִיבֵּל פִּיו | to speak obscenely |
| נִיגֵּב | to wipe, dry |
| נִיגּוּב ז. | wiping, drying |
| נִיגּוּד ז. | contrast, contradiction |
| נִיגּוּד-אִינְטֶרֶסִים | conflict of interest |
| נִיגּוּדִי ת. | contrastive, contradictory |
| נִיגּוּחַ ז. | taunting |
| נִיגּוּן ז. | playing music; melody |
| נִיגַּח | to taunt |
| נִיגֵּן | to play music |
| נִיגַּף | to be defeated |
| נִיגַּר | to flow |
| נִיגַּשׁ (אֶל) | to approach, go (to) |
| נִיד ז. | movement |
| נִידֵּב | to donate |

*adv*=תפ *adj*=ת *pl*=ר *fem*=נ *pro*=כ *prep*=י *con*=ח *du*=זו *mas*=ז

| | |
|---|---|
| נִידָּה נ. | menstruation |
| נִידָּה | to banish, excommunicate |
| נִידּוּי ז. | banishment |
| נִידּוֹן | to be sentenced; be discussed |
| הַנִּידּוֹן | subject, under discussion |
| נִידָּח ת. | remote |
| נִידְנֵד | to swing |
| נִידְנֵד (ל-) | to nag *(col.)* |
| נִידְנוּד ז. | swaying; nagging *(col.)* |
| נִידֵּף | to cause to evaporate |
| נִידָּף ת. | blown |
| נִיהוּל ז. | management, administration, conducting |
| נִיהוּל עֲסָקִים | business management |
| נִיהוּם ז. | groaning |
| נִיהֵל | to manage, administer, run; conduct |
| נִיהֵם | to groan |
| נִיוֵּט | to navigate |
| נִיוּוּט ז. | navigation |
| נִיוֵּן | to degenerate |
| נִיוּוּן ז. | degeneration; decadence |
| נִיזּוּל ז. | liquefacation |
| נִיזּוֹן | to feed on, be nourished |
| נִיזּוֹק, נִיזַּק | to be damaged, harmed |
| נִיזֵּל | to liquefy |
| נִיחָא תפ. | well, fine |
| נִיחָה נ. | rest |
| נִיחוֹחַ ז. | pleasant smell, aroma |
| נִיחוֹחִי ת. | aromatic |
| נִיחוּם ז. | consolation, comforting |
| נִיחוּשׁ ז. | guessing, guess |
| נִיחוּתָא נ. | ease, calm |
| נִיחֵם | to console, comfort |
| נִיחַר | to be parched |
| נִיחָר ת. | parched |
| נִיחֵשׁ | to guess |
| נִיטָּה | to be extended |
| נִיטַּל | to be taken, taken away |
| נִיטַּע | to be planted |
| נִיטֵּף | to drip |
| נִיטְרוּל ז. | neutralization |
| נִיטְרֵל | to neutralize |
| נִיטַּשׁ | to be abandoned, deserted; take place |
| נַיָּד ת. | mobile; portable; floating |
| נַיָּדוּת נ. | mobility |
| נַיֶּדֶת נ. | patrol, patrol car |
| נַיֶּדֶת מִשְׁטָרָה | police patrol |
| נַיָּח ת. | stationary, static |
| נַיָּע ת. | mobile |
| נְיָר ז.(נְיָרוֹת) | paper |
| נְיַר-זְכוּכִית | sandpaper |
| נְיָר מִילִימֶטְרִי | graph paper |
| נְיָרוֹת-עֵרֶךְ | securities |
| נַיֶּרֶת נ. | paperwork |
| נִיכָּה | to deduct, withhold tax |
| נִיכּוּי ז. | deduction, withholding |
| נִיכּוּר ז. | alienation |
| נִיכּוּשׁ ז. | weeding |
| נִיכָּיוֹן ז. | discount |
| נִיכַּר | to be recognized, known |
| נִיכָּר ת. | considerable, significant |
| נִיכֵּר | to alienate |
| נִיכֵּשׁ | to weed |
| נִים וְלֹא נִים | half asleep |
| נִימָה נ. | tone; thin thread |
| נִימּוֹל | to be circumcised |
| נִימּוֹל ת. | circumcised |
| נִימּוּס ז. | manners, courtesy, politeness |
| נִימּוּסִי ת. | well-mannered, polite |
| נִימּוּסִיּוּת נ. | politeness |
| נִימּוּק ז. | explanation, reasoning, argument |
| נִימּוֹק | to molder, decay |

| | |
|---|---|
| spotting | נִימוּר ז. |
| capillary | נִימִי ת. |
| doze | נִימנוּם ז. |
| to doze | נִימְנֵם |
| to explain, reason, present arguments | נִימֵק |
| to spot | נִימֵר |
| great-grandchild | נִין ז. |
| rested, at ease | נִינוֹחַ ת. |
| escape | נִיסָה נ. |
| to try, attempt; test; experiment | נִיסָּה |
| phrasing, formulation | נִיסוּחַ ז. |
| to be moved | נִיסוֹט |
| experiment, test | נִיסוּי ז. |
| nuclear testing | נִיסוּי גַרעִינִי |
| experimental | נִיסוּיִי ת. |
| libation | נִיסוּךְ ז. |
| sawing | נִיסוּר ז. |
| to formulate, phrase word, draft | נִיסַח, נִיסֵחַ |
| attempt, trial; experiment; experience | נִיסָיוֹן ז.(נִיסיוֹנוֹת) |
| experimental | נִיסיוֹנִי ת. |
| to pour wine in a ritual | נִיסֵךְ |
| seventh Hebrew month | נִיסָן ז. |
| to saw | נִיסֵר |
| movement | נִיעַ ז. |
| motion | נִיעָה נ. |
| shaking | נִיעוּר ז. |
| to shake | נִיעֵר |
| to disassociate oneself | נִיעֵר אֶת חוֹצנוֹ |
| to sift | נִיפָּה |
| inflating, blowing; exaggeration | נִיפּוּחַ ז. |
| glass-blowing | נִיפּוּחַ זְכוּכִית |
| cotton-beating | נִיפּוּט ז. |
| sifting | נִיפּוּי ז. |
| shattering | נִיפּוּץ ז. |
| issuing | נִיפּוּק ז. |
| to inflate, blow; exaggerate | נִיפַּח, נִיפֵּחַ |
| to blow cotton | נִיפֵּט |
| waving | נִיפנוּף ז. |
| to wave | נִיפְנֵף (ב-) |
| to shatter | נִיפֵּץ |
| to issue | נִיפֵּק |
| to stand | נִיצַּב |
| standing; perpendicular | נִיצָב ז. |
| to be hunted | נִיצוֹד |
| conducting an orchestra; overseeing | נִיצוּחַ ז. |
| exploitation, use | נִיצוּל ז. |
| rescued, survivor | נִיצוֹל ז. |
| Holocaust survivor | נִיצוֹל-שוֹאָה |
| spark | נִיצוֹץ ז.(נִיצוֹצוֹת) |
| to win, defeat, beat; conduct an orchestra; oversee | נִיצַח, נִיצֵחַ |
| decisive; irrefutable | נִיצָח ת. |
| victory, triumph | נִיצָחוֹן ז.(נִיצחוֹנוֹת) |
| to be saved, rescued | נִיצַל |
| to exploit, use | נִיצֵל |
| bud | נִיצָן ז. |
| twinkle, sparkle; flash | נִיצנוּץ ז. |
| to twinkle, sparkle; flash | נִיצנֵץ |
| to convert to Christianity | נִיצֵּר |
| to be ignited, lit | נִיצַּת |
| to punch, puncture, perforate | נִיקֵב |
| to dot; vocalize | נִיקֵד |
| to clean; exonerate | נִיקָה |
| punching, puncturing, perforation | נִיקוּב ז. |
| dotting; vocalizing, vocalization | נִיקוּד ז. |
| draining, drainage | נִיקוּז ז. |

adv=תפ adj=ת pl=ר fem=נ pro=כ prep=י con=ח du=זו mas=ז

נִיקּוּי ז. — cleaning
נִיקּוּי יָבֵשׁ — dry cleaning
נִיקּוּי רֹאשׁ — cleaning an engine top
נִיקּוּר ז. — poking, gouging out
נִיקֵּז — to drain
נִקָּיוֹן ז. — cleaning, cleanliness
נִקְיוֹן-כַּפַּיִים — impeccability, honesty
נִיקֵּר — to poke, gouge out
נִיר ז. — ploughed field
נִירְמוּל ז. — normalization
נִירְמֵל — to normalize
נִישָּׂא — to be raised, lifted; get married
נִישָּׂא ת. — high, lofty
נִישֵּׁב — to blow
נִישּׂוּאִין ז.ר. — marriage
נִישּׂוּאֵי-בּוֹסֶר — premature marriage
נִישּׂוּאֵי-תַּעֲרוֹבֶת — mixed marriage
נִישּׁוּל ז. — eviction, dispossession
נִישּׁוֹם ז. — taxpayer
נִישּׁוּף ז. — breathing, respiration
נִישּׁוּק ז. — kissing
נִישַּׁךְ — to be bitten
נִישֵּׁךְ — to bite sharply
נִישֵּׁל — to evict, dispossess
נִישֵּׁף — to breathe
נִישֵּׁק — to kiss
נִיתֵּב — to route
נִיתּוּב ז. — routing
נִיתּוּז ז. — sprinkling
נִיתּוּחַ ז. — surgery, operation; dissection; analysis
נִיתּוּחַ לְאַחַר הַמָּוֶת — autopsy
נִיתּוּחַ קֵיסָרִי — Caesarean section
נִיתּוּץ ז. — smashing
נִיתּוּק ז. — disconnecting, cutting off, breaking off
נִיתּוּק יְחָסִים — breaking off relations
נִיתּוּק מַגָּע — disengagement
נִיתּוּר ז. — hopping, jump
נִיתֵּז — to sprinkle, splash
נִיתַּז — to be sprinkled, splashed
נִיתַּח, נִיתֵּחַ — to perform surgery, operate; dissect; analyze
נִיתַּךְ — to be poured out, pour
נִיתַּן — to be given; be allowed
נִיתָּן ת.(ל-) — possible, subject (to)
נִיתָּן לְבִיצוּעַ — feasible
נִיתֵּץ — to shatter
נִיתֵּק — to disconnect, cut off, sever, break off
נִיתַּק — to be disconnected, cut-off
נִיתֵּר — to hop, jump
נִכְבָּד ת. — respectable, honorable, notable
נִכְבָּה — to be extinguished, go out
נִכְבַּל — to be chained
נִכְבַּשׁ — to be conquered; be subdued
נֶכֶד ז. — grandchild
נָכֶה, נְכֵה ת. — invalid, disabled, handicapped
נְכֵה-מִלְחָמָה — war-invalid, disabled veteran
נְכֵה-רוּחַ — depressed
נִכְוָוה — to be burned, scalded
נִכְוַוץ — to shrink
נְכוֹחָה תפ. — straightforward
נָכוֹן ת. — correct, right; ready
נְכוֹנוּת נ. — correctness; readiness
נָכוּת, נְכוּת נ. — disability
נִכְזָב ת. — unfulfilled
נָכַח — to be present
נִכְחַד — to be exterminated, wiped out
נִכְלָא — to be jailed, imprisoned
נִכְלַל — to be included

*adv*=תפ *adj*=ת *pl*=ר *fem*=נ *pro*=כ *prep*=י *con*=ח *du*=זו *mas*=ז

| | |
|---|---|
| נִכְלַם | to be ashamed |
| נִכְלָם ת. | ashamed, embarrassed |
| נִכְמְרוּ רַחֲמָיו | to have compassion |
| נִכְמַשׁ | to wither |
| נִכְנַס (אֶל,ל-) | to enter, come in, go in, get into |
| נִכְנַס בְּעָבְיֵי הַקּוֹרָה | to become involved in the core of the matter |
| נִכְנְסָה לְהֵירָיוֹן | to become pregnant |
| נִכְנָס ז. | incoming |
| נִכְנַע | to surrender, give up |
| נִכְנַף | to cover oneself |
| נֶכֶס ז. | asset, property |
| נִכְסֵי דְּלָא נַיְידֵי | real estate |
| נִכְסַח | to be mowed, cut down |
| נִכְסַס | to be chewed |
| נִכְסַף (אֶל,ל-) | to yearn (for) |
| נִכְסָף ת. | yearned for, desired |
| נִכְפָּה | to be imposed, forced upon |
| נִכְפַּל | to be doubled, multiplied |
| נִכְפַּף | to be bent, twisted |
| נִכְפַּת | to be tied, bound |
| נֵכָר ז. | foreign land |
| נִכְרָה | to be dug, mined |
| נִכְרַךְ | to be wrapped, bound; be shrouded; be attached to |
| נִכְרַת | to be cut off, amputated; be signed (treaty) |
| נִכְשַׁל | to fail; stumble |
| נִכְתַּב | to be written, inscribed |
| נִכְתַּם | to be stained, taunted |
| נִכְתַּשׁ | to be ground |
| נִלְאָה | to tire, exhaust |
| נִלְבָּב ת. | hearty, cordial |
| נִלְבַּשׁ | to be worn |
| נִלְהָב ת. | enthusiastic, excited |
| נִלְוָה (אֶל) | to accompany |
| נִלְוֶה ת. | escort, companion |

| | |
|---|---|
| נָלוֹז ת. | perverted |
| נִלְחַךְ | to be eaten (by grazing animals) |
| נִלְחַם (בְּ-,נֶגֶד,עִם) | to fight (against) |
| נִלְחַץ | to be pressed, pressured |
| נִלְחַשׁ | to be whispered |
| נִלְטַשׁ | to be sharpened |
| נִלְכַּד | to be caught, captured, trapped |
| נִלְמַד | to be learned, studied |
| נִלְעָג ת. | ridiculous, scornful |
| נִלְעַס | to be chewed |
| נִלְפַּת | to be twisted |
| נִלְקַח | to be taken, taken away |
| נִלְקַט | to be collected |
| נִלְקַק | to be licked |
| נָם | to doze, sleep |
| נִמְאַס | to be despised, abhorred |
| נִמְאַס לוֹ | to be fed up, be tired of |
| נִמְדַּד | to be measured |
| נִמְהַל | to be diluted |
| נִמְהָר ת. | hasty |
| נָמוֹג | to fade away |
| נָמוֹג ת. | fading |
| נָמוֹט | to collapse |
| נָמוּךְ ת. | low; short |
| נְמוּךְ-קוֹמָה | short person |
| נָמוֹשׁ ת. | weak, powerless |
| נִמְזַג | to be mixed; be poured |
| נִמְחָה | to be wiped out; be protested |
| נִמְחַל | to be forgiven |
| נִמְחַץ | to be crushed |
| נִמְחַק | to be erased, wiped out |
| נְמִיָּה נ. | marten |
| נְמִיכוּת נ. | lowness |
| נִמְכַּר | to be sold |
| נָמֵל, נָמָל ז. | port, harbor |
| נְמַל-אֲוִיר, -תְּעוּפָה | airport |
| נְמָלָה נ. | ant |

*adv*=תפ *adj*=ת *pl*=ר *fem*=נ *pro*=כ *prep*=י *con*=ח *du*=זו *mas*=ז

| | |
|---|---|
| נִמְלַח | to be salted |
| נִמְלַט | to escape, flee, get away |
| נִמְלַךְ (-בְּדַעְתּוֹ) | to think over |
| נִמְלָץ ת. | ornate |
| נִמְלַק | to be nipped off |
| נִמְנָה | to be counted, numbered |
| נִמְנוּ וְגָמְרוּ | to reach a decision |
| נַמְנְמָן ז. | sleepy, drowsy |
| נִמְנַע (מ-) | to refrain (from), avoid; abstain; be prevented |
| נִמְנָע ת. ז. | impossible; abstaining |
| נָמֵס | to melt, dissolve |
| נָמֵס ת. | melted, dissolved |
| נִמְסַךְ | to be mixed |
| נִמְסַר | to be given, delivered, handed over; be reported |
| נִמְעַד | to stumble, slip |
| נִמְעַךְ | to be crushed |
| נִמְצָא | to be found, located |
| נִמְצָא ת. | present, found, located |
| נָמֵק ת. | rotting |
| נֶמֶק ז. | gangrene |
| נָמֵר ז. | tiger |
| נִמְרַח | to be smeared, spread |
| נִמְרַט | to be pulled out, plucked |
| נִמְרָץ ת. | vigorous, energetic |
| נֶמֶשׁ ז., נְמָשִׁים ר. | freckle |
| נִמְשָׁה | to be pulled out of water |
| נִמְשַׁח | to be anointed |
| נִמְשַׁךְ | to be pulled; be withdrawn; last, continue; be attracted |
| נִמְשַׁל | to be compared, likened |
| נִמְשָׁל ז. | moral lesson; subject of comparison |
| נִמְתַּח | to be stretched, tightened |
| נִמְתַּק | to be sweetened |
| נִנְזַף | to be reprimanded |
| נַנָּס ז. | midget, dwarf |
| נַנָּסִי ת. | dwarfish |
| נַנָּסִיּוּת נ. | dwarfishness |
| נִנְעַל | to be locked; be worn; adjourned |
| נִנְעַץ | to be tacked; be inserted, stuck in |
| נִנְצַר | to be guarded; be locked (gun) |
| נִנְקַט | to be undertaken |
| נָס | to flee, escape |
| נָס לֵחוֹ | to lose one's vitality |
| נֵס ז. | miracle; flagpole |
| נָסַב | to turn, surround; turn to |
| נִסְבַּל | to be tolerated, suffered |
| נִסְבָּל ת. | tolerable, bearable |
| נִסְגַּר | to be closed, shut |
| נִסְדַּק | to be cracked |
| נָסוֹג | to retreat |
| נָסוּךְ ת. | spread over |
| נְסוֹרֶת נ. | sawdust |
| נִסְחַב | to be dragged, pulled |
| נִסְחַט | to be squeezed, wrung |
| נִסְחַף | to be swept, eroded |
| נִסְחַר | to be traded |
| נִסְטַר | to be slapped |
| נְסִבָּה נ. | circumstance |
| נְסִיגָה נ. | retreat, withdrawl |
| נַסְיוּב ז. | serum |
| נָסִיךְ ז. | prince |
| נְסִיכוּת נ. | principality; emirate |
| נְסִיעָה נ. | trip, journey, travel |
| נְסִיעָה טוֹבָה | 'bon voyage' |
| נְסִיקָה נ. | take-off |
| נְסִירָה נ. | sawing |
| נָסַךְ | to anoint |
| נֶסֶךְ ז. | libation |
| נִסְלַח | to be forgiven |
| נִסְלַל | to be paved |
| נִסְמַךְ | to be supported; be close to |
| נִסְמָךְ ת. | supported; a noun followed by another in a construct state *(gram.)* |

| | |
|---|---|
| נָסַע | to travel; go, leave; drive |
| נִסעַד | to be supported |
| נִסעַר | to be enraged |
| נִסעָר ת. | outraged; stormy |
| נִספַּג | to be absorbed |
| נִספַּד | to be eulogized, mourned |
| נִספָּה | to be killed |
| נִספַּח | to be joined, attached |
| נִספָּח ז. | attaché; adjunct; appendix |
| נִספָּח כַּלכָּלִי | economic attaché |
| נִספָּח צְבָאִי | military attaché |
| נִספָּח תַּרבּוּתִי | cultural attaché |
| נִספַּר | to be counted |
| נָסַק | to rise, take off |
| נִסקַל | to be stoned |
| נִסקַר | to be surveyed; be reviewed |
| נָסַר | to saw |
| נִסרַג | to be knitted |
| נִסרַט | to be scratched |
| נִסרַק | to be combed |
| נִסתַּם | to be plugged, shut, stopped up |
| נִסתַּר | to be hidden, concealed |
| נִסתָּר ת. | hidden, unknown; third person *(gram.)* |
| נָע | to move |
| נָע ת. | moving, mobile |
| נָע וָנָד | wanderer, nomad |
| נֶעֱבַד | to be worked |
| נֶעֱבָה | to become thick |
| נֶעֱבַר | to be passed, crossed |
| נֶעגַּל | to be rounded |
| נֶעֱגַן | to be unable to obtain a divorce or to remarry |
| נֶעדַּר | to be absent, missing; hoed |
| נֶעדָּר ז. | absentee, missing |
| נָעוּל ת. | locked; wearing (shoes) |
| נָעוּץ ת. | stuck in, inserted; inherent |
| נֵעוֹר | to wake up |
| נְעוּרִים ז.ר. | youth, young age |
| נֶעֱזַב | to be left, abandoned, deserted |
| נֶעֱזַר | to be helped, assisted |
| נֶעֱטַף | to be wrapped |
| נְעִילָה נ. | locking; adjourning; wearing shoes |
| נָעִים ת. | pleasant, nice |
| 'נָעִים מְאוֹד' | 'pleased to meet you' |
| נְעִימָה נ. | melody, tune |
| נְעִימוּת נ. | pleasantness |
| נְעִיצָה נ. | sticking in, insertion |
| נְעִירָה נ. | bray |
| נֶעכַּל | to be digested |
| נֶעכַּר | to be muddied; be spoiled |
| נָעַל | to lock; wear shoes; adjourn |
| נַעַל נ.(נַעֲלַיִים) | shoe |
| נַעֲלֵי-בַּיִת | house shoes, slippers |
| נַעֲלֵי-הִתעַמְּלוּת | athletic shoes, sneakers |
| נֶעֱלַב | to be insulted, offended |
| נַעֲלָה | to be above, raised, elevated |
| נַעֲלֶה ת. | high, superior |
| נַעֲלֶה מִכֹּל סָפֵק | beyond any doubt |
| נֶעלַם | to disappear, vanish |
| נֶעלָם ת. | hidden; unknown |
| נָעַם | to be pleasant |
| נֶעֱמַד | to stand; stop |
| נֶעֱמַם | to be dimmed |
| נֶעֱנַב | to be tied |
| נֶעֱנַד | to be worn |
| נַעֲנָה | to be answered |
| נַעֲנָה (ל-) | to respond favorably, accept |
| נַעֲנָע ז. | mint |
| נֶעֱנַש | to be punished, penalized |
| נָעַץ | to stick, insert |
| נָעַץ מַבָּט, -עֵינַיִים (בּ-) | to stare (at) |
| נַעַץ ז. | thumbtack |

*adv*=תפ *adj*=ת *pl*=ר *fem*=נ *pro*=כ *prep*=י *con*=ח *du*=זו *mas*=ז

| | |
|---|---|
| נֶעֱצַב | to be saddened, distressed |
| נֶעֱצַם | to be shut |
| נֶעֱצַר | to stop, come to a halt; |
| | be stopped; be arrested, detained |
| נֶעֱקַד | to be bound |
| נֶעֱקַם | to be twisted |
| נֶעֱקַף | to be bypassed |
| נֶעֱקַץ | to be stung |
| נֶעֱקַר | to be uprooted, pulled out |
| נָעַר | to bray |
| נַעַר ז. | young man, boy |
| נֶעֱרַב | to be guaranteed |
| נַעֲרָה נ. | young woman, girl |
| נַעֲרַת-טֶלֶפוֹן | call girl |
| נַעֲרוּת נ. | youth, boyhood |
| נֶעֱרַךְ | to be arranged; be edited; |
| | take place, be held, organized |
| נֶעֱרַם | to be piled |
| נֶעֱרַף | to be decapitated |
| נֶעֱרַץ | to be admired, adored |
| נַעֲרָץ ת. | admired, adored, revered |
| נַעֲשָׂה | to be done, made; become |
| נַעֲשֶׂה ת. | done, accomplished |
| נֶעֱשַׁק | to be oppressed |
| נֶעֱשָׁק ת. | oppressed |
| נֶעְתַּק | to be shifted; be copied |
| נֶעְתַּר | to accede, yield |
| נִפְגַּם | to be marred, become defective |
| נִפְגַּע | to be injured, hurt; be offended |
| נִפְגָּע ז. | injured, casualty, victim |
| נִפְגַּשׁ | to meet, have a meeting |
| נִפְדָּה | to be redeemed, be ransomed |
| נָפָה נ. | district |
| נָפוּחַ ת. | swollen, inflated |
| נָפוּל ת. | fallen |
| נְפוֹלֶת נ. | fallout |
| נָפוֹץ ת. | widespread, common; scattered |
| נִפְזַל | to be cross-eyed |
| נִפְזַר | to be spread, scattered |
| נָפַח | to blow, exhale |
| נָפַח אֶת נִשְׁמָתוֹ | to pass away, die |
| נַפָּח ז. | blacksmith |
| נֶפַח ז. | volume; capacity |
| נִפְחַד | to be frightened |
| נִפְחָד ת. | fearful, afraid |
| נַפָּחוּת נ. | blacksmith work |
| נַפָּחִיָּה נ. | smithy |
| נִפְחַס | to be flattened |
| נַפַּחַת נ. | emphysema |
| נִפְחַת | to be decreased, diminished |
| נֵפְט ז. | oil; kerosene |
| נִפְטַר | to die |
| נִפְטַר (מ-) | to get rid (of); |
| | be exempted (from) |
| נִפְטָר ז. | deceased |
| נְפִיחָה נ. | blowing, breathing out |
| נְפִיחוּת נ. | swelling |
| נְפִילָה נ. | fall; collapse |
| נְפִילִים ז.ר. | giants |
| נָפִיץ ז. | explosive |
| נְפִיצוּת נ. | prevalence; distribution |
| נְפִישָׁה נ. | rest |
| נָפַל | to fall, drop; happen |
| נָפַל בְּחֶלְקוֹ | to get by destiny |
| נָפַל בַּפַּח | to be entrapped; be tricked |
| נָפַל דָּבָר | something happened |
| נָפַל לְמִשְׁכָּב | to become ill |
| נָפְלָה טָעוּת | an error occurred |
| נָפְלוּ פָּנָיו | to look unhealthy or angry |
| נֵפֶל ז. | aborted fetus; failure |
| נִפְלָא ת. | wonderful, magnificent |
| נִפְלַג | to be split, divided |
| נִפְלַט | to be ejected; be emitted |
| נִפְנָה | to turn around; be free |
| נִפְסָד ת. | harmful, faulty |
| נִפְסַח | to be skipped |

| | |
|---|---|
| נִפְסַל | to be disqualified, found unfit |
| נִפְסַק | to cease, be stopped, discontinued |
| נִפְסַק לוֹ | to be given a sentence |
| נִפְעַל | a verb conjugation |
| נִפְעָל ת. | passive *(gram.)* |
| נִפְעַם | to be moved; be excited |
| נִפְעָם ת. | moved, excited |
| נִפְעַר | to open up |
| נֶפֶץ ז. | explosion |
| נַפָּץ ז. | detonator |
| נִפְצָה | to be opened (mouth) |
| נִפְצַע | to be injured, wounded |
| נִפְצַר | to be filed |
| נָפַק | to go out |
| נִפְקַד | to be absent, missing; be counted |
| נִפְקָד ז. | absentee, missing |
| נִפְקָדוּת נ. | absenteeism |
| נִפְקַח | to be opened |
| נַפְקָנִית נ. | prostitute |
| נִפְקַע | to expire, be annulled |
| נִפְרַד (מ-) | to be separated (from), break up (with); say farewell (to) |
| נִפְרָד ת. | separate |
| נִפְרָז ת. | exaggerated |
| נִפְרַט | to be changed into smaller money |
| נִפְרַךְ | to crumble |
| נִפְרַם | to be ripped |
| נִפְרַס | to be sliced; be spread out |
| נִפְרַע | to be paid; settle an account |
| נִפְרַף | to be buttoned |
| נִפְרַץ | to be broken through, forced open; burglarized |
| נִפְרַק | to be unloaded; be disjoined |
| נִפְרַשׂ | to be spread, stretched |
| נָפַשׁ | to rest, go on vacation |
| נֶפֶשׁ נ.(נְפָשׁוֹת) | soul, spirit; person |
| נִפְשַׁט | to be taken off; be stretched |
| נַפְשִׁי ת. | mental, spiritual |
| נִפְשָׁע ת. | criminal |
| נִפְשַׁר | to thaw, melt |
| נַפְתּוּל ז. | meander |
| נַפְתּוּלִים ז.ר. | struggle, wrestling |
| נִפְתַּח | to be opened, open up |
| נִפְתַּל | to be twisted |
| נִפְתָּל ת. | twisted, crooked |
| נִפְתַּר | to be solved, resolved |
| נֵץ ז. | hawk |
| נְצוֹלֶת נ. | salvage |
| נָצוּר ת. | besieged; locked (gun) |
| נֶצַח ז. | eternity |
| לָנֶצַח | forever |
| נִצְחִי ת. | eternal, perpetual |
| נִצְחִיּוּת נ. | eternal being |
| נַצְחָן ז. | argumentative person |
| נַצְחָנוּת נ. | polemics |
| נִצִּי ת. | hawkish |
| נָצִיב ז. | pillar |
| נְצִיב ז. | commissioner |
| נְצִיב מַס הַכְנָסָה | Income Tax Commissioner |
| נְצִיב עֶלְיוֹן | High Commissioner |
| נְצִיבוּת נ. | commission |
| נְצִיבוּת שֵׁירוּת הַמְּדִינָה | Civil Service Commission |
| נָצִיג ז. | representative, agent; delegate |
| נְצִיגוּת נ. | delegation; representation |
| נַצְלָן ז. | exploiter |
| נַצְלָנוּת נ. | exploitation |
| נַצְלָנִי ת. | exploitative |
| נָצַץ | to gleam, sparkle |
| נָצַר | to guard; lock a firearm |
| נֵצֶר ז. | sprout; offspring, descendant |

| | |
|---|---|
| נְצָרָה נ. | safety lock on firearms |
| נַצְרוּת נ. | Christianity |
| נִצְרַךְ | to need; be consumed |
| נִצְרָךְ ז. | needy |
| נָקַב | to punch a hole; state |
| נַקָּב ז. | perforator |
| נֶקֶב ז. | hole |
| נְקֵבָה נ. | female, feminine |
| נַקְבּוּבִי ת. | porous, perforated |
| נַקְבּוּבִית נ. | pore |
| נְקֵבִי ת. | feminine |
| נַקְבָן ז., נַקְבָנִית נ. | key punch operator |
| נִקְבַּע | to be fixed, placed, determined; scheduled |
| נִקְבַּץ | to be gathered, grouped |
| נִקְבַּר | to be buried |
| נִקְדַּח | to be drilled |
| נַקְדָן ז. | vocalization expert; pedant |
| נַקְדָנוּת נ. | pedantry |
| נִקְהָה | to become dull, blunt |
| נִקְהַל | to assemble |
| נָקוּב ת. | punctured, perforated; stated, nominal |
| נְקוּדָה נ. | point, dot, period |
| נְקוּדָה וּפְסִיק | semicolon |
| נְקוּדַּת-אֲחִיזָה | foothold |
| נְקוּדַּת-בִּיקּוֹרֶת | checkpoint |
| נְקוּדַּת-חֵן | beauty mark |
| נְקוּדַּת-מַבָּט, -רְאוּת | viewpoint, point of view |
| נְקוּדַּת-מוֹצָא | starting point, point of origin |
| נְקוּדַּת-מִיפְנֶה | turning point |
| נְקוּדַּת-צִיּוּן | point of reference |
| נְקוּדַּת-תּוֹרְפָּה | weak spot, vulnerability |
| נְקוּדָתַיִים נ. זו. | colon |
| נִקְוָה | to be gathered, collected |
| נָקוּט ת. | undertaken |
| נָקוּעַ ת. | sprained |
| נָקוּר ת. | poked out |
| נֶקֶז ז. | drain |
| נָקַט | to undertake |
| נָקַט עֶמְדָּה | to take a position |
| נָקַט צְעָדִים | to take steps |
| נִקְטַל | to be killed |
| נִקְטַם | to be cut off |
| נִקְטַע | to be cut off; be amputated |
| נִקְטַף | to be picked |
| נִקְטַף בְּאִיבּוֹ | to die young |
| נִקְטַר | to be burned (incense) |
| נָקִי ת. | clean, spotless; net |
| נְקִי-כַּפַּיִים | honest, uncorrupted |
| נְקִיבָה נ. | punching a hole, perforating |
| נְקִיּוּת נ. | cleanness |
| נְקִיטָה נ. | undertaking |
| נְקִימָה נ. | taking revenge |
| נְקִיעָה נ. | sprain, dislocation |
| נְקִיפָה נ. | beating |
| נְקִיפַת מַצְפּוּן | remorse, regret |
| נָקִיק ז. | crevice |
| נְקִירָה נ. | pecking |
| נְקִישָׁה נ. | tapping, knock |
| נָקֵל | to be easy |
| נָקֵל ת. | easy |
| נִקְלָה | to be roasted; be disgraced |
| נִקְלֶה ת. | contemptible |
| נַקְלָה נ. | trifle |
| עַל נְקַלָּה | easily |
| נִקְלוּת נ. | contemptibility |
| נִקְלַט | to be absorbed; be received, picked up |
| נִקְלַע | to be thrown into |
| נִקְלַף | to be peeled |
| נִקְלַשׁ | to be thinned |
| נָקַם (בּ-) | to take revenge, avenge |
| נָקָם ז., נְקָמָה נ. | revenge, vengeance |

*adv*=תפ *adj*=ת *pl*=ר *fem*=נ *pro*=כ *prep*=י *con*=ח *du*=זו *mas*=ז

| | |
|---|---|
| נִקְמַט | to be wrinkled |
| נַקְמָן ז. | vindictive, vengeful |
| נַקְמָנוּת נ. | vindictiveness |
| נִקְמַץ | to be clenched |
| נִקְמַר | to be domed |
| נִקְנָה | to be bought, purchased |
| נַקְנִיק ז. | salami, sausage |
| נַקְנִיקִיָּה נ. | hot dog, wiener |
| נִקְנַס | to be fined |
| נָקַע | to sprain, dislocate |
| נֶקַע ז. | sprain, dislocation |
| נָקַף | to beat, knock |
| נָקַף אֶצְבַּע | to lift a finger |
| נִקְפָּא | to be frozen |
| נִקְצַץ | to be cut up; be chopped |
| נִקְצַר | to be harvested |
| נָקַר | to peck; pierce |
| נֶקֶר ז. | hole, puncture; flat tire |
| נַקָּר ז. | woodpecker |
| נִקְרָא | to be read; called; named |
| נִקְרָא עַל שֵׁם | to be named after |
| נִקְרַב | to come near, approach |
| נִקְרָה | to happen by chance |
| נִקְרָה נ. | hole, crevice |
| נִקְרַח | to become bald |
| נִקְרַם | to be covered with skin |
| נִקְרַע | to be torn |
| נִקְרַשׁ | to congeal |
| נָקַשׁ | to tap, knock |
| נֶקֶשׁ ז. | click |
| נִקְשָׁה | to be hardened |
| נִקְשַׁר | to be tied, connected, attached |
| נֵר ז. (נֵרוֹת) | candle; suppository *(col.)* |
| נֵר-זִיכָּרוֹן, -נְשָׁמָה | memorial candle |
| נִרְאָה | to be seen, seem, look like |
| נִרְאֶה ת. | visible, apparent, it seems |
| כַּנִּרְאֶה | it seems that, apparently |
| נִרְאָה (ל-) | to be agreeable, appealing to |
| נִרְגַּז | to be angered |
| נִרְגָּז ת. | angry |
| נִרְגַּם | to be stoned |
| נִרְגָּן ת. | grumbling |
| נִרְגָּנוּת נ. | grumbling |
| נִרְגַּע | to relax, calm down |
| נִרְגָּשׁ ת. | excited; moved; emotional |
| נִרְדָּה | to be oppressed |
| נִרְדַּם | to fall asleep |
| נִרְדַּף | to be chased; be persecuted |
| נִרְדָּף ת. | chased; persecuted; synonymous |
| נִרְחָב ת. | wide, extensive |
| נִרְחַץ | to be washed |
| נִרְטַב | to become wet |
| נִרְכַּב | to be ridden |
| נִרְכַּס | to be buttoned |
| נִרְכַּשׁ | to be purchased, acquired |
| נִרְמַז | to be hinted |
| נִרְמַס | to be trampled, stepped on |
| נִרְעַד | to shiver, tremble |
| נִרְעַשׁ | to shake; be shaken |
| נִרְפָּא | to heal, recover |
| נִרְפָּה | to weaken; become loose |
| נִרְפֶּה ת. | slack, loose |
| נִרְצָה | to be accepted |
| נִרְצַח | to be murdered |
| נִרְצָח ז. | murdered, slain |
| נִרְצַע | to be pierced |
| נִרְצָע ת. | pireced |
| נִרְקַב | to rot |
| נַרְקוֹזָה נ. | anesthesia |
| נַרְקוֹמָן ז. | drug addict |
| נַרְקִיס ז. | narcissus |
| נִרְקַם | to be embroidered; be formed, planned |
| נִרְקַע | to be flattened |
| נִרְשַׁם (ל-) | to register (for), enroll; be registered, written down, recorded |

*adv*=תפ *adj*=ת *pl*=ר *fem*=נ *pro*=כ *prep*=י *con*=ח *du*=זו *mas*=ז

| | |
|---|---|
| נַרְתִּיק ז. | bag, case; vagina |
| נִרְתַּם | to commit oneself to a task; be tied, harnessed |
| נִרְתַּע | to retract; be deterred, balk |
| נָשָׂא | to carry, bear |
| נָשָׂא אִישָּׁה | to get married |
| נָשָׂא וְנָתַן | to negotiate |
| נָשָׂא דְּבָרִים, -נְאוּם | to deliver a speech |
| נָשָׂא חֵן בְּעֵינֵי | to be liked by |
| נָשָׂא פָּנִים | to favor, discriminate |
| נִשְׁאַב | to be drawn, pumped |
| נִשְׁאַל | to be asked; be borrowed |
| נִשְׁאַף | to be inhaled |
| נִשְׁאַר | to remain, stay |
| נִשְׁאַר בַּחַיִּים | to stay alive, survive |
| נִשְׁאַר לוֹ | to have (something) left |
| נָשַׁב | to blow |
| נִשְׁבָּה | to be taken prisoner, captured |
| נִשְׁבַּח | to be improved |
| נִשְׁבַּע | to swear, vow, take an oath |
| נִשְׁבַּר | to be broken |
| נִשְׁבַּר לוֹ | to be fed up, 'to have had enough' *(col.)* |
| נִשְׁבַּת | to stop, cease |
| נִשְׂגַּב | to be high, elevated; incomprehensible |
| נִשְׂגָּב ת. | high, lofty; beyond comprehension |
| נִשְׁדַּד | to be robbed, looted |
| נִשְׁדַּף | to be blighted |
| נָשָׁה | to forget |
| נָשׂוּא ת. ז. | carried, borne; predicate *(gram.)* |
| נְשׂוּא-פָּנִים | dignitary, respectable |
| נְשׂוּאָה ת. | married woman |
| נְשׂוּאִי ת. | predicative *(gram.)* |
| נָשׂוּי ת. | married man |
| נָשׁוּךְ ת. | bitten |
| נְשׂוֹרֶת נ. | filings, shavings; fallout |
| נִשְׁזַף | to be tanned |
| נִשְׁזַר | to be interwoven, braided |
| נִשְׁחַט | to be slaughtered |
| נִשְׁחַק | to be crushed; be eroded |
| נִשְׁחַת | to be ruined; be corrupted |
| נִשְׁטַף | to be washed, rinsed; be washed away |
| נָשִׁי, נַשִּׁיִּי ת. | feminine, womanly |
| נָשִׂיא ז. | president |
| נְשִׂיא-הַמְּדִינָה | the State's President |
| נְשִׂיאָה נ. | carrying, bearing |
| נְשִׂיאוּת נ. | presidency |
| נְשִׂיאוּתִי ת. | presidential |
| נְשִׁיבָה נ. | blowing |
| נָשִׁיּוּת נ. | femininity |
| נְשִׁיָּה נ. | oblivion, forgetfulness |
| נְשִׁיכָה נ. | bite |
| נְשִׁילָה נ. | falling off, dropping |
| נָשִׁים נ.ר. | women |
| נְשִׁימָה נ. | breathing, respiration, breath |
| נְשִׁיפָה נ. | exhaling, blowing |
| נְשִׁיקָה נ. | kiss |
| נָשִׁיר ת. | deciduous |
| נְשִׁירָה נ. | falling off; dropping out |
| נָשַׁךְ | to bite |
| נֶשֶׁךְ ז. | usury |
| נִשְׁכַּב | to lie down |
| נִשְׁכַּח | to be forgotten |
| נִשְׁכָּח ת. | forgotten |
| נַשְׁכָן ז. | biting animal |
| נִשְׂכַּר | to be hired, rented |
| נִשְׂכָּר ת. | rewarded, paid; rented, hired |
| נָשַׁל | to fall off, drop |
| נִשְׁלָה | to be pulled out of the water |
| נִשְׁלַח | to be sent, dispatched |
| נִשְׁלַט | to be ruled, dominated |

נִשְׁלַל to be taken away from, denied, deprived; be rejected; be negated
נִשְׁלַם to be completed
נִשְׁלַף to be pulled, drawn
נִשְׁלַק to be boiled
נָשַׁם to breathe, inhale
נָשַׁם לִרְוָחָה to breathe a sigh of relief
נִשְׁמַד to be annihilated
נְשָׁמָה נ. soul, spirit
נִשְׁמַט to be dropped, omitted, left out
נִשְׁמַע to be heard
נִשְׁמַר to be guarded, kept; be careful
נִשְׂנָא to be hated
נִשְׁנָה to be repeated; be studied
נִשְׁעַן (אֶל,עַל) to lean (against); rely (on)
נָשַׁף to exhale; blow
נֶשֶׁף ז. party, ball
נֶשֶׁף-מַסֵּיכוֹת masked ball
נֶשֶׁף-רִיקּוּדִים dance ball
נִשְׁפַּט to be tried, sentenced
נִשְׁפִּיָּה נ. small party
נִשְׁפַּךְ to be spilled, poured out
נִשְׁפַּת to be placed on fire
נָשַׁק (ל-) to kiss; touch
נֶשֶׁק ז. weapon, arms
נֶשֶׁק גַּרְעִינִי nuclear weapon
נֶשֶׁק חַם firearms
נֶשֶׁק קַטְלָנִי deadly weapon
נַשָּׁק ז. gunsmith
נִשְׁקַל to be weighed; be considered
נִשְׁקַע to be sunk
נִשְׁקַף to overlook; be seen
נָשַׁר to fall off; drop out
נֶשֶׁר ז. eagle
נִשְׂרַט to be scratched
נִשְׁרִי ת. aquiline

נִשְׂרַף to be burned, scorched
נִתְבַּע to be demanded; be sued
נִתְבָּע ז. defendant
נָתוּךְ ת. melted
נָתוּן ת. ז. given; placed, situated; datum
נְתוּנִים ז.ר. data
נֶתֶז ז. splash, spray
נֶתַח ז. slice, cut
נִתְחַב to be inserted
נִתְחַם to be delimited
נָתִיב ז. track, lane, way
נְתִיב-קוֹל soundtrack
נְתִיבֵי-אֲוִויר airlines
נָתִיךְ ז. fuse
נְתִיכָה נ. melting
נָתִין ז. subject, citizen
נָתִין זָר foreign subject, alien
נְתִינָה נ. giving
נְתִינוּת נ. citizenship
נְתִיקָה נ. disconnection, severing off
נְתִירָה נ. jumping, hop
נֶתֶךְ ז. alloy
נִתְלָה to be hanged, suspended
נִתְלָה (בּ-) to cling (to)
נִתְמַךְ to be supported
נִתְמָךְ ז. supported, dependent
נָתַן (ל-) to give (to); let, allow
נָתַן אֶת הַדִּין to be accountable; be punished
נָתַן דַּעְתּוֹ to pay attention, give consideration
נִתְעָב ת. despicable, abhorred
נִתְפַּס to be caught, captured, seized, captivated; grasped
נִתְפַּס בִּשְׁעַת מַעֲשֶׂה to be caught in the act
נִתְפַּס עַל חַם to be caught red-handed
נִתְפַּר to be sewn, stitched

*adv*=תפ *adj*=ת *pl*=ר *fem*=נ *pro*=כ *prep*=י *con*=ח *du*=זו *mas*=ז

נָתַץ to smash

נֶתֶק ז. circuit breaker; disconnection, lack of contact

נִתְקַל (בּ-) to encounter, bump (into)

נִתְקַע to be stuck, stranded

נִתְקַף to be attacked; have an attack of

נֶתֶר ז. niter; soda, carbonate

נִתְרַם to be donated, contributed

נַתְרָן ז. sodium

# ס

ס — *Samekh;* sixty (numerical value)
סָב, סַבָּא ז. — grandfather; old man
סָבָא — to drink alcohol excessively
סָבַב — to go around, circle; turn, revolve, rotate
סְבָב ז. — turn, revolution, rotation
סָבָה נ. — grandmother; old woman
סָבוּךְ ת. — complicated; tangled
סַבּוֹן ז. — soap
סַבּוֹנִיָּיה נ. — soap dish
סָבוּר ת. — of the opinion
סְבוּרַנִי, סָבוּרְנִי — I think
סָבִיב י. תפ. — around
סְבִיבָה נ. — surrounding; location, vicinity, neighborhood; environment
בִּסְבִיבוֹת — around, approximately
סְבִיבוֹן ז. — dreidel
סְבִיבָתִי ת. — environmental
סָבִיל ת. — passive
סְבִילָה נ. — suffering; tolerating
סְבִילוּת נ. — tolerance, endurance
סָבִיר ת. — reasonable, probable
סְבִירוּת נ. — reasonability, probability
סְבַךְ ז. — thicket; entanglement
סְבָכָה נ. — net
סָבַל — to bear, tolerate
סָבַל (מ-) — to suffer (from), endure
סַבָּל ז. — porter
סֵבֶל ז. — suffering
סַבָּלוּת נ. — porterage
סַבְלָנוּת נ. — patience
סַבְלָנִי ת. — patient
סָבַר — to think, be of the opinion
סֵבֶר ז. — expression
סֵבֶר פָּנִים יָפוֹת — friendliness

סְבָרָה נ. — presumption
סַבְתָּא, סַבְתָּה נ. — grandmother
סָגַד — to bow; worship
סֶגּוֹל ז. — the vowel [∵]
סָגוֹל, סֶגוֹל ת. — violet color
סְגוּלָּה נ. — characteristic, virtue
סְגוּלִי ת. — characteristic, specific
סָגוּר ת. — closed, shut; out of business
סְגִידָה נ. — bowing
סְגִירָה נ. — closing, closure, shutting
סֶגֶל ז. — staff, corps
סְגַלְגַּל ת. — oval
סְגָן ז. — deputy, vice
סְגַן-אַלּוּף — lieutenant colonel
סְגַן-נָשִׂיא — vice–president
סְגַן רֹאשׁ מֶמְשָׁלָה — deputy premier
סֶגֶן ז. — lieutenant
סֶגֶן-מִישְׁנֶה — second lieutenant
סַגְּפָן ז. — ascetic
סַגְּפָנוּת נ. — asceticism
סָגַר — to close, shut; turn off
סֶגֶר ז. — lock, bolt; camera shutter
סַגְרִיר ז. — heavy rain
סַגְרִירִי ת. — rainy
סַד ז. — stocks, pillory
סָדוּק ת. — cracked
סָדוּר ת. — arranged, in order
סָדִין ז. — sheet
סָדִיר ת. — regular; orderly
סְדִירוּת נ. — regularity
סַדָּן ז. — anvil
סַדְנָא, סַדְנָה נ. — workshop
סָדַק — to crack
סֶדֶק ז. — crack; fissure
סֵדֶר ז. — order; sequence; Passover supper

*adv*=תפ *adj*=ת *pl*=ר *fem*=נ *pro*=כ *prep*=י *con*=ח *du*=זו *mas*=ז

| | |
|---|---|
| סֵדֶר-יוֹם | daily schedule, agenda |
| סֵדֶר-עֲדִיפוּיוֹת | priorities |
| בְּסֵדֶר | in order, all right, O.K. |
| סַדָּר ז. | typesetter |
| סַדָּרוּת נ. | typesetting |
| סַדְּרָן ז. | usher |
| סַדְּרַן עֲבוֹדָה | work organizer |
| סַדְּרָנוּת נ. | ushering |
| סַהַר ז. | crescent |
| הַסַּהַר הָאָדוֹם | Red Crescent |
| הַסַּהַר הַפּוֹרֶה | Fertile Crescent |
| סַהֲרוֹן ז. | croissant |
| סַהֲרוּרִי ת. | moonstruck, sleepwalker |
| סוֹאֵן ת. | noisy |
| סוֹבֵב | to turn, twist; go around |
| סוּבַּב | to be turned, twisted |
| סוּבִּין ז.ר. | bran |
| סוּבַּךְ | to be complicated, entangled |
| סוֹבְלָנוּת נ. | tolerance |
| סוֹבְלָנִי ת. | tolerant |
| סוּבַּן | to be soaped |
| סוּג ז. | kind, type, brand |
| סוּג אָלֶף | first-rate, A-1 |
| סוּגְיָה נ. | problem, question |
| סוּגַּל | to be adapted |
| סוּגְנַן | to be styled |
| סוּגַר ז. | cage |
| סוֹגְרַיִים ז.ז. | brackets, parentheses |
| סוֹגְרַיִים מְרוּבָּעִים | square brackets |
| סוֹד ז.(סוֹדוֹת) | secret |
| בְּסוֹדֵי-סוֹדוֹת | in utmost secrecy |
| סוֹדִי ת. | secret, confidential |
| סוֹדִי בְּיוֹתֵר | top-secret |
| סוֹדִיּוּת נ. | secrecy |
| סוֹדֵר ת. | ordinal (number) |
| סוּדָר ז. | shawl |
| סוּדַּר | to be put in order, fixed up, be arranged; be settled |

| | |
|---|---|
| סוֹדְרָן ז. | index file |
| סוֹהֵר ז. | prison guard, warden |
| סוּוַּג | to be sorted, classified |
| סַוָּר ז. | longshoreman |
| סוֹחֵף ת. | sweeping |
| סוֹחֵר ז. | merchant, dealer |
| סוֹטֶה ז. | pervert, deviant |
| סוֹטֵה-מִין | sex pervert |
| סוּיַּד | to be whitewashed |
| סוּיַּם | to be finished, concluded |
| סוּכָּה נ. | hut; Tabernacles hut |
| סוּכּוֹת נ.ר. | Feast of Tabernacles |
| סוֹכֵךְ (עַל) | to shelter, protect |
| סוֹכֵן ז. | agent, broker |
| סוֹכֵן-בִּיטּוּחַ | insurance agent |
| סוֹכֵן חֲשָׁאִי | secret agent |
| סוֹכֵן כָּפוּל | double agent |
| סוֹכֵן-מְנָיוֹת | stockbroker |
| סוֹכֵן-נְסִיעוֹת | travel agent |
| סוּכַּן | to be endangered, risked |
| סוֹכְנוּת נ. | agency |
| הַסּוֹכְנוּת הַיְּהוּדִית | Jewish Agency |
| סוּכָּר ז. | sugar |
| סוּכָּרִיָּה נ. | candy |
| סוּכָּרִיָּה עַל מַקֵּל | lollipop |
| סוּכֶּרֶת נ. | diabetes |
| סוּלְחָה נ. | reconciliation |
| סוֹלְחָנוּת נ. | forgiveness |
| סוֹלְחָנִי ת. | forgiving |
| סוֹלִידִי ת. | serious, stable person |
| סוּלְיָה נ. | sole |
| סוֹלְלָה נ. | battery, embankment |
| סוֹלְלַת-חַשְׁמַל | electric battery |
| סוֹלְלַת-עָפָר | dike |
| סוֹלְלַת-תּוֹתָחִים | artillery battery |
| סוּלָּם ז.(סוּלָּמוֹת) | ladder; scale |
| סוּלַּם-חֲבָלִים | rope ladder |
| סוּלַּם-הַקּוֹלוֹת | musical scale |

סוֹלָן ז. soloist
סוּלְסַל to be curled; be trilled
סוּלַּף to be distorted
סוּלַּק to be removed; be dismissed
סוֹלָר, סוֹלֶר ז. diesel fuel
סוֹלֶת נ. semolina
סָלְתּוֹ וְשַׁמְנוֹ the best of
סוּמָא ז. blind
סוֹמֵךְ ז. supporter; second noun in a construct state
סוּמַּם to be drugged; be poisoned
סוּמַּן to be marked
סוֹמֶק ז. blush, redness
סוּמְרַר to be riveted
סוּנְוַר to be blinded; be dazzled
סוּנַּן to be filtered, strained
סוּנַּף to be affiliated
סוּס ז. horse
סוּס-הַיְאוֹר hippopotamus
סוּס-מֵירוֹץ racehorse
סוּסָה נ. mare
סוּסוֹן ז. colt, pony
סוֹעֵר ת. stormy
סוּף ז. bulrush, reed
סוֹף ז. end, finish, conclusion
סוֹף סוֹף at last, finally
סוֹף-פָּסוּק end, finish; full stop
בְּסוֹפוֹ שֶׁל דָּבָר in the final analysis, in the end, after all
סוֹפֵג ת. blotter
סוֹפְגָנִי ת. absorbent
סוּפְגָּנִיָּה, סוּפְגָּנִית נ. doughnut
סוּפָה נ. storm
סוּפַת-חוֹל sandstorm
סוּפַת-רְעָמִים thunderstorm
סוּפַת-שֶׁלֶג snowstorm
סוּפַּח to be annexed, attached
סוֹפִי ת. final
סוֹפִית נ. suffix
סוּפַּק to be supplied; be satisfied
סוּפַּר to be told; be given a haircut
סוֹפֵר ז. writer, author
סוּפְרַר to be numbered
סוֹפְשָׁבוּעַ ז. weekend
סוּקַּל to be cleared of stones; be stoned
סוּרְבַּל to become cumbersome
סוֹרַג to be interwoven
סוֹרֵג, סוֹרֶג ז. window bar, grille
סוֹרֵחַ ת. stinking
סוּרְיָה נ. Syria
סוֹרַס to be castrated; be distorted
סוֹרַק to be combed
סוֹרֵק ז. scanner
סוֹרֵר ת. rebellious, disobedient
סוֹתֵר ת. contradictory, conflicting
סוּתַּת to be chiseled
סָח to say, converse
סָחַב to pull, drag; steal *(col.)*
סְחָבָה נ. rag
סַחֶבֶת נ. red tape
סָחוּט ת. squeezed, wrung; exhausted
סְחוּס ז. cartilage
סְחוֹפֶת נ. silt
סְחוֹר ז. roundabout
סְחוֹרָה נ. merchandise
סְחוֹרַנִּית תפ. roundabout; indirectly
סָחַט to squeeze, wring; blackmail, extort
סַחְטָן ז. blackmailer, extortionist
סַחְטָנוּת נ. blackmail, extortion
סַחְטָנִי ת. extortionate
סְחִי ז. dirt, rubbish
סְחִיבָה נ. pulling, dragging
סָחִיט ת. squeezable

| | |
|---|---|
| סְחִיטָה נ. | squeezing, wringing; blackmail, extortion |
| סְחִיפָה נ. | sweeping; eroding |
| סָחִיר ת. | negotiable (in trade) |
| סַחְלָב ז. | orchid |
| סָחַף | to sweep; erode |
| סַחַף ז. | erosion |
| סָחַר | to trade, deal, barter |
| סַחַר ז. | trade, commerce |
| סַחַר חוֹפְשִׁי | free trade |
| סְחַר-חוּץ | foreign trade |
| סְחַר-חֲלִיפִין | barter |
| סַחַר-מֶכֶר | wheeling and dealing |
| סְחַר-סַמִּים | drug trafficking |
| סְחַרְחוֹרֶת נ. | dizziness, vertigo |
| סְחַרְחַר ת. | dizzy |
| סְטָאז' ז. | internship |
| סָטָה | to deviate, get off |
| סְטִיָּה נ. | deviation, aberration |
| סְטִירָה נ. | slap |
| סְטִירַת לֶחִי | slap in the face |
| סָטַר (ל-) | to slap |
| סִיב ז. | fiber |
| סִיבֵּב | to surround |
| סִיבָּה נ. | cause, reason |
| סִיבּוּב ז. | turn, rotation |
| סִיבּוּבִי ת. | rotary, revolving |
| סִיבּוּךְ ז. | complication |
| סִיבּוּן ז. | soaping |
| סִיבִי ת. | fibrous |
| סִיבִית נ. | fiber board |
| סִיג ז. | metal particle |
| סִיגּוּל ז. | adaptation |
| סִיגֵּל | to adapt; acquire |
| סִיגְנוּן ז. | styling |
| סִיגְנוֹן ז.(סִיגְנוֹנוֹת) | style |
| סִיגְנֵן | to style |
| סִיגֵּף | to mortify |
| סִיד ז. | whitewash, lime, plaster |
| סִידּוּר ז. | putting in order, arrangement, setting up; prayer book; typesetting |
| סִידּוּרִי ת. | serial, ordinal (number) |
| סִידָן ז. | calcium |
| סִידְקִית נ. | haberdashery |
| סִידֵּר | to put in order, arrange, set up settle; set type; 'fix', 'do' *(col.)* |
| סִידְרָה נ. | series, sequence |
| סִיּוּד ז. | whitewashing, plastering |
| סִיוֵּג | to classify, categorize |
| סִיוּוּג ז. | classification, categorization |
| סִיוָן ז. | seventh Hebrew month |
| סִיוּט ז. | nightmare |
| סִיּוּם ז. | end, completion, conclusion |
| סִיּוֹמֶת נ. | suffix |
| סִיּוּעַ ז. | aid, assistance |
| סִיּוּעַ-חוּץ | foreign aid |
| סִיּוּף ז. | fencing |
| סִיּוּר ז. | tour; patrol |
| סִיחְרוּר ז. | dizzying; spin |
| סִיחְרֵר | to dizzy |
| סִיטוֹנַאי ז. | wholesaler |
| סִיטוֹנוּת נ. | wholesale |
| סִיטוֹנִי ת. | wholesale |
| סִיֵּיג | to fence, limit |
| סְיָיג ז. | fence, hedge, barrier |
| סִיֵּיד | to whitewash, plaster |
| סַיָּיד ז. | whitewasher |
| סְיָיח ז. | colt |
| סִיֵּים | to end, complete, conclude |
| סַיָּיס ז. | horseman, jockey |
| סִיֵּיעַ, סִיֵּעַ | to aid, assist |
| סַיָּיף ז. | swordsman, fencer |
| סִיֵּיר | to tour; patrol |
| סַיָּיר ז. | scout |
| סַיֶּירֶת נ. | patrol; cruiser |
| סִיכָה נ. | lubrication |

| | |
|---|---|
| סִיכָּה נ. | pin, clip |
| סִיכַּת-בִּיטָּחוֹן | safety pin |
| סִיכַּת-רֹאשׁ | hairpin |
| סִיכּוּי ז. | chance, prospect |
| סִיכּוּל ז. | foiling, frustration |
| סִיכּוּם ז. | summary; conclusion |
| סִיכּוּן ז. | risk, danger |
| סִיכְּיוֹן ז. | prognosis, outlook |
| סִיכֵּל | to foil, frustrate |
| סִיכֵּם | to summarize, sum up; conclude |
| סִיכֵּן | to endanger, risk |
| סִיכְסוּךְ ז. | conflict, dispute |
| סִיכְסוּךְ מְזוּיָּן | armed conflict |
| סִיכְסוּךְ-עֲבוֹדָה | labor dispute |
| סִיכְסוּךְ צְבָאִי | military conflict |
| סִיכְסֵךְ | to cause to feud, incite, instigate trouble |
| סִילוֹן ז.(סִילוֹנוֹת) | jet |
| סִילוֹן-אֲוִויר | air jet |
| סִילוֹן-מַיִם | water jet |
| סִילוֹנִי ת. | jet |
| סִילּוּף ז. | distortion |
| סִילּוּק ז. | removal; payment (debt) |
| סִילְסוּל ז. | curling; trilling |
| סִילְסֵל | to curl; trill |
| סִילֵּף | to distort |
| סִילֵּק | to remove, throw out; pay debt |
| סִימֵּא | to blind |
| סִימּוּכִין ז.ר. | support, evidence |
| סִימּוּל ז. | symbolization |
| סִימּוּם ז. | drugging, poisoning |
| סִימּוּן ז. | marking, notation |
| סִימְטָא, סִימְטָה נ. | alley, lane |
| סִימֵּל | to symbolize, signify |
| סִימֵּם | to drug; poison |
| סִימֵּן | to mark, signal |
| סִימָן ז. | mark, sign, signal |
| סִימַן-הֶיכֵּר | characteristics |
| סִימַן-קְרִיאָה | exclamation mark |
| סִימַן-שְׁאֵלָה | question mark |
| בְּסִימָן טוֹב | 'good luck' |
| סִימְרוּר ז. | riveting |
| סִימְרֵר | to rivet |
| סִין נ. | China |
| סִינווֵר | to blind; dazzle |
| סִינווּר ז. | blinding; dazzling |
| סִינּוּן ז. | filtering, straining |
| סִינֵּן | to filter, strain |
| סִינֵּן מִבֵּין שִׁינָּיו | to mutter |
| סִינָּר ז. | apron |
| סִיסְמָא, סִיסְמָה נ. | slogan; password |
| סִיעָה נ. | faction, group |
| סִיעוּד ז. | welfare support |
| סִיעָתִי ת. | factional |
| סַיִף ז. | sword; fencing |
| סֵיפָא ז. | end, conclusion |
| סִיפּוּחַ ז. | annexation |
| סִיפּוּן ז. | deck |
| סִיפּוּן-אוֹנִיָּיה | ship deck |
| סִיפּוּק ז. | satisfying, satisfaction |
| סִיפּוּר ז. | story, tale |
| סִיפּוּר-בַּדִּים | fictitious story |
| סִיפּוּר-מֶתַח | thriller |
| סִיפּוּר-עַם | folktale |
| סִיפּוּרִי ת. | narrative |
| סִיפּוֹרֶת נ. | fiction |
| סִיפַּח, סִיפֵּחַ | to annex, attach |
| סִיפְסֵר | to profiteer |
| סִיפֵּק | to please, satisfy |
| סִיפֵּק (ל-) | to supply |
| סִיפֵּר | to cut, give a haircut |
| סִיפֵּר (ל-) | to tell (to) |
| סִיפְרָה נ. | digit, numeral |
| סִיקּוּל ז. | removal of stones; stoning |
| סִיקּוּר ז. | coverage |

| | |
|---|---|
| סִיקֵל | to remove (stones); stone |
| סִיקֵר | to cover (news) |
| סִיקְרֵן | to arouse curiosity |
| סִיר ז. | pot |
| סִיר-לַחַץ | pressure cooker |
| סִיר-לַיְלָה | bedpan |
| סֵירַב, סֵירֵב | to refuse, object |
| סִירְבּוּל ז. | making cumbersome |
| סִירְבֵּל | to make cumbersome |
| סִירָה נ. | boat |
| סִירַת-גּוּמִי | rubber raft |
| סִירַת-דַּיָּגִים | fishing boat |
| סִירַת-הַצָּלָה | lifeboat |
| סִירַת-מִפְרָשׂ | sailboat |
| סִירַת-מָנוֹעַ | motorboat |
| סִירַת-מְשׁוֹטִים | rowboat |
| סֵירוּב ז. | refusal, objection |
| סֵירוּס ז. | castration; distortion |
| סִירחוֹן, סִירָחוֹן ז. | stink, stench |
| סֵירַס, סֵירֵס | to castrate; distort |
| סִירסֵר | to profiteer |
| סִיתּוּת ז. | stone-cutting |
| סִיתֵּת | to cut (stone) |
| סָךְ | to lubricate, oil |
| סַךְ ז. | amount |
| סַךְ-הַכֹּל | total |
| סַךְ-אוֹר ז. | lens hood |
| סָכוּךְ ת. | covered, sheltered |
| סְכוּם ז. | amount; sum, total |
| סַכִּין ז. נ. (סַכִּינִים) | knife, blade |
| סַכִּין-גִּילּוּחַ | razor blade |
| סָכַךְ (עַל) | to cover, shelter |
| סְכָךְ ז., סְכָכָה נ. | thatch, cover, shed |
| סָכָל ת. | fool |
| סַכָּנָה נ. | danger, hazard |
| סַכָּנַת-נְפָשׁוֹת | life-threatening situation, mortal danger |
| סַכסְכָן ז. | instigator, troublemaker |
| סַכסְכָנוּת נ. | instigating quarrel |
| סָכַר | to block, shut |
| סֶכֶר ז. | dam |
| סַכֶּרֶת נ. | diabetes *(col.)* |
| סַל ז. | basket |
| סַל-מְזוֹנוֹת | food basket |
| סַל-מַטְבְּעוֹת | group of currencies |
| סַל-נְצָרִים | wicker basket |
| סָלַד(מ-) | to detest, be disgusted (with) |
| סָלוּל ת. | paved |
| סָלוֹן ז. | parlor; living room |
| סָלַח (ל-) | to forgive, excuse, pardon |
| סַלְחָן ז. | forgiving |
| סַלְחָנוּת נ. | forgiveness |
| סָלָט ז. | salad |
| סְלִידָה נ. | disgust |
| סְלִיחָה נ. | pardon, forgiveness |
| סְלִיחוֹת נ.ר. | prayers preceding the Day of Atonement |
| סְלִיל ז. | coil, spool |
| סְלִילָה נ. | paving |
| סְלִילִי ת. | coiled, spiral |
| סְלִיק ז. | cache of arms |
| סָלַל | to pave |
| סַלסִילָּה נ. | small basket; paper cup |
| סֶלַע ז. | rock, boulder |
| סֶלַע-מַחֲלוֹקֶת | point of contention |
| סַלְעִי ת. | rocky |
| סַלְפָן ז. | distorter |
| סֶלֶק ז. | beet |
| סַם ז. | drug; poison |
| סַם-אַרְגָּעָה | tranquilizer |
| סַם-חַיִּים | elixir of life |
| סַם-מָוֶת | deadly poison |
| סַם מְשַׁכֵּר | narcotic |
| סָמוּי ת. | hidden, invisible, latent |
| סָמוּךְ ת.(ל-) | close (to), near, adjacent, nearby |

| | |
|---|---|
| absolutely certain | סָמוּךְ וּבָטוּחַ |
| blushing, red | סָמוּק ת. |
| thick, dense | סָמִיךְ ת. |
| ordination | סְמִיכָה נ. |
| construct state *(gram.)* | סְמִיכוּת נ. |
| drugs, narcotics | סַמִּים ז.ר. |
| to rely; support | סָמַךְ |
| fifteenth letter of the alphabet | סָמֶךְ נ. |
| authority | סַמְכוּת נ. |
| symbol, token, emblem, logo | סֵמֶל ז. |
| trademark | סֵמֶל מִסְחָרִי |
| sergeant | סַמָּל ז. |
| staff sergeant | סַמָּל רִאשׁוֹן |
| symbolic | סִמְלִי ת. |
| symbolism | סִמְלִיּוּת נ. |
| lizard | סְמָמִית נ. |
| flavor, characteristics | סַמְמָן ז. |
| marker; cursor | סַמָּן ז. |
| to stiffen, bristle | סָמַר |
| rag | סְמַרְטוּט ז. |
| squirrel | סְנָאִי ז. |
| sandal | סַנְדָּל ז. |
| 'Denver boots', automobile wheel-locks | סַנְדְּלֵי-דֶּנְוֶר |
| shoemaker, cobbler | סַנְדְּלָר ז. |
| shoe-repair shop | סַנְדְּלָרִיָּה נ. |
| godfather | סַנְדָּק ז. |
| bush | סְנֶה ז. |
| legal assembly during Talmudic times | סַנְהֶדְרִין נ. |
| swallow | סְנוּנִית נ. |
| first sign | סְנוּנִית רִאשׁוֹנָה |
| punch in the face | סְנוֹקֶרֶת נ. |
| to sneer, mock | סָנַט |
| chin | סַנְטֵר ז. |
| defense attorney, advocate | סָנֵיגוֹר ז. |
| legal defense | סָנֵיגוֹרְיָה נ. |
| branch | סְנִיף ז. |
| fin | סְנַפִּיר ז. |
| multicolored, colorful | סַסְגּוֹנִי ת. |
| multicolor | סַסְגּוֹנִיּוּת נ. |
| to support; eat, dine | סָעַד |
| welfare; support | סַעַד ז. |
| meal, feast | סְעוּדָה נ. |
| banquet | סְעוּדָה חֲגִיגִית |
| paragraph, article, clause | סָעִיף ז. |
| to storm, rage | סָעַר |
| storm | סַעַר ז., סְעָרָה נ. |
| fury, outrage | סַעֲרַת-רוּחוֹת |
| threshold; sill | סַף ז. |
| threshold of consciousness | סַף-הַהַכָּרָה |
| window sill | סַף-הַחַלּוֹן |
| on the verge of, close to | עַל סַף |
| to absorb, blot | סָפַג |
| to be beaten, hit | סָפַג מַכּוֹת, -מַלְקוּת |
| to mourn, eulogize | סָפַד (ל-) |
| sofa, couch | סַפָּה נ. |
| soaked, saturated | סָפוּג ת. |
| sponge | סְפוֹג ז. |
| spongy | סְפוֹגִי ת. |
| floor-mopping *(col.)* | סְפּוֹנְגָ'ה נ. |
| counted | סָפוּר ת. |
| numbered, few | סְפוּרִים ת.ר. |
| attachment; aftergrowth | סֶפַח ז. |
| skin disease | סַפַּחַת נ. |
| absorbent | סָפִיג ת. |
| absorption, suction | סְפִיגָה נ. |
| aftergrowth | סָפִיחַ ז. |
| boat, ship | סְפִינָה נ. |
| airship, blimp | סְפִינַת-אֲוִויר |
| tugboat | סְפִינַת-גְּרָר |
| spaceship | סְפִינַת-חָלָל |
| missile boat | סְפִינַת-טִילִים |
| camel | סְפִינַת-הַמִּדְבָּר |
| sailboat | סְפִינַת-מִפְרָשׂ |
| ferryboat | סְפִינַת-מַעְבּוֹרֶת |

215 *adv*=תפ *adj*=ת *pl*=ר *fem*=נ *pro*=כ *prep*=י *con*=ח *du*=זו *mas*=ז

| | |
|---|---|
| gunboat | סְפִינַת-תּוֹתָחִים |
| supply; capacity, sufficiency | סְפִיקָה נ. |
| sapphire | סַפִּיר ז. |
| counting, count | סְפִירָה נ. |
| countdown | סְפִירָה לְאָחוֹר |
| blood count | סְפִירַת דָּם |
| inventory-taking | סְפִירַת מְלַאי |
| counting from the second day of Passover to *Shavuoth* | סְפִירַת הָעוֹמֶר |
| A.D., C.E. | לַסְּפִירָה, לִסְפִירַת-הַנּוֹצְרִים |
| cup | סֵפֶל ז. |
| small cup | סִפְלוֹן ז. |
| sailor, seaman | סַפָּן ז. |
| seamanship; shipping | סַפָּנוּת נ. |
| bench | סַפְסָל ז. |
| school | סַפְסַל-הַלִּימּוּדִים |
| on trial | עַל סַפְסַל-הַנֶּאֱשָׁמִים |
| profiteer, speculator | סַפְסָר ז. |
| profiteering | סַפְסָרוּת נ. |
| to clap (in grief) | סָפַק |
| doubt | סָפֵק ז. |
| supplier, distributor | סַפָּק ז. |
| doubt | סְפֵקוּת נ. |
| skeptic | סַפְקָן ת. |
| skepticism | סַפְקָנוּת נ. |
| to count | סָפַר |
| book | סֵפֶר ז. |
| textbook | סֵפֶר-לִימּוּד |
| reference book | סֵפֶר-עֵזֶר |
| *Torah* scroll | סֵפֶר-תּוֹרָה |
| British White Paper issued in Palestine | הַסֵּפֶר הַלָּבָן |
| Apocrypha | סְפָרִים חִיצוֹנִים |
| land registry | סִפְרֵי-הָאֲחוּזָּה |
| Holy Scriptures | סִפְרֵי-הַקּוֹדֶשׁ |
| barber, hairdresser | סַפָּר ז. |
| border, frontier | סְפָר ז. |
| Spain | סְפָרַד, סְפָרָד נ. |
| Spanish; *Sephardi*, a Jew of non-European origin | סְפָרָדִי ת. |
| booklet | סִפְרוֹן ז. |
| hairdressing | סַפָּרוּת נ. |
| literature | סִפְרוּת נ. |
| rabbinic literature | סִפְרוּת-חֲזַ"ל |
| *belles lettres* | סִפְרוּת יָפָה |
| biblical literature | סִפְרוּת מִקְרָאִית |
| comparative literature | סִפְרוּת מַשְׁוָוה |
| literary | סִפְרוּתִי ת. |
| library | סִפְרִיָּיה נ. |
| bookmobile | סִפְרִיָּיה נַיֶּידֶת |
| librarian | סַפְרָן ז. |
| librarianship, library science | סַפְרָנוּת נ. |
| scene | סְצֵינָה נ. |
| stoning | סְקִילָה נ. |
| sketch | סְקִיצָה נ. |
| survey, review, report | סְקִירָה נ. |
| to stone | סָקַל |
| to survey, review; look | סָקַר |
| survey, study, poll | סֶקֶר ז. |
| curious, inquisitive | סַקְרָן ז. |
| curiosity; inquisitiveness | סַקְרָנוּת נ. |
| to move away, turn aside | סָר |
| to be a subordinate, obey | סָר לְמָרוּת |
| overall | סַרְבָּל ז. |
| disobedient, objector | סָרְבָן ז. |
| draft resistor, conscientious objector | סָרְבַן גִּיוּס |
| tax resistor | סָרְבַן מַס |
| disobedience, objection | סָרְבָנוּת נ. |
| to knit | סָרַג |
| ruler | סַרְגֵּל ז. |
| slander | סָרָה נ. |
| knitted | סָרוּג ת. |
| stinking | סָרוּחַ ת. |
| combed | סָרוּק ת. |

| | |
|---|---|
| סָרַח | to stink; be corrupted |
| סֶרַח ז. | excess |
| סָרַט | to scratch |
| סֶרֶט ז. | film, movie; tape; ribbon, band |
| סֶרֶט אִילֵּם | silent movie |
| סֶרֶט-בִּידּוּד | insulating tape |
| סֶרֶט-מְדִידָה | measuring tape |
| סֶרֶט נָע | assembly line |
| סֶרֶט-עֲלִילָה, -עֲלִילָתִי | feature movie |
| סֶרֶט-קולנוֹעַ | theatrical movie |
| סֶרֶט-שַׁרווּל | armband |
| סֶרֶט תִּיעוּדִי | documentary film |
| סרטוֹן ז. | short film, filmstrip |
| סַרטָן ז. | cancer; crab |
| סַרטַן-דָּם | leukemia |
| סַרטַן-עוֹר | skin cancer |
| סַרטַן-רֵיאוֹת | lung cancer |
| סַרטַן-שָׁד | breast cancer |
| סַרטָנִי ת. | cancerous |
| סָרִיג ז. | grille, grid; plate rack |
| סְרִיגָה נ. | knitting |
| סְרִיטָה נ. | scratch |
| סָרִיס ז. | eunuch, castrated |
| סְרִיקָה נ. | combing; search |
| סֶרֶן ז. | captain; axle |
| סַרסוּר ז. | pimp |
| סַרעֶפֶת נ. | diaphragm |
| סָרַק | to comb; scan, search (area) |
| סְרָק ז. | futility; futile |
| סָרַר | to rebel, disobey |
| סְתַגְלָן ת. | adaptable |
| סְתַגְלָנוּת נ. | adaptability |
| סְתַגְרָן ז. | recluse |
| סְתַגְרָנוּת נ. | reclusion |
| סְתָו, סְתָיו ז. | autumn, fall |
| סְתָווִי ת. | autumnal |
| סָתוּם ת. | closed, shut, clogged; obscure, unclear; blockhead *(col.)* |
| סְתִימָה נ. | closing, shutting, clogging |
| סְתִימַת פֶּה | silencing |
| סְתִימַת שֵׁן | cavity-filling |
| סְתִירָה נ. | contradiction, conflict |
| סָתַם | to close, shut, clog |
| סָתַם אֶת הַגּוֹלֵל | to put an end to |
| סָתַם אֶת הַפֶּה | to shut up |
| סְתָם ז. | just, merely; vague |
| מִן הַסְּתָם | probably |
| סֶתֶם ז. | plug, stopper |
| סְתָמִי ת. | vague; meaningless; parve |
| סְתָמִיּוּת נ. | vagueness |
| סָתַר | to contradict, conflict |
| סֵתֶר ז. | hiding place; secrecy |
| בַּסֵּתֶר | secretly |
| סְתַרְשָׁף ז. | flash-concealer (in guns) |
| סַתָּת ז. | stonecutter |
| סַתָּתוּת נ. | stonecutting |

# ע

| | |
|---|---|
| *Ayin;* seventy (numerical value) | ע |
| cloud | עָב ז. |
| to work; worship | עָבַד |
| slave | עֶבֶד ז. |
| willing slave | עֶבֶד נִרְצָע |
| slavery | עַבְדוּת נ. |
| thick-bearded man | עַבְדְקָן ז. |
| thick, coarse | עָבֶה ת. |
| work, labor, job, employment; assignment, paper | עֲבוֹדָה נ. |
| idolatry, paganism | עֲבוֹדָה זָרָה |
| unskilled labor | עֲבוֹדָה שְׁחוֹרָה |
| agriculture, farming | עֲבוֹדַת-אֲדָמָה |
| handwork, handmade | עֲבוֹדַת-יָד |
| manual labor | עֲבוֹדַת-כַּפַּיִים |
| tedious work | עֲבוֹדַת-נְמָלִים |
| hard labor | עֲבוֹדַת-פֶּרֶךְ |
| teamwork | עֲבוֹדַת-צֶוֶות |
| worship | עֲבוֹדַת-קוֹדֶשׁ |
| for | עֲבוּר, בַּעֲבוּר י. |
| thick | עָבוֹת ת. |
| heavy rope | עֲבוֹת ז. נ.(עֲבוֹתוֹת) |
| passable | עָבִיר ת. |
| offense; sin; violation | עֲבֵירָה נ. |
| criminal offense | עֲבֵירָה פְּלִילִית |
| tax violation | עֲבֵירַת-מַס |
| traffic violation | עֲבֵירַת-תְּנוּעָה |
| to pass, cross; elapse; move, relocate; shift | עָבַר |
| to go over, review; violate | עָבַר (עַל) |
| to go through, experience | עָבַר עָלָיו |
| past; past tense | עָבָר ז. |
| side | עֵבֶר ז. |
| Transjordan | עֵבֶר-הַיַּרְדֵּן |
| toward | לְעֵבֶר |
| across, beyond | מֵעֵבֶר ל- |
| Hebrew | עִבְרִי ת. |
| offender, criminal | עֲבַרְיָן ז. |
| repeat offender | עֲבַרְיָן מוּעָד |
| fugitive | עֲבַרְיָן נִמְלָט |
| juvenile delinquent | עֲבַרְיָן צָעִיר |
| delinquency, crime | עֲבַרְיָנוּת נ. |
| juvenile delinquency | עֲבַרְיָנוּת-נוֹעַר |
| Hebrew language | עִבְרִית נ. |
| moldy | עָבֵשׁ ת. |
| to make love | עָגַב |
| love, lust | עֲגָבִים ז.ר. |
| tomato | עַגְבָנִיָּה נ. |
| syphilis | עַגֶּבֶת נ. |
| slang; dialect | עָגָה נ. |
| round | עָגוֹל ת. |
| gloomy | עָגוּם ת. |
| unable to remarry due to disappearance of spouse | עָגוּן ז., עֲגוּנָה נ. |
| crane (bird) | עָגוּר ז. |
| crane | עֲגוּרָן ז. |
| love-making | עֲגִיבָה נ. |
| earring | עָגִיל ז. |
| anchoring | עֲגִינָה נ. |
| inability to remarry | עֲגִינוּת נ. |
| calf | עֵגֶל ז. |
| rounded | עֲגַלְגַּל ת. |
| heifer | עֶגְלָה נ. |
| wagon, carriage, cart; trolley | עֲגָלָה נ. |
| handcart | עֶגְלַת-יָד |
| baby carriage | עֶגְלַת-יְלָדִים, -תִּינוֹק |
| wagoner, coachman | עֶגְלוֹן ז. |
| sad | עַגְמוּמִי ת. |
| sadness | עַגְמוּמִיּוּת נ. |
| to anchor | עָגַן |

| | |
|---|---|
| עַד י. | until, till, up to |
| עַד כְּדֵי כָּךְ | this much, so much |
| עַד כֹּה | until now, hitherto |
| עַד כַּמָּה שֶׁ- | as far as, as much as |
| וְעַד בִּכְלָל | inclusive |
| עַד ז. | eternity |
| עֲדֵי עַד, לָעַד | forever |
| עֵד ז. | witness |
| עֵד-אוֹפִי | character witness |
| עֵד-הֲגָנָה | defense witness |
| עֵד-מְדִינָה | State witness |
| עֵד עוֹיֵן | hostile witness |
| עֵד-רְאִיָּה | eyewitness |
| עֵד-תְּבִיעָה | prosecution witness |
| עֵדָה נ. | community; ethnic group; group |
| עֲדוֹת-הַמִּזְרָח | Oriental communities (Jews from Islamic countries) |
| עֵדוּת נ. | testimony |
| עֵדוּת-שְׁמִיעָה | hearsay |
| עֵדוּת-שֶׁקֶר | false testimony |
| עֲדִי ז. | jewel, ornament |
| עֲדַיִין תפ. | yet, still |
| עָדִין ת. | gentle, delicate; fine |
| עֲדִינוּת נ. | gentleness |
| עָדִיף ת. | preferable |
| עֲדִיפוּת נ. | preference |
| עֲדִירָה נ. | hoeing, digging |
| עַדְלָיָדַע ז. | *Purim* carnival |
| עֵדֶן ז. | pleasure; Eden, paradise |
| עָדַר | to hoe, dig |
| עֵדֶר ז. | herd, flock |
| עֲדָשָׁה נ. | lens |
| עֲדָשַׁת-מַגָּע | contact lens |
| עֲדָשִׁים ז.ר. | lentils |
| עֲדָתִי ת. | ethnic; communal |
| עֲדָתִיּוּת נ. | ethnicity, ethnic distinction |
| עוֹבֵד ז. | worker, laborer |
| עוֹבֵד אֱלִילִים | idolater |
| עוֹבֵד מְדִינָה | State employee |
| עוֹבֵד נִיקָּיוֹן | janitor |
| עוֹבֵד עַצְמָאִי | self-employed |
| עוּבַּד | to be cultivated; be worked; be processed; be arranged |
| עוּבְדָּה נ. | fact |
| עוּבְדָּה קַיֶּימֶת | established fact |
| עוּבְדָּתִי ת. | factual |
| עוֹבִי ז. | thickness |
| עוֹבֵר ז. | passing |
| עוֹבֵר אוֹרַח | passer-by |
| עוֹבֵר וָשָׁב | checking account |
| עוֹבֵר לַסּוֹחֵר | legal tender |
| עוֹבְרִים וְשָׁבִים | passers-by |
| עוּבָּר ז. | fetus, embryo |
| עוּבְּרָה | to be impregnated |
| עוּבְרַת | to be Hebraized |
| עוֹבֶשׁ ז. | mildew, mold |
| עוּגָב ז. | organ |
| עוּגָה נ. | cake |
| עוּגִיָּה נ. | cookie |
| עוּגַּל | to be rounded off |
| עוֹגְמַת-נֶפֶשׁ נ. | sorrow, distress |
| עוֹגֶן ז. | anchor |
| עוֹד תפ. | more; another; still; anymore; already |
| עוֹד לֹא | not yet |
| עוֹד מְעַט | in a little while |
| בְּעוֹד | while; in another |
| בְּעוֹד מוֹעֵד | in time, in advance |
| וְעוֹד אֵיךְ | the more so, definitely |
| מִבְּעוֹד יוֹם | a day in advance |
| מֵעוֹדוֹ (לֹא) | (he) never |
| כָּל עוֹד | as long as |
| עוֹדֵד | to encourage |
| עוֹדַד | to be encouraged |
| עוּדְכַּן | to be updated |
| עוּדַּן | to be refined |

| | |
|---|---|
| עוֹדֵף ת. | superfluous, extra |
| עוֹדֶף ז. | surplus; change (money) |
| עֲוָיָה נ. | facial twist |
| עֲוִית נ. | spasm, convulsion |
| עָוֶל ז., עַוְלָה נ. | injustice |
| עָווֹן ז.(עֲווֹנוֹת) | sin |
| עוּוַּת | to be distorted; be deformed |
| עוֹז ז. | courage; strength |
| עוֹזֵר ז. | helper, assistant, aide |
| עוֹזֵר הוֹרָאָה | teaching assistant |
| עוֹזֶרֶת בַּיִת | housemaid |
| עוֹטְפָן ז. | folder |
| עוֹיֵן ת. | hostile |
| עוֹיְנוּת נ. | hostility |
| עוּכַּל | to be digested |
| עוֹכֵר ז. | trouble-maker, adversary |
| בְּעוֹכְרָיו | causing him failure |
| עוּל-יָמִים | young |
| עוֹל ז. | burden, yoke |
| עוֹלֵב ת. | insulting, offending |
| עוֹלֶה ת. | ascending, rising |
| עוֹלֶה ז. | immigrant to Israel |
| עוֹלֶה בְּכוֹחַ | potential immigrant |
| עוֹלֶה חָדָשׁ | new immigrant |
| עוֹלֵה רֶגֶל | pilgrim |
| עוֹלֵל (ל-) | to do (bad) |
| עוֹלָל, עוֹלֵל ז. | infant |
| עוֹלָם ז.(עוֹלָמוֹת) | world, universe |
| הָעוֹלָם הַבָּא | next world, after death |
| הָעוֹלָם הַזֶּה | this world, in this life |
| הָעוֹלָם הַתַּחְתּוֹן | underworld |
| לְעוֹלָם | forever |
| מֵעוֹלָם (לֹא) | never |
| עוֹלָמִי ת. | world-wide, universal |
| עוֹלֶשׁ ז. | chicory |
| עוּמַּד | to be paginated |
| עוֹמֶס ז. | load |
| עוּמְעַם | to be dimmed |
| עוֹמֶק ז. | depth |
| עוֹמֶר ז. | sheaf of corn |
| עוֹנֶג ז. | pleasure |
| עוֹנֶג-שַׁבָּת | Sabbath celebration |
| עוֹנָה נ. | season |
| עוּנָּה | to be tortured |
| עוֹנִי ז. | poverty |
| עוּניַּין | to be interested |
| עוֹנֶשׁ ז. | punishment, penalty |
| עוֹנֶשׁ-מַאֲסָר | prison sentence |
| עוֹנֶשׁ-מָוֶת | death penalty |
| עוֹנָתִי ת. | seasonal |
| עוֹף ז.(עוֹפוֹת) | bird; chicken, poultry |
| עוֹף דּוֹרֵס | bird of prey |
| עוֹפֶל ז. | citadel |
| עוֹפֵף | to fly |
| עוֹפֶר ז. | young deer |
| עוֹפֶרֶת נ. | lead (metallic element) |
| עוּצַּב | to be designed |
| עוּצְבָּה נ. | battalion |
| עוּצְבַּן | to be be aggravated |
| עוֹצְמָה נ. | might, force, power; intensity |
| עוֹצֶר ז. | curfew |
| עוֹצֵר ז. | regent |
| עוֹצֵר נְשִׁימָה ת. | breathtaking |
| עוֹקֵב ת. ז. | subsequent, consecutive, follower; cardinal (number); trailer |
| עוֹקְדָן ז. | binder |
| עוּקַּל | to be foreclosed, confiscated |
| עוּקַּם | to be bent, twisted |
| עוֹקֶם ז. | curve, twist |
| עוֹקֵף ת. | bypassing |
| עוֹקֶץ ז. | thorn, sting |
| עוֹקְצָנוּת נ. | sting; sarcasm |
| עוֹקְצָנִי ת. | stinging; sarcastic |
| עוּקַּר | to be sterilized |
| עוֹר ז.(עוֹרוֹת) | skin; leather |
| עוֹרֵב ז. | crow |

| | |
|---|---|
| עוּרְבָּא פָּרַח | unreal, nonsense |
| עוּרְבַּב | to be mixed; be mixed-up, be confused |
| עוּרְבַּל | to be mixed |
| עוּרְגַּל | to be rolled (iron) |
| עוּרְטַל | to be stripped, undressed |
| עוֹרֵךְ ז. | editor |
| עוֹרֵךְ דִּין | lawyer |
| עוֹרֵךְ חֲדָשׁוֹת | news editor |
| עוֹרֵךְ עִיתּוֹן | newspaper editor |
| עוֹרֵךְ רָאשִׁי | editor-in-chief |
| עוֹרְלָה נ. | foreskin |
| עוֹרְמָה נ. | cunning, shrewdness |
| עוּרְעַר | to be destabilized, undermined; be appealed |
| עוֹרֶף ז. | back of the neck; rear |
| עוֹרְפִּי ת. | rear, back |
| עוּרְפַּל | to be made foggy; be blurred |
| עוֹרֵק, עוֹרֶק ז. | artery |
| עוֹרֶק-תְּנוּעָה | traffic artery |
| עוֹרְקִי ת. | arterial |
| עוֹרֵר | to awaken; stir; raise |
| עוֹרֵר ז. | appellant |
| עוֹשֶׂה רוֹשֶׁם (שֶׁ-) | it seems *(col.)* |
| עוּשַּׁן | to be smoked |
| עוֹשֶׁק ז. | exploitation; oppression |
| עוֹשֶׁר ז. | wealth, richness |
| עוֹתֶק ז. | copy |
| עוֹתֵר ז. | petitioner |
| עַז ת. | strong, powerful |
| עֵז נ. (עִיזִּים) | goat |
| עָזַב | to leave; abandon |
| עָזוּב ת. | abandoned, deserted; neglected |
| עֲזוּבָה נ. | neglect; desolation |
| עַזּוּת-מֵצַח, -פָּנִים | insolence |
| עֲזִיבָה נ. | leaving; desertion |
| עָזַר (ל-) | to help, aid, assist |
| עֵזֶר ז. | help, support |
| עֶזְרָה נ. | help, aid, assistance |
| עֶזְרָה הֲדָדִית | mutual assistance |
| עֶזְרָה רִאשׁוֹנָה | first aid |
| בְּעֶזְרַת הַשֵּׁם | with God's help |
| עֲזָרָה נ. | enclosure |
| עֶזְרַת-נָשִׁים | women's section in the synagogue |
| עָט | to dart, swoop |
| עֵט ז. | pen |
| עֵט כַּדּוּרִי | ballpoint pen |
| עֵט נוֹבֵעַ | fountain pen |
| עָטָה | to put on, be covered with |
| עָטוּף ת. | wrapped, shrouded |
| עָטוּר ת. | crowned, decorated |
| עָטִין ז. | udder |
| עֲטִיפָה נ. | wrapping; cover |
| עֲטִישָׁה נ. | sneeze |
| עֲטַלֵּף ז. | bat |
| עָטַף | to wrap; cover, coat |
| עָטַר | to crown; encircle |
| עֲטָרָה נ. | crown; wreath |
| עִי ז. | ruin |
| עִיבֵּד | to process; cultivate; arrange |
| עִיבָּה | to thicken |
| עִיבּוּד ז. | cultivation; processing; arrangement |
| עִיבּוּד מוּסִיקָלִי | musical arrangement |
| עִיבּוּד נְתוּנִים | data processing |
| עִיבּוּד תַּמְלִילִים | word processing |
| עִיבּוּי ז. | thickening |
| עִיבּוּר ז. | impregnation; city outskirts |
| עִיבֵּר | to impregnate |
| עִיבְרוּת ז. | Hebraization |
| עִיבְרֵת | to Hebraize |
| עִיגּוּל ז. | circle; rounding off |
| עִיגּוּלִי ת. | circular, round |
| עִיגּוּן ז. | anchoring; desertion of a spouse |

*adv*=תפ *adj*=ת *pl*=ר *fem*=נ *pro*=כ *prep*=י *con*=ח *du*=זו *mas*=ז

| | |
|---|---|
| עִיגֵּל | to round off |
| עִיגֵּן | to anchor; link, attach |
| עִידּוּד ז. | encouragement |
| עִידּוּן ז. | refinement |
| עִידִית נ. | good soil |
| עִידְכּוּן ז. | updating, update |
| עִידְכֵּן | to update |
| עִידֵּן | to refine |
| עִידָּן ז. | era, period, time |
| עִיוֵּר | to blind |
| עִיוֵּר ת. | blind |
| עִיוָּרוֹן ז. | blindness |
| עִיוֵּת | to twist; distort |
| עִיוּוּת ז. | twisting; distortion; inequity |
| עִיוּוּת דִּין | injustice |
| עִיּוּן ז. | study, examination |
| בְּעִיּוּן | thoroughly, carefully |
| עִיּוּנִי ת. | theoretical |
| עִיּוּר ז. | urbanization |
| עִיזָּבוֹן ז. | inheritance, estate |
| עַיִט ז. | vulture |
| עִיטּוּר ז. | decoration |
| עִיטֵּר | to decorate |
| עִיֵּין (בְּ-) | to study, examine |
| עִיֵּיף | to tire, exhaust |
| עֲיָירָה נ. | small town; *shtetl* |
| עֲיָירַת-פִּיתּוּחַ | development town |
| עִיכֵּב | to delay |
| עִיכָּבוֹן ז. | lien |
| עִיכּוּב ז. | delay |
| עִיכּוּל ז. | digestion |
| עִיכֵּל | to digest |
| עִילָּאִי ת. | supreme; divine |
| עִילֵּג ת. | stutterer |
| עִילְּגוּת נ. | stuttering |
| עִילָּה | to raise, elevate; praise |
| עִילָּה נ. | pretext, excuse |
| עִילּוּי ז. | raising, elevation |
| עִילּוּי נְשָׁמָה | raising the soul |
| עִילּוּי ת. | genius |
| עִילּוּם ז. | concealment |
| בְּעִילּוּם שֵׁם | anonymously, incognito |
| עִילִּי ת. | upper |
| עִילִּית נ. | elite |
| עִילְעוּל ז. | flipping over, turning pages |
| עִלְעֵל (בְּ-) | to flip over, turn pages |
| עִילָּפוֹן ז. | fainting, unconsciousness |
| עִימֵּד | to paginate |
| עִימּוּד ז. | pagination |
| עִימּוּם ז. | dimming |
| עִימּוּת ז. | confrontation; debate |
| עִימּוּת טֶלֶבִיזְיוֹנִי | television debate |
| עִימֵּל | to exercise |
| עִימְלֵן | to starch |
| עִימְעוּם ז. | dimming |
| עִימְעֵם | to dim |
| עִימֵּת | to confront; compare |
| עַיִן נ. (עֵינַיִים) | eye |
| עַיִן חַדָּה | sharp eye, sharp vision |
| עַיִן צָרָה | jealousy |
| עַיִן הָרָע | evil eye |
| בְּעַיִן בִּלְתִּי-מְזוּיֶּנֶת | with a naked eye |
| בְּעַיִן יָפָה | favorably; generously |
| כְּעֵין, מֵעֵין | like, such as |
| בְּעֵינוֹ | the same |
| עַיִן נ. (עֲיָנוֹת) | fountain, spring |
| עַיִן נ. | sixteenth letter of the alphabet |
| עַיִן-הַפּוֹעַל | second consonant of the verbal root |
| עֵינָב ז. | grape |
| עִינָּה | to torture |
| עִינּוּג ז. | pleasure |
| עִינּוּי ז. | torture |
| עִיסָּה נ. | dough |
| עִיסָּה | to massage |
| עִיסּוּי ז. | massage |

*adv*=תפ *adj*=ת *pl*=ר *fem*=נ *pro*=כ *prep*=י *con*=ח *du*=זו *mas*=ז 222

| | |
|---|---|
| עִיסוּק ז. | occupation |
| עִיסְקָה נ. | deal, transaction |
| עִיסְקַת-חֲבִילָה | package deal |
| עִיסְקַת-חֲלִיפִין | exchange deal, swap |
| עִיסְקַת-טִיעוּן | plea bargaining |
| עָיֵף ת. | tired |
| עֲיֵפוּת נ. | tiredness, fatigue |
| עִיפְעֵף | to blink, flicker |
| עִיפָּרוֹן ז.(עֶפרוֹנוֹת) | pencil |
| עִיצֵּב | to design |
| עִיצּוּב ז. | designing, design |
| עִיצּוּב פְּנִים | interior design |
| עִיצּוּם ז. | strengthening, strength |
| בְּעִיצּוּמוֹ שֶׁל | at the height of |
| עִיצּוּמִים ז.ר. | sanctions |
| עִיצּוּר ז. | consonant |
| עִיקְבִי ת. | consistent |
| עִיקְבִיּוּת נ. | consistency |
| עִיקּוּב ז. | tracking, following |
| עִיקּוּל ז. | foreclosure, confiscation; bend, curve |
| עִיקּוּם ז. | bending, twisting, curvature |
| עִיקּוּף ז. | bypass |
| עִיקּוּר ז. | sterilization |
| עִיקֵּל | to foreclose, confiscate; bend |
| עִיקֵּם | to bend, twist |
| עִיקֵּר | to sterilize |
| עִיקָּר ז. | essence |
| בְּעִיקָּר | mainly, primarily |
| עִיקָּרוֹן ז.(עֶקרוֹנוֹת) | principle |
| עִיקָּרִי ת. | main, essential |
| עִיקֵּשׁ ת. | stubborn |
| עִיקְּשׁוּת נ. | stubbornness |
| עִיר נ.(עָרִים) | city, town |
| עִיר-בִּירָה | capital city |
| עִיר-מִבְצָר | fortified city |
| עִיר-נָמָל | port city |
| עִיר-הַקּוֹדֶשׁ | Holy City, Jerusalem |
| עִיר-רְפָאִים | ghost town |
| עִיר-שָׂדֶה | provincial town |
| עַיִר ז. | young ass |
| עֵירַב, עֵירֵב | to mix; involve |
| עִירְבֵּב | to mix, blend, mix up |
| עִירְבּוּב ז. | mixing, blending, mixing up |
| עִירְבּוּבְיָה נ. | mix–up, mess |
| עִירְבּוּל ז. | mixing |
| עֵירָבוֹן ז.(עֵרבוֹנוֹת) | earnest money, collateral |
| עִירְבֵּל | to mix; blend |
| עִירְגּוּל ז. | rolling iron |
| עִירְגֵּל | to roll iron |
| עֵירוּב ז. | mixing |
| עֵירוּי ז. | infusion |
| עֵירוּי דָּם | blood transfusion |
| עֵירוֹם ז. ת. | nudity; naked |
| עֵירוֹם וְעֶרְיָה | stark naked |
| עִירוֹנִי ת. | municipal, urban |
| עִירְטוּל ז. | uncovering, undressing |
| עִירְטֵל | to uncover, undress, denude |
| עִירִיָּיה נ. | municipality, city hall |
| עֵירָנוּת נ. | alertness |
| עֵירָנִי ת. | alert, watchful |
| עִירְעוּר ז. | appeal; destabilization |
| עִירְעֵר | to destabilize, undermine |
| עִירְעֵר (עַל) | to appeal, protest |
| עִירְפּוּל ז. | fogginess, blur |
| עִירְפֵּל | to fog, blur |
| עִישּׁוּן ז. | smoking |
| עִישֵּׁן | to smoke |
| עִיתּוּי ז. | timing |
| עִיתּוֹן ז. | newspaper |
| עִיתּוֹנָאוּת נ. | journalism |
| עִיתּוֹנַאי ז. | journalist, reporter |
| עִיתּוֹנָאִי ת. | journalistic |
| עִיתּוֹנוּת נ. | press |
| עַכָּבִישׁ ז. | spider |

*adv*=תפ *adj*=ת *pl*=ר *fem*=נ *pro*=כ *prep*=י *con*=ח *du*=זו *mas*=ז

| | |
|---|---|
| עַכְבָּר ז. | mouse |
| עַכְבָּרוֹן ז. | small mouse |
| עַכְבְּרוֹשׁ ז. | rat |
| עַכּוּז ז. | buttock |
| עָכוּר ת. | murky, turbid; gloomy |
| עֶכֶס ז. | anklet |
| עַכְסָן ז. | rattlesnake |
| עַכרוּרִי ת. | slightly turbid |
| עַכרוּרִית נ. | turbidity |
| עַכְשָׁו, עַכשָׁיו תפ. | now |
| עַכשָׁוִי ת. | current, present |
| עַל י. | on, upon, over; about |
| עַל אוֹדוֹת | about, regarding |
| עַל אַחַת כַּמָּה וְכַמָּה | all the more so |
| עַל אַף | despite |
| עַל בּוּרְיוֹ | thoroughly |
| עַל בָּטוּחַ | for sure |
| עַל גַּבֵּי | on top of |
| עַל דַּעַת | with the knowledge of; on behalf of |
| עַל-יַד | near, next to |
| עַל-יְדֵי | by, through |
| עַל כּוּרחוֹ | against his will |
| עַל כָּל פָּנִים | in any case, anyhow |
| עַל כֵּן | therefore |
| עַל לֹא דָּבָר | for nothing; 'don't mention it', 'you are welcome' |
| עַל מְנָת | in order to |
| עַל הַמָּקוֹם | on the spot |
| עַל נְקַלָּה | easily |
| עַל סֵדֶר-הַיּוֹם | on the agenda |
| עַל סְמַךְ | on the basis of |
| עַל-פֶּה | orally; by heart |
| עַל פִּי | according to |
| עַל פִּי רוֹב | mostly, by and large |
| עַל פְּנֵי | over, on top of |
| עַל רֶגֶל אַחַת | in a hurry |
| עַל שׁוּם | because |
| עַל שֵׁם | in the name of, in memory of |
| עַל תְּנַאי | on condition, probationary |
| מֵעַל ל- | on top of, above |
| מֵעַל לַמְּצוּפֶּה | beyond expectations |
| עָלָיו הַשָּׁלוֹם | 'may he rest in peace' |
| לֹא עָלֶיךָ | 'may it not happen to you' |
| עַל | super-, above |
| עַל-אֱנוֹשִׁי | superhuman |
| עַל-טִבעִי | supernatural |
| עַל-יְסוֹדִי | post-elementary |
| עַל-סְגוּלִי | ultraviolet |
| עַל-קוֹלִי | supersonic |
| עָלַב | to insult |
| עֶלְבּוֹן ז.(עֶלבּוֹנוֹת) | insult, offense |
| עָלָה (לוֹ) | to cost (someone) |
| עָלָה בְּיוֹקֶר | to be costly, expensive |
| עָלָה | to go up, rise, ascend; immigrate (to Israel) |
| עָלָה בָּאֵשׁ,-בַּלֶּהָבוֹת | to go up in flames |
| עָלָה בְּדַעתּוֹ, -עַל דַּעתּוֹ | to come to one's mind, occur to |
| עָלָה בְּדַרגָּה | to be promoted |
| עָלָה בְּיָדוֹ | to manage, succeed |
| עָלָה בְּקָנֶה אֶחָד | to agree with, coincide |
| עָלָה בַּתּוֹהוּ | to go in vain, fail |
| עָלָה יָפֶה | to go well, succeed |
| עָלָה לִגדוּלָּה | to reach prominence |
| עָלָה לַדּוּכָן | to take the floor |
| עָלָה לַתּוֹרָה | to be called up to read the *Torah* |
| עָלָה עַל | to exceed, surpass; trace |
| עָלָה עַל גְּדוֹתָיו | to overflow |
| עָלָה עַל הַמְּשׁוֹעָר | to exceed expectations |
| עָלָה עַל הָעֲצַבִּים | to get on someone's nerves *(col.)*, aggravate |
| עָלָה עַל עִקבוֹתָיו | to track down |

| | |
|---|---|
| עָלָה עַל הַפֶּרֶק | to be discussed |
| עָלָה עַל הַקַּרְקַע | to establish a settlement |
| עָלֶה ז. | leaf |
| עֲלֵה-דַּפְנָה | bay leaf |
| עֲלֵה-תְּאֵנָה | fig leaf |
| עָלוּב ת. | miserable; meager |
| עָלוּל ת. | may, liable |
| עָלוּם ת. | concealed, unknown |
| עֲלוּם-שֵׁם | anonymous |
| עֲלוּמִים ז.ר. | youth, young age |
| עָלוֹן ז. | bulletin |
| עֲלוּקָה נ. | leech |
| עֲלוּת נ. | cost |
| עָלַז | to rejoice |
| עֲלָטָה נ. | darkness |
| עֱלִי ז. | pestle |
| עֲלִיבָה נ. | insulting, insult |
| עֶלְיוֹן ת. | upper, supreme, super |
| עֶלְיוֹנוּת נ. | superiority |
| עַלִּיז ת. | cheerful, gay |
| עֲלִיָּה נ. | rising; ascent; immigration to Israel |
| עֲלִיַּת-גַּג | attic |
| עַלִּיזוּת נ. | cheerfulness, gaiety |
| עֲלִילָה נ. | plot; act; libel |
| עֲלִילַת-דָּם | blood libel |
| עֲלִילַת-שָׁוְא | false accusation |
| עֲלִילָתִי ת. | of a plot; containing action |
| עֲלִיצוּת נ. | joy |
| עֶלֶם ז. | young man |
| עַלְמָה נ. | young woman |
| עַלְמוּת נ. | youth |
| עָלַץ | to rejoice |
| עַם ז. | people, nation |
| עַם-הָאָרֶץ | ignorant |
| עַם-סְגוּלָּה | unique nation |
| עִם י. | with; by |
| עָמַד | to stand, stand up, rise; stop |
| עָמַד בְּ- | to withstand, overcome |
| עָמַד בִּבְחִינָה | to pass a test |
| עָמַד בְּדִיבּוּרוֹ | to keep one's word |
| עָמַד בִּפְנֵי | to stand against, face |
| עָמַד דוֹם | to stand at attention |
| עָמַד לְ- | to be about to |
| עָמַד לְדִין | to stand trial |
| עָמַד לִימִין | to stand by, support |
| עָמַד לִרְשׁוּתוֹ | to be at one's disposal |
| עָמַד מִלֶּכֶת | to stop, halt |
| עָמַד עַל | to insist; probe; discuss |
| עָמַד עַל כְּרְעֵי תַּרְנְגוֹלֶת | to be shaky |
| עָמַד עַל הַמֶּקַח | to bargain |
| עָמַד עַל הַמִּשְׁמָר | to be on guard |
| עָמַד עַל הַפֶּרֶק | to be on the agenda |
| עָמַד עַל פִּרְקוֹ | to mature |
| עָמַד עַל שֶׁלּוֹ | to refuse to budge |
| עֶמְדָּה נ. | position, stand, post |
| עֶמְדַּת-אֵשׁ | firing position |
| עֶמְדַּת-הֲגָנָה | defensive position |
| עֶמְדַּת-כּוֹחַ | position of strength |
| עֶמְדַּת-מִיקּוּחַ | bargaining position |
| עֶמְדַּת-מַפְתֵּחַ | key position |
| עֶמְדַּת-תַּצְפִּית | observation post |
| עַמּוּד ז. | page; column, pillar; pole |
| עַמּוּד-חַשְׁמָל | electricity pole |
| עַמּוּד-קָלוֹן | pillory |
| עַמּוּד רִאשׁוֹן | front page |
| עַמּוּד-הַשַּׁחַר | dawn, daybreak |
| עַמּוּד-הַשִּׁדְרָה | spinal column |
| עַמּוּד-תָּוֶךְ | central pillar |
| עַמּוּד-תְּלִיָּה | gallows |
| עַמּוּדָה נ. | print column |
| עָמוּם ת. | dim; dull |
| עָמוּס ת. | loaded; burdened |
| עָמוּס לַעֲיֵפָה | overloaded |
| עָמוֹק ת. | deep |

*adv*=תפ *adj*=ת *pl*=ר *fem*=נ *pro*=כ *prep*=י *con*=ח *du*=זו *mas*=ז

עֲמוּתָה נ. association
עָמִיד ת. resistant, withstanding
עֲמִידָה נ. standing; resistance; a prayer recited while standing
עֲמִידוּת נ. resistance
עָמִיל ז. broker, agent
עֲמִיל-מֶכֶס customs broker
עֲמִילָן ז. starch
עָמִית ז. colleague, associate
עָמַל to work hard, make an effort
עָמֵל ז. hard worker, laborer
עָמָל ז. hard work, labor
עַמְלָה נ. commission, fee
עֲמָמִי ת. popular; informal, simple
עֲמָמִיּוּת נ. informality, simplicity
עַמְעָם ז. silencer, muffler; dimmer
עָמַק to be deep
עֵמֶק ז. valley
עֵמֶק-הַשָּׁוֶה compromise
עמקוּת, עמקָנוּת נ. depth
עָנַב to tie, wear a necktie
עֲנָבִים ז.ר. grapes
ענבָּל ז. clapper
ענבָּר ז. amber
עָנַד to wear (jewelry)
עֶנֶד ז. tie
עָנָה (ל-) to answer, reply, respond
עָנָו, ענוותָן ת. humble, modest
עָנוֹג ת. delicate, tender
עֲנָוָה נ. modesty, humility
עָנִי ת. poor
עָנִי מָרוּד destitute
עֲנִיבָה נ. necktie, tie
עֲנִיבַת-חֶנֶק noose
עֲנִיבַת-פַּרְפַּר bow tie
עֲנִידָה נ. wearing jewelry
עֲנִיּוּת נ. poverty
עֲנִיּוּת-דַּעַת humble opinion

עִנְיָן ז. interest; matter
עִנְיָנִי ת. relevant, to the point
עֲנִישָׁה נ. punishment, penalty
עָנָן ז. cloud
עֲנָנָה נ. dark or heavy cloud
עָנָף ז. branch
עָנֵף ת. branched-out; extensive
עָנָק ז. necklace, pendant
עֲנָק ז. giant *(n.)*
עֲנָקִי ת. giant *(adj.)*, gigantic
עָנַשׁ to punish, penalize
עָסוּק ת. busy, occupied
עַסְיָן ז. masseur
עָסִיס ז. juice
עֲסִיסִי ת. juicy, vivacious
עֲסִיסִיּוּת נ. juiciness, vivacity
עָסַק (בּ-) to deal (with), engage (in), practice
עֵסֶק ז. business; matter; deal, dealings
עֵסֶק בִּישׁ bad deal; mishap
עֵסֶק מַכְנִיס profitable business
עַסְקָן ז. political organizer
עַסְקָנוּת נ. public work; political wheeling and dealing
עָף to fly
עַפְיָן ז. anchovy
עֲפִיפוֹן ז. kite
עַפְעַף ז.(עַפְעַפַּיִים) eyelid
עָפָר ז. soil, dust
עָפָר וָאֵפֶר dust and ashes, worthless
עַפְרָה נ. ore
עֵץ ז. tree, wood, lumber
עֵץ-הָדָר citrus tree
עֵץ לָבוּד plywood
עֵץ-נוֹי ornamental tree
עֵץ-פְּרִי fruit tree
עֶצֶב ז., עַצְבוּת נ. sadness, sorrow
עָצָב, עֶצֶב ז. nerve

| | |
|---|---|
| nervousness | עַצְבָּנוּת נ. |
| nervous, restless | עַצְבָּנִי ת. |
| advice, counsel | עֵצָה נ. |
| in agreement, in concert | בְּעֵצָה אַחַת |
| sad | עָצוּב ת. |
| mighty, enormous | עָצוּם ת. |
| closed (eye) | עֲצוּמָה ת. |
| petition | עֲצוּמָה נ. |
| imprisoned, detained; restrained | עָצוּר ת. |
| flower pot | עָצִיץ ז. |
| detainee, prisoner | עָצִיר ז. |
| stopping, braking; detention | עֲצִירָה נ. |
| drought | עֲצִירַת גְּשָׁמִים |
| constipation | עֲצִירוּת נ. |
| lazy | עָצֵל, עַצְלָן ת. |
| laziness | עַצְלוּת, עַצְלָנוּת נ. |
| to shut, close (eye) | עָצַם |
| bone | עֶצֶם ז. נ.(עֲצָמוֹת) |
| object; essence | עֶצֶם ז.(עֲצָמִים) |
| himself, itself | עַצְמוֹ |
| actually, in fact | בְּעֶצֶם |
| in itself | כְּשֶׁלְּעַצְמוֹ |
| by itself | מֵעַצְמוֹ |
| independence | עַצְמָאוּת נ. |
| independent; self-employed | עַצְמָאִי ת. |
| self- | עַצְמִי ת. |
| objective (lens) | עַצְמִית נ. |
| to stop, brake, halt; detain; restrain | עָצַר |
| curfew; stopper; tabulator | עֹצֶר ז. |
| rally; assembly | עֲצֶרֶת נ. |
| public rally | עֲצֶרֶת-עַם |
| UN General Assembly | הָעֲצֶרֶת הַכְּלָלִית |
| to follow, trace | עָקַב (אַחֲרֵי) |
| heel | עָקֵב ז. |
| because of, due to | עֵקֶב ז. |
| to bind | עָקַד |
| the sacrifice of Isaac | עֲקֵדַת יִצְחָק |
| bloody | עָקוֹב מִדָּם ת. |
| crooked, twisted, bent | עָקוֹם ת. |
| curve | עֲקוּמָּה נ. |
| uprooted, displaced | עָקוּר ת. |
| following, tracing | עֲקִיבָה נ. |
| binding | עֲקִידָה נ. |
| indirect | עָקִיף ת. |
| indirectly | בַּעֲקִיפִין |
| bypass, passing | עֲקִיפָה נ. |
| sting, insect bite; sarcasm | עֲקִיצָה נ. |
| uprooting, eradication | עֲקִירָה נ. |
| tooth extraction | עֲקִירַת שֵׁן |
| winding, zig-zag | עֲקַלְקַל ת. |
| crooked | עַקְמוּמִי ת. |
| crookedness | עַקְמוּמִית, עַקְמוּמִיּוּת נ. |
| to bypass, pass; evade | עָקַף |
| to sting, bite; tease, be sarcastic | עָקַץ |
| to uproot, displace; relocate, move | עָקַר |
| sterile, infertile; futile | עָקָר, עֲקָרָה ת. |
| housewife, homemaker | עֲקֶרֶת-בַּיִת |
| scorpion; Scorpio | עַקְרָב ז. |
| principal, fundamental | עֶקְרוֹנִי ת. |
| in principle | עֶקְרוֹנִית תפ. |
| sterility, infertility; futility | עֲקָרוּת נ. |
| stubborn person | עַקְשָׁן ז. |
| stubbornness | עַקְשָׁנוּת נ. |
| stubborn, persistent | עַקְשָׁנִי ת. |
| awake, aware | עֵר ת. |
| Arabia | עֲרָב נ. |
| to be pleasant | עָרַב |
| to become evening, be dark | עָרַב |
| to guarantee, be responsible (for) | עָרַב (ל-) |
| guarantor | עָרֵב ז. |
| pleasant, delectable | עָרֵב ת. |
| evening, eve | עֶרֶב ז. |
| holiday eve | עֶרֶב-חַג |
| Sabbath eve | עֶרֶב-שַׁבָּת |

*adv*=תפ *adj*=ת *pl*=ר *fem*=נ *pro*=כ *prep*=י *con*=ח *du*=זו *mas*=ז

| | |
|---|---|
| עֶרֶב רַב | mixture; mob |
| עֲרָבָה נ. | desert, plain |
| עֲרֵבוּת נ. | guarantee, surety |
| בַּעֲרֵבוּת | on bail |
| עֲרָבִי, עַרְבִי ת. | Arab, Arabian |
| עַרְבַּיִם ז.ר. | twilight |
| עַרְבִית נ. | evening; evening prayer |
| עָרַג (ל-) | to yearn (for) |
| עֶרְגָּה נ. | yearning |
| עַרְגָּלִית נ. | fruit-filled cookie |
| עַרְדָּל ז.(עַרְדָּלַיִם) | galosh |
| עֲרוּבָּה נ. | guarantee |
| עֲרוּגָה נ. | flower bed |
| עֶרְוָה נ. | genitals; nakedness |
| עָרוּךְ ת. | prepared, arranged; edited |
| עָרוּם ת. | sly, cunning, sneaky |
| עָרוֹם ת. | naked, nude |
| עָרוּף ת. | decapitated, beheaded |
| עָרוּץ ז. | channel; river bed |
| עַרְטִילָאִי ת. | naked; abstract |
| עֲרִיגָה נ. | yearning |
| עֲרִיכָה נ. | arranging; making; editing |
| עֲרִיכַת דִּין | law practice |
| עֲרֵימָה נ. | pile, stack |
| עֲרִיסָה נ. | cradle, crib |
| עֲרִיפָה נ. | decapitation |
| עָרִיץ ת. | tyrant |
| עֲרִיצוּת נ. | tyranny |
| עָרִיק ז. | deserter |
| עֲרִיקָה נ. | desertion |
| עֲרִירוּת נ. | loneliness |
| עֲרִירִי ת. | lonely; childless |
| עָרַךְ | to arrange, perform, hold; edit |
| עֶרֶךְ, עֵרֶךְ ז. | value, worth; entry |
| עֶרֶךְ נָקוּב | denomination |
| בְּעֵרֶךְ | approximately |
| עַרְכָּאָה נ. | legal instance |
| עֶרְכִּיּוּת נ. | valence |
| עָרֵל ת. | uncircumcized; Gentile |
| עָרַם | to pile, stack |
| עַרְמוּמִי ת. | sly, sneaky |
| עַרְמוּמִיּוּת נ. | slyness, sneakiness |
| עַרְמוֹן ז. | chestnut |
| עַרְמוֹנִי ת. | reddish-brown |
| עַרְמוֹנִית נ. | prostate |
| עַרְסָל ז. | hammock |
| עָרַף | to decapitate |
| עַרְפָּד ז. | vampire |
| עַרְפִּיחַ ז. | smog |
| עֲרָפֶל ז. | fog |
| עַרְפִּלִּי ת. | foggy |
| עָרַק | to desert |
| עֲרָר ז. | appeal |
| עֶרֶשׂ ז. | bed; cradle |
| עֶרֶשׂ-דְּוָי | sickbed |
| עָשׁ ז. | moth |
| עֵשֶׂב ז. | grass |
| עֵשֶׂב-יָם | seaweed |
| עֵשֶׂב שׁוֹטֶה | weed |
| עִשְׂבֵּי-מַרְפֵּא | medical herbs |
| עָשָׂה | to do, make; stay |
| עָשָׂה חוֹר בָּרֹאשׁ | to nag, harass *(col.)* |
| עָשָׂה חַיִּים | to have fun, have it easy *(col.)* |
| עָשָׂה חַיִל | to be successful |
| עָשָׂה חֶשְׁבּוֹן | to calculate, figure |
| עָשָׂה טוֹבָה | to do a favor |
| עָשָׂה לוֹ אֶת הַמָּוֶת | to torment *(col.)* |
| עָשָׂה סְפּוֹנְגָ'ה | to mop the floor *(col.)* |
| עָשָׂה צְחוֹק (מ-) | to make fun (of), ridicule |
| עָשָׂה צְרָכָיו | to urinate or defecate |
| עָשָׂה קְנִיּוֹת | to shop |
| עָשָׂה רוּחַ | 'to blow hot air' *(col.)* |
| עָשָׂה רוֹשֶׁם (עַל) | to impress; show off |
| עָשָׂה שַׁמּוֹת | to devastate |

| | |
|---|---|
| עָשׂוּי ת. | done, made |
| עָשׂוּי ל- | may, is likely to |
| עָשׁוּק ת. | oppressed, exploited |
| עָשׂוֹר ז. | decade |
| עֲשִׂיָּה נ. | doing, making |
| עֲשִׁיקָה נ. | oppression |
| עָשִׁיר ת. | rich, wealthy |
| עֲשִׂירִי ת. | tenth |
| עֲשִׂירִיָּה נ. | (group of) ten |
| עֲשִׂירִית נ. | one tenth |
| עָשַׁן | to smoke, fume |
| עָשֵׁן ת. | smoking |
| עָשָׁן ז. | smoke |
| עֲשָׁנִי ת. | smoky |
| עָשַׁק | to oppress, exploit |
| עַשְׁקָן ז. | oppressive, exploitative |
| עַשְׁקָנוּת נ. | oppressiveness, exploitation |
| עֶשֶׂר נ. | ten |
| עָשָׂר | -teen *(mas.)* |
| עֲשָׂרָה ז. | ten |
| עֲשֶׂרֶת-הַדִּיבְּרוֹת | The Ten Commandments |
| עֶשְׂרֵה | -teen *(fem.)* |
| עֶשְׂרוֹנִי ת. | decimal |
| עֶשְׂרוֹת- | scores of |
| עֶשְׂרִים | twenty |
| עֲשָׁשִׁית נ. | lantern |
| עַשֶּׁשֶׁת נ. | caries, tooth decay |
| עַשְׁתּוֹרֶת נ. | Astarte, Ishtar |

| | |
|---|---|
| עֵת נ. (עִיתִּים) | time, period |
| בְּעֵת וּבְעוֹנָה אַחַת | at the same time, simultaneously |
| בְּעֵת שֶׁ- | while, when |
| כָּעֵת | now, at the present time |
| לְעֵת מְצוֹא | on occasion |
| לְעֵת עַתָּה | for the time being |
| בְּלֹא עֵת | untimely |
| לְעִיתִּים (-מְזוּמָּנוֹת) | from time to time |
| לְעִיתִּים קְרוֹבוֹת | often, frequently |
| לְעִיתִּים רְחוֹקוֹת | seldom, infrequently |
| עַתָּה תפ. | now, at the present time |
| עַתּוּדַאי ז. | reservist |
| עֲתוּדָה נ. | reserve, reserves |
| עֲתוּדָה אֲקָדֶמָאִית | academic reserve, ROTC (U.S.) |
| עָתִיד ז. | future; future tense |
| עָתִיד ל- | is bound to |
| עֲתִידָן ז. | futurist |
| עֲתִידָנוּת נ. | futurism |
| עַתִּיק (-יוֹמִין) ת. | ancient, very old |
| עַתִּיקוּת נ. | antiquity |
| עַתִּיקוֹת נ.ר. | antiques, antiquities |
| עַתִּיר ת. | rich |
| עַתִּיר-יֶדַע, -מַדָּע | high-tech, highly scientific |
| עֲתִירָה נ. | legal motion, petition |
| עָתֵק ת. | enormous |
| עָתַר | to plead, petition |

# פ

פ Pé; eighty (numerical value)
פֵּא, פֵּה נ. seventeenth letter of the alphabet
פֵּא הַפּוֹעַל first consonant of the verbal root
פְּאֵר ז. luxury; glory
פָּג to fade away; expire
פָּג תּוֹקְפוֹ to expire, become invalid
פַּג ז. premature baby
פָּגוּם ת. defective
פָּגוּעַ ת. hit, stricken, hurt
פָּגָז ז. artillery shell, bombshell
פִּגְיוֹן ז.(פִּגְיוֹנוֹת) dagger, knife
פְּגִימָה נ. defect, flaw
פָּגִיעַ ת. vulnerable
פְּגִיעָה נ. blow, strike, hit; offense
פְּגִיעוּת נ. vulnerability
פְּגִישָׁה נ. meeting, appointment; date
פָּגַם (ב-) to spoil, blemish
פְּגָם ז. defect, flaw
פָּגַע (ב-) to hit, strike; harm, damage, hurt; offend
פְּגַע וּבְרַח hit-and-run
פֶּגַע ז. trouble, mishap
פֶּגֶר ז. corpse
פַּגְרָה נ. recess, break, vacation
פָּגַשׁ to meet, encounter
פָּדָה to redeem, ransom; save
פָּדוּי ת. redeemed, ransomed
פְּדוּת נ. redemption, rescue
פַּדַּחַת נ. forehead
פִּדְיוֹן ז. ransom, redemption; proceeds
פִּדְיוֹן הַבֵּן the ritual of redeeming the firstborn
פֶּה ז.(פִּיּוֹת) mouth
פֶּה אֶחָד unanimously
בְּפֶה מָלֵא clearly, 'loud and clear'
מִפֶּה אֶל פֶּה from end to end
בַּחֲצִי פֶּה hesitantly, reluctantly
פֹּה תפ. here
פּוֹאַר to be decorated, adorned
פּוּבְרַק to be fabricated, faked
פּוֹזֵל ת. cross-eyed
פּוֹזְלָנִי ת. squinting
פּוּזַּם to be sung, hummed
פּוּזְמָק ז.(פּוּזְמְקָאוֹת) stocking
פּוּזַּר to be scattered, dispersed; be dissolved
פּוּחְלָץ ז. stuffed animal
פּוּחַם to be blackened, charred
פּוּחַת to be decreased, reduced; be devalued
פּוּטַּם to be fattened
פּוּטַּר to be dismissed, fired
פּוּיַּח to be smeared with soot
פּוּיַּס to be appeased
פּוּךְ ז. eye shadow
פּוּכַּח to be sobered
פּוֹל ז. broad bean
פּוּלַּג to be divided, split
פּוּלַּח to be split, sliced
פּוּלְחָן ז. ritual, worship, cult
פּוּלְחַן-אִישִׁיּוּת personality cult
פּוּלְחָנִי ת. ritual
פּוֹלִיטוּרָה נ. varnish
פּוּלַּל to be expected
פּוּלְמוּס ז. controversy, polemics
פּוּלְמוּסִי ת. controversial, polemical
פּוּלְמוּסָן ז. polemist
פּוּלַּס to be leveled, paved

| | |
|---|---|
| פּוֹלֵשׁ ז. | invader |
| פּוּמִית נ. | mouthpiece |
| פּוּנְדָּק ז. | inn |
| פּוּנְדְּקַאי ז. | innkeeper |
| פּוּנָּה | to be vacated, cleared, evacuated |
| פּוּנַּק | to be spoiled |
| פּוּסְטַר | to be pasteurized |
| פּוּסַּל | to be sculptured |
| פּוֹסֵק ז. | arbiter, arbitrator |
| פּוּסַּק | to be punctuated |
| פּוֹעֵל ז. | worker, workman, laborer |
| פּוֹעֵל בִּנְיָן | construction worker |
| פּוֹעֵל שָׁחוֹר | unskilled worker |
| פֹּועַל ז. | verb; act |
| פּוֹעַל יוֹצֵא | transitive verb; result |
| פּוֹעַל עוֹמֵד | intransitive verb |
| בְּפוֹעַל | acting, actual; in reality |
| פּוּעַל | a verb conjugation |
| פּוֹעֲלִי ת. | of labor, of the workers |
| פּוֹעֳלִי ת. | verbal |
| פּוּעֲנַח | to be deciphered, solved |
| פּוּצָּה | to be compensated |
| פּוּצַּח | to be cracked, split |
| פּוּצַּל | to be split up |
| פּוֹצֵץ | to blow up, explode, demolish |
| פּוֹצֵץ ת. | plosive *(gram.)* |
| פּוֹצַץ | to be blown up, exploded, demolished |
| פּוּקַּח עָלָיו | to be supervised |
| פּוּקְפַּק | to be doubted |
| פּוּר ז. | lot |
| פּוֹרַד | to be dispersed |
| פּוֹרֶה ת. | fertile, fruitful, productive |
| פּוֹרַז | to be demilitarized |
| פּוֹרֵחַ ת. | blooming, flowering; booming |
| פּוֹרַט | to be detailed, itemized |
| פּוֹרִיּוּת נ. | fertility, productivity |
| פּוּרִים ז. | feast of *Purim* |
| פּוּרְסַם | to be publicized, advertised; be issued; be published |
| פּוֹרֵעַ ז. | rioter |
| פּוּרְעָנוּת נ. | calamity |
| פּוֹרֵץ ז. | burglar |
| פּוֹרַק | to be dismantled, taken apart |
| פּוּרְקָן ז. | relief; vent |
| פּוֹרֵר | to crumble; smash |
| פּוֹרַר | to be crumbled; be smashed |
| פּוֹרֵשׁ ז. | dissident |
| פּוֹרַשׁ | to be interpreted, explained, clarified |
| פּוֹשֵׁט יָד ז. | beggar |
| פּוֹשֵׁט רֶגֶל ז. | bankrupt |
| פּוּשַּׁט | to be simplified |
| פּוֹשֵׁעַ ז. | criminal, felon |
| פּוֹשֵׁעַ מוּעָד | habitual criminal |
| פּוֹשֵׁעַ-מִלְחָמָה | war criminal |
| פּוֹשְׁעָנוּת נ. | criminality |
| פּוּשַּׂק | to be spread open |
| פּוֹשֵׁר ת. | lukewarm |
| פּוֹשְׁרִין ז.ר. | lukewarm water |
| פּוֹשְׁרָנִי ת. | compromising |
| פּוֹת, פּוֹתָה נ. | vagina |
| פּוּתָּה | to be tempted, enticed, seduced |
| פּוּתַּח | to be developed |
| פּוֹתְחָן ז. | can opener |
| פּוּתַּל | to be twisted |
| פּוֹתֵר חֲלוֹמוֹת ז. | dream-interpreter |
| פָּז ז. | gold |
| פָּזוּר ת. | scattered |
| פְּזוּרָה נ. | dispersion, diaspora |
| פָּזִיז ת. | hasty; careless |
| פְּזִיזוּת נ. | haste; recklessness |
| פְּזִילָה נ. | squinting, strabismus |
| פָּזַל | to squint, look to the side |
| פִּזְמוֹן ז. | song |

| | |
|---|---|
| פִּזְמוֹן חוֹזֵר | repeated section of a song |
| פִּזְמוֹנָאוּת נ. | song-writing |
| פִּזְמוֹנַאי ז. | songwriter |
| פַּזְרָן ז., פַּזְרָנִי ת. | spender; wasteful |
| פַּזְרָנוּת נ. | wastefulness, over-spending |
| פַּח ז. | tin; can, container; trap |
| פַּח-אַשְׁפָּה | garbage can |
| מִן הַפַּח אֶל הַפַּחַת | from bad to worse |
| פָּחַד (מ-) | to be afraid (of), fear |
| פַּחַד ז. | fear |
| פַּחַד-מָוֶת | deadly fear |
| פַּחְדָן ז. | coward |
| פַּחְדָנוּת נ. | cowardice |
| פַּחְדָנִי ת. | cowardly |
| פַּחוֹן ז. | tin hut |
| פָּחוּס ת. | flattened |
| פָּחוּת ת. | meager; inferior |
| פְּחוּת-עֵרֶךְ | insignificant, worthless |
| פָּחוֹת תפ. | less |
| פָּחוֹת אוֹ יוֹתֵר | more or less |
| לְפָחוֹת, לְכָל הַפָּחוֹת | at least |
| פַּחַז ז., פַּחֲזָנוּת נ. | haste, recklessness |
| פַּחֲזָן ת. | reckless |
| פֶּחָח, פַּחָח ז. | tinsmith |
| פֶּחָחוּת, פַּחָחוּת נ. | tin work, metal work |
| פַּחָחוּת-רֶכֶב | automobile body-work |
| פְּחִיסָה נ. | flattening |
| פַּחִית נ. | small can |
| פְּחִיתָה נ. | decrease |
| פְּחִיתוּת-כָּבוֹד נ. | disrespect, beneath one's dignity |
| פֶּחָם ז. | coal, charcoal |
| פַּחְמֵימָה נ. | carbohydrate |
| פַּחְמָן ז. | carbon |
| פָּחַס | to flatten |
| פָּחַת | to decrease, diminish |
| פְּחָת ז. | depreciation |
| פָּטוּר ת. | exempt, free from |
| פְּטוֹר ז. | exemption |
| פְּטִירָה נ. | death |
| פַּטִּישׁ ז. | hammer; gavel |
| פַּטִּישׁוֹן ז. | small hammer |
| פֶּטֶל ז. | raspberry |
| פַּטְפְּטָן ז. | chatterer, 'blabbermouth' |
| פַּטְפְּטָנוּת, פַּטְפֶּטֶת נ. | chatter, blab |
| פָּטַר | to exempt; acquit |
| פֶּטְרוֹזִילְיָה נ. | parsley |
| פִּטְרִיָּה נ. | mushroom; fungus |
| פִּי | mouth of; multiplied by |
| פִּי-הַטַּבַּעַת | anus |
| פִּי כַּמָּה וְכַמָּה | many times over |
| כְּפִי | as |
| לְפִי | according to |
| לְפִי הַשּׁוֹוִי | *ad valorem* |
| לְפִי שָׁעָה | for the time being |
| פֵּאָה נ. | edge; earlock; wig |
| פֵּאָה נוֹכְרִית | wig, toupee |
| פֵּאַר, פֵּאֵר | to glorify, adorn; decorate luxuriously |
| פִּבְרֵק | to fabricate, fake |
| פִּיגּוּל ז. | stench |
| פִּיגּוּם ז. | scaffolding |
| פִּיגּוּעַ ז. | attack; sabotage |
| פִּיגּוּעַ חַבְּלָנִי | terrorist act |
| פִּיגּוּר ז. | backwardness; lag, arrears |
| פִּיגּוּר שִׂכְלִי | mental retardation |
| פִּיגֵּר | to lag behind; be slow (clock) |
| פִּידֵּר | to powder |
| פִּיהוּק ז. | yawn |
| פִּיהֵק | to yawn |
| פִּיּוּט ז. | liturgy, poetry |
| פִּיּוּטִי ת. | poetic |
| פִּיּוּס ז. | appeasement; reconciliation |
| פִּיזּוּם ז. | humming, singing |
| פִּיזּוּר ז. | scattering, spreading; dispersing; dissolution |

| English | עברית |
|---|---|
| absent-mindedness | פִּיזּוּר נֶפֶש |
| to hum, sing | פִּיֵּם |
| to scatter, disperse; dissolve | פִּיֵּר |
| soot | פִּיחַ ז. |
| to fear, be afraid (of) | פִּיחֵד (מ-) |
| devaluation, reduction | פִּיחוּת ז. |
| to devalue, reduce | פִּיחֵת |
| fattening; filling a pipe | פִּיטוּם ז. |
| dismissal, firing | פִּיטוּרִים, פִּיטוּרִין ז.ר. |
| to fatten; fill a pipe | פִּיטֵם |
| blabbering, idle chatter | פִּיטפּוּט ז. |
| to blabber, chatter | פִּיטפֵּט |
| to dismiss, fire | פִּיטֵר |
| mouthpiece | פִּייָה נ. |
| liturgical poet | פִּייטָן ז. |
| to appease, reconcile | פִּייֵס |
| conciliator | פִּייסָן ז. |
| conciliation | פִּייסָנוּת נ. |
| conciliatory | פִּייסָנִי ת. |
| elephant | פִּיל ז. |
| to split, divide | פִּילֵג |
| mistress | פִּילֶגֶש נ.(פִּילַגשִים) |
| split, schism | פִּילוּג ז. |
| slicing | פִּילוּחַ ז. |
| baby elephant | פִּילוֹן ז. |
| paving (the way) | פִּילוּס (דֶּרֶךְ) ז. |
| to slice, cut through | פִּילַח, פִּילֵחַ |
| to expect | פִּילֵּל |
| to pave (the way) | פִּילֵּס (דֶּרֶךְ) |
| sharp argumentation | פִּילפּוּל ז. |
| pepper | פִּילפֵּל ז. |
| to vacate, empty; evacuate; remove, evict | פִּינָה |
| corner | פִּינָה נ. |
| evacuation; removal; eviction | פִּינוּי ז. |
| pampering, spoiling | פִּינוּק ז. |
| platter | פִּינכָּה נ. |
| to pamper, spoil | פִּינֵּק |

| English | עברית |
|---|---|
| notebook; ledger | פִּינקָס ז. |
| checkbook | פִּינקַס-צֶ׳קִים |
| voters registry | פִּינקַס-בּוֹחֲרִים |
| bookkeeping | פִּינקְסָנוּת נ. |
| lottery | פַּיס ז. |
| summit, peak | פִּיסגָּה נ. |
| strip, piece | פִּיסָה נ. |
| piece of paper | פִּיסַת-נְייָר |
| sculpting | פִּיסוּל ז. |
| punctuation; opening wide | פִּיסוּק ז. |
| lame | פִּיסֵחַ ת. |
| to sculpt | פִּיסֵל |
| to miss (col.) | פִּיספֵּס |
| to punctuate; open wide | פִּיסֵק |
| paragraph, clause | פִּיסקָה נ. |
| a verb conjugation | פִּיעֵל |
| to beat | פִּיעֵם |
| deciphering, decoding, solving | פִּיענוּחַ ז. |
| to decipher, decode; solve | פִּיעֲנֵחַ |
| bubbling | פִּיעפּוּעַ ז. |
| to bubble | פִּיעפַּע |
| to compensate | פִּיצָה |
| cracking, splitting | פִּיצוּחַ ז. |
| compensation, reparation | פִּיצוּי ז. |
| damages; severance pay | פִּיצוּיִים ז.ר. |
| splitting, split, fragmentation | פִּיצוּל ז. |
| schizophrenia | פִּיצוּל אִישִיוּת |
| explosion, blast, blowing up | פִּיצוּץ ז. |
| to crack, split; eat (seeds) | פִּיצַח, פִּיצֵחַ |
| to split up | פִּיצֵל |
| trembling, fear | פִּיק-בִּרכַּיים ז. |
| to command | פִּיקֵד |
| deposit | פִּיקָדוֹן ז.(פִּיקדוֹנוֹת) |
| command | פִּיקוּד ז. |
| supervision, inspection | פִּיקוּחַ ז. |
| saving a life | פִּיקוּחַ-נֶפֶש |
| to supervise, inspect | פִּיקַח, פִּיקֵחַ (עַל-) |
| smart, clever; able to see | פִּיקֵחַ ת. |

adv=תפ  adj=ת  pl=ר  fem=נ  pro=כ  prep=י  con=ח  du=וו  mas=ז

| | |
|---|---|
| ability to see | פִּיקָחוֹן ז. |
| cleverness | פִּיקְחוּת נ. |
| to separate, disunite | פֵּירַד, פֵּירֵד |
| separation, split; disunity | פֵּירוּד ז. |
| demilitarization | פֵּירוּז ז. |
| detailing, itemization | פֵּירוּט ז. |
| dismantling, taking apart; dissolution; liquidation | פֵּירוּק ז. |
| resolution into factors | פֵּירוּק לְגוֹרְמִים |
| disarmament | פֵּירוּק נֶשֶׁק |
| crumb; scrap | פֵּירוּר ז. |
| bread crumbs | פֵּירוּרֵי-לֶחֶם |
| meaning; interpretation; commentary, exegesis | פֵּירוּשׁ ז. |
| explicitly | בְּפֵירוּשׁ |
| fruits | פֵּירוֹת ז.ר. |
| to demilitarize | פֵּירַז, פֵּירֵז |
| to detail, itemize, specify | פֵּירַט, פֵּירֵט |
| to apply makeup, beautify; have convulsions | פִּירְכֵּס |
| to support, provide for | פִּירְנֵס |
| publicizing, publicity; fame; advertising; publishing, publication | פִּירְסוּם ז. |
| advertising agent | פִּירְסוּמַאי ז. |
| advertising, advertisement | פִּירְסוֹמֶת נ. |
| to publicize; advertise; issue an announcement; publish | פִּירְסֵם |
| payment, payoff | פֵּירָעוֹן ז.(פֵּירעוֹנוֹת) |
| twitch, spasm | פִּירְפּוּר ז. |
| to jerk, twitch, hover | פִּירְפֵּר |
| crack, loophole | פִּירְצָה נ. |
| to dismantle, take apart; dissolve; liquidate | פֵּירַק, פֵּירֵק |
| to explain, interpret | פֵּירַשׁ, פֵּירֵשׁ |
| simplification | פִּישׁוּט ז. |
| straddle | פִּישׂוּק ז. |
| to simplify | פִּישֵׁט |

| | |
|---|---|
| to search, examine | פִּישְׁפֵּשׁ |
| flea | פִּישְׁפֵּשׁ ז. |
| to straddle | פִּישֵׂק |
| to mediate; compromise | פִּישֵׁר |
| linen | פִּישְׁתָּן ז. |
| proverb | פִּיתְגָם ז. |
| to seduce, entice, tempt | פִּיתָּה |
| developing, development; engraving | פִּיתּוּחַ ז. |
| wood engraving | פִּיתּוּחַ עֵץ |
| temptation, seduction | פִּיתּוּי ז. |
| winding, twisting, curving | פִּיתּוּל ז. |
| python | פִּיתוֹן ז. |
| to develop | פִּיתַּח, פִּיתֵּחַ |
| bait | פִּיתָּיוֹן ז. |
| to wind, twist | פִּיתֵּל |
| solution | פִּיתָרוֹן ז.(פִּיתְרוֹנוֹת) |
| interim solution | פִּיתָרוֹן-בֵּינַיִים |
| the Nazis' "final solution" of exterminating the Jews | הַפִּיתָרוֹן הַסוֹפִי |
| jar, jug | פַּךְ ז. |
| juglet | פַּכִּית נ. |
| wonder, miracle, marvel | פֶּלֶא ז. |
| wonder of wonders | פֶּלֶא-פְּלָאִים |
| wondrous, miraculous | פִּלְאִי ת. |
| fried balls of spiced chick-peas | פָלָאפֶל ז. |
| stream; faction | פֶּלֶג ז. |
| sectarian, separatist | פַּלְגָן ז. |
| sectarianism, separatism | פַּלְגָנוּת נ. |
| steel | פְּלָדָה נ. |
| military company | פְּלוּגָה נ. |
| storm troopers | פְּלוּגוֹת-סַעַר |
| controversy | פְּלוּגְתָא נ. |
| soft feather | פְּלוּמָה נ. |
| someone, so-and-so | פְּלוֹנִי ז. |
| unnamed person | פְּלוֹנִי אַלְמוֹנִי |
| slice (of fruit) | פֶּלַח ז. |

| | |
|---|---|
| field-crop farming | פַּלְחָה נ. |
| to eject; discharge, emit; utter | פָּלַט |
| output | פֶּלֶט ז. |
| wonderment, wonder | פְּלִיאָה נ. |
| brass | פְּלִיז ז. |
| refugee, fugitive | פָּלִיט ז. |
| ejection; discharge, emission | פְּלִיטָה נ. |
| slip of the tongue | פְּלִיטַת-פֶּה |
| remnant, survivors | פְּלֵיטָה נ. |
| criminal | פְּלִילִי ת. |
| crime | פְּלִילִים ז.ר. |
| invasion, incursion | פְּלִישָׁה נ. |
| district | פֶּלֶךְ ז. |
| someone | פַּלְמוֹנִי ת. |
| level; scale | פֶּלֶס ז. |
| air-bubble level | פֶּלֶס-מַיִם |
| fraud; libel | פְּלַסְטֵר, פְּלַסְתֵּר ז. |
| polemic | פַּלְפְּלָנִי ת. |
| lasso | פְּלָצוּר ז. |
| shock, horror | פַּלָּצוּת נ. |
| to invade | פָּלַשׁ (אֶל,ל-) |
| Philistine | פְּלִשְׁתִּי ת. |
| candlestick | פָּמוֹט ז. |
| entourage | פָּמַלְיָה נ. |
| lest | פֶּן תפ. |
| spare time, leisure | פְּנַאי ז. |
| to turn; apply; appeal | פָּנָה |
| to turn one's back on | פָּנָה עוֹרֶף |
| vacant; free; unmarried | פָּנוּי ת. |
| turn; appeal | פְּנִיָּה נ. |
| face | פָּנִים ז.נ.ר. |
| in the past, formerly | לְפָנִים |
| sea level | פְּנֵי-הַיָּם |
| opposite, before | בִּפְנֵי |
| before; in front of; ago | לִפְנֵי |
| because; from | מִפְּנֵי |
| inside, interior | פְּנִים ז. |
| less strictly than required by law, leniently | לִפְנִים מִשּׁוּרַת הַדִּין |
| internal, inner | פְּנִימִי ת. |
| inner side | פְּנִימִיּוּת נ. |
| boarding school | פְּנִימִיָּה נ. |
| pearl, gem | פְּנִינָה נ.(פְּנִינִים) |
| lantern, lamp; black eye *(col.)* | פָּנָס ז. |
| taillight | פָּנָס אֲחוֹרִי |
| flashlight | פָּנַס-כִּיס |
| headlight | פָּנָס קִדְמִי |
| magic lantern | פָּנַס-קֶסֶם |
| kerosene lamp | פָּנַס-רוּחַ |
| retired person, retiree | פֶּנְסְיוֹנֶר ז. |
| stripe, strip; rail; track | פַּס ז. |
| soundtrack | פַּס-קוֹל |
| railway track | פַּס-רַכֶּבֶת |
| disqualified, unfit, rejected | פָּסוּל ת. |
| unfit to marry under Jewish law | פְּסוּל-חִיתּוּן |
| defect, flaw | פְּסוּל ז. |
| trash, refuse, waste | פְּסוֹלֶת נ. |
| verse; sentence, phrase, clause | פָּסוּק ז. |
| relative clause | פְּסוּק-זִיקָה |
| subordinate clause | פָּסוּק מְשׁוּעְבָּד |
| to skip (over) | פָּסַח (עַל) |
| to hesitate, be indecisive | פָּסַח עַל שְׁתֵּי הַסְּעִיפִּים |
| Passover | פֶּסַח ז. |
| Easter | פַּסְחָא ז. |
| skipping | פְּסִיחָה נ. |
| disqualifying, rejection | פְּסִילָה נ. |
| step | פְּסִיעָה נ. |
| mosaic | פְּסֵיפָס ז. |
| comma | פְּסִיק ז. |
| judgment; allocation | פְּסִיקָה נ. |
| to disqualify, reject | פָּסַל |
| sculptor | פַּסָּל ז. |
| statue, sculpture | פֶּסֶל ז. |

*adv*=תפ *adj*=ת *pl*=ר *fem*=נ *pro*=כ *prep*=י *con*=ח *du*=זו *mas*=ז

| | |
|---|---|
| פִּסָּלוּת נ. | sculpting |
| פְּסַנְתֵּר ז. | piano |
| פְּסַנְתֵּר-כָּנָף | grand piano |
| פְּסַנְתְּרָן ז. | pianist |
| פְּסַנְתְּרָנוּת נ. | piano-playing |
| פָּסַע | to step, pace |
| פָּסַק | to cease, stop; allocate; determine; sentence |
| פְּסָק ז. | decision |
| פְּסַק-דִּין | verdict, judgment |
| פְּסַק-הֲלָכָה | *Halachic* (legal) opinion |
| פֶּסֶק-זְמַן ז. | break, breathing spell |
| פַּסְקָנוּת נ. | absoluteness, decisiveness |
| פַּסְקָנִי ת. | absolute, decisive |
| פָּעָה | to groan, bleat |
| פָּעוּט ת. | small, minor, insignificant |
| פָּעוֹט ז.(פָּעוֹטוֹת) | infant, baby |
| פָּעוֹטוֹן ז. | day-care center |
| פְּעוּלָּה נ. | act, action, operation, activity |
| פְּעוּלַּת-תַּגמוּל | reprisal, retaliation |
| פָּעוּר ת. | wide open |
| פְּעִיָּה נ. | groaning, bleating |
| פָּעִיל ז. | active; activist |
| פְּעִילוּת נ. | activity |
| פְּעִימָה נ. | beat, beep; pulsation |
| פְּעִימַת-לֵב | heartbeat |
| פְּעִימַת-מוֹנֶה | telephone-meter count |
| פְּעִירָה נ. | opening |
| פָּעַל | to act, work, operate |
| פַּעֲלוּל ז. | special effect, trick |
| פַּעַלְתָּן, פְּעַלְתָּנִי ת. | active |
| פְּעַלְתָּנוּת נ. | activity, activism |
| פָּעַם | to beat, pulsate |
| פַּעַם נ.(פְּעָמִים) | one time, once |
| לִפְעָמִים | sometimes |
| פַּעֲמוֹן ז. | bell |
| פַּעֲנָח ז. | decoder |
| פָּעַר | to open wide |
| פַּעַר ז. | gap; discrepancy |
| פָּצָה פֶּה | to open one's mouth, speak |
| פָּצוּעַ ת. | wounded, injured |
| פָּצַח (בְּ-) | to burst (into song) |
| פְּצִיעָה נ. | wounding, injury |
| פְּצִירָה נ. | file (tool); filing |
| פָּצַע | to wound, injure |
| פֶּצַע ז. | wound; pimple |
| פִּצְעֵי-בַּגְרוּת | acne |
| פִּצְעֵי-מָוֶת | fatal wounds |
| פַּצָּץ ז. | detonator |
| פְּצָצָה נ. | bomb, shell, bombshell |
| פְּצָצָה גַּרְעִינִית | nuclear bomb |
| פִּצְצַת-זְמַן | time bomb |
| פִּצְצַת-מֵימָן | hydrogen bomb |
| פִּצְצַת-מִיצְרָר | cluster bomb |
| פִּצְצַת-עוֹמֶק | depth charge |
| פִּצְצַת-עָשָׁן | smoke bomb |
| פִּצְצַת-תְּאוּרָה | flare |
| פָּצַר | to file |
| פָּקַד | to command; count, hold a census; visit; come upon |
| פַּקָּד ז. | police officer |
| פָּקוּד ת. | subordinate; counted |
| פְּקוּדָּה נ. | order, command |
| פְּקוּדַּת-מַעֲצָר | arrest warrant |
| פְּקוּדַּת-קֶבַע | standing order |
| בִּפְקוּדַּת | by order of |
| לִפְקוּדַּת | to the order of |
| פְּקוּחָה ת. | open (eye) |
| פָּקַח | to open (eye) |
| פַּקָּח ז. | inspector |
| פַּקַּח-טִיסָה | air traffic controller |
| פָּקִיד ז. | clerk, office worker; official |
| פְּקִיד-קַבָּלָה | receptionist |
| פְּקִיד-שׁוּמָה | tax assessor |
| פְּקִידוֹן ז. | small clerk |
| פְּקִידוּת נ. | office work; bureaucracy |

| | |
|---|---|
| פְּקִידוּתִי ת. | clerical |
| פְּקִיעָה נ. | expiration; bursting |
| פְּקִיקָה נ. | corking, plugging |
| פָּקַע | to expire, run out; burst |
| פְּקַעַת נ. | coil; bulb |
| פַּקְפְּקָן ז. | skeptic, doubtful |
| פַּקְפְּקָנוּת נ. | skepticism, doubt |
| פַּקְפְּקָנִי ת. | skeptical |
| פָּקַק | to cork, plug |
| פְּקָק ז. | cork, plug |
| פְּקַק-תְּנוּעָה | traffic jam |
| פַּקֶּקֶת נ. | thrombosis |
| פַּר ז. | bull |
| פֶּרֶא ז. | wild |
| פֶּרֶא-אָדָם | savage, uncivilized |
| פִּראוּת, פְּרָאוּת נ. | savagery, wildness |
| פִּראִי, פְּרָאִי ת. | savage, wild |
| פַּרְבָּר ז. | suburb |
| פֶּרֶג ז. | poppy seed |
| פַּרְגּוֹד ז. | screen, curtain |
| פַּרגוֹל ז. | whip |
| פֶּרֶד ז. | mule; odd number |
| פַּרְדֵּס ז. | orchard, citrus grove |
| פַּרְדְּסָן ז. | citrus grower |
| פַּרְדְּסָנוּת נ. | citrus–growing |
| פָּרָה | to be fruitful, fertile |
| פָּרָה נ. | cow |
| פָּרָה חוֹלֶבֶת | milch cow |
| פָּרוּד ת. | separated, disconnected |
| פְּרוּדָה נ. | particle, molecule |
| פַּרוָה נ. | fur |
| פַּרוָן ז. | furrier |
| פָּרוּז ת. | demilitarized |
| פְּרוֹזְדוֹר ז. | corridor |
| פְּרוּטָה נ. | penny; 1/1000 of a lira |
| פְּרוֹטֶקְצִיָה נ. | favoritism, protectionism |
| פָּרוּךְ ת. | crushed |

| | |
|---|---|
| פָּרוֹכֶת נ. | a curtain over the synagogue's Ark |
| פָּרוּם ת. | torn at the seam |
| פָּרוּס ת. | sliced; deployed |
| פְּרוּסָה נ. | slice |
| פָּרוּעַ ת. | wild, disorderly |
| פָּרוּף ת. | fastened |
| פָּרוּץ ת. | broken into; lawless |
| פְּרוּצָה נ. | prostitute |
| פָּרוּק ת. | unloaded; dismantled |
| פָּרוּשׁ ז. | ascetic; Pharisee |
| פָּרוּשׂ ת. | spread, stretched out |
| פָּרַח | to blossom, bloom; thrive |
| פֶּרַח ז. | flower; cadet |
| פִּרְחֵי-טַיִס | air force cadets |
| פִּרְחֵי-קְצוּנָּה | officer cadets |
| פִּרחוֹנִי ת. | flowery, floral |
| פִּרְחָח ז. | rowdy, hooligan |
| פִּרְחָחוּת נ. | rowdiness, hooliganism |
| פָּרַט | to change (money) |
| פָּרַט (עַל) | to play (piano) |
| פֶּרֶט ז. | small change; odd number |
| פְּרָט ז. | individual; detail |
| פְּרָט ל- | except for |
| בִּפְרָט | in particular |
| פְּרָטֵי-פְּרָטִים | small details |
| פְּרָטִי ת. | personal, private |
| פְּרָטִיּוּת נ. | privacy; individuality |
| פְּרִי ז. (פֵּירוֹת) | fruit |
| פְּרִי-בֶּטֶן | offspring |
| פְּרִי-דִּימְיוֹן | imaginary |
| פְּרִי-הָדָר | citrus fruit |
| פְּרִי-עֵט | literary creation |
| פְּרֵידָה, פְּרִידָה נ. | separation; departure |
| פִּריוֹן ז. | productivity; fertility |
| פִּריוֹן-עֲבוֹדָה | work productivity |
| פְּרִיחָה נ. | blooming, flowering, thriving; prosperity; skin rash |

פָּרִיט ז. item, unit, article
פְּרִיטָה נ. playing (piano)
פְּרִיָּה נ. fruitfulness
פְּרִיָּה וּרְבִיָּה propagation
פָּרִיךְ ת. brittle, crushable, crisp
פְּרִיכוּת נ. brittleness, fragility
פְּרִימָה נ. tearing apart at the seam
פְּרִימוּס ז. kerosene stove
פְּרִיסָה נ. slicing bread; spreading out; deployment
פְּרִיפָה נ. pin
פָּרִיץ ז. robber; Polish squire
פְּרִיצָה נ. break-in, burglary; breaking out; breaking through
פְּרִיצַת דֶּרֶךְ breakthrough
פְּרִיצוּת נ. obscenity; prostitution
פָּרִיק ת. dismountable, detachable
פְּרִיקָה נ. unloading; discharging; dismantling
פְּרִיקַת עוֹל lawlessness, defiance
פְּרִישָׁה נ. withdrawal; retirement
פְּרִישָׂה נ. spreading out, stretching
פָּרַךְ to crush
פֶּרֶךְ ז. crushing; oppression; hard labor
פָּרַם to rip at the seam
פַּרְנָס ז. supporter; community leader
פַּרְנָסָה נ. livelihood
פָּרַס to slice; spread out; deploy (military forces)
פֶּרֶס ז. vulture
פָּרָס נ. Persia
פְּרָס ז. prize, award, reward
פְּרַס-עִידוּד incentive award
פַּרְסָה נ. hoof; horseshoe
פָּרַע to pay off, repay; riot
פַּרְעוֹשׁ ז. flea
פְּרָעוֹת נ.ר. riots, pogroms
פַּרְפֶּרֶת נ. dessert

פָּרַץ to burst, erupt; break out; break in; break through; crack
פֶּרֶץ ז. breach; burst; trouble
פֶּרֶץ-עָנָן cloudburst
פַּרְצוּף ז. face
פַּרְצוּף-צֶנַע ugly face *(col.)*
פָּרַק to unload; discharge
פֶּרֶק ז. chapter, section; bodily joint; maturity
פֶּרֶק-יָד wrist
לִפְרָקִים sometimes
פְּרַקְדָּן תפ. lying on the back
פְּרַקְלִיט ז. attorney
פְּרַקְלִיט-הַמְּדִינָה State Attorney
פְּרַקְלִיט-מָחוֹז district attorney
פְּרַקְלִיטוּת נ. legal profession; attorney's office
פָּרַשׁ to withdraw; retire
פָּרָשׁ ז. horseman; cavalier
פָּרַשׂ to spread out, stretch
פָּרָשָׁה נ. affair, episode; portion of the *Torah*
פָּרָשַׁת-דְּרָכִים crossroads
פָּרָשַׁת-מַיִם water divide
פָּרָשַׁת-הַשָּׁבוּעַ portion of the *Torah* read at the Sabbath service
פָּרָשׁוּת נ. horseback riding
פַּרְשָׁן ז. commentator, analyst
פַּרְשָׁנוּת נ. commentary, exegesis
פַּרְשָׁנִי ת. exegetical
פְּרָת ז. Euphrates River
פָּשׁ to rest
פָּשָׂה to spread
פָּשׁוּט ת. simple, plain, ordinary; simply
פְּשׁוּט ז. simple meaning
פְּשׁוּטוֹ כְּמַשְׁמָעוֹ literally, at face value
פָּשַׁט to spread, expand, extend; take off, remove; raid

| | |
|---|---|
| פָּשַׁט עוֹר | to overcharge, exploit |
| פָּשַׁט רֶגֶל | to go bankrupt |
| פְּשָׁט ז. | literal meaning |
| פַּשְׁטוּת נ. | simplicity |
| פַּשְׁטִידָה נ. | pie |
| פַּשְׁטָנוּת נ. | oversimplification |
| פַּשְׁטָנִי ת. | oversimplified |
| פְּשִׁיטָה נ. | raid, incursion; undressing |
| פְּשִׁיטַת-רֶגֶל | bankruptcy |
| פְּשִׁיעָה נ. | criminal act, crime |
| פְּשִׂיקָה נ. | opening wide |
| פָּשַׁע | to commit a crime, sin |
| פֶּשַׁע ז. | crime, felony, offense |
| פָּשַׂע | to step, pace |
| פֶּשַׂע ז. | step |
| פָּשַׂק | to open wide |
| פֵּשֶׁר ז. | meaning; interpretation |
| פְּשָׁרָה נ. | compromise |
| פַּשְׁרָן ז. | compromiser |
| פַּשְׁרָנוּת נ. | compromising attitude |
| פַּשְׁרָנִי ת. | compromising |
| פַּת (-לֶחֶם) נ. | slice of bread; morsel |
| פַּת-עַרְבִית | supper |
| פַּת-שַׁחֲרִית | breakfast |
| פִּתְאוֹם תפ. | suddenly |
| פִּתְאוֹמִי ת. | sudden, abrupt |
| פִּתְאוֹמִיּוּת נ. | suddenness |
| פָּתוּחַ ת. | open |
| פָּתוּר ת. | solved |
| פָּתַח | to open; turn on |
| פָּתַח (בּ-) | to open (with), begin |
| פַּתָּח ז. | the vowel [-] |
| פֶּתַח ז. | opening, doorway |
| פֶּתַח-דָּבָר | introduction, preface, prologue |
| פֶּתִי ת. | fool |
| פְּתִיחָה נ. | opening; beginning; prologue; musical overture |
| פְּתִיחוּת נ. | openness |
| פְּתִיל ז. | thread; fuse |
| פְּתִילָה נ. | wick; suppository |
| פְּתִילִיָּה נ. | kerosene stove |
| פְּתִירָה נ. | solution |
| פְּתִית ז. | crumb, flake |
| פְּתַלְתּוֹל ת. | winding, twisted |
| פֶּתֶן ז. | cobra; viper |
| פֶּתַע תפ. | suddenly; sudden |
| לְפֶתַע (-פִּתְאוֹם) | suddenly |
| פֶּתֶק ז., פִּיתְקָה נ. | note, paper slip |
| פֶּתֶק-הַצְבָּעָה | ballot |
| פָּתַר | to solve; interpret (a dream) |
| פָּתַת | to crumble |

239 *adv*=תפ *adj*=ת *pl*=ר *fem*=נ *pro*=כ *prep*=י *con*=ח *du*=זו *mas*=ז

# צ

| | |
|---|---|
| צ | *Tsadi;* ninety (numerical value) |
| צֹאן נ.ר. | sheep, flock |
| צֶאֱצָא ז. | descendant, offspring |
| צָב ז. | turtle |
| צָבָא | to gather, congregate |
| צָבָא ז.(צְבָאוֹת) | army, troops |
| צְבָא הֲגָנָה לְיִשְׂרָאֵל | Israel Defense Forces, IDF |
| צְבָא-מִילּוּאִים | reserves |
| צָבָא סָדִיר | regular army |
| צְבָא-קֶבַע | career (standing) army |
| צְבָאִי ת. | military |
| צָבוּט ת. | pinched |
| צָבוּעַ ת. | colored, painted; hypocritical |
| צָבוֹעַ ז. | hyena |
| צָבוּר ת. | accumulated, piled up |
| צָבַט | to pinch |
| צְבִי ז. | deer |
| צְבִיטָה נ. | pinch |
| צְבִיָּה נ. | gazelle |
| צְבִיעָה נ. | coloring; painting |
| צְבִיעוּת נ. | hypocrisy |
| צָבִיר ת. | accumulative |
| צְבִירָה נ. | accumulation, amassing |
| צָבַע | to color; paint |
| צַבָּע ז. | painter |
| צֶבַע ז. | color; paint |
| צַבָּעוּת נ. | house-painting |
| צִבְעוֹנִי ת. | colorful |
| צָבַר | to accumulate, amass, store |
| צֶבֶר ז. | pile |
| צַבָּר ז. | cactus; *Sabra*, native-born Israeli |
| צְבָת נ. | pliers |
| צָג ז. | video screen |
| צָד | to hunt, catch |
| צַד ז. | side; aspect |
| צַד בְּצַד | side by side |
| צַד-הַדֶּרֶךְ | roadside |
| צַד שְׁלִישִׁי | third party |
| מִצַּד אֶחָד | on the one hand |
| מִצַּד שֵׁנִי | on the other hand |
| צְדָדִי ת. | sideways, marginal, incidental |
| צָדִי נ. | eighteenth letter of the alphabet |
| צַדִּיק ת. | righteous, just, honest |
| צַדִּיקוּת נ. | righteousness, piety |
| צֶדַע ז.(צְדָעַיִים) | temple |
| צֶדֶף ז. | shell, mother-of-pearl |
| צָדַק | to be right, just |
| צֶדֶק ז. | justice, rightness; Jupiter |
| צְדָקָה נ. | charity |
| צִדְקָנוּת נ. | self-righteousness |
| צִדְקָנִי ת. | self-righteous |
| צָהַב | to turn yellow |
| צְהַבְהַב ת. | yellowish |
| צַהֶבֶת נ. | jaundice |
| צָהוֹב ת. | yellow |
| צָהַל | to cry with joy; neigh |
| צָהֳלָה נ. | cry of joy, rejoicing |
| צָהַר | to be bright |
| צָהֳרַיִים ז.ר. | noon |
| צַו ז. | order, writ, command |
| צַו-בֵּינַיִים | interim order |
| צַו-גִּיּוּס | draft order |
| צַו-חִיפּוּשׂ | search warrant |
| צַו-מְנִיעָה | injunction, restraining order |
| צַו עַל תְּנַאי | *order nisi* |
| צַו-קְרִיאָה | military call-up |

| | |
|---|---|
| 'order of the day' | צו-הַשָּׁעָה |
| feces | צוֹאָה נ. |
| pile; bulk | צֹבֶר ז. |
| to captivate | צוֹדֵד |
| just, right | צוֹדֵק ת. |
| joyful | צֹהֵל ת. |
| window, skylight; zenith | צֹהַר ז. |
| will, testament | צַוָּאָה נ. |
| neck | צַוָּאר ז. |
| cervix | צַוַּאר-הָרֶחֶם |
| collar | צַוָּארוֹן ז. |
| to be ordered | צֻוָּה |
| to scream | צָוַח |
| scream | צְוָחָה נ. |
| screamer | צַוְחָן ז. |
| screaming | צַוְחָנוּת נ. |
| scream, shriek | צְוִיחָה נ. |
| chirp | צִוִּיץ ז. |
| crew, team | צֶוֶת ז.(צְוָתִים, צְוָתוֹת) |
| air crew | צֶוֶת-אֲוִיר |
| ground crew | צֶוֶת-קַרְקַע |
| company, team | צַוְתָּא ז. |
| together | בְּצַוְתָּא |
| to be polished | צוּחְצַח |
| to be quoted, cited | צוּטַּט |
| to be equipped, supplied | צוּיַּד |
| to be marked, noted | צוּיַּן |
| to be drawn, painted | צוּיַּר |
| crossed | צוֹלֵב ת. |
| diver | צוֹלֵל ז. |
| submarine crew member | צוֹלְלָן ז. |
| submarine | צוֹלֶלֶת נ. |
| to be photographed | צוּלַּם |
| lame, limping, crippled; stagnant, unsuccessful | צוֹלֵעַ ת. |
| fast *(n.)*, fasting | צוֹם ז. |
| vegetation | צוֹמֵחַ ז. |
| to be decreased, reduced | צוּמְצַם |

| | |
|---|---|
| to be shrunken | צוּמַּק |
| four-way intersection, junction | צֹמֶת נ.(צְמָתִים) |
| crossroads | צוֹמֶת-דְּרָכִים |
| to be censored | צוּנְזַר |
| to be cooled, chilled | צוּנַּן |
| cool, chilly | צוֹנֵן ת. |
| cold water | צוֹנְנִים ז.ר. |
| gypsy | צוֹעֲנִי ז. |
| to be decorated excessively | צוּעֲצַע |
| military cadet; trainee | צוֹעֵר ז. |
| nectar | צוּף ז. |
| to be coated, covered, plated | צוּפָּה |
| viewer, spectator; scout | צוֹפֶה ז |
| scouting | צוֹפִיּוּת נ. |
| Boy Scout | צוֹפִים ז.ר. |
| code | צֹפֶן ז. |
| to be whistled | צוּפְצַף |
| horn, siren | צוֹפָר ז. |
| cliff, rock | צוּק ז. |
| rock, fortress | צוּר ז. |
| one's origin | צוּר-מַחֲצַבְתּוֹ |
| Tyre | צוֹר נ. |
| burning, caustic | צוֹרֵב ת. |
| shape, form, figure | צוּרָה נ. |
| screamer, screaming | צוֹרְחָנִי ת. |
| need, necessity | צֹרֶךְ ז. |
| harsh (on the ear) | צוֹרֵם, צוֹרְמָנִי ת. |
| silicon | צֹרָן ז. |
| morpheme | צוּרָן ז. |
| morphemic | צוּרָנִי ת. |
| to be joined, attached | צוֹרַף |
| jeweler, goldsmith | צוֹרֵף ז. |
| jewelry-making | צוֹרְפוּת נ. |
| enemy | צוֹרֵר ז. |
| formal | צוּרָתִי ת. |
| to listen, wiretap | צוֹתֵת |
| pure, clear | צַח ת. |

adv=תפ adj=ת pl=ר fem=נ pro=כ prep=י con=ח du=זו mas=ז

| | |
|---|---|
| צָחוּן ת. | stinking |
| צְחוֹק ז. | laughter, laugh |
| צְחוֹק-הַגּוֹרָל | irony of fate |
| צְחוֹק בַּצַּד | joking aside |
| צָחוֹר ת. | white, pure |
| צְחוֹר ז. | whiteness, purity |
| צַחוּת נ. | purity, clarity |
| צָחִיחַ ת. | dry, arid |
| צְחִיחוּת נ. | dryness |
| צָחַן | to stink |
| צַחֲנָה נ. | stench |
| צָחַק | to laugh |
| צִי ז. | fleet, navy |
| צִי הַסּוֹחֵר | commercial fleet |
| צִיבּוּר ז. | public, community |
| צִיבּוּרִי ת. | public |
| צִיבְיוֹן ז. | character |
| צַיִד ז. | hunt |
| צֵיד מְכַשֵּׁפוֹת | witch-hunt |
| צִידֵּד (בּ-) | to side (with), support |
| צֵידָה נ. | supplies |
| צִידּוּד ז. | support |
| צִידּוּק ז. | justification |
| צֵידָנִית נ. | ice chest |
| צִיּוּד ז. | equipment, supplies |
| צִיּוּד-קָצֶה | computer peripherals |
| צִיוָּה | to command, order |
| צִיוּוּי ז. | command, imperative *(gram.)* |
| צִיּוּן ז. | mark, note; grade |
| צִיּוּן לְשֶׁבַח | honorary citation |
| צִיּוֹן נ. | Zion |
| צִיּוֹנוּת נ. | Zionism |
| צִיּוֹנִי ת. | Zionist |
| צִיּוּץ ז. | chirping |
| צִיּוּר ז. | drawing, painting, picture |
| צִיּוּר-קִיר | mural |
| צִיּוּרִי ת. | picturesque, pictorial; graphic, descriptive |
| צִיּוּרִיּוּת נ. | descriptiveness |
| צִיּוּת ז. | obedience |
| צִ'יזְבָּאת ז. | tall tale |
| צִיחְיוֹן ז. | dehydration |
| צִיחְצוּחַ ז. | polishing |
| צִיחְצוּחַ חֲרָבוֹת | saber rattling |
| צִיחְצֵח, צִיחְצֵחַ | to polish |
| צִיחְצֵחַ שִׁינַּיִים | to brush one's teeth |
| צִיחְקוּק ז. | giggling |
| צִיחְקֵק | to giggle |
| צִיטּוּט ז. | quoting |
| צִיטֵּט | to quote, cite |
| צִיטָּטָה נ. | quote, quotation |
| צִיֵּיד | to equip, supply |
| צַיָּיד ז. | hunter |
| צִיָּה נ. | wilderness, desert |
| צִיֵּין | to mark, note; distinguish |
| צִיֵּיץ | to chirp |
| צִיֵּיר | to draw, paint |
| צַיָּיר ז. | painter |
| צִיֵּית (ל-) | to obey, comply (with) |
| צַיְיתָן ז. | obedient person |
| צַיְיתָנוּת נ. | obedience |
| צַיְיתָנִי ת. | obedient |
| צִילּוּב | crossing |
| צִילּוּם ז. | photograph, photography |
| צִילּוּם-אֲוִויר | aerial photo |
| צִילּוּם-רֶנְטְגֶן | x-ray photo |
| צִילֵּם | to photograph |
| צִילְצוּל ז. | ringing, ring; phone call |
| צִילְצֵל (בּ-) | to ring |
| צִילְצֵל (אֶל,ל-) | to phone, call |
| צִילֵּק | to scar |
| צִימָּאוֹן ז. | thirst |
| צִימּוּק ז. | raisin |
| צִימַּח | to grow |
| צִימְצוּם ז. | reduction, decrease |
| צִימְצֵם | to reduce, decrease |

*adv*=תפ *adj*=ת *pl*=ר *fem*=נ *pro*=כ *prep*=י *con*=ח *du*=זו *mas*=ז 242

| | |
|---|---|
| צִינָּה נ. | cold, chill |
| צִינּוּן ז. | cooling, chilling |
| צִינוֹק ז. | prison cell, solitary confinement |
| צִינּוֹר ז.(צִינּוֹרוֹת) | pipe, pipeline, tube |
| צִינּוֹר-דָּם | blood vessel |
| צִינּוֹר-נֵפְט | oil pipeline |
| צִינּוֹר-פְּלִיטָה | exhaust pipe |
| בַּצִּינּוֹרוֹת הַמְקוּבָּלִים | in the normal channels |
| צִינּוֹרִי ת. | tubular |
| צִינִי ת. | cynical |
| צִינְעָה נ. | privacy |
| צִינְצֶנֶת נ. | jar |
| צִינְתּוּר ז. | catheterization |
| צִינְתֵּר | to catheterize |
| צִיפָּה | to cover, coat |
| צִיפָּה (ל-) | to expect, anticipate |
| צִיפּוּי ז. | cover, coating |
| צִיפּוֹר נ.(צִיפּוֹרִים) | bird |
| צִיפּוֹר-נֶפֶשׁ | very dear |
| צִיפּוֹרֶן נ.(צִיפּוֹרְנַיִים) | fingernail, toenail, claw |
| צִיפּוֹרֶן נ.(צִיפּוֹרְנִים) | stylus; carnation |
| צִיפִּיָּה נ. | expectation, anticipation, waiting |
| צִיפִּית נ. | pillowcase |
| צִיפְצוּף ז. | whistle |
| צִיפְצֵף | to whistle |
| צִיפְצֵף (עַל) | to scorn, disregard *(col.)* |
| צִיצִים ז.ר. | breasts *(col.)* |
| צִיצִית נ. | fringe; fringed prayer shawl |
| צִיר ז. | pivot, axis, axle, hinge; delegate |
| צִיר-תְּנוּעָה | traffic axis |
| צִירֵי-לֵידָה | labor pain |
| צֵירֶה ז. | the vowel [‥] |
| צֵירֶה מָלֵא | *Tsere* followed by a *Yod* |
| צֵירוּף ז. | combining, combination, joining, attaching, annexing |
| צֵירוּף מִקְרִים | coincidence |
| צִירוּת נ. | consulate, legation |
| צִירִי ת. | pivotal |
| צֵירֵף, צֵירֵף | to combine, join, attach, annex |
| צִיתּוּת ז. | listening, wiretapping |
| צִיתֵּת | to listen, wiretap |
| צֵל ז. | shadow, shade |
| בְּצֵל-קוֹרָתוֹ | under one's roof |
| צָלַב | to crucify |
| צְלָב ז. | cross, crucifix |
| הַצְּלָב הָאָדוֹם | Red Cross |
| צְלַב-קֶרֶס | swastika |
| צַלְבָּן ז. | Crusader |
| צַלְבָּנִי ת. | Crusader *(adj.)* |
| צָלָה | to roast, grill, broil |
| צָלוּב ת. | crucified |
| צְלוֹחִית נ. | flask |
| צָלוּי ת. | roasted |
| צָלוּל ת. | clear, lucid |
| צְלוֹפָח ז. | eel |
| צָלַח | to be successful, thrive; cross (water) |
| צָלֵחַ ת. | successful |
| צַלַּחַת נ. | dish, plate, saucer |
| צַלַּחַת מְעוֹפֶפֶת | flying saucer, UFO |
| צָלִי ז. | roast |
| צְלִי-בָּשָׂר | roast beef |
| צְלִיבָה נ. | crucifixion |
| צְלִיחָה נ. | crossing (water) |
| צְלִיָּה נ. | roasting |
| צַלְיָין ז. | pilgrim |
| צְלִיל ז. | sound, tone; musical note |
| צְלִיל-חִיּוּג | dial tone |
| צְלִילָה נ. | diving; sinking; submergence |
| צְלִילוּת נ. | clarity, lucidity |

*adv*=תפ *adj*=ת *pl*=ר *fem*=נ *pro*=כ *prep*=י *con*=ח *du*=זו *mas*=ז

| | |
|---|---|
| צְלִילוּת-דַּעַת | clear-mindedness |
| צְלִילִי ת. | resonant; voiced *(gram.)* |
| צְלִילִיּוּת נ. | resonance |
| צְלִיעָה נ. | limping |
| צְלִיפָה נ. | whipping, lashing; sniping |
| צָלַל | to dive, plunge; sink, submerge |
| צְלָלִית נ. | silhouette |
| צֶלֶם ז. | image, likeness |
| צַלָּם ז. | photographer |
| צַלְמָוֶת ז. | shadow of death |
| צַלְמִית נ. | figurine |
| צַלְמָנִיָּה נ. | photographic studio |
| צָלַע | to limp |
| צֵלָע נ.(צְלָעוֹת) | rib; side |
| צֶלַע-הָר | mountain slope |
| צַלְעִית נ. | meat chop |
| צָלַף (בּ-) | to snipe (at) |
| צַלָּף ז. | sniper |
| צַלֶּקֶת נ. | scar |
| צָמֵא | to be thirsty |
| צָם | to fast |
| צָמֵא ת. | thirsty |
| צָמָא ז. | thirst |
| צֶ'מְבָּלוֹ ז. | harpsichord |
| צֶמֶד ז. | pair, couple |
| צֶמֶד-חֶמֶד | lovely pair |
| צַמָּה נ. | braid, plait |
| צָמוּד ת. | attached, joined; linked |
| צָמוּד לַמַּדָּד | linked to the cost-of-living index |
| צָמוּק ת. | shriveled |
| צָמַח | to grow, sprout |
| צֶמַח ז. | plant |
| צִמְחוֹנוּת נ. | vegetarianism |
| צִמְחוֹנִי ת. | vegetarian |
| צִמְחִיָּה נ. | vegetation |
| צָמִיג, צְמִיג ז. | tire |
| צָמִיג ת. | viscous, sticky; chewy |
| צְמִיגוּת נ. | viscosity, stickiness |
| צָמִיד ז. | bracelet |
| צְמִידוּת נ. | attachment, linkage |
| צְמִיחָה נ. | growth |
| צַמְצָם ז. | aperture |
| צֶמֶר ז. | wool |
| צֶמֶר-גֶּפֶן | cotton |
| צֶמֶר-פְּלָדָה | steel wool |
| צְמַרְמֹורֶת נ. | shivering, shudder |
| צַמֶּרֶת נ. | treetop, top; higher echelon |
| צְנוֹבָר ז. | pine |
| צָנוּם ת. | skinny, lean, thin |
| צְנוֹן ז. | radish |
| צְנוֹנִית נ. | small radish |
| צָנוּעַ ת. | modest, humble |
| צָנַח | to drop, fall; parachute |
| צַנְחָן ז. | paratrooper, parachutist |
| צְנִיחָה נ. | parachuting |
| צְנִיחָה חוֹפְשִׁית | sky-diving |
| צְנִים ז. | rusk, toast |
| צָנִין ז. | thorn |
| צְנִיעוּת נ. | modesty, chastity |
| צָנִיף ז. | headdress |
| צֶנַע ז. | austerity |
| צַנֶּרֶת נ. | pipe system, tubing |
| צַנְתָּר ז. | catheter |
| צָעַד | to step, march |
| צַעַד ז. | step |
| צְעָדָה נ. | march |
| צְעִידָה נ. | stepping, marching |
| צָעִיף ז. | scarf, veil |
| צָעִיר ת. | young |
| צְעִירוּת נ. | youth, young age |
| צַעֲצוּעַ ז. | toy |
| צָעַק (עַל) | to shout (at), yell, scream |
| צְעָקָה נ. | shouting, scream |
| צַעֲקָן ז. | screamer, loudmouth |
| צַעֲקָנוּת נ. | screaming, being loud |

| | |
|---|---|
| צַעֲקָנִי ת. | screaming, loud |
| צַעַר ז. | sorrow, grief |
| צַעַר בַּעֲלֵי חַיִּים | prevention of cruelty to animals |
| צָף | to float |
| צָף ת. | floating |
| צַפֶּדֶת נ. | tetanus |
| צָפָה | to foresee, anticipate |
| צָפָה (ב-) | to view, watch, observe |
| צָפוּי ת. | expected, anticipated |
| צָפוּן ת. | hidden |
| צָפוֹן ז. | north |
| צְפוֹנִי ת. | northern, northerly |
| צָפוּף ת. | crowded, dense, congested |
| צַפַּחַת נ. | flask, jar |
| צָפִיד ת. | rigid |
| צַפִּיחִית נ. | wafer, cake |
| צְפִיָּה נ. | viewing, watching |
| צְפִיפוּת נ. | overcrowding, density, congestion |
| צְפִיפוּת-אוכלוּסִיָּה | population density |
| צְפִירָה נ. | whistle; siren; honking |
| צָפַן | to hide, conceal |
| צֶפַע, צִפְעוֹנִי ז. | viper |
| צַפְצֵפָה נ. | whistle |
| צַפְצָפָה נ. | poplar |
| צָפַר | to whistle; honk |
| צְפַרְדֵּעַ נ.(צְפַרְדְּעִים) | frog |
| צַפְרִיר ז. | zephyr, morning breeze |
| צָץ | to sprout, appear |
| צָר | to shape, form |
| צָר (עַל) | to besiege |
| צַר ת. | narrow |
| צַר-אוֹפֶק | narrow-minded |
| צַר לוֹ | to feel sorry |
| צַר-עַיִן | envious |
| צַר ז. | foe |
| צָרַב | to burn; cause heartburn |
| צָרֶבֶת נ. | heartburn |
| צָרַד | to cause hoarseness |
| צָרֶדֶת נ. | hoarseness, huskiness |
| צָרָה נ. | trouble, misfortune; rival wife in polygamous marriage |
| צָרָה צְרוּרָה | big trouble |
| צָרוּב ת. | burned |
| צָרוּד ת. | hoarse, husky |
| צָרוּי ת. | vocalized with *Tsere* |
| צָרוּם ת. | deafened |
| צָרוּעַ ת. | leper |
| צָרוּף ת. | pure, refined (gold) |
| צָרוּר ת. | packed, bundled |
| צְרוֹר ז.(צְרוֹרוֹת) | package, bundle, bag |
| צְרוֹר-יְרִיּוֹת | burst of fire |
| צְרוֹר-פְּרָחִים | flower bouquet |
| צָרוּת נ. | narrowness |
| צָרוּת-אוֹפֶק | narrow-mindedness |
| צָרוּת-עַיִן | jealousy, envy |
| צָרַח | to scream |
| צְרָחָה נ. | scream |
| צַרְחָן ז. | screamer |
| צַרְחָנוּת נ. | screaming |
| צַרְחָנִי ת. | screaming strident |
| צְרִיבָה נ. | burning (n.) |
| צְרִידוּת נ. | hoarseness, huskiness |
| צְרִיחַ ז. | tower, turret, castle (chess) |
| צְרִיחָה נ. | scream, shriek |
| צָרִיךְ ת. | in need of, need |
| צָרִיךְ ל- | must, need to, should; it is necessary |
| צְרִיכָה נ. | consumption |
| צְרִימָה נ. | injury, grating (on ear) |
| צְרִיף ז. | shack, hut, bungalow |
| צְרִיפוֹן ז. | small hut |
| צְרִירָה נ. | packing, binding, bundling |
| צָרַךְ | to consume; require, need |
| צַרְכָן ז. | consumer |

*adv*=תפ *adj*=ת *pl*=ר *fem*=נ *pro*=כ *prep*=י *con*=ח *du*=זו *mas*=ז

| | |
|---|---|
| צַרְכָנוּת נ. | consumer affairs |
| צַרְכָנִיָּה נ. | cooperative store |
| צָרַם | to injure; grate on the ear |
| צִרְעָה נ. | wasp |
| צָרַעַת נ. | leprosy |
| צֶרֶף ז. | compound |
| צָרְפָת נ. | France |
| צְרָצַר, צַרְצוּר ז. | cricket |
| צָרַר | to pack |
| צַתָּת ז. | listener, wiretapper |

# ק

| | |
|---|---|
| ק | *Kof;* a hundred (numerical value) |
| קַב ז.(קַבַּיִים) | crutch |
| קָבוּעַ ת. | fixed; permanent; constant; regular |
| קָבוּץ ת. | vocalized with a *Kubbutz* |
| קְבוּצָה נ. | group, team; collective settlement |
| קְבוּצָתִי ת. | of a group *(adj.)* |
| קָבוּר ת. | buried |
| קְבוּרָה נ. | burial |
| קָבִיל ת. | acceptable; admissible |
| קְבִילָה נ. | complaining, complaint |
| קְבִילוּת נ. | acceptability, admissibility |
| קְבִיעָה נ. | fixing; designating; determination |
| קְבִיעוּת נ. | permanence; tenure |
| בִּקְבִיעוּת | regularly, steadily, constantly, permanently |
| קָבַל | to complain |
| קָבָל י. | before, in front of |
| קָבָל עַם (-וְעֵדָה) | publicly, openly |
| קַבָּלָה נ. | receiving, receipt; acceptance; Jewish mysticism, *Kabbalah* |
| קַבָּלַת פָּנִים | welcome, reception |
| קַבָּלַת קָהָל | office hours |
| קַבָּלַת שַׁבָּת | Sabbath-eve celebration |
| קַבְּלָן ז. | contractor |
| קַבְּלָן-מִישְׁנֶה | subcontractor |
| קַבְּלָנוּת נ. | contracting; work done by the piece |
| קַבְּלָנִי ת. | contractual |
| קָבַע | to fix, set; establish; determine; designate |
| קֶבַע ז. | permanence; career military service |
| קָבַץ | to collect, gather |
| קַבְּצָן ז. | beggar |
| קַבְּצָנוּת נ. | begging |
| קַבְקַב ז. | wooden shoe |
| קָבַר | to bury |
| קֶבֶר ז.(קְבָרִים, קְבָרוֹת) | grave, tomb |
| קֶבֶר-אַחִים | mass grave |
| קַבְּרָן ז. | grave-digger |
| קַבַּרְנִיט ז. | skipper, captain |
| קַד, קָדַד | to bow |
| קָדוּחַ ת. | drilled |
| קָדוּם ת. | ancient, old |
| קְדוּמִים ז.ר. | ancient times |
| קְדוֹמַנִית תפ. | forward |
| קְדוֹרָנִי ת. | grim, gloomy |
| קְדוֹרַנִּית תפ. | gloomily |
| קָדוֹשׁ ת. | holy, saint, sacred |
| הַקָּדוֹשׁ בָּרוּךְ הוּא | God |
| קְדוּשָּׁה נ. | holiness, sanctity |
| קָדַח | to drill |
| קָדַח מֵחוֹם | to have a high fever |
| קַדַּחַת נ. | malaria, fever |
| קַדַּחְתָּנוּת נ. | fervor |
| קַדַּחְתָּנִי ת. | feverish, intensive |
| קְדִיחָה נ. | drilling |
| קָדִים ז. | east |
| קָדִימָה תפ. | forward, onward |
| קְדֵירָה נ. | pot |
| קַדִּישׁ ז. | prayer for the dead |
| קָדַם (ל-) | to precede, have priority |
| קְדַם- | pre- |
| קֶדֶם ז. | east; ancient times |
| קִדְמָה נ. | front |
| קַדְמוֹן, קַדְמוֹנִי ת. | ancient, primal |
| קַדְמוֹנִיּוֹת נ.ר. | ancient history |

| | |
|---|---|
| קַדְמוּת נ. | previous condition |
| קִדְמִי ת. | frontal, front-line |
| קָדַר | to be dark, gloomy |
| קַדָּר ז. | potter |
| קַדָּרוּת נ. | pottery |
| קַדְרוּת נ. | gloom; darkness |
| קָדֵשׁ ז., קְדֵישָׁה נ. | temple prostitute |
| קָהָה | to be blunt, dull |
| קֵהֶה ת. | blunt, dull |
| קַהֲוָה נ. | coffee |
| קָהוּי ת. | mat |
| קֵהוּת נ. | bluntness, dullness |
| קֵהוּת-חוּשִׁים | lack of sensitivity; numbness |
| קְהִילָּה נ. | community; congregation |
| קְהִילִיָּה נ. | republic; community |
| קְהִילָּתִי ת. | communal |
| קָהִיר נ. | Cairo |
| קָהָל ז. | audience; public |
| קָו, קַו ז. | line; outline |
| קַו-אֲוִויר | air distance |
| קַו-אוֹרֶךְ | longitude |
| קַו-אֵשׁ | firing line |
| קַו-הֲגָנָּה | line of defense |
| קַו מַנְחֶה | guideline |
| קַו-הַמַּשְׁוֶוה | equator |
| קַו נָטוּי | slash |
| קַו-פְּעוּלָּה | line of action |
| קַו-רְאִיָּה | line of view |
| קַו-רוֹחַב | latitude |
| קַו-רָקִיעַ | skyline |
| קַו-תַּחְבּוּרָה | transportation line |
| הַקַּו הַיָּרוֹק | Israel's pre-1967 borders |
| בְּקַו-הַבְּרִיאוּת | in good health |
| קַוֵּי-יְסוֹד | outline, basic principles |
| קוּבּוּץ ז. | the vowel [ֻ] |
| קוּב ז. | cubic |

| | |
|---|---|
| קוּבִּיָּה נ. | cube |
| קוּבְלָנָה נ. | complaint |
| קוּבְלָנִי ת. | grudging |
| קוֹבַע ז. | helmet |
| קוֹבַע-פְּלָדָה | steel helmet |
| קוּבַּץ | to be gathered, collected |
| קוֹבֶץ ז. | collection, compilation; computer file |
| קוֹדֵם ת. | previous, former, preceding |
| קוֹדֶם תפ. | previously, before, first |
| קוֹדֶם-כֹּל | first of all |
| קוֹדֶם לָכֵן | previously, beforehand |
| קוֹדְקוֹד ז. | crown of the head; vertex |
| קוֹדֵר ת. | dark, gloomy; melancholic |
| קוֹדְרָנִי ת. | gloomy |
| קוּדַּם | to be advanced; be promoted |
| קוּדַּשׁ | to be sanctified; be betrothed |
| קוֹדֶשׁ ז. | holiness, sanctity |
| קוֹדֶשׁ ל- | dedicated to |
| קוֹדֶשׁ-הַקּוֹדָשִׁים | Holiest of Holies |
| קוֹהֶלֶת | Ecclesiastes |
| קוּוָּה | to be hoped, expected |
| קַוִּוי ת. | linear |
| קַוָּון ז. | lineman |
| קְווּצָּה נ. | lock of hair |
| קוּזַּז | to be written off |
| קוֹטֶב ז. | pole |
| הַקּוֹטֶב הַדְּרוֹמִי | South Pole |
| הַקּוֹטֶב הַצְּפוֹנִי | North Pole |
| קוֹטְבִּי ת. | polar |
| קוֹטְבִּיּוּת נ. | polarity |
| קוֹטֵל ז. | killer |
| קוֹטֵל חֲרָקִים | insecticide |
| קוֹטֵל עֲשָׂבִּים | herbicide |
| קוֹטֵל פִּטְרִיּוֹת | fungicide |
| קוּטְלַג | to be catalogued |
| קוֹטֶן ז. | smallness |
| קוּטַּע | to be cut off; be interrupted |

| | |
|---|---|
| קוּטַּר | to be incensed |
| קוֹטֶר ז. | diameter |
| קוּיַּם | to be sustained, maintained; be fulfilled; be validated; be held |
| קוֹל ז.(קולות) | voice; sound; vote |
| קול-יִשְׂרָאֵל | Israel's Broadcasting Service |
| קול-קוֹרֵא | proclamation |
| בְּקוֹל אֶחָד | unanimously |
| בְּקוֹל רָם | aloud |
| בְּקוֹלֵי-קוֹלוֹת | noisily |
| קוֹלָב ז. | hanger |
| קוֹלֵחַ ת. | gushing, flowing |
| קוֹלִי ת. | vocal, voiced |
| קוּלִית נ. | thighbone, femur |
| קוּלַּל | to be cursed |
| קוּלמוּס ז. | pen |
| קוֹלָן ז. | tuning fork |
| קוֹלנוֹעַ ז. | cinema, movie theater |
| קוֹלנוֹעִי ת. | cinematic |
| קוֹלָנִי ת. | noisy, screaming, loud |
| קוֹלָנִיוּת נ. | noisiness, loudness |
| קוּלַּס | to be cursed; be praised |
| קוֹלֵעַ ת. | hitting accurately, on the mark |
| קוּלַּף | to be peeled |
| קוּלְקַל | to be spoiled; be broken |
| קוֹלָר ז. | chain, collar |
| קוֹמָה נ. | height, stature; story, floor |
| קוֹמַת-קַרקַע | ground floor |
| בְּקוֹמָה זְקוּפָה | upright; proudly |
| קוּמזִיץ ז. | campfire party |
| קוּמַּט | to be wrinkled |
| קוֹמֵם | to rebuild; arouse against |
| קוֹמְמִיוּת נ. | independence |
| קוֹמֶץ ז. | handful |
| קוּמקוּם ז. | kettle |
| קוֹנדִיטוֹרְיָה נ. | pastry shop |
| קוּנדֵס ז. | prankster |
| קוֹנֶה ז. | buyer, customer |
| קוֹנוּס ז. | cone |
| קוּנטרֵס ז. | booklet, pamphlet |
| קוֹנִי ת. | conical |
| קוֹנכִייָה, קוֹנְכִית נ. | snail shell |
| קוֹנֵן (עַל) | to mourn |
| קוּנץ ז. | trick, game *(col.)* |
| קוֹסֵם ז. | magician, sorcerer |
| קוֹף ז. | monkey, ape |
| קוֹף, קוּף נ. | nineteenth letter of the alphabet |
| קוּף-מַחַט ז. | eye of the needle |
| קוּפַּאי ז. | cashier, teller |
| קוּפַּד | to be cut short |
| קוּפָּה נ. | cashier's window; box office, ticket office; fund |
| קוּפָּה רוֹשֶׁמֶת | cash register |
| קוּפָּה שֶׁל שְׁרָצִים | a person's dark past |
| קוּפַּת-גֶּמֶל | pension fund |
| קוּפַּת-חוֹלִים | sick fund, health insurance organization |
| קוּפַּת-חִיסָּכוֹן | savings fund |
| קוּפַּת-הַמְּדִינָה | State's treasury |
| קוּפַּת-צְדָקָה | charity fund |
| קוֹפוֹן ז. | small monkey |
| קוּפַּח | to be deprived |
| קוּפַּל | to be folded, rolled up |
| קוּפסָא, קוּפסָה נ. | box |
| קוּפסַת-גַּפרוּרִים | matchbox |
| קוּפסַת-שִׁימּוּרִים | canned food, can |
| קוֹץ ז. | thorn, prickle |
| קוֹצֵב לֵב ז. | pacemaker |
| קוֹצִי, קוֹצָנִי ת. | thorny, prickly |
| קוּצַּץ | to be cut off; be reduced |
| קוֹצֵר ז. | harvester |
| קוּצַּר | to be shortened, abridged |

| | |
|---|---|
| קוֹצֶר ז. | shortness |
| קוֹצֶר-יָד | helplessness |
| קוֹצֶר-נְשִׁימָה | shortness of breath |
| קוֹצֶר-רְאִיָּה | nearsightedness |
| קוֹצֶר-רוּחַ | impatience |
| קוּקִיָּה נ. | cuckoo |
| קוֹר ז. | cold, coolness, chill |
| קוֹר-כְּלָבִים | bitter cold |
| קוֹר-רוּחַ | coolness, composure |
| קוֹרֵא ז. | reader |
| קוֹרַב | to be brought near |
| קוֹרְבָּן ז.(קוֹרְבָּנוֹת) | sacrifice; victim |
| קוֹרָה | to be roofed |
| קוֹרָה נ. | wooden beam |
| קוֹרַת-גַּג | shelter |
| קוֹרוֹת נ.ר. | happenings, history |
| קוּרְזַל | to be curled |
| קוֹרְחָה נ. | bald spot |
| קוּרְטוֹב ז. | small measure, drop |
| קוּרֵי-עַכָּבִישׁ ז.ר. | spiderweb |
| קוּרְיוֹז ז. | curiosity |
| קוֹרֵן ת. | radiant, beaming |
| קוּרְנָס ז. | sledgehammer |
| קוֹרַץ | to be shaped |
| קוּרְצַף | to be scraped |
| קוּרְקְבָן ז. | gizzard |
| קוּרְקַע | to be grounded |
| קוּרְקַף | to be scalped |
| קוֹרַר | to be cooled, chilled |
| קוֹרַת-רוּחַ נ. | pleasure, satisfaction |
| קוּשַּׁט | to be decorated |
| קוֹשִׁי ז. | difficulty |
| בְּקוֹשִׁי | hardly, with difficulty |
| קוּשִׁיָּה נ. | question |
| קוֹשֵׁר ז. | conspirator |
| קוּשַּׁר | to be tied, connected |
| קוֹשֵׁשׁ | to gather (wood) |
| קוֹתְלֵי-חֲזִיר ז.ר. | bacon, ham |

| | |
|---|---|
| קָט ת. | small, little |
| קָטוּם ת. | cut, truncated |
| קָטוֹן ת. | to be small, decrease |
| קָטוּעַ ת. | cut off, amputated |
| קָטוּף ת. | picked, plucked |
| קְטוֹרֶת נ. | incense |
| קְטָטָה נ. | squabble, quarrel, fight |
| קָטֵיגוֹר ז. | prosecutor |
| קְטִילָה נ. | killing |
| קַטִּין ז. | a minor |
| קְטִיעָה נ. | cutting, amputation |
| קָטִיף ז. | fruit-picking |
| קְטִיפָה נ. | velvet |
| קָטַל | to kill |
| קֶטֶל ז. | killing, slaughter |
| קַטְלָן ז. | killer |
| קַטְלָנִי ת. | lethal, fatal, deadly |
| קָטַם | to cut off |
| קָטָן ת. | small, little |
| קַטְנוּנִי ת. | petty; trivial |
| קַטְנוּנִיּוּת נ. | pettiness; triviality |
| קַטְנוֹעַ ז. | motor scooter |
| קַטְנוּת נ. | smallness; pettiness |
| קְטַנְטַן ת. | tiny |
| קִטְנִיּוֹת נ.ר. | legumes |
| קָטַע | to cut off, amputate; interrupt |
| קֶטַע ז. | paragraph, section |
| קָטַף | to pick (fruit), pluck |
| קַטָּר ז. | locomotive, engine |
| קִיא ז. | vomit |
| קֵיבָה נ. | stomach |
| קִיבּוֹל ז. | capacity |
| קִיבּוֹלִית נ. | container |
| קִיבּוּץ ז. | gathering; communal settlement, *kibbutz* |
| קִיבּוּץ גָּלוּיוֹת | Ingathering of the Exiles |
| קִיבּוּצִי ת. | communal, collective |

| | |
|---|---|
| to receive, get; accept | קִיבֵּל |
| to greet, welcome | קִיבֵּל אֶת פָּנָיו |
| to be scolded (col.) | קִיבֵּל עַל הָראֹש |
| to gather, collect | קִיבֵּץ |
| to beg, panhandle | קִיבֵּץ נְדָבוֹת |
| stomachic, gastric | קֵיבָתִי ת. |
| bow | קִידָה נ. |
| drilling | קִידּוּחַ ז. |
| oil drilling | קידּוּחַ נֵפְט |
| advancement, promotion | קִידּוּם ז. |
| prefix; area code | קִידּוֹמֶת נ. |
| sanctification; blessing over wine | קִידּוּש ז. |
| martyrdom | קידּוש הַשֵׁם |
| marriage | קִידּוּשִין ז.ר. |
| to advance, promote; greet | קִידֵּם |
| to welcome | קִידֵּם בְּבִרְכָה |
| progress | קִידְמָה נ. |
| to sanctify; marry a woman | קִידֵּש |
| to hope | קִיוּוָה |
| to mark lines | קִיוּוקֵו |
| existence, livelihood; fulfillment; observance | קִיּוּם ז. |
| existential | קִיּוּמִי ת. |
| snack bar | קִיּוֹסק ז. |
| writing off | קִיּזּוז ז. |
| to write off | קִיזֵז |
| summer vacation | קַיִט ז. |
| to polarize | קִיטֵב |
| polarization | קִיטּוּב ז. |
| cutting off | קִיטּוּעַ ז. |
| burning incense; complaining | קִיטּוּר ז. |
| steam | קִיטוֹר ז. |
| to catalogue | קִיטְלֵג |
| cataloguing | קִיטְלוּג ז. |
| to cut off, chop | קִיטַע |
| amputee | קִיטֵעַ ת. |
| to burn incense; complain | קִיטֵר |

| | |
|---|---|
| to accuse, prosecute | קִיטְרֵג |
| accusing, prosecuting | קִיטְרוּג ז. |
| summer vacationer | קַייטָן ז. |
| summer camp or resort | קַייטָנָה נ. |
| to sustain, keep, maintain; observe; fulfill; hold | קִייֵם |
| existing, in existence | קַייָם ת. |
| flow, gush | קִילּוּחַ ז. |
| peeling | קִילּוּף ז. |
| to curse | קִילֵּל |
| to praise; scold | קִילֵּס |
| to peel | קִילֵּף |
| spoiling; breakdown, malfunction | קִילְקוּל ז. |
| to spoil; break, ruin; corrupt | קִילְקֵל |
| pitchfork | קִילְשוֹן ז.(קִילְשוֹנוֹת) |
| standing up, rising | קִימָה נ. |
| wrinkling | קִימוּט ז. |
| economizing, frugality | קִימוּץ ז. |
| arch, vaulting, curvature | קִימוּר ז. |
| to wrinkle | קִימֵּט |
| to economize, be frugal | קִימֵּץ |
| to envy, be jealous (of) | קִינֵּא (ב-) |
| jealousy, envy | קִנְאָה נ. |
| lamentation | קִינָה נ. |
| dessert | קִינוּחַ (-סְעוּדָה) ז. |
| to wipe clean | קִינַח, קִינֵחַ |
| annoying, teasing | קִינְטוּר ז. |
| to annoy, tease | קִינְטֵר |
| to nestle, dwell, occupy | קִינֵּן |
| toothpick; splinter | קֵיסָם, קִיסָם ז. |
| emperor; Caesar | קֵיסָר ז. |
| empire | קֵיסָרוּת נ. |
| imperial | קֵיסָרִי ת. |
| destruction; tattooing | קִיעְקוּעַ ז. |
| to destroy; tattoo | קִיעְקֵעַ |
| freeze; deadlock | קִיפָּאוֹן ז. |
| to cut | קִיפֵּד |

*adv*=תפ  *adj*=ת  *pl*=ר  *fem*=נ  *pro*=כ  *prep*=י  *con*=ח  *du*=זו  *mas*=ז

| | |
|---|---|
| porcupine | קיפּוֹד |
| deprivation | קיפּוּחַ ז. |
| folding, fold | קיפּוּל ז. |
| jumping, leaping | קיפּוּץ ז. |
| to deprive | קיפַּח, קיפֵּחַ |
| to lose one's life | קיפַּח אֶת חַיָּיו |
| to fold | קיפֵּל |
| to jump, leap | קיפֵּץ |
| summer | קַיִץ ז. |
| to ration | קיצֵב |
| pensioner | קיצבָּאי ז. |
| allowance, benefit | קיצבָּה נ. |
| old-age benefit | קיצבַּת-זִיקנָה |
| child benefit | קיצבַּת-יְלָדים |
| survivors' benefit | קיצבַּת-שְׂאִירים |
| rationing | קיצוּב ז. |
| extreme, last | קיצוֹן ת. |
| extreme, extremist | קיצוֹני ת. |
| extremism | קיצוֹניוּת נ. |
| cut, cutback, reduction | קיצוּץ ז. |
| shortening, abbreviation; summary | קיצוּר ז. |
| in brief, briefly | בְּקיצוּר |
| summerly | קיצי ת. |
| to cut, cut down, reduce | קיצֵץ |
| to shorten, abbreviate; summarize | קיצֵר |
| castor oil seed | קיק ז. |
| castor oil plant | קיקָיוֹן ז. |
| ephemeral, short-lived | קיקיוֹני ת. |
| wall | קיר ז.(קירוֹת) |
| to bring near | קיֵרב, קיֵרב |
| closeness, proximity; kinship | קירבָה נ. |
| blood relation | קירבַת-דָם |
| close by, in the vicinity | בְּקירבַת-מָקוֹם |
| bringing near | קירוּב ז. |
| friendship | קירוּב לְבָבוֹת |
| approximately | בְּקירוּב |

| | |
|---|---|
| cooling, chilling | קֵירוּר ז. |
| jumping, jerking | קירטוּעַ ז. |
| to jump, jerk | קירטַע |
| scraping | קירצוּף ז. |
| to scrape | קירצֵף |
| scalping | קירקוּף ז. |
| grounding | קירקוּעַ ז. |
| quacking, crowing | קירקוּר ז. |
| circus | קירקָס ז. |
| to ground | קירקַע |
| to scalp | קירקֵף |
| to quack, crow | קירקֵר |
| to cool, chill | קֵירַר, קֵירֵר |
| squash | קישוּא ז. |
| decorating, decoration | קישוּט ז. |
| connection | קישוּר ז. |
| hard, harsh | קישֵחַ ת. |
| to decorate | קישֵט |
| scramble; rattle; nonsense (col.) | קישקוּש ז. |
| to scramble; rattle; talk nonsense (col.) | קישקֵש |
| to connect | קישֵר |
| jug | קיתוֹן ז.(קיתוֹנוֹת) |
| easy; light | קַל ת. |
| light-headed, silly | קַל-דַעַת |
| all the more so | קַל נָחוֹמֶר |
| insignificant, trivial | קַל-עֵרֶך |
| fast (runner) | קַל-רַגלַיים |
| soldier, trooper | קַלגַס ז. |
| keyboard operator | קַלדָן ז. |
| to roast | קָלָה |
| absorbed | קָלוּט ת. |
| shame, disgrace | קָלוֹן ז. |
| woven; braided | קָלוּעַ ת. |
| peeled | קָלוּף ת. |
| bad, inferior | קָלוֹקֵל ת. |
| thin, slim, scant | קָלוּש ת. |

קַלּוּת נ. ease; lightness
קַלּוּת-רֹאשׁ frivolousness; carelessness
בְּקַלּוּת easily
קָלַח to gush, flow
קַלַּחַת נ. turmoil; stock-pot
קָלַט to absorb; receive; comprehend
קֶלֶט ז. input; military induction center
קַלֶּטֶת נ. cassette
קָלִיד ז. piano key; keyboard key
קְלִיטָה נ. absorption; reception; comprehension
קְלִיטַת עֲלִיָּה immigrant absorption
קְלִיָּה נ. roasting
קַלִּיל ת. very light; easy
קַלִּילוּת נ. lightness; ease
קָלִיעַ ז. projectile, missile
קְלִיעָה נ. weaving; target-shooting
קְלִיפָּה נ. shell, peel; skin
כִּקְלִיפַּת-הַשּׁוּם worthless
קְלִישׁוּת נ. thinness
קְלָלָה נ. curse
קַלְמָר ז. school box
קַלְמָרִית נ. desk caddy
קְלַסְתֵּר (-פָּנִים) ז. facial features; portrait
קָלַע to shoot, hit; braid
קָלַע בַּמַּטָּרָה to hit the target
קַלָּע ז. sharpshooter
קֶלַע ז. bullet; sling
קְלָעִים ז.ר. curtain
קָלַף to peel
קְלָף ז. playing card; parchment
קְלַף-מִיקּוּחַ bargaining chip
קַלְפֵּי, קַלְפִּי נ. ballot, ballot box; voting station
קַלְפָן ז. card-player, gambler
קַלְקָלָה נ. misconduct

קְלַרְנִית נ. clarinet
קָלַשׁ to become thin
קָם to rise, stand up, get up
קָמָה נ. crop; cereals
קָמוּט ת. wrinkled
קָמוּץ ת. clenched, clamped; vocalized with a *Kamatz*
קָמוּר ת. convex
קֶמַח ז. flour
קֶמֶט ז. wrinkle
קְמִילָה נ. withering
קָמִין ז. stove, heater
קָמֵיעַ, קָמֵיעַ ז.(קְמֵיעִים, קְמֵיעוֹת) amulet
קְמִיצָה נ. clench
קָמַל to wither
קִמְעָא תפ. a little bit
קִמְעוֹנַאי ז. retailer
קִמְעוֹנוּת נ. retail
קָמַץ to clench
קָמָץ ז. the vowel [ָ]
קָמָץ קָטָן the vowel [ָ] (/o/)
קַמְצוּץ ז. pinch
קַמְצָן ת. stingy, miser
קַמְצָנוּת נ. stinginess
קָמַר to arch, dome
קֵן ז. nest
קַנָּאוּת נ. fanaticism, zealotry
קַנַּאי ת. jealous; fanatic, zealot
קָנָה to buy, purchase, acquire
קָנֶה ז. cane, reed; gun barrel
קְנֵה-מִידָּה scale, yardstick
קְנֵה-סוּכָּר sugar cane
קָנוּי ת. bought, purchased
קְנוּנְיָה נ. conspiracy, plot
קַנְטְרָן ז. annoyer, obnoxious
קַנְטְרָנוּת נ. annoyance
קַנְטְרָנִי ת. annoying
קַנְיוֹן ז. shopping center; canyon

*adv*=תפ *adj*=ת *pl*=ר *fem*=נ *pro*=כ *prep*=י *con*=ח *du*=זו *mas*=ז

| | |
|---|---|
| קְנִיָּה נ. | buying, purchase |
| קַנְיָן ז. | buyer |
| קִנְיָן ז. | property |
| קָנַס | to fine |
| קְנָס ז. | fine, penalty |
| קַנְקַן ז. | jar, jug |
| קַסְדָּה נ. | helmet |
| קָסוּם ת. | enchanted |
| קָסַם (ל-) | to enchant, fascinate, attract |
| קֶסֶם ז. | magic; charm, fascination |
| קָסַס | to chew |
| קֶסֶת נ. | inkwell |
| קָעוּר ת. | concave |
| קְעִירוּת נ. | concavity |
| קַעֲקַע ז. | tattoo |
| קְעָרָה נ. | bowl |
| קַעֲרוּרִי ת. | concave |
| קָפָא | to freeze |
| קַפְּדָן ז. | strict person, stringent |
| קַפְּדָנוּת נ. | strictness, astringency |
| קַפְּדָנִי ת. | strict, stringent |
| קָפֶה נָמֵס ת. | instant coffee |
| קָפוּא ת. | frozen; motionless |
| קָפוּל ת. | folded |
| קְפִיאָה נ. | freezing |
| קְפִידָה נ. | strictness; meticulousness |
| קְפִיץ ז. | spring, coil |
| קְפִיצָה נ. | jump, leap |
| קְפִיצִי ת. | springy, elastic |
| קְפִיצִיּוּת נ. | springiness, elasticity |
| קָפַץ | to jump, leap |
| קַפְצָן ז. | jumper, jumpy |
| קַפֶּצֶת נ. | trampoline |
| קָץ (בּ-) | to detest, be tired of |
| קֵץ ז. | end; expiration |
| קֵץ-הַיָּמִים | doomsday |
| קָצַב | to allocate |
| קַצָּב ז. | butcher |
| קֶצֶב ז. | rhythm, beat, pace, rate |
| קָצֶה ז.(קְצָווֹת, קְצוֹת-) | edge, end |
| מִקָּצֶה אֶל קָצֶה | from end to end |
| קָצוּב ת. | rhythmic; allocated, fixed |
| קְצוּנָּה נ. | officers' corps |
| קָצוּף ת. | foamy; angry |
| קָצוּץ ת. | chopped; cut, trimmed |
| קָצוּר ת. | harvested, cut |
| קָצִין ז. | officer |
| קְצִין-בִּיטָּחוֹן | security officer |
| קָצִין בָּכִיר | senior officer |
| קְצִין-הַדְרָכָה | training officer |
| קָצִין זוּטָר | junior officer |
| קְצִין-מִבְחָן | parole officer |
| קְצִין-מוֹדִיעִין | intelligence officer |
| קְצִין-מִילּוּאִים | reserve officer |
| קְצִין-מִשְׁטָרָה | police officer |
| קְצִין-הָעִיר | town major, officer serving soldiers on leave |
| קְצִין-עִיתּוֹנוּת | press officer |
| קְצִין-קִישּׁוּר | liaison officer |
| קָצִין תּוֹרָן | officer in charge |
| קְצִיפָה נ. | cream |
| קְצִיץ ז. | meat loaf |
| קְצִיצָה נ. | cutting, chopping |
| קְצִיצָה נ. | cutlet |
| קְצִיצַת-בָּשָׂר | chopped beef, meatball |
| קָצִיר ז. | harvest |
| קְצִיר-דָּמִים | carnage, casualties |
| קְצִירָה נ. | harvesting |
| קָצַע | to scrape |
| קָצַף | to foam; be furious |
| קֶצֶף ז. | foam; anger, fury |
| קַצֶּפֶת נ. | whipped cream |
| קָצַץ | to chop, dice; cut, trim |
| קָצַר | to harvest, reap, cut; be short |

| | |
|---|---|
| קָצָר ת. | short, brief |
| קְצַר-טְוָח | short-range |
| קְצַר-יָמִים | short-lived |
| קְצַר-מוֹעֵד | short-term |
| קְצַר-קוֹמָה | short person |
| בְּקָצָרָה | briefly, in brief |
| קֶצֶר ז. | short-circuit |
| קַצְרָן ז. | stenographer |
| קַצְרָנוּת נ. | stenography, shorthand |
| קְצַרְצַר ת. | very short |
| קַצֶּרֶת נ. | asthma |
| קְצָת תפ. נ. | a little, some |
| קַר ת. | cold, cool |
| קַר-מֶזֶג | cool-tempered |
| קַר-רוּחַ | calm, composed |
| קָרָא | to read; cry, call out, call |
| קָרָא תִּיגָר (עַל) | to challenge |
| קָרָא (ל-) | to name, call |
| קָרָאִי ת. | *Karaite*, member of a branch of Judaism which rejects the Oral Law |
| קָרַב (אֶל) | to come near, approach |
| קְרָב ז.(קְרָבוֹת) | battle, combat, fighting |
| קְרָב פָּנִים-אֶל-פָּנִים | hand-to-hand fighting |
| קֶרֶב ז. | inside, midst |
| בְּקֶרֶב | among |
| מִקֶּרֶב-לֵב | from the bottom of the heart |
| קְרָבַיִים ז. זו. | internal organs |
| קְרָבִי ת. | fighting, battle *(adj.)* |
| קַרְדּוֹם ז. | ax |
| קָרָה | to happen, occur |
| קָרָה נ. | frost |
| קָרוּא ת. | called; invited |
| קָרוֹב ת. | near, close; relative |
| קְרוֹב-מִשְׁפָּחָה | relative, kin |
| בְּקָרוֹב | shortly |
| מִקָּרוֹב | at close range; recently |
| קָרוּי ת. | named, called |
| קְרוּם ז. | membrane; skin, crust |
| קְרוּם-בְּתוּלִים | hymen |
| קְרוּם-הַמּוֹחַ | meninges |
| קָרוֹן ז.(קְרוֹנוֹת) | railroad car, wagon |
| קְרוֹנוֹעַ ז. | motor home |
| קְרוֹנִית נ. | trolley |
| קָרוּעַ ת. | torn, tattered |
| קָרוּץ ת. | formed |
| קָרוּשׁ ת. | congealed |
| קֶרַח ז. | ice |
| קֵרֵחַ ת. | bald |
| קַרְחוֹן ז. | iceberg, glacier |
| קֵרְחוּת נ. | balding |
| קָרַחַת נ. | baldness, bald spot |
| קַרְטוֹן ז. | cardboard |
| קְרֵי, קְרִי ז. | reading version of the Bible |
| קְרִי-לַיְלָה ז. | nocturnal ejaculation |
| קָרִיא ת. | readable, legible |
| קְרִיאָה נ. | reading; call |
| קְרִיאַת-בֵּינַיִים | interruption, heckling |
| קִרְיָה נ. | town; campus |
| קַרְיָן ז. | reader, reciter; radio or television announcer |
| קַרְיָנוּת נ. | reading, recitation |
| קְרִימָה נ. | covering with crust or skin |
| קְרִינָה נ. | radiation |
| קְרִיסָה נ. | kneeling |
| קְרִיעָה נ. | tearing |
| קְרִיעַת יַם-סוּף | hard task |
| קְרִיצָה נ. | winking |
| קָרִיר ת. | cool, chilly |
| קְרִירוּת נ. | coolness, chill |
| קָרִישׁ (-דָּם) ז. | blood clot |
| קְרִישָׁה נ. | congealing |
| קָרַם | to cover with crust or skin |

*adv*=תפ *adj*=ת *pl*=ר *fem*=נ *pro*=כ *prep*=י *con*=ח *du*=זו *mas*=ז

| | |
|---|---|
| קָרַן | to beam, radiate |
| קֶרֶן נ.(קַרְנַיִים) | horn; ray, beam |
| קֶרֶן-אוֹר | ray of light |
| קֶרֶן-זָווִית | corner |
| קֶרֶן-יַעַר | French horn |
| קֶרֶן-הַצְּבִי | risky investment |
| קַרְנֵי-רֶנטגֶן | x-rays |
| קַרְנֵי-הַשֶּׁמֶשׁ | sun rays |
| קֶרֶן נ.(קְרָנוֹת) | fund, capital |
| קֶרֶן הֲדָדִית | mutual fund |
| קֶרֶן-נֶאֱמָנוּת | trust fund |
| קֶרֶן קַיֶּמֶת לְיִשְׂרָאֵל | Jewish National Fund |
| קַרְנִית נ. | cornea |
| קַרְנַף ז. | rhinoceros, rhino |
| קָרַס | to kneel |
| קֶרֶס ז. | hook |
| קַרסוֹל, ז.(קַרסוּלַּיִים) | ankle |
| קַרסוּלִּית נ. | gaiter |
| קָרַע | to tear, rip off |
| קָרַע לִגְזָרִים | to tear to pieces |
| קֶרַע ז. | tear; split, rift, schism |
| קְרָעִים ז.ר. | rags |
| קַרְפָּדָה נ. | toad |
| קַרְפִּיוֹן ז. | carp |
| קָרַץ | to wink; form |
| קַרְצִית נ. | tick (insect) |
| קַרְקַע נ.(קַרקָעוֹת) | land, ground, soil |
| קַרקַע בְּתוּלָה | uncultivated land |
| קַרְקָעִי ת. | of land *(adj.)* |
| קַרְקָעִית נ. | bottom |
| קַרְקֶפֶת נ. | scalp, skull |
| קָרַשׁ | to congeal |
| קֶרֶשׁ ז. | piece of wood, board |
| קֶרֶשׁ-קְפִיצָה | jumping board |
| קֶרֶת נ. | town, city |
| קַרְתָּן ז. | provincial person |
| קַרְתָּנוּת נ. | provincialism |
| קַרְתָּנִי ת. | provincial |
| קַשׁ ז. | hay, straw |
| קַשָּׁב ז. | listener, monitor |
| קֶשֶׁב ז. | listening, attention |
| קָשָׁה | to harden; be difficult |
| קָשֶׁה ת. | hard, harsh; difficult; severe |
| קָשֶׁה מִנְּשׂוֹא | unbearable, intolerable |
| קְשֵׁה-הֲבָנָה | unintelligent, slow |
| קְשֵׁה-חִינּוּךְ | slow learner |
| קְשֵׁה-עוֹרֶף | obstinate, stubborn |
| קְשֵׁה-תְּפִיסָה | slow–witted, slow learner |
| קָשׁוּב ת. | listening, attentive |
| קָשׁוּחַ ת. | hard, harsh, rigid, callous |
| קָשׁוּר ת. | tied, connected, bound |
| קָשַׁח | to harden |
| קַשְׁיוּת נ. | hardness, rigidity; difficulty |
| קָשִׁיחַ ת. | hard, rigid |
| קְשִׁיחוּת נ. | hardness, rigidity |
| קְשִׁירָה נ. | tying, connecting, binding |
| קָשִׁישׁ ז. | old, elderly; senior |
| קְשִׁישׁוּת נ. | old age; seniority |
| קַשְׂקַשׂ ז. | scale, flake |
| קַשְׂקַשִּׂים ז.ר. | dandruff |
| קָשַׁר | to tie, connect, bind |
| קָשַׁר קֶשֶׁר | to conspire, plot |
| קֶשֶׁר ז. | tie, connection, communication, bind; knot; relevance; conspiracy, plot |
| קֶשֶׁר-עַיִן | eye contact |
| קַשָּׁר ז. | signalman; liaison |
| קֶשֶׁת נ. | bow; arc, arch; rainbow; Sagittarius |
| קַשָּׁת ז. | archer |
| קַשְׁתִּי ת. | arched, vaulted, convex |
| קַשְׁתִּית נ. | retina |
| קַת נ. | handle, rifle butt |
| קָתֶדְרָה נ. | academic chair |

| | |
|---|---|
| Resh; two hundred (numerical value) | ר |
| to see, view, regard | רָאָה |
| to see fit | רָאָה לְנָכוֹן |
| show, display, exhibition | רַאֲוָה נ. |
| exhibitionist | רַאֲוותָן ז. |
| exhibitionism | רַאֲוותָנוּת נ. |
| exhibitionistic | רַאֲוותָנִי ת. |
| fit, suitable, worthy | רָאוּי ת. |
| properly | כָּרָאוּי |
| visibility | רְאוּת נ. |
| mirror | רְאִי ז. |
| evidence, proof | רְאָיָה נ. |
| interview | רֵאָיוֹן ז.(רְאָיוֹנוֹת) |
| seeing, vision, eyesight | רְאִיָה נ. |
| foresight | רְאִיַת הַנוֹלָד |
| silent movie | רְאִינוֹעַ ז. |
| ram | רְאֵם ז. |
| head; top; leader | רֹאש ז. |
| bridgehead | רֹאש-גֶשֶר |
| first of the month | רֹאש-חוֹדֶש |
| nuclear warhead | רֹאש-חֵץ גַרעִינִי |
| chief of staff | רֹאש הַמַטֶה הַכְּלָלִי |
| prime minister, premier | רֹאש-מֶמשָלָה |
| warhead | רֹאש-נֶפֶץ |
| mayor | רֹאש-עִיר |
| Hebrew New Year, *Rosh Hashanah* | רֹאש-הַשָנָה |
| outline | רָאשֵי-פְרָקִים |
| abbreviations, acronym; initials | רָאשֵי-תֵיבוֹת |
| first of all, above all | בְּרֹאש וּבָרִאשוֹנָה |
| in advance | מֵרֹאש |
| first | רִאשוֹן ת. |

| | |
|---|---|
| title of Sephardic Chief Rabbi | הָרִאשוֹן לְצִיוֹן |
| at first | רִאשוֹנָה תפ. |
| being first | רִאשוֹנוּת נ. |
| first, primary | רִאשוֹנִי ת. |
| primacy | רִאשוֹנִיוּת נ. |
| forefathers | רִאשוֹנִים ז.ר. |
| headship, leadership | רָאשוּת נ. |
| premiership | רָאשוּת-הַמֶמשָלָה |
| main, principal, head (adj.) | רָאשִי ת. |
| head throw (football) | רֹאשִיָה נ. |
| beginning, start | רֵאשִית נ. |
| first (of all) | רֵאשִית (-כָּל) תפ. |
| to quarrel, fight | רָב |
| much, plentiful, numerous; multi- | רַב, רָב ת. |
| major-general | רַב-אַלוּף |
| captain | רַב-חוֹבֵל |
| mass-murderer | רַב-טַבָּחִים |
| corporal | רַב-טוּרָאי |
| multilingual | רַב-לְשוֹנִי |
| best-seller | רַב-מֶכֶר |
| sergeant major | רַב-סַמָל |
| master sergeant | רַב-סַמָל רִאשוֹן |
| major | רַב-סֶרֶן |
| very valuable | רַב-עֵרֶך |
| polyvalent | רַב-עֶרכִּי |
| multifaceted | רַב-צְדָדִי |
| polyphonal | רַב-קוֹלִי |
| symposium | רַב-שִיחַ |
| multicellular | רַב-תָאִי |
| multi-purpose | רַב-תַכלִיתִי |
| rabbi; teacher | רַב ז. |
| stain; flaw | רְבָב ז. |
| ten thousand | רְבָבָה נ. |

| | |
|---|---|
| colorful | רַבְגּוֹנִי ת. |
| variety | רַבְגּוֹנִיּוּת נ. |
| to increase | רָבָה |
| stratified | רָבוּד ת. |
| square | רָבוּעַ ת. |
| rabbi; (my) teacher | רַבִּי ז. |
| necklace | רָבִיד ז. |
| propagation, increase | רְבִיָּה נ. |
| quarter | רְבִיעַ ז. |
| animal mating | רְבִיעָה נ. |
| fourth | רְבִיעִי ת. |
| quartet; quadruplets | רְבִיעִיָּה נ. |
| one fourth | רְבִיעִית נ. |
| lying down | רְבִיצָה נ. |
| rabbi; teacher | רַבָּן ז. |
| rabbinate | רַבָּנוּת נ. |
| Chief Rabbinate | הָרַבָּנוּת הָרָאשִׁית |
| rabbinic | רַבָּנִי ת. |
| rabbi's wife; rabbi | רַבָּנִית נ. |
| quarter, one fourth | רֶבַע ז. |
| to lie down | רָבַץ |
| braggart | רַבְרְבָן ז. |
| bragging | רַבְרְבָנוּת נ. |
| bragging | רַבְרְבָנִי ת. |
| large (city) | רַבָּתִי ת. |
| soil | רֶגֶב ז. |
| angered | רָגוּז ת. |
| relaxed, calm | רָגוּעַ ת. |
| to be angry (with) | רָגַז (עַל) |
| bad-tempered, irate | רַגְזָן ז. |
| bad temper | רַגְזָנוּת נ. |
| regular, ordinary, common | רָגִיל ת. |
| used to, accustomed | רָגִיל ל- |
| as usual | כָּרָגִיל |
| habit, practice | רְגִילוּת נ. |
| stoning | רְגִימָה נ. |
| grumble | רְגִינָה נ. |
| relaxation, calm | רְגִיעָה נ. |

| | |
|---|---|
| sensitive | רָגִישׁ ת. |
| sensitivity | רְגִישׁוּת נ. |
| leg, foot | רֶגֶל נ.(רַגְלַיִים) |
| because of, due to, on the occasion of | לְרֶגֶל |
| the festivals of Passover, *Shavuoth*, or *Sukkoth* | רֶגֶל נ.(רְגָלִים) |
| on foot; infantryman; pedestrian | רַגְלִי ת. |
| to stone | רָגַם |
| mortar man | רַגָּם ז. |
| to grumble | רָגַן |
| moment | רֶגַע ז. |
| momentary, instantaneous | רִגְעִי ת. |
| instantaneity | רִגְעִיּוּת נ. |
| to be excited, disquiet | רָגַשׁ |
| feeling, sentiment, emotion | רֶגֶשׁ ז.(רְגָשׁוֹת) |
| guilt feeling | רֶגֶשׁ-אַשְׁמָה |
| inferiority feeling | רֶגֶשׁ-נְחִיתוּת |
| sentimental, emotional | רִגְשִׁי ת. |
| sentimentality | רִגְשִׁיּוּת נ. |
| sentimental person, emotional | רַגְשָׁן ז. |
| sentimentality | רַגְשָׁנוּת נ. |
| sentimental, emotional | רַגְשָׁנִי ת. |
| to oppress, rule | רָדָה (בְּ-) |
| shallow | רָדוּד ת. |
| sleepy, sleeping, dormant | רָדוּם ת. |
| chased; persecuted | רָדוּף ת. |
| shallowness | רְדִידוּת נ. |
| oppression, harsh rule | רְדִיָּה נ. |
| chase, pursuit; persecution | רְדִיפָה נ. |
| to persecute | רָדַף |
| to chase, follow | רָדַף (אַחֲרֵי) |
| bragging, boasting | רַהַב ז. |
| fluent | רָהוּט ת. |
| piece of furniture | רָהִיט ז. |
| fluency | רְהִיטוּת נ. |

*adv*=תפ *adj*=ת *pl*=ר *fem*=נ *pro*=כ *prep*=י *con*=ח *du*=זו *mas*=ז 258

| | |
|---|---|
| רוֹאֶה ז. | spectator, viewer |
| רוֹאֶה חֶשְׁבּוֹן | accountant |
| רוֹאֶה שְׁחוֹרוֹת | pessimist |
| רוֹאיַין | to be interviewed |
| רוֹב ז. | most, majority |
| רוֹב מוּחְלָט | absolute majority |
| רוֹב קוֹלוֹת | majority of votes |
| רוּבּוֹ כְּכוּלּוֹ | almost entirely |
| לָרוֹב | in abundance; mostly |
| רוֹבַאי ז. | rifleman |
| רוֹבֶד ז. | layer |
| רוֹבֶה ז. | rifle, gun |
| רוֹבֶה-אֲוִויר | air gun |
| רוֹבֶה-טוֹטוֹ | .22 caliber rifle |
| רוֹבֶה-צַיִד | hunting rifle, shotgun |
| רוּבַּע | to be squared off |
| רוֹבַע ז. | city quarter |
| רוֹגֵז ת. | angry person |
| רוֹגֶז ז. | anger |
| בְּרוֹגֶז | not on speaking terms *(col.)* |
| רוֹגְזָנִי ת. | angry |
| רוֹגְנָן ת. | grumbling |
| רוֹגֵעַ ת. | calm |
| רוֹגַע ז. | tranquillity |
| רוֹגֵשׁ ת. | excited; stormy |
| רוֹדָן ז. | tyrant, dictator |
| רוֹדָנוּת נ. | tyranny, dictatorship |
| רוֹדָנִי ת. | dictatorial |
| רוֹדֵף ז. | chaser, pursuer |
| רוֹדֵף בֶּצַע | greedy |
| רוֹדֵף כָּבוֹד | honor-seeker |
| רוֹדֵף שְׂמָלוֹת | womanizer |
| רָוָוה | to be saturated |
| רָוֶוה ת. | saturated |
| רָוַוח לוֹ | to be relieved |
| רוֹוֵחַ ת. | widespread, common |
| רֶווַח ז. | space; profit, gain |
| רְווָחָה נ. | prosperity; social affairs |

| | |
|---|---|
| רִווחִי ת. | profitable |
| רִווחִיּוּת נ. | profitability |
| רָווּי ת. | saturated, soaked |
| רְוָויָה נ. | saturation |
| רַוָּוק ז. | bachelor, unmarried, single |
| רַוָּוק מוּשְׁבָּע | confirmed bachelor |
| רַוָּוקוּת נ. | bachelorship |
| רוֹזֵן ז. | count, baron, earl |
| רוּחַ ז. נ.(רוּחוֹת) | wind; spirit; ghost |
| רוּחַ-זִלְעָפוֹת | gale wind, storm |
| רוּחַ-חַיִּים | breath of life |
| רוּחַ-פְּרָצִים | draft |
| רוּחַ-קָדִים | hot easterly wind |
| רוּחַ-הַקּוֹדֶשׁ | Holy Spirit, Holy Ghost |
| רוּחַ-רְפָאִים | ghost |
| רוֹחַב ז. | width, breadth |
| רוֹחַב-לֵב | generosity |
| רוֹחְבִּי ת. | transverse |
| רוּחַם | to be pitied |
| רוּחָנִי ת. | spiritual |
| רוּחָנִיּוּת נ. | spirituality |
| רוּחַק | to be made distant |
| רוֹחַק ז. | distance |
| רוֹטֶב ז. | gravy |
| רוּטַּשׁ | to be slashed, torn |
| רוֹךְ ז. | softness |
| רוֹכֵב ז. | rider |
| רוּכַּז | to be concentrated, centralized |
| רוּכַּךְ | to be softened up |
| רוֹכֵל ז. | vendor |
| רוֹכְלוּת נ. | vending |
| רוֹכְסָן ז. | zipper |
| רוֹם, רוּם ז. | height |
| בְּרוּמוֹ שֶׁל עוֹלָם | of universal importance |
| רוֹמָאִי ת. | Roman |
| רוּמָּה | to be cheated, deceived |
| רוּמַּז | to be hinted, alluded to |

*adv*=תפ *adj*=ת *pl*=ר *fem*=נ *pro*=כ *prep*=י *con*=ח *du*=זו *mas*=ז

| | |
|---|---|
| רוֹמְזָנִי ת. | allusive |
| רוֹמַח ז. | spear |
| רוֹמֵם | to raise, elevate; honor |
| רוֹמַם | to be raised, elevated; honored |
| רוֹמְמוּת נ. | elevation |
| רוֹמְמוּת-רוּחַ | euphoria |
| רוֹמָן ז. | love affair, romance; novel |
| רוֹמָן זָעִיר | popular novel, popular romances |
| רוֹן ז. | joy |
| רוּסַן | to be curbed, restrained |
| רוּסַס | to be sprayed |
| רוּסַק | to be crushed |
| רוֹעַ ז. | badness; evil |
| רוֹעַ-לֵב | malice |
| לְרוֹעַ-הַמַּזָּל | unfortunately |
| רוֹעֶה ז. | shepherd |
| רוֹעֵה זוֹנוֹת | pimp |
| רוֹעֵם ת. | thunderous, roaring |
| רוּעֲנַן | to be refreshed |
| רוֹעֵץ ז. | stumbling block |
| רוֹעֵשׁ ת. | noisy |
| רוֹפֵא ז. | doctor, physician |
| רוֹפֵא-אֱלִיל | witch doctor |
| רוֹפֵא-בְּהֵמוֹת | veterinarian |
| רוֹפֵא-יְלָדִים | pediatrician |
| רוֹפֵא כְּלָלִי | general practitioner |
| רוֹפֵא מְיַלֵּד | obstetrician |
| רוֹפֵא מְנַתֵּחַ | surgeon |
| רוֹפֵא מַרְדִּים | anesthesiologist |
| רוֹפֵא-נָשִׁים | gynecologist |
| רוֹפֵא-עוֹר | dermatologist |
| רוֹפֵא-עֵינַיִים | optometrist |
| רוֹפֵא-עֲצַבִּים | neurologist |
| רוֹפֵא-שִׁינַּיִים | dentist |
| רוּפַּד | to be padded, upholstered |
| רוֹפֵס ת. | weak, frail |
| רוֹפֵף ת. | weak, shaky, unstable |

| | |
|---|---|
| רוּפַּשׁ | to be smeared with mud |
| רוּצָּה | to be appeased, pleased |
| רוֹצֵחַ ז. | murderer |
| רוֹצְחָנִי ת. | murderous |
| רוּצַּף | to be tiled |
| רוֹצֵץ | to crush |
| רוֹק ז. | spit, saliva |
| רוֹקֵחַ ז. | pharmacist |
| רוֹקְחוּת נ. | pharmacology |
| רוֹקֵם ז. | embroiderer |
| רוֹקֵן | to empty |
| רוּקַן | to be emptied |
| רוּקַּע | to be hammered down |
| רוֹשֶׁם ז. | impression |
| רוֹשֵׁשׁ | to impoverish |
| רוּשַּׁשׁ | to be impoverished |
| רוּשַּׁת | to be covered with a net |
| רוֹתֵחַ ת. | boiling; furious |
| רוּתַּךְ | to be melted |
| רוּתַּק | to be tied |
| רָז ז. | secret |
| רָזָה | to become slim, lose weight |
| רָזֶה ת. | slim, lean, skinny |
| רָזוֹן ז. | slimness, leanness |
| רָזוֹנֶת נ. | skinny woman *(col.)* |
| רְזִייָה נ. | slimming down, weight loss |
| רָחַב | to become wide |
| רָחָב ת. | wide, broad |
| רְחַב-אוֹפֶק | broad-minded |
| רְחַב-יָדַיִים | spacious |
| רֹחַב ז. | expanse |
| בְּרַחֲבֵי | in the whole, all over |
| רְחָבָה נ. | open area, square, mall |
| רַחֲבוּת נ. | width |
| רְחוֹב ז.(רְחוֹבוֹת) | street |
| רַחוּם ת. | merciful |
| רָחוּץ ת. | washed |
| רָחוֹק ת. | far, distant |

| | |
|---|---|
| hovering, flying | רְחִיפָה נ. |
| washable | רָחִיץ ת. |
| washing, wash | רְחִיצָה נ. |
| distance | רְחִיקוּת נ. |
| movement | רְחִישָׁה נ. |
| feelings | רְחִישׁוֹת-לֵב |
| ewe | רָחֵל נ.(רְחֵלוֹת) |
| uterus, womb | רֶחֶם ז. |
| mercy, compassion | רַחֲמִים ז.ר. |
| merciful, compassionate | רַחֲמָן ת. |
| 'God forbid' | רַחֲמָנָא לִיצְלָן |
| mercy, compassion | רַחֲמָנוּת נ. |
| compassionate | רַחֲמָנִי ת. |
| to hover, fly | רָחַף |
| hovering, flying | רַחַף ז. |
| hovercraft | רַחֶפֶת נ. |
| to wash, bathe | רָחַץ |
| washing, bathing | רַחְצָה נ. |
| to be distant, go far | רָחַק |
| nosy | רַחְרְחָן ז. |
| to move; feel | רָחַשׁ |
| movement; feeling | רַחַשׁ ז. |
| to be wet | רָטַב |
| bed-wetter | רַטְבָן ז. |
| wet, damp | רָטֹב, רָטוֹב ת. |
| sliced, cut | רָטוּשׁ ת. |
| to vibrate | רָטַט |
| vibrator | רַטָּט ז. |
| quiver; vibration; thrill | רֶטֶט ז. |
| wetness, humidity | רְטִיבוּת נ. |
| eye-patch | רְטִיָּה נ. |
| grudging | רְטִינָה נ. |
| to grudge | רָטַן |
| grudging person | רַטְנוּנִי ת. |
| lung | רֵיאָה נ. |
| interviewing | רֵיאָיוֹן ז. |
| to interview | רִיאֲיֵן |
| quarrel, dispute | רִיב ז. |
| jam, jelly | רִיבָּה נ. |
| girl, young woman | רִיבָה נ. |
| ten thousand | רִיבּוֹא ז. |
| stratification | רִיבּוּד ז. |
| increase; multiple; plural | רִיבּוּי ז. |
| natural increase | רִיבּוּי טִבְעִי |
| polygamy | רִיבּוּי נָשִׁים |
| master | רִיבּוֹן ז. |
| Master of the universe, God Almighty | רִיבּוֹנוֹ שֶׁל עוֹלָם |
| sovereignty | רִיבּוֹנוּת נ. |
| sovereign | רִיבּוֹנִי ת. |
| square; squaring off | רִיבּוּעַ ז. |
| interest | רִיבִּית נ. |
| interest linked to the dollar | רִיבִּית דּוֹלָרִית |
| compounded interest | רִיבִּית דְּרִיבִּית |
| usury, loan-sharking | רִיבִּית קְצוּצָה |
| annual interest, APR | רִיבִּית שְׁנָתִית |
| to square off; multiply by four | רִיבֵּעַ |
| quarterly (journal) | רִיבְעוֹן ז. |
| spying, espionage | רִיגּוּל ז. |
| excitement; emotion | רִיגּוּשׁ ז. |
| emotional | רִיגּוּשִׁי ת. |
| to spy | רִיגֵּל |
| to excite | רִיגֵּשׁ |
| furnishing, furniture | רִיהוּט ז. |
| to furnish | רִיהֵט |
| to quench thirst, saturate | רִיוָּה |
| to space | רִיוֵּחַ |
| spacing | רִיוּוּחַ ז. |
| quenching, saturation | רִיוּוּי ז. |
| smell, odor | רֵיחַ ז.(רֵיחוֹת) |
| fragrance | רֵיחַ נִיחוֹחַ |
| mercy | רִיחוּם ז. |
| hovering | רִיחוּף ז. |
| distance | רִיחוּק ז. |
| at a distance, far away | בְּרִיחוּק מָקוֹם |

*adv*=תפ *adj*=ת *pl*=ר *fem*=נ *pro*=כ *prep*=י *con*=ח *du*=זו *mas*=ז

| | |
|---|---|
| רִיחֵם (עַל) | to pity, have mercy (on) |
| רֵיחָנִי ת. | fragrant |
| רִיחֵף | to hover |
| רִיחֵק | to move away, remove |
| רִיחרַח, רִיחרֵחַ | to sniff |
| רִיטוּט ז. | vibrating |
| רִיטוּן ז. | grumbling |
| רִיטוּש ז. | tearing apart |
| רִיטֵט | to vibrate |
| רִיטֵש | to tear apart |
| רִיכּוּז ז. | concentration, centralization; coordinating |
| רִיכּוּזִי ת. | centralized |
| רִיכּוּךְ ז. | softening, softening up |
| רִיכֵּז | to concentrate, gather, centralize; coordinate |
| רִיכֵּךְ | to soften, tenderize, soften up |
| רִיכֵל | to gossip |
| רִימָּה | to deceive, cheat |
| רִימּוּז ז. | hinting, allusion |
| רִימּוּם ז. | elevation |
| רִימּוֹן ז. | pomegranate; grenade |
| רִימּוֹן-יָד | hand grenade |
| רִימּוֹן-עָשָׁן | smoke grenade |
| רִימֵּז | to hint, allude |
| רִימזוּר ז. | installing traffic lights |
| רִימזֵר | to install traffic lights |
| רִינָּה נ. | joyous song |
| רִינּוּן ז. | singing; gossip |
| רִינֵּן | to sing joyously; gossip |
| רִיס ז. | eyelash |
| רִיסּוּן ז. | restraining, curbing |
| רִיסּוּס ז. | spraying |
| רִיסּוּק ז. | smashing, shattering |
| רִיסֵּן | to restrain, curb |
| רִיסֵּס | to spray |
| רִיסֵּק | to smash, shatter |
| רִיפֵּא | to heal, cure |
| רִיפֵּד | to upholster; pad |
| רִיפָּה | to weaken; relax, loosen |
| רִיפּוּד ז. | upholstery; padding, cushion |
| רִיפּוּט ז. | tattering |
| רִיפּוּי ז. | healing, therapy |
| רִיפּוּי בְּעִיסוּק | occupational therapy |
| רִיפיוֹן ז. | weakness; looseness |
| רִיפיוֹן-יָדַיִים | powerlessness |
| רִיפרוּף ז. | fluttering |
| רִיפרֵף | to flutter |
| רִיפֵּש | to muddy |
| רִיצֵּד | to skip, jump |
| רִיצָּה | to please, satisfy |
| רִיצָּה עוֹנֶש-מַאֲסָר | to serve a prison sentence |
| רִיצָה נ. | running |
| רִיצָה קַלָּה | jogging |
| רִיצּוּד ז. | skipping, jumping |
| רִיצּוּי ז. | pleasing, satisfying |
| רִיצּוּי עוֹנֶש | serving a sentence |
| רִיצּוּף ז. | tiling; paving |
| רִיצּוּץ ז. | crushing |
| רִיצֵּף | to tile; pave |
| רִיצפָּה נ. | floor |
| רִיצֵּץ | to crush |
| רִיצ'רָץ' ז. | zipper *(col.)* |
| רֵיק ת. | empty, vacant |
| רֵיקָא | empty-headed, good-for-nothing |
| רִיקָּבוֹן ז. | decay, rot |
| רִיקֵּד | to dance |
| רִיקּוּד ז. | dance |
| רִיקּוּדִים סָלוֹנִיִּים | ballroom dance |
| רִיקּוּדֵי-עַם | folkdance |
| רִיקּוּעַ ז. | flattening |
| רֵיקָם תפ. | empty-handed |
| רִיקמָה נ. | embroidery; tissue |
| רֵיקָנוּת נ. | emptiness |

| | |
|---|---|
| רֵיקָנִי ת. | hollow, empty |
| רִיקֵעַ | to flatten |
| רִיר ז. | saliva; mucus |
| רִירִי ת. | mucus, mucus-like |
| רֵיש נ. | twentieth letter of the alphabet |
| רֵישָׁא ז. | beginning |
| רִישּׁוּי ז. | licensing |
| רִישּׁוּל ז. | negligence, sloppiness |
| רִישּׁוּם ז. | registration; mark |
| רִישּׁוּת ז. | covering with a net |
| רִישְׁרוּשׁ ז. | rustle |
| רִישְׁרֵשׁ | to rustle |
| רִישֵּׁת | to cover with a net |
| רִיתּוּךְ ז. | welding |
| רִיתּוּק ז. | tying; mesmerizing; confinement |
| רִיתְחָה נ. | rage |
| רִיתֵּךְ | to weld |
| רִיתֵּק | to tie; confine; mesmerize |
| רַךְ ת. | soft, tender |
| רַךְ-לֵב | faint-hearted, timid, coward |
| רָכַב | to ride |
| רֶכֶב ז. | vehicle |
| רַכֶּבֶל ז. | cable car |
| רַכֶּבֶת נ. | train |
| רַכֶּבֶת אֲווירית | airlift |
| רַכֶּבֶת-מַשָּׂא | freight train |
| רַכֶּבֶת-נוֹסְעִים | passenger train |
| רַכֶּבֶת-שֵׁדִים | roller coaster |
| רַכֶּבֶת תַּחְתִּית | subway |
| רָכוּב ת. | riding |
| רָכוּן ת. | bending over |
| רָכוּס ת. | zipped; buttoned |
| רְכוּשׁ ז. | property; capital |
| רְכוּשָׁנוּת נ. | capitalism |
| רְכוּשָׁנִי ת. | capitalistic |
| רַכּוּת נ. | softness, tenderness |
| רַכּוֹת תפ. | softly |
| רַכָּז ז. | coordinator |
| רַכֶּזֶת נ. | switchboard |
| רְכִיב ז. | component |
| רְכִיבָה נ. | riding, ride |
| רְכִילַאי ת. | gossiper |
| רְכִילוּת נ. | gossip |
| רְכִינָה נ. | leaning over |
| רְכִיסָה נ. | zipping; buttoning |
| רְכִישָׁה נ. | purchasing, acquiring |
| רַכְלָן ז. | gossip-monger |
| רַכְלָנוּת נ. | gossiping |
| רָכַן | to bend over, lean |
| רָכַס | to zip; button |
| רֶכֶס ז. | mountain ridge |
| רַכְרוּכִי ת. | soft; weak |
| רַכְרוּכִיּוּת נ. | softness; weakness |
| רָכַשׁ | to purchase, acquire |
| רֶכֶשׁ ז. | arms purchase |
| רָם | to rise |
| רָם ת. | high, elevated; loud |
| רַם-מַעֲלָה | high-ranking, distinguished |
| רַמָּאוּת נ. | cheating, deception, fraud |
| רַמַּאי ז. | cheater, swindler |
| רָמָה | to throw, hurl |
| רָמָה נ. | height, plateau; level, degree; standard |
| רָמַת-חַיִּים | standard of living |
| רָמוּז ת. | hinted |
| רָמוּס ת. | trampled |
| רָמַז | to hint, allude |
| רֶמֶז ז. | hint, innuendo; gesture |
| רֶמֶז דַּק | subtle hint |
| רַמְזוֹר ז. | traffic light |
| רְמִיזָה נ. | hinting |
| רְמִיָּה נ. | deceit |
| רְמִיסָה נ. | trampling |
| רָמַס | to trample |
| רַמְקוֹל ז. | loudspeaker, speaker |

רֶמֶשׂ ז. reptile
רֹן ז. joyous song
רֶנטגֶן ז. x-ray
רָסוּס ת. sprayed
רָסוּק ת. crushed; mashed
רְסִיס ז. shrapnel, fragment; drop
רֶסֶן ז. bridle; restraint
רֶסֶן-הַשִּׁלטוֹן reins of power, rule, control
רֶסֶק ז. sauce, mash
רֶסֶק-עַגבָנִיּוֹת tomato sauce or paste
רֶסֶק-תַּפּוּחִים apple sauce
רַע, רָע ת. bad; wicked, evil
רַע-לֵב wicked, malicious
הָרָע בְּמִיעוּטוֹ the lesser of two evils
רַע, רָע ז. badness, bad, wickedness
רֵעַ ז. friend, fellow
רָעֵב to be hungry
רָעֵב ת. hungry
רָעָב, רְעָבוֹן ז. hunger, famine, starvation
רַעַבְתָן ת. hungry; glutton; greedy
רַעַבְתָנוּת נ. hunger; greed
רָעַד to shiver, tremble
רַעַד ז. tremble, shiver
רְעָדָה נ. shaking, shivering; fear
רָעָה to graze; tend, lead
רָעָה נ. calamity, evil
רָעָה חוֹלָה serious trouble
רָעוּל (-פָּנִים) ת. veiled, masked
רָעוּעַ ת. shaky, unstable
רָעוּף ת. tiled (roof)
רֵעוּת נ. friendship, fellowship
רְעִידָה נ. trembling, tremor
רְעִידַת-אֲדָמָה earthquake
רַעְיָה נ. wife
רַעְיוֹן ז.(רַעְיוֹנוֹת) idea, notion
רַעְיוֹנִי ת. ideological

רְעִיָּה נ. grazing; tending, leading
רָעִיל ת. toxic
רְעִילוּת נ. toxicity
רְעִימָה נ. thundering
רְעִיעוּת נ. weakness, instability
רַעַל ז. poison, toxin
רְעָלָה נ. veil
רָעַם to thunder, roar
רַעַם ז. thunder
רַעְמָה נ. mane, crest
רַעֲנָן ת. fresh
רַעֲנַנּוּת נ. freshness
רַעַף roof tile
רָעַץ to crush
רָעַשׁ to be noisy, make noise
רַעַשׁ ז. noise; quake
רַעֲשָׁן ז. noisemaker; rattling toy
רַעֲשָׁנוּת נ. noise; sensationalism
רַעֲשָׁנִי ת. noisy; sensational
רַף ז. shelf
רָפָא to heal, cure
רְפָאִים ז.ר. ghost
רַפָּד ז. upholsterer
רַפָּדוּת נ. upholstery
רַפָּדִיָּה נ. upholstery shop
רָפָה to be weak
רָפֶה ת. weak; loose; lacking a *Dagesh*
רְפוּאָה נ. medicine; drug
רְפוּאָה מוֹנַעַת preventive medicine
רְפוּאָה פְּנִימִית internal medicine
רְפוּאָה שְׁלֵימָה 'wishing full recovery'
רְפוּאַת-נֶפֶשׁ psychiatry
רְפוּאַת-שִׁינַּיִים dentistry
רְפוּאִי ת. medical
רָפוּי ת. weak; loose
רָפוּף ת. shaky
רָפּוֹרט ז. traffic ticket *(col.)*

| | |
|---|---|
| רָפוּשׁ ת. | muddy |
| רַפְסוֹדָה נ. | raft |
| רָפַף | to be shaky, loose, unstable |
| רַפְרֶפֶת נ. | custard |
| רֶפֶשׁ ז. | mud |
| רֶפֶת נ. | cow shed |
| רַפְתָּן ז. | cowman, dairy farmer |
| רַפְתָּנוּת נ. | dairy farming |
| רָץ | to run |
| רָץ ז. | runner; courier |
| רָצָה | to want, wish |
| רָצוּי ת. | desirable, wanted |
| רָצוֹן ז.(רְצוֹנוֹת) | wish, will |
| רְצוֹן טוֹב | goodwill |
| מֵרָצוֹן | willingly |
| רְצוֹנִי ת. | voluntary |
| רְצוּעָה נ. | strip, strap |
| רָצוּף ת. | continuous; enclosed, attached; paved |
| רָצוּף בָּזֶה | enclosed herewith |
| רָצוּץ ת. | crushed, broken; exhausted |
| רָצַח | to murder |
| רֶצַח ז. | murder |
| רֶצַח עַם | genocide |
| רַצְחָן ז. | murderer |
| רַצְחָנוּת נ. | murderousness |
| רַצְחָנִי ת. | murderous |
| רְצִיחָה נ. | murdering |
| רְצִיָּה נ. | desire |
| רְצִינוּת נ. | seriousness; gravity |
| רְצִינִי ת. | serious; grave |
| רְצִיעָה נ. | ear-piercing |
| רְצִיף ז. | platform, pier |
| רָצִיף ת. | continuous |
| רְצִיפוּת נ. | continuity |
| רְצִיצָה נ. | crushing |
| רָצַע | to pierce |
| רַצָּף ז. | tile-layer |

| | |
|---|---|
| רֶצֶף ז. | continuity; fluency |
| רַצָּפוּת נ. | tile-laying |
| רָצַץ | to crush |
| רַק ח. | only; as soon as*(col.)* |
| רָקַב | to decay, rot |
| רָקָב ז. | rot, decay |
| רַקְבּוּבִית נ. | humus |
| רָקַד | to dance |
| רַקְדָן ז. | dancer |
| רַקָּה נ. | temple |
| רָקוּב ת. | rotten, decayed; decadent |
| רָקוּם ת. | embroidered |
| רָקוּעַ ת. | flattened |
| רְקִימָה נ. | embroidering, weaving |
| רָקִיעַ ז. | sky, heaven |
| רְקִיעָה נ. | stamping (feet) |
| רָקִיק ז. | wafer |
| רְקִיקָה נ. | spitting |
| רָקַם | to embroider, weave |
| רָקַע | to stamp (feet) |
| רֶקַע ז. | background |
| רַקֶּפֶת נ. | cyclamen |
| רָקַק | to spit |
| רְקָק ז. | swamp |
| רָשׁ ז. | destitute, poor |
| רַשַּׁאי ת. | allowed, permitted, entitled |
| רָשׁוּם ת. | registered, recorded, written |
| רְשׁוּמוֹת נ.ר. | Israel's gazette, official records |
| רְשׁוּת נ. | permission; possession |
| רְשׁוּת-הַיָּחִיד | private domain |
| רְשׁוּת-הָרַבִּים | public domain |
| בִּרְשׁוּת עַצְמוֹ | on his own |
| רָשׁוּת נ. | authority |
| רָשׁוּת מְבַצַּעַת | executive branch |
| רָשׁוּת מְחוֹקֶקֶת | legislature |
| רָשׁוּת מְקוֹמִית | local authority |
| רָשׁוּת שׁוֹפֶטֶת, -שִׁיפּוּטִית | judiciary |

*adv*=תפ *adj*=ת *pl*=ר *fem*=נ *pro*=כ *prep*=י *con*=ח *du*=זו *mas*=ז

| | |
|---|---|
| רִשָּׁיוֹן ז.(רשיונות) | license, permit |
| רִשְׁיוֹן-נְהִיגָה | driver's license |
| רְשִׁימָה נ. | list; newspaper article |
| רְשִׁימוֹת נ.ר. | notes |
| רַשְׁלָן ז. | negligent person |
| רַשְׁלָנוּת נ. | negligence |
| רַשְׁלָנוּת פּוֹשַׁעַת | criminal negligence |
| רַשְׁלָנִי ת. | negligent |
| רָשַׁם | to register, record; write down |
| רַשָּׁם ז. | registrar |
| רִשְׁמִי ת. | official; formal |
| רִשְׁמִיּוּת נ. | formality |
| רְשַׁמְקוֹל ז. | tape recorder |
| רָשָׁע ת. | evil, wicked, malicious |
| רֶשַׁע ז., רשעות נ. | malice, evil |
| רֶשֶׁף ז. | spark |
| רֶשֶׁת נ. | net, network |
| רִשְׁתִּית נ. | retina |
| רָתוּחַ ת. | boiled |
| רָתוּם ת. | tied; harnessed |
| רָתוּעַ ת. | hesitant |
| רָתוּק ת. | bound, confined; mesmerized |
| רָתוּק לְמִיטָּתוֹ | bedridden |
| רָתַח | to boil; be enraged |
| רַתְחָן ז. | hot-tempered |
| רַתְחָנוּת נ. | hot temper |
| רַתְחָנִי ת. | temperamental |
| רְתִיחָה נ. | boiling |
| רְתִימָה נ. | binding, tying; harnessing |
| רְתִיעָה נ. | recoiling, flinching; hesitation |
| רַתָּךְ ז. | welder |
| רַתָּכוּת נ. | welding |
| רָתַם | to tie; harness |
| רֶתַע ז. | recoil |
| רָתַת | to tremble |
| רֶתֶת ז. | tremble |

# ש

| | |
|---|---|
| ש | *Shin;* three hundred (numerical value) |
| שֶׁ- | who, whom, which, that |
| שָׁאַב | to draw water, pump; derive |
| שָׁאַג | to roar |
| שְׁאָגָה נ. | roar |
| שָׁאוּב ת. | drawn, pumped; derived |
| שָׁאוּל ת. | borrowed |
| שְׁאוֹל ז. | abyss |
| שָׁאוֹן ז. | noise |
| שְׂאוֹר ז. | yeast, leaven |
| שְׁאָט (-נֶפֶשׁ) ז. | disgust, abhorrence |
| שְׁאִיבָה נ. | pumping, drawing; deriving |
| שְׁאִיגָה נ. | roaring |
| שְׁאִילָה נ. | borrowing; asking |
| שְׁאִילְתָּה נ. | question by a Knesset member |
| שְׁאִיפָה נ. | inhaling, inhalation; aspiration, ambition |
| שָׁאִיר ז. | surviving relative |
| שָׁאַל | to ask, question; borrow |
| שְׁאֵלָה נ. | question; issue |
| שְׁאֵלוֹת וּתְשׁוּבוֹת | rabbinical Responsa |
| שְׁאֵלוֹן ז. | questionnaire |
| שַׁאֲנָן ת. | calm, tranquil |
| שַׁאֲנַנּוּת נ. | calm, tranquillity |
| שָׁאַף | to inhale; aspire |
| שַׁאֲפָן, שְׁאַפְתָּן ז. | ambitious, aspiring |
| שַׁאֲפָנוּת, שְׁאַפְתָּנוּת נ. | ambition |
| שְׁאַפְתָּנִי ת. | ambitious |
| שְׁאָר ז. | remainder, rest |
| שְׁאָר-רוּחַ | spiritual nobility |
| שְׁאֵר-בָּשָׂר | relative, kin |
| שְׁאֵרִית נ. | remnant, residue |
| שְׁאֵרִית-הַפְּלֵיטָה | Holocaust survivors |

| | |
|---|---|
| שָׁב | to return, come back |
| שָׂב ת. | old, elderly |
| שֶׁבֶב ז. | splinter, chip |
| שָׁבָה | to capture, take prisoner; captivate |
| שָׁבוּי ת. | prisoner, captive |
| שְׁבוּי-מִלְחָמָה | prisoner of war |
| שָׁבוּעַ ז.(שָׁבוּעוֹת) | week |
| שְׁבוּעָה נ. | oath, vow |
| שְׁבוּעַת-אֱמוּנִים | oath of allegiance |
| שְׁבוּעַת-שֶׁקֶר | perjury |
| שְׁבוּעוֹן, שָׁבוּעוֹן ז. | weekly magazine |
| שָׁבוּעוֹת ז. | *Shavuoth*, Pentecost |
| שְׁבוּעִי ת. | weekly |
| שָׁבוּר ת. | broken |
| שְׁבוּת נ. | return, repatriation |
| שֶׁבַח ז. | praise; improvement |
| שֵׁבֶט ז. | tribe; rod |
| לְשֵׁבֶט אוֹ לְחֶסֶד | for bad or for good |
| שְׁבָט | fifth Hebrew month |
| שִׁבְטִי ת. | tribal |
| שִׁבְטִיּוּת נ. | tribalism |
| שְׁבִי, שֶׁבִי ז. | captivity |
| שְׁבִיב ז. | spark |
| שְׁבִיב-תִּקְוָה | spark of hope |
| שָׁבִיט ז. | comet |
| שְׁבִיָּה נ. | capture |
| שְׁבִיל ז. | path, way |
| שְׁבִיל-הַזָּהָב | middle way |
| שְׁבִיל-הֶחָלָב | Milky Way |
| שָׁבִיס ז. | woman's headdress |
| שְׂבִיעוּת-רָצוֹן נ. | satisfaction |
| שְׁבִיעִי ת. | seventh |
| שְׁבִיעִיָּה נ. | septet |
| שְׁבִיעִית נ. | one-seventh |

*adv*=תפ *adj*=ת *pl*=ר *fem*=נ *pro*=כ *prep*=י *con*=ח *du*=זו *mas*=ז

| English | Hebrew |
|---|---|
| breakable, fragile, brittle | שָׁבִיר ת. |
| breaking, breakage | שְׁבִירָה נ. |
| fragility | שְׁבִירוּת נ. |
| strike | שְׁבִיתָה נ. |
| wildcat strike | שְׁבִיתָה פְּרָאִית |
| warning strike | שְׁבִיתַת-אַזְהָרָה |
| slowdown | שְׁבִיתַת-הֶאָטָה |
| truce, armistice | שְׁבִיתַת-נֶשֶׁק |
| hunger strike | שְׁבִיתַת-רָעָב |
| sit-in | שְׁבִיתַת-שֶׁבֶת |
| grid | שְׁבָכָה נ. |
| snail | שַׁבְּלוּל ז. |
| spiral | שַׁבְּלוּלִי ת. |
| mold, pattern | שַׁבְּלוֹנָה נ. |
| to be satiated, satisfied, full | שָׂבַע |
| satiated, satisfied, full | שָׂבֵעַ ת. |
| satisfied, pleased, content | שְׂבַע רָצוֹן |
| seven | שֶׁבַע נ. |
| seventeen | שְׁבַע-עֶשְׂרֵה נ. |
| seven | שִׁבְעָה ז. |
| seventeen | שִׁבְעָה-עָשָׂר ז. |
| seventy | שִׁבְעִים |
| sevenfold | שִׁבְעָתַיִים זו. |
| apoplexy, stroke | שָׁבָץ ז. |
| heart attack | שְׁבַץ-לֵב |
| to pass away, die | שָׁבַק חַיִּים לְכָל חַי |
| to break, fracture | שָׁבַר |
| breakage, fracture; hernia; fraction; disaster | שֶׁבֶר ז. |
| cloudburst | שֶׁבֶר-עָנָן |
| decimal fraction | שֶׁבֶר עֶשְׂרוֹנִי |
| splinter, fragment | שַׁבְרִיר ז. |
| fragile | שַׁבְרִירִי ת. |
| weather vane | שַׁבְשֶׁבֶת נ. |
| to go on strike; cease, stop | שָׁבַת |
| Saturday, Sabbath | שַׁבָּת נ. |
| a messianic movement of believers in Sabbetai Zvi | שַׁבְּתָאוּת נ. |
| Saturn | שַׁבְּתַאי |
| no-work; sabbatical | שַׁבָּתוֹן ז. |
| to grow; prosper | שָׂגָא |
| to be high; be strong | שָׂגַב |
| loftiness, greatness | שֶׂגֶב ז. |
| to err | שָׁגַג |
| error, mistake | שְׁגָגָה נ. |
| to err, be mistaken | שָׁגָה |
| erroneous | שָׁגוּי ת. |
| fluent; in common use | שָׁגוּר ת. |
| magnificent | שַׂגִּיא, שָׂגִיב ת. |
| error, mistake | שְׁגִיאָה נ. |
| erring | שְׁגִייָה נ. |
| fluency; common use | שְׁגִירוּת נ. |
| to have intercourse with a woman | שָׁגַל |
| ambassador, envoy | שַׁגְרִיר ז. |
| embassy | שַׁגְרִירוּת נ. |
| dispatcher | שַׁגְרָן ז. |
| breast | שָׁד, שַׁד ז.(שָׁדַיִים) |
| demon | שֵׁד ז. |
| to rob, loot | שָׁדַד |
| field | שָׂדֶה ז.(שָׂדוֹת) |
| fallow field | שָׂדֶה-בּוּר |
| mine field | שְׂדֵה-מוֹקְשִׁים |
| battlefield | שְׂדֵה-קְרָב |
| field of view | שְׂדֵה-רְאִייָה |
| irrigated field | שְׂדֵה-שְׁלָחִין |
| airfield, airport | שְׂדֵה-תְּעוּפָה |
| robbed | שָׁדוּד ת. |
| political lobby | שְׁדוּלָה נ. |
| parched, withered; hollow, meaningless | שָׁדוּף ת. |
| God | שַׁדַּי |
| robbing, looting | שְׁדִידָה נ. |
| matchmaker | שַׁדְכָן ז. |
| matchmaking | שַׁדְכָנוּת נ. |
| field | שְׂדֵמָה נ. |

| | |
|---|---|
| שָׁדַף | to blight, parch |
| שַׁדָּר, שַׁדְּרָן ז. | broadcaster |
| שֶׁדֶר ז. | message; broadcast |
| שְׂדֵרָה נ. | avenue, boulevard |
| שֶׂה ז. נ.(שֵׂיִים, שֵׂיוֹת) | lamb |
| שָׁהָה | to stay; linger |
| שָׁהוּי ת. | delayed |
| שָׁהוּת, שְׁהוּת נ. | time; delay |
| שְׁהִיָּה נ. | stay; delay |
| שַׁהֶקֶת נ. | hiccup |
| שׁוֹאֵב ז. | water-drawer |
| שׁוֹאֵב אָבָק | vacuum cleaner |
| שׁוֹאָה נ. | disaster, catastrophe |
| הַשּׁוֹאָה | Nazi Holocaust |
| שׁוֹאֵן ת. | noisy |
| שׁוּב (-פַּעַם) תפ. | again |
| שׁוֹבָב ת. | naughty |
| שׁוֹבָבוּת נ. | naughtiness |
| שׁוֹבֶה ז. | captor |
| שׁוֹבֵה לֵב | captivating, attractive |
| שׁוּבַּח | to be praised |
| שׁוֹבָךְ ז. | dovecote |
| שׁוֹבֶל ז. | tab |
| שׂוֹבַע ז. | satisfaction, having enough to eat |
| שׁוּבַּץ | to be checkered; be fitted in, set |
| שׁוֹבֵר ז. | voucher |
| שׁוֹבֵר נְסִיעָה | travel voucher |
| שׁוֹבֵר גַּלִּים ז. | breakwater |
| שׁוּבַּר | to be broken, smashed |
| שׁוּבַּשׁ | to be disrupted |
| שׁוֹבֵת ז. | striker |
| שׁוֹגֵג ז. | erring |
| שׁוּגַּע | to be driven crazy |
| שׁוּגַּר | to be sent, dispatched; launched |
| שׁוֹד ז. | robbery, looting |
| שׁוֹדֵד ז. | robber |
| שׁוֹדֵד דְּרָכִים | highwayman, bandit |
| שׁוֹדֵד יָם | pirate |
| שׁוּדַּךְ | to be matched for marriage |
| שׁוּדַּל | to be persuaded |
| שׁוּדַּר | to be broadcast, transmitted |
| שֹׁהַם ז. | onyx |
| שָׁוְא ז. | vanity; falsehood |
| לַשָּׁוְא | in vain, for nothing |
| שְׁוָא ז. | the vowel [:], schwa |
| שְׁוָא מוּרְכָּב | compound schwa |
| שְׁוָא נָח | quiescent schwa |
| שְׁוָא נָע | mobile schwa |
| שְׁוָאִי ת. | vocalized with a schwa |
| שָׁוָה | to be equal, worth |
| שָׁוֶה ת. | equal, equivalent, worth |
| שָׁוֶה בְּשָׁוֶה | equally, in equal parts |
| שְׁוֵה-זְכוּיוֹת | with equal rights |
| שָׁוֶה לְכׇל נֶפֶשׁ | affordable |
| שְׁוֵה-עֵרֶךְ | equivalent |
| שְׁוֵה-צְלָעוֹת | equilateral |
| שְׁוֵה-שׁוֹקַיִים | isosceles |
| שׁוֹוִי ז. | worth, value |
| שׁוֹוִי נָקוּב | face value |
| שִׁוְיוֹן ז.(שִׁוְיוֹנוֹת) | equality, parity |
| שִׁוְיוֹן-נֶפֶשׁ | indifference, apathy |
| שִׁוְיוֹנִי ת. | egalitarian |
| שְׁוִויץ ז. | bragging, show-off *(col.)* |
| שְׁוַויְיץ נ. | Switzerland |
| שְׁוִויצֶר ז. | braggart *(col.)* |
| שׁוּוַּק | to be marketed |
| שָׁוָרְמָה נ. | sliced roasted lamb |
| שׁוּזַּר | to be twined |
| שׁוּחַד | to be bribed |
| שֹׁחַד ז. | bribe |
| שׁוּחָה נ. | trench |
| שׁוּחְזַר | to be reconstructed, reenacted, restored |
| שׂוֹחַח, שׂוֹחֵחַ | to converse, talk |
| שׁוֹחֵט ז. | slaughterer |

*adv*=תפ *adj*=ת *pl*=ר *fem*=נ *pro*=כ *prep*=י *con*=ח *du*=זו *mas*=ז

| | |
|---|---|
| שׁוֹחֵק ת. | laughing |
| שׁוֹחֵר ז. | friend; seeker |
| שׁוֹחֵר אֱמֶת | truthful |
| שׁוֹחֵר צֶדֶק | seeker of justice |
| שׁוֹחֵר שָׁלוֹם | peace–loving |
| שׁוּחְרַר | to be freed, liberated |
| שׁוֹט ז. | whip |
| שׁוֹטֶה ת. | fool |
| שׁוּטָּה | to be made a fool of, ridiculed |
| שׁוֹטֵט | to loiter, roam, wander |
| שׁוֹטְטוּת נ. | loitering, vagrancy |
| שׁוֹטְטָן ז. | vagrant |
| שׂוֹטְמָנִי ת. | hateful |
| שׁוֹטֵף ת. | fluent, flowing; continuous; current |
| שׁוֹטֵף דָּם | bleeding, hemorrhaging |
| שׁוֹטֵר ז. | policeman |
| שׁוֹטֵר-גְּבוּל | border policeman |
| שׁוֹטֵר-חֶרֶשׁ | detective, undercover policeman |
| שׁוֹטֵר-מַקּוֹף | patrolman |
| שׁוֹטֵר צְבָאִי | military policeman |
| שׁוֹטֵר-תְּנוּעָה | traffic policeman |
| שׁוּיַּךְ | to be attributed |
| שׁוּכַּךְ | to be calmed, pacified |
| שׁוּכַּל | to be crossed (arms or legs) |
| שׁוּכְלַל | to be improved, perfected |
| שׁוּכַּן | to be housed |
| שׁוּכְנַע | to be convinced |
| שׁוּכְפַּל | to be duplicated |
| שׂוֹכֵר ז. | lessee, renter |
| שׁוּלַּב | to be interlocked, integrated |
| שׁוּלְהַב | to be inflamed, excited |
| שׁוּלַּח | to be launched; be sent away |
| שׁוּלְחָן ז.(שׁוּלְחָנוֹת) | table, desk |
| שׁוּלְחַן-אוֹכֶל | dining table |
| שׁוּלְחַן-הַדִּיּוּנִים | negotiating table |
| שׁוּלְחַן-כְּתִיבָה | desk |
| שׁוּלְחַן-מַעֲרֶכֶת | editor's desk |
| שׁוּלְחָן עָרוּךְ | set table; a set of Jewish laws, *Shulḥan Aruch* |
| שׁוּלַּט | to be signposted |
| שׁוּלִי ת. | marginal |
| שׁוּלְיָה ז. | apprentice |
| שׁוּלִיּוּת נ. | marginality |
| שׁוּלַיִים ז.ר. | edge, margin |
| שׁוּלֵי-הַכְּבִישׁ | shoulder of the road |
| שׁוֹלֵל ז. | opposed to, antagonist |
| שׁוּלַּם | to be paid |
| שׁוּלַּשׁ | to be tripled |
| שׁוּלְשַׁל | to be dropped in, deposited |
| שׁוֹלַת מוֹקְשִׁים נ. | mine sweeper |
| שׁוּם ז. | any |
| שׁוּם דָּבָר | anything; nothing |
| בְּשׁוּם אוֹפֶן, -פָּנִים | in no way, not at all, absolutely not |
| מִשּׁוּם | because |
| מִשּׁוּם-מָה | for some reason |
| שׁוּם ז. | garlic |
| שׁוּמַּד | to be forced to convert |
| שׁוּמָה נ. | tax assessment, valuation |
| שׁוּמָה ת. | it is incumbent, imperative |
| שׁוֹמּוּ שָׁמַיִים | 'what a disaster' |
| שׁוּמַּח | to be cheered up |
| שׁוֹמֵם ת. | deserted, desolate, empty |
| שׁוֹמְמוּת נ. | desolation, emptiness |
| שׁוּמֶן ז. | fatness |
| שׁוּמַּן | to be oiled, lubricated |
| שׁוּמָּן ז. | fat *(n.)* |
| שׁוֹמֵר ז. | watchman, guard, keeper |
| שׁוֹמֵר חוֹק | law–abiding |
| שׁוֹמֵר מִצְווֹת | observant of religious commands |
| שׁוֹמֵר רֹאשׁ | bodyguard |
| שׁוֹמֵר שַׁבָּת | observant of the Sabbath |
| שׁוּמַּר | to be preserved |

| | |
|---|---|
| שומרון נ. | Samaria |
| שומרוֹנִי ת. | Samaritan |
| שוּמַש | to be used |
| שומשום ז. | sesame |
| שוֹנֵא ז. | hater, enemy |
| שוֹנֵא יִשְׂרָאֵל | anti-Semite |
| שוֹנֶה ת. | different; variant |
| שוּנָּה | to be changed, altered |
| שונות נ.ר. | miscellaneous |
| שׁוֹנִי ז. | difference; variety |
| שוּנַּן | to be memorized |
| שוּנַּת | to be notched |
| שוּסָּה | to be incited |
| שוּסַּע | to be split; interrupted |
| שוּעבַּד | to be enslaved; mortgaged |
| שוּעָל ז. | fox |
| שוּעֲמַם | to be bored |
| שוֹעֵר ז. | doorkeeper, porter; football goalkeeper |
| שוֹעַר | to be estimated; be supposed |
| שוּעשַׁע | to be amused, entertained |
| שוּעתַּק | to be reproduced |
| שוֹפֵט ז. | judge, arbitrator, referee |
| שוֹפֵט-כַּדוּרֶגֶל | football referee |
| שוֹפֵט מְחוֹזִי | district judge |
| שוֹפֵט עֶליון | supreme court judge |
| שוֹפֵט-שָׁלוֹם | justice of the peace, magistrate |
| שוֹפֵט-תַּעֲבוּרָה | traffic judge |
| שוֹפְטִים | Judges |
| שוֹפִין ז. | file (tool) |
| שוֹפְכִין ז.ר. | sewage, wastewater |
| שוֹפֵעַ ת. | flowing; abundant |
| שוּפַּע | to be slanted; be enriched with |
| שוּפַּץ | to be renovated, remodeled; be overhauled |
| שוּפַּר | to be improved, perfected |
| שוֹפָר ז.(שוֹפָרוֹת) | ram's horn, *shofar* |
| שוּפְרָא דְשוּפְרָא | the best |
| שוּפֶרְסַל ז. | supermarket |
| שוֹק נ.(שוֹקַיִים) | leg; drumstick |
| שוּק ז. | market, marketplace |
| שוּק-הַהוֹן | financial market |
| שוּק חוֹפשִׁי | free market |
| שוּק-פִּישְׁפְּשִׁים | flea market |
| שוּק שָׁחוֹר | black market |
| הַשׁוּק הַמְּשׁוּתָּף | European Common Market |
| שוּקלַל | to be weighed |
| שוּקַּם | to be rehabilitated; reconstructed, restored |
| שוּקַּע | to be sunk in, submerged |
| שוּקַּף | to be reflected |
| שוֹקֵק (-חַיִּים) ת. | bustling |
| שוּקַּר לוֹ | to be lied to |
| שׁוֹקֶת נ. | trough |
| שוֹקֶת שְׁבוּרָה | disrepair; helplessness |
| שוֹר ז. | bull; Taurus |
| שוּרבַּב | to be inserted out of place |
| שוּרָה נ. | line, row; rank |
| כַּשּׁוּרָה | properly |
| מִן הַשּׁוּרָה | rank and file |
| שוּרוֹן ז. | lined paper |
| שוּרוּק | the vowel [וּ] |
| שוּרטַט | to be drawn, sketched |
| שוֹרטָנִי ת. | scratchy |
| שוּריַין | to be armored; be secured |
| שוֹרקָנִי ת. | whistling |
| שוֹרַש | to be uprooted |
| שוֹרֶש ז. | root |
| שוֹרשִׁי ת. | radical; rooted |
| שוֹרשִׁיּוּת נ. | rootedness, fundamentality |
| שוֹרַת | to be served |
| שוֹשְׁבִין ז. | best man; patron, sponsor |
| שוֹשֶׁלֶת נ. | dynasty |

*adv*=תפ *adj*=ת *pl*=ר *fem*=נ *pro*=כ *prep*=י *con*=ח *du*=זו *mas*=ז

שושנה ○ השטחים המוחזקים

| | |
|---|---|
| שׁוֹשַׁנָּה נ. | lily; rose |
| שׁוֹשַׁנַּת-הָרוּחוֹת | compass rose |
| שׁוּתַּף | to be made a partner, be included |
| שׁוּתָּף ז. | partner; accomplice |
| שׁוּתָּפוּת נ. | partnership |
| שׁוּתַּק | to be paralyzed; be silenced |
| שָׁזוּף ת. | suntanned |
| שָׁזוּר ת. | twined, interwoven |
| שְׁזִיף, שָׁזִיף ז. | plum |
| שְׁזִיפָה נ. | suntanning |
| שְׁזִירָה נ. | twining, interweaving |
| שָׁזַף | to tan |
| שֶׁזֶף-סוּכָּר ז. | caramel |
| שָׁזַר | to twine, interweave |
| שַׁח ת. | bowed |
| שָׂח | to converse, talk |
| שָׁחָה | to bow |
| שָׂחָה | to swim |
| שָׁחוּחַ ת. | bent, bowed |
| שָׁחוּט ת. | slaughtered |
| שָׁחוּל ת. | threaded |
| שָׁחוּם ת. | dark brown |
| שָׁחוּן ת. | hot and dry |
| שָׁחוּף ת. | tubercular |
| שָׁחוּץ ת. | arrogant |
| שָׁחוּק ת. | worn out, eroded; ground |
| שְׂחוֹק ז. | laughter |
| שָׁחוֹר ת. | black |
| שְׁחוֹר ז. | blackness |
| שָׁחַח | to bow |
| שָׁחַט | to slaughter, massacre |
| שְׁחִי, שֶׁחִי ז. | armpit |
| שְׁחִיטָה נ. | slaughter, massacre |
| שְׂחִיָּה נ. | swimming |
| שַׂחְיָן ז. | swimmer |
| שְׁחִילָה נ. | threading |
| שְׁחִין ז. | boil (skin infection) |
| שְׁחִיקָה נ. | erosion; grinding |
| שְׁחִיתוּת נ. | corruption |
| שַׁחַל ז. | lion |
| שַׁחֲלָה נ. | ovary |
| שַׁחַם ז. | granite |
| שַׁחְמָט ז. | chess |
| שַׁחְמָטַאי ז. | chess player |
| שַׁחַף ז. | seagull |
| שַׁחֲפָן ז. | tuberculosis patient |
| שַׁחֶפֶת נ. | tuberculosis |
| שַׁחֲצָן ז. | arrogant person |
| שַׁחֲצָנוּת נ. | arrogance |
| שַׁחֲצָנִי ת. | arrogant |
| שָׁחַק | to wear out, erode; grind |
| שַׁחַק ז. | powder |
| שָׂחַק | to laugh |
| שְׁחָקִים ז.ר. | skies |
| שַׂחֲקָן, שַׂחְקָן ז. | player; actor |
| שַׁחַר ז. | dawn |
| שְׁחַרְחַר ת. | dark-skinned |
| שַׁחֲרִית נ. | early morning; morning prayer |
| שַׁחַת נ. | hay |
| שָׁט | to sail |
| שָׁטוּחַ ת. | flat |
| שָׁטוּף ת. | rinsed, washed; flooded |
| שְׁטוּת נ. | nonsense, foolishness |
| שְׁטוּתִי ת. | nonsensical, foolish |
| שָׁטַח | to lay out, spread |
| שֶׁטַח ז. | area, surface, zone |
| שֶׁטַח בָּנוּי | built-up area, speed zone |
| שֶׁטַח-הֶפְקֵר | no-man's land |
| שֶׁטַח מֵת | dead spot |
| שֶׁטַח פָּתוּחַ | open space |
| שֶׁטַח-שִׁיפּוּט | area of jurisdiction |
| הַשְּׁטָחִים הַמּוּחְזָקִים | the Occupied Territories captured in 1967 |

| | |
|---|---|
| שִׁטְחִי ת. | superficial |
| שִׁטְחִיּוּת נ. | superficiality |
| שָׁטִיחַ ז. | carpet, rug |
| שְׁטִיחָה נ. | spreading out |
| שְׁטִיפָה נ. | rinsing, washing; flooding |
| שְׁטִיפַת מוֹחַ | brainwashing |
| שָׂטַם | to hate |
| שָׂטָן ז. | Satan, devil |
| שְׂטָנִי ת. | Satanic, diabolic |
| שָׁטַף | to rinse, wash; flood |
| שָׁטַף כֵּלִים | to wash dishes |
| שֶׁטֶף ז. | flow, gush, fluency |
| שֶׁטֶף-דִּיבּוּר | speaking fluency |
| שֶׁטֶף-דָּם | hemorrhage |
| שֶׁטֶף-דָּם מוֹחִי | cerebral hemorrhage |
| שְׁטָר ז.(שְׁטָרוֹת) | bill; note, banknote |
| שְׁטַר-הִתְחַיְּבוּת, -חוֹב | promissory note |
| שְׁטַר-כֶּסֶף | currency, bill |
| שְׁטַר-מֶכֶר | deed of sale |
| שְׁטְרַיימֶל ז. | *Hassidic* furry hat |
| שַׁי ז. | gift, present |
| שִׂיא ז. | peak, climax; record |
| שִׂיאָן ז. | record-holder |
| שִׁיבָה נ. | return |
| שִׁיבַת-צִיּוֹן | Return to Zion |
| שֵׂיבָה נ. | old age; gray hair |
| שִׁיבּוּט ז. | turbot |
| שִׁיבּוֹלֶת נ.(שִׁיבּוֹלִים) | ear of corn, spike |
| שִׁיבּוֹלֶת-שׁוּעָל | oats |
| שִׁיבּוּץ ז. | placement, insertion |
| שִׁיבּוּשׁ ז. | disruption; distortion; error |
| שִׁיבּוּשֵׁי-לָשׁוֹן | language errors |
| שִׁיבַּח, שִׁיבֵּחַ | to praise |
| שִׁיבֵּץ | to place, set; checker |
| שִׁיבֵּר | to smash, shatter |
| שִׁיבָּרוֹן ז. | destruction |

| | |
|---|---|
| שִׁיבְרוֹן-לֵב | heartbreak |
| שִׁיבֵּשׁ | to disrupt; distort, mess up |
| שִׁיגּוּעַ ז. | driving someone mad |
| שִׁיגּוּר ז. | sending, dispatching; launching, launch |
| שִׁיגָּיוֹן ז. | whim |
| שִׁיגַּע, שִׁיגֵּעַ | to madden, drive someone crazy |
| שִׁיגָּעוֹן ז.(שִׁיגְעוֹנוֹת) | madness, insanity, craze, mania |
| שִׁיגְעוֹן-גַּדְלוּת | megalomania |
| שִׁיגְעוֹנִי ת. | mad, insane |
| שִׁיגֵּר | to send, dispatch; launch |
| שִׁיגְרָה נ. | routine |
| שִׁיגָּרוֹן ז. | arthritis |
| שִׁיגְרָתִי ת. | routine *(adj.)*, conventional |
| שִׂיגְשֵׂג | to thrive, blossom; prosper |
| שִׂיגְשׂוּג ז. | thriving, prosperity |
| שִׁידָּה נ. | chest, dresser |
| שִׁידּוּד מַעֲרָכוֹת ז. | reorganization |
| שִׁידּוּךְ ז. | matchmaking, match |
| שִׁידּוּל ז. | persuasion |
| שִׁידּוּר ז. | broadcasting, broadcast |
| שִׁידּוּר חוֹזֵר | re-broadcast, rerun |
| שִׁידּוּר חַי | live broadcast |
| שִׁידֵּךְ | to match, arrange a marriage |
| שִׁידֵּל | to persuade, entice |
| שִׁידָּפוֹן ז. | blight |
| שִׁידֵּר | to broadcast |
| שִׁידְרָה נ. | spine, backbone |
| שִׁיהוּי ז. | delay |
| שִׁיהוּק ז. | hiccup |
| שִׁיהֵק | to hiccup |
| שִׁיוָּה | to compare, equalize, liken |
| שִׁיוּוּי ז. | equalization |
| שִׁיוּוּי-זְכוּיוֹת | equal rights |
| שִׁיוּוּי-מִשְׁקָל | balance, equilibrium |
| שִׁיוַּע | to cry out |

| | |
|---|---|
| שִׁיוֵּק | to market |
| שִׁיוּוּק ז. | marketing |
| שִׁיוּט ז. | sailing |
| שִׁיוּךְ ז. | attribution |
| שִׁיוּר ז. | remnant |
| שִׁיזּוּף ז. | tanning |
| שִׁיזֵּף | to tan |
| שִׁיזָּפוֹן ז. | suntan |
| שִׂיחַ ז. | shrub, bush; talk |
| שִׂיחַ וָשִׂיג | dealings |
| שִׁיחֵד | to bribe |
| שִׂיחָה נ. | conversation, talk; telephone call |
| שִׂיחַת-גּוּבַיינָא | collect call |
| שִׂיחַת-חוּלִּין | chat |
| שִׂיחַת-חוּץ | long-distance call |
| שִׁיחוּד ז. | bribing |
| שִׂיחוֹן ז. | conversation manual |
| שִׁיחזוּר ז. | reconstruction, restoration; reenactment |
| שִׁיחזֵר | to reconstruct, restore; recreate, reenact |
| שִׂיחֵק | to play, act |
| שִׁיחֵר | to act early |
| שִׁיחֵר אֶת פָּנָיו | to welcome |
| שִׁיחרוּר ז. | release, discharge; liberation |
| שִׁיחרֵר | to release, discharge; liberate |
| שִׁיחֵת | to ruin; spoil |
| שַׁיִט ז. | sailing, cruise |
| שִׁיטָה נ. | method, methodology, system |
| שִׁיטָּה (בּ-) | to make a fool of |
| שִׁיטּוּחַ ז. | flattening |
| שִׁיטּוּי ז. | mocking |
| שִׁיטּוּר ז. | policing |
| שִׁיטֵּחַ | to flatten |
| שִׂיטְנָה נ. | hate; accusation |
| שִׁיטָּפוֹן ז.(שִׁיטפוֹנוֹת) | flood |

| | |
|---|---|
| שִׁיטָתִי ת. | systematic, methodological |
| שַׁיֶּטֶת נ. | flotilla, fleet |
| שִׁיֵּיךְ | to attribute |
| שַׁיָּיךְ ת. | belonging to; related, relevant |
| שַׁיָּיכוּת נ. | belonging; relationship |
| שִׁיֵּיף | to file |
| שִׁיֵּיר | to leave over |
| שַׁיָּירָה נ. | convoy; caravan |
| שַׁיֶּרֶת-מְכוֹנִיּוֹת | motorcade |
| שִׁיָּרִים ז.ר. | remnants, leftovers |
| שִׁיכּוּךְ ז. | calming, pacifying |
| שִׁיכּוּל ז. | losing a child |
| שִׁיכּוּל ז. | crossing arms or legs |
| שִׁיכּוּן ז. | housing; public housing |
| שִׁיכּוּר ז. | intoxication |
| שִׁיכּוֹר ת. | drunk, intoxicated |
| שִׁיכחָה נ. | forgetfulness, amnesia |
| שִׁיכָּחוֹן ז. | oblivion, amnesia |
| שִׁיכֵּךְ | to calm, pacify |
| שִׁיכֵּל | to lose a child |
| שִׁיכֵּל | to cross (arms or legs) |
| שִׁיכלוּל ז. | improvement, perfection |
| שִׁיכלֵל | to improve, perfect |
| שִׁיכֵּן | to house; settle |
| שִׁיכנוּעַ ז. | convincing, persuasion |
| שִׁיכנֵעַ | to convince, persuade |
| שִׁיכפּוּל ז. | duplication |
| שִׁיכפֵּל | to duplicate |
| שִׁיכֵּר | to intoxicate |
| שִׁיכָּרוֹן ז. | intoxication |
| שִׁיכשׁוּךְ ז. | paddling |
| שִׁיכשֵׁךְ | to paddle |
| שִׁיכתֵּב | to rewrite |
| שִׁיכתּוּב ז. | rewriting |
| שִׁילֵּב | to combine, integrate, interlock |
| שִׁילדָּה נ. | chassis |
| שִׁילהֵב | to inflame |

| | |
|---|---|
| שִׁילְהוּב ז. | inflaming |
| שִׁילְהוּב יְצָרִים | inflaming passions |
| שִׁילּוּב ז. | combination; interlocking |
| שִׁילּוּחַ ז. | launching; sending away |
| שִׁילּוּט ז. | sign-posting |
| שִׁילּוּמִים ז.ר. | reparations |
| שִׁילּוּשׁ ז. | tripling; Trinity |
| שִׁילַּח, שִׁילֵּחַ | to launch; send away |
| שִׁילֵּט | to post signs |
| שִׁילֵּם | to pay |
| שִׁילֵּשׁ | to triple |
| שִׁילְשׁוּל ז. | diarrhea; dropping, inserting |
| שִׁילְשֵׁל | to have diarrhea; drop, insert |
| שִׁימֵּד | to force a conversion from Judaism |
| שִׁימּוּד ז. | forced conversion |
| שִׂימָה נ. | putting, placing |
| שִׂימַת לֵב | attention |
| שִׂימּוּחַ ז. | bringing joy |
| שִׁימּוּן ז. | oiling, lubrication, greasing |
| שִׁימּוּעַ ז. | a hearing |
| שִׁימּוּר ז. | preservation |
| שִׁימּוּרִים ז.ר. | canned food |
| שִׁימּוּשׁ ז. | use, usage; application |
| שִׁימּוּשׁ לְרָעָה | misuse, abuse |
| שִׁימּוּשִׁי ת. | useful; applied |
| שִׁימּוּשִׁיּוּת נ. | usefulness |
| שִׂימַּח, שִׂימֵּחַ | to cheer someone up, make someone happy |
| שִׂימְלָה נ. | dress, gown |
| שִׂימְלַת-חוּפָּה, -כְּלוּלוֹת | wedding dress |
| שִׁימָּמוֹן ז. | desolation |
| שִׁימֵּן | to oil, grease, lubricate |
| שִׁימֵּר | to preserve |
| שִׁימֵּשׁ | to serve, function |
| שִׁין, שִׂין נ. | twenty first letter of the alphabet |
| שִׁין בֵּית | Israel's Secret Service |
| שִׂינְאָה נ. | hatred, animosity |
| שִׂינְאַת-חִינָּם | unwarranted hatred |
| שִׁינָּה | to change, alter |
| שֵׁינָה נ. | sleep |
| שְׁנַת-יְשָׁרִים | restful sleep |
| שִׁינּוּי ז. | change, alteration |
| שִׁינּוּן ז. | memorization; repetition |
| שִׁינּוּעַ ז. | moving |
| שִׁינֵּן | to memorize; repeat |
| שִׁינֵּס מוֹתְנָיו | to get ready |
| שִׁינֵּת | to notch |
| שִׁיסָּה | to incite, provoke |
| שִׁיסּוּי ז. | inciting, provocation |
| שִׁיסּוּעַ ז. | splitting, tearing; interruption |
| שִׁיסַּע, שִׁיסֵּעַ | to split, tear; interrupt |
| שִׁיעְבֵּד | to enslave, subjugate; mortgage |
| שִׁיעְבּוּד ז. | enslavement, subjugation; lien |
| שִׁיעוּל ז. | cough |
| שִׁיעוּר ז. | lesson; rate; measure; estimation |
| שִׁיעוּר-קוֹמָה | stature |
| שִׁיעוּרֵי-בַּיִת | homework |
| לְשִׁיעוּרִין | by installment |
| שִׁיעֲמוּם ז. | boredom |
| שִׁיעֲמֵם | to bore |
| שִׁיעֵר | to estimate, imagine |
| שֵׂיעָר ז.(שְׂעָרוֹת) | hair |
| שִׁיעְתּוּק ז. | reproduction |
| שִׁיעְתֵּק | to reproduce |
| שִׁיפּוּט ז. | judgment; jurisdiction |
| שִׁיפּוּלִים ז.ר. | lower part |
| שִׁיפּוּעַ ז. | slope |
| שִׁיפּוּעִי ת. | sloped, slanted |
| שִׁיפּוּץ ז. | renovation, remodeling; overhaul |
| שִׁיפּוּר ז. | improvement |

adv=תפ adj=ת pl=ר fem=נ pro=כ prep=י con=ח du=זו mas=ז

| | |
|---|---|
| שִׁיפְעוּל ז. | activation |
| שִׁיפְעֵל | to activate; a verb conjugation |
| שִׁיפֵּץ | to renovate, remodel; overhaul |
| שִׁיפֵּר | to improve |
| שִׁיפְשׁוּף ז. | rubbing, scrubbing; giving rough treatment *(col.)* |
| שִׁיפְשֵׁף | to rub, scrub; give rough treatment *(col.)* |
| שִׁיקּוּי ז. | drink, potion |
| שִׁיקּוּל (-דַּעַת) ז. | consideration, discretion |
| שִׁיקּוּם ז. | rehabilitation; restoration |
| שִׁיקּוּף ז. | translucence; reflection; x-ray |
| שִׁיקּוּץ ז. | abomination |
| שִׁיקְלוּל ז. | weighing |
| שִׁיקְלֵל | to weigh |
| שִׁיקֵּם | to rehabilitate; rebuild, restore |
| שִׁיקְמָה נ. | sycamore |
| שִׁיקֵּעַ | to sink in |
| שִׁיקֵּף | to reflect; make transparent |
| שִׁיקֵּר | to lie |
| שִׁיקְרִי ת. | false |
| שִׁיקְשׁוּק ז. | rumbling |
| שִׁיקְשֵׁק | to rumble |
| שִׁיר ז. | song; poem |
| שִׁיר-לֶכֶת | march |
| שִׁיר-עַם | folksong |
| שִׁיר-עֶרֶשׂ | lullaby |
| שִׁיר-הַשִּׁירִים | Song of Songs, Canticles |
| שִׁירְבֵּב | to transpose; insert in the wrong place |
| שִׁירְבּוּב ז. | transposing; inserting in the wrong place |
| שִׁירָה נ. | poetry; singing |
| שִׁירָה בְּצִיבּוּר | sing-along |
| שִׁירוֹן ז. | songbook |
| שֵׁירוּשׁ ז. | uprooting |
| שֵׁירוּת ז. | service |
| שֵׁירוּת הַבִּיטָּחוֹן הַכְּלָלִי | Israel's General Security Service |
| שֵׁירוּת-חוֹבָה | mandatory military service |
| שֵׁירוּת-חוּץ | foreign service |
| שֵׁירוּת חֲשָׁאִי | secret service |
| שֵׁירוּת-מִילּוּאִים | reserve duty |
| שֵׁירוּת פָּעִיל | active duty |
| שֵׁירוּתִים ז.ר. | restroom, toilet |
| שִׁירְטוּט ז. | drawing, sketching |
| שִׁירְטֵט | to draw, sketch |
| שִׁירְטוֹן ז. | sandbank |
| שִׁירִי ת. | poetic |
| שִׁירְיוּן ז. | armoring; guaranteeing |
| שִׁירְיוֹן ז. | armor; armor plate |
| שִׁירְיוֹנַאי ז. | member of the tank corps |
| שִׁירְיֵין | to armor; guarantee |
| שֵׁירֵךְ דַּרְכּוֹ | to go slowly |
| שֵׁירֵשׁ | to uproot |
| שֵׁירֵת | to serve, function |
| שַׁיִשׁ ז. | marble |
| שִׁישָּׁה ז. | six |
| שִׁישָּׁה-עָשָׂר ז. | sixteen |
| שִׁישִּׁי ת. | sixth |
| שִׁישִּׁים | sixty |
| שִׁישִּׁית נ. | one-sixth |
| שִׁיתּוּף ז. | participation; inclusion |
| שִׁיתּוּף פְּעוּלָּה | cooperation, collaboration |
| שִׁיתּוּפִי ת. | cooperative |
| שִׁיתּוּק ז. | paralyzing, paralysis; silencing |
| שִׁיתּוּק יְלָדִים | polio |
| שִׁיתֵּף | to let participate, include |
| שִׁיתֵּף פְּעוּלָּה | to cooperate, collaborate |
| שִׁיתֵּק | to paralyze; silence |

| | |
|---|---|
| שָׁכַב | to lie down; sleep (with) |
| שְׁכָבָה, שִׁכְבָה נ. | layer, stratum |
| שַׁכְבָנִית נ. | promiscuous woman *(col.)* |
| שָׁכוּב ת. | lying down |
| שָׁכוּחַ ת. | forgotten |
| שַׁכּוּל ת. | one who lost a child |
| שְׁכוֹל ז. | loss of a child |
| שְׁכוּנָה נ. | neighborhood, quarter |
| שְׁכוּנַת-עוֹנִי | slum |
| שְׁכוּנָתִי ת. | of the neighborhood |
| שָׂכוּר ת. | rented, leased; hired |
| שָׁכַח | to forget |
| שַׁכְחָן ז. | forgetful |
| שַׁכְחָנוּת נ. | forgetfulness |
| שְׁכִיב-מְרַע ת. | gravely ill |
| שְׁכִיבָה נ. | lying down |
| שָׁכִיחַ ת. | common, ordinary; frequent |
| שְׁכִיחָה נ. | forgetting |
| שְׁכִיחוּת נ. | frequency |
| שְׂכִיּוֹת-חֶמְדָּה נ.ר. | treasures, exquisite objects |
| שְׁכִיכָה נ. | calming down, subsiding |
| שְׁכִינָה נ. | Divine Presence |
| שָׂכִיר ז. | employee, hired, wage-earner |
| שְׂכִיר-חֶרֶב | mercenary |
| שְׂכִירָה נ. | renting, leasing; hiring |
| שְׂכִירוּת נ. | rent, lease |
| שָׁכַךְ | to calm down, subside |
| שֵׂכֶל ז. | intellect, reason, brain |
| שֵׂכֶל יָשָׁר | common sense |
| שִׂכְלִי ת. | mental, rational, intelligent |
| שִׂכְלִיּוּת נ. | intelligence |
| שִׂכְלְתָנוּת נ. | rationalism |
| שִׂכְלְתָנִי ת. | rationalistic |
| שֶׁכֶם, שְׁכֶם ז. | shoulder |
| שְׁכֶם אֶחָד | together, as one person |
| מִשִּׁכְמוֹ וָמַעְלָה | outstanding person |
| שְׁכֶם נ. | Nablus |
| שְׁכְמִיָּה נ. | cape |
| שָׁכַן | to dwell |
| שָׁכֵן ז. | neighbor |
| שְׁכֵנוּת נ. | vicinity, proximity; neighborly relation |
| שָׂכַר | to rent, lease; hire |
| שָׂכָר ז. | wages, pay, salary |
| שְׂכַר-דִּירָה | rent |
| שְׂכַר-טִירְחָה | lawyer's fees |
| שְׂכַר-יְסוֹד | basic salary |
| שְׂכַר-לִימּוּד | tuition fee |
| שְׂכַר-סוֹפְרִים | author's royalty |
| שֶׂכֶר ז. | charter |
| שֶׁל י. | of, belonging to |
| שֶׁל מַה בְּכָךְ | insignificant, trivial |
| שְׁלָאגֶר ז. | hit |
| שָׁלָב ז. | step, grade, stage, phase |
| בִּשְׁלַבִּים | step-by-step, in stages |
| שֶׁלֶג ז. | snow |
| שַׁלְגּוֹן ז. | ice cream bar |
| שִׁלְגִּיָּה נ. | Snow White |
| שַׁלְגִּית נ. | sled |
| שֶׁלֶד ז. | skeleton; framework, outline |
| שָׁלָה | to pull out of the water |
| שַׁלְהֶבֶת נ. | flame |
| שִׁלְהֵי ז.ר. | end of |
| שָׁלַו | to be quiet, tranquil |
| שָׁלֵו ת. | calm, tranquil |
| שָׁלוּב ת. | joined, interlocked |
| שְׁלוּבֵי זְרוֹעַ | arm-in-arm |
| שַׁלְוָה נ. | calm, tranquillity |
| שָׁלוּחַ ת. | dispatched; agent, proxy |
| שְׁלוּחָה נ. | extension |
| שָׁלוּל ת. | lacking, deprived; negated |
| שְׁלוּלִית נ. | puddle |
| שָׁלוֹם ז. | peace; safety, well-being; greeting, good-bye |
| שְׁלוֹם-בַּיִת | domestic peace |

*adv*=תפ *adj*=ת *pl*=ר *fem*=נ *pro*=כ *prep*=י *con*=ח *du*=זו *mas*=ז

שְׁלוּמִיאֵל ת. ineffectual, clumsy
שְׁלוּמִיאֵלִיּוּת נ. clumsiness
שָׁלוּף ת. pulled, drawn
שָׁלוּק ת. boiled
שָׁלוֹשׁ נ. three
שְׁלוֹשׁ-עֶשְׂרֵה נ. thirteen
שְׁלוֹשָׁה ז. three
שְׁלוֹשָׁה-עָשָׂר ז. thirteen
שְׁלוֹשִׁים thirty
שָׁלַח to send, mail, dispatch; send away
שָׁלַח יָד (בְּ-) to steal, embezzle; harm
שָׁלַח יָד בְּנַפְשׁוֹ to commit suicide
שֶׁלַח ז. weapon
שַׁלְחוּפָה נ. tortoise
שָׁלַט (בְּ-) to rule, dominate, control, govern; master
שֶׁלֶט ז. sign, poster
שְׁלַט-רָחוֹק ז. remote control
שִׁלְטוֹן ז. rule, government, regime
שִׁלְטוֹן-יָחִיד one man's rule, dictatorship
שִׁלְטוֹן מְקוֹמִי local government
שִׁלְטוֹן עַצְמִי self-rule
שִׁלְטוֹנוֹת ז.ר. authorities
שִׁלְיָה נ. placenta
שְׂלָיו ז. quail
שָׁלִיחַ ז. messenger, emissary, envoy; courier
שְׁלִיחַ-צִיבּוּר cantor
שְׁלִיחָה נ. sending, dispatching
שְׁלִיחוּת נ. mission, assignment
שַׁלִּיט ז. ruler
שְׁלִיטָה נ. rule, control, domination, command
שְׁלִיטָה עַצְמִית self-control
שְׁלִיָּה נ. pulling out of the water
שְׁלִילָה נ. negation; rejection, denial

שְׁלִילַת זְכוּיּוֹת denial of rights
שְׁלִילַת רִשְׁיוֹן license suspension
שְׁלִילִי ת. negative
שְׁלִילִיּוּת נ. negativism
שְׁלֵימוּת נ. wholeness, entirety; perfection
שְׁלִיפָה נ. pulling, drawing
שְׁלִיקָה נ. boiling
שָׁלִישׁ ז. adjutant; attached officer, aide
שְׁלִישׁ ז. one-third
שָׁלִישׁוּת נ. adjutancy
שְׁלִישִׁי ת. third
שְׁלִישִׁיָּה נ. trio, triplet
שַׁלֶּכֶת נ. falling of leaves in autumn
שָׁלַל to negate; reject
שָׁלַל (מ-) to deprive, deny, take away (from)
שָׁלָל ז. loot, booty
שְׁלַל-צְבָעִים blaze of color
שָׁלַם to be completed
שָׁלֵם ת. complete, whole; intact
שַׁלָּם ז. paymaster
שַׂלְמָה נ. gown, robe
שַׁלְמוֹנִים ז.ר. bribe
שָׁלַף to pull, pull out, draw
שַׁלְפּוּחִית נ. bladder; bubble, sac
שַׁלְפּוּחִית-הַמָּרָה gallbladder
שַׁלְפּוּחִית-הַשֶּׁתֶן urinary bladder
שָׁלַק to boil
שְׁלָשָׁה נ. trio, group of three
שִׁלְשׁוֹם תפ. day before yesterday
שַׁלְשֶׁלֶת נ. chain; succession
שֵׁם ז.(שֵׁמוֹת) name; noun
שֵׁם בָּדוּי alias, pseudonym
שֵׁם-גּוּף pronoun
שֵׁם-דָּבָר famous
שֵׁם-לְוַאי attribute, adjective

| | |
|---|---|
| last name, surname | שֵׁם-מִשְׁפָּחָה |
| synonym | שֵׁם נִרְדָּף |
| noun | שֵׁם-עֶצֶם |
| infinitive; verbal noun | שֵׁם-פּוֹעַל |
| verbal noun | שֵׁם-פְּעוּלָה |
| first name | שֵׁם פְּרָטִי |
| adjective | שֵׁם-תּוֹאַר |
| God | הַשֵּׁם |
| same as, just as | כְּשֵׁם שֶׁ- |
| for, for the sake of | לְשֵׁם |
| not for personal gain | לְשֵׁם-שָׁמַיִם |
| there; ibid. | שָׁם תפ. |
| to put, place | שָׂם |
| to thwart; put an end to | שָׂם לְאַל |
| to pay attention, notice | שָׂם לֵב |
| to keep an eye; desire | שָׂם עַיִן |
| lest | שֶׁמָּא |
| tax appraising | שַׁמָּאוּת נ. |
| tax appraiser, assessor | שַׁמַּאי ז. |
| left | שְׂמֹאל ז. |
| on the left; left-handed | שְׂמָאלִי ת. |
| political left, leftism | שְׂמָאלָנוּת נ. |
| leftist | שְׂמָאלָנִי ת. |
| religious persecution; forced conversion | שְׁמָד ז. |
| to there, there | שָׁמָּה תפ. |
| thrown back | שָׁמוּט ת. |
| variety of orange | שָׁמוּטִי ז. |
| eight | שְׁמוֹנָה ז. |
| eighteen | שְׁמוֹנָה-עָשָׂר ז. |
| eight | שְׁמוֹנֶה נ. |
| eighteen, eighteenth benediction | שְׁמוֹנֶה-עֶשְׂרֵה נ. |
| eighty | שְׁמוֹנִים |
| rumor | שְׁמוּעָה נ. |
| false rumor | שְׁמוּעַת-שָׁוְא |
| guarded, kept; reserved | שָׁמוּר ת. |
| reservation; eyelash | שְׁמוּרָה נ. |

| | |
|---|---|
| nature reserve | שְׁמוּרַת-טֶבַע |
| Exodus | שְׁמוֹת |
| to rejoice, be glad, be happy | שָׂמַח |
| glad, happy | שָׂמֵחַ ת. |
| joy, happiness; festivity | שִׂמְחָה נ. |
| rejoicing in someone else's misfortune | שִׂמְחָה לְאֵיד |
| feast of water-drawing | שִׂמְחַת בֵּית-הַשׁוֹאֵבָה |
| last day of Sukkoth | שִׂמְחַת-תּוֹרָה |
| to throw down, drop | שָׁמַט |
| Semite | שֵׁמִי ת. |
| abandonment of work in the fields and of debts every seven years | שְׁמִיטָה נ. |
| blanket | שְׂמִיכָה נ. |
| sky, heaven | שָׁמַיִם ז.ר. |
| heavenly, celestial | שְׁמֵימִי ת. |
| eighth | שְׁמִינִי ת. |
| last day of Sukkoth | שְׁמִינִי עֲצֶרֶת |
| octet; the figure "8" | שְׁמִינִיָּה נ. |
| high school senior | שְׁמִינִיסְט ז. |
| one-eighth | שְׁמִינִית נ. |
| hearing | שְׁמִיעָה נ. |
| audio, aural | שְׁמִיעָתִי ת. |
| emery | שָׁמִיר ז. |
| guarding, watching, observing, guard duty; keeping, preservation | שְׁמִירָה נ. |
| prevention of miscarriage | שְׁמִירַת הֵרָיוֹן |
| usable | שָׁמִישׁ ת. |
| usability | שְׁמִישׁוּת נ. |
| to be desolate, deserted | שָׁמַם |
| desolate, deserted | שָׁמֵם ת. |
| desolation, wasteland | שְׁמָמָה נ. |
| lizard | שְׁמָמִית נ. |
| to become fat | שָׁמַן |
| fat, oily | שָׁמֵן ת. |
| oil, fat | שֶׁמֶן ז. |
| petroleum | שֶׁמֶן-אֲדָמָה |

*adv*=תפ. *adj*=ת. *pl*=ר *fem*=נ *pro*=כ *prep*=י *con*=ח *du*=זו *mas*=ז

| | |
|---|---|
| שֶׁמֶן-זַיִת | olive oil |
| שֶׁמֶן-מָנוֹעַ | motor oil |
| שֶׁמֶן-קִיק | castor oil |
| שַׁמְנוּנִי ת. | fatty |
| שַׁמְנוּנִיּוּת נ. | fattiness |
| שֵׁמָנִי ת. | nominal *(gram.)* |
| שְׁמַנְמַן ת. | plump, chubby |
| שַׁמֶּנֶת נ. | sour cream |
| שָׁמַע | to hear, listen |
| שָׁמַע (ל-) | to heed |
| שָׁמַע בְּקוֹל | to listen to, obey |
| שֶׁמֶץ ז. | bit |
| שָׁמַר (עַל) | to guard, watch; keep, retain; conserve; reserve; observe |
| שָׁמַר אֱמוּנִים | to be faithful, loyal |
| שְׁמַרְחוֹם ז. | thermos |
| שְׁמַרְטַף ז. | baby-sitter |
| שְׁמָרִים ז.ר. | yeast |
| שַׁמְרָן ז. | conservative person |
| שַׁמְרָנוּת נ. | conservatism |
| שַׁמְרָנִי ת. | conservative |
| שַׁמָּשׁ ז. | janitor, custodian, servant |
| שֶׁמֶשׁ נ.(שְׁמָשׁוֹת) | sun |
| שִׁמְשָׁה נ. | window pane |
| שִׁמְשַׁת-מָגֵן | windshield |
| שִׁמְשִׁיָּה נ. | umbrella, sunshade |
| שֵׁן נ.(שִׁינַּיִים) | tooth |
| שֵׁן-בִּינָה | wisdom tooth |
| שֵׁן-חָלָב | baby tooth |
| שִׁינַּיִים תּוֹתָבוֹת | dentures |
| שֵׁן ז. | ivory |
| שָׂנֵא, שָׂנָא | to hate |
| שַׁנַּאי ז. | transformer |
| שָׁנָה | to learn; repeat |
| שָׁנָה נ.(שָׁנִים, שְׁנוֹת-) | year |
| שָׁנָה מְעוּבֶּרֶת | leap year |
| שְׁנַת-כְּסָפִים | fiscal year |
| שְׁנַת-לִימּוּדִים | school year |
| שֶׁנְהָב ז. | ivory; dentine |
| שָׂנוּא, שָׂנוּי ת. | hated |
| שָׁנוּי בְּמַחֲלוֹקֶת ת. | controversial |
| שָׁנוּן ת. | sharp; sharp-witted |
| שְׁנוֹרֶר ז. | beggar *(col.)* |
| שָׁנִי ז. | scarlet |
| שֵׁנִי ת. | second |
| שְׁנִיָּה נ. | second, 1/60 of a minute |
| שְׁנַיִים ז., שְׁנֵי- | two |
| שְׁנֵים-עָשָׂר ז. | twelve |
| שְׁנִינָה נ. | mockery |
| שְׁנִינוּת נ. | sharp-wittedness |
| שֵׁנִית תפ. | second time, again |
| שֶׁנֶף ז. | vanilla |
| שֶׁנֶת נ. | notch, mark |
| שְׁנָתוֹן ז. | yearbook, annual; age group |
| שְׁנָתִי ת. | annual |
| שָׁסוּעַ ת. | split, torn |
| שְׁסִיעָה נ. | splitting, tearing |
| שָׁסַע | to split, tear apart |
| שֶׁסַע ז. | split |
| שַׁסַּעַת נ. | schizophrenia |
| שֶׁסֶק ז. | loquat |
| שַׁסְתּוֹם ז. | valve |
| שָׁעָה (אֶל) | to heed |
| שָׁעָה נ. | hour |
| שָׁעָה קַלָּה | a short while |
| שְׁעַת-הָאֶפֶס | zero hour |
| שְׁעַת-כּוֹשֶׁר | opportunity |
| שְׁעַת-קַבָּלָה | office hour |
| בְּשָׁעָה טוֹבָה (-וּמוּצְלַחַת) | 'good luck' |
| בְּשָׁעָה שֶׁ- | while |
| מִשָּׁעָה שֶׁ- | since |
| בִּשְׁעַת | at the time of |
| שָׁעוֹת נוֹסָפוֹת | overtime |
| הַשָּׁעוֹת הַקְּטַנּוֹת | the wee hours |
| שַׁעֲוָה נ. | wax |
| שַׁעֲוָנִי ת. | waxy |

| Hebrew | English |
| --- | --- |
| שַׁעֲוָנִיָּה נ. | stencil |
| שַׁעֲוָנִית נ. | oilcloth |
| שָׁעוּן ת. | leaning |
| שָׁעוֹן ז. | watch, clock; meter |
| שְׁעוֹן-חוֹל | sand clock |
| שְׁעוֹן-חוֹרֶף | daylight saving time |
| שְׁעוֹן-יָד | wrist watch |
| שְׁעוֹן-כִּיס | pocket watch |
| שְׁעוֹן-מַיִם | water meter |
| שָׁעוֹן מְעוֹרֵר | alarm clock |
| שְׁעוֹן-עֶצֶר | stopwatch |
| שְׁעוֹן-קַיִץ | standard time |
| שְׁעוּעִית נ. | bean |
| שְׂעוֹרָה נ. | barley; sty |
| שָׁעַט | to stamp with feet |
| שְׁעָטָה נ. | stamping |
| שַׁעַטְנֵז ז. | combination of wool and linen |
| שְׁעִיָּה נ. | heeding |
| שָׂעִיר ת. | hairy |
| שָׂעִיר ז. | he-goat |
| שָׂעִיר לַעֲזָאזֵל | scapegoat |
| שְׂעִירוּת נ. | hairiness |
| שַׁעַל ז. | step |
| שַׁעַל-אֲדָמָה | piece of land |
| שַׁעֶלֶת נ. | whooping cough |
| שַׁעַם ז. | cork |
| שָׁעָן ז. | watchmaker, watch repairman |
| שַׁעַר ז. | gate; rate; goal (football); magazine cover |
| שַׁעַר-חֲלִיפִין | exchange rate |
| שַׁעַר יָצִיג | representative rate |
| שַׁעַר-נִיצָּחוֹן | triumphal arch |
| שַׁעַר-רִיבִּית | interest rate |
| שַׂעֲרָה נ. | a hair |
| שַׁעֲרוּרִיָּה נ. | scandal |
| שַׁעֲרוּרִיָּתִי ת. | scandalous |
| שַׁעֲשׁוּעַ ז. | amusement, entertainment |
| שָׂפָה נ.(שְׂפָתַיִים, שִׂפְתוֹת-) | lip |
| שָׂפָה נ.(שָׂפוֹת) | language; edge, rim |
| שָׂפָה זָרָה | foreign language |
| שְׂפַת-אֵם | mother tongue |
| שְׂפַת-דִּיבּוּר | spoken language, colloquial |
| שְׂפַת-יָם | seashore, beach |
| שְׂפַת-עֵבֶר | Hebrew language |
| שַׁפּוּד ז. | skewer |
| שָׁפוּט ת. | sentenced |
| שָׁפוּי (-בְּדַעְתּוֹ) ת. | sane |
| שָׁפוּךְ ת. | spilled |
| שְׁפוֹכֶת נ. | debris |
| שָׁפוּף ת. | bent |
| שְׁפוֹפֶרֶת נ. | tube; telephone receiver |
| שָׁפוּת ז. | placed on fire |
| שִׁפְחָה נ. | female slave |
| שָׁפַט | to try, judge, sentence |
| שְׁפִיּוּת נ. | sanity |
| שְׁפִיטָה נ. | judging, sentencing |
| שְׁפִיכָה נ. | spilling |
| שְׁפִיכוּת-דָּמִים נ. | bloodshed |
| שְׁפֵלָה נ. | lowland |
| הַשְּׁפֵלָה | Israel's coastal area |
| שְׁפִיפוֹן ז. | viper |
| שְׁפִּיץ ז. | pointed tip *(col.)* |
| שַׁפִּיר ת. | fine, nice |
| שָׁפַךְ | to spill, pour out |
| שֶׁפֶךְ ז. | river mouth; dump |
| שָׁפַל | to be low |
| שָׁפָל, שָׁפֵל ת. | low, mean, contemptuous |
| שֵׁפֶל ז. | lowness, low point; low tide |
| שֵׁפֶל-הַמַּדְרֵגָה | lowest level |
| שִׁפְלוּת נ. | meanness |
| שָׂפָם ז. | moustache |
| שְׂפָמוֹן ז. | small moustache |
| שָׁפָן ז. | rabbit, hare |
| שְׁפַן-נִיסָּיוֹן | guinea pig |

*adv*=תפ *adj*=ת *pl*=ר *fem*=נ *pro*=כ *prep*=י *con*=ח *du*=זו *mas*=ז

| | |
|---|---|
| rabbit hutch | שְׁפָנִיָּה נ. |
| bunny | שְׁפַנְפָן ז. |
| to flow, be abundant, radiate | שָׁפַע |
| abundance, affluence | שֶׁפַע ז. |
| influenza, flu | שַׁפַּעַת נ. |
| to be fine, nice | שָׁפַר |
| beauty | שֶׁפֶר ז. |
| doormat | שַׁפְשֶׁפֶת נ. |
| to place on fire | שָׁפַת |
| lipstick | שְׂפָתוֹן ז. |
| labial | שְׂפָתִי ת. |
| flow | שֶׁצֶף ז. |
| fury, rage | שֶׁצֶף קֶצֶף |
| sack, bag | שַׂק ז. |
| sandbag | שַׂק-חוֹל |
| sleeping bag | שַׂק-שֵׁינָה |
| to be diligent (with) | שָׁקַד (עַל) |
| almond | שָׁקֵד ז. |
| almond tree | שְׁקֵדִיָּה נ. |
| diligent person | שַׁקְדָן ז. |
| diligence | שַׁקְדָנוּת נ. |
| diligent | שַׁקְדָנִי ת. |
| weighed, balanced; reasonable | שָׁקוּל ת. |
| sunk, immersed; absorbed | שָׁקוּעַ ת. |
| transparent | שָׁקוּף ת. |
| photo slide | שְׁקוּפִית נ. |
| to be quiet, calm | שָׁקַט |
| quiet, calm, silent | שָׁקֵט ת. |
| quiet, calm, silence | שֶׁקֶט ז. |
| diligence | שְׁקִידָה נ. |
| weighing, balancing | שְׁקִילָה נ. |
| sinking; decline; sunset | שְׁקִיעָה נ. |
| blood sedimentation | שְׁקִיעַת-דָּם |
| sunset | שְׁקִיעַת-הַחַמָּה, -הַשֶּׁמֶשׁ |
| transparence | שְׁקִיפוּת נ. |
| small sack | שַׂקִּיק ז. |
| small bag | שַׂקִּית נ. |

| | |
|---|---|
| to weigh; consider | שָׁקַל |
| Israel's currency, *Shekel* | שֶׁקֶל ז. |
| pelican | שַׂקְנַאי ז. |
| to sink, submerge; settle; set; decline | שָׁקַע |
| recess | שֶׁקַע ז. |
| barometric depression | שֶׁקַע בָּרוֹמֶטְרִי |
| geological fault | שֶׁקַע גֵּאוֹלוֹגִי |
| electric outlet | שֶׁקַע חַשְׁמַלִּי |
| concave | שְׁקַעֲרוּרִי ת. |
| concave surface | שְׁקַעֲרוּרִית נ. |
| impure animal | שֶׁקֶץ ז. |
| to bustle | שָׁקַק |
| lie | שֶׁקֶר ז. |
| liar | שַׁקְרָן ז. |
| lying | שַׁקְרָנוּת נ. |
| to sing, chant | שָׁר |
| minister; chief | שַׂר ז. |
| defense minister | שַׂר-בִּיטָּחוֹן |
| minister without portfolio | שַׂר בְּלִי תִּיק |
| foreign minister | שַׂר-חוּץ |
| justice minister | שַׂר-מִשְׁפָּטִים |
| interior minister | שַׂר-פְּנִים |
| military commander | שַׂר-צָבָא |
| dry heat wave | שָׁרָב ז. |
| hot and dry | שְׁרָבִי ת. |
| wand, baton | שַׁרְבִיט ז. |
| conductor's baton | שַׁרְבִיט-נִיצּוּחַ |
| plumber | שְׁרַבְרָב ז. |
| plumbing | שְׁרַבְרָבוּת נ. |
| to survive | שָׂרַד |
| office, official | שְׂרָד ז. |
| to soak | שָׁרָה |
| sleeve | שַׁרְווּל ז. |
| cuff | שַׁרְווּלִית נ. |
| scratched | שָׂרוּט ת. |

| | |
|---|---|
| שָׁרוּי ת.(בּ-) | soaked; in a state of |
| שְׂרוֹךְ ז. | lace |
| שְׂרוֹךְ-נַעַל | shoelace |
| שָׂרוּעַ ת. | extended, stretched out |
| שָׂרוּף ת. | burned; ardent *(col.)* |
| שָׁרוּק ת. | vocalized with a *Shuruk* |
| שָׂרַט | to scratch |
| שַׂרְטָט ז. | draftsman |
| שָׂרִיג ז. | twig |
| שָׂרִיד ז. | survivor, remnant |
| שְׂרִיטָה נ. | scratch |
| שְׁרִיָּה נ. | soaking |
| שְׂרִיפָה נ. | burning, incineration |
| שְׂרֵיפָה נ. | fire |
| שְׁרִיקָה נ. | whistle |
| שְׁרִיר ז. | muscle |
| שָׁרִיר ת. | strong, firm |
| שְׁרִירוּת (-לֵב) נ. | arbitrariness |
| שְׁרִירוּתִי ת. | arbitrary |
| שְׁרִירִי ת. | muscular |
| שָׂרַף | to burn, incinerate |
| שְׂרָף ז. | resin |
| שְׁרַפְרַף ז. | footstool, stool |
| שָׁרַץ | to swarm |
| שֶׁרֶץ ז. | creeping animal, reptile |
| שָׁרַק | to whistle |
| שַׁרְקָנִי ת. | whistling |
| שָׂרַר | to reign, dominate, prevail |
| שְׂרָרָה נ. | rule, power |
| שַׁרְשֶׁרֶת נ. | chain |
| שָׁרָת ז. | caretaker, servant |
| שֵׁשׁ נ. | six |
| שֵׁשׁ-עֶשְׂרֵה נ. | sixteen |
| שֵׁשׁ-בֵּשׁ ז. | backgammon |
| שָׂשׂ | to be glad, rejoice |
| שָׂשׂוֹן ז. | joy |
| שָׁשַׁר ז. | red paint, lacquer |
| שָׁת | to put |
| שֵׁת ז. | buttocks |
| שְׁתַדְּלָן ז. | lobbyist |
| שְׁתַדְּלָנוּת נ. | lobbying |
| שָׁתָה | to drink |
| שָׁתוּי ת. | drunk |
| שָׁתוּל ת. | planted |
| שְׁתִי וָעֵרֶב ז. | length and breadth, criss-cross |
| שְׁתִיָּה נ. | drinking; drink |
| שְׁתַּיִם נ., שְׁתֵּי- | two |
| שְׁתֵּים-עֶשְׂרֵה נ. | twelve |
| שַׁתְיָין ז. | drinker, alcoholic |
| שַׁתְיָינוּת נ. | alcoholism |
| שָׁתִיל ז. | sapling, a nursery tree |
| שְׁתִילָה נ. | planting |
| שְׁתִיקָה נ. | silence |
| שְׁתִיתָה נ. | bleeding |
| שָׁתַל | to plant |
| שְׁתַלְּטָן ז. | domineering person |
| שְׁתַלְּטָנוּת נ. | desire to dominate |
| שְׁתַלְּטָנִי ת. | domineering |
| שְׁתַמְּטָן ז. | evader, dodger |
| שְׁתַמְּטָנוּת נ. | evasion |
| שֶׁתֶן ז. | urine |
| שָׁתַק | to be silent |
| שַׁתְקָן ז. | silent, quiet person |
| שַׁתְקָנוּת נ. | habitual silence |
| שָׁתַת דָּם | to bleed |

# ת

| English | Hebrew |
|---|---|
| *Tav;* four hundred (numerical value) | ת |
| cell; box; compartment; cabin | תָּא ז |
| gas chamber | תָּא-גָּזִים |
| post office box | תָּא-דּוֹאַר |
| cockpit | תָּא-טַיָּיס |
| prison cell | תָּא-מַעֲצָר |
| to desire | תָּאַב |
| consortium; corporation | תַּאֲגִיד ז |
| buffalo | תְּאוֹ ז |
| desire, passion | תַּאֲוָה נ |
| lustful person | תַּאַוְתָן ז |
| lust | תַּאַוְתָנוּת נ |
| deceleration | תְּאוּטָה נ |
| twin | תְּאוֹם ז |
| Gemini | תְּאוֹמִים |
| accident | תְּאוּנָה נ |
| traffic accident | תְּאוּנַת-דְּרָכִים |
| acceleration, velocity | תְּאוּצָה נ |
| lighting | תְּאוּרָה נ |
| cellular | תָּאִי ת |
| compatibility, harmony | תְּאִימוּת נ |
| cellulose | תָּאִית נ |
| to fit, match | תָּאַם |
| fig | תְּאֵנָה נ |
| date | תַּאֲרִיךְ ז |
| date stamp | תַּאֲרִיכוֹן ז |
| crop, yield | תְּבוּאָה נ |
| wisdom, intelligence | תְּבוּנָה נ |
| defeat | תְּבוּסָה נ |
| defeatism | תְּבוּסָנוּת נ |
| defeatist | תְּבוּסָנִי ת |
| demand, claim; prosecution | תְּבִיעָה נ |
| lawsuit | תְּבִיעָה מִשְׁפָּטִית |
| universe | תֵּבֵל נ |

| English | Hebrew |
|---|---|
| cataract | תְּבַלּוּל ז |
| relief | תַּבְלִיט ז |
| batter | תַּבְלִיל ז |
| spice | תַּבְלִין ז |
| straw | תֶּבֶן ז |
| mold; pattern, structure | תַּבְנִית נ |
| structural | תַּבְנִיתִי ת |
| to demand, claim | תָּבַע |
| to sue | תָּבַע לְדִין, -לְמִשׁפָּט |
| fire | תַּבְעֵרָה נ |
| sanitation | תַּברוּאָה נ |
| sanitary worker | תַּברוּאָן ז |
| sanitary | תַּברוּאָתִי ת |
| screw thread | תַּבְרוֹגֶת נ |
| cooked food, dish | תַּבְשִׁיל ז |
| badge | תָּג ז |
| reinforcement | תִּגְבּוֹרֶת נ |
| reaction, response | תְּגוּבָה נ |
| shave | תִּגְלַחַת נ |
| engraving, etching | תַּגְלִיף ז |
| discovery | תַּגְלִית נ |
| retaliation, reprisal | תַּגְמוּל ז |
| challenge | תִּגָּר ז |
| petty dealing, haggling | תִּגְרָנוּת נ |
| shock, stupefaction | תַּדְהֵמָה נ |
| frequent | תָּדִיר ת |
| frequency | תְּדִירוּת נ |
| image | תַּדְמִית נ |
| printout; offprint | תַּדְפִּיס ז |
| electric frequency | תֶּדֶר ז |
| briefing | תַּדְרִיךְ נ |
| tea | תֵּה ז |
| to wonder | תָּהָה |
| to examine someone's nature | תָּהָה עַל קַנְקַנּוֹ |

adv=תפ adj=ת pl=ר fem=נ pro=כ prep=י con=ח du=זו mas=ז

| | |
|---|---|
| תְּהוּדָה נ. | resonance, echo |
| תְּהוֹם ז. נ. | depth, abyss, deep gap |
| תְּהוֹם-הַנְּשִׁיָּה | oblivion |
| תְּהוֹמִי ת. | very deep |
| תְּהִיָּיה נ. | wondering |
| תְּהִילָּה נ. | praise; fame |
| תְּהִילִּים | Psalms |
| תַּהֲלוּכָה נ. | parade, procession |
| תַּהֲלִיךְ ז. | process |
| תַּהְפּוּכוֹת נ. | rapid changes, instability |
| תָו נ. | last letter of the alphabet |
| תָּו ז. | sign, mark; music note; byte |
| תָּוֵי-פָּנִים | facial features |
| תּוֹאֵם ת. | compatible, suitable |
| תּוֹאַם | to be coordinated |
| תּוֹאַם ז. | compatibility, correlation |
| תּוֹאֲמָן ז. | conformist |
| תּוֹאֲנָה נ. | pretext |
| תּוֹאַר | to be described |
| תּוֹאַר ז. | title; form, appearance; academic degree; adjective |
| תּוֹאַר-פּוֹעַל | adverb |
| תּוֹאֲרַךְ | to be dated |
| תּוּבַּל | to be spiced, seasoned |
| תּוֹבָלָה נ. | freight, transport |
| תּוֹבֵעַ ז. | prosecutor; plaintiff |
| תּוֹבֵעַ כְּלָלִי | attorney general |
| תּוֹבְעָנָה נ. | legal motion |
| תּוּגְבַּר | to be reinforced |
| תּוּגָה נ. | sadness, grief |
| תּוֹדָה נ. | thanks, gratitude |
| תּוֹדָה רַבָּה | many thanks |
| תּוֹדָעָה נ. | awareness, consciousness |
| תּוּדְרַךְ | to be briefed |
| תֹּהוּ (-וָבוֹהוּ) ז. | chaos |
| תָּוַי ז. | construction outline |
| תָּווִית נ. | label, tag |
| תָּוֶךְ ז. | middle, center |
| תּוּוַךְ | to be mediated |
| תּוּזְמַר | to be orchestrated |
| תּוֹחֶלֶת נ. | hope |
| תּוֹחֶלֶת-חַיִּים | life expectancy |
| תּוּיַּק | to be filed |
| תּוֹךְ ז. | inside, within |
| תּוֹךְ כְּדֵי | while, even as |
| בְּתוֹךְ | inside, within |
| מִתּוֹךְ | out of |
| תּוֹכָחָה נ. | reprimand, reproach |
| תּוֹכִי ת. | inner |
| תּוּכִּי ז. | parrot |
| תּוֹכִית נ. | infix |
| תּוֹכֶן ז. | content |
| תּוֹכֶן-הָעִנְיָינִים | table of contents |
| תּוֹכְנָה נ. | software |
| תּוֹכְנִיָּיה נ. | program |
| תּוֹכְנִית נ. | plan; program |
| תוכנית-אָב | master plan |
| תוכנית הַחֲלוּקָּה | U.N. Partition Plan |
| תוכנית-לִימּוּדִים | curriculum |
| תּוּכְנַן | to be planned |
| תּוּכְנַת | to be programmed |
| תּוֹלָדָה נ. | outcome, result |
| תּוֹלְדוֹת נ.ר. | history of |
| תּוֹלְדוֹת-חַיִּים | curriculum vitae |
| תּוֹלַעַת נ.(תּוֹלָעִים) | worm, larva |
| תּוֹלַעַת-מֶשִׁי | silkworm |
| תּוֹם ז. | end, finish; innocence |
| בְּתוֹם-לֵב | innocently; bona fide |
| תּוֹמֵךְ ז. | supporter |
| תּוּמְצַת | to be summarized |
| תּוֹמֶר ז. | palm tree |
| תּוּסְכַּל | to be frustrated |
| תּוֹסֵס ת. | effervescent, bubbling; lively |
| תּוֹסֶפֶת נ. | addition, supplement, extra |
| תּוֹסֶפֶת-בּוּשָׁה | 'humiliation' bonus for State employees |

285 *adv*=תפ *adj*=ת *pl*=ר *fem*=נ *pro*=כ *prep*=י *con*=ח *du*=זו *mas*=ז

| | |
|---|---|
| תּוֹסֶפֶת-יוֹקֶר | cost of living bonus |
| תּוֹסֶפְתָּא נ. | supplement to the *Mishnah* |
| תּוֹסֶפְתָּן ז. | (vermiform) appendix |
| תּוֹעֵבָה נ. | abomination |
| תּוֹעַד | to be documented |
| תּוֹעֶלֶת נ. | advantage, benefit; use |
| תּוֹעַלְתִּי ת. | beneficial, useful |
| תּוֹעַמְלָן ז. | propagandist |
| תּוֹעַשׂ | to be industrialized |
| תּוּעְתַּק | to be transliterated |
| תּוֹף ז. | drum |
| תּוּפִין ז. | cookie |
| תּוֹפָעָה נ. | phenomenon |
| תּוֹפָעַת-לְוַאי | side effect |
| תּוֹפֵף | to drum |
| תּוֹפֶרֶת נ. | seamstress |
| תֹּופֶת נ. | inferno |
| תּוֹצָאָה נ. | result, outcome |
| תּוֹצָר ז. | product |
| תּוֹצָר לְאוּמִּי גוֹלְמִי | gross national product, GNP |
| תּוֹצַר-לְוַאי | by-product |
| תּוֹצֶרֶת נ. | product |
| תּוֹצֶרֶת-הָאָרֶץ | made in Israel |
| תּוֹצֶרֶת-חוּץ | foreign-made, imports |
| תּוֹצֶרֶת חַקְלָאִית | agricultural produce |
| תּוּקַן | to be repaired, fixed, corrected |
| תּוֹקֵף ז. | attacker, assailant |
| תֹּוקֶף ז. | validity, force |
| בְּתֹוקֶף | strongly, firmly; valid, in effect; by virtue of |
| תּוֹקְפָן ז. | aggressor |
| תּוֹקְפָנוּת נ. | aggression, aggressiveness |
| תּוֹקְפָנִי ת. | aggressive |
| תּוּקְצַב | to be budgeted |
| תּוּקְצַר | to be summarized |
| תּוֹר ז. | turn; line, queue; appointment |
| תּוֹר-הַזָּהָב | Golden Era |
| בְּתוֹר, בְּתוֹרַת | as, in the capacity of |
| תּוּרְבַּת | to be cultured, cultivated |
| תּוּרְגַּם | to be translated |
| תּוּרְגְּמָן ז. | translator |
| תּוֹרָה נ. | *Torah,* Pentateuch; theory, science, study, teaching |
| תּוֹרָה נְבִיאִים וּכְתוּבִים | the Bible |
| תּוֹרָה שֶׁבִּכְתָב | Written Law (Scripture) |
| תּוֹרָה שֶׁבְּעַל-פֶּה | Oral Law (Rabbinic) |
| תּוֹרַת-הַהֶגֶה | phonology |
| תּוֹרַת-הַלָּשׁוֹן | linguistics, grammar |
| תּוֹרַת-הַמִּידּוֹת | ethics |
| תּוֹרַת-הַצּוּרוֹת | morphology |
| תּוֹרֵם ז. | donor, contributor |
| תֹּורֶן ז. | flagpole, mast |
| תּוֹרָן ז. | on duty, on call |
| תּוֹרָנוּת נ. | duty, turns, shift |
| תּוֹרָנוּת-לַיְלָה | night shift |
| בְּתוֹרָנוּת | on duty, taking turns |
| תּוֹרָנִי ת. | of the *Torah* |
| תּוּרְפָּה נ. | weakness, weak spot |
| תּוּרַץ | to be explained |
| תּוֹרָשָׁה נ. | heredity |
| תּוֹרַשְׁתִּי ת. | hereditary |
| תּוֹשָׁב ז. | inhabitant, resident |
| תּוֹשָׁב אֲרָעִי | temporary resident |
| תּוֹשַׁב-חוּץ | foreign resident |
| תּוֹשַׁב-קֶבַע | permanent resident |
| תּוֹשֶׁבֶת נ. | chassis |
| תּוּשִׁיָּה נ. | ingenuity, skill |
| תּוּת ז. | mulberry |
| תּוּת-שָׂדֶה | strawberry |
| תּוֹתָב ת. | artificial |
| תּוֹתָח ז. | cannon, gun |
| תּוֹתְחָן ז. | gunner |
| תּוֹתְחָנוּת נ. | artillery |
| תְּזוּזָה נ. | movement |

| | |
|---|---|
| תְּזוּנָה נ. | nutrition |
| תְּזוּנָתִי ת. | nutritious |
| תִּזְכּוֹרֶת נ. | reminder |
| תַּזְכִּיר ז. | memorandum, memo |
| תִּזְמוֹרֶת נ. | orchestra, band |
| תִּזְמוֹרְתִּי ת. | orchestral |
| תַּזְרִיק ז. | injection |
| תָּחַב | to insert |
| תַּחְבּוּלָה נ. | trick, gimmick |
| תַּחְבּוּרָה נ. | transportation |
| תַּחְבּוֹשֶׁת נ. | bandage, gauze |
| תַּחְבִּיב ז. | hobby |
| תַּחְבִּיר ז. | syntax |
| תַּחְבִּירִי ת. | syntactic |
| תָּחוּב ת. | inserted |
| תָּחוּחַ ת. | broken-up, loose |
| תְּחוּלָה נ. | validity, being in force |
| תְּחוּם ז. | area; domain; limit, boundary |
| תְּחוּם-הַמּוֹשָׁב | 'pale' in Czarist Russia |
| תְּחוּם-שִׁיפּוּט | boundaries of jurisdiction |
| תְּחוּשָׁה נ. | sense, feeling |
| תַּחְזוּקָה נ. | maintenance |
| תַּחֲזִית נ. | forecast, prediction |
| תַּחֲזִית מֶזֶג אֲוִויר | weather forecast |
| תְּחִיבָה נ. | inserting |
| תְּחִיחָה נ. | loosening |
| תְּחִיחוּת נ. | looseness |
| תְּחִיָּה נ. | revival, rebirth, renaissance |
| תְּחִיַּת-הַלָּשׁוֹן | revival of Hebrew |
| תְּחִיַּת-הַמֵּתִים | resurrection |
| תְּחִילָּה נ. תפ. | beginning; at first |
| מִלְּכַתְּחִילָּה | from the start |
| תְּחִילִּית נ. | prefix |
| תְּחִימָה נ. | limiting |
| תְּחִינָּה נ. | supplication; mercy |
| תְּחִיקָה נ. | legislation |
| תַּחֲלוּאָה נ. | incidence of disease |
| תַּחֲלוּפָה נ. | replacement, substitute |
| תַּחֲלִיב ז. | emulsion |
| תַּחֲלִיף ז. | substitute |
| תָּחַם | to limit, mark boundary |
| תַּחְמוֹצֶת נ. | oxide |
| תַּחְמוֹשֶׁת נ. | ammunition |
| תַּחְמִיץ ז. | marinade |
| תַּחֲנָה נ. | station |
| תַּחֲנָה מֶרְכָּזִית | central bus station |
| תַּחֲנָה סוֹפִית | final destination |
| תַּחֲנַת-אוֹטוֹבּוּס | bus stop, station |
| תַּחֲנַת-דֶּלֶק | gasoline station |
| תַּחֲנַת-כּוֹחַ | power station |
| תַּחֲנַת-מִימסָר | relay station |
| תַּחֲנַת-מַעֲבָר | transit station |
| תַּחֲנַת-מַעֲקָב | tracking station |
| תַּחֲנַת-רַכֶּבֶת | railway station |
| תַּחֲנוּנִים ז.ר. | supplication, begging |
| תַּחְפּוֹשֶׂת נ. | costume, masquerade, disguise |
| תַּחְקִיר ז. | investigation |
| תַּחֲרוּת נ. | competition |
| תַּחְרִיט ז. | engraving |
| תַּחְרִים ז. | lace |
| תַּחְשִׁיב ז. | calculation |
| תַּחַת י. | under, beneath; in place of |
| תַּחַת ז. | buttock *(col.)* |
| תַּחְתּוֹן ת. | lower |
| תַּחְתּוֹנִים ז.ר. | underwear, panties |
| תַּחְתּוֹנִית נ. | slip, petticoat |
| תַּחְתִּי ת. | lower |
| תַּחְתִּית נ. | bottom; saucer |
| תֵּיאָבוֹן ז. | appetite |
| תֵּיאוּם ז. | coordination |
| תֵּיאוּר ז. | description |
| תֵּיאוּרִי ת. | descriptive |
| תֵּיאַטְרוֹן ז. | theater |

*adv*=תפ *adj*=ת *pl*=ר *fem*=נ *pro*=כ *prep*=י *con*=ח *du*=זו *mas*=ז

| English | Hebrew |
|---|---|
| theatrical | תִיאַטְרָלִי ת. |
| theatrics | תִיאַטְרָלִיוּת נ. |
| to coordinate | תִיאֵם |
| to describe | תִיאֵר |
| to imagine | תִיאֵר לְעַצמוֹ |
| to date | תִיאֲרֵךְ |
| box; ark; written word | תֵיבָה נ. |
| gearbox | תֵיבַת-הִילוּכִים |
| mail box | תֵיבַת-מִכתָבִים |
| music box | תֵיבַת-נְגִינָה |
| Noah's Ark | תֵיבַת-נוֹחַ |
| spicing, seasoning | תִיבּוּל ז. |
| to spice, season | תִיבֵּל |
| reinforcing | תִיגבּוּר ז. |
| to reinforce | תִיגבֵּר |
| scuffle | תִיגרָה נ. |
| fistfight | תִיגרַת-יָדַיים |
| refuelling | תִידלוּק ז. |
| to refuel | תִידלֵק |
| briefing; coaching | תִידרוּךְ ז. |
| to brief; coach | תִידרֵךְ |
| to mediate; act as a broker | תִיווֵךְ |
| mediation; brokerage | תִיווּךְ ז. |
| teapot | תֵיוֹן ז. |
| filing | תִיוּק ז. |
| touring, tour | תִיוּר ז. |
| orchestration | תִיזמוּר ז. |
| to orchestrate | תִיזמֵר |
| delimiting, setting boundaries | תִיחוּם ז. |
| maintenance | תִיחזוּק ז. |
| to maintain | תִיחזֵק |
| sophistication | תִיחכּוּם ז. |
| to delimit, set boundaries | תִיחֵם |
| investigation | תִיחקוּר ז. |
| to investigate | תִיחקֵר |
| to file | תִייֵק |
| to tour | תִייֵר |
| tourist | תַייָר ז. |

| English | Hebrew |
|---|---|
| tourism | תַייָרוּת נ. |
| planning | תִיכּוּן ז. |
| middle, central, median; high school | תִיכּוֹן, תִיכוֹנִי ת. |
| to plan | תִיכֵּן |
| planning, design | תִיכנוּן ז. |
| programming | תִיכנוּת ז. |
| to plan, design | תִיכנֵן |
| to program | תִיכנֵת |
| immediately, right away | תֵיכֶף תפ. |
| at once | תֵיכֶף וּמִיָד |
| correspondence | תִיכתּוֹבֶת נ. |
| wire | תַיִל ז. |
| barbed wire | תַיִל דוֹקרָנִי |
| curling | תִילתּוּל ז. |
| to curl | תִילתֵּל |
| astonishment | תִימָהוֹן ז. |
| strange; eccentric | תִימהוֹנִי ת. |
| support, bracing | תִימוּךְ ז. |
| backing, support | תִימוּכִין ז.ה. |
| rising | תִימוּר ז. |
| Yemen | תֵימָן נ. |
| summarizing, summarization; extraction | תִימצוּת ז. |
| to summarize; extract | תִימצֵת |
| to rise | תִימֵר |
| columns of smoke | תִימרוֹת-עָשָן נ.ה. |
| maneuvering | תִימרוּן ז. |
| maneuver | תִימרוֹן ז. |
| posting road signs | תִימרוּר ז. |
| to maneuver | תִימרֵן |
| to tell; grieve | תִינָה |
| baby, infant | תִינוֹק ז.(תִינוֹקוֹת) |
| test-tube baby | תִינוֹק-מַבחֵנָה |
| infantile | תִינוֹקִי ת. |
| infantility | תִינוֹקִיוּת נ. |
| revaluation | תִיסוּף ז. |
| syndrome | תִיסמוֹנֶת נ. |

| | |
|---|---|
| תִּיסֵף | to revaluate |
| תִּיעֵב | to abhor |
| תִּיעֵד | to document |
| תִּיעוּב ז. | abhorrence |
| תִּיעוּד ז. | documentation |
| תִּיעוּדִי ת. | documentary |
| תִּיעוּל ז. | drainage, channeling |
| תִּיעוּשׁ ז. | industrialization |
| תִּיעֵל | to channel |
| תִּיעֵשׁ | to industrialize |
| תִּיעְתּוּעַ ז. | deceiving |
| תִּיעְתֵּעַ | to deceive |
| תִּיעְתֵּק | to transliterate |
| תִּיפְעוּל ז. | operating |
| תִּיפְעֵל | to operate |
| תִּיפְקֵד | to function |
| תִּיפְקוּד ז. | functioning |
| תִּיק ז. | bag, briefcase; file, folder; portfolio |
| תִּיק-יָד | handbag |
| תִּיק פְּלִילִי | criminal record |
| תֵּיקוּ ז. | tie, stalemate |
| תִּיקוּן ז. | repair; correction; amendment |
| תִּיקֵן | to repair, fix; correct |
| תִּיקְצוּב ז. | budgeting |
| תִּיקְצֵב | to budget |
| תִּיקְצֵר | to summarize |
| תִּיקְרָה נ. | ceiling |
| תִּיקְשׁוֹרֶת נ. | communication |
| תִּיקְשׁוֹרֶת-הֲמוֹנִים | mass communication |
| תִּיקְשֵׁר | to communicate |
| תִּיקְתּוּק ז. | ticking; typing |
| תִּיקְתֵּק | to tick; type |
| תִּירְבֵּת | to cultivate, culture |
| תִּירְגּוּל ז. | exercising, practicing |
| תִּירְגּוּם ז. | translating, translation |
| תִּירְגֵּל | to exercise, drill, practice |
| תִּירְגֵּם | to translate |
| תֵּירוּץ ז. | excuse, explanation |
| תִּירוֹשׁ ז. | new wine |
| תִּירָס ז. | corn, popcorn |
| תֵּירֵץ | to explain, justify |
| תַּיִשׁ ז. | he-goat |
| תִּישְׁאוּל ז. | questioning, interrogation |
| תִּישְׁאֵל | to question, interrogate |
| תָּכוֹל ת. | light blue |
| תְּכוּלָה נ. | content, capacity |
| תְּכוּנָה נ. | characteristics, quality |
| תָּכוּף ת. | frequent |
| תְּכוּפוֹת תפ. | frequently |
| תְּכִיפוּת נ. | frequency |
| תְּכָכִים ז.ר. | intrigues, plots |
| תַּכְכָן ז. | plotter |
| תַּכְכָנוּת נ. | plotting |
| תַּכְלִית נ. | purpose, aim |
| תַּכְלִיתִי ת. | purposeful |
| תְּכֵלֶת נ. ת. | light blue |
| תַּכְסִיס ז. | ploy, tactics |
| תַּכְסִיסָן ז. | tactician |
| תַּכְסִיסָנוּת נ. | tactics |
| תָּכַף | to occur frequently |
| תַּכְרִיכִים ז.ר. | shroud |
| תַּכְשִׁיט ז. | ornament, jewel |
| תַּכְשִׁיטִים ז.ר. | jewelry |
| תַּכְשִׁיטָן ז. | jeweler |
| תַּכְשִׁיר ז. | preparation |
| תַּכְתִּיב ז. | dictate |
| תֵּל ז. | mound, hill |
| תְּלָאוֹת נ.ר. | hardship; trouble |
| תִּלְבּוֹשֶׁת נ. | dress, attire |
| תִּלְבּוֹשֶׁת אֲחִידָה | uniform |
| תָּלָה | to hang, suspend |
| תָּלָה אֶת הַקּוֹלָר (בּ-) | to put the blame |
| תָּלָה בּוֹ תִּקְווֹת | to pin one's hopes on |
| תָּלוּי ת. | hanging, suspended |
| תָּלוּי (בּ-) | depending (on) |

*adv*=תפ *adj*=ת *pl*=ר *fem*=נ *pro*=כ *prep*=י *con*=ח *du*=זו *mas*=ז

| | |
|---|---|
| תָּלוּי וְעוֹמֵד | pending, undecided |
| תָּלוּל ת. | steep |
| תְּלוּלִית נ. | small mound |
| תְּלוּנָה נ. | complaint |
| תָּלוּשׁ ת. | plucked, detached, torn off |
| תְּלוּשׁ ז. | coupon |
| תְּלוּשׁ-מַשְׂכּוֹרֶת | pay-slip |
| תְּלוּת נ. | dependency |
| תְּלִיָּה נ. | hanging |
| תַּלְיָן ז. | hangman, executioner |
| תְּלִילוּת נ. | steepness |
| תְּלִישָׁה נ. | plucking, detaching, tearing off |
| תְּלִישׁוּת נ. | detachment |
| תֶּלֶם ז. | furrow |
| בַּתֶּלֶם | on track |
| תַּלְמוּד ז. | *Talmud* (commentary on the *Mishnah* |
| תַּלְמוּד-תּוֹרָה | religious school |
| תַּלְמִיד ז. | student, pupil, disciple |
| תַּלְמִיד-חָכָם | religious scholar |
| תָּלַשׁ | to pluck, detach, tear off |
| תְּלַת- | three, tri– |
| תְּלַת-אוֹפָן | tricycle |
| תְּלַת-לְשׁוֹנִי | trilingual |
| תְּלַת-מְמַדִּי | three–dimensional, 3-D |
| תַּלְתַּל ז. | curl |
| תִּלְתָּן ז. | clover |
| תַּם | to end, finish |
| תָּם ת. | naive, innocent |
| תָּמַהּ | to wonder |
| תָּמֵהַּ ז. | wondering, puzzled |
| תְּמֵהֲנִי | I wonder, I doubt |
| תָּמוּהַּ ת. | strange, peculiar |
| תַּמּוּז ז. | tenth Hebrew month |
| תְּמוֹכָה נ. | support, strut |
| תְּמוֹל ז. | yesterday |
| תְּמוֹל שִׁלְשׁוֹם | formerly |
| תְּמוּנָה נ. | picture, painting; photo; scene |
| תְּמוּרָה נ. | change; exchange, substitute; return |
| תְּמוּרַת- | in exchange for |
| תְּמוּתָה נ. | mortality |
| תְּמוּתַת-תִּינוֹקוֹת | infant mortality |
| תַּמְחִיר ז. | cost accounting |
| תַּמְחִירָן ז. | cost accountant |
| תָּמִיד תפ. | always, constantly |
| תְּמִידוּת נ. | constancy, permanence |
| תְּמִידִי ת. | constant, permanent |
| תְּמִיהָה נ. | wondering, puzzlement |
| תְּמִיכָה נ. | support |
| תָּמִים ת. | naive, innocent; whole |
| תְּמִימוּת נ. | naiveté, innocence |
| תְּמִימוּת-דֵּעִים | consensus, unanimity |
| תְּמִיסָה נ. | solution (liquid) |
| תָּמִיר ת. | tall; erect |
| תְּמִירוּת נ. | tallness; erectness |
| תָּמַךְ (בּ-) | to support |
| תַּמְלוּגִים ז.ר. | royalties |
| תַּמְלִיל ז. | lyrics; text |
| תְּמָנוּן ז. | octopus |
| תַּמְנִית נ. | octet |
| תִּמְסֹרֶת נ. | transmission ratio |
| תַּמְסָח ז. | crocodile |
| תַּמְצִית נ. | summary, abstract; extract |
| תַּמְצִיתִי ת. | concise |
| תָּמָר ז. | palm tree; date |
| תַּמְרוּקִיָּה נ. | perfumery |
| תַּמְרוּקִים ז.ר. | cosmetics |
| תַּמְרוּר ז. | traffic sign |
| תְּמָרִים ז.ר. | dates |
| תַּמְרִיץ ז. | incentive, impetus |
| תַּן ז. | jackal |
| תַּנָּא ז. | sage of the late biblical period |
| תְּנַאי ז. | condition, term |
| תְּנַאי בָּטֵל | hypothetical condition |

| English | Hebrew |
|---|---|
| precondition | תְּנַאי מוּקדָם |
| living conditions | תְּנָאֵי-חַיִּים |
| yield | תְּנוּבָה נ. |
| fluctuation; vibration | תְּנוּדָה נ. |
| resting position | תְּנוּחָה נ. |
| earlobe | תְּנוּךְ-אוֹזֶן ז. |
| nap | תְּנוּמָה נ. |
| movement, motion; traffic; vowel | תְּנוּעָה נ. |
| youth movement | תְּנוּעַת-נוֹעַר |
| momentum, swing | תְּנוּפָה נ. |
| oven, stove, furnace | תַּנּוּר ז. |
| baking oven | תַּנּוּר-אֲפִיָּה |
| cooking stove | תַּנּוּר-בִּישׁוּל |
| heater | תַּנּוּר-חִימוּם |
| condolences | תַּנְחוּמִים ז.ר. |
| secondary | תִּנְיָינִי ת. |
| crocodile, alligator | תַּנִּין ז. |
| owl | תִּנְשֶׁמֶת נ. |
| complication, mess | תְּסבּוֹכֶת נ. |
| complex | תַּסבִּיךְ ז. |
| inferiority complex | תַּסבִּיךְ-נְחִיתוּת |
| paranoia | תַּסבִּיךְ-רְדִיפָה |
| fermentable, sparkling | תָּסִיס ת. |
| fermentation; unrest | תְּסִיסָה נ. |
| radio play | תַּסכִּית ז. |
| to ferment, sparkle | תָּסַס |
| enzyme | תַּסָּס ז. |
| haircut | תִּסְפּוֹרֶת נ. |
| report; survey | תַּסקִיר ז. |
| hairstyle, hairdo | תִּסְרוֹקֶת נ. |
| script; scenario | תַּסרִיט ז. |
| script-writer | תַּסרִיטַאי ז. |
| traffic | תַּעֲבוּרָה נ. |
| to lose one's way, stray | תָּעָה |
| certificate; diploma; document; destination | תְּעוּדָה נ. |
| matriculation diploma | תְּעוּדַת-בַּגרוּת |

| English | Hebrew |
|---|---|
| identity card | תְּעוּדַת-זֶהוּת |
| kosher certificate | תְּעוּדַת-כַּשרוּת |
| birth certificate | תְּעוּדַת-לֵידָה |
| mark of incompetence | תְּעוּדַת-עֲנִיּוּת |
| death certificate | תְּעוּדַת-פְּטִירָה |
| documentary | תְּעוּדָתִי ת. |
| daring | תְּעוּזָה נ. |
| aviation, flight | תְּעוּפָה נ. |
| pressure | תְּעוּקָה נ. |
| angina pectoris | תְּעוּקַת-לֵב |
| straying, losing the way | תְּעִיָּיה נ. |
| canal; ditch | תְּעָלָה נ. |
| Mediterranean to the Dead Sea Canal (proposed) | תְּעָלַת-הַיָּמִים |
| prank, trick | תַּעֲלוּל ז. |
| mystery | תַּעֲלוּמָה נ. |
| propaganda | תַּעֲמוּלָה נ. |
| propagandist | תַּעֲמוּלָתִי ת. |
| propagandist (person) | תַּעֲמְלָן ז. |
| propagandizing | תַּעֲמְלָנוּת נ. |
| pleasure | תַּעֲנוּג ז.(תַּעֲנוּגִים, תַּעֲנוּגוֹת) |
| fast | תַּעֲנִית נ. |
| employment | תַּעֲסוּקָה נ. |
| power | תַּעֲצוּמָה נ. |
| paraphrase | תַּעֲקִיף ז. |
| razor | תַּעַר ז. |
| mixture, blend | תַּעֲרוֹבֶת נ. |
| exhibition, exhibit | תַּעֲרוּכָה נ. |
| tariff, charge, fare | תַּעֲרִיף ז. |
| industry | תַּעֲשִׂיָּיה נ. |
| industrialist | תַּעֲשִׂיָּין ז. |
| industrial | תַּעֲשִׂיָּיתִי ת. |
| deceit, illusion | תַּעְתּוּעַ ז. |
| transliteration, transcription | תַּעְתִּיק ז. |
| stage scenery | תַּפְאוּרָה נ. |
| stage designer | תַּפְאוּרָן ז. |
| glory | תִּפְאֶרֶת נ. |
| orange | תַּפּוּז ז. |

orange color תָּפוּז ת.
swollen תָּפוּחַ ת.
apple תַּפּוּחַ ז.
potato תַּפּוּחַ-אֲדָמָה
orange תַּפּוּחַ-זָהָב
caught; occupied; busy תָּפוּס, תָּפוּשׂ ת.
occupancy; tonnage תְּפוּסָה נ.
circulation, distribution תְּפוּצָה נ.
diaspora תְּפוּצוֹת נ.ר.
production, output, yield תְּפוּקָה נ.
bulk תִּפְזֹורֶת נ.
to swell, rise תָּפַח
swelling תְּפִיחָה, תְּפִיחוּת נ.
prayer תְּפִילָּה נ.
requiem תְּפִילַּת-אַשְׁכָּבָה
phylacteries תְּפִילִּין נ.ר.
catching, capture, seizure; תְּפִיסָה נ.
perception, understanding, grasp
sewing תְּפִירָה נ.
tasteless, bland; frivolous תָּפֵל ת.
tastelessness תְּפֵלוּת נ.
pampering תַּפְנוּקִים ז.ר.
turn, change of course תַּפְנִית נ.
to catch, capture, seize, תָּפַס, תָּפַשׂ
occupy; perceive, understand, grasp
to catch a ride, hitchhike תָּפַס טְרֶמְפּ
to seize power תָּפַס אֶת הַשִּׁילְטוֹן
catch, clip תֶּפֶס ז.
to drum תָּפַף
duty; role, function תַּפְקִיד ז.
to sew, stitch תָּפַר
stitch, seam תֶּפֶר ז.
skin rash תִּפְרַחַת נ.
menu תַּפְרִיט ז.
destitute, broke *(col.)* תַּפְרָן ת.
affidavit תַּצְהִיר ז.
exhibit, display, show תְּצוּגָה נ.
fashion show תְּצוּגַת-אוֹפְנָה

formation, configuration תְּצוּרָה
crisscross תַּצְלוֹבֶת נ.
photograph תַּצְלוּם ז.
chord תַּצְלִיל ז.
observation, lookout, תַּצְפִּית נ.
observation post; reconnaissance
consumption תִּצְרוֹכֶת נ.
receipt תַּקְבּוּל ז.
receivings תַּקְבּוּלִים ז.ר.
parallelism תַּקְבֹּולֶת נ.
precedent תַּקְדִּים ז.
hope תִּקְוָה נ.
Israel's national anthem הַתִּקְוָה
false hope תִּקְוַת-שָׁווא
revival, uprising; recovery תְּקוּמָה נ.
stuck; inserted תָּקוּעַ ת.
having an attack or a seizure תָּקוּף ת.
outraged תְּקוּף-חֵימָה
period, era, season תְּקוּפָה נ.
Stone Age תְּקוּפַת-הָאֶבֶן
transition period תְּקוּפַת-מַעֲבָר
biblical times תְּקוּפַת-הַמִּקְרָא
periodic, seasonal תְּקוּפָתִי ת.
proper, regular, normal; in תַּקִּין ת.
good repair
standardization תְּקִינָה נ.
propriety, regularity, תַּקִּינוּת נ.
normalcy
sticking in, insertion; תְּקִיעָה נ.
blowing
handshake to wrap up תְּקִיעַת כַּף
a deal
blowing of a *shofar* תְּקִיעַת שׁוֹפָר
forceful, firm; determined תַּקִּיף ת.
assault, attack תְּקִיפָה נ.
forcefulness, firmness; תַּקִּיפוּת נ.
determination
hurdle, mishap, malfunction תַּקָּלָה נ.

| | |
|---|---|
| תַּקְלִיט ז. | record, disk |
| תַּקְלִיטוֹן ז. | diskette |
| תַּקְלִיטִיָּה נ. | record library |
| תֶּקֶן ז. | norm, standard |
| עַל תֶּקֶן שֶׁל | in the role of, capacity of |
| תַּקָּנָה נ. | remedy; regulation |
| תַּקָּנוֹן ז. | code of rules |
| תִּקְנִי ת. | standard |
| תָּקַע | to stick in, insert |
| תָּקַע (בּ-) | to blow (horn or trumpet) |
| תָּקַע סַכִּין | to stab |
| תֶּקַע ז. | electrical plug |
| תָּקַף | to assault, attack |
| תָּקֵף ת. | in force, valid |
| תַּקְצִיב ז. | budget |
| תַּקְצִיבִי ת. | budgetary |
| תַּקְצִיר ז. | summary, synopsis, abstract |
| תֶּקֶר ז. | flat tire; hurdle, mishap |
| תַּקְרִישׁ ז. | thrombosis |
| תַּקְרִית נ. | incident |
| תָּר | to tour |
| תַּרְבּוּת נ. | culture, civilization |
| תַּרְבּוּתִי ת. | cultural; cultured, civilized |
| תַּרְבִּית נ. | bacterial culture |
| תַּרְגּוּם ז. | translation |
| תַּרְגִּיל ז. | exercise, drill |
| תֶּרֶד ז. | spinach |
| תַּרְדֵּמָה נ. | sleep |
| תַּרְדֶּמֶת נ. | coma |
| תַּרְוָד ז. | ladle |
| תְּרוּמָה נ. | contribution, donation |
| תְּרוּעָה נ. | cheer, cry; musical blast |
| תְּרוּפָה נ. | medicine, drug, remedy |
| תְּרוּפַת-פֶּלֶא | wonder drug |
| תַּרְחִיץ ז. | lotion |
| תַּרְטִיט ז. | vibration, vibrato |
| תְּרֵי-עָשָׂר | the twelve minor prophets |

| | |
|---|---|
| תְּרִיס ז. | shutter, window blind |
| תְּרֵיסָר ז. | dozen |
| תְּרֵיסַרְיוֹן ז. | duodenum |
| תִּרְכֹּבֶת נ. | compound, composition |
| תִּרְכֹּזֶת נ. | concentration |
| תַּרְכִּיב ז. | vaccine, serum |
| תַּרְכִּיז ז. | concentrate |
| תָּרַם | to contribute, donate |
| תַּרְמִיל ז. | bag; cartridge, shell |
| תַּרְמִיל-גַּב | backpack |
| תַּרְמִיל-צַד | shoulder bag, knapsack |
| תַּרְמִית נ. | deceit, fraud |
| תַּרְנְגוֹל ז. | rooster |
| תַּרְנְגוֹל-הֹודוּ | turkey |
| תַּרְנְגֹולֶת נ. | hen, chicken |
| תַּרְסִיס ז. | spray |
| תַּרְעֹומֶת נ. | grudge, displeasure |
| תַּרְעֵלָה נ. | poison |
| תִּרְקֹובֶת נ. | compost |
| תַּרְשִׁים ז. | sketch, design, drawing |
| תַּרְתֵּי-מַשְׁמָע | ambiguous, ambivalent |
| תַּשְׁבֵּץ ז. | crossword puzzle |
| תִּשְׁדֹּורֶת נ., תַּשְׁדִּיר ז. | broadcast |
| תַּשְׁדִּיר-שֵׁירוּת | television public service announcement |
| תְּשׂוּאָה נ. | cheer, applause |
| תְּשׂוּאוֹת-חֵן | ovation |
| תְּשׁוּאָה נ. | gain, proceeds |
| תְּשׁוּבָה נ. | answer, reply, response |
| תְּשׂוּמַת-לֵב נ. | attention |
| תְּשׁוּעָה נ. | salvation |
| תְּשׁוּקָה נ. | passion, desire |
| תְּשׁוּרָה נ. | gift |
| תָּשׁוּשׁ ת. | weak, frail; exhausted |
| תִּשְׁחֹורֶת נ. | youth |
| תַּשְׁטִיף ז. | gargle |
| תְּשִׁיעִי ת. | ninth |

תְּשִׁיעִית נ. one–ninth
תְּשִׁישׁוּת נ. weakness, exhaustion
תִּשְׁלֹוֹבֶת נ. combination, complex; gear
תַּשְׁלוּם ז. payment
תַּשְׁלוּם-דָּגֵשׁ *Dagesh* which marks the deletion of a consonant; change to a long vowel preceding a guttural
בְּתַשְׁלוּמִים by installment
תַּשְׁלִיךְ ז. prayer near a body of water on *Rosh Hashanah*
תַּשְׁלִיל ז. photo negative
תַּשְׁמִישֵׁי-קְדוּשָּׁה ז.ר. religious articles
תֵּשַׁע נ. nine
תְּשַׁע-עֶשְׂרֵה נ. nineteen
תִּשְׁעָה ז. nine
תִּשְׁעָה-עָשָׂר ז. nineteen
תִּשְׁעִים ninety
תִּשְׁפֹּכֶת נ. spillage
תַּשְׁקִיף ז. forecast, prospectus
תֶּשֶׁר ז. tip
תִּשְׁרֵי ז. first Hebrew month
תַּשְׁרִיר ז. enactment, validation
תַּשְׁתִּית נ. infrastructure; foundation
תַּת under–, sub–
תַּת-אָדוֹם infrared
תַּת-אַלּוּף brigadier general
תַּת-אֱנוֹשִׁי subhuman
תַּת-הַכָּרָה subconscious
תַּת-יַמִּי ת. underwater *(adj.)*
תַּת-מַקְלֵעַ submachine gun
תַּת-קוֹלִי subsonic
תַּת-קַרְקָעִי ת. underground *(adj.)*, subterranean
תַּת-שַׂר deputy minister, under–secretary (U.S.)
תַּת-תְּזוּנָה malnutrition
תַּת-תִּקְנִי substandard
תַּתְרָן ת. anosmic, incapable of smelling

# ABBREVIATIONS קיצורים

## א

| | |
|---|---|
| nose, ear, and throat | אא"ג, אַף אוֹזֶן גָּרוֹן |
| unless | אא"כ, אֶלָּא אִם כֵּן |
| alphabet | א"ב, אָלֶף-בֵּית |
| presiding judge | אב"ד, אָב בֵּית דִּין |
| orthodox political party | אגו"י, אֲגוּדַּת-יִשְׂרָאֵל |
| army's operations department | אֲגַ"ם, אֲגַף מִיבְצָעִים |
| Hassidic rabbi's title | אַדמו"ר, אֲדוֹנֵנוּ מוֹרֵנוּ וְרַבֵּנוּ |
| four vowel letters | אֶהֱוָ"י |
| the Holy Land | אה"ק, אֶרֶץ-הַקּוֹדֶשׁ |
| United Nations | או"ם, אוּמּוֹת מְאוּחָדוֹת |
| university | אונ׳, אוּנִיבֶרְסִיטָה |
| afternoon, P.M. | אחה"צ, אַחֲרֵי-הַצָּהֳרַיִים |
| navy ship | אח"י, אוֹנִיַּית חֵיל הַיָּם |
| Very Important Persons, VIPs | אַחַ"ם, אֲנָשִׁים חֲשׁוּבִים מְאוֹד |
| Land of Israel, Palestine | א"י, אֶרֶץ-יִשְׂרָאֵל |
| God willing | אי"ה, אִם יִרְצֶה הַשֵּׁם |
| Israel's Association for Polio Victims | אִילֶנְשִׁי"ל, אִיגּוּד יִשְׂרְאֵלִי לְמַעַן נִפְגְּעֵי שִׁיתּוּק יְלָדִים |
| Israel's Association for Applied Linguistics | אִילַ"ש, אִיגּוּד יִשְׂרְאֵלִי לְבַלְשָׁנוּת שִׁימּוּשִׁית |
| Students Travel Association | אִיסתָּ"א, אִירְגּוּן סְטוּדֶנְטִים לְתִיוּר אֲקָדֶמָאִי |
| the future tense prefixes | אֵיתָ"ן |
| so, if so | א"כ, אִם כֵּן |
| army's manpower department | אַכָּ"א, אֲגַף כּוֹחַ אָדָם |
| brigadier general | אל"מ, אַלּוּף מִישְׁנֶה |
| army's intelligence division | אֲמַן, אֲגַף מוֹדִיעִין |
| Dear Sir | א"נ, אָדוֹן נִכְבָּד |
| despite | אעפ"י, אַף עַל פִּי |
| pre-State paramilitary organization, *Irgun* | אֶצֶ"ל, אִירְגּוּן צְבָאִי לְאוּמִּי |
| Composers and Writers Guild | אָקוּ"ם, אֲגוּדַּת קוֹמְפּוֹזִיטוֹרִים וּמְחַבְּרִים |
| United States | ארה"ב, אַרְצוֹת-הַבְּרִית |

| | |
|---|---|
| per diem travel allowance | אֶשֶׁ"ל, אֲכִילָה שְׁתִיָּה לִינָה |
| Palestine Liberation Organization, PLO | אַשַ"ף, אִירגוּן לְשִׁיחרוּר פַּלַסְטִין |

## ב

| | |
|---|---|
| Bachelor of Arts, B.A. | ב.א., בּוֹגֵר אוּנִיבֶרסִיטָה |
| speedily in our days | בב"א, בִּמְהֵרָה בְּיָמֵינוּ אָמֵן |
| Yours Truly | בב"ח, בְּבִרכַּת חֲבֵרִים |
| the six consonants which have allophones | בֶּגֶ"ד כֶּפֶ"ת |
| High Court of Justice | בַּגַ"ץ, בֵּית דִין גָבוֹהַּ לְצֶדֶק |
| Bless His Name | ב"ה, בָּרוּךְ הַשֵּׁם |
| military training base | בַּהַ"ד, בְּסִיס הַדְרָכָה |
| the four labial consonants | בּוּמַ"ף |
| chosen for marriage | בח"ל, בְּחִיר לֵב |
| court | בי"ד, בֵּית-דִּין |
| hospital | בי"ח, בֵּית-חוֹלִים |
| factory | ביח"ר, בֵּית-חֲרוֹשֶׁת |
| synagogue | ביכ"נ, בֵּית-כְּנֶסֶת |
| late 19th-century group of settlers | בִּיל"וּ, בֵּית יַעֲקֹב לְכוּ וְנֵלְכָה |
| religious school | בימ"ד, בֵּית-מִדרָשׁ |
| shop, store | בֵימ"ס, בֵּית-מִסחָר |
| court of law | בֵימ"ש, בֵּית-מִשפָּט |
| school | בי"ס, בֵּית-סֵפֶר |
| youth and sports organization | בֵּיתָ"ר, בְּרִית יוֹסֵף תְּרוּמפֶּלדוֹר |
| representative, agent, proxy | ב"כ, בָּא-כּוֹחַ |
| the four prepositional prefixes | בַּכלַ"ם |
| unclassified | בַּלמַ"ס, בִּלתִּי מְסוּוָּג |
| Bachelor of Science, B. S. | ב.ס. |
| with God's help | בס"ד, בְּסִיַּעתָּא דִשמַיָּא |
| Ltd., corporation | בע"מ, בְּעֵירָבוֹן מוּגבָּל |
| orally, verbally | בע"פ, בְּעַל-פֶּה |
| founder of Hassidism | בֶּעש"ט, בַּעַל שֵׁם טוֹב |
| Soviet Union | בריה"מ, בְּרִית-הַמּוֹעָצוֹת |
| circumcision, *Brith* | ברי"מ, בְּרִית מִילָה |

## ג

| | |
|---|---|
| paramilitary youth regiment | גַּדנָ"ע, גְּדוּדֵי נוֹעַר |
| Herut–Liberals political alliance | גַּחַ"ל, גּוּשׁ חֵירוּת לִיבֶּרָלִים |
| religious charity organization | גַּחשָׁ"א, גְּמִילוּת חֶסֶד שֶׁל אֱמֶת |
| Dear Madam | ג.נ., גְּבֶרֶת נִכבָּדָה |

## ד

| | |
|---|---|
| Chronicles | דבה"י, דִּברֵי-הַיָּמִים |
| report; traffic ticket | דּוּ"חַ, דִּין וְחֶשבּוֹן |
| Doctor, Dr. | ד"ר, דּוֹקטוֹר |
| greetings | דַּ"ש, דְּרִישַׁת שָׁלוֹם |

## ה

| | |
|---|---|
| the Respectable Gentlemen | ה"ה, הָאֲדוֹנִים הַנִּכבָּדִים |
| executive committee | הועה"פ, הַוַּעַד הַפּוֹעֵל |
| the undersigned | הח"מ, הֶחָתוּם מַטָּה |
| may God revenge his blood (said of a martyr) | הי"ד, הַשֵּׁם יִקּוֹם דָּמוֹ |
| His Highness | ה.מ., הוֹד מַעֲלָתוֹ |
| His Majesty | ה.מ., הוֹד מַלכוּתוֹ |
| Middle East | המזה"ת, הַמִּזרָח הַתִּיכוֹן |
| bookkeeping | הנה"ח, הַנהָלַת חֶשבּוֹנוֹת |
| the above-mentioned | הַנַּ"ל, הַנִּזכָּר לְעֵיל |
| Jewish Agency | הסה"י, הַסּוֹכְנוּת הַיְּהוּדִית |
| Revisionist Zionists | הַצַּהַ"ר, הַצִּיּוֹנִים הָרֶבִיזיוֹנִיסטִים |
| God | הקב"ה, הַקָּדוֹשׁ בָּרוּךְ הוּא |
| the Eminent Rabbi | הרה"ג, הָרָב הַגָּאוֹן |
| socialist youth organization | השוה"צ, הַשּׁוֹמֵר הַצָּעִיר |

# ו

| | |
|---|---|
| Women's International Zionist Organization, WIZO | וִיצָ״וֹ |
| etc., and so on | וכו׳, וְכוּלֵי |
| and the like | וכיו״ב, וְכַיוֹצֵא בָּזֶה |
| and Company, & Co. | ושות׳, וְשׁוּתָּפָיו |

# ז

| | |
|---|---|
| that is to say | ז״א, ז׳את אוֹמֶרֶת |
| military armored truck | זַחְלָ״ם, זַחַל מְשׁוּרִיָן |
| blessed be his memory | ז״ל, זִכרוֹנוֹ לִברָכָה |

# ח

| | |
|---|---|
| air force | ח״א, חֵיל-אֲוִיר |
| a Hassidic group | חַבַּ״ד, חוֹכמָה בִּינָה דַּעַת |
| between the first and last days of Passover and Sukkoth | חוה״מ, חוֹל-הַמוֹעֵד |
| God forbid | חו״ח, חַס וְחָלִילָה |
| abroad | חו״ל, חוּץ לָאָרֶץ |
| the Sages | חז״ל, חֲכָמֵינוּ זִכרוֹנָם לִברָכָה |
| female soldiers serving in the police force | חיב״ה, חַיָילוֹת בְּשֵׁירוּת הַמִשְׁטָרָה |
| infantry | חי״ר, חֵיל-רַגלִים |
| tank corps | חי״ש, חֵיל-שִׁיריוֹן |
| Knesset member, MK | ח״כ, חֲבֵר-כְּנֶסֶת |
| women soldiers | חֵ״ן, חֵיל-נָשִׁים |
| Dear Friend, Dear Colleague | ח.נ., חָבֵר נִכבָּד |
| armored infantry | חֶרמֶ״ש, חֵיל רַגלִים מְשׁוּריָן |
| artillery force | חַתַּ״ם, חֵיל-תוֹתחָנִים |

## ט

| | |
|---|---|
| טל׳, טֶלֶפוֹן | telephone |
| טַר״ש, טוּרַאי רִאשׁוֹן | private first-class |

## י

| | |
|---|---|
| יבל״ח, יִבָּדֵל לְחַיִּים | may he live |
| יו״ט, יוֹם טוֹב | holiday |
| יו״ר, יוֹשֵׁב-רֹאשׁ | chairman |
| יו״ש, יְהוּדָה וְשׁוֹמְרוֹן | Judea and Samaria, West Bank (of the Jordan) |
| יוֹשַ״ע, יְהוּדָה, שׁוֹמְרוֹן וְעַזָּה | Judea, Samaria, and Gaza |
| יְיָ | God |
| יַי״ש, יַיִן שָׂרוּף | whiskey |
| י-ם, יְרוּשָׁלַיִם | Jerusalem |
| ימה״ב, יְמֵי-הַבֵּינַיִים | Middle Ages |
| יִמקָ״א | Young Men's Christian Association, YMCA |
| ימ״ש, יִמַּח שְׁמוֹ | may his name be erased |

## כ

| | |
|---|---|
| כ״א, כּוֹחַ אָדָם | manpower |
| כ״י, כְּתַב-יָד | manuscript |
| כִּי״חַ, כָּל יִשְׂרָאֵל חֲבֵרִים | Alliance Israelite Francaise |
| כמו״כ, כְּמוֹ כֵן | similarly, also |
| כַּנַ״ל, כַּנִּזְכָּר לְעֵיל | as mentioned above, the same |
| כתה״ק, כִּתְבֵי-הַקּוֹדֶשׁ | Holy Scriptures |

## ל

| | |
|---|---|
| לַא״י, לִירָה אֶרֶצִישְׂרְאֵלִית | Palestinian pound during the British Mandate |
| לַהֲדַ״ם, לֹא הָיוּ דְּבָרִים מֵעוֹלָם | it is untrue, it never happened |
| לֶחִ״י, לוֹחֲמֵי חֵירוּת יִשְׂרָאֵל | the *Stern* pre-State paramilitary organization |
| לִ״י, לִירָה יִשְׂרְאֵלִית | old Israeli pound |
| לי״ש, לִירָה שְׁטֶרלִינג | pound sterling |

| | |
|---|---|
| לכ׳, לכב׳, לִכבוֹד | To (in correspondence) |
| לַמּוֹכָּ"ז, לַמּוֹסֵר כְּתָב זֶה | to the bearer |
| לספה"נ, לִספִירַת הַנּוֹצְרִים | A.D., C.E. |
| לַעַ"ז, לְשוֹן עַם זָר | foreign language |
| לע"ע, לְעֵת עַתָּה | for the time being |
| לפה"ס, לִפנֵי הַסְּפִירָה | B.C. |
| לפה"צ, לִפנֵי הַצָּהוֹרַיִים | before noon, A.M. |
| לפק׳, לִפקוּדַּת | to the order of |

# מ

| | |
|---|---|
| מ.א., מוּסמָךְ אוּנִיבֶרסִיטָה | Master of Arts, M.A. |
| מַאַ"ז, מְפַקֵּד אֵיזוֹר | district commander |
| מַגָּ"ב, מִשמַר הַגְּבוּל | border police |
| מַגָּ"ד, מְפַקֵּד גְּדוּד | regiment commander |
| מגד"א, מָגֵן דָּוִד אָדוֹם | Israel's emergency medical service |
| מַדַּ"ס, מַדרִיךְ סְפּוֹרט | athletics instructor |
| מוֹ"ל, מוֹצִיא לָאוֹר | publisher |
| מוּ"מ, מַשָּׂא וּמַתָּן | negotiations |
| מועה"ב, מוֹעֶצֶת-הַבִּיטָּחוֹן | U.N. Security Council |
| מוצ"ש, מוֹצָאֵי-שַׁבָּת | Saturday night |
| מז"ט, מַזָּל טוֹב | congratulations |
| מַזכַּ"ל, מַזכִּיר כְּלָלִי | secretary general |
| מַזלַ"ט, מָטוֹס זָעִיר לְלֹא טַיָּס | pilotless plane |
| מַחַ"ט, מְפַקֵּד חֲטִיבָה | division commander |
| מַחַ"ל, מִתנַדְּבֵי חוּץ לָאָרֶץ | volunteers from abroad in the 1948 war |
| מט"ח, מַטבֵּעַ חוּץ | foreign exchange |
| מַטכַּ"ל, מַטֶּה כְּלָלִי | army's General Staff |
| מ"י, מִילַּת יַחַס | preposition |
| מ"כ, מְפַקֵּד כִּיתָּה | platoon commander |
| מַכַּבִּ"י, מִי כָּמוֹךָ בָּאֵלִים יְיָ | Maccabee |
| מַכַּ"ם, מְגַלֶּה כִּיווּן מֶרחָק | radar |
| מ"ל, מִילִילִיטֶר | milliliter |
| מַלבֵּ"ן, מוֹסָד לְטִיפּוּל בְּעוֹלִים נֶחשָׁלִים | immigrants' welfare organization |
| מלה"ע, מִלחֶמֶת הָעוֹלָם | World War |
| מַנכַּ"ל, מְנַהֵל כְּלָלִי | director general, general manager |

| | |
|---|---|
| Master of Science, M.Sc. | מ.ס. |
| value-added tax, VAT | מַע"ם, מַס עֵרֶךְ מוּסָף |
| Public Works Department | מַע"ץ, מַחלֶקֶת עֲבוֹדוֹת צִיבּוּרִיּוֹת |
| company commander | מ.פ., מְפַקֵּד פְּלוּגָּה |
| Israel's Workers Party, *Mapai* | מַפָּא"י, מִפלֶגֶת פּוֹעֲלֵי אֶרֶץ-יִשׂרָאֵל |
| National Religious Party, NRP | מַפדַּ"ל, מִפלָגָה דָּתִית לְאוּמִית |
| Chief of Police | מפכ"ל, מְפַקֵּחַ כְּלָלִי |
| United Workers Party, *Mapam* | מַפָּ"ם, מִפלֶגֶת פּוֹעֲלִים מְאוּחֶדֶת |
| military police, MP | מ"צ, מִשטָרָה צְבָאִית |
| enclosed herewith | מצ"ב, מְצוֹרָף בָּזֶה |
| Military Police Investigation Department | מֵצַ"ח, מִשטָרָה צְבָאִית חוֹקֶרֶת |
| cubic meter | מ"ק, מֶטֶר מְעוּקָּב |
| Israel's Communist Party | מַקִ"י, מִפלָגָה קוֹמוּנִיסטִית יִשׂרְאֵלִית |
| square meter | מ"ר, מֶטֶר מְרוּבָּע |
| non-commissioned officer | מַשָּׁ"ק, מְפַקֵּד שֶׁאֵינוֹ קָצִין |
| cultural activities center | מַתנַ"ס, מֶרכָּז תַּרבּוּת נוֹעַר וּספּוֹרט |
| pay department | מַתַּ"ש, מִינהַל-תַּשלוּמִים |

## נ

| | |
|---|---|
| P.S. | נ.ב., נִזכַּרתִּי בַּסּוֹף |
| armored troops carrier | נַגמַ"ש, נוֹשֵׂא גְּיָסוֹת מְשוּריָינִים |
| real estate | נדל"ן, נִכסֵי דְּלָא נָיְדֵי |
| agricultural miliatry unit | נַחַ"ל, נוֹעַר חֲלוּצִי לוֹחֵם |
| anti-aircraft | נ"מ, נֶגֶד מְטוֹסִים |
| volunteer women organization | נַעֲמַ"ת, נָשִׁים עוֹבְדוֹת וּמִתנַדְּבוֹת |
| Ben-Gurion Airport | נַתבַּ"ג, נְמַל תְּעוּפָה בֶּן-גּוּריוֹן |
| dividend-bearing securities | נַתַּ"ד, נְיָרוֹת-עֵרֶךְ תְּמוּרַת דִּיבִידֶנדִים |

## ס

| | |
|---|---|
| lieutenant colonel | סא"ל, סְגַן אַלּוּף |
| total | ס"ה, סה"כ, סַךְ-הַכֹּל |
| missile boat | סָטִי"ל, סְפִינַת-טִילִים |

| | |
|---|---|
| סַכּוּ"ם, סַכִּין כַּף וּמַזְלֵג | silverware |
| סַמגַ"ד, סְגַן מְפַקֵּד גְּדוּד | deputy regiment commander |
| סַמחַ"ט, סְגַן מְפַקֵּד חֲטִיבָה | deputy division commander |
| סמ"ק, סֶנטִימֶטֶר מְעוּקָּב | cubic centimeter |
| סמ"ר, סֶנטִימֶטֶר מְרוּבָּע | square centimeter |
| סְתַ"ם, סְפָרִים תְּפִלִּין מְזוּזוֹת | scrolls, phylacteries, and *mezuzoth* |

## ע

| | |
|---|---|
| עב"ה, עֵבֶר-הַיַּרְדֵּן | Transjordan |
| ע"ה, עָלָיו הַשָּׁלוֹם | may he rest in peace |
| עו"ד, עוֹרֵךְ-דִּין | lawyer |
| עו"ש, עוֹבֵר וָשָׁב | checking account |
| ע"י, עַל-יַד | near, next to |
| ע"י, עַל-יְדֵי | by |
| עיה"ק, עִיר-הַקּוֹדֶשׁ | Holy City, Jerusalem |
| עַכּוּ"ם, עוֹבְדֵי כּוֹכָבִים וּמַזָּלוֹת | pagans |
| עכ"פ, עַל כָּל פָּנִים | at any rate, in any case |
| עמ', עַמּוּד | page |
| ע"ס, עַל סַךְ | in the amount of |
| ע"ע, עַיֵּין עֶרֶךְ | see entry, cf. |
| ע"פ, עַל-פֶּה | orally, verbally |
| עֶרָ"ן, עֶזְרָה רְפוּאִית נַפְשִׁית | mental health care |
| ער"ש, עֶרֶב שַׁבָּת | Sabbath eve |
| ע"ש, עַל שֵׁם | named after |
| עִתִּיי"ם, עִיתּוֹנוּת יִשְׂרְאֵלִית מְאוּגֶּדֶת | Association of Israeli Newspapers |

## פ

| | |
|---|---|
| פַּזַּ"ק, פִּיקְדוֹנוֹת לִזְמַן קָצוּב | fixed-term deposits |
| פַּלְמַ"ח, פְּלוּגוֹת מַחַץ | the *Palmach* pre-State paramilitary units |
| פס"ד, פְּסַק-דִּין | verdict |
| פַּקַ"ל, פְּקוּדוֹת קֶבַע לַקְּרָב | standing battle orders |

| | |
|---|---|
| short-term deposit | פַּקַ"ם, פִּיקָּדוֹן קְצַר מוֹעֵד |
| foreign resident deposit (account) | פַּתַ"ח, פִּיקָּדוֹן תּוֹשַׁב חוּץ |
| local resident deposit (account) | פַּתַ"ם, פִּיקָּדוֹן תּוֹשָׁב מְקוֹמִי |

## צ

| | |
|---|---|
| Israel's Defense Forces, IDF | צַהַ"ל, צְבָא הֲגָנָה לְיִשְׂרָאֵל |
| commercial fleet | צִי"ם, צִי יַמִּי מִסחָרִי |
| should be said as, corrected to | צ"ל, צָרִיךְ לוֹמַר |
| honorary decoration | צַלַ"ש, צִיּוּן לְשֶׁבַח |
| *order nisi* | צע"ת, צַו עַל תְּנַאי |

## ק

| | |
|---|---|
| kilogram | ק"ג, קִילוֹגְרָם |
| Jewish Foundation Fund | קהי"ס, קֶרֶן הַיְּסוֹד |
| Jewish National Fund | קק"ל, קֶרֶן קַיֶּמֶת לְיִשְׂרָאַל |
| Sick Fund, medical care organization | קופ"ח, קוּפַּת-חוֹלִים |
| kilometer | ק"מ, קִילוֹמֶטֶר |
| kilometer per hour, KPH | קַמַ"ש, קִילוֹמֶטֶר שָׁעָה |
| United Arab Republic (defunct) | קַעַ"ם, קְהִילִיָּה עַרבִית מְאוּחֶדֶת |
| holy (Jewish) community | ק"ק, קְהִילָּה קְדוֹשָׁה |
| commander of the artillery force | קַתַּ"ר, קְצִין תּוֹתְחָנִים רָאשִׁי |

## ר

| | |
|---|---|
| Rabbi | ר׳, רַבִּי |
| Sephardic Chief Rabbi | ראש"ל, רִאשוֹן לְצִיּוֹן |
| corporal | רַבַּ"ט, רַב-טוּרַאי |
| the Prime Minister | רה"מ, רֹאש-הַמֶּמשָׁלָה |
| God forbid | ר"ל, רַחֲמָנָא לִיצלָן |
| 248 parts of the body, 'body and soul' | רְמַ"ח (אֵיבָרִים) |

| | |
|---|---|
| רַמַטכַּ"ל, רֹאשׁ הַמַּטֶּה הַכְּלָלִי | the Chief of Staff |
| רס"ל, רַב-סַמָּל | sergeant major |
| רס"ן, רַב-סֶרֶן | army major |
| רַסַ"ר, רַב-סַמָּל רִאשׁוֹן | master sergeant |
| רְפָאֵ"ל, רָשׁוּת פִּיתּוּחַ אֶמְצְעֵי לְחִימָה | Authority for the Development of Weapons |
| רַפִ"י, רְשִׁימַת פּוֹעֲלֵי יִשְׂרָאֵל | Israeli Worker's List |
| רַקַ"ח, רְשִׁימָה קוֹמוּנִיסְטִית חֲדָשָׁה | New Communist List |
| רַרנַ"ט, רוֹמֶה רוֹבֶה נֶגֶד טַנקִים | anti-tank rifle |
| ר"ת, רָאשֵׁי תֵּיבוֹת | abbreviations |

# ש

| | |
|---|---|
| ש"ב, שִׁין בֵּית, שֵׁירוּת הַבִּיטָּחוֹן | Secret Service |
| שַׁבַּ"כּ, שֵׁירוּת בִּיטָּחוֹן כְּלָלִי | General Security Service |
| שַׁדַּ"ר, שְׁלוּחָא דְּרַבָּנָן | a messenger on behalf of religious institutions |
| שכ"ל, שְׂכַר-לִימּוּד | tuition fee |
| שַׁכפַּ"ץ, שִׁיכבַת פִּיצוּץ | military jacket |
| שֶׁלֶ"ג, (מִלחֶמֶת) שְׁלוֹם הַגָּלִיל | the 1982 "Peace for Galilee" war in Lebanon |
| שְׁלִיטָ"א, שֶׁיִּחְיֶה לְאוֹרֶךְ יָמִים טוֹבִים אָמֵן | Rabbi's title |
| שנה"כ, שְׁנַת הַכְּסָפִים | fiscal year |
| שנה"ל, שְׁנַת הַלִּימּוּדִים | school year |
| שַׁ"ס, שִׁישָּׁה סְדָרִים | the six volumes of the *Mishnah* |
| שַׁ"ס, רְשִׁימָה סְפָרָדִית | an orthodox Sephardic party |
| שֶׁקֶ"ם, שֵׁירוּת קַנטִינוֹת וּמִזנוֹנִים | military food and department store, PX |

# ת

| | |
|---|---|
| ת"א, תֵּל-אָבִיב | Tel-Aviv |
| ת"ד, תָּא-דּוֹאַר | post office box |
| תַּהַ"ל, תִּיכנוּן הַמַּיִם לְיִשְׂרָאֵל | Israel's Water Authority |
| תובב"א, תִּבָּנֶה וְתִכּוֹנֵן בִּמְהֵרָה בְּיָמֵינוּ אָמֵן | may it (Jerusalem) be rebuilt speedily |
| תּוֹלָ"ר, תּוֹתָח לְלֹא רֶתַע | recoilless gun |

| | |
|---|---|
| Oral Law (Rabbinic) | תושב"ע, תּוֹרָה שֶׁבְּעַל-פֶּה |
| gross national product, GNP | תַּלַ"ג, תּוֹצָר לְאוּמִי גוֹלמִי (תְּפוּקָה לְאוּמִית גוֹלמִית) |
| Sephardic political faction | תַּמִ"י, תְּנוּעַת מָסוֹרֶת יִשְׂרָאֵל |
| Old Testament, Bible | תַּנַ"ךְ, תּוֹרָה נְבִיאִים וכתובִים |
| may his soul be bound in the bond of life, R.I.P. | תַּנצְבָ"ה, תְּהִי נִשמָתוֹ צְרוּרָה בִּצרוֹר הַחַיִּים |
| drilling exercises | תַּ"ס, תַּרגִילֵי סֵדֶר |
| drilling exercises with weapons | תַּסַ"ח, תַּרגִילֵי סֵדֶר חֲמוּשִׁים |
| potato | תַּפּוּ"ד, תַּפּוּחַ-אֲדָמָה |
| orange | תַּפּוּ"ז, תַּפּוּחַ-זָהָב |
| United Kibbutz Movement | תָּקָ"ם, תְּנוּעָה קִיבּוּצִית מְאוּחֶדֶת |
| civil service code | תַּקשִׁי"ר, תַּקְנוֹן שֵׁירוּת |
| 613 religious commands | תַּרְיַ"ג מִצווֹת |
| religious school | ת"ת, תַּלמוּד-תּוֹרָה |